현대경영학

[제 10 판]

이진규 · 최종인

法 文 社

제10판 머리말

Modern Business Management
tenth edition preface

2004년 초판 발행 이후 20여년이 지난 지금 10판 출판 머리말을 쓰는 사실이 매우 감동적이다. 우선 현대경영학이 20여년이 지난 지금까지 생존해 있다는 게 놀랍다. 흔히 경영학원론 교과서는 내용도 일반적이고 가르치는 사람도 많다. 그러다 보니 실제로 거의 모든 대학의 경영학 교수는 자기의 경영학 교과서를 갖고 가르친다. 그러다 보니 담당교수가 자신의 책을 각 교에서 가르칠 때 흥성하다가 그분이 그만두면 그 책은 소멸하기 마련이다. 나의 경우는 2017년 정년후 고려대에서 현대경영학이란 인기과목(?)이 폐강되고 사라질 위험에 처했으나 몇몇 제자들이 계속 내 책을 사용해 주었고 또 몇몇 대학에서 계속하여 이용해 주어 끈질기게 살아남아 오늘에 이르게 되었다.

최근에는 국립한밭대학교를 중심으로 현대경영학을 꾸준히 이용해 주어 계속 그 명맥을 유지하게 되었다. 다시 한번 최종인 교수, 이은상 정책실장(한국핵융합에너지연구원)에게 감사드린다. 물론 내가 인지하지 못하고 있는 다른 대학의 교수님들도 계속 이 책을 사용하여 경영학교육에 이바지하시는 점 높이 사례하는 바이다.

본 책 현대경영학의 오랜 생명력의 원천은 내용이 심플하고 단출하게 기본기만 서술되어 있기 때문에 가르치는 분들이 기본 뼈대 위에 본인의 경영이론을 덧붙일 수 있는 장점이라 할 수 있다. 아울러 각 장마다 시작 및 마무리 사례가 약 2년에 한 번씩 업데이트되는 신선감이 또 이 책의 장점이라 할 수 있겠다. 판을 계속 거듭하여 10판 이상 이룰 수 있는 이유도 바로 사례 업데이트 덕분이 아닌가 싶다. 앞으로도 이 전통을 계속 이어갈 작정이다.

디지털시대, AI 시대에 접어들고, e-book 시대가 도래하면서 지면 교과서가 점점 사라지고 있는 요즈음 꾸준히 현대경영학의 장점을 살려 대학가에 생존할 수 있게 됨은 많은 분들에게 그 신세를 지고 있다. 앞서 언급했듯이 한밭대학교 최종인 교수와 이은상 실장을 비롯하여 여러 대학에서 본 교과서를 꾸준히 사용해 주시는 선생님들께 다시 한번 고개 숙여 감사드린다. 아울러 법문사 김제원 이사님을 비롯한 출판사 관계자 여러분께도 감사드리며 10판의 출간을 스스로 축하하며 자긍심을 가져본다.

광화문 연구실에서

이진규

머리말

Modern Business **Management**
first edition preface

경영학 원론이라는 과목은 가르치기도 힘들고 또 교과서로 만드는 것은 정말 어려운 일이라고 생각한다. 경영학 원론의 내용, 범위 등에 여러 가지 의견이 존재하고 그 소속 분야조차 경영대학 내에서 일치된 의견을 모으기 힘들다. 경영학이 꽃피우고 있는 미국에서조차 Introduction to Business가 경영학 원론인가 또는 Principles of Management가 경영학 원론인가에 대한 논의가 분분하다. 가장 적절하고 타협적인 방법으로 이 두 과목이 합쳐진 것이 우리나라에서 말하는 경영학 원론이 아닌가 싶다(순전히 나의 개인 의견임을 밝혀둔다).

나는 미국에서 박사과정부터(아마 1983년 여름이라고 기억한다) University of Iowa 에서 Peter Schoderbeck 교수의 지도 아래 Principles of Management를 가르쳐 왔다. 그 과목으로 경험과 명성을 쌓았고 또 West Virginia University에서 교수를 하면서 그 과목을 가르치면서 그 학교에서 최우수 교수상(Outstanding Teacher of the Year, 1988)도 받게 되었다. 그래서 그런지 이 과목에 대해서는 남달리 애정을 가지고 있다. 그렇지만 한국에 돌아온 후 전공이 세분화되어 있고 경영학 원론을 가르칠 기회가 주어지지 않다가 최근 고려대학교가 AACSB(미국 경영대학 인증협회)의 인증절차를 밟는 과정에서 본인이 이 과목을 맡게 되었다. 어떻게 보면 이제 경영학 원론을 가르칠 만큼 경영학 지식이 성숙해졌을까라는 생각도 해본다.

그렇지만 아직도 한국대학에서는 왜 경영학 원론이 Management분야에서 담당하느냐에 대한 거센 반발이 많다. 나는 구태여 경영학 원론이 Management분야의 소유물이라고 생각하고 싶지 않다. 마치 경영 전략(Strategic Management)이 자격만 갖추어지면 어느 누구나 할 수 있는 과목인 것처럼 말이다. 다만 경영학 원론은 Principles of Management라기보다는 General

Management라고 칭하는 것이 옳은 지적인 것 같다. 아직도 Management라는 말이 들어가 불쾌하게 생각하는 사람들이 있을지 모르지만 말이다. 그러나 결집된 의견은 MIS/Production 혹은 재무관리 선생님들이 이 분야에 관심이 있는 것 같지도 않다. 고려대학교에서도 경영학 원론을 경영학 전 분야가 Team Teaching을 하다가 최근 몇몇 분야가 포기한 적이 있다.

서두에 밝힌 바와 같이 나는 이 책을 General Management의 성격을 띠고 Introduction to Management와 Principles of Management를 두루 망라한 종합적인 책으로 꾸몄다. 과거에는 경영학 원론의 내용과 범위가 너무도 깊은 곳까지 다루고 있어 그 책 하나만으로도 대학 4년 경영학을 모두 섭렵할 수준이 될 정도의 책도 존재했었다. 이는 아마 경영학이 각 고시시험의 출제 과목이 되면서 그 범위가 절제 없이 심오한 영역까지 침투했던 까닭인 것 같다. 그 후 최근에는 경영학의 각 분야가 세분화되면서 각 분야를 전공하신 훌륭한 교수님들이 나타나 각론 책들이 속속 소개되어 더 이상 경영학 원론이 무거운 짐을 덜게 되어 아이러닉하게도 최근에는 너무 경영학 원론 책이 가벼워진 느낌도 든다. 이러한 여러 가지 주위 변화, 시장 요구, 학문적 필요성 등을 고려하여 적절한 수준의 경영학 원론인 「현대 경영학」을 집필하게 되었다.

본 책은 본질적으로 적당한 이론과 실례를 겸비하도록 만들어졌다. 일단 모든 경영각론에서 적용될 수 있는 Management의 기초 개념을 각 장별로 다루고 있다. 또 각 장에서 이야기하는 내용의 흥미를 독자들이 더 느끼게 할 수 있도록 Opening Case(시작 사례)와 Closing Case(마무리 사례)를 각 장에 삽입하였다. 시작 사례와 마무리 사례를 소개함으로써 학습자들에게 경영의 현장감을 실어주고 그와 관련된 이론과 실무내용을 본문에서 자세히 설명하고 있다. 되도록이면 최근의 정보와 자료를 인용하려고 시도하였으나 워낙 경영학의 변화속도가 빠른 관계로 어떤 내용은 벌써 진부화 된 내용도 있을 줄 안다. 지속적인 검토와 수정으로 보완해 나갈 것을 약속한다.

사례들에서는 되도록이면 관련된 실제기업과 경영자를 실명으로 밝혀 사례의 생생함을 느끼게 하였다. 다시 한 번 이 면을 통해 밝혀두는데 이 사례들은 어느 특정 기업이나 경영자를 홍보하거나 비난하려는 의도는 전혀 없고 일반 신문, 잡지, 인터넷 기사에서 일반화되고 보편화된 내용으로 오로지 대학생들의 학습 목적을 위해 만들어진 것이다. 해당 기업이나 경영자에게 어떤 개인적 의도로 만들어진 것이 아니라 기사화된 Facts로 구성되어 있다. 혹시 누가 되는 일이 있으면 실제 의도된 것이 아니라는 것을 명백히 밝혀둔다.

본 책의 예상 독자는 물론 대학생들이다. 경영학을 처음 접하는 대학생을 위해 만들어졌다. 경영학 전공자, 비전공자, 또는 일반인들도 쉽게 이해할 수 있도록 기술하였다. 우선 시작 사례를 읽고 문제에 대한 인식을 한 후 내용을 읽어 내려가면 이해하기가 쉬울 것이다. 그리고 마무리 사례를 읽으며 문제를 다시 한 번 재검하는 식으로 구성되어 있다. 전문대나 4년제 대학교 학생, 기업인, 일반인 모두에게 경영학의 입문서로서 이용될 수 있도록 꾸며보았다.

끝으로 이 책을 만들기까지 나를 도와준 고려대학교에 재학중인 여러 대학원, 학부 학생들에게 감사드린다. 고려대학교 경영대학에 소속한 많은 학생들이 이 Project에 참여했고 또 그들의 조그만 정성의 모음이 바로 이 책이 되었다. 참가자의 모든 이름–김원석, 김제영, 박혜원, 심미영, 오재승, 이을터, 이준호, 이해영, 임지선, 장세인, 정윤석, 정재철, 허성연(이상 가나다 순)–을 Recognition하고 싶다. 이들 모두에게 감사할 뿐이다.

고려대학교 LG–POSCO 경영관에서

이 진 규

전체 요약 목 차

Modern Business Management
tenth edition Contents

세부 목 차

Modern Business Management
tenth edition Contents

제 1 장 경영학이란 무엇인가 1

제 4 장 조직목표와 경영전략 95

제 5 장 의사결정과 위험관리 129

제 7 장 경영자 리더십과 동기부여 211

제 8 장 작업집단과 의사소통 245

사례 목 차

Modern Business Management
tenth edition Contents

제 1 장

경영학이란 무엇인가

1.1 왜 경영을 공부하는가
1.2 경영활동의 구성요소
1.3 경영의 성공기준
1.4 경영조직
1.5 경영자
1.6 결국 경영, 경영마인드는 무엇인가

opening case

경영 실패 사례

신뢰에 금이 가다: BMW의 탈선

BMW는 국내 수입 차량 시장에서 메르세데스-벤츠와 함께 점유율 1, 2위를 다투어 오던 승용차 브랜드이다. 특히 국산차에 비해 다양하고 고급스러운 디자인, 높은 품질에 대한 기대 등의 이유로 많은 소비자들이 선호하였으며 소득 증가로 인해 국내 수입차 시장이 점점 커짐에 따라 국내 전체 차량 시장에서의 점유율도 증가하고 있는 상황이었다.

| 2018 국내 수입차 시장 브랜드별 점유율 TOP 5 |

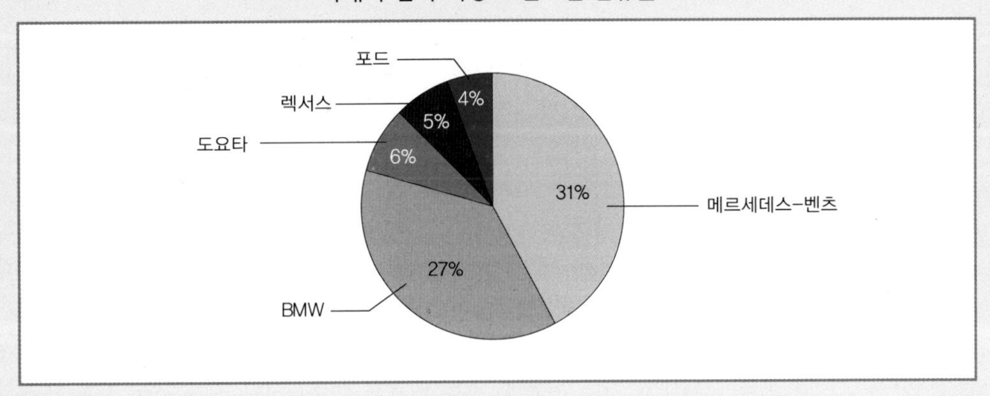

| 국민소득과 함께 움직이는 수입차 판매량 |

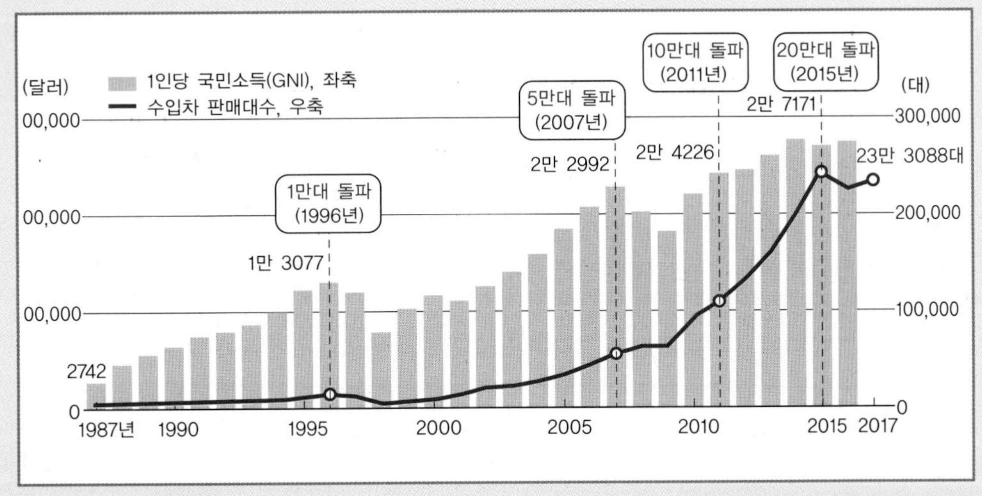

출처: 한국수입자동차협회(KADA), 한국은행

그러나 BMW는 2018년에 연이어 발생하는 520d 화재사건으로 실망스러운 모습을 보였다. 특히 국내 소비자들 사이에서 독일차는 기술과 안전의 대명사로 인정받아 왔던 만큼 그러한 이미지의 손상은 장기적인 매출 침체로 이어질 수 있을 것으로 전망했다.

경영 실패의 원인: 미흡한 초기 대응

BMW의 인기 모델 중 하나인 520d의 연쇄적인 화재는 차주들의 불안을 고조시켰다. 2018년 누적 화재 건수는 약 80건으로(국토부에서 발표한 건수는 37건, 그러나 실제 발생 건수는 그보다 2배 이상) 2017년 45건에 비해 확연히 증가했음을 알 수 있다. BMW 코리아는 긴급 기자회견을 통해 문제 발생률이 한국 0.10%라고 발표했다(삼성 갤럭시 노트 7이 화재사건으로 전량 리콜을 시행했을 때의 불량률은 0.0024%).

사고 발생 후 초기 대응의 미흡함은 소비자들의 불만을 더욱 심화시켰다. 반복되는 사고로 인한 차주들의 보상 요구에도 별다른 조치를 취하지 않고 제대로 된 보상을 해주지 않았다. 주행 중 불이 난 차량에 대한 조사를 단기간에 마친 후 차량이 타 버려 화재 원인을 알 수 없다며 신형 BMW 520d를 살 경우 차 값을 할인해 주겠다는, 또는 새로운 차량 구매 시 일부 세금 지원을 제안하는 등의 눈 가리고 아웅 식의 대처를 한동안 지속했다. BMW 측은 "한국에서 화재 사고가 집중된 것은 현지 교통 상황과 운전 스타일 때문일 수 있다", "국산 부품으로 인한 화재이며, 신형 차량의 부품은 독일 본사에서 만들기 때문에 괜찮다"며 직접적인 책임을 회피하고 화재의 원인을 외부 요인으로 돌렸다. 또한 주행 중 화재로 인한 지원 요청에는 "관련 매뉴얼이 없다"는 대답뿐이었다.

이후 BMW는 디젤 엔진 배기가스 재순환 장치(EGR) 모듈의 결함으로 인해 화재가 발생한 것이라며, 해당 모듈에 결함이 있는 모델에 대한 리콜을 시행한다고 발표했다. 리콜 대상은 520d는 3만 5천115대, 320d는 1만 4천108대, 520d x드라이브는 1만 2천377대다. 그러나 리콜 대상 이외의 차량과 안전점검 결과 이상이 없다고 했던 차량에서도 화재가 발생하면서 사태는 더욱 심각해졌다. EGR뿐만 아니라 소프트웨어를 비롯한 다른 곳에 원인이 있을 것이라는 의구심이 커졌다.

리스크 관리의 실수: 글로벌 배출가스 논란과 함께 한국발 리콜 사태 유럽으로도 번져, BMW코리아 판매량 급감

2018년 7월 이후 한국에서 연일 발생하는 화재로 인해 유럽에서 판매한 디젤 모델에 대해서도 리콜을 결정했다. 대상 차량은 총 32만 4천여 대에 이르며, 독일만 9만 6,300여 대에 이르는 것으로 추정된다. BMW는 한국에서의 화재 사고가 발생하기 이전에 배기가스 조작 의혹으로 인하여 독일 검찰로부터 수사를 받고 750d, M550d 등 2개 모델 1만 1,700여 대를 리콜하겠다고 밝힌 바 있다. 미국에서도 과거 판매되었던 X5와 330d 등 디젤 모델에서 질소산화물이 휘발유 모델에 비해 수 배 이상 배출되는 것이 확인되어 배출가스 조작 논란으로 고소된 바 있어 글로벌 시장에서의 신뢰 훼손 문제가 매우 심각한 상황에 처해있었다.

그러한 글로벌 시장 상황 속에서 한국에서의 520d 모델의 연이은 화재 발생은 불 난 집에 부채질이 된 격이다. 차량에 대한 안정성 문제는 소비자들에게 매우 민감한 부분이며, 사고 발생 이후 적절한 대처가 이루어지지 않고 사고의 명확한 원인을 파악하지 못했다는 점에서 BMW는 신뢰성의 심각한 훼손을 피하지 못할 것으로 보이며 이는 2018년 8월 국내

BMW 520d 판매량으로도 보여진다. 7월 판매량이 전월 대비 반토막(45.7%)으로 내려앉은 데 이어 8월에는 그보다 80%가량 급감하면서 100대를 겨우 넘겼다. 또한 BMW코리아는 2018년 말 딜러사들을 불러 모아 2019년도 경영계획을 공유하는 자리에서 2019년 판매목표를 4만 6,000대라고 밝힌 것으로 전해졌다. 2017년 판매량(5만 9,624대)과 비교해서는 20% 이상 줄어든 수치다.

| 줄어드는 BMW 국내 판매량 |

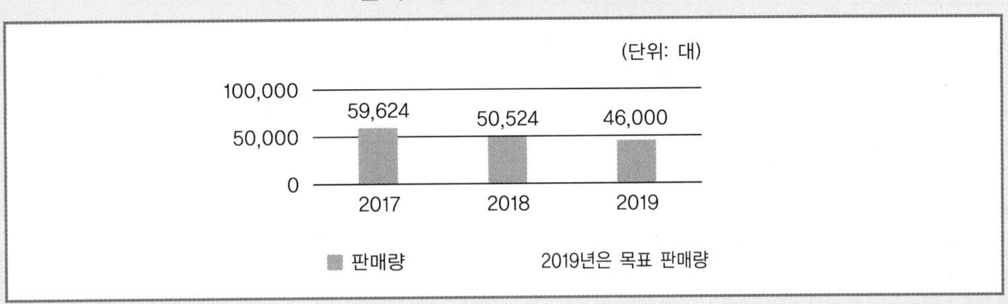

출처: 한국수입자동차협회

BMW의 미흡한 초기 대응 이후 계속해서 화재 사건이 발생하고 소비자들의 불만이 높아지자 그제서야 BMW는 폭발 위험이 있는 차량에 대한 안전진단과 리콜을 실시하기 시작하였다. BMW코리아 발표에 따르면 2018년 9월 기준 리콜 대상 10만 6,317대 중 99% 이상의 차량에 대한 안전진단이 완료되어 안전진단이 사실상 마무리 단계 접어들었다. 2018년 8월부터 시작된 리콜에서는 화재원인으로 지목된 EGR(배기가스 재순환장치), EGR 쿨러, EGR 밸브를 교체하였다. 그러나 리콜대상이 아닌 차종에 화재가 발생하는 등 여전히 설계 결함에 대한 전문가들의 이슈제기에 대한 대응은 미흡한 듯하다. 이러한 대응으로 인하여 훼손된 소비자들의 신뢰가 쉽게 회복되지 못하고 있는 것으로 보인다.

한편 한국수입자동차협회(KAIDA)에 따르면, 2024년 7월까지 수입차는 전년 동기 대비 2.8% 감소하였다. 2019년 이후 5년 만에 최저치다. 8,000만원 이상 법인 업무용 차량의 사적 사용을 제한하기 위한 연두색 번호판이 도입되며 주로 고가 브랜드의 판매 감소세가 뚜렷하게 나타났다. 그동안 수입차 시장 성장을 견인해 온 BMW, 메르세데스-벤츠, 폭스바겐 등의 판매량도 약세이다. 7월까지 BMW는 전년 동기 대비 5.7% 감소했고, 벤츠는 15.8%나 줄었다. 판매 부진 배경으로는 경기 불황과 고금리 장기화, 신차 부재 및 물량 부족 등이 있다. BMW와 포르쉐, 지프 등이 최신 전기차를 비롯한 신차를 출시하고 있지만, 판매 반등을 이끌 만큼 파급력이 크지 않으며, 전체 수입차 등록에서 20~30대가 차지하는 비중도 20% 아래로 떨어졌다. 최근 발생한 벤츠 전기차 화재 등도 수입차 시장에 부정적 영향을 미쳤다. 여기에 현대차와 기아, 르노코리아 등 국내 완성차 업체의 경쟁력도 수입차시장을 위축시킨다.

출처: KBS 뉴스, 컨슈머포스트, 연합뉴스, 채널 A, JTBC, 한국수입자동차협회, 이데일리, 매일경제, msn, clean technica, 전자신문, 한국경제 자료 참조 및 재구성.

1.1 왜 경영을 공부하는가

현대사회를 사는 우리는 다양한 사회 활동을 수행하고 있다. 개인적으로는 자신의 하루 일정을 관리하는 것부터 시작하여 자금관리, 동료관리 활동, 더 나아가 자신의 업무관리, 고객관리, 출세를 위한 승진관리 활동까지 그 활동의 범위는 실로 다양하다. 사회는 여러 사람이 함께 하는 공동체 집단이므로 우리는 다른 사람들과 어울려 여러 가지 사회활동에 참여한다. 집에서는 가족으로서의 활동, 학교에서 교내 동아리 활동, 아르바이트 활동, 또 졸업 후 취업활동 등이 있다. 좀더 넓게 생각하면 여러 단체에 속하여 수행하는 활동, 교회활동, 학교생활, 더 나아가서는 직장생활 및 기업활동도 사람들 간 집단 활동에 속하게 된다. 현대사회는 여러 가지 집단 활동으로 구성되어 있으며 집단 활동을 통해 사회의 성장과 발전을 도모한다.

개인적이든 집단적이든 사회적이든 현대인들은 여러 가지 활동에 관여하고 활동을 수행할 때에는 일이 잘 될 수 있도록 노력한다. 다시 말하면 이러한 여러 활동들의 결과가 바람직한 결과로 나타날 수 있도록 노력한다. 예를 들면 프로야구 감독은 선수, 코칭스태프, 그리고 구단주 등과 함께 시즌우승이라는 바람직한 결과를 만들어 내기 위해 많은 노력을 기울인다. 이렇듯 자신과 자신의 동료들이 함께 참여하는 사회활동이 바람직한 결과로 나타나도록 노력하는 것이 경영활동이다. 프로야구팀의 감독, 교회의 목사, 전쟁에 참여한 군대의 지휘관, 벤처기업의 경영자 등, 모든 사람은 서로 판이하게 다른 직업을 가지고 상이한 사회활동을 수행하고 있지만 공통적인 점은 모두가 사람들과 협동하여 바람직한 결과를 이끌어 내기 위해 노력을 경주하는 사람들이다. 경영이란 바로 사람들과 어울려 여러 가지 자원을 이용하여 지정된 목표를 달성하기 위해 노력하는 행위이다.

이와 같이 우리는 현대사회를 살아가면서 여러 가지 사회활동에 참여하며 이 활동이 바람직한 결과로 나타나게 하려고 경영활동을 수행한다. 그렇지만 모든 경영활동이 반드시 우리가 바라는 방향으로 성취되는 것은 아니다. 또 모든 사람들이 같은 자원을 이용하여 동일한 목표를 향해 노력했더라도 그 결과는 판이하게 다를 수 있다. 바로 좋은 경영(good management)과 나쁜 경영(bad management) 또는 성공한 경영(successful management)과 실패한 경영(failed management)이 발생할 수 있다. 우리가 경영학을 연구하고 공부하는 이유는 바로 나쁜 경영보다는 좋은 경영, 실패한 경영보다는 성공한 경영을 이끌어 내기 위한 것이다. 개인적으로, 집단적으로, 조직적으로 더 나아가 사회적, 국가적, 세계적으로 여러 가지 활동을 수행하는 현대인은 자신이 수행하는 경영활동이 성공적이고 바람직한 결과가 되게 하기 위한 바램으로 경영을 공부하는 의미가 있을 것이다.

그러면 과연 나쁜 경영, 실패한 경영은 어떤 결과를 초래하는 것일까? 우선 기업의 예를 들어보면, 나쁜 경영의 결과는 일단 여러 가지 경제적 지표로 반영이 된다. 매출액이 감소되고, 이익률이 떨어지며, 고객들이 상품과 서비스를 멀리하기 때문에 시장점유율이 떨어지고, 고객만족도와 브랜드충성도가 낮아진다. 주식시장에서는 주가가 떨어지고 기업의 가치가 하락하므로 외부로부터 자금조달이 어려워진다.

조직내부에서는 종업원의 사기가 떨어지고 이직률이 높아진다. 급기야는 노조가 술렁거리고 파업이 발생할 수도 있다. 나쁜 경영, 실패한 경영의 최악의 시나리오는 기업이 파산을 하여 종업원이 직장을 잃게 되는 것이다. 시작사례에서 나왔던 BMW의 경우에서도 경영자의 잘못된 판단으로 회사가 많은 손해를 입고 회사가 전략적 방향전환을 하는 위기를 맞게 되었다.

경영자의 실패경영은 죄없는 많은 소액투자자들에게 막대한 손해를 입히고 많은 사람들을 직장에서 내모는 사회적 문제를 일으키게 된다. 또 다른 측면에서 보면 경영학을 공부하는 의미는 이런 나쁜 경영, 실패한 경영을 하지 않기 위해서이다.

1.2 경영활동의 구성요소

경영활동의 내용은 과연 무엇인가? 경영활동을 구체적으로 설명하는 데에는 여러 가지 다른 관점들이 있겠지만, 우선 경영활동을 구성하고 있는 주요요소가 3가지 있다.

경영활동의 구성요소에는 자원관리, 목표관리, 과정관리라는 3가지 요소로 구성되어 있다(그림 1-1 참조). 이 세 가지 요소는 성격상 상호배타적이고 독립적인 것이 아니라 통합적이고 종합적인 차원으로서 세 요소가 함께 어우

그림 1-1 경영활동의 3요소

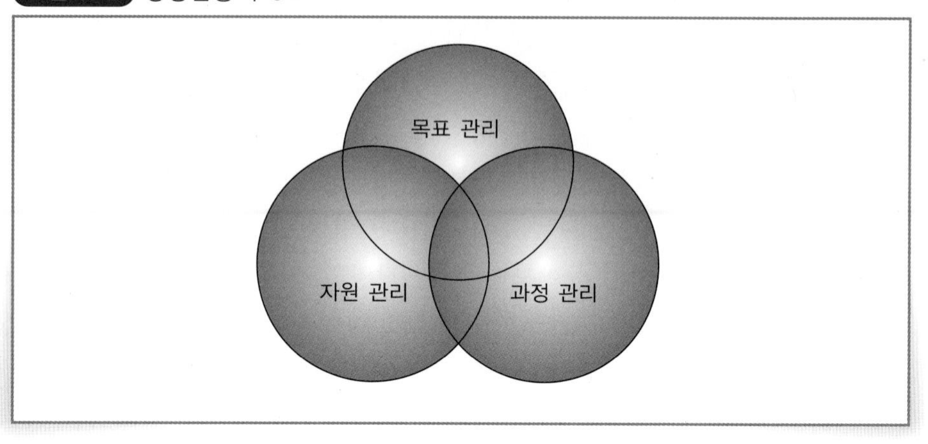

러져서 총체적으로 경영활동이라는 개념을 구성하고 있다. 즉, 이 세 가지 차원이 상호작용을 하여 결과적으로 경영활동을 끌어내고 있는 것이다. 이 세 가지 요소를 자세히 살펴보면 다음과 같다.

1. 목표관리

모든 경영활동에는 조직이 추구하며 지향하는 방향이 있다. 즉, 경영활동이 종료되었을 때 성취되고 만들어지는 바람직한 결과가 있다. 예를 들면 현대자동차의 5년 내 기업목표가 '세계 5대 자동차 메이커로의 진입' 이라면 이 목표는 현대자동차가 장래 추구해야 할 목표이며 지향하는 방향이다. 또 이 목표는 바로 5년 내 현대자동차가 이루어 내고 싶은 바람직한 결과이다. 경영목표는 비단 거대한 기업조직에만 있는 것이 아니라 2~3명의 소집단 또는 개인에게도 존재한다. 그러므로 모든 경영활동은 경영자가 추구하는 방향 또는 바람직한 결과를 나타내는 경영목표가 반드시 명시되어야 한다. 제 4 장에서 조직목표와 경영전략에 관해 좀더 자세히 연구하여 본다.

2. 자원관리

경영활동을 수행하는 과정에서 지정 명시된 경영목표를 효과적으로 달성하기 위해 경영자는 필연적으로 여러 가지 자원을 활용하게 된다. 우선 일을 하는 데에는 사람들이 관여하게 되고, 자금도 필요하며 또 여러 가지 정보도 수집 활용하게 된다. 바람직한 결과를 만들게 하기 위해 때로는 컴퓨터 등 기계설비도 필요하며 시장 내 유통망도 정립할 필요가 있다. 이와 같이 경영활동은 다양한 자원을 조정, 통합, 관리하며 목표달성을 시도하는 과정이다. 인적자원, 재무자원, 정보자원, 물적 설비자원 등 다양한 자원을 적절히 배합하여 바람직한 결과물로 산출해 내는 것이 경영활동이다.

자원을 사용하여 경영목표를 달성하는 과정에서 경영자에 주어진 한 가지 제한점은 사용가능한 자원이 무제한적이 아니라는 것이다. 따라서, 경영자는 한정된 자원범위 내에서 최대의 효과를 추구하여 경영목표를 달성해야 한다. 비록 사용가능한 자원이 풍부하다 하더라도, 경영자는 되도록 자원을 아껴 써서 최소의 자원으로 최대의 효과를 이끌어 낼 수 있도록 경영활동을 수행하여야 한다. 같은 자원을 사용하더라도 경영결과의 차이는 얼마든지 발생 할 수 있다. 똑같은 자원의 소비로도 잘된 경영과 더 잘된 경영이 가능하다는 뜻이다. 경영자의 능력은 바로 제한된 자원 속에서 가장 좋은 경영을 이끌어 내는 것이라고 할 수 있다.

3. 과정관리

경영자가 가용자원을 활용하여 경영목표를 추구, 달성하는 경영활동은 일련의 행동과정(behavioral process)으로 전개된다. 이 과정은 경영자가 스스로 수행하는 행동패턴으로서 경영활동의 중심과정이 되고 있다. 이 과정에는 기획(planning), 조직(organizing), 지휘(leading), 통제(controlling)라는 네 가지 행동패턴이 있다.

1) 기 획

기획(planning)이란 넓게는 조직의 나아갈 방향(목표)을 설정하고 목표달성을 위해 구체적으로 달성하는 방법을 모색하는 행위이다. 기획이란 반드시 범 조직차원에서만 존재하는 것은 아니고 미시적 차원에서도 기획이 필요하다. 예를 들면 개인적인 차원에서 영업활동을 수행하기 전 목표를 수립하고 목표달성 전략을 모색하는 것도 물론 기획활동에 포함된다. 기획이란 모든 경영활동을 수행하기 전에 바람직한 결과로 도달하기 위해 가지고 있는 자원을 어떻게 이용하여 경영활동을 수행할 것인가에 대해 미리 청사진을 짜보는 행위이다. 기획행위의 예로서는 조직이념과 비전 설정, 전략계획, 운영방침,

절차수립, 업무기획 수립 등이 있다. 본 책에서는 3장 지속가능경영, 4장 조직목표와 경영전략 등이 기획행위에 대한 설명에 속한다.

2) 조 직

조직(organizing)이란 경영목표를 효과적으로 달성하기 위해 시스템을 설계, 구축하고 현재 가지고 있는 자원을 적절히 배분하는 행위이다. 예를 들면 축구감독이 상대팀을 맞이하여 어떤 형태의 선수 포메이션을 구축할 것인가를 결정할 때 조직행위가 관여된다. 이번 시합의 목표가 커다란 스코어 차이로 이기는 것이라면 4-4-2 전법을 사용하여 강한 공격진을 구축할 필요가 있을 것이고, 목표에 따라 3-4-3, 3-5-2 등 여러 가지 선수 포메이션을 설계할 수 있을 것이다. 이러한 선수 포메이션 구축에서 부상선수, 신인선수, 고참선수, 선수들의 스태미너 등 팀이 가지고 있는 전력과 자원의 가용성을 고려하고 상대팀의 전력을 평가하여 조직행위를 수행할 것이다. 조직행위에는 조직 구조설계, 권한, 책임과 역할 명시, 의사결정 방법 등이 있다. 본 책에서는 5장 의사결정과 위험관리, 6장 조직구조와 조직변화가 조직행위에 관한 기술이라고 볼 수 있다.

3) 지 휘

지휘(leading)란 경영목표를 달성하기 위해 특히 인적자원을 효과적으로 관리하여 목표달성을 극대화하는 행위이다. 예를 들면 조직구성원에게 여러 가지 보상을 제공함으로써 작업 동기부여를 고취시키거나 경영자가 탁월한 의사소통 능력으로 리더십을 발휘하여 목표달성을 성취하는 행위를 말한다. 리더십이 발휘되는 양태나 동기부여가 되는 방법에 따라 조직구성원의 경영성과는 현저한 차이가 날 수 있다. 예를 들면 1960년대 한국에서는 박정희 대통령이라는 리더가 나타나 경제발전 리더십을 보였다. 국민들은 가난에서 벗어나 후세들에게 풍요로운 나라를 물려주자는 비전에 동기부여되어 열심히 일을 하여 1960년대 초 개인당 국민소득 40달러에서 2000년대 30~40년 만에 1인당 소득 10,000달러의 시대로 진입한데 이어 2010년대에는 소득 20,000달러를 돌파하였다. 2017년 3만불을 넘었고, 2022년 3만 5천불에 이르렀다. 같은 시기에 필리핀, 남미 등은 오히려 경제성장이 뒷걸음쳤고 유사한 다른 나라들은 경제정체에 머무르는 결과가 일어났다. 이는 국가경영이라는 경영활동에서 경영자의 지휘행위의 탁월성을 보여 주는 것이다. 지휘행위란 조직 내 의사소통, 동기부여, 리더십, 집단관리 등이 있다. 본 책의 7장 경영자리더십과 동기부여, 8장 집단의사소통, 9장 인사관리는 바로 지휘활동에 관한 서술이다.

4) 통 제

통제(controlling)란 경영목표가 최초 기획한 대로 잘 진행되며 잘 달성되었는가를 평가하는 행위이다. 목표수행과정에서 궤도수정, 그리고 목표달성 후에는 사후 평가를 통하여 다음 목표, 기획에 평가결과를 반영하는 행위이다. 예를 들면 뉴욕에서 출발하여 서울로 가는 여객기가 출발하기 전에 어떤 항로를 거쳐 얼마만의 스피드로 진행할 것인가를 미리 기획하게 된다. 항공기 조종사는 항공기 내 여러 설비를 이용하며 또 비행중 근접공항의 레이더의 도움을 받아 자신의 항공기가 기획한 대로 올바른 항로를 적절한 스피드로 운행하고 있는가를 지속적으로 관찰 운행한다. 만약 비행중 약간의 궤도이탈이 나오면 즉시 수정을 하며, 또 비행중 공중의 상황이나 도착시 공항 등의 상황을 고려하며 비행시간 및 스피드를 조절할 수 있다. 그 결과 가장 안전하게 승객을 정시에 목표공항에 도착시켰을 때 목표달성이 이루어진 것이다. 도착 후에도 과정중 또는 도착 후 최초 기획에서 벗어난 사건이 발생하였을 때 이를 사후 평가하여 다음에는 다시 그러한 일탈이 일어나지 않도록 노력한다. 통제행위는 기획된 업적과 실현된 업적 사이에 괴리가 발생되지 않도록 노력하는 행위이다. 통제행위에는 업적기준 및 실제 업적 비교, 측정, 평가, 사전 · 사후 통제 시스템 구축 등이 있다. 본 책에서는 10장이 통제에

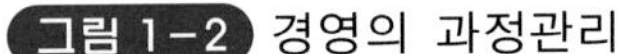
그림 1-2 경영의 과정관리

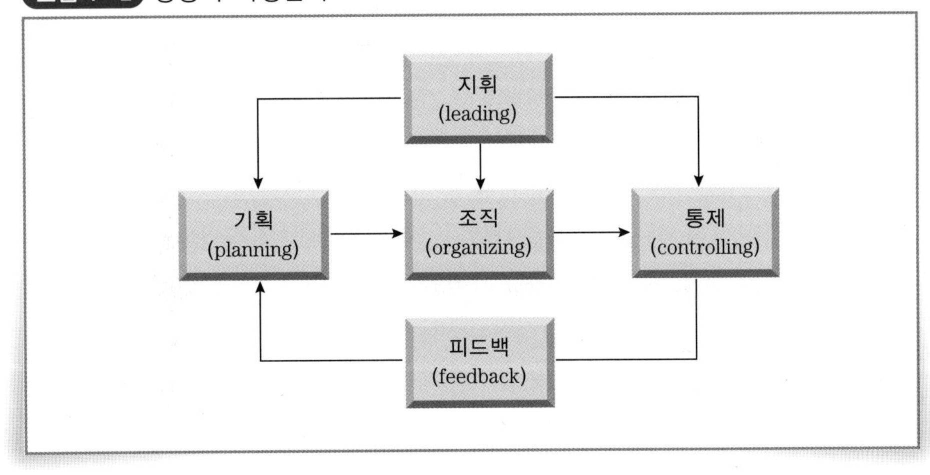

대하여 기술하고 있다.

과정관리의 4가지 패턴은 경영활동의 일련 과정으로서 [그림 1-2]와 같이 나열될 수 있다. [그림 1-2]의 과정을 다시 한 번 자세히 기술하면 첫째, 경영목표를 기획하고 둘째, 목표에 의거하여 자원을 설계 · 배분하며, 셋째, 기획된 목표가 적절하게 수행되는지를 평가 · 수정함으로써, 넷째, 다음 기획과정에 그 평가결과를 피드백한다. 이러한, 일련의 경영과정을 좀더 레벨업된 상태로 이끌기 위해 관여하는 인적자원을 동기부여시키고 올바른 방향으로 지휘한다.

1.3 경영의 성공기준

경영의 관심영역이 시간적으로 또 공간적으로 변하며 그 범위가 광범위하게 펼쳐있고 또 경영대상조직의 종류 또한 그 다양성이 다채롭다. 그렇지만 이 모든 다양한 조직의 광범위한 경영영역도 그 성공기준만은 공통적으로 공감 공유하고 있다. 어떤 경영활동도 그 성공여부를 평가하는 데에는 다음 세 가지 기준이 관여하게 된다: 효과성(effectiveness), 효율성(efficiency), 혁신성(innovation).

효과성과 효율성은 경영학의 거두 피터 드러커(Peter Drucker)가 주창한 말로서, 효과성이란 올바른 일을 하는 것(doing right things), 즉 제대로 된 업무를 수행하는 정도를 나타낸다 할 수 있다. 반면에 효율성이란 일을 올바로 하는 것(doing things right), 즉 업무를 제대로 수행하는 정도를 나타낸다. 드러커에 의하면 경영활동이 제대로 되었는가를 평가하려면 효과성과 효율성의 두 가지 기준이 모두 충족될 필요가 있다고 하였다. 본 책에서는 드러커가 이야기한 효과성과 효율성 이외 조직이 필요로 하는 경영의 성공기준으로 혁신성을 하나 더 추가하였다. 혁신성이란 조직이 변화하는 환경 속에서 얼마나 빨리 새로운 기술, 지식을 습득하면서 자기 변신을 도모하는가를 나타내는 정도이다. 혁신성을 성취하기 위해서 경영자는 기업가정신(entrepreneurship)에 입각하여 외부환경의 변화를 지속적으로 예측하여 혁신적인 방향으로 조직을 이끌어 나아가야 한다.

1. 효과성

효과성이란 미리 정해진 장기목표가 얼마나 잘 달성되었는가의 정도를 나타낸다. 조직이 기본목적을 완수하는 과정에서 여러 가지 관련된 경영활동을 수행하고 이를 위해 올바른 의사결정을 전략적으로 선택하는 행위를 측정한다. 구체적으로는 장기적인 조직목표가 얼마나 잘 달성되었는가의 정도를 나타낸다. 장기목표의 달성여부를 판단하는 데에는 관련 업무가 잘 수행되고 있으며 올바른 의사결정이 내려지고 있는가 등을 평가하게 되는 것이다. 효과성의 검증은 주로 장기적 관점에서 수행될 수 있으며 조직 내에서는 주로 최고경영층의 업무성과로 나타나게 된다. 예를 들면 삼성전자가 자사 발매 브랜드 상품을 세계 제 1 위 시장점유율의 상품으로 만들려는 노력은 삼성의 효과성으로 평가될 수 있다. 삼성의 세계일류 상품 만들기 노력은 줄기차게 지속되어 1995년 세계 1위 상품 1~2개에서 2020년 33개로 증가하고 있으며 이는 삼성의 경영 효과성을 잘 나타내주고 있다.

2. 효율성

효율성이란 조직이 목표달성을 추구하는 과정에서 자원의 투입 · 산출 대비 얼마나 자원을 경제적으로 사용하였는가의 여부를 나타낸다. 효과성에 비하여 단기적 관짐의 기준으로서 조직이 목표달성시 자원 활용을 얼마나 용의주도하게 아껴 쓰며 업무를 수행하였느냐를 나타낸다. 같은 목표를 달성할 때도 자원을 얼마든지 경제적으로 활용하면서 동일한 결과를 얻어낼 수 있는 것이다. 이는 주로 조직의 하위계층, 실무경영자들 선에서 특히 고려되는 사항으로서 조직 내 자원 활용의 주요한 이슈가 된다. 예를 들면 사기업에 비하여 공기업에서는 예산을 방만하게 운영한다는 비난이 종종 있다. 이는 동일한 목표를 추구, 달성하는 과정에서 자원이 풍부한 공기업 경영자들이 사기업에 비해 덜 효율적일 수 있다는 것을 의미한다. 즉 효과성은 바람직한 결과/투입, 효율성은 산출/투입의 비율로 파악할 수 있다. 예를 들어 병원에서 효과성은 환자를 완치하는 것에 둘 수 있으며, 효율성은 적은 투입으로 낫게할 것인지, 의사가 한시간에 몇명을 진료할 것인가로 측정할 수 있을 것이다. 따라서 조직은 효과성을 먼저 고려하고 그 다음 효율성을 검토하는 것이 바람직하다.

3. 혁신성

혁신성이란 조직이 새로운 환경에 얼마나 빨리 적응하며 변신을 시도하는 정도를 나타낸다. 조직이 목표달성을 추구하는 과정에서 새로운 아이디어를 얼마나 창출하며 이를 실제상황에 얼마나 빨리 적용시킬 수 있는가의 능력을 측정한다. 요즘과 같이 외부환경이 급변하는 시대에 조직이 시장에서 경쟁력을 유지하기 위해서는 지속적으로 신상품, 새로운 서비스를 시장에 출시하여야 하고 내부적으로도 새로운 작업 프로세스를 도입하여 생산 시스템을 고양시켜야 한다. 장기적인 관점에서 볼 때 꾸준히 혁신을 추구한 조직은 시장에서 생존, 성장하였고, 반면에 혁신을 등한시한 기업은 시장에서 침체, 도태하고 있다. 예를 들면, 소비시장에서 새로운 형태의 소매상점으로 편의점이 융성하는 것에 비해 재래시장이나 구멍가게는 새로운 변화에 빨리 적응하지 못해 고객을 편의점에 많이 빼앗기고 있다. 한 예로 1903년 설립된 3M이 120년이 되어도 관료제에 빠지지 않고 지속적으로 성장한 배경에는 혁신성이 중요한 목표이며, 이를 달성하기 위한 25% 룰 과 같은 방법론을 사용하기에 가능했다 .

1.4 경영조직

경영자가 경영활동을 수행하는 데에는 대부분의 경우 다수의 구성원으로 조직된 공동체를 통해 가능해진다. 경영조직이라고 불리는 이 조직체는 2인 이상의 구성원이 모여 공동 목표를 추구하는 공동체이다. 예를 들면 교내 등산써클, 경로당, 시민단체 등이라는 소규모 조직부터 기업조직, 국가조직 등의 거대한 조직 등이 포함된다. 흔히 조직이라고 하면 영리를 추구하는 기업조직을 대표로 지적할 수 있으나, 교회, 자선단체, NGO 등 비영리 단체도 많이 존재한다. 이 모든 조직이 2인 이상이 집합하여 동일한 목표를 추구하며 잘된 경영, 성공적인 경영, 효과적인 경영을 위해 조직경영활동을 수행하고 있다.

과거에는 경영 또는 경영학이라는 용어는 영리추구를 목적으로 하는 기업조직에만 국한되어 연구하는 영역으로 간주되었다. 그러나 현대사회에 들어서는 모든 조직체의 경영활동과 관리에 경영/경영학이라는 용어가 적용되고 있다.

과거 행정학에 국한되었던 정부, 공기업, 정부관련 단체 조직에서도 조차 최신 경영기법을 도입하고 경영이라는 용어를 거리낌 없이 사용하고 있다. 급기야는 경영대상 조직이 확대되어 병원경영, 교회경영, 군대경영이라는 용어도 등장하게 되었고 크게는 국가경영, 글로벌 경영이라는 말도 자주 쓰이고 있다.

이러한 추세는 경영의 범위가 앞서 말한 대로 개인, 집단, 조직, 사회, 그리고 국가, 세계로 확대되고 있을 뿐만 아니라 경영대상 조직도 기업에서 정부, 교회, 병원, 호텔, 군대 등 과거에는 상상도 못했던 조직체에까지 확대되고 있다. 결국 경영대상 조직은 그 다양성이 날로 확대되어가고 있고, 앞으로는 가상조직, 비공식 네트워크 조직 등 사이버 조직도 경영대상 조직의 범주에 속하고 있다. 이렇듯 경영의 대상은 실로 다양하지만 목표를 달성하며 좋은 경영, 성공적 경영, 효과적 경영이라는 기준은 어떤 형태, 어떤 목적, 어떤 구성원의 조직이라도 공감하는 경영원칙이다.

1. 경영조직계층

일반적으로 조직은 수직적으로 명령계통에 따른 몇 개의 계층으로 이루어져있다. 계층이 몇 안 되는 조직도 있지만 조직의 규모가 비대해지면 업무의 복잡성 때문에 계층이 여러 개로 나누어질 수밖에 없다. 그렇지만 대부분의 조직에 존재하는 계층은 취급하는 업무, 업무의 흐름, 명령계통 등의 특성에 따라 크게 3개 층으로 나누어질 수 있다.

최고경영층에 속한 사람들은 주로 조직의 나아갈 기본방향, 중심사업, 전략, 대외관계 등을 결정하는 조직의 지배그룹이다. 우리나라 조직의 최고경영층의 타이틀은 주로 기업에서 회장, 사장, 대표이사, 전무, 상무 등으로 칭하여 지는 게 일반적이지만 최근에는 여러 가지 다양한 타이틀이 붙여지고 있다. 예를 들면 최고경영자(Chief Executive Officer)란 CEO에서 유래되어 각 기능별 최고 경영자들의 호칭이 만들어지고 있다. 재무담당 최고경영자는

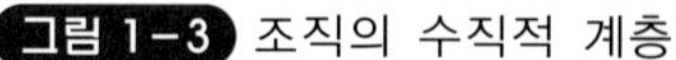
그림 1-3 조직의 수직적 계층

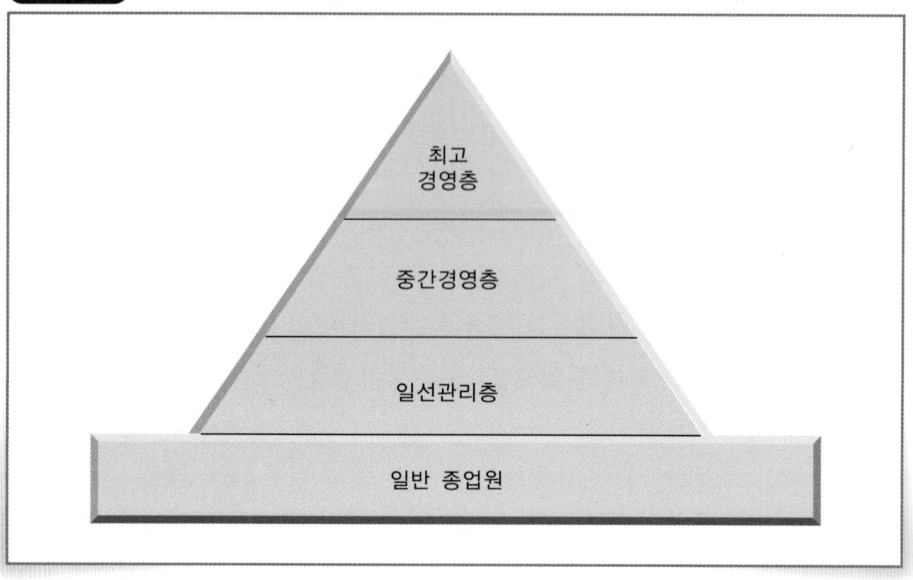

Chief Finance Officer(CFO) 그리고 정보담당 최고경영자는 Chief Information Officer(CIO) 등 기능별로 CEO를 정하여 부르며, 이들을 C-Level이라고 한다.

그 외의 다른 조직에서의 최고경영층의 타이틀은 주로 각 기관의 대표 또는 이사회 소속 임원들을 일컫는다. 군대의 경우 장성급이 최고경영층일 것이고 조직의 특성에 따라서는 대대장, 연대장급들도 그 대열에 속할 수 있다. 목사, 장로, 병원장, 국회의원 등 우리 사회에서 최고경영자급에 속하는 타이틀은 그 예가 다양하다. 결론적으로 소속집단의 최고층으로서 집단의 최고목표를 설정하고, 전략을 수립하여 대외관계를 담당하는 집단을 최고경영층이라고 한다.

둘째, 중간경영층은 그 범위가 오히려 넓다. 대체로 각 사업부의 대단위, 중소단위를 맡아 이끄는 책임경영자들로 구성되어 있다. 최고경영층에서 설정한 목표, 사업 전략에 따라 실무적으로 사업을 수행하며 이끄는 계층이다. 타이틀은 사업본부장, 과장, 부장급이 이 계층에 속한다. 조직의 특성에 따라서는 상무급, 전무급 등도 있지만 대체로 중간경영층은 실무적으로 사업을 수행하는 그룹이다.

마지막으로 일선관리층은 초급 관리자라고도 하는데, 문자 그대로 일선에서 일반 종업원을 데리고 목표실행을 주도하는 계층이다. 목표수행을 위해

그림 1-4 경영조직의 기능적 구분

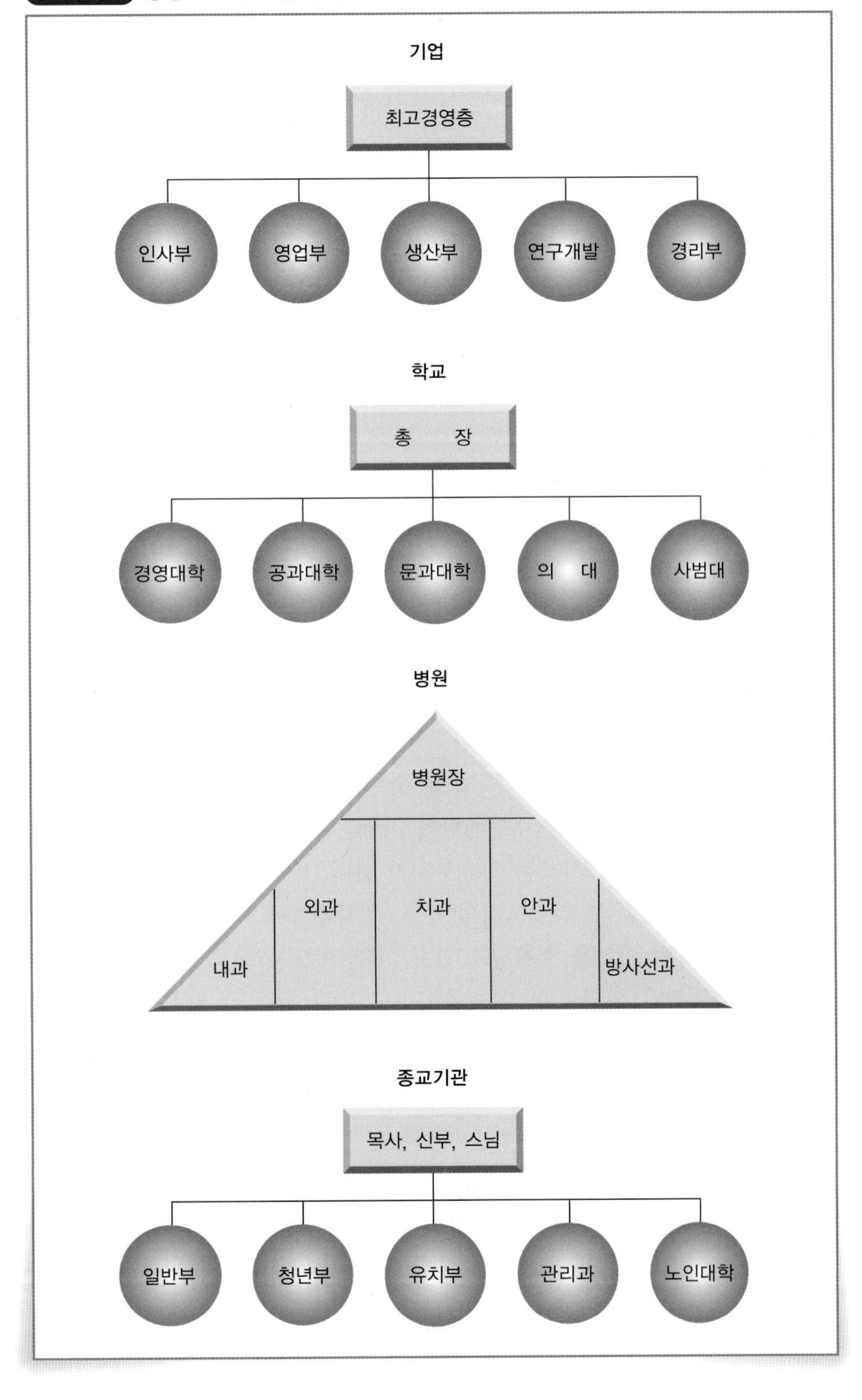

고객을 만나고, 문서를 작성하며, 생산품 및 서비스를 점검하고 모든 일이 목표에 맞게 사사건건 올바로 수행되는가를 체크하는 그룹이다. 가장 일선에서 직접 전투병을 이끄는 소대장, 분대장 계층을 이야기한다. 기업에서는 대리, 과장 등이 이 계층에 속할 수 있다.

2. 경영조직의 기능적 구분

조직은 수평적으로 서로 다른 기능으로 구별될 수 있다. 기업조직의 가장 일반적인 수평적, 기능별 구분은 [그림 1-4]와 같이 각 사업기능에 따라 구분하는 것이다. 그렇지만 조직의 특성, 여러 가지 기능형태에 따라 수평적으로 다른 구별도 가능하다.

앞에서 도식한 바와 같이 조직의 특징, 전략적으로 초점을 맞추는 사업 등의 이유에 따라 다양한 수평적 기능으로 구별될 수 있다.

3. 조직의 다양한 조명

조직을 입체적 3차원에서 조명해 보면 [그림 1-5]와 같다. 이는 수직적으로 최고층부터 차츰 하위경영층으로 내려갈 수 있고, 수평적으로는 각 기능 사업별로 나누어질 수 있다. 입체적으로 조직을 투영하는 또 하나의 이유는 조직에도 전략상 내부권력에 가까운 핵심 분야가 있을 수 있고, 조직주변에서 현업에 종사하는 일반부서가 있다. 비록 같은 수직적 레벨에 있다고 하더라도 어떤 부서는 조직의 목표, 전략수행에 핵심적 역할을 하고, 주변부서는 일상적 사업을 추진하고 있다. 이를 반드시 정치적인 이유로 볼 필요도 없지만 같은 영업부 과장 계층이라도 어떤 사람은 영업기획을 맡아 전체영업의 전략적 방향을 기획하는 경영자가 있는 반면, 실제 시장에서 고객과 구매자를 만나 설득하고 판매하는 과장도 있을 수 있다. 최근 우리은행에서는 직급이 낮아도 핵심보직을 맡은 핵심인력을 본부별로 선발하고 있다. 이를 조직의 입체적 관점에서 [그림 1-5]처럼 투영해 볼 수 있다.

또 다른 측면에서 조직을 바라볼 수 있는 바는 [그림 1-6]과 같이 조직이 수직적으로 많은 계층을 가진 tall organization과 비교적 적은 계층을 가진 flat organization으로 대비시킬 수 있다. tall organization은 계층이 여러 개 있는 관계로 매우 관료적이고 위에서 아래로까지 의사소통 및 의사결정이 내

그림 1-5 조직의 입체적 그림

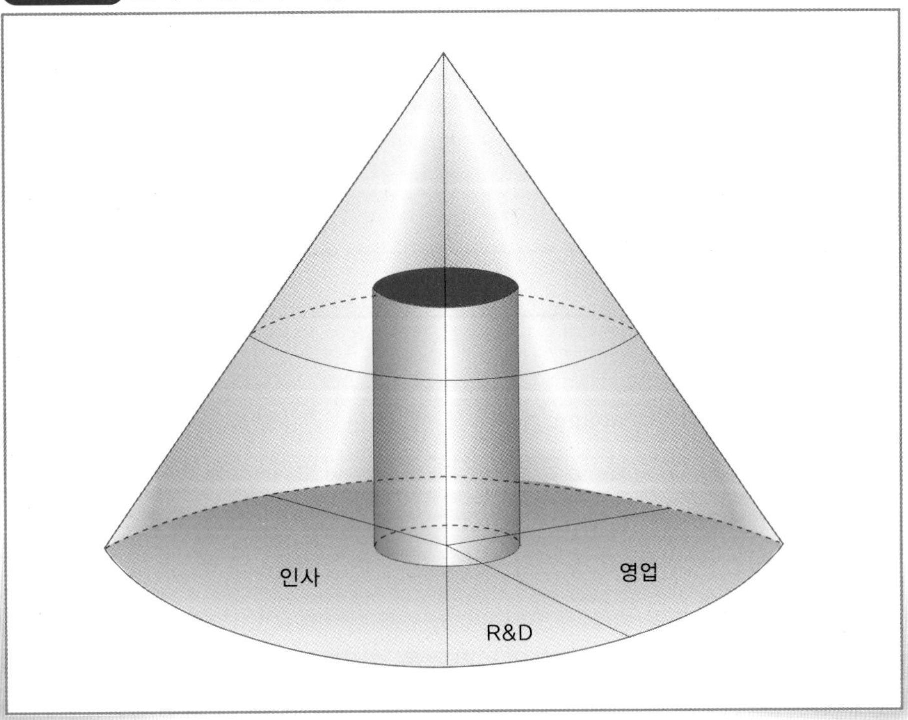

그림 1-6 조직의 수직적 분류

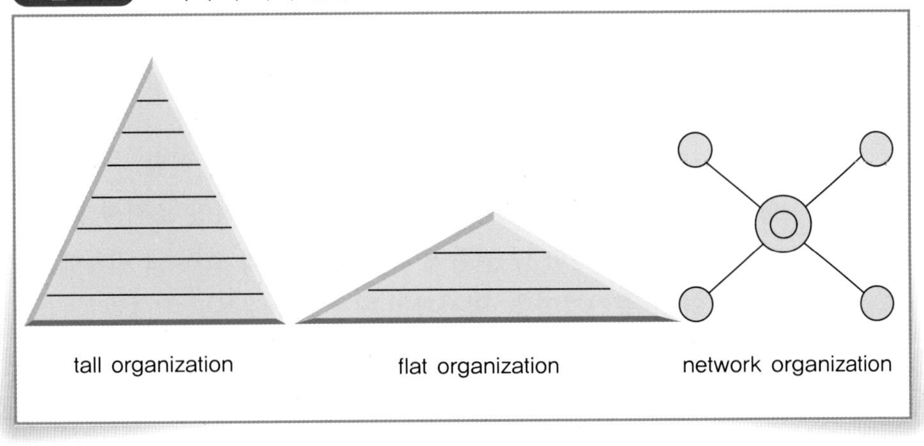

려오기까지는 시간이 걸린다. 반면에 flat organization처럼 계층이 적은 조직은 의사결정이 신속하여 빠른 업무수행이 가능해진다. 변화하는 환경에 재빠르게 대처하기 위해서는 flat organization이 tall organization보다 효율적이라는 의견이 지배적이다. 그렇지만 사업이 복잡해지고 규모가 커지게 되면 반드시 이상적으로 flat organization을 유지하기는 힘들다. 사실 최근에는 정보

기술의 발달로 여러 계층을 뛰어넘는 네트워크 조직 등이 있어 의사소통, 의사결정이 가능해졌으므로 물리적 계층의 수는 더 이상 문제가 되지 않을 수 있다.

1.5 경영자

경영자(manager)란 조직 내 다른 구성원을 통하여 조직목표가 달성될 수 있도록 업무를 추진하는 사람이다. 경영자는 재무자원, 정보자원, 설비자원 등 조직 내 여러 가지 자원을 이용해 인적자원을 통한 상품과 서비스를 생산하는 책임을 갖고 있다. 경영자의 주 업무는 조직 내 다양한 자원을 통합하여 조직목표달성을 극대화 하려고 노력하는 것이다. 경영자의 구체적 업무행위는 자원을 이용하여 업무활동을 기획하고, 조직하고, 통제하고 또 종업원을 지휘한다. 이러한 과정에서 미리 설정된 목표가 바람직한 방향으로 달성되도록 경영자는 조직구성원과 함께 노력을 경주한다.

1. 경영자의 구분

경영자는 조직 내 위치, 책임 및 권한의 정도, 역할, 기능 등에 따라 여러 형태로 구분될 수 있다. 우선 산업사회의 대표적인 조직형태라고 할 수 있는 관료조직에서는 책임 및 권한에 따라, 경영자의 조직 내 위치에 따라 계층별로 최고경영층, 중간경영층, 일선관리층 등으로 구분된다(그림 1-7 참조).

경영자가 어떤 계층에 속하느냐에 따라 그들이 하는 업무의 성격은 달라진다. 첫째, 최고경영층에서는 주로 조직과 외부와의 관계관리를 한다. 외부환경과 조직의 관계를 조정하는 과정에서 조직이 어떤 모습으로 자리매김을 해야 하는 것인가를 결정하고, 장기목표와 전략 등을 수립하게 된다. 또 목표와 전략에 의거하여 내부 자원배분에 관심을 기울인다. 둘째, 중간경영층은 최고경영층과 일선 관리층과의 사이에서 조정역할을 하며 부서 간 협동 및 조정을 담당한다. 흔히 조직 내부의 기능별 소조직의 책임을 맡고 있으며 소조직 내부의 세부 부서간을 넘나들며 조정역할을 한다. 셋째, 일선관리층은

그림 1-7 경영계층

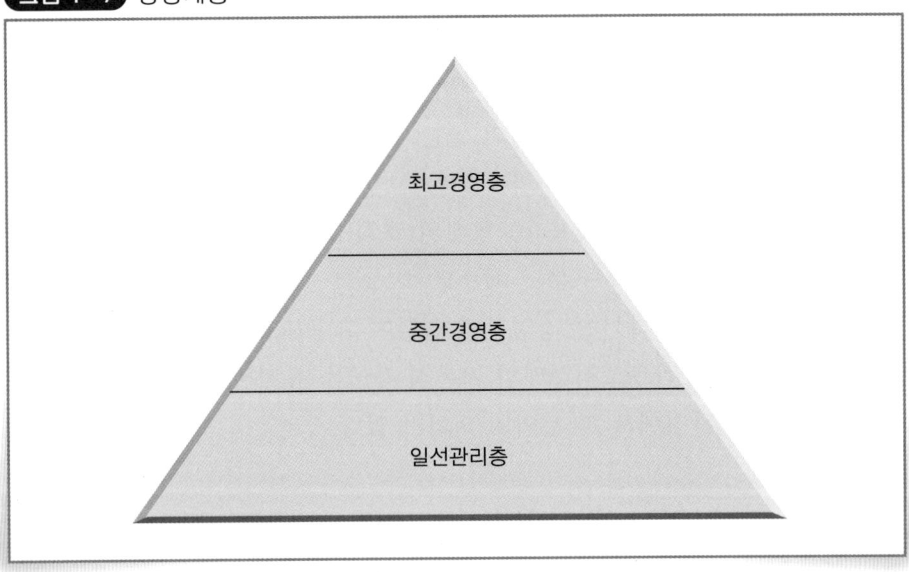

상품과 서비스가 생산되는 최하단위의 업무집단을 관리한다. 그들은 조직목표가 정확히 달성되는 조직의 가장 기본적 단위부서를 지휘, 감독한다. 그리고 조직에서 설정한 업무활동정책이 실제 업무가 수행되는 과정에서 올바로, 구체적으로 수행되는가를 감독한다.

경영자는 또 전문적 분야 또는 기능에 따라 각 기능별 경영자로 구분될 수 있다. 기능별 경영자란 마케팅, 재무, R&D, 생산, 인사 등과 같이 전문 기능별로 나뉘어 자신의 전문분야를 담당하는 경영자를 지칭한다. 경영계층을 나타내는 [그림 1-7]과 달리 기능별 경영자는 [그림 1-8]과 같이 수평적으로

그림 1-8 기능별 경영층

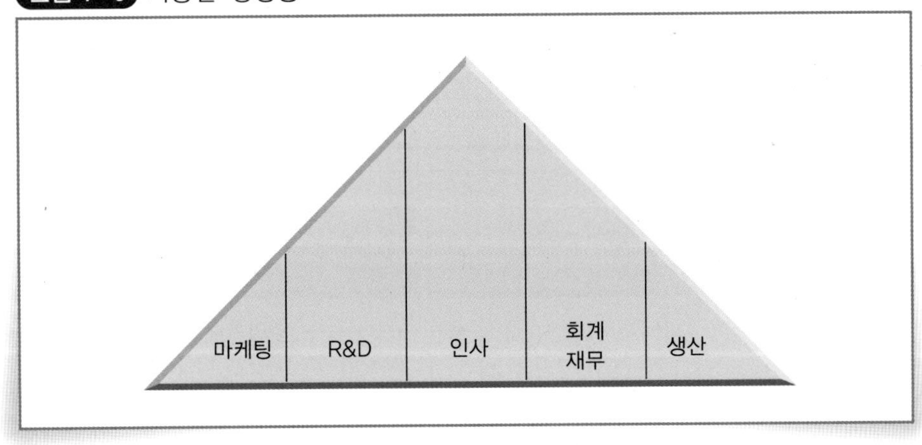

조직에서 구분될 수 있다.

경영계층, 기능별 경영층으로 구분하는 형태는 앞서 이야기한 대로 산업사회의 전형적인 조직형태인 관료조직에서 흔히 나타나는 조직구조형태이다. 21세기 후기산업사회 또는 정보사회에 진입함으로써 정보, 통신의 발달, globalization의 가속화, 경쟁, 심화 등의 이유로 조직은 계층이 줄어들고 작고 날렵한(slim & lean) 형태의 조직구조로 바뀌고 있다. 새로운 조직형태에서는 경영자의 구분도 계층별, 기능별 구분이 아닌 무계층, 전방위 계층으로 변화되며, 다기능 경영자의 역할이 요구되고 있다. 그러나 아직도 많은 조직은 과거 관료조직형태의 기본적 구조를 유지하고 있기 때문에 원칙을 학습한다는 관점에서 본 논의의 의의가 있다.

2. 경영자의 경영기술

경영자가 목표달성을 위해 보유, 발휘하는 기술은 기술적, 인간적, 개념적 기술이 있는데 경영자가 어느 계층에 속해 있느냐에 따라 각각의 기술의 중요도가 달라질 수 있다. 특히 [그림 1-9]의 경영계층, 즉 일선관리자, 중간관리자, 최고경영자로 올라갈수록 기술적 업무기술에서 인간적 및 개념적 업무기술이 주로 필요하게 된다.

그림 1-9 경영활동의 3요소

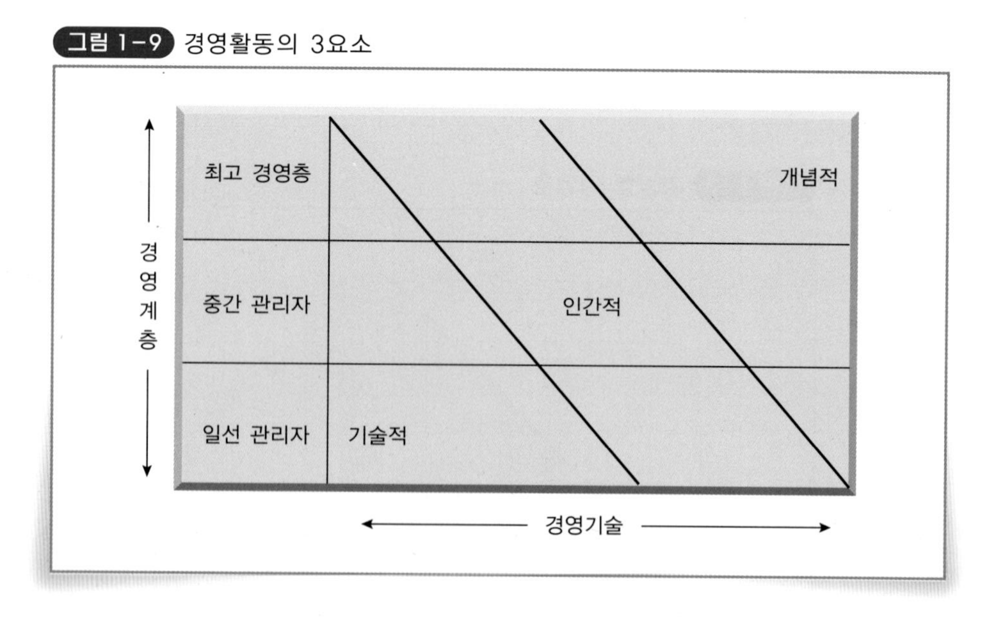

1) Katz의 3가지 업무기술

■ 기술적 업무기술

일선 관리자에게 가장 많이 필요한 기술적이고 전문화된 지식을 말한다. 즉, 작업방법, 절차, 그리고 도구의 사용 등을 포함한다. 예컨대, 인터넷 비즈니스를 하는 벤처 기업의 경영자는 정보기술에 관한 전문적인 지식을 가지고 있어야 한다. 또한 생산라인의 부품조립에 관한 정확한 지식이 있어야 생산직 종업원들이 부품 조립시 실수를 했을 때에도 잘못된 점을 수정할 수 있다.

■ 인간적 업무기술

모든 경영자에게 공통적으로 필요한 것으로 대인간 관계 조정능력이다. 종업원과의 원활한 의사소통, 대인간 갈등의 해결, 그리고 조직구성원들 간의 협동심 배양 등이 이에 속한다. 인간적 업무기술은 각 계층에 두루 필요한 기술이지만, 특히 최고경영층과 일반 종업원들 사이의 중간 역할과 구성원들 간 의사소통 문제 등의 조정과 중재역할을 하기 때문에 중간관리자들에게는 더욱 중요하다. 중간관리자 개발 프로그램이 리더십, 의사소통, 구성원간의 갈등처리 훈련 등을 많이 포함하고 있는 것도 이러한 업무기술이 중요함을 시사해 준다.

■ 개념적 업무기술

조직의 내 · 외부 환경, 특히 이해관계자들과의 활동을 조정하고 통합할 수 있는 업무기술을 말한다. 예컨대, 조직전략은 최고 경영자의 의사결정에 의해서 수행된다. 최고 경영자는 조직이 갖추고 있는 유 · 무형자원의 강점과 약점 그리고 외부 환경과의 기회와 위협 요인들을 분석하여 결정한다. 더구나 조직전략을 수행할 때 외부 이해관계자들인 고객과 정부, 그리고 시민단체 등은 매우 중요한 제약조건으로 고려된다. 특히 미래의 비전과 새로운 제품 및 서비스를 만드는 개념 설계 역량이야말로 경영층에게 필수적인 요인이다.

2) 그 외의 업무기술

Katz가 주창한 기본적인 3가지 업무기술 외 여러 학자 및 실무자들이 이론적으로 경험적으로 밝혀낸 그 외의 중요한 업무 기술은 다음과 같다

■ 진단적 업무기술

의사가 환자를 진단할 때 병의 증세를 보고 원인을 분석하고 평가하여 치

료를 한다. 경영자도 경영상황을 진단·분석하여 성공, 실패 원인을 알아내고 올바른 해법을 만들어내어 조직을 좀 더 효과적으로 운영하게 된다. 예를 들면, 유통기한이 지난 식품이 팔려나간 식품회사 경영자는 왜 그런 실수가 일어났는지 원인을 분석하고 차후 같은 실수가 되풀이 되지 않도록 대책을 강구한다.

■ **의사소통 업무기술**

경영자는 조직 내 의사소통이 원활히 되도록 노력한다. 조직내 위아래는 물론 수평적 의사소통 더 나아가 조직외부 이해집단과의 소통도 중요시한다. 새로운 정보, 아이디어를 내외부와 끊임없이 주고받는 업무기술을 칭한다. 최근에는 소통수단이 다변화되어 전통적인 소통수단 외에도 e-mail, 휴대전화, 전자결재 및 줌(Zoom) 회의와 결재 등의 다양한 소통수단이 등장, 통용되고 있다.

■ **의사결정 업무기술**

경영자는 경영상황을 올바르게 판단하여 문제점을 알아내고 그 문제 해결을 위해 올바른 의사결정을 내린다. 더구나 경영상황에 얽혀있는 기회와 위기를 잘 포착하여 위기를 극복하고 기회를 십분 살려 경영 효과를 극대화 하려 한다. 이 과정에서 경영자는 크고 작은 수많은 의사결정을 내린다. 좋은 경영은 좋은 의사결정에서 출발한다. 항상 정확한 의사결정을 내리는 것은 아니지만 나쁜 의사결정을 극소화하고 같은 실수를 반복하지 않도록 노력한다. 시작사례에서 나왔듯이 BMW는 완벽품질의 명성에 금이 가게 한 불량 부품 문제가 다시 발생하지 않도록 전체 경영과정에서 의사결정을 재검토할 것이다.

■ **시간관리 업무기술**

경영자 개인으로 볼 때 가장 중요한 업무기술은 아마도 개인의 시간관리일 것이다. 자신의 시간을 얼마나 효과적으로 관리하느냐가 경영자의 성공과 실패를 가른다. 여러 가지 사건, 약속, 결정 속에서 어디에 우선권을 두며 어떤 결정을 권한위양을 하며 어떤 것은 뒤로 미루는 등 시간관리 기술은 경영자의 자기관리의 핵심이다. 업무상 시간관리뿐만 아니라 일과 자신 그리고 가정과의 균형된 시간 할당도 중요하다. 업무에만 과다하게 매달리다 자신의 건강 또는 가정을 해치는 경우도 자주 일어난다. 경영자 자신이 일, 가정, 자기관리 속에서 업무의 효과성을 높일 수 있는 시간관리가 필요하다.

경영학 FOCUS

성공한 경영자들의 경영철학 · 좌우명

오뚜기 함영준 회장
"사람을 비정규직으로 쓰지 마라."

함영준 회장은 오뚜기 창업자인 고(故) 함태호 명예회장의 장남으로 2010년부터 회장으로 재임하며 '착한 기업' 만들기에 크게 공헌하고 있다. 2012년부터 밀알복지재단의 '굿윌스토어'에 선물 세트 조립 및 가공을 위탁하여 장애인 직원들의 생계를 돕는 등의 선행을 이어가고 있으며, 특히 '비정규직 없는 회사'를 만들겠다는 경영원칙 하에 전체 직원 3,073명 가운데 단 49명의 비정규직 직원을 두고 있다(2022). 뿐만 아니라, 사업 다각화에 힘쓰고 라면 부문의 성장을 위해 시식회를 열고 가격을 동결하는 등의 노력을 통해 라면 시장 2위로 올라서며 취임 당시 1조원을 살짝 웃돌았던 매출도 3.5조원(2023년)을 돌파하는 등 상생 경영과 실적 개선을 동시에 달성하며 성공적인 경영으로 평가 받고 있다. 최근 식품업계 대표 ESG(환경 · 사회 · 지배구조) 기업으로 꼽힌다. 다만 해외매출 비중이 농심과 삼양에 비해 매우 낮은 10%를 극복하려는 전략을 추진 중이다.

출처: 오뚜기 사업보고서(2017.12), 한국경제 매거진, 매일경제 자료 참조 및 재구성.

교보생명 신창재 회장
"기업 경영은 이해관계자와 공생하는 것."

산부인과 의사였던 신창재 회장은 아버지 신용호 교보생명 창업주의 뜻에 따라 교보생명의 경영에 뛰어들었다. 국내 생명보험사 유일의 오너 CEO인 신창재 대표는 경영상의 위기를 정면돌파 하기 위해 대대적 경영혁신에 착수해 잘못된 영업관행을 뜯어 고치고 수익이 나지 않는 사업 부문은 과감히 정리했다. 신창재 회장은 아버지 신용호 전 회장이 강조했던 '국민교육진흥과 민족자본형성' 이라는 회사 창립 이념을 계승하며 "경영의 궁극적인 목적은 이익이 아니라 모든 이해관계자와 함께 발전하는 것이기 때문에 경영자는 특정 그룹의 이익을 위해 다른 그룹의 이익이 침해되지 않도록 끊임없이 균형을 유지해야 한다"고 경영 철학을 밝힌 바 있다. 이러한 철학 아래 신 회장은 직원들과의 소통을 위해 직접 우수 재무설계사를 시상하는 '고객만족대상' 시상식에 참여해 개그맨들과 함께 공연을 펼치거나 샌드 애니메이션을 만들어 선보이기도 하였으며, 투명경영에 대한 확고한 경영철학을 바탕으로 투명한 경영제도와 내부통제 시스템을 마련하고 투명경영을 모범적으로 실천해 2023년 '대한민국 지속가능성지수' 생명보험 부문에서 1위를 차지했다. 신규 국내외 석탄발전소 건설을 위한 프로젝트 파이낸싱에는 참여하지 않기로 했으며, 재생에너지 등 친환경부분에 투자를 늘리고 있다. 고령화와 저출산 등 보험업에 불리한 인구구조로 다양한 비보험사업으로 수익원을 확장하는 전략을 세우고 있다.

출처: 비즈니스포스트, 서울경제, 한국금융신문 자료 참조 및 재구성.

세아베스틸 이태성 대표
"고객의 목소리를 전달하고 생산현장의 애로사항을 이해할 수 있는 현장중심 경영"

1,500억 원에 달하는 상속세를 완납하며 이목을 끌었던 이태성 세아베스틸 대표는 이처럼 책임 경영을 실천하는 한편 원칙을 강조한 경영 투명성 제고와 함께 세아제강 지분 매각으로 그룹 내 독립 경영과 특수강 사업에 더욱 집중할 수 있는 여건을 조성했다는 평가를 받는다. 또한 내부적으로 현장 중심의 소통을 강조하며 "고객 접점에서 영업하는 담당자들이 현장을 명확하게 이해하고 있어야 고객의 목소리를 현장에 직접 전할 수 있고, 또 반대로 생산현장의 애로사항을 이해할 수 있다"는 경영이념으로 기획본부장 초기에는 수시로 군산과 창원을 내려가 제품 생산과정을 직접 배웠다. 지금도 정기적으로 현장에 방문해 생산 판매 회의 등을 주재하며 현장과 소통을 강화하며 젊은 리더십으로 현장 경험을 몸소 실천하고 있다. 최근엔 항공방산소재 등 신사업 기회를 만들고 있다.

출처: 시사오늘, 뉴데일리경제

3. 경영자의 역할이론

민츠버그(Mintzberg)는 경영자의 실제 조직 활동을 생생하게 관찰하여 경영자 역할론을 제기하였다. 경영자들이 조직 내에서 업무를 수행하는 동안 흔히 하는 실제 행위를 관찰, 분석하여 [그림 1-10]과 같은 모형을 개발하였다. 본 모형은 과거 전통적인 경영자에 대한 정의가 추상적이고 규범적인 데 치우치고 있는 것을 거부하고, 실제로 경영자가 매일매일 수행하는 일상 업무에 기초를 두고 경영자 역할 모형을 개발하였다.

[그림 1-10]에 의하면 경영자는 합리적 의사 결정자로서 조직 내 공식적 지위와 권한에 의거하여 여러 가지 역할을 수행한다. 공식적 지위와 권한은 경영자에게 대인관계역할을 부여한다. 자신의 대인 네트워크를 이용하여 정보를 수집 분석하며 다양한 정보를 처리하여 궁극적으로 의사결정을 내리게 된다. 각 역할의 내용을 자세히 살펴보면 다음과 같다. 대인관계역할, 정보처리역할, 의사결정역할은 다시 세부적 역할로 나뉘어 총 10가지 역할로 표현된다.

그림 1-10 경영자 역할론

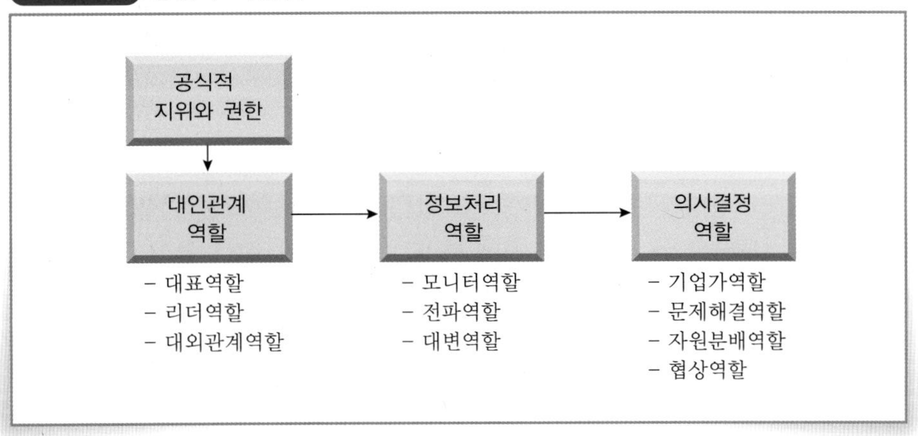

1) 대인관계역할

대인관계역할은 경영자의 업무시간 중 약 1/2정도를 차지할 만큼 그 양적 비중이 크다. 대인관계역할은 경영자의 지위에 따른 공식적 권한으로부터 발생된다. 본 역할에는 대표역할, 리더역할, 대외관계역할이 있다.

■ 대표역할

자신이 소속되어 있는 조직을 대표해서 경영자는 여러 가지 상징적 의식 의례에 참가하게 된다. 직원들의 관혼상제에 참가하거나 방문객을 접견하고, 법적 요건 서류에 서명을 하는 등의 일상 업무가 이 역할에 속한다.

■ 리더역할

조직목표를 원활하게 달성하기 위해 경영자는 자신의 부하를 지휘, 통제, 동기부여시켜야 한다. 부서 내 인원충원, 종업원훈련, 칭찬, 규율 등 부하와 관련된 모든 업무가 이 역할에 속한다.

■ 대외관계역할

경영자의 조직 내 공식적 업무 연결체계를 벗어나 외부의 여러 접촉선과 관계를 맺는다. 외부납품업자, 고객, 정부관리 등 직접 업무수행에 관여되지는 않지만 간접적으로 업무목적 달성에 지대한 영향을 미치는 외부접촉라인과 우호적 관계를 유지하며 대외관계 역할을 수행한다.

2) 정보처리역할

경영자는 조직 내에서 정보를 주고받는 중심역할을 하고 있다. 조직 내 정보신경센터와 같은 역할을 하는 경영자는 공식, 비공식 정보를 효과적으로 처리하여 업무수행이 원활하게 이루어지도록 한다. 본 역할에는 모니터역할, 전파역할, 대변역할이 있다.

■ 모니터역할

경영자는 자신이 가지고 있는 정보네트워크를 이용하여 외부에서 일어나는 여러 가지 정보를 입수한다. 정기간행물이나 보고서를 통하여 정보를 수집하고, 또 시장조사들을 통하여 타사와 자사의 임금수준을 검증하기도 한다. 즉, 주변에서 일어나고 있는 경영관련 정보를 지속적으로 입수, 수집하여 경영에 활용할 준비를 하는 역할이다.

■ 전파역할

모니터역할을 하면서 입수, 수집한 정보를 관련 내부부서 및 담당자에게 원활하게 전달하는 역할을 하게 된다. 전달되는 정보는 일반적으로 알려진 정보도 있지만 경영자가 자신의 네트워크를 통해서만 얻을 수 있는 특수정보가 많이 포함되어 있다. 또 수많은 정보 중에서 의사결정에 필요한 정보를 발췌, 전달하는 역할도 포함된다.

■ 대변역할

경영자가 자신의 속한 부서나 회사를 대표하고 회사를 위해 대외적 발언, 보고 등을 하는 역할이다. 회사업무 보고서 제출, 회계보고, 회의개최, 전화 방문 등이 대변역할을 하는 경영자의 행동이다.

3) 의사결정역할

네트워크를 통해 얻은 정보를 이용하여 궁극적으로 경영자는 문제해결을 위한 의사결정을 수행한다. 의사결정역할은 경영자의 업무 중 가장 중요한 역할이라고 해도 과언이 아니다.

■ 기업가역할

기업가정신(entrepreneurship)이란 경영자가 현재에 만족하지 않고 항상 현재를 개선해 나가려는 진취적인 정신을 일컫는다. 자신이 속해 있는 부서나 조직을 개선하는 일을 추진하는 것이 경영자의 기업가 역할이다. 업무개선을 위해 새로운 아이디어를 창출하고 신기술도입을 추진하며 변화하는 환경에 적응하며 조직을 끝없이 변신시키는 역할이다.

■ **문제해결역할**

조직 내에서 항상 발생할 수 있는 분쟁, 위기 등을 처리하는 역할을 말한다. 때로는 경영자의 통제범위를 벗어난 문제도 자주 발생하는데, 경영자는 목표달성 수행과정에서 일어날 수 있는 예기치 못한 여러 가지 분쟁 등을 해결한다. 예를 들면 노사분규 해결, 부품조달자의 도산문제, 부하들 간 갈등관리 등 조직 내외에서 발생할 수 있는 크고 작은 문제들을 해결해야 한다.

■ **자원분배역할**

경영자는 조직 내 인적자원을 포함하는 여러 가지 자원을 목표달성에 적합하게 분배하는 자원분배 역할을 수행한다. 경영자는 자신의 시간관리 등 자신의 자원뿐만 아니라 예산 설정, 보너스 결정 등 조직 내 여러 가지 자원을 목적에 맞게 배분하고 있다. 민츠버그는 경영자에게 있어 가장 중요한 자원은 경영자 자신의 시간이라고 말했다.

■ **협상역할**

조직을 대표하여 협상에 참여하여 조직에 이로운 결과를 이끌어내는 역할이다. 판매협상, 연봉협상, 노사협의 등 조직 내 부서 간 협상 또는 조직외부 집단과의 협상이 포함된다.

1.6 결국 경영, 경영마인드는 무엇인가

제 1 장을 마무리 하면서 경영이란 무엇인가를 다시 살펴보자. 앞에서 기술 했듯이 우리는 인생을 살면서 좋은 경영이 필요한 수 많은 사회활동에 관여한다. 조직의 종류, 직업의 다양성에 관련 없이 우리 모두는 어떤 형태든 소위 경영을 한다. 대통령은 국가 경영을 하고, 골목 안 GS마켓 점주는 점포가 잘 운영되도록 노력한다. 선생님은 자신이 가르치는 교실, 과목이 잘 교육되도록 신경을 쓸 것이고, 개인 종업원은 자신의 스케줄 관리 또는 할당 업무를 성공적으로 마무리 하려고 전력을 다 할 것이다.

사회생활을 하는 다양한 직업인들은 개인적으로 때로는 집단을 이루고 주어진 업무를 성공적으로 완수할 수 있도록 노력한다. 이 과정에서 여러 가지 자원을 사용하여 주어진 목표달성에 노력한다. 가용자원은 한정되어 있으며 우리의 주위 여건이 항상 우호적인 것 만은 아니다. 국가경제, 국제경제는 항상 불확실하게 요동칠 것이며 우리에게 다가오는 주변 사업환경은 언제나 가변적이다. 경영이란 여러 가지 확실, 불확실한 상황을 능동적으로 이용하여 주어진 여건을 가장 바람직한 상황으로 만드는 것이다. 얼핏 어둠 속에서 잃어버린 바늘을 찾는 것 같지만, 기본적인 경영지식, 경영법칙, 경영기술을 습득하면 모든 것이 관리가 불가능한 것은 아니다.

경영이란 우리 주위를 둘러싸고 있는 다양한 경영환경요소를 올바로 예측하고 내가 속한 조직 및 업무의 주어진 목표가 잘 달성되도록 노력하는 과정이다. 이 과정에서 경영자의 역할은 중차대하다. 경영자는 바로 넓은 바다에서 목적지를 향해가는 선박의 선장과 같다. 목적지(목표)에 도달하기 위해 선원(조직원, 동료)을 이끌고 주어진 시간 안에 풍랑과 파도를 뚫고 가야 할 책임이 있다. 물론 출항 전 일기예보, 바다정보, 연료, 시간 등 여러 가지 자원과 정보를 이용하여 성공적인 계획을 한다. 계획이 예상한대로 제 궤도에서 벗어나지 않도록 선원을 독려하고 힘을 합해 목적지에 도달하려 최선을 다 할 것이다. 예상 가능한 모든 수단을 동원한다 하더라도 때로는 예측 불가능한 상황이 일어나는 것이 경영환경이다. 이러한 다양한 상황 또는 그것을 진단, 분석, 평가, 대응하는 것이 경영의 한 부분이다.

경영이 과학인가 아니면 기술인가(The science or art of management)라는 질문에 때때로 휩싸이곤 한다. 경영상황에 얽혀있는 복잡성과 불확실성을 감안하면 경영은 사실 과학과 기술 양자 모두를 필요로 한다. 경영이 과학이라는 근거는 우선 경영의 관련된 많은 문제해결 방법이 합리적, 논리적, 객관적이고 시스템적으로 다루어지기 때문이다. 경영자들은 문제해결을 위해 조직적으로 자료를 수집하고 컴퓨터를 통한 여러 가지 수학적 모델 등을 이용하여 의사결정을 한다. 기업에서 시장분석을 할 때 수요예측 등을 위해 소비자 의견조사, 물가조사, 가격변동, 인플레이션, 경제지수 등 많은 자료를 이용하여 고급수학모델을 수립하여 시장 예측을 객관적 논리적으로 한다. 최근에는 많은 소프트웨어가 개발되어 경영의 과학화에 더욱 박차를 가하고 있다. 합리적이고 논리적 접근 없이는 경영은 정확한 예측이나 의사결정을 할 수 없다. 특히 예측가능 하거나 정기적, 반복적으로 수행되는 경영활동은 대부분 과학적 접근방법으로 결정된다.

경영이 기술(art)이라는 근거는 경영환경의 다변성 또는 불확실성이 높기 때문이다. 예를 들면, 새로운 시장에 진입하는 결정, 고객과 의사소통 문제, 집단간 의사결정 등 반드시 논리적 또는 객관적인 사실만으로 해결이 불가능한 경영과제가 너무도 많다. 어떤 경우는 과거에 축적된 정확한 객관적 자료로도 예측 불가능한 경우가 많다. 이런 경우 흔히 경영자들의 경험, 사업본능, 직관 또는 개인적 성찰 등 경영자 주관적 능력에 의존할 수 밖에 없다. 객관적 자료로 볼 때, 별 차이가 나지 않는 두 가지 상반된 결정은 경영자의 직관에 맡기는 수밖에 없다. 이때 바로 경영자의 경영기술은 예술의 경지에 도달하는 것이다. 개인적 직관이나 성찰은 하루아침에 학습되는 것이 아니고 오랜 시간의 경영경험에서 유래되는 경우가 많다. 결국 경영이란 여러 가지 객관적 과학적 자료를 이용하여 논리적 의사결정을 내리되 순간적 경영자의 개인적 주관적 직관이 크게 작용하는 것이다. 경영의 양면성(과학 +기술) 때문에 우리는 경영에 관한 기본 지식을 습득해야 하고 동시에 여러 가지 사례를 접하는 경험을 통해 우리의 직관을 배양시킬 필요가 있다.

경영학 FOCUS

우리가 기억할 경영마인드

경영마인드는 크게 세 가지 핵심적인 요소로 나뉜다. 첫째, 고객중심 마인드이다. 이는 조직을 경영하는 데 있어서 누가 고객인지를 생각하고, 그 고객을 가장 먼저 생각하는 것이다. 최근에는 고객만족을 넘어서 고객감동, 고객성공에 이르기까지 고객중심의 경영활동이 확대되고 있다. 고객의 범위도 다양한데, 자사제품이 잘 팔리고 있을 때에도 항상 고객의 불편을 경청한다. 반면 실패하는 기업들은 현재 고객의 일부 이탈을 대수롭지 않게 생각하고 새로운 고객을 찾는 데만 많은 시간과 비용을 쏟는다. 주주도 중요한 고객이며 회사에 대한 긍정적인 마인드를 가지고 있는 집단이다. 도한 종업원도 고객으로서 같은 배를 탄 한 가족으로 여기고 공동 운명체라고 생각하는 것이다. 둘째, 경쟁우위 마인드이다. 이는 어느 특정 기업이 국내외 기업들과의 경쟁에서 우위에 설 수 있는지의 여부를 판단할 때 사용하는 개념이다. 이러한 경쟁우위의 원천으로는 창조적 가치활동과 핵심역량이 있다. 자사가 타사에 비해 경쟁우위를 가지려면 그 자원이 타사들이 갖지 못한 희소한 자원이어야 한다. 셋째, 가치극대화 마인드이다. 고객을 먼저 생각하고, 경쟁기업에 비해 더 큰 만족을 제공했음에도 이익실현이 없다면 경영마인드가 완성되었다고 볼 수 없다. 그래서 수익성이 필요한데, 이는 효과적이면서 효율적인 아이디어 도출과 실행에 의해서 얻어진다. 이상 세 가지(고객중심, 경쟁우위, 가치극대화) 마인드를 염두에 두고 질문하고 실천하는 습관이 필요하다.

closing case

성심당(聖心堂)의 가치경영: 먼저 주고 받는 문화(giving culture)

지역소멸 위기 속에 이에 대한 대응은 국가적 과제이다. 부산, 광주, 대구, 대전도 예외는 아니다. 대전하면 떠오르는 브랜드는? 많은 사람들이 '성심당'을 말한다. 성심당의 출발은 한국전쟁으로 거슬러 올라가며. 1950년 흥남철수 작전에 배에 탄 10만명 중 한 사람 이야기이다. 창업주 임길순 대표는 목숨을 걸고 12월의 영하 30도 추위 속에 가족을 데리고 미국의 화물선, '메레디스 빅토리'호에 올라, 목숨을 유지할 수 있었다. 이때 상황을 기록한 '한국의 쉰들러'라고 불리는 의사 현봉학(당시 장군 자문관)은 이 탈출을 '크리스마스의 기적'이라고 부른다.

1956, 밀가루 두 포대의 기적

성심당 3대 이자 지회사에서 외식 사업부 브랜드를 맡고 있는 임선 이사는 성심당 이야기를 밀가루 두 포대에서 시작된 기적으로부터 시작되었다고 말한다. "1950년 북한 함경남도에서 저희 조부모님께서는 더 이상 가족의 안전도 그리고 종교 자유를 보장받을 수 없게 되자 흥남 철수작전의 마지막 배인 메레디스 빅토리호를 타고 피난해 거제도에 도착하게 됩니다. 그 배에서 우리 가족이 만약에 무사하다면 남은 생은 '평생 어려운 사람을 섬기며 살겠다'고 결심하셨고 그 기도는 70년 가까이 이어져 성신당의 본질이 되었습니다".

1956년에 서울로 가기위해 부산에서 탄 기차가 고장나 대전역에 도착하게 되었는데. 그때 미군 구호물자인 밀가루 두 포대를 신부님으로부터 받았다. 그것을 쪄서 찐빵을 만들어 팔기 시작한 것이 성심당의 시작이다. "저희 조부모님께서 처음에 하셨던 그 말처럼, 전쟁 후였지만 어려운 사람을 위해 살겠다고 하셨던 그 결심 그대로, 매일매일 빵을 팔고 남은 것을 나누어 주었고, 이제 주변에서는 그 집 가면 좋은 일을 많이 한다더라 그리고 또 신선한 빵을 판다 이런 것들이 소문이나 대전 시민의 신뢰를 받으면서 매장은 점차 성장합니다".(임선, 2024.10 EoC 포럼 발표에서)

직원 2명에서 시작한 성심당의 직원은 1,200여명, 4개의 베이커리 매장과 외식 브랜드 5개 그리고 성심당 문화원이 있으며, 1,900억원의 매출을 올리는 등 성장하고 있다(2024).

위기와 대응

항상 승승장구했던 것만은 아니고 IMF는 물론 대전에서는 여러 가지 일들이 있었는데 신도심 개발로 인해서 원도심이 쇠락하고 주거 형태가 아파트 문화로 바뀌면서 프랜차이즈 빵집이 아파트마다 하나씩 생기면서 성심당은 매출저하로 이어졌고 부채는 증가하는 상황이 되었다.

한편 1999년 '모두를 위한 경제, EoC'를 알게 된 후 임대표는 EoC(Economy of Communion) 기업 방식으로 회사를 경영하고자 했다. 카톨릭 정신으로 나눔의 삶을 살았던 초창기 방식에서 벗어나, '서로 간의 존중과 사랑을 통한 공동선을 실현'하고자 했다. 당시에도 회사는 어려운 상황이었지만 직원 한 명의 몫을 가난한 일을 위해 내어놓았고 그것이

EoC 기업으로서의 첫 발이었다. 이렇게 해서 계속 잘 됐으면 좋았을 텐데 이때에도 회사 상황은 나아지질 않았다. 2005년 1월. 설상가상으로 성심당 빵공장과 매장이 전소하는 큰 화재가 발생했다. 그때 50주년을 코앞에 두고 더 이상 빵을 팔 수 없겠구나! 라는 참담한 마음도 들었다. 화재 다음 날 당시 직원들이 플랜카드로 '불탄 우리 회사, 우리 손으로 일으켜 세우자' '창조력만이 살 길이다'. 이런 플랜카드를 직원들이 직접 만들어 왔고, 전화위복의 순간이었다. 그동안의 가족 같은 회사를 정말 만들고 싶었지만 경영주와 직원의 생각 차이는, 분명히 있어서 한계를 많이 느끼고 있었는데 이 화재가 회사를 하나로 만들어주었다. 너나 할 것 없이 전 직원이 회사를 살리자는 절박한 목표로 한겨울 복구 현장에 나섰다. 회사는 더 이상 돈을 버는 것만이 아닌 '공동체로서 서로 한 가족'이 되었다.

과연 성심당은 무엇인가? 절박할수록 그 정체성에 대해서 더 집중하는 시간을 가졌다. 성심당은 서울의 유명한 빵집이나 외국의 멋진 빵집이 아니고 대전의 향수 빵집이어야만 했다. 그래서 이 상황에 더 집중을 하였는데, "모든 이가 다 좋게 여기는 일을 하소서" 그러면 여기에서 모든 이는 누구일까? 부터 다시 정의하기 시작했다. 그래서 손님은 물론이고 손님을 포함한 임직원 그리고 경영주 함께 납품하는 납품 업체 등 우리 지역을 포함한 모든 주변의 환경을 의미한다. 인테리어 컨셉도 '부자가 와도 초라하지 않고, 가난한 사람이 와도 주눅이 들지 않는' 그런 매장을 만들었고. 빵집으로서 대전의 정성을 다룬 빵 개발과 대전 시민이 좋아할 만한 맛에 집중하였다. 이렇게 화재 복구후 매출은 오히려 30% 증가하였다. 각 회사마다 회사의 기업 문화가 있듯이 성심당의 사랑과 나눔, 에코와 소통의 문화로 성심당만의 문화를 만들어가고자 하고 있다.

EOC와 무지개 프로젝트로 실천

1999년에 EOC 경영(나눔과 친교의 경제)을 시작하고 더욱더 투명한 경영을 위해서 2001년 법인 전환을 했다. 특히 화재 이후 정체성을 확립하고 용기를 다지게 되었는데. 그 이후에 직원들과 함께해서 EoC 경영을 어떻게 할 수 있는지, 조금 더 구체적으로 EoC 정신을 기반으로 한 실천 지침을 만들고자 무지개 프로젝트라는 이름을 지었고 이것을 실무에 적용하고 있다. 무지개 7가지 색깔로 나누어서 재화뿐만 아니라 다양한 부분을 조화롭게 운영하는 방식이다.

몇 가지 예시를 들면 1) 먼저 빨간색. 성심당은 이익을 기반으로 빵을 통한 나눔 그리고 장학금 및 후원 그리고 사회가 eoc 기금으로 사용하는 부분이 전년도 금액이다. 직원들과는 이익의 15%를 인센티브로 나누고, 고객들에게 적정한 가격을 책정해서 빵을 제공하고 있다.

2) 오렌지 부분. 성심당의 가장 중요한 가치는 무엇일까? "저희 대표님께서 성심당의 가장 중요한 가치는 '사랑'이라고 항상 말씀 하셨습니다. 사랑이, 사랑 평가가 인사관리에 반영되는 회사라는 것이 실제로 존재할까요?" 성심당은 일주일에 한 번씩 전체 부서에서 신문을 내고 있는데 그중 코너에 '사랑의 챔피언'이라는 코너가 있다. 직원들 간의 관계에 대한 사랑 혹은 고객에 대한 사랑 혹은 주변에 있었던 일들에 대해서 고민했던 경험들을 거기에다가 싣고 그것은 한 달에 한 번씩 부서에서 자율적으로 뽑힌 평가단이 평가한다. 사랑이 실질적으로 평가가 되기는 어렵지만 최대한 맞추려고 노력을 하고 있고 공감대를 이루고 있다. 그렇게 해

Ⅰ2025년 시무식에서 '사랑의 챔피언' 시상

서 평가된 사랑의 증표는 1년에 한 번 회사 시무식에서 전직원이 모일 때 같이 축하하고 격려하는 자리를 갖는다. 이 예쁜 소스들을 모아서 1년에 한 권씩 책으로 발간하는데. 임영진 대표가 가장 자랑스럽게 생각하는 책, '사랑의 챔피온' 이다

3) 그린 부분. 간단하게 보면 에코라고 하며, 에코 프로젝트들이 있다. 2019년부터 시작된 매월 15일을 그린데이로 정해서 클로딩과 자원순환 등의 활동들을 이어가고 있다. "성심당에서 얼마나 많은 우유 팩을 사용할까요?" 빵이랑 케이크를 만들기 위해서 꼭 필요한 것, 힘들지만 재활용에 참여 하면 좋겠다라고 생각을 해서 작게 시작, 전 부서에서 참여해 한 달 기준으로 사용하는 양은 8천 리터를 사용하는데 1년으로 보면 작년 한 해 기준으로는 42톤, 30년 산 나무가 840그루를 보전한 효과이다.

4) 네이비. 네이비는 매년 대회를 열어 우수상을 수상하고 자신이 기획한 제품이 상품화 될 수 있도록 기회를 제공하며, 2023년에는 105명 정도가 해외 연수를 다녀왔고. 이를 통해 전문가로 성장할 수 있도록 지원한다. 아낌없는 지원은 개인 성장은 물론 회사의 경쟁력이 되고 이직률이 다른 서비스업 보다 낮다.

새로 오픈한 성심당 문화원. 여기에서는 빵뿐만 아니라 성심당의 경영 철학을 배우러 전국은 물론 해외에서 방문하고 있다. 문화원은 성심당의 가치 철학을 깊이 있게 즐기고 참여할 수 있는 문화 공간이고, 전시는 물론 지역 예술가들과 함께하고 있다.

출처: 임선 이사 발표 및 인터뷰(2024), 김태훈(2016), 성심당, 남해의 봄날.

실패한 감독에서 베트남 영웅으로: 박항서, 김상식 베트남 축구 국가대표 감독

베트남 축구 국가대표팀 감독을 맡고 있는 박항서 감독은 아시아에서도 축구 약체로 분류되던 베트남 국가대표팀을 맡아 매 대회마다 팀의 역대 최고 성적을 갱신하며 새로운 역사를 창조해 베트남 축구의 영웅으로 일컬어지고 있다. 2018 AFC U-23 컵 준우승에 이어 2018 자카르타 · 팔렘방 아시안 게임에서도 4위를 차지하였으며, 2018년 동남아 축구협회 대회인 스즈키컵도 10년 만에 우승시켰다. 직후 2019 AFC 아시안컵에서도 8강에 오르며 확연히 성장한 기량을 보여주고 있다. 지속적으로 성장한 기량을 바탕으로 동남아시안(SEA) 게임에서 사상최초 2회 연속(2021년, 2022년) 금메달을 목에 걸었다. 박항서 감독은 U-23 대표팀과 함께 베트남 축구에 새로운 기록들을 써나가고 있다.

중학생 때까지만 해도 장래희망이 군인이었던 박 감독은 목표했던 배재고 진학에 실패하고 경신고에 진학하면서 축구에 대한 꿈을 키우기 시작했다. 1981년 실업팀인 제일은행 축구단에 입단하며 실업선수로서 데뷔하였으며, 1984년 럭키금성 황소 축구단(현 FC 서울)에 창단 멤버로 입단하며 프로무대에 데뷔하였다. 1985년 팀의 리그 우승을 이끌며 리그 베스트일레븐에 선정되었으며, 1986년 팀의 주장으로 선임되어 팀의 리그 준우승을 이끌기도 하였다. 그리고 호적상 만 29살, 실제론 만 31살이던 1988시즌을 끝으로 은퇴를 선언하며 다른 역대 국가대표 감독들에 비해 짧은 4년의 프로선수 시절을 보냈다. 2002 FIFA 월드컵 한국/일본에서는 수석코치로 거스 히딩크 감독을 보좌했으며, 월드컵 이후 2002 부산 아시안 게임 대표팀을 맡으며 생애 처음으로 감독직을 맡게 된다. 하지만 당시 하늘을 찌르던 대표팀의 사기를 등에 업고도 동메달을 땄다는 이유로 AG 이후 해임됐다. 이후 대한민국 U-23 축구 국가대표팀 감독을 거쳐 경남 FC, 전남 드래곤즈, 상주 상무, 창원시청 축구단 등에서 감독직을 맡다가 2017년 10월 베트남 A 대표팀 감독과 올림픽팀 감독으로 부임하였다.

박 감독 부임 초기에는 '실업 축구 감독하던 사람을 데려왔다'는 비아냥을 듣기도 했지만 박 감독은 한국 축구의 성장 노하우를 아낌없이 전수하였고 부임 세 달 만에 베트남 국민들의 박항서 감독에 대한 시각을 완전히 변화시켰다. 이러한 지도자로서의 성공에는 박 감독의 리더십과 지도 철학이 밑바탕이 되었다. 박 감독은 베트남 부임 후 끊임없이 연구하고 공부하며 코치들에게 "내가 모르는 것을 가져오라"고 주문하였으며 자신의 경험에 의존하지 않고 팀을 더 발전시키기 위해 지속적으로 자신을 채찍질했다. 베트남의 경우 한국과는 문화가 다르기 때문에 훈련과 경기 운영, 선수단 관리 등 전체에 걸쳐 변화를 주며 베트남 선수단에 맞춘 최적의 관리를 제공하기 위해 노력하였다. 그 대표적인 사례로 베트남 선수단의 체력과 피지컬이 약하다고 생각했던 박 감독은 쌀국수와 튀긴 돼지고기를 주로 먹던 베트남 선수단에게 고단백의 스테이크와 연어 샐러드 등의 식단을 짜주어 체력을 보강하도록 하였다. 선수들의 근육량과 심폐지구력, 근지구력 등을 철저하게 데이터화 하여 체크한 후 다음 소집 때까지의 목표를 정해주기도 하였다. 우리나라와 유사한 어른공경 문화를 고려하여 선수 가족들의 경조사를 세심히 챙기기도 하였다. 또한 우리나라 선수들에 비해 개인주의적인 베트남 선수들의 성향을 파악하고 식사할 때 휴대폰을 가져가지 못하도록 하는 등 선수들 간의 친밀감과 팀 워크를 향상시키기 위한 생활적인 측면에서의 변화도 꾀했다.

뿐만 아니라 박 감독은 일명 '파파 리더십'으로 베트남 축구 국가대표 선수들에게 끊임없이 자신감을 불어넣었다. 아시아축구연맹(AFC) U-23(23세 이하) 챔피언십 결승전에서 우즈베키스탄에 패해 준우승에 그쳤을 때도 베트남 선수들에게 "최선을 다했으니 자부심을 가져도 된다. 절대 고개 숙이지 말라"고 격려했다. 아시안게임 기간에는 박 감독이 마사지 기계를 들고 부상당한 베트남 선수의 발을 정성스레 문지르는 동영상이 온라인에 퍼져 감동을 주기도 하였으며 경기에서 좋은 결과가 있을 경우 매번 그 공을 선수들에게 돌려 자신감을 불어넣었다. 박 감독은 또한 스즈키컵(아세안 축구연맹 대회)에서 10년 만에 베트남을 정상의 위치로 올려놓은 후, 박 감독 개인에게 주어진 상금을 베트남 축구발전과 불우이웃을 돕는 곳에 사용하고자 기부한다는 뜻을 전하기도 하여 베트남 내 박항서 신드롬을 이끌기도 하였다. 베트남 축구 국가대표의 성장으로 인해 그 어느 나라 못지않게 지역 감정이 심한 베트남에서 축구가 사회 통합의 촉매제 역할 또한 담당하고 있어 박항서 감독은 선수들의 신뢰뿐 아니라 베트남 전 국민들의 존경을 받고 있다. 2022년도에는 응우옌 쑤언 푹 주석으로부터 모친 100번째 생일 선물을 받는 등 국가적인 영웅으로 대접을 받았다.

2022년 AFF컵 대회를 끝으로 박 감독은 베트남 지휘봉을 내려놓았다. 이후 베트남은 프랑스 출신의 필립 트루시에 감독을 선임했으나 수차례 부진으로 인해 경질된 후, 김상식 베트남 축구대표팀 감독이 2024년 부임해 2025년 1월에 제2 박항서 신드롬을 불러일으켰다. 미쓰비시컵 아세안축구연맹 축구선수권대회(AFF컵)에서 태국과의 결승 2차전도 3-2로 승리했다.

베트남이 이 대회에서 역대 세 번째 우승으로 2008년, 2018년에 이어 통산 3번째 기쁨을 맛봤다. 특히 베트남은 박항서 감독이 이끌던 지난 2018년 이후 7년 만에 정상 탈환을 이뤘다. 현역 시절 성남 일화(현 성남FC), 전북 현대에서 활약한 김 감독은 은퇴 후 전북 코치로 리더십을 발휘했다. 2020년에는 전북의 제6대 감독으로 선임되면서 본격적인 감독 커리어를 시작했다. 김 감독은 2021시즌에 K리그 우승, 2022년에 FA컵 우승을 차지했으나 경기력은 팬들의 기대를 충족하지 못했다. 2023시즌에는 성적까지 추락하자 "김상식 나가"라는 홈 팬들의 외침을 들었고 결국 2023년 5월 자진 사임했다. 김 감독은 이후 1년가량 야인 생활을 한 뒤 2024년에 베트남 국가대표 지휘봉을 잡았다. 시작은 좋지 않았으나 김 감독은 팀을 빠르게 안정시켰고 대회 정상에 오르며 제2의 박항서 신화를 만들어냈다. 그는 함께 베트남에서 고생한 한국인 코치들에게 그 공을 돌렸다. "언제 잘릴지 모르는 저를 믿고 베트남까지 와서 고생 많았다. 한국처럼 환경이 좋진 않은데도 불구하고 코칭 스태프가 각자 위치에서 각자 해야 할 일을 잘했기 때문에 큰 무리 없이 좋은 성과 이뤘다"라고 밝혔다. 김상식(48) 감독에게 '제2의 쌀딩크'라는 찬사 섞인 별명이 붙었다. 솔직한 성품으로 베트남 선수들의 마음을 파고드는 리더십도 두 감독의 닮은꼴이다. 역시 구성원을 마음 얻고 하나로 만드는 리더십 그리고 하나의 팀워크가 빛났다는 평가이며 그의 도전을 모두가 응원한다.

출처: 스포츠조선, 스포츠서울, 인사이트, 연합뉴스, 동아비즈니스리뷰, 국민일보 참조 및 재구성.

제 2 장

경영학의 발달

opening case

한국의 재벌사

기업들은 시장지배, 경영개선, 금융상 이점 등의 이유로 동일한 업종 또는 다른 업종으로의 다각화를 추구한다. 이를 기업집중(business concentration)이라고 하는데, 기업집중은 경영규모 대형화에 따른 대량생산과 생산비 절감, 기술개발, 해외시장 개척 등의 긍정적 효과가 있다. 하지만 시장 독점과 불공정 거래, 경제력 집중 등 부정적인 면이 지적되기도 한다.

한국식 자본주의의 가장 큰 특색인 '재벌(Chaebol)'은 기업집중의 한 사례이다. 재벌은 특정 개인이나 혈족의 통제하에 다수의 독과점 계열기업을 소유한다. 이들 기업들은 여러 산업분야에 걸쳐 다변화되어 있으면서 다른 기업들에 비해 우월한 시장지배력을 행사한다. 한국의 경제성장을 이끈 재벌의 형성과 성장을 시대별로 구분하여 그 특징을 살펴보면 다음과 같다.

재벌기반 조성기

1960년대 재벌형성의 기반이 조성되어 경제개발사업의 전개와 그로 인한 재벌의 양적 확대가 이루어졌다. 이 시기의 대표 재벌로는 낙희, 한진, 쌍용, 삼성, 대농그룹 등을 들 수 있다. 재벌의 초기 자본은 해방 이후 일제가 남기고 간 귀속재산의 불하, 금융특례, 차관도입 등으로 축적되었다. 한국전쟁 이후 경제복구를 위한 정부의 특혜와 미국의 원조, 외국 상품의 수입권 획득, 급속한 도시화 및 사회간접자본(SOC) 확충에 따른 국토개발사업 등을 통해 재벌의 상업적 부 축적이 본격화되었다. 정부주도의 '종합경제재건 5개년 계획'과 수출중심의 경제정책은 재벌의 자본의 축적 및 사업규모의 확대, 다각화를 촉진했다. 1960년대 후반 베트남 전쟁 파병은 한국기업들의 해외진출을 용이하게 했으며 미국의 무상원조 규모를 확대시켜 경제 개발사업에 필요한 자본을 얻는 계기가 되었다.

재벌육성의 본격화

1970년대는 재벌육성이 본격적으로 추진되었던 시기이다. 대우, 효성, 동국제강, 해태, 삼환, 국제, 선경 등이 이 시기에 부상했다. 이러한 재벌 확대는 국내외 기업환경 변화에 재벌들이 적극적으로 대응한 결과였다. 이 시기에 재벌들은 정부의 수출 주도형 고도성장계획을 바탕으로 정부와 긴밀한 관계를 유지하며 각종 금융특혜와 규제완화 등의 혜택을 누렸다. 정부의 수출촉진정책과 거점개발방식에 발맞춘 재벌의 성장주력산업 참가는 많은 경제 성과를 창출하였다. 이 시기의 재벌들은 부실 기업흡수, 부동산 투기, 제2금융권 및 운송업계 진출, 독과점 시장 점유 등을 바탕으로 엄청난 팽창과 부의 축적을 이루었다. 이에 따라 재벌의 외형이 급속히 확대되고 재벌의 중심축이 노동집약적 경공업에서 자본집약적인 중화학공업 및 건설, 금융업으로 옮겨갔다.

거대기업집단 출현

1980년대에는 재벌중심의 경제구조가 정착되는 시기로서 거대기업집단이 출현했다. 동아, 한일합섬, 동부, 한화, 금호 등이 새롭게 재벌에 합류했다. 특히 삼성, 럭키금성, 현대, 대우그룹 등은 '재벌 중의 재벌'로 불릴 만큼 규모가 커지면서 재벌 간의 격차가 확대되었다.

| 10대 재벌의 시대별 변천사 |

순위	1963년	1974년	1985년	1995년	2005년	2019년	2024년
1	삼성	낙희	삼성	현대	삼성	삼성	삼성
2	삼호	삼성	현대	삼성	현대자동차	SK	SK
3	삼양	현대	럭키금성	대우	LG	현대자동차	현대자동차
4	개풍	한국화약	대우	LG	SK	LG	LG
5	동아	동국	선경	선경	롯데	롯데	포스코
6	낙희	대한	쌍용	쌍용	KT	포스코	롯데
7	대한	효성	한국화약	한진	포스코	GS	한화
8	동양	신동아	한진	기아	한진	한화	HD현대
9	화신	선경	효성	한화	GS	현대중공업	GS
10	한국글라스	한일합섬	대림	롯데	한화	신세계	농협

출처: 공정거래위원회 '대기업 기업집단 지정결과'

재벌에 대한 지나친 경제 의존, 중소기업 보호, 불투명 경영 등 각종 문제들이 대두되면서 정부와 재벌 간의 밀착 관계는 조금씩 변화하기 시작했다. 정부는 공정거래위원회를 설치하고 재벌의 체질개선을 유도하는 등 기업집단에 대한 지원과 규제의 양면적인 정책기조를 펼쳤다. 재벌은 정부에 대한 지나친 의존에서 탈피하기 위해 계열기업의 신규확장보다 기존 계열사를 중심으로 한 신규사업진출 및 매출 증대에 주력했다.

1980년대 재계의 두드러진 현상 중 하나는 재벌의 금융산업 및 첨단산업 진출이었다. 1980년대 중반 이후 국제수지 흑자시대를 맞아 급속하게 추진된 금융 산업의 자유화, 대형화, 국제화는 국내 금융 산업의 활성화 및 기업들의 규모 확대 및 해외진출의 기폭제로 작용하였다. 재벌은 반도체, 신소재, 정밀기계, 유전공학, 컴퓨터, 항공우주, 통신 산업 등 첨단 분야에도 진출하였다.

재벌자본주의

1990년대는 국내 재벌들의 다각화 작업이 완성되는 시기이자 새로운 도전에 직면하는 시기였다. 이 시기에는 1980년대에 비해 재벌들의 다각화 작업이 가속화되었다. 상호 지급 보증을 통한 자금 조달과 계열사들 간의 순환출자는 재벌이 양적으로 팽창하는데 결정적 원인으로 작용했다. 상호출자에 대한 정부의 지속적인 규제에도 불구하고 재벌들은 상호출자를 통해 거듭 사업을 확장했다. 또한 수익성과 성장성 향상을 위해 정보통신, 유통 산업 등 신규 유망산업으로 앞다투어 진출했다. 전자, 자동차 등을 중심으로 해외투자가 대폭 확대, 경영의 글로벌화에 힘쓰는 한편 해외 기업의 인수, 지분 참여 등을 통해 기술과 마케팅 채널을 확보하기 위한 노력이 경주되었다.

정부 차원의 재벌규제는 점차 강화되었다. 정부는 재벌의 '문어발식' 확장을 방지하고 주력기업을 통한 글로벌 경쟁력 강화를 도모하고자 업종 전문화 정책을 추진하였다. 계열사 간 지급보증 한도도 축소되어 재벌 계열사들 중 어느 하나가 부실화할 경우 계열사 전체가 한꺼번에 도산하는 취약한 구조를 개선시키고자 했다. 또 계열사 간 부당 내부거래를 단속하고 위장 계열사를 색출하는 한편 기업공개를 촉진하는 등 재벌 규제가 한층 강화되었다. 특히 1993년 문민정부가 출범하면서 실시된 재벌 규제정책은 재벌로 하여금 성장성, 수익성이 둔화된 사업 영역을 분리, 매각하도록 했다. 이에 따라 현대, 삼성 등 30대 기업들은 90여 개에 달하는 계열사들을 매각, 분리하겠다고 발표하기도 했다. 제일제당(現 CJ), 한솔제지 등이 이 때 분리되었다. 하지만, 생각보다 많은 기업이 재벌에서 떨어져 나오지는 않았다.

부도 도미노

김영삼 정부 내내 진행된 경기침체는 집권 후반기 더욱 심화되었다. 1996년 하반기부터 재벌 기업들의 자금난과 부도설이 떠돌기 시작했고, 1997년에 들어서면서 파국의 조짐이 가시화되기 시작했다. 한보그룹의 부도를 신호탄으로 기아자동차, 해태제과, 한라그룹 등 우량기업들이 연이어 도산했고 결국 국제통화기금(IMF)에 구제금융을 신청하기에 이른다. 재벌기업들의 연이은 부도는 중소기업 부도로 연결되었고, 이는 금융기관의 대출업무 위축 등 동반부실화로 이어져 한국경제는 점차 침체의 길로 빠져들었다. 자본은 계속 유출되어 외환보유고는 고갈되었다. 2000년 11월, 대표적인 자동차 제조업체였던 대우자동차의 부도는 한국 경제의 취약성을 만천하에 극명하게 드러냈다.

외환위기를 겪으면서 재벌들의 모습도 상당히 변화했다. 외환위기의 원인 중 하나가 재벌이라는 사회적 비판이 거세게 나타난 것이다. 따라서 외환위기 극복 과정에서 재벌개혁이 주요한 쟁점으로 떠오르게 되었다. 대우, 쌍용이 퇴장하고 민영화된 KT, 포스코가 10대 기업에 포함되는 등 재벌 서열에도 변화가 나타났다. 외국자본의 재벌지분이 확대되었고 주요 재벌들의 계열분리가 촉진되었으며 지배구조가 개선되고 부채비율이 축소되었다. 외환위기는 한국재벌사상 일대 전환점으로서 재벌성장의 틀을 선진화하는 계기가 되었다.

외환위기를 넘어서

1998년 김대중 정부는 집권과 동시에 경제를 회생시키고 대외신인도를 제고하고자 공공, 금융, 노동, 기업 등 4대 개혁분야를 정하고 대대적인 개혁 작업을 서둘렀다. '신재벌정책'이라 불린 김대중 정부의 재벌정책은 투명경영과 재무구조 개선, 그리고 지배구조 개선에 초점을 맞추었다. 그러나 2000년 하반기 이후 내수경기가 침체되고 설비투자 부진 등의 악재가 겹치면서 급속히 후퇴, 용두사미로 끝난 채 노무현 정부에 인계되었다. 노무현 정부의 재벌개혁구상의 큰 틀은 출자총액제한제도 강화 및 유지, 주주권한강화, 상속 및 증여세에 대한 완전 포괄주의 도입, 구조조정본부 폐지 및 지주회사 전환 유도, 산업자본의 금융지배 원천 봉쇄 등이었다. 하지만 대내외적으로 악화된 경제 환경으로 장기정책을 실행할 여유가 없었고 노무현 정부 말기에는 공적자금 조기 회수, 기업 구조조정 마무리 등의 목적으로 출자총액 제한제도가 완화되는 등 재벌 규제가 완화되기도 했다.

경제민주화와 재벌정책

경제민주화는 2012년 대선에 등장한 경제 이슈로, 양 후보 모두 중요한 공약으로 내세운 재벌정책이다. 이는 비즈니스 프렌들리로 대표되는 보수정권의 성장정책과는 반대되는 정책으로, 재벌 개혁과 부의 분배를 핵심 과제로 삼았다. 서브프라임 모기지 사태로 인한 신자유주의에 대한 불신과 소득 양극화, 재벌 계열사들의 시장침투 등으로 인해 발생한 국민적 반감으로 인한 결과였다.

그러나 경제민주화가 지배적 이슈가 되었음에도 불구하고, 개념이 학술적으로 정의되지 않았던 탓에 정치적 관점에 따라 경제민주화의 방향성이 변하여 정치 양 진영간 생산적인 토론이 이루어지지 못했다. 특히 충분한 사회적 합의나 논의가 없는 상태에서 선거 구호로 이용되었기 때문에 현실적이고 합리적인 정책 수립과정이 미흡했다. 그 결과 경제민주화의 정책들은 혁신적인 정책이 없는, 이전부터 존재하던 여러 재벌 문제 개선책들을 한데 묶어 놓은 수준에 그치고 있다.

경제민주화의 진척이 지지부진한 상황에서 과거에 있었던 재벌의 정경유착으로 인해 경제민주화에 대한 사회적 요구가 이전보다 더욱 더 심화됐다. 이에 2017년 출범한 문재인 정부는 재벌 경제력 집중 억제와 지배구조 개혁, 총수일가 전횡방지 등 다양한 분야에서의 재벌개혁을 통한 경제민주화를 국민들에게 약속했다. 취임 이후 일감 몰아주기 처벌 및 과세 강화, 기업 소유지배구조개선을 위한 정책 등을 시행했다. 2022년 출범한 윤석열 정부는 보다 시장지향적인 정책으로 변화를 추진하였고, 대기업의 국내투자를 유도하였다.

시사점

다른 나라에서 수백년 걸려 이룩한 산업화를 우리는 60년 만에 압축하여 달성하였다. 이러한 성취가 가능했던 것에는 재벌의 역할이 컸음을 부정할 수 없다. 대기업의 가장 큰 장점은 규모의 경제에 따른 대량생산과 대량판매이다. 이는 소비자들이 '값싸고 질 좋은 제품'을 요구했던 지난 시대에 유감없이 힘을 발휘했다. 소비자 개인 기호가 중시되면서 다품종 소량생산이 확산된 오늘날 대량생산 및 대량판매가 갖는 장점은 유의성이 감소하고 있으나 세계시장에서의 경쟁이 심화되면서 기술개발 능력과 강력한 판매네트워크를 지닌 대기업은 여전히 한국 경제의 중요한 버팀목으로서 역할을 하고 있다. 경제민주화의 거센 요구와 심화되는 글로벌 경쟁 속에서 재벌이 어떻게 적응하고 변화해 나갈 것인지 지켜볼 일이다.

특히 세계 경제가 보호무역주의로 변화하고, 미중갈등이 커지는 가운데 트럼프 대통령 2기가 진행되면서, 국내외 불확실성을 극복하기 위해서는 대기업의 역할과 함께 반도체법 등 정부의 적절한 정책이 무엇보다 중요해지고 있다.

출처: 한국재벌사, 경향신문 참조 · 재구성.

현대사회를 특징지어 일컫기를 변화의 사회라고 한다. 과거에 비해 그만큼 변화의 양태가 대규모적이고 속도가 급속하다는 뜻일 것이다. 삼성의 고 이건희 회장은 "지난 2000년 동안 변화한 것보다는 앞으로 4~5년간 변화가 더 엄청날지 모른다" 라고 미래대비를 주문한 바 있다. 현대사회는 정보 통신 기술의 급속한 발달로 인해 향후 엄청난 변화의 소용돌이에 휩싸일 전망이다.

불확실한 미래사회를 예측하는 데는 시공을 뛰어넘는 기발한 아이디어도 필요하지만 역시 과거부터 지속적으로 발전해 온 우리 사회의 과거사 또는 발달사를 훑어보는 것이 많은 도움이 된다. 현대경영학을 이해하는 데에는 경영학의 현재 모습의 밑바탕이 되고 거름이 되었던 경영학의 과거역사 및 기초이론을 공부하는 것은 필수적이다. 본 장에서는 크게 두 분야로 나누어 첫째, 과거 경영학 분야의 발달에 기여하였던 여러 가지 이론과 역사를 살펴본다. 그리고 둘째, 현대경영학의 기초를 이루고 기초이론을 공부하고, 이 이론들이 어떻게 경영학 발전에 기여하고 있는가를 살펴본다.

2.1 경영학의 발달사

경영이 역사상 최초로 시작된 시기가 언제인가라는 질문에는 여러 가지 의견이 있을 수 있다. 제 1 장에서 이야기한 대로 경영이라는 행위가 '어떻게든 일을 잘 되게 하기 위해 노력하는 것' 이라고 볼 때 경영의 기원은 인류가 최초로 존재하기 시작하기 전까지 거슬러 올라 갈 수 있다. 예를 들면, 인류가 불(火)을 처음 발견하여 사용하기 시작할 때를 가정해 보자. 태고의 원시인들 사이에도 불의 사용을 다른 사람보다 먼저 한 인류도 있었을 것이고, 주위에 화재를 일으키지 않고 자신의 목적(음식조리 또는 보온) 등에 맞게 잘 사용하고 그리고 다음 사용을 위해 불씨를 죽이지 않고 보존할 수 있는 사람들도 있었을 것이다. 원시인이 자신의 생존에 관련되어 불을 사용한 행위도 경영의 한 모습으로 투영할 수 있다. 인간이 자신의 목적을 위해 주위의 자원 및 상황을 이용하여 일을 효과적으로 잘 마무리 하는 것이 가장 기초적인 행위이다.

경영학이란 학문은 본래 서양에서 생성, 발달한 학문이지만, 동양에서도 경영의 본질을 내포하고 있는 여러 가지 사회 현상들이 존재한다. 서양에서는 성경에서 나오는 여러 가지 행위를 경영에 비유하기도 하고 고대 이집트 문명을 건립한 이집트인들을 경영의 시초로 보기도 한다. 그렇게 따지면 고대 중국문명을 이룩한 은나라, 주나라 등 기원 전 중국, 인도 등에서 발생한 인류문명도 분명히 잘 된 경영의 결과일 것이다. 결국 이집트, 메소포타미아, 인도, 중국에서 발생한 고대 4대문명이야말로 인류 역사상 경영이 잘되어 이루어진 결과의 본보기라고 할 수 있다. 그 이후 르네상스시대를 맞이하여 이탈리아에서 잘 발달된 수공업체인 길드체제도 좋은 경영의 예로 꼽히고 있다. 그 당시 사용되었던 기초적 부기개념이 현대 복식부기의 효시가 되고 있다. 과거 우리나라에서도 좋은 경영의 예는 수두룩하다. 광개토대왕의 대륙경영, 고려시대의 도예경영, 세종의 한글창조경영, 이순신의 23전승의 대일본 해전경영 등이다. 경영학의 역사는 독일 경영학과 미국 경영학으로 크게 구분되며, 이를 살펴보면 다음과 같다.

1. 독일 경영학

근대 경영학의 출발은 우선 독일 경영학에서 시작한다. 독일의 산업화가 활발히 진행될 당시 지방정부 중심의 관방경영학에서 독일 경영학은 출발하였다.

■ 독일 경영학의 생성

20세기 독일 자본주의는 급속한 성장과 발전을 하게 되면서 대규모 경영의 관리운영을 담당할 전문가 상인의 양성을 필요로 하게 되었다. 이 과정에서 이론과 실제의 커다란 불균형이 생겨났고 이를 설명하기 위한 새로운 이론적 기반의 모색이 필요하게 되었다. 새로운 이론은 "사(私)경제학에 어떻게 과학성을 갖게 하는가"라는 과제를 중심으로 발전하게 되었다. 이 과정에서 '경영학이 이론과학인가 실천과학인가' 라는 방법론을 두고 논쟁이 격화되었고 오늘날까지도 계속되고 있다.

이상에서 현대경영학은 학문적 성격으로 볼 때 이론과 실제의 두 측면을 지닌 학문, 즉 실천적 이론과학으로 정의할 수 있다. 이처럼, 독일 경영학은 체계성, 과학성을 의식하고 있다는 점에서 공장관리의 실무를 통해 과학적인 관리로 발전하게 된 미국 경영학과 다르고 테일러(Taylor)의 과학적 관리법이 기술적 경영조직의 문제로 공과대학에 도입되어 경영과학으로서 발전하게 된 점도 특이하다.

■ 독일 경영학의 발전

경영경제학의 발전시대는 크게 윤리 · 규범학파(Die ethische-normatische Schule)와 경험 · 실증학파(Die empirische-realistische Schule)로 나눌 수 있다. 결론적으로 독일의 경영경제학은 3가지 연구경향을 보이는데 대표적인 학자의 소론은 니클리슈(Nicklisch)의 규범론적 경영경제학, 슈미트(Schmidt)의 이론과학적 경영경제학, 슈말렌바흐(Schmalenbach)의 기술론적 경영경제학으로 나눌 수 있다.

■ 독일 경영학의 전개

1950년대 서독에서는 구텐베르크(Gutenberg)가 마이크로경제이론을 경영경제학에 본격적으로 도입하였고 메레로빗츠(Mellerowicz)와의 방법론쟁을 통해서 독일 경영학에서 지배적인 위치를 확립하게 된다. 구텐베르크의 이론은 1970년대에 이르러서야 비판받으며 재검토되었다. 1990년대 이후의 독일 경영학은 환경에 관심을 두게 되었다. 독일 국민들의 환경에 대한 높은 국민적 관심과 인식은 기업은 제품의 설계단계에서부터 판매단계에 이르기까지 모든 직능영역에서 환경 부담의 경감과 재활용문제를 고려하지 않을 수 없게 되었다.

2. 미국 경영학

제1, 2차 세계대전을 겪고 제국주의 국가의 흥망이 엇갈리며 미국경제의 힘이 세계 속에 우뚝 서게 되었다. 풍부한 자원을 바탕으로 경제력을 더욱 강하게 한 미국경제는 이민사회라는 특성을 이용하여 세계주의적 문화를 꽃피우게 되었다. 세계 각국으로부터 들어온 다양한 문화, 문명이 어울려 새로운 문화를 형성하였고 학문적 성향도 역시 다양한 학문이 통합되어 종합적 학문으로 발전하는 양상이 미국 학문계에도 나타나기 시작하였다.

특히 실용주의 학문을 앞세운 미국문화계는 경영학 분야에서도 실용주의적 경영학이 꽃피우게 되었다. 사실 근대 경영학의 모태는 모두 미국의 학문에서 그 근간을 찾을 수 있다고 해도 과언이 아니다. 미국 경영학의 역사를 단순히 살펴보기보다는 미국에서 발달하여 파생된 근대 경영학의 여러 사상학파를 다음과 같이 정리해 본다.

1) 경영사상의 학파들

경영이론의 발달로 인해 경영학 분야에는 여러 가지 경영사상 학파들이 태어나게 되었다. 각 학파들은 경영학의 특징에 대하여 서로 다른 가정을 하고 출발하고 있다. 예를 들면 경영과정학파는 경영을 조직 내 경영활동의 기획, 조직, 지휘, 통제라는 네 가지 행동의 조합으로 보고 있다. 이 학파의 중심사상은 바로 고전적 경영이론(classical management theory)을 형성하고 있는데 경영의 기본원리는 실제로 발생하는 여러 가지 경영기능을 행사하는 것이라고 주장한다. 고전적 경영이론은 과거 수백 년 전부터 존재하였던 인류의 경영원칙을 그대로 반영, 증거할 수 있는 사상이다.

고전적 이론과는 달리, 근대에 들어 발생한 행동학파(behavioral school)는 경영을 기능적인 측면에서 보지 않고 인간행동에 의한 영향을 주고받는 측면에서 접근하였다. 행동학적 경영연구는 효과적인 경영을 이룩하기 위해서는 인간욕구의 본질을 이해하는 것이 중요한 뿐 아니라 의사소통, 집단역학 등 여러 가지 조직의 비공식적 관점까지도 이해하는 것이 필수적이라고 주장한다. 경영자의 중요역할은 바로 자신의 부하를 동기 부여하고 지휘하는 것이라고 주장한다. 행동과학적 접근방식의 경영학은 심리학이나 사회학의 영향을 많이 받았다고 할 수 있다.

세번째 경영학파는 계량적 분석학파(quantitative school)라고 불린다. 계량적 학파는 경영학을 일련의 체계적 과정으로 이해하고 있다. 이 학파에 의하면, 만약 의사결정이 합리적 경영과정이라면, 이 의사결정과정을 나타낼 수 있는 모델이 세워질 수 있다고 주장한다. 그리고 이러한 과정에서 연관된 여러 가지 다른 변수들을 정의하고 이를 계량화할 수 있다. 이러한 접근방법의 예로는 품질관리 또는 재고관리 등이 있다.

마지막으로 시스템 학파(system school)가 있다. 이 학파의 접근방법은 상황이론(contingency theory)이라고도 불린다. 경영에서 상황이론이란 경영개념을 적용하는 데는 대부분의 경우 경영상황에 따라 달라질 수 있다는 주장이다. 경영상황이란 조직 내 업무, 사람뿐만 아니라 조직외부의 환경, 기술 등이 포함된다. 시스템 관점을 추구할 때 경영학자는 문제의 세부적, 분석적 접근보다는 문제의 전체를 관조하는 통합적 접근방법을 취한다. 분석적 접근방법은 주로 문제의 구성요소들이 구체적으로 어떻게 작용하는가를 분석하고 연구한다. 반면에 시스템 접근방법은 전체를 총괄적으로 다루고 있다. 그렇지만 시스템적 사고란 분석적 사고를 멀리하는 것이 아니라 분석적 사

표 2-1 경영 사상 학파와 주창자들

<table>
<tr><td rowspan="3">고전적 경영이론</td><td>과학적 관리</td><td>Frederick Taylor</td><td>- 과학적 관리법(Taylorism)
- 개인 근로자의 능률성 제고</td></tr>
<tr><td rowspan="2">고전적 조직이론</td><td>Henry Fayol</td><td>- 거시적 조직의 능률적 관리
- 14경영원칙, 5경영기능</td></tr>
<tr><td>Max Weber</td><td>- 관료주의(bureaucratism)</td></tr>
<tr><td rowspan="4">행동학파</td><td>호손 연구</td><td>Elton Mayo</td><td>- 개인 동기 부여의 중요성 부각
- 집단의 중요성</td></tr>
<tr><td rowspan="2">인간관계 운동</td><td>Abraham Maslow</td><td>- 인간 욕구 5단계 이론</td></tr>
<tr><td>Douglas McGregor</td><td>- X이론, Y이론</td></tr>
<tr><td>조직 행동</td><td colspan="2">- 심리학, 사회학, 인류학, 경제학, 의학 등의 학제적 접근방법
- 개인, 집단, 조직의 종합적 연구</td></tr>
<tr><td>계량적 분석학파</td><td colspan="3">- 계량적 테크닉을 경영의사결정 및 경영문제 해결 분야에 적용</td></tr>
<tr><td rowspan="3">최신학파</td><td>과정적 접근</td><td colspan="2">- 업무 수행의 순차적 과정 관리
- 기획, 조직, 지휘, 통제</td></tr>
<tr><td>시스템적 접근</td><td colspan="2">- 개방 시스템으로서 조직
- 여러 단위 조직의 힘의 상호 연관
- 환경의 중요성</td></tr>
<tr><td>상황 접근</td><td colspan="2">- 가장 효과적인 경영 방식을 찾기 위한 가장 적합한 상황 변수 파악</td></tr>
</table>

고를 바탕으로 전체를 조망하는 것이다. 다시 말하면 전체를 이해하기 위해서는 시스템의 각 부분과 각 부분 간의 상호관계를 이해해야 한다(표 2-1 참조).

2) 현대 경영학의 학파들

경영사상의 4가지 학파를 중심으로 경영학의 발달은 현대까지도 계속되고 있다. 기본적으로 4가지 학파들은 서로 생각을 주고받으며 현대에 이르러 다음 8가지 학파로 그 맥을 이어나가고 있다. 각 학파의 관심과제와 연구를 추구하는 방향을 요약하면 다음과 같다.

① 인간관계학파

이 학파는 경제적인 동기가 종업원들을 고무시키는 유일한 원천이 아님을 인정함으로써 종업원들의 동기문제를 해결하고자 하였다. 그 학파의 공헌점은 업무뿐만 아니라 작업환경 등 종업원들에게 사회, 심리적 만족을 줄 수 있는 요인들을 강조한 데에 있다.

② 조직행동학파

이 학파는 종업원들 사이의 관계에 초점을 맞춤으로써 종업원을 개인이 아닌 조직의 한 일원으로서 통합하는 문제를 다루고자 하였다. 이 학파는 심리적, 사회적 만족의 원천으로써 일의 중요성을 강조하였다.

③ 정보의사결정학파

이 학파는 개인과 조직의 의사결정 과정과 내용에 초점을 맞춤으로써 현대 조직에서의 질적 의사결정의 필요성을 다루고자 하였다. 이 학파는 계획적인 의사결정과 비계획적인 의사결정을 구분하는 데 도움을 주었으며 또한 합리적인 의사결정모형을 발전시켰다.

④ 과학적 관리학파

이 학파는 적절하게 조직화된 업무와 노사간의 상호신뢰의 필요성에 초점을 맞춤으로써 생산성 향상의 문제를 해결하고자 하였다. 이 학파의 공헌은 목표수립단계에서부터 조직설계단계에 이르기까지 폭넓은 범위에 걸쳐 있다.

⑤ 계량학파

이 학파는 문제들에 수학적인 모형을 적용, 발전시킴으로써 좀더 객관적인 관리를 하고자 노력하였다. 이 학파의 공헌점은 선형계획법과 같은 통계적인 데이터분석기술을 경영학에 접목시킨 데 있다.

⑥ 전략경영학파

이 학파는 장기적인 목표를 정의하고 실행하는 문제를 주로 다루었다. 전략경영이론가들은 전략형성과정에 초점을 두고 전략에 있어서의 최고경영자의 역할에 대한 관점을 제시하였다.

⑦ 경영관리학파

이 학파는 기업을 조직화하는 방법에 대한 문제를 주로 다루었다. 이 학파는 베버(Weber)와 페욜(Fayol)의 연구를 통해 유효성의 원리와 관리의 보편성, 명령의 일원화, 위계의 개념을 형성하는 데 도움을 주었다.

⑧ 조직이론학파

이 학파는 조직의 각 부분들을 결정하고 어떻게 그 부분들이 환경에 서로 관련되어 있는지에 대한 조직설계의 문제를 다루었다. 이 학파의 주요한 공헌은 조직이 환경과 상호작용하는 개방시스템이라는 개념을 제시한 것이다.

2.2 경영학의 여러 분야

경영학은 그 전문지식, 내용, 지향하는 목표에 따라 기능적으로 여러 분야로 나눌 수 있다. 이는 경영활동의 전문성으로도 표현될 수 있고, 또 다른 측면으로는 조직의 수평적 기능 또는 기업에서는 전문적 부서로써 조직화되어 나눌 수 있다. 경영학의 고급단계로 올라가면 학문적으로는 전공이라는 이름으로 나눠어 연구되곤 한다. 그 분야는 일반적으로 일반경영, 인사조직, 마케팅, 재무관리, 생산관리, 정보관리(MIS), 회계학, 국제경영 등으로 분류될 수 있다.

1) 일반경영(general management)

경영학 전반에 관한 기본적이고 일반적인 지식을 다루는 분야이다. 경영학의 시작과 마무리를 담당하는 분야이다. 각 전문 기능 분야를 두루 통합적으로 다루며 종합적 성격을 띤 분야이다. 대학 과목으로는 경영학원론, 기업과 사회, 기업윤리, 경영전략론 등이 이 분야에 속한다.

2) 인사 · 조직

경영학 분야에서 사람과 조직을 다루는 분야이다. 인적자원의 개개인의 관리부터 집단, 조직 관리까지 총괄하는 분야이다. 특히 인간관계학파, 행동과학파 등의 영향으로 생성, 발전한 학문 분야로써 대학 과목으로는 인사관리, 조직행동론, 거시조직론, 노사관계론 등이 있다.

3) 마케팅

조직에서 생산한 상품과 서비스의 판매 · 유통을 다루는 분야이다. 판매기획, 촉진, 가격 책정, 광고, 유통, 사후 관리 등 조직으로부터 고객에 이르는 전 과정을 연구, 실천하는 내용을 다루고 있다. 관련된 대학 과목으로는 마케팅 원론, 광고론, 마케팅리서치, 마케팅전략 등이 있다.

4) 재무관리

조직이 필요한 자금의 조달, 확보 및 운영 등을 관리하는 분야이다. 재무자원의 효율적, 효과적 관리를 연구하여 조직의 자금의 유동성 및 안정성을 촉진시키는 것을 담당한다. 관련된 과목으로는 재무관리, 투자론, 증권시장론, 금융론, 선물시장론 등이 있다.

5) 생산관리

조직에서 상품, 서비스를 생산 · 관리하여 고객에게 질 좋은 제품을 출시하는 것을 관리하는 분야이다. 제품의 계획, 과정, 생산, 불량체크, 재고관리 심지어 유통까지도 포함한다. 과학적 관리기법이 많이 도입되어 계량적 분석방법이 많이 사용된다. 해당 과목으로는 생산관리, 경영과학(Operation Research), 재고관리 등이 있다.

6) 정보관리(MIS)

기업 내외부에서 취급하는 정보를 효과적으로 관리함으로써 조직의 전략적 목적달성에 기여하고자 하는 분야이다. 과거에는 생산관리의 한 분야로 다루어져 왔으나 최근 정보시대의 도래로 정보의 활용도와 중요도가 확산됨에 따라 그 영역이 넓어져 독립 분야로 연구되고 있다, 해당 과목으로는 데이터베이스, 경영정보시스템, 인공지능 등이 있다.

7) 회계학

조직 경영의 가장 기초가 되는 분야로써 자금의 출납을 관리하여 기업의 건전성을 확보하는 데 그 목적이 있다. 회계의 건전성이 확보되지 않으면 기업은 아무리 다른 기능이 뛰어나다고 하더라도 생존의 위협을 받는다. 기업 경영에서 회계를 가장 기본으로 하여 다른 전문 분야가 일어설 수 있다. 관련 분야로는 재무회계, 관리회계, 원가회계, 회계감사 등이 있다.

8) 국제경영

최근의 동태로 세계의 기업 간 교역이 증가하며 세계 시장의 중요성이 부각됨에 따라 경영 전 기능분야에 국제적 감각을 가미한 종합적 학문분야이다. 앞서 이야기한 모든 기능이 국제적 양상을 띠면 국제경영이 될 수 있다. 상호 중첩된 측면이 많이 있지만 종합적 측면에서 보는 국제경영은 나름대로 의미가 있다. 관련 과목으로는 국제경제, 국제경영, 무역론 등이 있다.

2.3 현대 경영학의 여러 이론

경영학 발달의 최근 경향은 여러 가지 사상 학파들끼리 상호 통합되어 새로운 경영학으로 태동되는 양상을 띠고 있다. 이러한 경향은 크게 세 가지로 나타나는데 (1) 과정 접근방법(process approach), (2) 시스템 접근방법(system approach), (3) 상황 접근방법(contingency approach)이 있다.

첫째, 과정 접근방법은 실제로 경영활동이 수행되는 동안 작업이 수행되는 일련의 과정을 중시하는 접근방법이다. 제 1 장에서 학습하였던 과정관리, 즉 기획, 조직, 지휘, 조정, 통제라는 경영활동 과정이 바로 과정 접근방법이며 이 접근방법은 본서의 전반에 걸쳐 반영되고 있다.

둘째, 시스템 접근방법이란 경영을 여러 가지 상호 관련된 상호의존적 단위들이 통합되어 한 세트를 이루는 것이라고 보는 관점이다. 이 관점은 조직을 개방시스템으로 간주하고 외부환경에 의존하여 상호 연계성이 있다고 보는 접근법이다.

셋째, 상황 접근방법이란 조직에 영향을 주고 있는 상황적 변수(기술, 규모, 환경 등)가 무엇인가를 파악하여 그 상황에서 어떤 방법이 가장 효과적인 경영활동인가를 결정하는 접근방법이다.

앞서 이야기한 대로 상기 소개한 세 가지 접근방법은 상호 독립적 접근방법이 아니라 서로 중첩되는 개념이다. 상호 보완적으로 통합되어 사용될 수 있는 접근방법이며, 상호 공통된 개념도 많이 공유하고 있는 것을 발견할 수 있다. 다음에는 경영활동의 중심이 되고 있는 시스템 이론을 소개하고 아울러 근래 각광을 받았던 동양적 경영 이론을 소개한다.

1. 시스템 이론

시스템이란 한 세트의 상호의존적 성격을 지닌 부분체들이 전체를 형성하고 있는 모습을 나타낸다. 각 부분체는 전체와 영향을 주고받으며, 상호의존적 관계를 지속하며 동시에 차례로 외부환경과도 상호의존 관계를 맺으며 유기적 관계를 유지하고 있는 상태를 말한다. 우리가 살고 있는 사회는 일종의 커다란 시스템을 형성하고 있으며, 사회 속에서 존재하는 조직체도 사회 시스템 속의 한 작은 시스템으로 존재한다. 그러므로 시스템 이론은 우리 사회의 모든 조직체의 상호 유기적 관계를 설명하고 있다.

하나의 조직을 자세히 들여다보면 마치 인간의 신체구조가 여러 가지 기관과 상호연관을 맺으며 신경 세포로 연결되어 상호의존되어 있는 것과 유사하다. 여러 가지 자원, 과업, 경영철학 등이 상호 연결되어 조직이라는 시스템으로 운영되고 있다. 조직 내 한 부분체가 변화하게 되면 이는 다시 다른 부분체에 영향을 미치고, 다시 전체 조직에 영향을 주게 된다. 인간의 신체구조가 유기체인 것처럼 조직도 유기체로써 작용하며 내부적 · 외부적으로 영향을 주고받는 하나의 시스템이다.

그림 2-1 개방시스템으로서의 조직

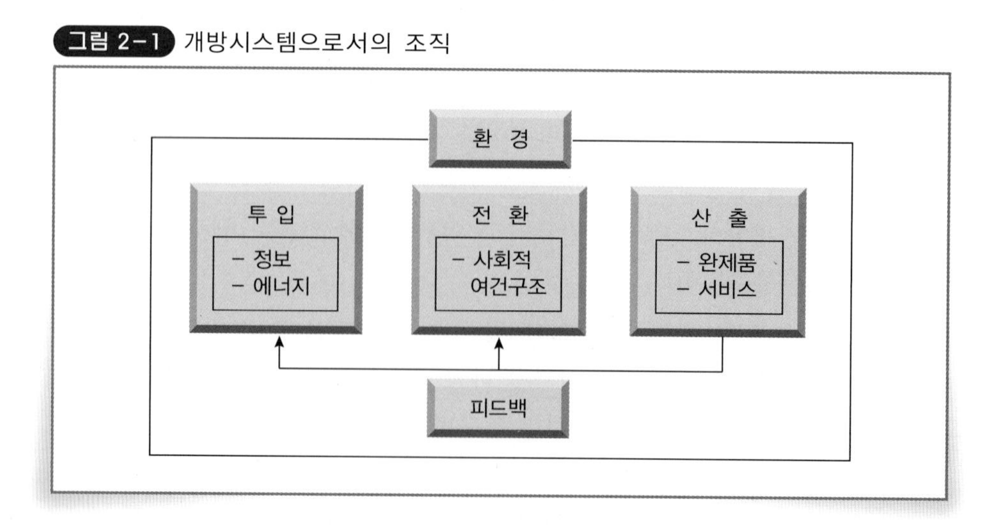

시스템이란 외부환경과 항상 유기적 교환관계를 유지하는 개방체제를 유지해야 한다. 개방 시스템이라 불리는 이 체제는 조직과 외부환경이 정보와 자원을 상호 주고받는 관계를 일컫는다. 외부에서 공급되는 자원의 정도, 고객들의 요구사항, 정부의 규제 등 여러 가지 외부조건들은 내부의 경영활동에 영향을 주며 궁극적으로 산출물을 만들어 낸다. 이러한 외부여건들을 이해하는 것이 내부 경영활동을 설명하는 데 많은 도움이 되고 있다. 개방시스템으로써의 조직은 [그림 2-1]과 같이 이해될 수 있다.

[그림 2-1]에서 보는 바와 같이 투입이란 정보, 에너지, 물적자원, 인적자원과 같이 외부환경으로부터 시스템에 투입되는 초기자원을 일컫는다. 투입된 여러 가지 자원을 가지고 조직특유의 전환과정을 거쳐 산출물을 일구어 낸다. 같은 투입을 하더라도 조직 특유의 전환과정을 거쳐 상이한 산출물을 생산할 수 있다. 그러므로 전환과정이란 기술, 과업과정, 동료관계 등 사회적 기술적 여건들이 다르게 조합을 이루어 최종산출물을 생산하게 된다. 조직의 축적된 경영노하우는 바로 전환과정에서 나타날 수 있다. 투입-전환-산출이라는 시스템 공식을 이용하여 제 1 장에서 배운 경영의 3요소(목표관리, 과정관리, 자원관리)를 재해석해보면 [그림 2-2]와 같다.

경영자는 조직을 시스템으로 간주하고 시스템적 사고방식을 가지고 조직을 경영할 필요가 있다. 이러한 경영방식을 시스템적 접근방식이라고 하는데 시스템적 경영방식을 갖기 위해서는 시스템 이론과 관련된 여러 가지 일반적인 시스템 이론의 기본개념을 이해하고 실제조직에 적용시킬 필요가 있다.

시스템 이론을 경영에 적용시키는 한 방식으로 선형사고(linear thinking)

그림 2-2 경영의 3요소와 시스템

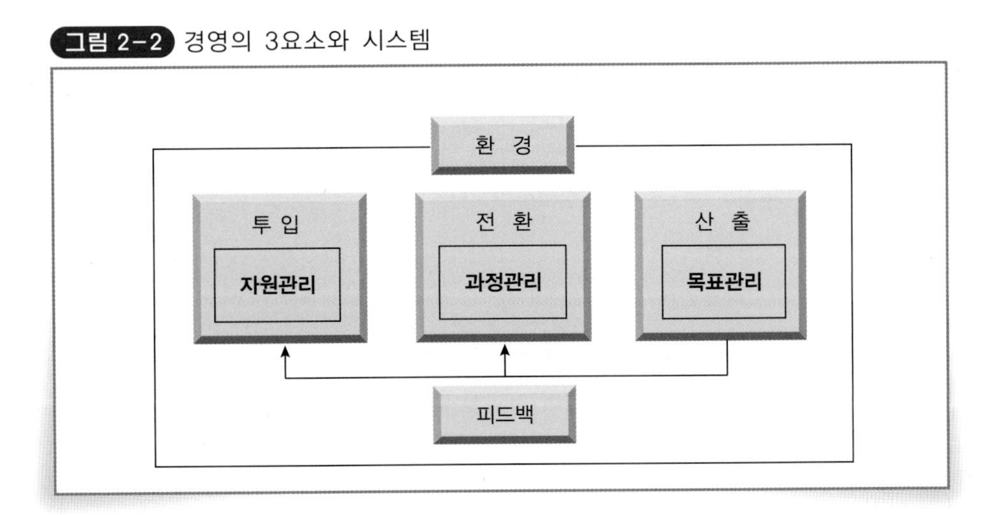

경영학 FOCUS

시스템 이론의 기본개념

개방시스템 vs 폐쇄시스템(open/closed system)

시스템은 외부환경과 자원, 정보, 투입물, 산출물 등을 주고 받는다. 외부와 활발하게 교환관계가 있는 시스템은 개방시스템이고 반면에 외부와 접촉을 끊고 있는 시스템은 폐쇄시스템이다. 조직이 얼마나 개방적이고 폐쇄적인가는 상황에 따라 달리 결정되지만, 일반적으로 개방시스템을 유지하는 것이 생존, 성장, 발전에 득이 된다.

전체시스템 vs 부분시스템(total/sub-system)

시스템이란 조그만 부분시스템의 총합으로 구성되어 있다. 부분시스템들 간은 상호의존적이고 상호작용적이다. 부분시스템의 상호작용은 전체시스템의 업적에 영향을 주며 또한 전체시스템은 부분시스템에 영향을 준다.

시스템으로서의 조직

조직은 하나의 시스템이다. 조직은 외부로부터 자원을 투입하고 변형하여 산출물을 외부환경으로 배출하는 개방시스템이다. 조직 내부는 여러 가지 부분시스템으로 구성되어 있고 상호영향을 주며 목표를 달성한다. 동물이 생태계에 영향을 주고 받으며 생존하는 것처럼 조직도 하나의 유기체로써 시스템으로 활동한다.

시너지(synergy)

전체는 단순히 부분의 합에 그치지 않는다. 전체는 부분들의 상호 상승작용에 의해 단순합보다 훨씬 더 큰 결과를 만들어 낼 수 있다. 핵폭탄의 가공할 만한 파괴력은 바로 조그만 분자들끼리의 상호 상승작용 때문이다.

동종최종물(equifinality)

시스템이란 서로 다른 투입, 변형의 과정을 거친다고 해도 동일한 최종물을 생산할 수 있다. 똑같은 결과를 만들어 내기 위해 여러 가지 다른 방법의 투입과 변형이 가능하다는 의미이다. 최종목표에 도달하는 방법은 여러 가지 방법에 의해 가능하다.

엔트로피(entropy)

시스템이 활동을 정지하고 죽음, 해체의 상태에 이르는 것을 의미한다. 시스템은 결국 전체시스템이 파괴될 때까지 증가하는 엔트로피에 의존한다.

와 시스템사고(system thinking)라는 두 가지 관점이 있다. 첫째, 선형사고란 경영자가 문제해결을 시도할 때 가정하기를 문제의 발생원인과 해답은 선형적 관계이며, 오직 한 가지 원인과 결과만 존재한다는 사고방식이다. 경영자의 경영사고방식으로 몹시 편협한 경영방식을 나타낸다. 다른 표현을 빌리면 터널비전(tunnel vision)이라고도 일컫는다. 터널비전은 기차가 터널에 들어가면 한 가지 입구에서 오로지 철길을 따라 나가는 한 가지 출구밖에 없다. 즉, 경영자가 문제해결을 시도할 때 한 가지 문제로 정의하여 한 가지 결과만을 기대하는 것이다. 우리말로 하면 우물 안 개구리 격의 사고방식이다.

반면에 시스템 사고란 시스템 이론에 적용되는 다양한 인과관계를 연결하여 다양한 결과를 추구하는 경영방식이다. 투입되는 자원과 정보, 아이디어는 다양하게 이용될 수 있고, 또 여러 가지 변환과정에서 투입된 자원은 여러 가지 다른 결과를 만들어 낼 수 있다. 동종 최종물(equifinality)이란 아무리 다양한 투입물(input)을 이용하여 결과를 만들더라도 여러 가지 동일한 산출물(output)이 만들어질 수 있다는 사고방식이다. 경영자는 시스템 사고를 가짐으로써 경영의 기술을 더욱 다양하고 화려하게 만들 수 있는 것이다.

2. 일본 경영학과 Z이론

2차대전 이후 일본 경제는 전쟁패배의 잿더미 속에서 경이로울 만큼 재생하였다. 일본 경제 재생의 원동력은 여러 가지 우호적 외부여건도 작용했으나 역시 일본인들이 갖고 있는 특유의 검약정신, 장인정신 등이 어우러져 나온 결과이었다. 특히 제조업에 기반을 둔 일본경제의 힘은 1960년대 이후 독일제품과 함께 가장 품질이 좋은 공산품을 만들어내는 나라로 정평이 나게 되었다. 세계시장의 제조업 분야를 휩쓸었으며, 일본이 만들어 내는 공산품은 전자제품, 자동차제품 등 뿐만 아니라 사소한 화장실 용품에 이르기까지 그 정교함과 완전성으로 시장에 알려져 있다. 특히 60년대, 70년대 세계에서 가장 큰 시장인 미국시장에서 소니제품, 도요타제품 등이 시장을 석권하면서 일본 경제는 그 양적 팽창이 기하급수적으로 성장하였다.

1970년대 말, 미국의 경영학계에서는 과연 불량품이 나오지 않는 일본 제품의 저력은 어디에서 나오는가에 대하여 관심을 가지고 연구하게 되었다. 일본 경영의 특징에 대하여 수많은 연구논문과 사례집이 발간되었고, 미국기업계에서는 일본을 배우자는 열풍이 몰아치게 되었다.

표 2-2 각 나라별 경영방식의 비교

내용 \ 이론	미국식 경영	절충형(Z이론)	일본식 경영
고용	단기적	장기적	장기적
의사결정	개인적	합의적	합의적
책임	개인적	개인적	집단적
평가와 승진	급진적	점진적	점진적
통제	명료하고 공식적	명료하고 공식화된 측정을 수반한 함축적이고 비공식적인 통제	함축적이고 비공식적
경력경로	전문적	절충적 전문화	비전문적
관계	개인적	지속적 관심과 가족적	지속적

1980년대 초 UCLA대학 교수였던 오우치(Ouchi)는 일본 경영의 특징과 미국기업경영의 특징을 한데 융합하여 새로운 스타일의 보편적 경영방식인 Z이론을 개발하여 발표하였다. Z이론은 학문적 이론이 뒷받침되는 이론이라기보다는 실제 수행되는 두 가지 경영방식을 절충하여 이상적 경영방식을 제시하고 있다(표 2-2 참조).

3. 아시아적 가치와 유교자본주의(confucious capitalism)

1970년대, 80년대, 20세기 말 아시아의 여러 국가들이 세계경제 속에서 눈부신 활약을 거듭하였다. 특히 싱가포르, 홍콩, 대만, 한국 등 소위 부상하는 4마리의 용과 말레이시아, 태국 등 아시아 국가들의 경제발전이 세계경제에서 두드러지고 있었다. 이 아시아의 모든 나라의 공통적인 점은 동일지역에 있다는 것 외에 정서적으로 상호 공통적인 측면이 있다. 즉, 중국 문화권에 근접하고 있으며 역사적으로 중국의 영향을 많이 받고 있던 화교국 또는 인접국이라는 점이다. 이들은 유사한 문화를 공유하고 있고 과거 유사한 철학도 함께 학습한 국가들이다.

싱가포르의 수상 리콴유(李寬有)는 이러한 문화적 공동체를 아시아적 가치(Asian values)라고 일컫고, 이들 국가가 최근 함께 세계경제에서 부상한 것은 서양적 경영가치에 의존하기보다는 아시아인이 가지고 있는 특유의 아시아적 공동가치에 기초를 두고 있다고 했다. 즉, 아시아적 가치가 새로운 경영방식을 잉태하고 이것이 아시아 국가들의 경제 발전에 기여했다는 주장이다.

서양학자들은 이런 현상을 유교자본주의라고 설명하고 아시아 각국이 가지고 있는 특유의 공통된 경영철학을 서양에서 발달된 그것과 비교하였다. 즉, 유교자본주의란 서양의 자본주의 사상이 아시아 국가에 도입되면서 그들이 가지고 있는 특유의 문화적 가치와 융합되어 그들만이 가질 수 있는 독특한 자본주의를 형성하게 되었고, 또 그것이 원동력이 되어 현재의 경제성장의 원동력으로 작용하였다고 주장한다. 유교자본주의 국가들이 공유하고 있는 가장 특징적인 문화는 유교(confucianism)라는 생활철학을 공유하고 있다는 점이다.

유교철학은 규범과 규율을 중시하는 실용적 생활철학으로써 현대 경영에서 여러 가지 경영원칙과 일맥상통하는 개념을 갖고 있다. 즉 조직 내 질서를 중시하고, 상하를 구분하는 것은 현대 관료주의 개념과 동일하며, 또 가부장적 원칙은 경영자가 조직구성원을 보살피며 상호 신뢰를 계발하는 현상이다. 미국의 경영학자 피터 드러커(Peter Drucker)는 유교에 관한 연구에 집중하며 유교철학에서 주창되는 여러 가지 규율과 원칙이 현대경영학의 기본 원칙과 동일하다고 하였다.

아시아적 가치 또는 유교자본주의라고 일컬어지는 아시아인들의 특유한 경영철학이 과연 현대 아시아인의 경제발전에 기여를 했는지에 대한 어떤 과학적 검증도 이루어지지 않고 있다. 그렇지만 이들에 대한 연구는 지속될 필요가 있고, 또 그 국가들 중 싱가포르, 대만, 홍콩은 지속적 발전을 거듭하고 있는 반면, 한국과 일본은 현재 비슷하게 옆걸음 성장을 이루고 있다. 아시아 국가의 가치를 전체적으로 보편타당하게 연구하는 것보다는 아시아적 가치에 기반을 두고 각 국가들의 특유한 경영방식을 연구하는 것도 하나의 좋은 방법이다.

4. 미 · 중 갈등과 변화: 투키기데스 함정

신흥 강국과 패권국이 서로 충돌하는 성향은 고대 그리스의 역사가인 투키디데스(Thucydides)가 말한 대로 '역사는 영원히 되풀이 된다'는 것이다. 그래서 역사를 살펴보면 신흥 강국인 새롭게 뜨는 국가와 기존의 패권 국가 간에는 서로 충돌할 수밖에 없다. 그래서 미중 갈등의 요인을 살펴보게 되면 2018년부터 미중 관계는 악화되면서 중국의 경제가 하락하고 있는 모습을 보여주고 있고 트럼프 집권 2기를 맞이해 그 우려는 더 커지고 있다. 무역전쟁과 팬데믹 및 엔데믹, 그리고 증가하는 기술경쟁, 또 남중국해와 대만 해협에서의 긴장 관계, 대만에 관한 여러 가지 군사적 위협들, 또한 러시아-우크라이나 전쟁과 북한군의 참전 등 여러 변수와 갈등으로 생기는 측면도 양국 간에 풀어야 될 중요한 과제다.

2023년 미중 정상 회담 결과 6가지 내용을 발표하였는데 그 내용을 보면 이 안에 여러 문제들이 담겨져 있다(KIEP, 2023).

첫 번째, 군사 대화를 재개해 보자는 얘기는 미중 간의 군사 갈등도 존재하고 있다는 의미이며, 그다음에 탄소 배출과 관련된 내용들 그리고 마약 생산 및 밀수에 대한 협력을 복원하고 확대하자, 인공지능과 관련된 위험을 최소화하기 위한 논의를 해보자, 그리고 그동안의 교류가 상대적으로 줄어들면서 직항 노선이 많이 줄었다. 그리고 인적 교류 또한 약해졌고. 여기에 매 5년마다 미중 간의 과학기술 협력 협정을 맺었다. '사이언스 테크놀로지 액트'라고 하는 걸 5년마다 갱신하는데 2024년도에 이것이 만료돼서 또 갱신해야 되는 시점이다. 그런데 지금 미국의 우려는 중국이 과연 믿을 만한가? 그리고 정말 제대로 된 연구를 하고 있으며 신뢰의 파트너인가? 라고 하는 것이다. 그리고 데이터 관련된 신뢰성이 약하다는 것인데, 예를 들자면 COVID-19에 있어서의 그 원인들에 대한 데이터들을 요청할 때 중국이 그것을 솔직하게 공개하지 않았던 측면도 있고, 그다음에 여러 가지 데이터 측면에서 아직도 선진국에 비해서는 취약한 면을 보여주기 때문이다.

일본과 중국이 유사성을 비교하곤 하는데 일본이 잃어버린 30년을 얘기할 때 중국 또한 과연 중진국의 함정을 극복할 수 있는가의 질문이다. 잘 나가던 일본의 수출 경쟁력이 1985년도 '플라자 합의' 이후, 엔고 현상이 발생, 당시에 1달러당 한 250엔 하던 환율이 150엔으로 가치가 확 올라갔다. 그러니까 수출 경쟁력은 떨어질 수밖에 없었고, 수입은 더 늘어나게 되었고 그래서 GDP 성장률이 당시 몇 년 사이에 6%에서 2%로 추락하였다. 경기를 부양하기 위해서 금리 인하를 했는데 그때 부동산 버블이 생겼다가 꺼지면서, 예를 들어 10억 주고 산 부동산이 5억으로 떨어졌는데 대출금보다도 더 낮은 가격으로 떨어지게 되면서 큰 위기를 겪었다. 여기에다 저출산 고령화의 위기를 일본이 겪고 있다.

중국 경제를 뒷받침했었던 외국인 투자와 외국인 기업들이 빠져나가고 있는 가운데 역시 중국 또한 한 자녀 갖기 운동 등으로 인해서 저출산 고령화 위기에 놓여 있다. 물론 지금은 한자녀 운동을 포기하고, 둘째와 셋째를 낳자는 정책을 펼치고 있다. 점점 국가 간의 안보, 또 지역의 안보가 중요시되면서 과거의 효율성을 중심으로 해서 전 세계에 생산공장을 만들던 곳에서 이제는 자국 내에 안전한 국가를 만들고자 하는 측면에서 반도체, 배터리 등 경쟁이 치열하다. 특히 경제에서 중요한 인공지능(AI)이 경제에 미치는 파급효과가 굉장히 큰데 이 AI를 뒷받침해 주는 것이 바로 반도체다. 미중 갈등으로 수출 한계, 부동산 위기(부동산 개발기업 헝다(恒大)), 비구이위안(碧桂園, 컨트리가든 부도 위기), 외국인 투자 급감, 중진국 함정(Middle-Income Trap), 저출산 고령화 위기 극복 등의 과제가 남아있다.

중국 장기 전략을 이해하면 향후 진행될 사항들을 파악할 수 있다. 중국 '3중전회'(三中全會)는 중국 정치경제의 중장기 정책방향을 결정하는 회의로 5년마다 열린다. 2024년 7월 개최된 '20차 3중전회'는 14차 5개년 계획(2021~2025년)의 기본 틀(경제 현대화, 개혁, 민생, 국가 거버넌스, 사회문화, 생태문명)을 유지하면서 전면적 개혁과 기술혁신을 크게 강조했다. 특히 질적 성장을 강조하면서 단기 성장이 둔화될 가능성에 유의하는 한편, 첨단산업육성을 추구하는 과정에서 대외 경쟁 및 미중갈등이 격화될 수 있을 것이다(최종인, 2024). 한편 중국의 스타트업 딥시크(DeepSeek, 창업자 양원평)는 수평적이고 유연한 조직 문화로 '저비용 고효율 AI 모델'을 2025년 초 출시하며 글로벌 AI 경쟁의 판도에 큰 충격을 주었다. 이는 20~50배 저렴한 운영비용으로 유사한 성능을 보여 미중간 기술 격차를 줄이고 서구 빅테크 기업들의 기술 혁신을 강화하며, 우리나라에도 AI 생태계 혁신을 요구하고 있다. 이 같은 미중간 갈등 속에 우리나라는 반도체 외에 식량, 에너지, 원자재 등의 공급망 변화에 주의를 기울여야 할 것이다.

closing case

기업지배구조

기업의 사회적 책임의 개념은 이윤의 사회 환원이라는 좁은 의미에서 이해관계자에 대한 배려, 지속 가능한 경영으로 확대되고 있다. 그리고 그 중심에 재벌의 기업지배구조 논의가 있다. 기업지배구조(corporate governance)란 대외적으로는 기업 경제활동을 둘러싼 이해관계자들 간의 관계를 조정하는 구조로 정의되며, 대내적으로는 경영자원 조달 · 운용, 수익 분배 등에 대한 의사결정과정 및 감시기능을 총칭한다. 이러한 메커니즘은 크게 이사회에 의한 내부통제방식과 시장 · 정부에 의한 외부규율 또는 시장규율방식이 있을 수 있다.

기업지배구조는 1960년대 미국에서 기업의 비윤리적, 비인도적인 행동을 억제하기 위해 처음 논의되기 시작했다. 이후 기업가치, 주주가치를 증대시키기 위해 어떻게 기업조직을 구축할 것인가에 대한 논의가 첨가되었다. M&A의 확대, 기관 투자자의 영향력 강화에 따라 미국 내에서의 기업지배구조에 대한 관심이 높아졌다. 1990년대 이후에는 유럽과 일본에서도 기업 스캔들의 증가, 경제 정체로 인해 기업지배구조가 주목 받기 시작했다. 우리나라에서는 주주 권리, 이사회 영향력, 공시, 감사기구, 경영의 과실 배분 등 다섯 가지 항목에 대해 주된 관심을 두고 있다.

기업지배구조의 딜레마

바람직한 기업지배구조는 어떤 것일까? 한국경제에 중추적인 역할을 담당하고 있는 재벌은 한편으론 주주 가치를 극대화하라는 요구를 받고 있으면서 동시에 중소기업 · 소외계층을 먼저 생각하라는 주문도 받고 있다. 2~3세들의 경영권 승계 등 소위 '족벌경영'을 비판 받으면서도 오너의 과감한 결정에 따른 성과는 추켜세워지고 있다. 정부는 기업가 정신을 강조하면서도 오너의 경영권을 위협하는 금융계열사 의결권을 대폭 축소하는 상반된 조치를 취하고 있다. 한쪽에서는 기업 규제를 완화하면서도 다른 한편으로는 순환출자 제한 등의 규제를 부과하고 있다. 국민들은 재벌을 비판하면서도 외국계 기업 및 자본의 경영권 공격 움직임이 본격화되면 토종기업 지키기 여론을 조성한다. 외국인들 역시 재벌의 지배구조를 문제 삼으면서도 재벌의 오너경영으로 급성장한 주식 가치를 향유하기도 했다. 이렇듯 개별 주체가 상반된, 때로는 모순되기까지 하는 태도를 견지하기 때문에 기업지배구조의 이상향을 제시하는 것은 쉽지 않은 문제로 보인다.

시장 기능을 통한 점진적 변화 필요

경영에는 정답이 없다. 영미식 주주자본주의가 우리나라가 맹종해야 할 절대선은 아니다. 선진국 역시 지역에 따라 기업지배구조가 판이하다. 북미와 유럽 선진국의 시가총액 20대 기업 가운데 불특정 다수에게 소유권이 분산된 비율은 평균 38%에 불과하다. 2009년 3월 영미식 지배구조의 표상인 GE는 53년간 지켜온 최고 신용등급을 강등당하는 수모를 겪기도 했다. "CEO의 책임은 주주가치를 극대화시키는 것"이라고 말했던 잭 웰치 전 GE CEO조차도 "단기적 성과에 매달려 주주가치 증대에만 주력하는 것은 정신 나간 짓"이라고 주주 자본주의에 대한 과도한 의존을 경계하기도 했다. 리만 브라더스 및 씨티그룹은 단기 성과를 극대화하기 위해 고위험의 파생상품에 투자했다가 퇴출되거나 파산 직전까지 내몰리기도 했다. 분식회계를 통해 회사 실적을 부풀리고 보너스 · 배당 잔치를 벌이는 등의 도덕적 해이도 적잖이 발견된다.

영미식 지배구조가 유일한 모범답안이 아니라면 한국 기업이 추구해야 할 바람직한 대안은 무엇일까? 최근 한국 특유의 현실을 인정하고, 지배구조 결정을 시장 논리에 맡기자는 의견이 힘을 얻고 있다. 소수 지분의 오너가 계열사 순환출자로 경영권을 행사하는 현재의 지배구조는 기업진화 과정의 산물인 만큼 자연스럽게 변화를 유도하자는 주장이다. 기업에 대한 과도한 규제는 풀고 시장의 감시 아래 국내 대기업들이 바람직한 지배구조 구축을 유도할 필요가 있을 것이다.

새로운 지배구조 실험

재벌들도 능동적으로 지배구조를 개선해 나가고 있다. 그 중 2013년 출범한 SK의 새로운 지배구조는 시장의 큰 관심을 끌고 있다. 이 제도에 따르면 인사 · 경영에서 계열사의 독자적 결정권을 강화하며 그룹 차원의 일만 각 위원회와 SUPEX 추구협의회에서 결정하게 된다. 지주회사인 SK㈜는 재무분야 성과만 점검하는 것으로 역할을 축소했다. 이 같은 수평 · 분산형 경영구조가 형식만 바뀐 게 아니냐는 비판도 있지만 SK의 실험은 여기서 그치지 않는다. 바로 재벌 총수인 최태원 회장이 SUPEX 추구협의회 의장직에서 물러남은 물론 그 어떤 위원회의 위원장도 맡지 않기로 한 것이다. 최태원 회장을 대신에 SUPEX 추구협의회 의장을 맡게된 김창근 의장은 평사원으로 입사해 부회장까지 오른 인물이다. 최 회장이 SK㈜와 SK하이닉스의 대표이사 회장직을 유지하긴 하지만, 재벌 총수의 지위를 내려놓았다는 점에서 재계에 적잖은 파장이다. 최근 ESG(환경 · 사회 · 지배구조) 경영을 강조한 최 회장은 G에 해당하는 거버넌스(지배구조)를 “SK 지배구조 중심은 이사회”라며 세계 최고 수준으로 혁신하려는 전략을 추진중이다.

한편, 노키아와 같은 세계 1등 기업이 순식간에 나락으로 떨어지는 글로벌 경제 환경에서 새로운 지배구조 실험은 그 자체로 높은 가치를 지녔다고 할 수 있다. 특히, SK의 실험이 한국 재벌 형태 변화에 대한 파일럿 성격이 있기 때문에 국내외 재계에선 SK의 향후 성과에 큰 관심을 보이고 있다. SK의 ‘위원회 경영’이 한국형 기업지배구조 모델을 제시할 수 있을지 귀추가 주목된다.

| SK그룹 운영체계 |

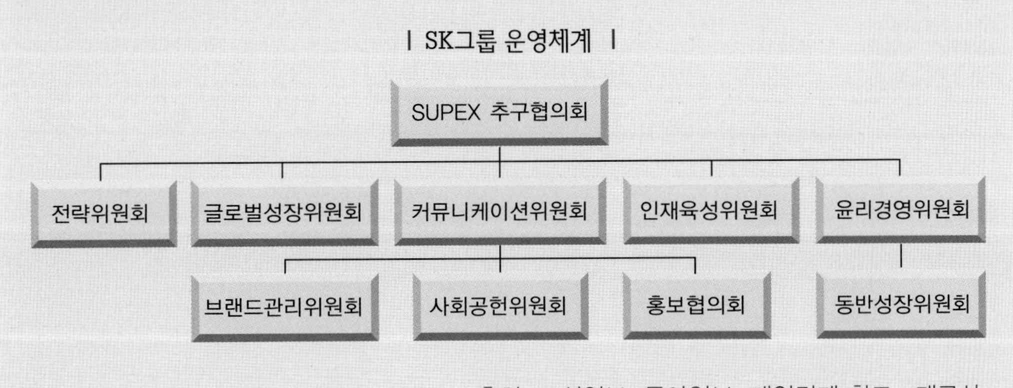

출처: 조선일보, 동아일보, 매일경제 참조 · 재구성.

제 3 장

지속가능경영

opening case

어느 공주 이야기

옛날 옛적 고대 왕국에 매우 젊고 아름다운 공주가 살고 있었다. 최근에 결혼한 그 공주는 그녀의 강력하고 부유한 군주인 남편과 크고 호화스러운 왕궁에서 살았다. 그러나 젊은 공주는 남편이 자주 왕국 근처로 긴 원정을 나가는 동안 그녀 혼자 외롭게 지내는 것에 만족하지 못하였다. 그녀는 자신이 무시 당하고 있으며, 불행하다고 생각했다.

어느 날 그녀가 왕궁 정원에서 홀로 있을 때, 잘 생긴 방랑자가 왕궁의 숲 경계를 넘어 들어와서 아름다운 공주를 발견하게 되었다. 그는 그녀의 마음을 재빨리 빼앗었고 그녀는 그에게 도취되었다.

어느 정도 시간이 지나고, 젊은 공주는 방랑자에게 무정하게 버림받았다. 곧 그녀는 사악한 마법사의 마법의 숲을 통하는 길이 왕궁으로 돌아가기 위한 유일한 길이란 것을 깨달았다. 홀로 숲을 헤쳐 나가는 것에 두려움을 느낀 나머지 그녀는 착하고 현명한 대부를 찾았다. 그녀는 자신의 어려운 입장을 설명하면서, 대부에게 용서를 구했고 남편이 돌아오기 전에 집으로 돌아갈 수 있도록 도와달라고 부탁하였다. 그러나, 대부는 그녀의 행동에 놀라움과 충격을 받았고 그녀에 대한 용서와 어떠한 도움도 거절하였다.

실망했지만 여전히 단호한 공주는 그녀 자신의 신분을 위장하고 왕국의 기사들 중에서 가장 저명한 기사의 도움을 구했다. 슬픈 이야기를 들은 뒤에 기사는 그의 끊임없는 도움을 서약하면서 적당한 보수를 원했다. 그러나 슬프도다, 그 공주는 돈을 가지고 있지 않았고 그 기사는 다른 신분이 높은 소녀를 구하기 위해 떠났다.

아름다운 공주는 그녀에게 도움을 줄 만한 어떠한 사람도 찾지 못하자, 홀로 용감하게 모험을 하기로 결정하였다. 그녀는 자신이 알고 있는 가장 안전한 길을 따라 갔지만 그 숲을 거의 다 빠져나왔을 때 사악한 마법사는 그녀를 찾아내었고 그녀는 불 뿜는 용의 먹이가 되었다.

1. 아름다운 공주의 죽음에 누가 가장 큰 책임이 있는가?
2. 누가 중간 정도의 책임이 있는가?
3. 누가 가장 작은 책임이 있는가?
4. 위 결정에 대한 당신의 기준은 무엇인가?

	가장 큰 책임	중간 정도의 책임	가장 적은 책임
공주			
남편			
방랑자			
대부			
기사			
마법사			
용			

※ 각 열에 하나의 등장 인물을 체크하세요.

3.1 지속가능경영(sustainable management)

회계학이나 위기관리 관점에서 볼 때, 기업의 건전성 또는 도산위협으로부터 안정적이고 성업 중인 기업을 '계속기업(going concern)' 이라고 한다. 과거에는 순전히 재무적인 안정성 또는 기업의 생존 측면에서 건전성을 평가하여 going concern(계속기업)으로서의 기업을 강조하였다. 최근 들어 기업을 바라볼 때, 재무적 생존능력을 뛰어넘어 기업을 둘러싸고 있는 외부환경으로부터 얼마나 건전하게 생존하며 또 외부환경과 조화를 이루며 지속적으로 생존, 번영, 발전할 수 있는가를 평가하는 경영 잣대가 나타났다. 지속가능경영의 평가 잣대는 단순히 기업이 생존하기에 필요한 최소한의 자원, 단순히 재무적 자원을 획득 · 유지하는 것이 아니다. 기업이 존재하는 사회와 더불어 함께 공생, 공존하며 외부환경 및 사회발전에 공헌하는 범주까지 포함하고 있다. '지속가능경영' 이란 원래 장기적 관점에서 기업의 지속적인 존속과 성장을 최상의 목표로 삼는 경영을 의미한다. 본래 생태계 보존 차원, 천연자원의 효과적 이용관점에서 출발한 '지속가능경영' 개념은 그 범위가 더욱 광대해져 기업의 사회적 · 경제적 책임, 환경보호 및 환경생태경영까지도 모두 망라하고 있다.

1. 지속가능경영 등장배경

인류는 산업혁명 이후로 약 200여 년간 천연자원을 이용하여 왕성한 산업활동을 한 결과, 지구의 생존을 위협하는 수준의 위기에 다다르고 있다. 대량생산, 대량소비, 대량폐기로 대변되는 산업사회는 막대한 에너지를 소비하고 있으며, 그 결과 1초당 지구의 78m^{2}의 목초지가 사막으로 변하는 사막화 현상이 계속되고 있다. 세계 인구는 저개발국가를 중심으로 2050년까지 30억 명이 증가하는데 현재 인류가 사용하는 자원이 지속가능한 수준보다 60% 이상을 소모하게 될 것이다. 향후 인구증가에 따른 자원소모는 더욱 더 급격히 증가할 것으로 예상할 수 있다. 인구증가 추세와 저개발국가의 발전 욕구를 감안했을 때, 현재와 같은 자원소모, 생산방식, 생활방식이 계속될 때 과연 인류의 삶의 질을 높일 수 있는가에 대한 심각한 의문에 직면하게 되었다.

1974년 MIT 대학의 매도우즈(Meadows)는 유럽의 미래경제 연구 단체인 로마클럽에서 「성장의 한계(The Limits to Growth)」를 발표하였다. 그는 지속가능성(sustainability)은 인구문제 및 식량문제에 대한 대안임을 여기서 처음으로 주창하였다. 지속가능성은 원래 생물학에서 자연자원의 재생산 능력의 범위 내로 인간의 이용 정도를 제한함으로써 자원의 고갈을 방지하자는 의미에서 등장한 개념이었다. 지속가능성 개념은 점점 발전하여 오늘날 자연환경의 요인은 물론 사회적 · 경제적 요인들을 포괄하고 있다.

지속가능한 발전의 필요성이 국제사회에 처음 제기된 것은 1970년대 초 '국제환경개발기구(IIED: International Institute for Environment and Development)'의 설립자인 바바라 워드(Barbara Ward)가 환경보호와 경제개발을 밀접하게 연계할 필요성을 제기하면서 시작되었다. 1987년 환경과 발전에 관한 세계위원회(WCED: The World Commission on Environment and Development)의 보고서 「Toward Sustainable Development-Our Common Future」에서 지속가능 발전을 "다음 세대가 필요로 하는 여건을 존중하면서, 지금 세대의 욕구에 부응하는 수준의 발전"이라고 정의하였다. 이는 당시 스페인 여류 정치가인 브루틀란드(Brutland)에 의해 제시된 최초이자 공식적 보고서의 일부이다.

세계지속가능발전기업협의회(WBCSD: World Business Council on Sustainable Development)는 지속가능 발전을 일컬어 "경제적 번영과 사회적 측면과 환경적 측면의 질적 풍요로움을 융화시키는 일"이라고 정의하면서 기업은 경제적 측면만이 아니라 비재무적 활동을 의미하는 사회, 환경이라는 세 가지 요소를 모두 달성하도록 노력해야 한다고 말하고 있다.

2. 경영패러다임의 변천

최근 지속가능성과 지속가능한 발전이라는 개념은 환경문제의 키워드가 되었으며, 아울러 기업 활동에서도 그 중심축에 자리 잡게 되었다. 환경에 대한 전 세계적인 관심과 아울러 지속가능경영은 기업을 경영하는 새로운 방식인 동시에 경쟁전략 양상으로 자리 잡고 있다. 이러한 지속가능경영의 부각은 경영환경에 대한 보다 확장된 이해를 필요로 하는 최근 기업경영 패러다임 변화와 관련되어 있다(표 3-1 참조).

표 3-1 기업 패러다임의 변화

구분	Shareholderism (주주자본주의)	Stakeholderism (이해관계자자본주의)	Ecoholderism (생태계자본주의)
시기	1970년대 말까지	1980년대 이후 확산	1990년대 이후 확산
존재이유	기업내부자 가치제고	기업내부자와 외부 이해관계자 가치제고	생태계 가치제고
가치제고 대상	주주, 임직원	고객, 협력업체, 정부, 채권단, 지역사회	현세대, 미래세대, 기업이 속한 환경
참여자간 관계	기업내부자 : 협력적 이해관계자 : 경쟁적 생태계 : 배타적	이해관계자도 협력적	생태계/ 미래세대도 고려 상호 호혜적

출처 : 지속가능경영의 대두와 도입 프레임워크, 현대경제연구원, 2004. 6.

1) 주주자본주의

기업이 계속기업(going concern)으로서 존재하기 위한 가치 제고의 대상이 시대변화에 따라 확대 변천해왔다. 먼저 기업발달사로 볼 때, 초창기의 가치 제고 대상은 주주, 임직원 등 기업내부자에 두었다. 즉 이 당시 기업의 존재이유는 기업가치 제고를 통한 주주와 임직원의 부의 증대라는 제한적인 의미로 해석되었다. 따라서 시장 참여자간 관계는 기업내부자(주주와 임직원)만이 상호 협력적이고 내부자, 외부자, 그리고 기업과 생태계(또는 현세대와 미래세대)의 관계는 상호배타적 또는 현세대 우선적이었다. 이와 같은 상황에서 기업의 목표는 경쟁력 강화, 수익성 제고 등 기업 가치를 제고하는 데에만 초점이 맞춰져 있었다.

2) 이해관계자자본주의

근래에 와서는 기업에게 이익 창출 등 경제적 책임을 넘어 사회구성원으로서의 책임을 다해야 한다는 사회적 기대수준이 증가하고 있다. 오늘날의 사회는 주주, 고객, 종업원, 협력업체, 경쟁자, 지역사회, 정부 등 모든 이해관계자들과의 호혜적 관계에서 기업이 준수해야 할 가치와 사명을 실천하는 경영활동을 요구하고 있다.

이 시기에 와서는 기업시민정신이 기업 장기 생존의 중요한 가치로 인식되어 윤리경영을 통한 다양한 이해관계자와의 협력적 관계형성이 기업경영전략의 기본 축을 담당하게 되었다. 외부 이해관계자와의 협력적 관계유지를 위하여 기업은 회계구조의 투명성, 지배구조의 건전성, 법 준수 및 윤리강령의 실천 등을 담당하는 조직의 구성 및 시스템 구축에 힘을 쏟아왔다.

3) 생태계자본주의

최근의 '지속가능경영' 이념은 기업이 경제적 성과에만 매달려서는 장기적으로 생존할 수 없다는 반성에서 비롯되었다. 주주를 포함한 다양한 외부 이해관계자의 이익을 고려하고, 나아가 환경 및 사회에 대한 건전한 시민의 책임을 다하면서 동시에 경제적 이익을 추구하는 기업만이 지속적으로 존속하고 성장할 수 있다는 믿음에 그 바탕을 두고 있다.

생태계 자본주의 관점에서 볼 때, 계속 기업으로 존재하기 위한 가치 제고의 대상이 현재뿐만 아니라 미래세대와 자연환경으로까지 확대되고 있다. 이에 따라 경쟁력의 원천도 경제적 측면에 두었던 것이 점차 윤리적, 그리고 환경적 측면까지 포함하는 것으로 그 범위가 확장되고 있다. 과거에는 생태계나 환경이 기업 의사결정상에서 경제적 목적을 달성하기 위한 수단(자원)으로 간주되었다. 이는 생태계나 환경이 생산수단으로서 일반적으로 기업 수익성 추구와 생태계 보호는 상충관계에 있었기 때문이다. 최근 들어 생태계 보호에 적극적인 기업이 소비자로부터 더 높은 존경을 받는다는 인식이 확산되고 있고, 환경이 파괴되면 기업의 미래도 없다는 사실이 인식되고 있다. 기업의 목표가 환경적 보존 측면까지 확산되고 생태계나 미래 세대들과의 상호호혜적인 관계가 기업의사결정에 중요요소로 부각되고 있다.

3. 지속가능경영의 구성요소

맥윌리엄스(McWilliams)와 시겔(Siegel)은 "지속가능경영을 기업이 지켜야 할 최소한의 법규준수를 뛰어넘어 사회적으로 더 나은 발전을 향해 가는 방향"이라고 정의하였다. 사회적 개념을 기업내부에 반영하여 제품이나 생산공정에는 친환경 기술이나 친환경제품생산을 도입하고, 인력관리에 있어서는 인재육성을 위해 힘쓰며, 재활용이나 오염예방을 통해 보다 높은 환경성과를 도출하고, 지역사회공헌을 통해 지역사회와 의사소통하는 모든 일련의 과정을 지속가능경영의 구성요소라고 표현하였다.

로우(Lowe)는 지속가능 발전을 지지하는 상위의 이론적 개념으로 기업시민활동, 사회적 책임, 지속가능경영을 제시하였다. 기업시민이란 기업이 활동하는 지역에서의 경영활동으로 인한 사회적 변화에 대해서 책임을 가지고 더 나은 지역사회의 발전을 위해 노력해야 한다는 개념으로 사회공헌, 기부, 일자리 창출 등을 의미한다. 사회적 책임은 기업시민의 역할을 포함하면서, 그 외에 자발적으로 사업영역에 사회, 환경적인 요소를 통합하고자 하며 이를 이해관계자와 소통하고자 하는 움직임이다. 기업경영의 가장 상위개념인 지속가능경영은 사회, 환경, 경제적 목표를 달성시키면서 기업의 효율성을 최적화시키는 경영활동이며, 기업경영전략이나 운영시스템 수준에서의 활동이라고 정의하였다(그림 3-1 참조).

세계지속가능발전기업협의회(WBCSD)는 지속가능경영을 '근로자, 그들의 가족, 지역사회와 사회전반의 삶의 질을 개선시키며 이들과 더불어 지속가능한 경제적 발전을 하기 위한 기업들의 노력'이라고 정의하였으며, 한국지속가능발전기업협의회(KBCSD: Korea Business Coucil for Sustainable Development)는 '환경, 경제, 사회 분야의 지속가능성을 위해 기업차원과 사회차원에서 기여하고자 하는 경영활동'이라고 정의한다.

지속가능경영의 정의는 아직 공통적인 합의에 도달하지 못하고 있다. 하지만, 지속가능경영은 기존에 기업의 가장 기본적인 존재이유로 흔히 논의되어왔던 경제적 목적 달성만이 아니라 사회적 · 윤리적 측면과 환경적 목적 달

그림 3-1 지속가능경영의 구성요소

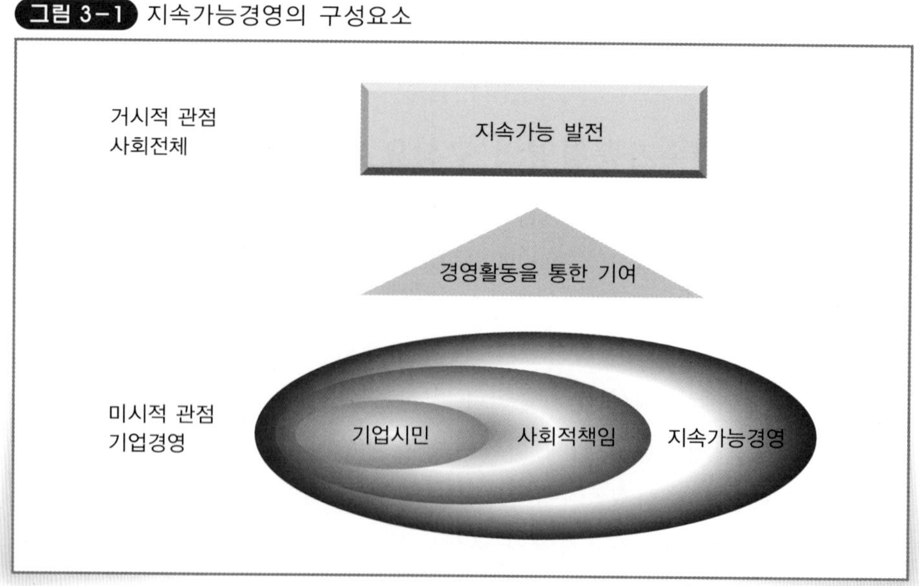

출처: Lowe et al., 2004.

표 3-2 지속가능경영 프레임워크와 실천과제

구 분	핵심개념	핵심목표 및 대상		활 동
1) 경제적 지속가능성 (economic sustainability)	경제의 질적 성장 (economic quality growth)	기업의 성장, 이익창출, 주주가치 극대화	주주 등	지역사회 경제 기여 기업 투명성 (회계 투명성, 정보공개) 공정 경쟁 혁신(경영/기술)
2) 사회적 지속가능성 (social sustainability)	사회적 책임 (social responsibility)	지배구조 건전성, 윤리/법 준수, 소비자 보호, 지역사회 공헌	임직원, 협력업체, 경쟁업체, 지역사회, 고객, 채권단, 정부 등	사회 공헌 활동 준법 경영 인권 경영 안전 보건 활동
3) 환경적 지속가능성 (environmental sustainability)	에코 효율성 (eco-efficiency)	생태자연환경 보호	자연환경, 미래세대	청정생산 전 과정 관리 (친환경 공급망 관리, 제품 책임주의) 기후변화 대응 환경리스크 관리 생물다양성보호 제품의 서비스화 환경 시스템의 국제인증

출처: 지속가능경영 프레임워크와 실천과제(KBCSD), 내용 재구성.

성까지도 고려해야 한다는 원칙적인 부분에 대부분 정의가 일치하고 있다. 지속가능경영은 기업의 경제적 책임만이 아니라 기존에 활발히 논의되어온 사회적 책임과 환경 영역에서의 생태적 책임까지도 포괄하고 있는 매우 광범위하고 총체적인 개념이라 하겠다(표 3-2 참조).

위의 〈표 3-2〉에서 구분한 세 종류의 지속가능성을 경영관련 여러 개념과 연관시켜 검토해보겠다.

3.2 경제적 지속가능성

기업이 지속적으로 성장하기 위한 제 1 차적 목표는 경제적으로 생존 발전하며 내부구성원의 고용유지, 경제적 보상, 그리고 주주들의 가치를 극대화하는 것이다. 이를 기업의 경제적 목적 또는 경제적 지속가능성이라고 일컫는다.

기업의 경제적 지속가능성의 핵심목표는 역시 기업이 지속적으로 생존, 성장하는 것이다. 기업의 성장은 매출규모증가, 종업원 고용능력 향상, 이익증가, 주주가치 향상 등 여러 가지 형태로 표출될 수 있다. 그러나 이러한 양적성장은 때로 불필요하게 비대한 상태로서의 성장이 될 수도 있다. 예를 들면 A회사는 종업원 수 1,000명에 매출액 200억을 달성하였고, 이익은 1,000만원에 그쳤다고 하자. 반면에 B회사는 종업원 수 200명에 매출액 50억을 달성하였지만 이익은 10억에 이른다. A, B 두 회사를 볼 때, A사는 분명 괄목할만한 양적성장을 이루었지만 B회사만큼 질적성장을 이루지는 못하였다. 소위 투자대비 이익률이라는 재무적 평가에서는 A가 B만도 못한 것이다. 그렇다고 해서 A회사는 잘못된 경영이고 B회사가 잘된 경영이라고 이야기할 수는 없다. A사는 나름대로 지역사회에서 1,000명이란 사람을 고용창출하였다. 사회가 필요한 상품과 서비스를 제공하였음에 틀림없다. 질적 성장에 대한 평가는 매우 상대적 주관적 평가에 의존하는 게 틀림없지만 일단은 기업은 재무적 건전성, 주주이익 극대화 등으로 경제적 가능성이 평가되는 것은 틀림없다.

기업의 경제적 지속가능성 활동이 기업의 성장, 이익창출, 주주가치 극대화를 통한 지역사회 경제발전에 기여하는 것이라는 것은 누차 강조된 바이다. 최근 경제적 지속가능성을 평가하는 또 다른 잣대는 기업의 투명성, 공정경쟁, 기업윤리, 또는 기업의 혁신성 등을 들 수 있다. 기업의 정보가 일반투자가 및 종업원에게 공개되고 투명경영을 추구하는 것이 기업의 가치를 높이는 일이다. 동종 산업내 경쟁자와 페어플레이를 통해 공정한 경쟁을 하여 소비자와 일반시민들에게 기여하는 것 또한 기업의 경제적 목적이다. 또한 끊임없는 변화와 개선을 통해 새로운 것을 창조하는 혁신 작업 역시 기업가치를 향상시키는 일들이다. 결국 이 모든 것은 기업의 내부건전성을 유지하는 것이며, 내부건전성이 외부에 투명하게 공표되고 그 가치를 인정받을 때 기업은 더 높은 경제적 지속가능성을 추구할 수 있는 것이다.

기업의 투명성, 공정경쟁을 통한 건전성 그리고 경영 및 기술의 끊임없는 혁신 등의 활동으로 표현되는 기업의 내부적 지속가능경영성과가 외부로부터 경제적 측면에서 평가를 받는 것이다. 최근에는 소비자 보호단체, NGO, 시민단체 등이 기업을 감시하고 모니터링을 하며, 기업의 내부건전성을 지속적으로 촉구하고 있다. 기업은 외부로부터의 요구를 수용하며 상시적으로 내부변화를 시도하여 경제적 지속가능성을 고양시키는 노력을 하고 있다.

3.3 사회적 지속가능성

지금까지 '좋은 기업'의 개념은 규모가 크고 이익을 많이 내는 기업이었다. 하지만 기업이 규모로 경쟁을 하는 시대는 지났고, 이익을 많이 내는 것도 생존의 충분조건이 되지 못한다. 어떤 기업도 사회가 요구하고 기대하는 경영환경에 적응하지 못하면 한순간에 도태될 수밖에 없다. 바야흐로 경제, 사회책임이 조화를 이뤄, 성장이 지속될 수 있는 조건을 갖춰야만 기업이 생존할 수 있는 시대가 온 것이다.

기업이 사회적 책임을 완수하는 것은 사회적 지속가능성을 대변하는 핵심개념이다. 기업이 사회의 한 핵심 구성인으로서 역할과 책임을 다하는 것이 사회적 책임의 시작이다. 기업이 사회에 책임을 완수하는 것은 기업을 에워싸고 있는 여러 이해관계자들의 욕구를 충족시키면서 사회전체발전에 기여하며 공동체의 일원으로서 그 역할을 다하는 것이다. 기업의 사회적 책임활동 영역에는 사회공헌활동, 준법경영, 인권보호경영, 안전보건활동 등이 포함된다.

기업의 구체적 사회적 책임 목표로는 건전한 지배구조 확립, 법과 윤리준수, 소비자 보호, 지역사회 공헌 등이 있다. 지배구조에 관한 이슈는 제 2 장 마무리 사례에서 살펴보았고, 본 절에서는 기업윤리와 사회적 책임에 대한 내용을 상세히 살펴보겠다.

1. 윤리경영의 중요성

최근 들어 사회적 책임의 실천을 강조하는 윤리경영이 우리 기업들의 경영화두가 되고 있다. 1990년대 초반에 두산전자가 낙동강 페놀 오염사건으로 기업의 윤리성에 경종을 올리더니 IMF후 2000년에 들어와서는 SK분식회계, 현대자동차 채용비리 등 비윤리적 행동들이 노출되면서 윤리경영이 이제는 기업경영의 핵심가치로 떠오르고 있다. 윤리경영은 이제 단순히 불상사를 예방하는 차원에 그치지 않고 있다. 즉, 21세기 모든 기업의 생존을 위한 핵심요소의 하나가 되고 있다.

기업의 윤리경영 실천은 구체적으로 다음의 몇 가지 차원에서 중요한 의미를 가지고 있다. 첫째, 윤리경영은 기업이 사회적으로 정당한 역할이나 활동을 하여 시장으로부터 지속적인 신뢰를 얻는 데 기여할 수 있다. 초우량 기업이라 하더라도 신뢰성이 떨어질 경우 아무런 의미가 없다. 우리는 국내의 여러 유명 회사들이 비윤리적인 행동을 통해 도산하고 침몰하는 사례들을 수차례 보아왔다. 이제는 기업의 이해관계자들(예: 소비자, 투자자, 시민사회, 정부 등)로부터 신뢰를 받지 못하는 조직은 생존하기 힘들다.

둘째, 윤리경영을 통해 장기적인 면에서 질적인 경영성과 혹은 조직 유용성의 증대를 기대할 수 있다. 기업이 단순히 눈앞에 보이는 이익, 즉 경영성과 지표로 일컬어지는 수익률, 매출액, 생산성에만 급급해서 행동하면 장기적인 면에서 더 중요한 경쟁력의 원천을 상실할 수 있다. 이러한 면에서 윤리경영은 기업으로 하여금 정상적인 기업활동을 통해 사업의 기회를 포착하고 그 속에서 기업의 독특한 경쟁력의 원천을 찾게 하는 조직 분위기를 만들어간다.

셋째, 기업의 윤리적 경영문화는 내부구성원의 근무태도에 영향을 미쳐 생산성 향상, 품질제고, 고객만족과 가치 증대와 같은 총체적 품질경영을 가능케 함으로써 기업의 경쟁력을 높일 수 있다. 윤리경영은 이처럼 경영실적 및 기업가치 증대, 임직원의 자부심 고취, 그리고 업무성과 및 생산성 향상 등을 바탕으로 전반적인 기업경쟁력을 높이는 데 중요한 기여를 하고 있다. 전국경제인연합회의 조사결과에서도(2007년 기준) 윤리경영이 기업경쟁력에 기여할 것이라고 보는 기업들이 전체 응답사의 99.2%로 나타나 윤리경영이 이제는 단순한 전시적 차원의 경영전략이 아닌 경영전략의 한 축으로 이해되고 있음이 재차 확인되었다.

2. ESG 경영

ESG는 최근 가장 많이 언급되는 용어인데, Environmental(환경), Social(사회), Governance(지배구조)의 첫 글자를 조합한 단어로 기업의 친환경 경영, 사회적 책임, 투명한 지배구조 등을 의미한다. 기업의 입장에서는 환경문제에 관심을 갖고 투자하여 이를 사회적 문제해결을 통해 비즈니스 기회로 삼을 뿐만 아니라 지배구조의 개선과 지원을 하기에 이 세 가지는 상호구분되기보다 연결된 것으로 보고 있다. 이렇게 ESG가 부각하게 된 계기는 기후위기와 같은 환경문제나 기업의 비윤리적 사건 같은 사회문제를 해결하는 과정에서 시작되었다. 20세기 말 화석연료에 의해 발생하는 대기오염, 탄산가스 배출 증가로 인한 오존층 파과와 지구 온난화 등 기후 위기에 대한 경각심이 생겨나기 시작했고, 이에 1992년 유엔기후변화협약, 1997년 교토 의정서 등 기후 변화라는 잠재적 위험을 예측하고 이를 방지할 수 있도록 공동목표와 해결방안을 마련하자는 범국가적인 공감대가 형성되었다. 또 2000년대 초반 미국의 엔론(Enron) 등이 일으킨 금융 스캔들로 인해 투자사와 금융사들이 엄청난 손실을 보면서 이러한 부도덕한 기업을 방지할 수 있도록 사회적 책임투자를 강화해야 한다는 요구가 대두되었죠. 이러한 분위기 속에서 2004년 UN Global Compact(UNGC)는 금융투자와 금융자산을 다룰 때에 ESG 이슈의 통합을 권고하는 보고서를 발표했고, 이어 2006년에는 '투자의사 결정'에 ESG 이슈를 의무적으로 반영하도록 하는 UN PRI(Principles for Responsible Investment) 6대 원칙이 발표되었다. UN PRI가 공개된 이후 각 기업과 투자자들에게 중요성이 인정되면서 사회적 책임투자가 ESG 투자로 발전하고, 기업의 사회적 책임을 의미하는 CSR은 기업의 장기적인 성장과 이익에 영향을 주는 요소에 투자하는 ESG 투자전략으로 전환하기 시작하였다. 그러면서 국제사회는 경영의 요소로 ESG를 중시하는 RBA(Responsible Business Alliance)와 같은 기업연합 활동이 생기고, 환경보호를 위한 파리협정과 같은 국제협약이 맺어지면서 ESG가 더욱 호응받게 되었다(유환철 · 최종인, 2023).

단계별로는 사회적 가치에 대한 이해와 경제적 가치와의 관계 속에서 기업의 사회적 책임을 의미하는 CSR, 공유가치창출를 의미하는 CSV, 사회가치

경영를 의미하는 SVM 순서로 발전되어 왔다. 초기 CSR을 CSR 1.0, CSV를 CSR 2.0, SVM을 CSR 3.0이라는 명칭도 사용된다(김재구 등, 2018). 이를 통해 CSR에 대한 개념과 용어는 해석하는 사람에 따라 조금씩 다를 수 있지만 모두 기업의 사회적 책임(CSR)을 나타내는 핵심 개념은 변함이 없다. 어떤 사회적 개념이 새롭게 등장하면 핵심 개념과 범주는 변하지 않으면서 일부 내용은 시간과 상황에 따라 변화 · 발전해 가는 것은 사회과학에서 자연스러운 현상이며, ESG도 재무적 목적을 위한 경영활동과 대비되는 비재무적 목적을 위한 사회적 책임의 경영활동으로 익숙하게 이해하고 있는 기업에게는 CSR의 연장선상에서 파악할 수 있다. CSR의 핵심 개념이 바뀌지 않았지만, CSR를 운영하는 기업의 관리방식은 CSR 1.0, CSR 2.0처럼 명칭과 내용이 변할 수 있는 것이며, 이처럼 CSR에 대한 개념과 용어는 해석하는 사람의 관점에 따라 조금씩 다를 수 있지만 모두 기업의 사회적 책임인 CSR을 나타내는 동일한 핵심개념이라고 볼 수 있다. 그동안 CSR을 운영하고 관리했던 방식을 'CSR 관리방식' 이라고 한다면, ESG의 등장은 새로운 관리방식인 'ESG 관리방식' 의 등장이라고 볼 수 있다.

〈표 3-3〉처럼 기업들은 자유재량의 CSR 관리방식으로 기업의 사회적 책임을 실천해 왔음에도 기후 위기나 기업의 윤리적 문제 해결에 제 역할을 다하지 못한 한계도 있다. 이는 CSR 관리방식이 기후 위기나 기업의 윤리적 문제 해결의 실천을 담보하는 강제성이 없었기 때문이다. 하지만 최근 ESG의 대두는 자유재량 성격의 CSR 관리방식에서 강행 집행성격의 ESG 관리방식으로 기업의 운영 관점이 전환되는 것을 의미한다. 즉 기업의 사회적 책임을 전통적인 CSR 관리방식으로 운영하다가 이제는 ESG 관리방식으로 바꾸고 있다. 그래서 ESG 관리방식은 전통적인 CSR 관리방식의 자율주의적 접근보

표 3-3 ESG 관리방식

구분	전통적인 CSR 관리방식	ESG 관리방식
E 요소	E를 별도로 표시 않음	E를 별도 항목으로 구분
공시 의무	강제력이 없는 재량 사항	법 규범적 강제력이 있는 의무
공급망 실시	협력사 평가결과 연동 안됨	협력사 평가결과 모기업에 연동
실천사항	사회공헌 등 정성적 요소 강함	탄소배출량 등 정량적 요소가 강함
활동 효과	기업 이미지를 제고에 영향	기업가치 향상과 재무안정성 도모

출처: 유환철 · 최종인(2023)

다는 국가를 통해 강제력을 갖게 되는 법적 접근에 가까우며, ESG 관리방식은 기업의 사회적 책임 실행의 관점에서 정보공시 의무, 공급망 실사 등 강제력 있은 법 규범적 측면에서 전통적인 CSR 관리방식과는 차이점이 있다(유환철 · 최종인, 2023).

이렇게 기업의 사회적 책임에 대한 관점이 CSR 관리방식에서 ESG 관리방식으로 전환하게된 원인이나 동력은 무엇일까? UN PRI와 파리협정 이후 기후위기 대응 등 범국가적 문제 해결을 위한 국제적인 공감대가 형성되면서 ESG가 부상하게 된 3가지 흐름으로 설명할 수 있다.

첫째, 기업들이 ESG 경영실천을 독려하는 세계적인 입법 동향이다. 전 세계적으로 정부 영역에서 ESG 실현 가능성을 담보해 주는 법 규범과 제도가 만들어지고 있다. ESG 관련 법 규범의 입법을 선도하고 있는 국가는 단연 EU이다. EU는 특히 지속가능성 정보공시 의무 제도와 공급망 실사 제도 등에 대한 입법을 서두르고 있는데, 이는 기업의 사회적 책임의 실행 방법으로 ESG 실천이 재량이 아니라 반드시 해야 하는 강행적 의무사항임을 의미한다.

둘째, 글로벌 투자사가 투자 방향을 ESG로 정하고 투자 규모도 늘리면서 글로벌 기업을 비롯한 전 세계 기업들에게 압력으로 작용하고 있다. 2021년 4월에는 막대한 자산을 운용하는 35개 대형 투자사들이 골드만삭스, HSBC 등 글로벌 투자은행들에게 탄소배출 기업에 대한 자금 조달을 중단하고 친환경 대출을 확대하라는 서한을 보냈다. 투자사 · 금융사의 이런 투자 방향 설정은 기업의 사회적 책임에 대한 관점이 ESG로 전환하는 동력이 되고 있다.

셋째, 전 세계에 공급망을 보유하고 있는 글로벌 기업들이 단독으로 또는 RBA, RE100 등의 기업연합 활동 등을 통해 전 세계 공급망 내 협력기업들에게 ESG 실천을 요구하고 있다는 점이다. 애플, 구글, BMW, GE 등 글로벌 기업들이 전 세계 공급망 내 협력기업을 대상으로 ESG 실천을 요구하는 사례가 점점 급증하고 있다.

위 3가지 글로벌 동향은 전 세계 기업에게 ESG 실천을 요구하는 강한 압력으로 작용하고 있다. 종전 CSR 관리방식으로 기업의 사회적 책임을 실천하던 시기에도 기업들의 사회적 책임 실천의 주된 동력은 고객에게 좋은 이미지를 심어주려는 의도였다. 그러나 이제는 ESG 실천을 압박하는 글로벌 흐름에 따라 전 세계 기업들은 기업의 사회적 책임 활동에 대한 방향을 E · S · G라는 비재무적 지표에 따라 추진하고, 그 실적 정보를 의무적으로 공시함으로써 글로벌 고객사와 투자사, 금융사로부터 선택받을 수 있는 기회를 갖고

그림 3-2 KT 신윤리경영 구축

"신윤리경영 원칙 제정 및 선포"

윤리경영 체계 구축

[1] 윤리경영 실천 활동	[2] 윤리경영 교육캠페인	[3] 윤리경영 커뮤니케이션 채널
기준 정립 • 신윤리경영 원칙 실천서약 시행 • 전사 리스크 관리를 위한 임직원 행동 원칙 핸드북 배포 **모니터링** • 윤리실천 모니터링을 위한 상시 및 특별 활동	**교육** • 임직원 대상 윤리경영교육(정기/수시) • 윤리경영 메시지 공유(소통미팅 등) **캠페인** • 임직원 Clean-365 캠페인 시행 • 명절 Clean KT 캠페인 시행 등	**사전 예방 채널** • 윤리경영 FAQ • Clean 365 센터 • 임직원 대상 리스크 상담채널 **사후 신고 채널** • 윤리위반신고 • 감사위원장 Hot-Line 운영

"신윤리경영 원칙"

『우리는 디지털 혁신 파트너 KT를 만들기 위해 올바른 의사결정과 윤리적 판단으로 회사의 미래를 도모』한다.
이를 위해 「고객중심, 준법경영, 기본충실, 주인정신, 사회적책임」을 모든 KT인이 공유하고 지켜야 할
윤리경영 5대 행동원칙으로 삼고, 이를 적극 실천할 것을 다짐한다.

원칙 01 **고객중심**	**고객 중심으로 사고하고 행동한다.** 1-1.고객의 가치를 존중하고 정보를 철저히 보호한다. 1-2.고객의 삶의 변화를 이끌 수 있는 차별화된 가치를 끊임없이 창출한다.
원칙 02 **준법경영**	**각종 법령과 규정을 엄격히 준수한다.** 2-1.법과 윤리에 따라 행동하며 컴플라이언스 의무를 다한다. 2-2.부패방지 행동강령을 숙지하고 준수한다. 2-3.경영의 투명성을 확보・유지하며, 회사의 비밀은 철저히 보호한다.
원칙 03 **기본충실**	**기본과 원칙에 충실한다.** 3-1.회사 전체 이익 관점에서 합리적, 객관적으로 판단하고, 책임 있게 행동한다. 3-2.공과 사를 엄격히 구분하며, 건전하고 깨끗한 조직문화 조성에 앞장선다. 3-3.회사의 올바른 성장을 위해 지속 가능한 성과를 추구하고 공정한 보고 문화를 확립한다.
원칙 04 **주인의식**	**스스로 회사와 내가 하나라는 주인정신을 갖는다.** 4-1.실패를 두려워하지 않고, 항상 최고에 도전한다. 4-2.고객의 문제를 가장 잘 해결할 수 있도록 역량을 키우고 전문성을 함양한다. 4-3.모든 구성원이 서로 존중하고 하나로 화합하여 함께 목표 달성에 앞장선다.
원칙 05 **사회적 책임**	**AICT 선도 기업으로서 사회적 책임과 의무를 다한다.** 5-1.주주의 권리와 이익을 보호하고, 임직원의 「삶의 질」 향상을 위해 노력한다. 5-2.환경・안전・인권을 중시하고, 회사가 가진 역량을 활용하여 ESG 경영을 적극 추진한다. 5-3.사회공헌 활동에 앞장서고, 사업 파트너와 동반성장의 관계를 구축한다.

자 할 것이다.

ESG와 관련한 국내의 움직임도 ESG의 부각 국면에서 매우 활발하게 진행되고 있다. 2021년 1월 금융위원회는 2030년까지 상장기업이 단계별 ESG 정보공시 의무화를 추진한다고 밝힌바 있다. 삼성전자나 현대자동차 등은 선제적으로 매년 지속가능보고서를 제출하면서 ESG에 대한 대응을 해오고 있다.

3. 기업의 사회적 책임

기업의 사회적 책임(social responsibility)이란 바로 조직이 사회의 발전을 위해 대외적으로 가지고 있는 여러 가지 책임 및 의무사항을 일컫는다. 예를 들어 조직에서 종업원의 작업장 환경을 쾌적하게 하거나 공정한 보상을 통해 직업생활의 질을 향상시키는 것, 노동조합과 좋은 관계를 유지하는 것, 사회의 빈곤과 범죄퇴치를 위해 조직이 경제적 지원을 하는 것, 공해방지대책을 세워 공장폐기물을 극소화하여 사회의 환경보호운동 등 환경경영을 실천하는 것 등이다.

기업이 성장 · 발전하여 거대해지면 널리 주주, 경영자, 소비자, 지역사회, 중소기업 등과 관계를 가지게 되어 사회적 영향력이 커지는 동시에 사회의 일정한 기능을 담당하게 된다. 이러한 상태에 도달한 기업은 독선적인 경영이나 일방적인 이익추구가 허용되지 않을 뿐 아니라 사회에 대하여 일정한 행동을 취해야 할 책임이 부과되는데, 이를 기업의 사회적 책임이라 한다.

즉, 기업의 사회적 기능인 생산을 효율적으로 수행해야 할 사회성, 공공질서를 지켜 다른 업체 · 집단에 피해를 주지 않는 공공성, 특정한 집단에만 봉사하는 것이 아니고 이해관계자 모두의 이익을 증대시키는 공익성 등의 책임이 그것이다. 유해식품 · 위험 상품의 거래 및 매점매석 등은 사회성에 대한 위반이며, 착취 · 사기 · 허위 · 과대광고는 공공성 위반이고 합리화를 위한 노력의 일환인 태만에서 오는 가격인상이나 어떤 시기에 편승한 가격인상 등은 공익성에 대한 위반이다.

1) 사회적 책임의 대상

기업의 사회적 공헌에 대한 대상은 기업경영에서 서로 영향을 주고받는 외부 이해관계자들이다. 조직의 이해관계자는 실로 다양하지만 일반적으로 종업원, 주주, 소비자, 공급자, 경쟁자, 정부, 그리고 지역사회 등으로 구성되어 있다고 볼 수 있다(그림 3-3 참조).

■ 종업원에 대한 책임

기업의 내부 고객으로서 종업원은 조직의 과업활동의 생산주체임과 동시에 사회구성원임을 조직은 인식해야 한다. 따라서 종업원들의 조직생활을 통

그림 3-3 조직의 이해관계자들

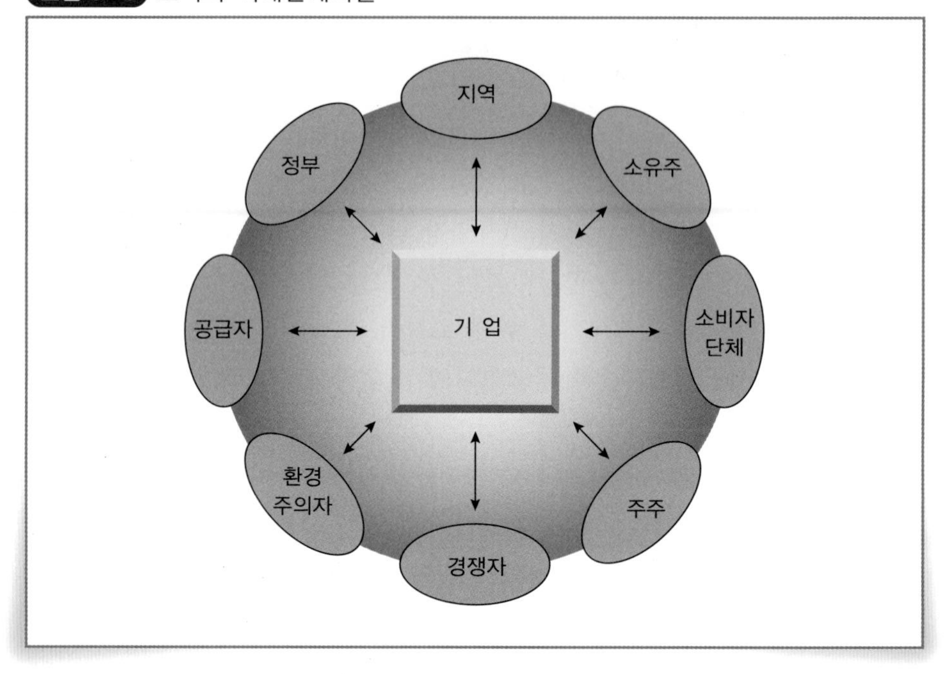

해 긍정적인 직업생활을 할 수 있는 요소들(임금, 복리후생, 그리고 노사관계 등)을 충분히 고려해야 한다.

■ **주주에 대한 책임**

주식회사의 경우, 경영자는 그들에게 자본투자는 물론 권한과 책임을 부여해 준 주주들의 공헌에 대한 책임을 져야 한다. 주주들의 조직에 대한 자본참여의 대가로 장기적인 조직성장과 배당수익률의 공정한 배분은 조직의 주주들에 대한 최소한의 의무이자 책임이 된다.

■ **소비자에 대한 책임**

소비자는 조직이 생산한 제품을 구매하는 공헌을 하며 이에 대해 조직은 최고의 제품을 생산·판매할 의무를 갖는다. 또한 제품에 대한 허위광고를 하지 않거나, 제품의 용량을 속이지 않는 것 등은 조직이 소비자에 대해 지켜야 할 최소한의 의무들이다. 요즈음 소비자들도 자신의 권익을 스스로 지키기 위해 소비자 단체를 만들어 기업의 부당한 상행위를 감시하고 있다.

■ **정부에 대한 책임**

조직은 정부에게 조세납부, 탈세금지 등 영리활동에 따른 최소한의 의무를 갖는다. 정부 또한 윤리적 조직에 대해 세금감면의 혜택과 같은 유인을 제공해야 한다.

■ **환경주의자에 대한 책임**

최근 기업의 비윤리적 행위를 감시·고발하는 NGO들이 많이 생겨나고 있다. 경제정의실천시민연합, 참여연대 등은 기업의 부당 상행위를 감시하고 있고 환경주의자들은 환경보호 캠페인을 통해 기업의 환경 파괴행위를 지적하고 있다.

■ **지역사회에 대한 책임**

조직은 지역사회에서 그 지역의 구성원을 통해 과업활동을 영위한다. 따라서 조직은 자원보존의 문제나 공해문제에 대해 책임을 져야 한다. 예컨대 공장폐수의 무단방류 등은 지역사회에 대한 비윤리적 행동이다. 물론 고용에 대한 책임도 마찬가지이다. 조직은 지역사회를 통해 과업활동이 이루어질 수 있음을 인식하고, 창출한 부를 지역사회의 발전을 위해서 환원해야 한다.

2) 사회적 책임의 범위

경영자가 기업이 어떤 수준 또는 범위의 사회적 책임을 수행할 것인가 결정하는 데 관련되는 책임범위를 나타내는 모형이 있다(Drucker, 1979). 〈표 3-4〉에서 보는 바와 같이 사회적 책임은 그 발전 및 생성된 수준과 중요도에 따라 나누어질 수 있다. 가장 아래에 있는 경제적 책임이 기업으로서도 생존에 관련된 가장 기본적이며 중요한 수준이다. 두 번째 법적 책임은 사회 및

표 3-4 피터 드러커(Peter Drucker)의 기업의 사회적 책임분류

<table>
<tr><td>자발적 책임</td><td>인류애, 문화지원</td><td rowspan="2">사회적 책임
(적극적 책임)</td></tr>
<tr><td>윤리적 책임</td><td>사회지원활동
공공질서 준수</td></tr>
<tr><td>법적 책임</td><td>법규범준수
조직구성원 도덕성 준수</td><td rowspan="2">성과적 책임
(소극적 책임, 1차적 책임)</td></tr>
<tr><td>경제적 책임</td><td>이윤추구
이해관계자 이익존중
기업생존</td></tr>
</table>

출처 : 삼성공헌백서 中.

경영학 FOCUS

포스코의 사회공헌활동(POSCO 사회공헌그룹)

포스코의 사회공헌활동은 1968년 회사 설립과 동시에 시작되었다. 설립자는 경영이념을 '제철보국'으로 정하고, 우리나라에 가장 필요한 부분이 인재양성이라고 생각하여 교육사업에 많은 투자를 하였다. 이 당시에 설립된 대표적인 교육기관이 포항공대(POSTECH)이다. 1980년대부터 지역사회의 요구에 보다 능동적으로 대응하기 위해 지역협력팀을 설립하여 포항, 광양지역의 마을과 자매결연을 맺고 사회공헌활동을 펼쳤다. 2002년에 포스코 봉사단을 창단하면서 사회공헌활동이 하나의 생활로 자리 잡게 되었다.

이들의 활동은 시간이 흐르면서 양적으로 질적으로 많은 변화가 있었다. 포스코는 기존의 사장단 위주로 구성됐던 사회공헌활동(CSR)위원회를 관련 전문가를 대거 참여시켜 전문가 중심으로 개편했다. 이는 사회공헌활동 기획 단계부터 이해관계자 의견을 적극 수렴해 전문적이고 투명하며 효과적인 CSR 활동을 전개하기 위한 조치였다. 포스코 사회공헌활동의 가장 큰 특징은 전 직원의 사회공헌활동에 대한 적극적 참여이다. 포스코는 매월 셋째 주 토요일을 '나눔의 토요일'로 정해 월 평균 5,000여 명의 직원이 복지시설 등에서 봉사활동에 참여하고 있다. 포스코와 계열사 임직원이 동참하고 있는 '1% 나눔 운동'도 포스코의 대표적인 사회공헌활동이다. 임금의 1%를 기부하는 나눔 운동으로 노인 보호시설과 다문화가정의 '어머니 나라말 교육사업'에 지원되었다.

포스코의 사회공헌활동은 국내에만 그치지 않고 세계적으로 이루어지고 있다. 대학생 봉사단 'Beyond'와 '해피빌더(Happy Builder)'를 창단해 미래 사회의 주역인 대학생과 청년들이 글로벌 나눔 인재로 성장할 수 있도록 세계를 경험할 기회를 제공해왔다. 회사가 진출한 해외 지역 현장마다 대학생 봉사단과 함께 의료봉사, 유치원 건립 등 '1현장 1이웃' 사회공헌활동을 실시해 일회성이 아닌 지속적인 사회공헌을 실천하고 있다. 포스코가 구축한 벤처 창업 인큐베이팅 센터 '체인지업 그라운드(CHANGeUP GROUND) 포항' 또한 미래사회를 위한 노력이다. 포항을 미국 실리콘밸리에 필적하는 '퍼시픽 밸리'로 진화시키려는 의지이다. 체인지업에서 영어 e를 빼면 "창업"이 된다. 포스코그룹은 그룹 미래 신성장동력 확보와 국가 경제 활성화에 기여할 수 있는 전(全)주기 선순환 벤처플랫폼을 구축을 위해 체인지업 그라운드를 2020년 서울에 이어, 2021년 포항에 약 830억원을 투입, 8층 규모(2만8000m^2 시설)로 문을 열었다.

이곳에 입주한 고부가가치 의료용 바이오잉크 소재를 개발하는 바이오브릭스는 '2024년 도전! K-스타트업' 경진대회에서 최고상인 대상을 수상하는 등 4개 입주기업이 수상하였다.

출처: 매일경제, 동아일보, 사회적기업 매거진 인용.

국가가 요구하는 기업이 반드시 준수해야 할 사회적 책임이다. 법적 책임은 비도덕적 기업이 보이는 반사회적 행위를 규제하는 최소한의 사회적 책임을 부과하는 것이다. 경제적 · 법적 책임이 기업이 행사하는 가장 소극적인 사회에 대한 책임이다.

다음 단계인 윤리적 책임이란 비록 법적 · 경제적 제약은 없지만 경영자가 스스로 윤리적 차원에서 수행해야 할 사회적 책임이다. 기본적인 공공질서 준수부터 환경보호 같은 사회지원활동 등이 포함된다. 윤리적 책임은 앞에서 이야기한 경영자의 기업윤리의 개념과도 맥을 같이하고 있다. 마지막으로 자발적 책임이란 경영자가 행사해야 할 임의적 책임으로서 기업의 경제활동과 무관하지만 사회의 영속적 번영을 위해 관심을 쏟아야 할 부분이다. 인류애를 위해 여러 가지 문화활동을 벌이는 등 윤리적 의무를 뛰어넘는 고차원적인 책임이다. 기업이 적극적으로 고차원적 사회적 책임을 수행할 때 사회는 번영하며 사회의 질이 높아지는 것이다.

기업은 생산의 주체로서 이윤을 얻기 위한 조직체다. 다시 말해 기업의 가장 중요한 목적은 영리를 추구하는데 있다. 기업은 이와 같은 목적을 달성하는 과정에서 사회로부터 많은 혜택을 받는다. 기업은 외부에서 자금을 빌리기도 하고, 정부의 지원을 받기도 한다. 따라서 기업의 사회적 역할과 책임 그리고 윤리가 발생하게 된다.

따라서 기업은 기술혁신을 통해 값싸고 질 좋은 상품을 공급해야 한다. 성숙한 사회일수록 이와 같은 기업의 사회적 책임은 잘 지켜진다. 기술혁신에는 게을리 하면서 단순히 제품의 값만을 올리거나 불량상품을 소비자에게 속여 파는 행위, 그리고 매점매석이나 밀수 등의 불법행위를 하는 것은 기업의 책임과 사명을 저버리는 일이다. 기업가는 기업의 최대이익을 얻는데 노력할 뿐만 아니라 사회적 책임을 깨달아 종업원의 복지, 소비자의 복지, 국민경제의 발전 등 공공의 이익과 기업의 이익을 조화시켜 나가야 한다.

3) 사회적 책임의 한계

기업이 자신이 속해 있는 사회의 발전과 안녕을 위해 물질적 기여를 해야 하는 것은 당연한 사실이다. 그렇지만 어느 정도의 물질적 기여가 적절한 수준인가를 결정하는 것은 쉬운 일이 아니다. 각 기업마다 특수한 사정이 있을 것이고, 또 각 기업의 최고경영자의 사회적 책임에 대한 인식도 다를 것이다. 다만 공감할 수 있는 결론은 기업은 사회에 기여함으로써 자신의 장기적 이해관계에 도움을 줄 수 있다는 것이다.

앞서 이야기한 경영자는 기업의 장기이익과 사회적 공헌 사이를 어떻게 균형을 유지하도록 하느냐의 고민에 빠지게 된다. 이를 기업 딜레마(corporate dilemma)라고 칭했다. 그렇지만 확실한 사실은 기업이 손실을 내고 있는 데도 사회적 책임이 강요될 수는 없다. 그러므로 기업의 경제적 성과에 기준하여 사회적 책임의 정도가 결정되어야 하며 또 기업이 능력이 있는 분야에 사회적 책임이 집중될 필요가 있다. 예를 들면 SK그룹은 오래전부터 고등교육재단을 설립하여 박사급 이상 고등교육에 집중 투자하여 고급인재를 키우고 있다. 이는 SK가 이 분야에 전문능력을 가지고 있고 다른 교육·장학재단의 모범이 되고 있다.

사회적 책임 수행에 많은 투자를 하는 기업이 반드시 재무적 성과가 뛰어나는가 하는 질문에는 여러 가지 논란이 많다. 오히려 역으로 재무적 성과가 좋은 기업이 더 많은 사회적 책임을 수행하여 많은 투자를 하지 않겠느냐 라는 반론도 제기될 수 있다. 이 양자 사이는 어느 쪽이 원인이고 어느 쪽이 결과인가에 대해서는 여러 가지 의견이 있을 수 있다. 이 두 가지 변수에 대한 연구는 표본의 선택문제, 측정문제 등 여러 가지 문제점으로 인해 명확한 결론을 내리기는 힘들다.

다만 일부 학자들이나 시민단체들이 주가 되어 우리나라에서도 기업을 간접, 직접적으로 감시하는 기능이 있다. 이는 사회감사(social audit)의 일종으로 각 기업에게 미리 사회적 책임에 대한 사전목표를 세우게 하고 이를 실천하도록 감사하는 제도이다. 이를 기초로 하여 각 기업의 사회적 성과(corporate social performance)를 측정하여 기업 간 비교하기도 한다. 그렇지만 기업 간 서열을 매겨 비교하여 서열이 높은 기업은 매우 우량적 사회기업이고, 그렇지 않은 기업은 반사회적 기업이라는 식의 양분논리는 곤란하다. 기업의 사회에 대한 자발적 공헌을 압력으로 요구할 수는 없는 것이다. 사회적 책임은 어디까지나 자발적 행동으로 기업에게 요구를 해야지 시민단체가 임의로 목표를 부과하여 압력수단으로 이용해서는 안 된다.

3.4 환경적 지속가능성

에코효율성(eco-efficiency)이라는 핵심개념을 바탕으로 하는 환경적 지속 가능성은 기업이 경영활동을 영위하는데 단순히 경제적 · 사회적 목표 완수에 그치지 않고 자연환경과 미래세계를 생각하며, 지구환경과 생태자연환경보호에 경영핵심목표를 두고 있다. 구체적 경영활동으로는 청정생산 전 과정 관리, 기후변화 대응, 환경리스크 관리, 생물다양성보호 제품의 서비스화, 환경 시스템의 국제인증 등이 있다.

기업의 환경적 지속가능성의 중요한 경영활동으로 환경친화에 바탕을 둔 '녹색경영' 이 강조되고 있다. 녹색경영이란 개념은 조직경영에 생태적 관점을 부가하여 경영을 바라보는 새로운 경영의 접근방식이다. 인간이 살아가고 있는 생태계, 즉 자연환경이 건전하게 보존되는 상황 속에서 경영의 범위를 결정하는 방식이다. 다시 말하면 "환경적으로 건전하고 지속가능한 발전"이라는 틀 속에서 경영을 수행하는 관점이다. 선진국에서는 이미 그린라운드(green round)를 공표해서 환경요소를 고려하지 않은 모든 상품과 서비스는 수입금지하여 사용을 고려하지 않고 있다.

미국 캘리포니아주에서는 이미 공해물질을 배출하지 않는 자동차 사용을 법제화하였다. 도요타자동차는 렉서스 LS600이라는 모델을 출시해 수소와 가솔린을 동시에 사용하는 차를 개발하여 이미 출시하고 있다. 그러므로 경영자는 조직전반에 녹색 경영적 요소가 가미되는 경영을 하지 않으면 향후 생존에 위협을 느끼게 될 것이다. 이러한 고려사항은 때때로 경영자에게 경영을 제약시키는 요인으로 작용할 수 있다. 공장을 지을 때 환경평가를 받아 공해방지시설을 설치해야 한다면 이는 추가비용으로 기업이익을 감소시킬 것이다. 이렇듯 생태계를 보호하고 자연이용을 제한적으로 하는 기업경영은 자연을 무제한으로 이용하여 경영하는 것보다는 매우 제한적일 것이다. 그러나 이런 생태적 접근방법은 동시에 기업에 기회가 될 수도 있다. 비싼 자연산 원료를 사용하는 대신 재활용품 원료를 사용하여 생산원가를 낮출 수 있고 동시에 친환경기업이라는 평판도 얻을 수 있다. 전기차의 보급확대와 무인차의 등장은 지구환경의 지속가능성을 높여가며 기업들에게 새로운 기회의 창을 제공하고 있다.

1. 녹색경영(green management)

지구상 자연환경의 파괴는 전 세계인이 공동으로 노력해야 할 지구적 해결책(global solution)이 요구된다. 환경문제의 심각성은 환경문제에 관한 토론의 획기적 발상전환을 요구한다. 이는 지구상 전 세계 지도자들에게 어떤 혁명적인 신사고를 강요하지 않을 수 없다. 어느 누구도 문제해결의 정확한 답을 내릴 수는 없지만 경영자나 정책결정자들은 우리가 의존하고 있는 기본적 경제시스템을 "녹색경제(green economy)"로 바꾸는 작업을 서두르지 않으면 안 된다. 녹색경제로의 전환을 위해 바로 재활용 가능한 자원을 효율적으로 이용하는 방법을 모색하고 깨끗한 기술을 유지하여 상당한 양의 GNP를 전 세계 커뮤니티에 투자해야 한다.

범세계적 지구적 해결책에서 기업이 해야 할 역할은 매우 지대하다. 앞서 이야기한 바와 같이 기업이 존재하는 사회 속에서 다른 이익집단과의 관계에서 환경친화적으로 행동을 해야 할 뿐만 아니라 기업 내부적 활동도 간과해서는 안 된다. 기업 내부적 활동의 녹색화, 즉 녹색경영이 절실하게 요구된다. 녹색경영은 기업 내 모든 경영활동 내지는 기능에 환경친화적 요소를 가미하여야 한다.

예를 들면 최근에 기업기능에 가장 빠르게 환경친화적으로 다가오는 것이 녹색 마케팅이다. 기업의 상품에 환경친화적 이미지를 부각시켜 고객의 구매 욕구를 충동시키는 적극적인 경영활동 기회이다. 회계분야에서도 매출액 또는 이익률 계산에 환경비용이 감안된 그린 회계개념이 있다. 인사조직 측면에서도 앞으로 승진이나 급여인상 등의 수단으로 사용되는 인사고과에 환경친화적 행동을 보이는 종업원에게 가점을 주어 기업 내 환경친화적 행동 및 태도를 유발시켜야 한다. 그 외 재무관리, 생산관리 등 환경 경영적 요소를 가미시켜 기업의 전 리엔지니어링 활동을 수행해야 할 필요가 있다.

그 외에도 기업의 환경 친화적 요소를 고양시키는 홍보활동과 기업환경 교육 프로그램을 개발하여 종업원 교육을 시킬 수 있다. 또 기업 내 윤리규범(code of ethics)에 환경문제를 부각시키고 기업 내 환경친화적 · 자발적 행위(corporate citizenship behavior)를 장려하는 분위기를 조성하는 게 기업의 궁극적 역할이다.

오늘날 환경보호에 대한 내 · 외부적 압력이 증대하는 상황 속에서 환경

보호와 기업의 경제적 목표를 동시에 달성해야 하는 기업에게 환경적으로 건전하고 지속가능한 발전이라는 개념은 더할 나위 없는 중요성을 갖게 된다. 기업에게 있어서 환경문제는 다른 어느 사회집단보다 이해관계가 복잡하게 얽혀있는 문제이다. 따라서 기업에 있어 환경보존과 경제성장이란 욕구를 동시에 만족시킨다는 것은 영원한 딜레마인지도 모른다. 그러나 오늘날의 기업환경은 더 이상 기업에게 선택의 여지를 주고 있지 않다. 다시 말해 개별기업의 역할은 반드시 지속가능발전의 테두리 내에서 정의되어야만 한다. 그렇지 않다면 기업의 성장은 물론 생존 자체가 불가능해질 것이기 때문이다. 기업의 환경보호는 기업이 사회 속에서 존재하면서 사회의 일원으로서 그 의무를 다하는 것으로 이해하는 것이 가장 바람직하다. 기업의 사회적 책임은 다양한 관점에서 파악할 수 있고, 또 다양한 방법을 통해서 이를 실현할 수 있다. 그러나 어떠한 관점과 방법이 이용되든 간에 기업번영이라는 궁극적 목표를 달성하기 위해서는 환경보호의 중요성에 대한 인식이 필요불가결하게 된다.

아울러 환경문제는 기업에게 있어 장 · 단기적으로 위협요소가 될 수도 있고 동시에 기회가 되기도 한다는 인식을 가질 필요가 있다. 환경보호를 위한 다양한 국제협약과 선진각국의 규제조치는 우리 경제와 기업에 치명적인 위협요인이 되기도 하지만 급격히 비중이 증대하고 있는 환경산업은 이에 어떻게 대처하느냐에 따라 우리에게 천우신조의 기회를 제공해 줄 수도 있기 때문이다.

일부 선진 국가들만이 아닌 전 세계인이 공동으로 노력해야 할 지구적 해결책(global solution)이 시급할 정도로 오늘날 자연환경의 파괴문제는 심각한 국면을 맞고 있다. 이러한 환경문제의 심각성은 모든 인류에게 환경문제에 관한 인식의 획기적 전환과 범인류적 차원의 대응책을 필요로 한다. 이러한 환경 문제에 대한 범세계적 · 지구적 해결책에서 기업이 해야 할 역할은 매우 지대하다. 이러한 측면에서 향후 기업의 환경관은 더 이상 환경을 파괴시키지 않는 것에 끝나는 게 아니라 새로운 자연으로 회생(回生)시킨다는 방향으로 전환되어야 한다. 이를 위해 기업은 기업이 존재하는 사회 속에서 다른 이익집단과의 관계에서 환경친화적으로 행동을 해야 할 뿐만 아니라 기업 내부적 활동에 있어서도 기업 내 모든 경영활동 내지는 기능에 환경친화적 요소를 가미하는 녹색화, 즉 녹색경영(green management)의 확립이 절실하게 요구된다.

표 3-5 환경경영과 품질경영의 기능별 내용 비교: 삼성지구환경연구소

구 분		품질경영	환경경영
관리	개선목표	무결점수준	무결점 및 무배출/무오염 수준
	원 칙	경제성	경제성, 환경친화성
평가감사	감사	회계감사	회계감사, 환경관리시스템 감사, 제품생애감사, 방출최소화감사, 정책순응감사 등
	평가자	고객	고객, 주주, 종업원, 지역사회, 민간단체
기능부문	생산	고품질, 생산성증가 에너지비용 절감	고품질, 폐기물감소, 자원절약, 청정에너지 사용, 포장재 등 생태계에 관심
	R&D	제품에 관심	원료부터 최종폐기/재활용 고려, 청정에너지 사용
	마케팅	시장점유율 증가	사업전반에 걸친 시장점유율의 지속적 증가

1) 그린생산관리

그린생산관리의 요체는 환경보호와 보전에 최대한 기여하면서 동시에 기업의 생산 활동의 효율화를 꾀하는 데 있다. 기존 생산관리방법과 다른 점으로 그린생산관리는 근본적으로 제품 디자인단계에서부터 재활용 내지 폐기처리될 때까지의 환경친화성을 확보하는 데에 있다. 그린생산관리를 위해서 기업은 제품순환평가(LCA: life cycle assessment)를 제품생산과정에 도입하고 환경마크를 획득하도록 노력해야 한다. 그러나 각국마다 환경마크 평가부여기준이 서로 상이한 점과 같은 현실적인 문제가 존재한다. 제품순환평가의 절차와 방법, 그리고 환경마크 획득의 필요성에 대한 내용을 살펴보도록 하겠다.

제품순환평가는 고객의 요구 접수에서 제품 생산, 폐기에 이르는 전 과정을 인간의 생애에 비유한 것이다. 기업은 이러한 평가방법을 기업 활동에 도입하기 위하여 환경평가의 목적과 영역을 분명하게 규정하고 해당 자료를 관리하고 문서화하여 향후 제품개발 및 연구에 반영할 수 있도록 해야 한다. 이를 통해서 기업은 환경에 관련된 부문에 대한 장 · 단기 의사결정에 도움을 줄 뿐만 아니라, 환경경영성과와 환경적 훼손에 대한 평가 정도를 알 수 있다.

환경마크제도(EL: environment labeling)는 같은 종류의 상품 중 다른 상품에 비해 생산, 유통, 사용, 폐기 과정에서 환경오염을 덜 시키거나 에너지 및 자원을 절약하는 상품임을 인증하여 주는 환경친화성 인증제도이다. 1979년 독일정부에 의해 최초로 시행되기 시작한 이 제도는 현재 세계 각국이 채택하고 있고 환경마크 대상 상품의 지정은 계속 증가하고 있다. 그러나 한국에서는 환경마크 대상품목도 아직은 제한적이고 부여업체도 특정 품목에 집중되어 있어 이에 대한 제도 적용과 기업의 호응이 필요하다.

2) 그린조직 · 인사관리

그린경영체계의 인적 · 조직적 관리영역인 그린조직 · 인사관리는 환경경영에 참여하는 인력과 조직의 효율을 극대화하는 데 목적이 있다.

이러한 모든 일련의 과정은 최고경영층 일부의 노력에 의해서는 달성될 수 없다. 최고경영층이 top-down방식을 통해 먼저 기업 내부의 환경친화적 문화를 조성하고 일반 종업원들이 실제 업무과정에서 이러한 문화를 경험하고 익숙해져야 bottom-up방식에 의해 실제 경영활동에서 그린인사관리시스템이 유기적으로 활용될 수 있다. 예를 들면, 내부고발자제도(whistle blower)를 두어 환경문제에 민감한 내부문화를 조성할 수 있고, 종업원 인사고과제도에 친환경적 요소를 평가항목에 포함시키는 것이다.

3) 그린재무 · 회계관리

그린재무 · 회계관리는 환경경영에 있어 소요되는 자금 및 자원의 투자규모와 얻어지는 투자효과를 정확히 대비하여 환경경영 투자와 관련된 의사결정을 보다 확신을 가지고 할 수 있도록 하는 데 목적이 있다. 환경을 고려한 재무 회계시스템은 크게 천재지변, 화재 등 환경적 재해에 대한 기업의 피해를 최소화하기 위한 기업의 시설투자를 지원해주는 그린자산관리(green asset management)와 법적 규제준수 이상의 효과나 효율을 각 부문별로 파악해 냄으로써, 비용 대비 효과를 확인할 수 있는 그린회계시스템(green accounting system)으로 구분된다. 자세한 구축절차는 〈표 3-6〉의 과정을 거친다.

4) 그린마케팅

그린마케팅이란 '객관적으로 인정되는 환경친화성을 가진 제품(그린 제

표 3-6 그린회계시스템 구축 절차

측정방법측정				
제 1 단계	제 2 단계	제 3 단계	제 4 단계	제 5 단계
환경비용 파악	부문별 성과측정	대안평가	종합조정	시스템 확정

품)의 우수성을 활용하는 마케팅' 활동이다. 이런 마케팅은 친환경소비자층을 대상으로 하는데 일반적으로 이들은 교육수준이 높고 경제적으로 안정된 30~40대 주부로 소비자 행동적 측면에서 의견 선도자 역할을 하고 있는 여성으로 규정된다. 따라서 기업은 4P(product, price, place, promotion)를 이용한 마케팅 믹스 부분별 전략을 효과적으로 사용해야 한다. 그린마케팅 전략이란 4P를 이용하여 그린소비자가 원하는 고품질의 상품을 제조하고 소비자들과 지속적인 커뮤니케이션 체계를 구축하는 전략이다. 이런 마케팅 개념은 일반 소비자를 대상으로 하는 소비재 시장과 기업을 대상으로 하는 산업재 시장 양측 모두에서 추구할 수 있다. 소비재 시장에서는 폭넓은 영역을 대상으로 하되 표적은 가능한 한 좁게 잡아야 하며, 표적시장과의 접촉빈도를 높일 필요가 있다. 기업이미지 향상을 위한 환경문제 전시회와 각종 행사의 지원과 같은 방법이 그것이다. 산업재 시장에서는 그린상품을 필요로 하는 기업이나 조직을 먼저 파악하고 그에 따른 정확하고 충분한 정보를 가지고 꾸준히 설득해 나가는 방법이 있을 수 있다.

2. 요약 · 정리

지난 2002년 일본에서는 호주산 쇠고기를 일본산으로 위장해 팔며 소비자를 속인 최대 햄 · 소시지 업체 유키지루시 식품이 파산으로 인해 영업을 중단했다. 이 회사는 일본의 햄 · 소시지 시장을 86%나 차지하는 대표적인 소비재 기업이었는데, 소비자들의 신뢰를 잃고는 곧바로 파산한 것이다. 우리나라에도 잘 알려진 미국의 엔론 사태는 거짓에 대한 대가가 바로 파산으로 이어진 또 다른 예이다.

상기의 논의들을 정리해보면 기업의 수익성을 장기적으로 평가하기 위해서는 단순히 재무적인 측면만을 고려하는 것으로는 충분하지 않다는 것을 알 수 있다. 기업이 속한 사회의 다양한 이해관계자들과의 관계 경영, 즉 성장을 지속할 수 있는 지속가능경영을 해야 한다는 결론을 내릴 수 있다. 물론 최근의 '지속가능경영' 이념이 기업의 환경적 책임이나 사회적 책임만을 강조하는 것도 아니다. 기업의 본질적인 사회적 책임은 경제적 책임이라는 점을 분명하게 인식하고 있다. 즉, 환경 및 사회에 대한 기업의 책임은 장기적 관점에서 경제적 책임을 다하기 위한 필요조건으로 인식한다.

기업이 지속적으로 성장하기 위해서는 경제와 사회, 환경적인 측면을 동시에 발전시켜야 한다는 것이 바로 지속가능 발전 경영의 핵심이다. 미래의 기업은 '투명한 경영을 바탕으로 환경 자원을 보존하고, 사회적인 책임을 포함하여 경제적인 성과까지 창출할 수 있는 경영 방식을 도입해야 생존할 수 있다' 는 것이다.

최근 탄소중립(Carbone Neutral)이 국가와 기업, 개인에게 중요하게 다가서고 있다. 기업이나 개인이 발생시킨이산화탄소를 배출한 만큼 이산화탄소를 흡수하는 대책을 세워 이산화 탄소의 실질적인 배출량을 Zero(0)로 만든다는 개념이다. 즉 대기 중으로 배출한 이산화탄소의 양을 상쇄할 정도의 이산화탄소를 다시 흡수하는 대책을 세움으로써 이산화탄소 총량을 중립 상태로 만든다는 뜻이다.

탄소중립을 실행하는 방안으로는 첫째, 이산화탄소 배출량에 상응하는 만큼의 숲을 조성하여 산소를 공급하거나 화석연료를 대체할 수 있는 무공해 에너지인 태양열 · 태양광 · 풍력 에너지 등 재생에너지 분야에 투자하는 방법, 둘째, 이산화탄소 배출량에 상응하는 탄소배출권을 구매하는 방법 등이 있다. 탄소배출권(이산화탄소 등을 배출할 수 있는 권리)이란 이산화탄소 배출량을 돈으로 환산하여 시장에서 거래할 수 있도록 한 것인데, 탄소배출권을 구매하기 위해 지불한 돈은 삼림을 조성하는 등 이산화탄소 흡수량을 늘리는 데에 사용된다.

탄소중립은 2016년 발효된 파리협정 이후 121개 국가가 '2050 탄소중립 목표 기후동맹' 에 가입하는 등 전 세계의 관심사이다. 여기에 2020년 코로나 19 사태로 기후변화의 심각성에 대한 인식이 확대되고, '2050 장기저탄소발전전략(LEDS)' 의 유엔(UN) 제출 시한이 2020년 말로 다가옴에 따라 주요국의 탄소중립 선언이 가속화되었다. 실제로 2019년 12월 유럽연합을 시작으로 중국(2020년 9월 22일), 일본(2020년 10월 26일), 한국(2020년 10월 28일) 등의 탄소중립 선언이 이어진 바 있다.

정부는 2022년 3월 '2030 국가온실가스감축목표(NDC)' 를 40%로 상향하고 국가 탄소중립 기본계획을 수립하는 등의 내용을 담은 '기후위기 대응을 위한 탄소중립 · 녹색성장 기본법 시행령안' 을 확정했다. 이는 기업들에게 위협이자 기회로 작용할 것이다.

개인 또한 일상생활 속에서 전자영수증 받기, 리필스테이션 및 다회용기 사용 등 탄소중립 생활을 실천하면 경제적 혜택을 받는 '탄소중립실천포인트' 제도도 시행 중이다(대한민국 정책브리핑(www.korea.kr)).

closing case

중소기업, ESG 경영이 가능한가?

저자의 페이스북에 올린 글에 친한 중소기업 경영자가 반대의 글을 올렸다. 중소기업이 생존하기도 어려운데 ESG에 신경 쓸 여유가 없다는 취지였다. 대학에서 창업한 동료 교수에게도 ESG 경영 관련한 내용이 있는지 물어보니 없다고 대답했다. 그래서 환경, 사회, 지배구조의 각각을 풀어 생각해 달라고 하니 '아주 없지는 않다'라고 몇 가지를 설명해 주었다. 이 두 가지 사례에서 중소기업이 'ESG를 고려하고 사업하는 것이 현실적인가?'라는 의문을 갖게 된다.

ESG란 "Environment, Social, Governance"의 머리글자를 딴 단어로 기업 활동에 친환경, 사회적 책임 경영, 지배구조 개선 등 투명 경영을 고려해야 지속 가능한 발전을 할 수 있다는 철학을 담고 있다. ESG는 개별 기업을 넘어 자본시장과 한 국가의 성패를 가를 키워드로 부상하고 있다.

2021년 초 자유기업원이 수행한 ESG 관련 용어에 대한 대학생 인지도 평가에서 '사회적 책임(CSR과 CSV)', '지속 가능 경영'에 대해서는 각각 70.2%, 68.8%의 높은 인지도를 보인 반면, ESG 이해도는 24%에 그쳤다. 하지만 ESG 등급이 우수한 기업의 제품이 환경비용 등의 이유로 비싸다면 구매의향이 있는지 조사한 결과, 긍정의견이 60.9%로 부정 응답(39.1%)보다 높았다. 이는 대한상공회의소가 지난 5월 국민 300명을 대상으로 'ESG 경영과 기업의 역할에 대한 국민 인식' 조사결과(2021)와도 비슷하다. 63%의 응답자가 기업 ESG 활동이 제품 구매에 영향을 받는다고 응답했다.

하지만 ESG에 대한 일반인의 인식 정도는 낮은 편으로, 중소벤처기업 또한 ESG의 인식 수준도 높지 않으며 행동으로 연계하는 것은 더욱 낮은 편이다. 실례로 중소기업의 56%는 탄소중립 대응 계획이 없으며, 그 이유로는 저탄소 전환 필요성 확신 부족(47%), 시설 투자 등 비용부담(43%) 순이었다. 해결책으로 대기업이 상대적으로 조직과 예산, 지원 프로그램에서 우위를 점하기 때문에 대기업은 ESG 개선 노력을 중소기업과 적극적으로 공유해야 한다.

다행히 중소벤처기업부는 최근 '자상한 기업'을 '자상한 기업 2.0'으로 개편하면서 기존 자발적 상생 협력에서 더 나아가 중소기업의 탄소중립 및 ESG 경영까지 실질적으로 지원할 수 있는 대기업과 공기업을 물색하고 있다. '자상한 기업'이란 전통적인 협력사 위주의 상생 협력을 넘어서, 대기업이 보유한 역량과 노하우 등의 강점을 미거래기업과 소상공인까지 공유하는 자발적 상생 협력 기업을 말한다. 2021년까지 30개의 대기업과 공공기관 등이 '자상한 기업'에 참여하였다. 한 예로 SK 에코플랜트가 연구개발특구진흥재단과 창조경제혁신센터협의회와 협약을 맺고 200억 원 규모의 시범구매 추진과 1,200억 원 규모의 자체펀드를 조성해 친환경, 지능형 기술을 가진 혁신기업에 투자 계획을 마련하였다. 또한, 협력사 스타트업 역량 강화를 위한 전문 맞춤 상담 및 교육 프로그램 제공도 기대된다.

중소기업 ESG의 착근을 위한 정책제안으로 첫째, ESG 측정에 대한 중소기업 관점의 해석과 기업가 정신 교육이다. 이윤 추구와 사회적 책임의 수행을 위해 중소기업이 준비할 ESG 내용이 무엇인지 그 세부 내용과 대응전략에 대한 교육이다. ESG 관점의 이슈를 토대로 아이디어 창출, ESG 가치를 충족할 수 있는 기술과 역량에 대한 확보 교육, ESG 관점에서 고객과 시장이 고민하는 문제발굴 역량 등도 학습해야 한다. 둘째, 중소기업 ESG를 위한 생태계 구축이다. 투자재원 확보, 지자체 및 공기업의 소비자 역할, 대학의 트리플 바텀라인* (TBL: 이익, 사람, 지구환경) 사고와 접근, 그리고 자상한 기업 활동이 선언적 의미를 넘어 실제적인 대중소기업 협력으로 나가고 그 성과를 공유하는 자리를 정기적으로 만드는 것이다. 셋째, 소비자들의 ESG 인식과 함께 실제 구매 행동으로의 연결이다. 예를 들어 100% 산화 생분해 비닐 제품을 1.5배 가격에도 구입하는 소비자의 행동 및 지자체와 공공기관들이 시범 구매도 필요하다. 끝으로 일자리 창출의 주역으로서 기업에 대한 정부의 긍정적 시각 변환도 요구된다. 국내 대기업의 사회적 책임경영의 관점이 CSR에서 ESG로 전환하는 분위기도 감지된다. 대 중소기업 공급망내에서도 사회적 책임경영의 관점이 CSR에서 ESG로 전환하고 있다. 삼성도 초격차 기술력 확보에 이어 ESG 경영 속도를 내고 있다.

첫 사례의 기업가가 남긴 글에서 중소기업 ESG 희망을 읽는다. "ESG를 외치긴 쉽지 않죠. 하지만 제 아이들과 미래 세대에게 짐을 떠안기지 않으려면 지금부터라도 착실히 준비해야 할 것 같아 작은 기업이지만 실천하고 있습니다."

* 트리플 바텀라인(TBL; Triple Bottom Line): 회계의 재무재표의 맨 아래를 보면 이익 또는 손실을 파악할 수 있다. 여기에 경제적 이익만 보지 말고 사회적 가치를 함께 고려하자는 주장이 더블 바텀라인이다. 여기에 지구환경을 추가해 고려해 지속가능성을 확보하자는 주장이 트리플 바텀라인이다. 이는 3가지 P로 정리되며, profit, people, planet 으로 3P 이론이라고도 한다.

제 4 장

조직목표와 경영전략

opening case

HP와 Pepsi의 목표관리제도(MBO)

1954년 피터 드러커에 의해 제창된 목표관리제도(Management By Objective)는 세계 많은 기업들에 의해 채택 사용되었고, 기업 내부 정착에 있어 아직까지 시행착오 과정을 겪고 있는 경영제도라고 볼 수 있다. 목표관리제도는 조직의 비전, 미션, 가치를 바탕으로 책정된 경영전략 및 경영방침에 기초하여 상하간 면담을 통해 목표를 설정하고, 기말(期末)에 그 달성도를 검증, 평가하는 제도이다. 구체적으로 목표관리제도는 연도의 경영목표나 방침을 구체화하고, 이에 연계하여 각 사원까지 개인 목표를 설정하고 목표실현을 위한 과정을 관리하여, 기말에 그 결과를 평가하여 승진, 승격이나 보상, 육성 등에 반영하는 제도이다. 목표관리제도 적용은 개인성과에 국한된 것이 아니라 집단, 조직전체 목표에도 적용된다.

목표관리제도의 의의

목표관리제도의 의의는, 첫째 경영계획의 반영이다. 구성원 모두가 조직의 비전, 미션 등과 밀접히 연계된 중장기 경영계획 상의 목표를 설정하고 그 실현을 추구함으로써 조직구성원들의 직무수행 행동을 한 방향으로 결집시킴으로써 조직력을 극대화할 수 있다. 둘째, 획일적 관리로부터의 탈피이다. 목표의 설정과 목표 실현의 프로세스를 관리하는 목표관리제도의 주체는 Staff부서가 아닌 현장의 관리자 또는 리더들이다. 이들 현장관리자가 개별적으로 구체적 사실에 기초하여 평가함으로써 일률적, 획일적 운용으로 탈피할 수 있다. 셋째, 납득성의 향상이다. 목표관리제도는 목표의 설정과 결과의 피드백 단계에 있어서 상사와 부하간의 대화를 필수로 한다. 이는 신뢰관계 구축, 조직 활성화 등에도 기여하게 된다. 넷째, 인재육성이다. 목표설정 단계에서 상사가 부하에게 이 정도의 수준은 소화해 주기 바란다는 육성의 기대치도 포함하고 있다. 전년도 달성 수준을 다소 상회하는 수준을 새로운 목표로 제시하는 것도 육성의 의미를 갖는다.

목표설정 방법: SMART

목표관리제도에서는 목표를 설정할 때, 목표의 내용(지표 및 수준)을 무엇으로 할 것인지가 중요하다고 볼 수 있다. 왜냐하면, 목표설정이 평가과정의 시작이기 때문이다. MBO의 목표로서 적합한 지의 여부를 판단할 경우에는 5가지 관점인 SMART기법을 이용하는 것이 도움이 될 것이다. 여기서 S(Specific)는 합당한 내 · 외부 고객 욕구에 근거하여 무엇을 이룰 것인지를 분명하고도 구체적으로 목표를 수립하고, 개인 목표는 부서 목표와 연계되어야 함을 의미한다. M(Measureable)은 원가, 정확도, 비율, 단위, 시간, 고객만족 등을 활용하여 목표를 수치화하여야 함을 의미한다. A(Attainable)은 현실적인 목표를 수립하며, 정상적인 상황에서 달성 가능한 목표이어야 함을 의미한다. R(Relevant)은 개인 목표가 부서 목표와 핵심가치, 행동강령과 연관성 및 정합성을 가져야 한다는 것을 의미한다. T(Timely)는 목표가 시간계획을 함께 마련하여야 한다는 것을 의미한다. 시간계획은 어느 시점에 무엇이 완료되어야 하며, 과정상 확인 사항이 무엇인지를 나타내는 것이다.

HP vs Pepsi

목표설정 방식으로 하향식(Top-Down), 상향식(Bottom-Up), 쌍방향(Middle-Up-Down) 접근방법 등이 활용되고 있다. 중요한 것은 목표수립 방식이 아니라 목표의 실제 내용이다. 목표 설정 방식은 구성원의 성향, 업무특성, 조직문화, 기업환경 등을 고려해서 결정해야 할 것이다. 어떤 방식이든 설정된 목표에 대해서는 목표 달성 노력을 가속화하기 위해 정기적 및 비정기적인 방법을 모두 사용하여 지속적인 중간 점검을 실시해야 한다. 그렇게 함으로써 평가 결과에 대한 구성원의 납득성을 제고시키고 구성원간 상호 신뢰 분위기를 창출할 수 있을 것이다.

HP의 목표설정 방식은 상향식(Bottom-up)이다. 전사 차원에서는 가이드라인 성격의 일반적인 목표가 주어지고 사업부분별로 최고경영층의 간섭 없이 자율적으로 구체적, 도전적인 목표를 설정한다. 또한 개인의 경우에도 사업부분 목표와 밀접한 관련도는 떨어지더라도 창의력과 역량을 극대화하기 위한 구체적인 목표를 설정한다. 이 때 설정되는 목표는 수치보다는 역량강화 등 질적 목표 중심으로 설정되고 수시로 직속상사에 의해 모니터링된다. 평상시에도 달성도보다는 종합적인 관점에서 성과물과 성과달성의 과정을 평가하기 위해 잘했으면 왜 잘했는지, 못했으면 왜 못했는지를 11개 개별 항목별로 구체적으로 설명하도록 되어 있다.

Pepsi의 목표설정 방식은 하향식(Top-Down)이다. 전사, 사업부, 개인별로 3-5개 정도의 핵심적인 목표를 설정하는데 개별목표는 가능한 한 정합성, 도전성, 구체성을 충족시키는 목표가 설정된다. 설정된 목표는 전사 차원에서 공표되며 관련 부서 구성원간 완전히 공유된다. 한번 설정된 목표는 지속적으로 모니터링 된다. 예를 들어 영업성과의 경우에는 매주 리뷰 · 공표되며 실적이 부진한 경우에는 직속상관인 관리자가 부진이유를 체크하고 성과향상을 위해 적극적으로 지도 · 지원된다. 평가시에는 종합적인 관점에서 목표달성도뿐만 아니라 목표달성과정을 평가하기 위해 11개의 리더십 항목을 평가하여 목표달성도 평가만으로 생길 수 있는 오류를 최소화하여 평가의 공정성을 지향하고 있다.

이 두 기업의 목표설정 방식은 기업환경, 조직문화, 최고경영층의 철학, 구성원의 성향의 차이로 완전히 다르지만 중요한 공통점이 있다. 평가자체보다는 목표설정 및 모니터링 과정을 중요시 한다는 점, 직속상사가 전적인 책임을 갖고 종합적인 관점에서 피평가자의 목표달성을 지도 · 지원 · 평가한다는 점이다. 결국 두 기업은 성공적인 목표관리제도의 운영을 통해 세계 초일류기업으로서의 항해를 지속하고 있는 것이다.

출처: 목표관리제도 시리즈, 주간경제, LG경제연구원 참조 · 재구성.

4.1 조직목표의 이해

1. 조직목표란 무엇인가

우리는 여행을 갈 때나 또는 친구들과 등산을 계획할 때 먼저 목적지를 정하고 출발한다. 목적지를 결정하게 되면 그 목적지에 따라 여행시간, 경비, 준비해야 할 물건, 소요자료 등 여러 가지 사항을 계획할 수 있다. 목적지란 우리가 궁극적으로 도달해야 할 최후의 결과물이다. 이 최종결과물에 효과적으로 도달하기 위해 우리는 여러 가지 계획을 한다.

개인이나 조직은 사회활동을 하는 데 반드시 목표가 있게 마련이다. 목표 없이 행동을 하게 되면 시간 및 자원을 낭비하게 되며 일정시간이 지난 후에도 얻어진 결과가 없다. 허송세월을 보낸 것이다. 조직은 조직의 생존 및 발전을 위해 반드시 명시된 목표가 필요하다. 목표 없는 활동을 하는 조직은 이루어진 결과 없이 자원 및 시간 낭비만 하게 된다. 조직목표가 필요한 이유는 조직이 무엇인가 성취하기를 원하기 때문이다. 예를 들면 정부에서 4만 달러 소득을 목표로 경제정책을 펴 나간다고 할 때, 1인당 4만 달러 소득을 달성하는 게 정부가 성취하고 싶은 결과이고, 이를 달성하기 위해 구체적 세부방안을 개발할 수 있다.

어떤 조직이든 목표를 가지고 있다. 왜냐하면 목표는 조직이 이루려고 노력하는 미래의 바람직한 상태(a desired state of affairs)이기 때문이다. 이 목표를 이루기 위해 기업의 존재가치가 정당성을 갖게 되고 동시에 미래의 모

그림 4-1 목표와 경영활동

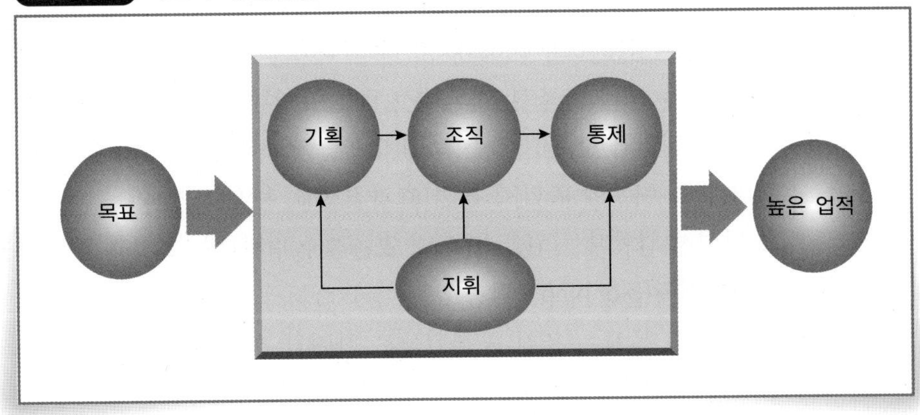

습을 이루려는 가운데 목표는 조직에게 방향성을 제시해준다. 조직목표는 반드시 결과중심으로 설정되어야 한다. 결국 목표는 조직이 실현시켜야 할 미래의 모습이기 때문이다.

조직 내 목표설정 작업은 경영활동을 시작하는 가장 첫번째 단계이다. 목표설정을 시발점으로 하여 기획-조직-통제-지휘라는 경영활동이 가능해지기 때문이다. [그림 4-1]은 목표와 경영활동의 결과 높은 업적을 성취할 수 있는 도식을 나타낸 것이다.

2. 조직목표의 역할

잘 세워진 조직목표는 조직의 성과를 높이는 데 여러 가지 순기능을 한다. 목표는 단순히 경영자가 달성해야 할 성취결과물을 얻는 것에서 끝나는 것이 아니라 여러 가지 다양한 역할을 수행하며 조직경영에 긍정적 역할을 한다. 목표가 조직에게 제공할 수 있는 여러 가지 역할은 다음과 같다.

■ 조직의 지침(guideline) 제공

조직목표는 조직이 달성하고자 하는 미래의 상태를 밝힘으로써 조직 활동에 방향성을 제시한다. 경영목표를 지침으로 하여 경영자와 조직구성원 모두는 목표 달성이라는 한 방향으로 매진하게 된다. 목표가 조직 구성원들 사이에 공유되면 전체 조직의 나아갈 방향이 일치하게 된다.

■ 정당성(legitimacy)의 근거

조직목표는 사회에 있어서 조직의 존재와 활동 및 임무를 정당화시켜 주는 기능을 수행한다. 외부에서 볼 때 어떤 조직의 목표를 봄으로써 그 조직이 하는 일, 추구하는 지향성을 알 수 있다. 또 조직은 그 목표를 제시함으로써 사회 속에서 자신의 존재 이유를 밝힐 수 있다.

■ 효과성(effectiveness) 평가의 기준

조직의 목표는 조직 내외에서 조직이 얼마나 좋은가(성공적인가, 건강한가, 효율적인가)를 평가하는 측정기준을 제공해 준다. 목표를 설정한 후 그 목표의 달성 여부에 따라 조직이 효과적으로 운영되었는가를 알 수 있다. 또 목표 달성시 얼마나 자원을 잘 활용했는가를 나타내는 효율성도 평가될 수 있다.

■ 기획(planning) 기능

조직의 목표는 조직 구성원들로 하여금 미래지향적인 행동과 사고방식을 불러일으키는 작용을 한다. 기획이란, 최적의 수단으로 목표를 성취할 수 있도록, 앞으로 취할 행동을 준비하는 과정이라고 할 수 있다. 조직이 어떻게 목표를 달성할 것인가를 고민하고 이를 실천하는 방법을 모색하는 것이 기획이다. 이렇게 기획과 목표는 불가분의 관계에 있다.

3. 조직목표의 종류

조직목표란 일반적으로 조직이 성취하기 위해 노력하는 바람직한 미래의 결과를 말한다. 그러나 조직목표를 좀더 구체적으로 분석해 보면 세부적 목표로 나누어 볼 수 있다. 목표의 추상성 · 구체성 여부, 목표의 계층 및 수준, 목표적용 등의 기준으로 목표를 분리해 정의해 볼 수 있다.

1) 목표의 추상성 · 구체성 여부

목표는 목표가 어떻게 표현되고 있느냐에 따라 그 모습을 달리 할 수 있다. 즉, 조직에서 설정하는 목표를 보면 우선 가장 추상적인 목표로 시작되어 점점 더 구체적이고 세부적인 목표로 표현될 수 있다. 예를 들면 대학이라는 조직의 가장 거대하고 큰 목표는 '고등교육에의 공헌'이라고 할 수 있다. 그렇지만 어떻게 고등교육을 시키고 어떻게 사회에 공헌할 것인가를 좀더 구체적으로 나열할 수 있다. 조직목표는 표현의 추상성 · 구체성에 따라 크게 목적(purpose), 사명(mission), 목표(objective)로 나눌 수 있다.

목적이란 조직이 존재하는 사회 속에서 조직의 기본적 목표를 표현하는 것이다. 대학교육의 기본적 목적은 고등교육의 향상이 그 목적이 될 수 있다. 사명이란, 목적을 좀더 구체적으로 표현한 것으로서 어느 조직의 구체적 장기목표를 일컫는다. 이는 조직이 동일 경쟁조직과 자신을 차별화하는 목표이다. 대학교육에서 보면 일반대학, 특수 목적대학, 지역 대학, 전문대학 등은 동일한 고등교육기관이지만 약간 다른 사명을 가지고 사회의 고등교육에 기여하고 있다.

목표란 더욱 구체적으로 표현된 조직목표로서 사명을 구체적으로 실현하기 위한 행동지침이다. 대학교육의 예로 돌아가 일반대학은 연구중심의 대학으로의 사명을 추구하기 위해 구체적으로 연구 분위기를 조성하여 교수들이 많은 연구업적을 성취하게 하고, 그 업적에 의해 보상하는 구체적 목표를 세울 수 있다.

2) 목표의 계층 및 수준

조직목표는 조직내부의 어떤 계층에서 목표를 표현하느냐에 따라 다른 수준의 목표로 나타낼 수 있다. [그림 4-2]로 살펴보면 다음과 같다.

또한 조직의 목표는 조직의 관리계층뿐 아니라 조직 내 집단의 수준의 위계에 따라서도 구분지어 볼 수가 있는데, 이것은 상하 연결고리를 가지고 체계적으로 구조화된다. [그림 4-3]과 [그림 4-4]는 이에 대한 설명을 보여주고 있다.

3) 목표의 적용

경영자가 조직의 목표달성을 추구할 때 과연 어느 정도까지 노력을 경주할 것인가, 특히 사기업의 존재이유 중에는 이윤의 극대화라는 목표도 가지고 있다. 극대화(maximization)라는 개념은 과연 어느 정도 선까지를 의미하는가? 무한대를 의미하는 것은 아닐 것이다.

시스템 이론에 의하면 조직시스템은 전체 시스템의 목표를 위해 각각의 하위시스템의 적절한 조화를 모색한다. 만약 각 하위 시스템이 전체 시스템의 목표를 고려하지 않고 각 시스템 목표의 극대화를 추구한다면 반드시 각 하위 시스템 간 충돌이 발생할 것이다. 예를 들면 생산부서에서 공장을 풀가

그림 4-2 관리계층에 따른 목표

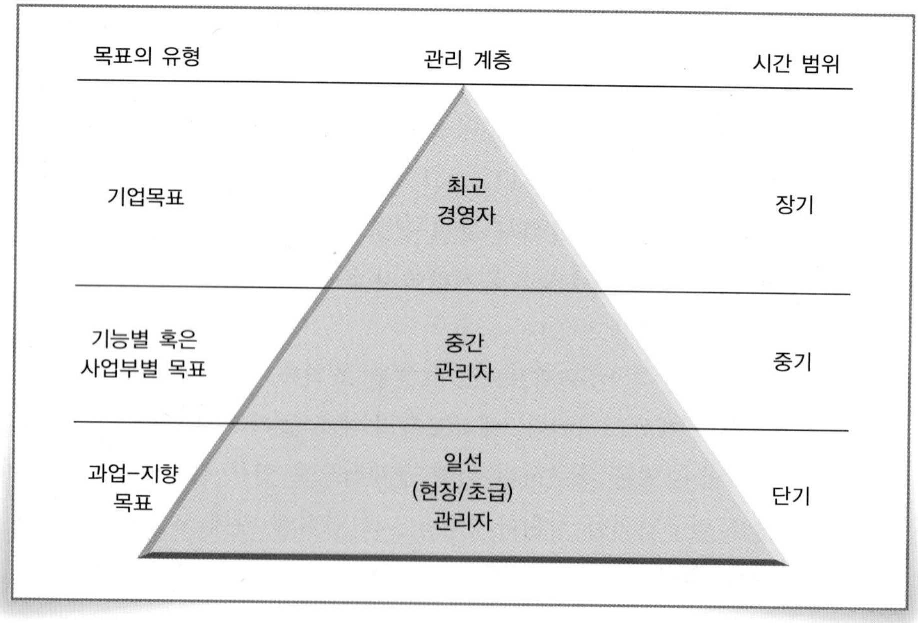

목표의 유형	관리 계층	시간 범위
기업목표	최고 경영자	장기
기능별 혹은 사업부별 목표	중간 관리자	중기
과업-지향 목표	일선 (현장/초급) 관리자	단기

그림 4-3 조직목표의 수단-목적 연결고리

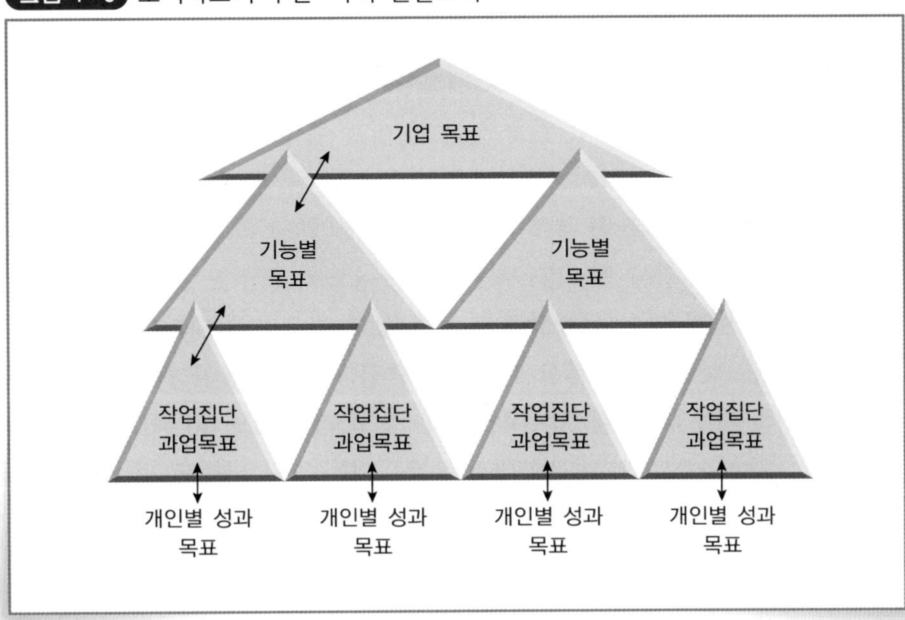

그림 4-4 계층별 목표의 연결 및 실례

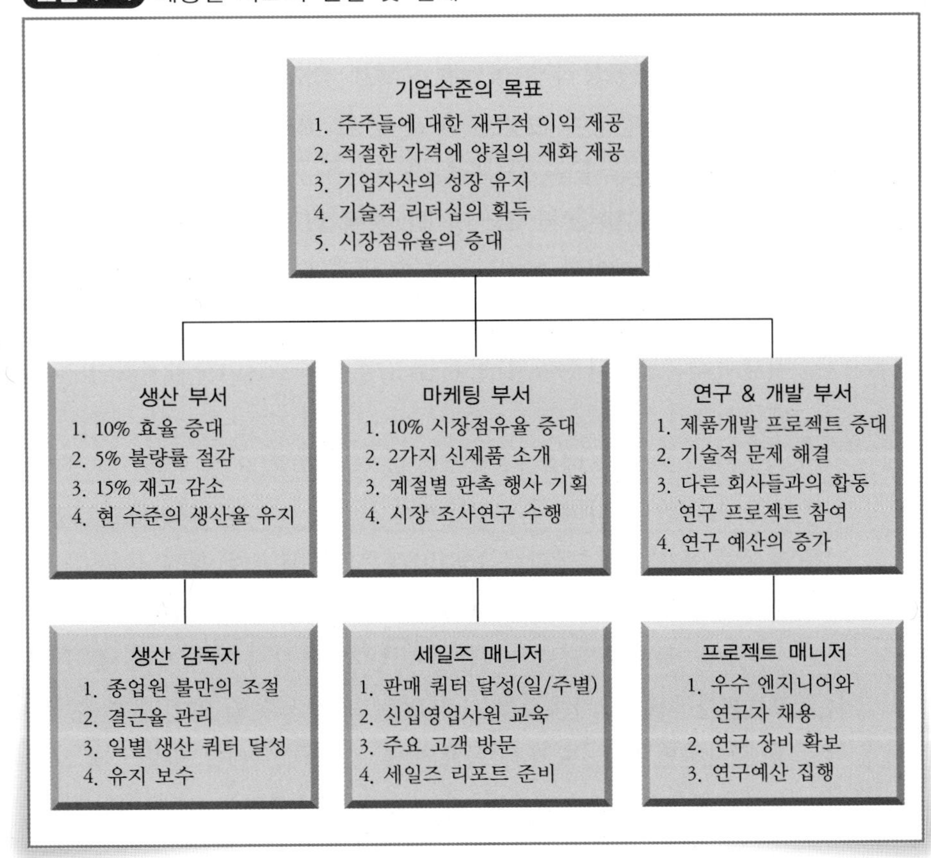

동하여 최대한 생산하여 생산부서의 생산성을 높이려 한다면 영업부서에서는 과대 생산으로 인하여 적절한 판로를 찾지 못하고 물건을 재고로 저장하게 되고 이는 연쇄적으로 재고원가를 상승시켜 오히려 전체 시스템 생산성의 저하를 초래할 수 있을 것이다. 이를 위해 상위 경영자는 두 부서 간에 상호 만족할 수 있고 수용 가능한 타협안을 내놓아 적절한 수준에서 최적화(optimization)를 꾀할 것이다. 즉, 영업부서의 판매량에 맞추어 재고가 최소화될 수 있는 판매량을 생산할 수 있도록 생산부서를 설득시킬 것이다.

이와 같이 목표달성을 추구할 때 반드시 극대화가 이상적인 접근방법은 아니다. 조직은 항상 전체 시스템의 효과성 · 효율성을 높이기 위해 목표달성의 적정화를 추구할 수밖에 없다. 또 다른 목표 최적화의 예로서 사회적 책임 완수와 기업의 이윤확대라는 대립되는 양자 사이도 적정화 접근방법이 적용될 수밖에 없는 경우이다.

4. 효과적인 목표의 특징

목표가 조직이 원하는 대로 잘 실현되기 위해서는 우선 표현이 잘 되어야 한다. 모호하거나 너무 추상적인 목표는 오히려 조직구성원을 혼란하게 만들어 효과적인 경영에 지장을 줄 수 있다. 효과적인 목표가 되기 위해서는 다음과 같은 특징을 가질 필요가 있다.

첫째, 목표는 조직에서 상하관계에 있는 경영자와 부하 사이에 공감되고 서로 잘 이해되어야 한다. 목표가 세워진 후엔 조직구성원들이 어느 방향으로 가고 있는지 공통적으로 이해되어야 한다. 왜냐하면 목표란 조직구성원이 겨냥하고 있는 타겟이며 목표를 중심으로 모든 사업계획이 형성될 수 있기 때문이다.

둘째, 목표란 매우 구체적이고 간결할 필요가 있다. 추상적이고 화려한 목표 표현은 오히려 구성원들에게 혼란만 준다. 예를 들면 “생산성 향상”이라는 목표보다는 “불량률 10% 감소”라는 목표가 훨씬 더 구체적이며 구성원들에게 무엇을 해야 하는가에 대한 방향성을 줄 수 있다.

셋째, 목표란 되도록이면 시간대를 명시해주는 것이 좋다. 물론 장기목표, 중기목표, 단기목표라는 식으로 표현될 수도 있지만 더욱 구체적 시간대를 명시하면 더욱 효과적 목표가 될 수 있다. 예를 들면 “제 2/4분기에는 시장점유율을 3% 증가시킨다”라는 식의 목표설정이 바람직하다.

넷째, 조직내부에서 수직적, 수평적으로 일관된 목표의 연계가 필요하다. 최고 경영자가 세운 목표가 중간경영층에서 일관되게 표현되고 이는 또 일선 관리자들에 의해 통일되게 실행될 필요가 있다. [그림 4-4]는 상하 목표의 일관성을 잘 나타내주고 있다. 또 목표란 동일 계층에서 수평적인 공감 및 일체감을 갖게 함으로써 높은 성과를 올리게 된다.

마지막으로 효과적인 목표란 보상시스템과 직접 연결되어야 한다. 다시 말하면 목표가 완수되었을 때 어떤 보상이 주어지는가가 미리 알려져야 한다. 예를 들면 R&D 부서에서 종업원이 발명한 기법이 상용화되어 성공적으로 이용되었을 때 상품 가격의 몇 %가 보상으로 주어지게 되면 연구직 직군의 발명 의욕을 높일 수 있다. 그렇지만 목표란 표현 및 설정이 될 때 너무 허무맹랑해서도 안 되며 현실적이고 달성가능한 목표가 되어야 한다.

경영학 FOCUS

3M의 120년간 혁신의 전통

인간이나 조직은 나이를 먹으면 새로운 시도보다는 현실에 안주하고 과거의 성공과 결실을 유지하는 데 초점이 모아진다. 그러나 2023년에 120주년이 된 3M에서는 혁신의 전통이 이어져 끊임없이 성장하고 적응하며 변화를 이루어 내고 있다. 끊임없이 영민함(serendipity)을 위한 계획을 갖고 있는 3M에서 R&D 부사장으로 은퇴한 코인(Coyne) 박사는 그 비결을 여섯 가지 요소로 다음과 같이 소개하고 있다.

첫째, 방향감각 또는 비전이 필요하다. 무엇이 당신을 변화로 이끄는가? 왜? 선도적 기업들은 자신들이 이전에는 보지 못했던 어떤 것으로의 변화를 시도한다. 둘째, 자신들이 누구를 위해 변화해야 하는지 고객의 욕구를 잘 알 필요가 있다. 설혹 고객이 그같은 욕구를 스스로 깨닫지 못한다고 할지라도 말이다. 셋째, 3M은 명확한 목표를 달성하려고 할 때, 팽팽한 긴장감을 잘 유지하고 있다. 잘 알려진 25% 룰이 1990년 적용되어 과거 5년 이내 도입된 제품이 매출액의 25%를 차지하게 한다는 목표가 수립되었다. 1990년대 중반부터 그 목표가 30%로 바꾸었고 기간은 4년 이내로 단축되었다. 하지만 McNerney CEO 시절에 이는 폐지되었는데, 그 이유는 목표달성이 어렵다는 점과 그는 보다 더 시장지향적이고, 수익에 초점을 두고자 하였다. 넷째, 회사는 직원들을 임파워먼트하여 자신의 변화를 스스로 만들도록 한다. 3M은 종업원들에게 근무시간의 15%를 자신이 통제하도록 권한을 부여하였다. 다섯째, 원활한 의사소통과 공유의 분위기 조성이다. 새로이 발견된 것들이 완전히 활용되고 집단 내 다른 사람과 발견물이 공유되어야 한다. 여섯째, 심리적 보상이 필요하다. 외적 보상뿐만 아니라 심리적인 보상을 통해 내적 동기부여를 유발해 낸다.

또한 혁신전통을 지키기 위해 하지 말아야 할 요인들도 지적하고 있다.

첫째, 오늘 자신의 모습에 빠지지 마라. 오늘의 성공이 회사의 장기적 성공을 보장해 주지 않으므로 회사는 계속 자신을 재창조해 나가야 한다. 둘째, 회사의 리더는 고객이 자신들에게 무슨 말을 하는지 질문해야 한다. 셋째, 장기적 성장은 혁신에 달려 있으며 혁신을 깔끔한 것이 아니다. 최고의 발견물 속에는 많은 실수가 들어 있다. 한편 2024년 5월 부임한 최고경영자 빌 브라운은 회사의 정책을 혁신기반의 유기적 성장으로 삼고 혁신 엔진을 활성화하고 신제품을 늘리기 위해 엔지니어와 연구개발비를 늘리고, 팀간협력을 통해 창의성과 생산의 효율성을 추구하고 있다.

4.2 목표관리

1. 목표관리란 무엇인가

목표관리(MBO: management by objectives)라 불리는 경영기법은 현대 경영학의 아버지라고 불린 피터 드러커(Peter Drucker)의 저서 『경영의 실제(*The Practice of Management*)』(1954)에서 소개된 후 모든 산업분야에서 폭넓게 사용되어 왔다.

목표란 흔히 군대에서 수행되듯 "돌격 앞으로"식인 상사가 이끄는 대로 부하들이 추종하는 식으로 이해되기 쉽다. 그러나 목표란 세울 때부터 완수할 때까지 전 과정에서 상사와 부하가 함께 공유할 때 가장 높은 효과가 나타날 수 있다. 목표관리란 바로 이런 관점에서 출발하여 목표설정, 수행과정, 최후평가까지 전 과정을 경영자와 종업원이 함께 수행하는 목표에 대한 관리과정이다.

목표관리란 궁극적으로 장기적 성과증대를 위해 미래지향적인 관리통제를 통해서 동태적인 기업의 욕구(이익과 목표달성)를 조정하고 통합하는 관리기법이다. 계획화, 조직화, 지침화, 요원화 및 조정 등의 주요 관리활동 과정이 시스템적으로 연결되어 운영되는 총합적 개념이 목표관리라고 할 수 있다.

목표관리는 조직전체에 걸쳐 서로 조화되고 일관된 명확한 목표를 설정할 수 있게 함으로써 조직의 모든 구성원, 전 부문의 역할분담을 명확하게 하고, 관리의 질을 향상시킬 수가 있다. 아울러 목표관리가 종업원 참여와 합의에 의해 목표수행과정에서 목표달성에 대한 의욕을 향상시킬 수 있다. 개인차원에서는 자기통제에 의한 자기계발, 능력계발, 교육훈련의 촉진을 가져올 수 있다.

2. 목표관리의 과정

목표관리의 과정에는 (1) 목표의 설정, (2) 실천계획 수립과 실행, (3) 평가 및 피드백이라는 단계로 구성되어 있다(그림 4-5 참조). 각 단계별로 요구되는 업무가 [그림 4-5]에 자세히 도식되어 있다. 각 단계별 내용을 살펴보면 다음과 같다.

1) 목표의 설정

과거의 목표관리방식에서는 조직 상부에서 목표를 설정하고 밑에서는 맹

그림 4-5 목표관리과정의 일반적인 모형-S.J. Knezvich

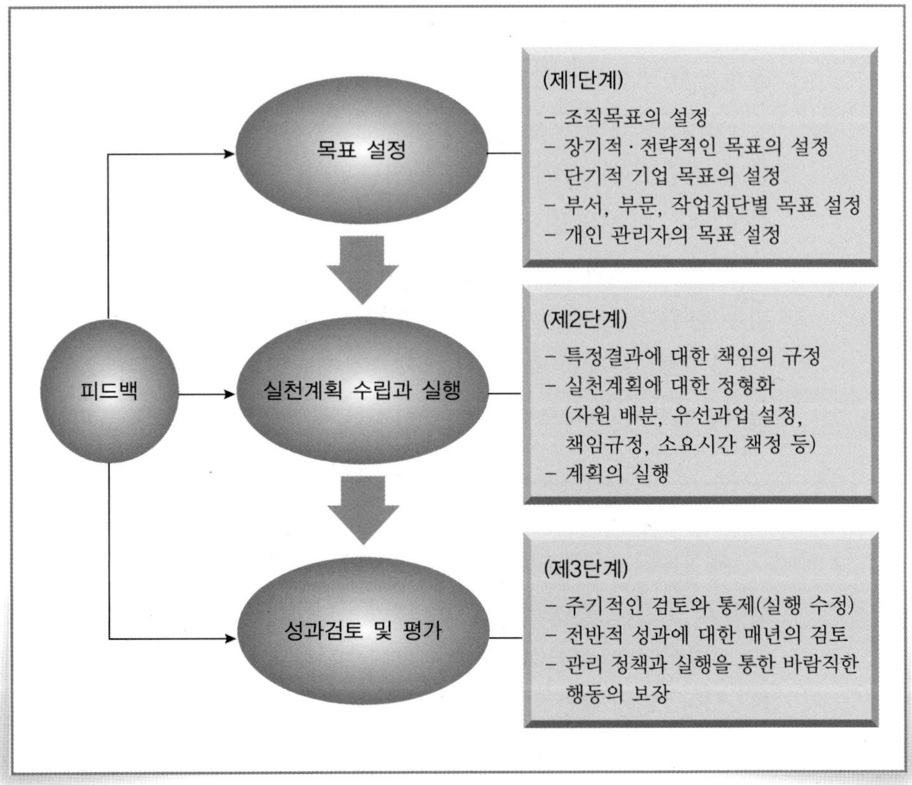

피드백

목표 설정

(제1단계)
- 조직목표의 설정
- 장기적 · 전략적인 목표의 설정
- 단기적 기업 목표의 설정
- 부서, 부문, 작업집단별 목표 설정
- 개인 관리자의 목표 설정

실천계획 수립과 실행

(제2단계)
- 특정결과에 대한 책임의 규정
- 실천계획에 대한 정형화
(자원 배분, 우선과업 설정, 책임규정, 소요시간 책정 등)
- 계획의 실행

성과검토 및 평가

(제3단계)
- 주기적인 검토와 통제(실행 수정)
- 전반적 성과에 대한 매년의 검토
- 관리 정책과 실행을 통한 바람직한 행동의 보장

표 4-1 사(私)기업의 목표설정 분야

이윤을 추구하는 사기업이 목표를 설정할 때 적어도 다음 8가지 분야에서 구체적이고 결과중심적으로 목표가 세워져야 한다(Peter Drucker).

1. 시장점유 위치: 산업전체에서 시장점유율이 몇 %
2. 생산성: 자원의 효율적 이용
3. 이익률: ROI, 영업이익률
4. 물리적이고 재무적 지원: 설비, 현금
5. 혁신: R&D, 기술적 및 관리적 혁신
6. 경영자 성과 및 경영자 개발: 개인개발, 집단개발, 리더십
7. 종업원 성과 및 태도: 작업생활의 질, 직무만족
8. 공공 및 사회적 책임: 환경보호, 종업원 안전 및 건강

목적으로 실행하였다. 이 때문에 실행자(또는 실행단위) 스스로가 자기통제를 할 필요가 없어 자발성이 떨어지고, 창의성이 발휘되지 못했다. 이러한 관리제도에 대한 반성으로 제창된 것이 바로 목표관리이다.

따라서 목표설정 과정에는 다음과 같은 전제가 필요하다.

첫째, 조직의 모든 단위와 개인은 조직목표의 달성에 기여할 수 있는 명확한 목표(특히 기간목표)를 갖는다.

둘째, 목표의 위계는 조직전체 목표가 선결되고 하향적 조직계층별로 연속적으로 연결되도록 한다.

셋째, 상위에서 목표가 결정되면 그 수단으로서의 하위 목표는 하위자(혹은 하위단위)가 상위자(혹은 상위단위)의 도움을 받아 자기결정의 형식을 취하고 스스로 책임을 진다.

넷째, 목표달성에 있어 실제적인 상호관련성이 있거나 있을 것으로 예상되는 단위 혹은 개인 간에는 충분한 의사소통과 조정이 필요하다.

다섯째, 목표의 형식은 가급적 객관적인 측정이 가능하게 표현된다. 실제 사기업에서 구체적으로 목표를 설정한 분야의 예가 〈표 4-1〉에 나타나 있다.

2) 실천계획 수립과 실행

이 단계는 설정되고 확인된 목표들을 수행하기 위한 구체적인 전략을 수립하고 실제로 행동에 옮기는 단계이다. 먼저는 목표 달성을 위한 실행과정을 계획하는 단계로서 상황의 파악 및 방법 선택, 자원의 획득, 세부적인 계획 수립, 계획 검토 및 조정, 각 실행단계에 소요되는 시간 및 목표의 달성에 필요한 총기간 및 인적 · 물적 자원 배분, 그리고 아울러 달성된 목표를 평가

하기 위한 기준을 설정하는 평가방법의 명확한 설정 등을 필요로 한다.

그리고는 상위자 혹은 상위단위의 세세한 지시나 감독을 받지 않고 자주적인 방식, 즉 자기통제(self-control)를 통해 실천계획을 수행한다.

3) 평가 및 피드백

이 단계는 목표가 계획대로 진행되었는지의 여부를 측정하고 평가하며 만약 차질이 발생한 경우에는 이를 통제, 해결하기 위한 단계이다. 다시 말해 이 단계는 목표 추구의 과정과 목표의 달성도를 측정하고 평가하는 단계라 할 수 있다. 이 과정을 통해 경영자는 앞으로 나아갈 방향을 위한 현재의 위치를 파악하게 되는 것이다. 이 단계의 성과 평가를 통해 나타난 문제점의 원인을 분석하여 목표달성 계획을 수정하며 아울러 차기 목표설정에 이용한다. 이 모든 과정이 상사와 부하 간 빈번한 토론을 거쳐 상호 참여하는 분위기에서 진행된다.

3. 목표관리의 특징과 제한점

MBO는 여러 조직에서 성공적으로 활용되고 있지만 MBO가 갖고 있는 강점과 제한점을 숙지함으로써 더욱 효과적인 활용이 기대된다. 〈표 4-2〉는 어느 지방의 도시 조직의 MBO실행의 예를 보여주고 있다.

1) 목표관리의 강점

■ 조직 구성원 개개인에 기대되는 목표 제시

조직 구성원 개인의 능력에 따른 목표와 역할을 제시해줌으로써 구성원 개개인의 직무만족도를 높이고 인적 자원을 효율적으로 활용할 수 있게 된다.

■ 경영자의 목표수립과 세부적인 업무계획 설계에 도움을 제공한다.

■ 경영자와 하부조직원 간 커뮤니케이션 개선

목표관리는 목표설정 과정에서 상급자와 하급자 간에 상호의견을 교환하고 상의하여 목표를 설정하게 되므로 상하간에 의사소통이 원활해지고 상호간 신뢰가 형성된다.

■ 조직구성원에게 조직목표 및 그에 따른 역할에 대한 인식 제공

조직구성원으로 하여금 조직의 목표를 정확히 인식하게 해주고 조직의 목표성취와 관련하여 어떤 활동을 해야 하는지 알려준다.

표 4-2 지역 개발 부서(재개발 부서-작업 계획)

성 명: 기간 : / ~ /
작업 직함: 재개발 관리자 작성된 날짜: 2025년 3월 2일

주요 작업 부문	업 무	예상되는 결과 (무엇이 성취될 것인가?)	평가기준 (질/양/시간의 측정)	실제 결과 (무엇이 성취되었는가?)
도심지 개발	주차	- 고객을 위한 무료 도로 주차 프로그램 개발 - 종업원 주차의 효과적인 관리개발 (차고주차, 직원 전용주차장 신설)	확립된 규정 (프로그램 운영 및 차고공사를 위한 평가방법)	
	샛길 (좁은 도로)	설계기준 및 샛길 개발의 정확한 위치 확립(적어도 세 개의 샛길 공사를 완료한다.)	최소한 하나의 샛길 공사를 완료한다.	
주택 지구 개발	새로운 도시 개발 지역을 조성한다.	도시개발계획 및 부흥 프로그램 시작	2010년 3월 5일에 시작된 검사(2010년 3월 4일까지 200개의 검사가 완료됨. 진행 및 결과의 세부 보고)	
Cerdar Creek	호텔 컨벤션 센터	위치와 규모의 결정	개발자와의 명료한 합의(대안들의 탐색)	

2) 목표관리의 제한요인

목표관리 프로그램은 다음과 같은 몇 가지 요인에 의해 반드시 성공적으로 실행되지 않을 수도 있다. 이러한 요인들은 성공적 목표관리의 실행을 위해 효과적으로 관리될 수 있어야 한다.

■ **최고경영자의 지원부족**

아무리 잘 만들어진 계획이라도 최고경영자가 솔선하여 그 제도에 적극적인 지원을 보내지 않는다면 그 계획은 성공적으로 실행되기 어렵다.

■ **목표관리에 관한 설명과 교육훈련의 부족**

■ **권위적인 관리자에 의한 상의하달식의 목표설정 가능성**

목표관리를 지나치게 강조하는 조직일수록 상사의 영향력이 많이 작용하여 상의하달식의 목표설정이 이루어지는 경향이 있다. 이것은 목표관리가 갖

는 원래의 취지에 어긋나는 것이다.

■ **목표의 제한 또는 과다한 목표**

명확한 목표로 인해 기타 다른 성과들(목표로 설정되지 않은)이 평가절하되거나 외면될 수 있으며, 아울러 달성해야 할 목표가 과다할 경우 오히려 효과적인 목표의 달성이 저해될 수가 있다.

■ **부서 간 상충된 목표로 인한 마찰의 위험성**

특히 기능적 조직의 경우 서로 다른 상충되는 목표를 지향하게 되는 경우(예를 들면 관리부서는 비용절감, R&D 부서는 새로운 설비투자 등을 통한 신제품 개발 등) 등에 문제가 있을 수 있다.

■ **평가의 지나친 강요**

목표의 달성 여부에 대한 평가가 과도하게 강조될 경우, 효과적인 목표관리 과정을 오히려 저해할 수 있다.

■ **과중한 서류작업**

목표설정과 성과보고 단계에서 모든 회의와 의사결정의 문서화와 같은 과중한 문서작업에 시달릴 수 있다.

4.3 경영전략

1. 경영전략이란 무엇인가

전략이란 미리 설정된 경영목표를 성취하기 위한 구체적 수단이다. 전략이란 조직 환경 대응에 적합한 조직 자원의 확보, 배분을 통해 미래의 사업 활동을 효율적으로 수행하기 위한 것이다. 전략의 기본적인 목적은 조직의 경영목표를 실현하는 데 있다. 경영전략에 대한 정의를 살펴보면, 전략 수립과 전략 실천, 둘 다를 경영전략의 범주로 보는 광의의 접근과 단지 전략수립만을 경영전략의 범주로 보는 협의의 접근이 존재하지만, 전략이 조직의 목표 달성을 위한 중요한 요소인 것만은 틀림없다.

전략의 개념이 기업에 적용되어 경영전략이라는 개념이 사용되기 시작한 이후로부터 오늘날까지 수많은 연구가 이루어져 왔고 이와 함께 전략경영의 개념도 다양하게 정의되어 왔다. 이러한 과정을 살펴보면 다음과 같다.

원래 군사학 용어로 사용되던 전략개념을 가장 먼저 경영학에 도입한 사람은 챈들러(Chandler)이다. 그는 전략을 장기목표, 활동계획, 자원할당 우선권의 관점에서 조직의 목적을 확립하는 수단으로 보았다. 이러한 정의는 전략이 장기적인 조직의 목표를 형성하고, 이러한 목표를 달성하는 데 필요한 주요한 활동을 계획하고, 필요한 자원을 전개시키는 것이라는 점을 강조한다. 그 후 앤소프(Ansoff)는 기업의 성장을 위한 분석적 접근에서 전략을 제품과 시장의 범위, 성장의 벡터, 경쟁적 우위, 시너지 효과 등에 관한 의사결정을 내리게 하는 규칙으로 정의하고 있다. 그리고 그는 전략이란 기본적인 전체기업의 목표를 달성하도록 보장해 주는 계획을 가져오는 일관성 있고 포괄적이며 통합적인 의사결정 형태라고 설명하기도 한다. 한편 민츠버그(Mintzberg)는 전략을 조직과 환경 사이에 중간역할을 하는 것으로 설명하였다. 그 후 포터(Porter)는 전략을 경쟁 우위(competitive advantage)를 달성하기 위해 외부적으로 기회와 위협에 내부적으로는 강점과 약점에 대한 반응으로 보고 있다. 전략은 조직이 외부적 환경과 내부적 능력 사이에 실행 가능한 조화를 달성하는 데 필요하다고 본 것이다.

전략의 개념은 조직의 전체목적을 포괄하고 있다. 따라서 적절한 전략의 정의를 위해서는 여러 가지 차원의 개념이 필요할 것이다. 즉, 앞서 열거한 기존의 개념들을 모두 포함하는 내용이 되어야 할 것이다. 이러한 흐름에 따라 최근에 나타난 경영전략의 개념은 전략을 단일성, 방향성, 목적성을 제공하면서 환경의 변화에 용이하게 대응할 뿐만 아니라 기업의 모든 중요한 활동을 포함하는 다차원적인 개념으로 보고 있다.

최근 들어 특히 경영전략의 중요성이 특히 부각되고 있는데, 그 중요성을 크게 3가지 차원에서 간략히 요약해보면 다음과 같다. 첫째, 경영전략은 변화하는 외부환경에 기업이 유연하게 대처할 수 있도록 하는 조직의 환경적응능력을 촉진시킨다. 둘째, 경영전략은 기업의 경영자원을 전사적인 관점에서 효율적으로 배분하게 한다. 셋째, 경영전략은 기업내부의 다양한 경영활동들의 통합에 기여한다.

2. 경영전략의 수준과 유형

경영전략의 수준은 그 계층에 따라 기업전략(corporate strategy), 사업전

그림 4-6 전략의 수준과 예

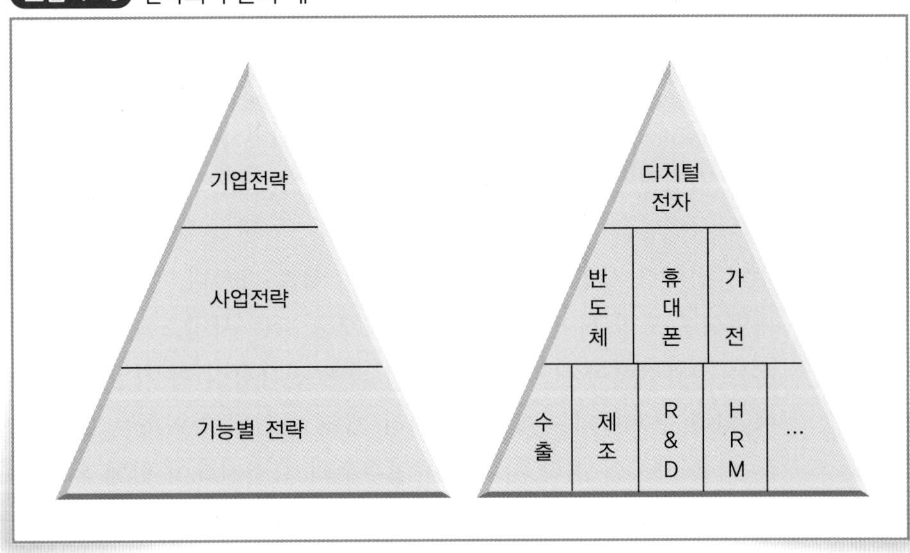

그림 4-7 목표와 전략의 관계

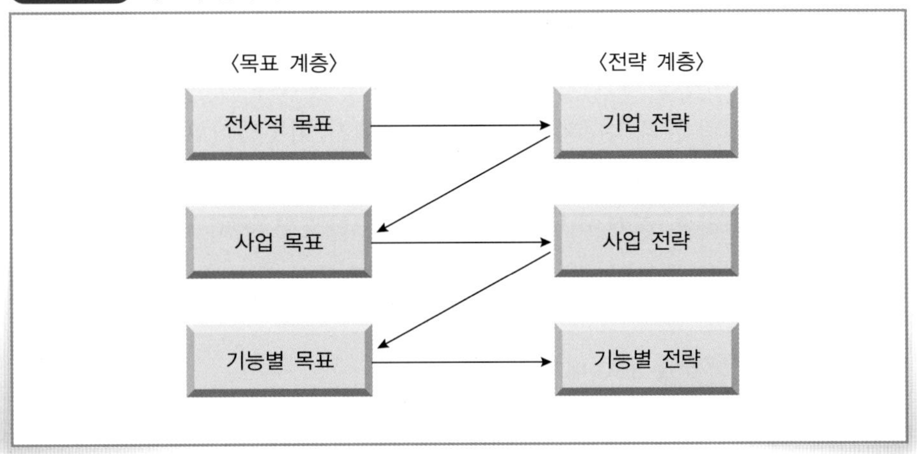

략(business strategy), 기능별 전략(functional strategy)의 세 단계로 일반적으로 분류될 수 있다(그림 4-6 참조).

이들 세 가지 전략은 서로 다른 계층에서 다른 특징을 가지고 수집, 진행되지만 상호 깊은 관련성을 지니고 있다. 첫째로, 전체를 구성하는 것이 기업전략으로 어느 사업에 참여할 것인가를 결정하는 것이다. 둘째로, 사업전략은 경쟁의 방법을 정하는 것으로 기업전략의 수단이 된다. 마지막으로, 기능별 전략은 사업전략을 어떻게 지원할 것인가를 정하는 것으로 사업전략의 수단이 된다. 따라서 이들 전략들은 조직의 계층별 목적을 위한 수단이 되며 상호의존적인 관계를 형성한다.

이들 3가지 전략은 계층을 이루며 조직계층과 대응하고 있다. 조직의 하위 계층에서는 부서 단위의 기능별 전략이, 조직의 중간 계층에서의 사업단위에서는 사업부 중심의 사업전략이, 그리고 상위 계층에서는 회사 전체에 걸친 기업전략이 이루어진다. 이들 전략은 또한 조직의 규모와 관련된다. 하나의 사업만을 영위하는 단일사업 기업, 즉 단일 전략적 사업단위 기업과 복수의 전략적 사업단위 기업의 전략은 서로 다르다. 좀더 구체적으로 말하면 기업의 규모가 작아서 오직 하나의 제품 또는 서비스에만 참여하는 소기업에서는 사업전략이 바로 기업전략이 되며 전사적인 이 기업전략이 기능별 전략에 의해 구체화되는 데 비해 여러 개의 산업에 참여하는 복수산업 기업에서는 이들 양자의 전략 사이에 사업수준의 사업전략이 있게 된다. 이러한 전략과 목표의 관계는 [그림 4-7]로 설명될 수 있다.

1) 기업전략

흔히 전사적 전략 또는 조직전략이라는 개념으로 설명되며, 이 전략의 최대 과제는 어떤 산업(사업)에 참여할 것인가 하는 물음에 답하는 일이다. 기업전략은 내적 · 외적 환경의 분석에서 비롯되어 사업영역(범위)의 설정과 자원의 배분 및 조직구조에 대한 기본적인 설계가 주요 과제가 된다. 따라서 기업전략은 현재 어떤 사업에 속하고 앞으로 어떤 사업에 속해야 하며 조직의 능력을 충분히 배양하여 전략적인 목적을 달성하기 위해 사업을 어떻게 관리

그림 4-8 BCG 매트릭스

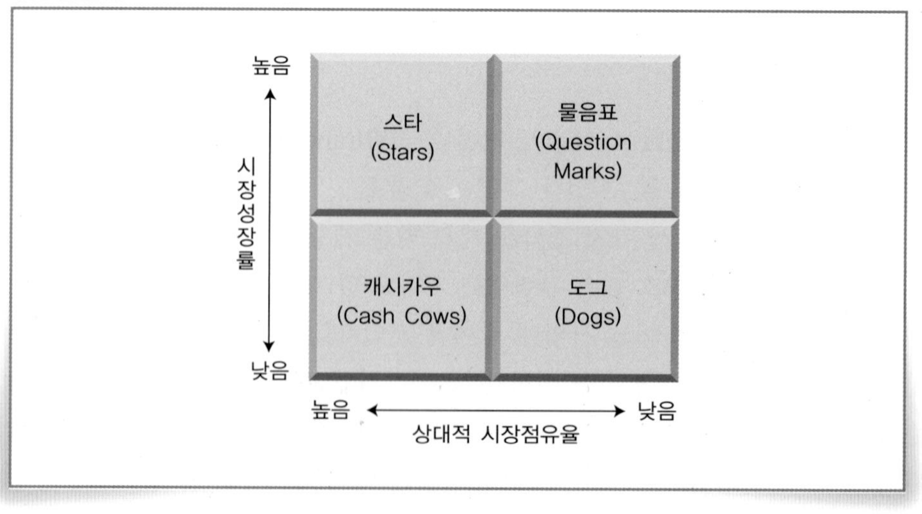

경영학 FOCUS

농심의 Focus 전략

라면하면 신라면을 떠올리고, 과자 하면 새우깡을 떠올리는 사람들이 많다. 이 두 제품의 공통점은 둘 다 농심에서 장기 출시된 제품이라는 것이다. 무엇이 사람들 뇌리에 농심 두 글자가 새겨지게 만들었을까? 정답은 바로 Focus 전략이다. 재벌들은 소위 '문어발식 확장'으로 사업 영역을 넓히려는 경향이 있다. 확장이 꼭 나쁜 것은 아니다. 제대로 된 확장 전략은 수직적 통합, 규모의 경제 등을 달성하는데 기여하기도 한다. 그렇지만 섣부른 다각화, 특히 비관련 다각화는 자칫 잘못하면 브랜드의 본질을 흐리게 할 수도 있다.

문어발식 확장으로 인해 큰 코 다친 기업들을 적잖이 접할 수 있다. 시멘트가 본업인 쌍용그룹의 부도는 오너의 욕심이 부른 '재앙'이었다. 자동차 수집광이었던 김석원 회장은 1986년 동아자동차(현 쌍용자동차) 인수를 감행했고, 결과는 2조원에 이르는 부실을 낳고 말았다. 결국 쌍용은 자동차 사업을 넘기고 만다. 그룹의 캐시카우(현금창출원)였던 쌍용양회는 자동차 보유주식 처분 지급보증 등으로 1조8천억원을 날려야 했다. '믿었던' 쌍용양회는 현재 일본계 태평양시멘트로 주인이 바뀌었다.

농심의 경쟁사였던 해태도 비슷한 모습을 보여주었다. 스낵, 음료 전문기업이었던 해태는 1990년대 중반 이후 건설업 등 비관련사업에까지 손을 뻗치었다. 하지만 해당 분야에 대한 지식 부족으로 성과가 제대로 나오지 않았고, 회사의 규모가 크지도 않았던 해태는 부도에까지 이르렀다.

반면 농심은 창사 이래로 지금까지 스낵과 음료, 라면에만 집중하고 있다. 새로운 제품을 출시하더라도 단일산업 내에서의 라인확장이나 브랜드확장을 통해 리스크를 줄이고 있다. 또한, 한 우물만 팜으로써 핵심 역량과 경쟁 우위를 굳건히 하여, 해당 영역들에서의 독점적 위치를 공고히 하고 있다. 경기가 어려우면 업종 내 상하위 업체간 격차가 커지는데, 이는 다시 말하면 해당 분야 1등 기업 입장에선 불경기에 불안해 할 필요가 없고, 호경기는 같이 즐길 수 있다고도 해석될 수 있다. 이와 관련해 세계적 컨설팅기업 베인 & 컴퍼니(Bain & Co.)의 컨설팅 이사(크리스 주크)는 '핵심에 집중하라(profit from the core)'는 저서를 통해 "지속적 수익을 동반한 성장을 이어가는 기업이 매우 드물다"며 "매출과 이익이 매년 5.5% 이상 성장하기 위해서는 핵심역량을 확보, 수익을 업계 선두권으로 끌어올리고 산업의 재투자를 이끌 수 있어야 한다"고 강조했다. 한마디로 '선택과 집중'이 농심 성공의 키워드였던 것이다.

농심의 글로벌 K 전략도 성과를 거두고 있다. 미국 제2공장의 생산량 확대와 미국 내 코스트코, 월마트 등 미국 대형 유통업체 중심으로 큰 매출 성장을 거두고 있다. 볶음면 수요가 높아지고 있고, '신라면 툼바' 등의 신제품의 성장세를 남미로도 확대하고 있다.

출처: IT조선, 농심 홈페이지 참조.

해야 할 것인가에 대해 기본적으로 반응하기 위해 만들어진 전략이다.

■ **기업전략 수립을 위한 BCG매트릭스 기법**

기업전략은 기업의 주어진 자원내에서 타 기업보다 경쟁우위를 누리기 위한 것이다. 이 때 여러 사업부를 갖고 있거나 하나의 사업부서라도 여러 제품을 취급하고 있는 조직에서는 조직의 자원을 기업차원에서 어떻게 배분하는 것이 유리한 가를 결정하는 것은 매우 중요한 의사결정이다. BCG 매트릭스는 여러 사업을 수행하는 기업들의 전략수립을 위한 모델로서 사업부서간의 자원배분문제를 해결하는 데 이용되는 모델이다.

BCG 매트릭스는 두 가지 중요한 개념을 바탕으로 하는데, 하나는 시장성장률이고, 다른 하나는 전략적 사업단위의 상대적 시장점유율이다. 성장률과 점유율이 모두 좋은 사업을 스타(Stars), 미래가 불투명하지만 성장이 기대되는 사업을 물음표(Question Marks), 투자에 비해 수익이 월등한 사업을 캐시카우(Cash Cows), 성장률과 점유율이 둘 다 낮은 사업을 도그(Dogs)로 구분한다.

BCG 매트릭스는 사업의 성격을 단순화, 유형화하여 어떤 방향으로 의사결정을 해야 할지 명쾌하게 보여주지만, 시장성장률과 상대적 시장점유율의 두 가지 요소만을 사업의 평가요소로 고려하므로 지나친 단순화의 오류에 빠지기 쉽다는 단점이 있다.

2) 사업전략

기업은 주어진 사업에서 어떻게 경쟁해 나가야 하는가라는 질문에 응답하여야 하는 과제를 지니고 있는 사업전략은 특정 산업이나 제품, 세분화된 시장에서 어떻게 경쟁할 것인가에 초점을 둔다.

사업전략은 선정된 제품, 시장 영역에서 효과적으로 경쟁에 이기기 위해 시장을 세분화하고 제품을 차별화함을 뜻한다. 이 때문에 이 전략은 사업부의 경쟁전략이라는 이름으로도 논의되는가 하면 전략적인 측면이 중시된다는 점에서 전략적 사업단위 전략이라는 이름으로 거론되기도 한다. 또한 사업전략은 기업전략에 의해 영향을 받는다. 즉, 사업단위는 전사적인 사업 포트폴리오 중에서 일정한 역할을 부여받으나 그 사업단위의 전략의 역할은 배분된 자원의 양이나 종류에 의해 결정된다.

사업전략의 특성을 정리하면 다음과 같다.

첫째, 단일 사업기업 또는 단일 전략 사업단위의 경영자는 기업을 어떻게 하면 경쟁에서 이길 수 있도록 유지하고, 각각의 주요 기능별 영역이 기업의 전체적인 효과에 어떻게 공헌할 수 있으며, 어떻게 각종 자원을 배분할 것인가 하는 등의 문제에 상세한 관심을 갖게 된다.

둘째, 사업전략은 각각의 사업단위 또는 제품 라인과 관련되기 때문에 전략적 의사결정은 광고의 양, 연구개발의 방향과 범위, 제품의 변혁, 신제품 개발, 설비 및 제품라인의 확장 등에 관심을 둔다.

셋째, 사업전략은 기업전략을 수행하기 위해 설계된 것으로 특정 사업 또는 특정 산업 속에서 가장 효과적으로 경쟁하는 방식을 결정하는 데 초점을 맞춘다.

넷째, 사업전략은 주어진(이미 하고 있는) 사업에서 어떻게 경쟁할 것인가에 초점을 두기 때문에 경쟁 수단이며 경쟁적인 시장 속에서 자리를 잡는 위치화(positioning)전략이다.

■ Porter의 본원적 경쟁전략

Porter(1980)는 기업이 어떤 산업에서 경쟁하든지 경쟁법칙은 다섯 가지의 경쟁요인(새로운 경쟁자의 진입, 대체재의 위협, 공급자의 교섭력, 기존 경쟁자간의 경쟁상황, 소비자의 협상력)에서 나타난다고 주장하였다. 그는 이러한 다섯 가지 경쟁요인에서 경쟁기업을 능가하기 위한 본원적 전략으로 차별화전략, 원가우위전략, 집중화전략을 제시하였다. 본원적 경쟁전략의 정

유형	정의 및 특징	예
차별화 (differentiation)	· 제품 또는 서비스 차별 · 독특한 제품과 서비스 중시	페라리, 애플, 프라다
원가우위 (cost leadership)	· 제조 및 기타 비용을 낮춤 · 저가격으로 경쟁하기 위해 업무효율성 중시	유니클로, 맥도날드, KB 다이렉트보험
집중화 (focus)	· 특별한 지역시장, 제품시장, 구매집단에 집중 · 한 영역에만 집중하여 사업 전개	스와치, 풀무원

의 및 특성을 살펴보면 다음과 같다.

■ Miles & Snow의 사업전략 유형

Miles & Snow(1978)는 제품-시장 개발과 혁신에 대한 경영자의 전략적 의도를 기준으로 사업전략을 공격형, 분석형, 방어형, 반응형으로 구분하였다. 각 사업전략의 정의 및 특성을 살펴보면 다음과 같다.

유형	정의 및 특징	예
공격형 (Prospector)	• 새로운 성장 기회 및 시장을 추구하는 전략 • 혁신적, 성장 지향적이며, 위험 감수를 추구	현대카드 구글 닌텐도
분석형 (Analyzer)	• 적당한 수준의 혁신으로 기존 고객 만족과 시장 유지를 추구하는 전략 • 안정된 제품과 시장으로 효율성 추구	네이버 도요타 마이크로소프트
방어형 (Defender)	• 기존 시장 방어 및 안정적 성장을 유지하는 전략 • 기존 시장에서 가격과 품질을 강조	스타벅스 스와치
반응형 (Reactor)	• 명확한 전략 없음. • 환경 변화에 반응적	하이얼 아이리버 한글과컴퓨터

3) 기능별 전략

기업전략에 의해 사업전략이 구체화되듯이 사업전략에 의해 구체화되는 기능별 전략은 연구개발, 생산, 마케팅, 재무 및 인사 등의 하위 기능에 관한 부문별 운영적 전략으로 초점은 자원 생산성의 극대화에 있다. 따라서 기능별 전략은 단일 기능 내 활동의 조정과 통합을 통하여 시너지를 극대화시키며 투자능력 개발을 모색한다. 즉, 이 수준에서의 가장 중요한 구성요소는 경영자원의 축적과 배분에 관한 전략이 된다.

기능별 전략의 특성을 살펴보면 다음과 같다.

첫째, 사업의 각 기능별 영역에서의 전략의 수립에 관련되는 것으로 사업전략을 구체적으로 수행하는 수단이다.

둘째, 기능별 전략 속에서 조화를 이루고 사업전략과 기업전략에 일치하는 행동을 개발하는 전략이다.

셋째, 어떻게 자원수준의 경쟁전략을 지원하는가에 관련되는 것으로 사업단위 내의 주요 기능별 부서의 일과 연관이 있다.

넷째, 기업의 서로 다른 기능별 영역의 활동과 관련되며 단기적인 전술과도 관련된다.

위에서 이야기한 기업전략, 사업전략, 기능별 전략의 구체적 역할을 통합해 보면 〈표 4-3〉과 같이 정리될 수 있다.

표 4-3 경영전략의 수준에 따른 전략 유형

기업전략	사업전략	기능별 전략
• 성장전략: 기업을 성장 또는 확장할 것인가 • 안정전략: 안정을 추구하며 현재의 수준을 유지할 것인가 • 축소전략: 기업을 축소할 것인가 • 다각화전략: 기업을 새로운 제품과 영역으로 다양화할 것인가	• 본원적 전략: 저원가로 경쟁할 것인가, 차별화로 경쟁할 것인가 • 원가전략: 저원가로 경쟁할 것인가 • 차별화 전략	• 마케팅전략 • 재무전략 • 생산전략 • 인사전략: 상위전략(어디로 갈 것인가, 어떤 기업이 될 것인가, 어떻게 경쟁할 것인가)의 보조적 개념

3. 경영전략의 전개과정

조직에서 이루어지는 일반적인 경영전략의 전개과정을 통해 경영전략의 구체적인 구사과정을 살펴보면 다음과 같다.

1) 기업사명의 정의

어떠한 형태의 조직이든 간에 어떤 특정 목적을 위해 존재하게 된다. 기업도 마찬가지로 어떤 목적의식을 갖고 탄생하게 된다. 그러나 기업이 성장하고 기업을 둘러싸고 있는 환경이 변화하면서 기업의 사명이 모호해지고 현재의 여건에 부적합할 수도 있다. 따라서 기업사명을 확인 또는 확립하는 것은 전략수립에 있어서 첫번째로 중요한 일이다. 기업이 새로운 사업을 개발하든지 계속사업을 위한 방향을 재수립하든지 간에 기업의 사명은 전략적 형태를 형성할 기본적 목적과 철학을 결정해야 하는데, 이를 기업사명(mission)이라고 한다.

기업사명을 확립하는 일은 최고 경영자로 하여금 기업의 현재 상태를 반성하고 미래의 바람직한 변화를 감지할 수 있는 기회를 제공한다. 명확하게 기술된 기업의 사명은 모든 계층의 구성원에게 의사결정의 지침을 제공할 수가 있다. 그러나 구체적이고 명확한 기업사명이 없으면 기업의 목적과 전략을 개발하기가 어려워지게 된다. 피터 드러커(Peter Drucker)는 기업의 사명이 기업 자체에 의해 결정되기보다는 '고객'에 의해 결정된다고 주장하였다. 기업의 제품이나 서비스에 대한 고객의 만족이 기업의 사명을 결정한다. 따

그림 4-9 일반적인 전략경영의 전개과정

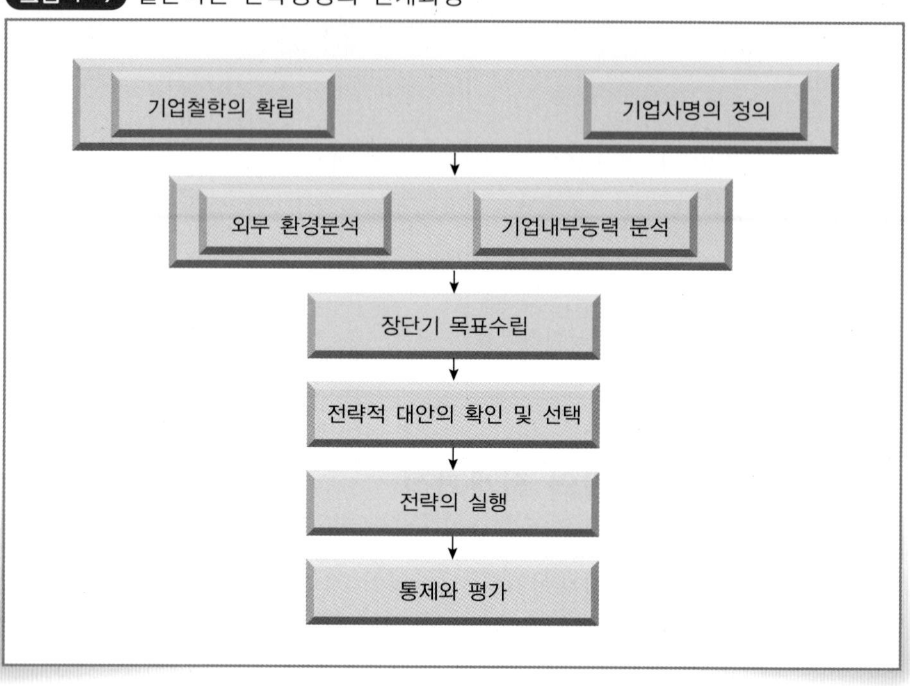

라서 기업의 사명을 정의할 때는 잠재적 고객을 포함한 모든 고객의 욕구를 알아보는 것으로부터 시작한다는 것이다. 결국 기업사명은 기업의 전략적 의사결정자의 사업철학을 구체화시키고, 기업이 계획할 미래의 상을 함축하고 기업의 자기개념을 반영하며, 기업이 만족시키려는 주요 소비자 욕구와 기업의 주요한 제품 및 서비스 영역을 나타낸다.

2) 외부환경의 분석

조직의 개방시스템적 관점에서 볼 때 외부환경은 조직의 상부구조로서 조직에 지대한 영향을 준다. 이 때문에 경영전략의 중요성이 부각된 것이기도 하다. 외부환경은 조직이 방향과 행동을 선택하는 데 있어서 그리고 조직구조와 내부적 경영과정에 영향을 미친다. 전략을 수립하는 데 있어서 외부환경의 분석에는 환경의 분석 및 예측과 경쟁여건의 분석이 포함된다.

환경의 분석이란 조직의 직접적인 통제 아래에 있지 않은 외부적 영향력을 연구하고 예측하는 체계적 방법이다. 환경분석의 기본 목적은 미래의 변화를 예측하기 위해 현재의 환경에서 발생하는 현상을 연구하고 해석하는 것이다. 외부환경요소들로는 경제적 영향력, 기술적 영향력, 사회문화적 영향

표 4-4 초일류 기업들의 기업사명

기업	핵심 목적
3M	미해결 문제의 혁신적 해결
카길(Cargill)	전 세계 삶의 기준 개선
휴렛-팩커드(Hewlett-Packard)	인류의 진보와 복지를 위한 기술적 공헌
패시픽 시어터스(Pacific Theatres)	지역 사회의 번영과 발전을 위한 장소 제공
맥킨지(McKinsey & Company)	기업과 정부의 성공을 위한 도움 제공
머크(Merck)	인류 삶의 보존과 개선
나이키(Nike)	경쟁, 승리, 경쟁자를 물리치는 감정의 경험
소니(Sony)	공익을 증진하는 기술 발전과 적용의 즐거움을 경험
월마트(Wal-Mart)	서민에게도 부자와 같은 제품 구입의 기회 제공
월트 디즈니(Walt Disney)	사람들을 행복하게 만듦

그림 4-10 기업조직의 역동적 일반외부환경

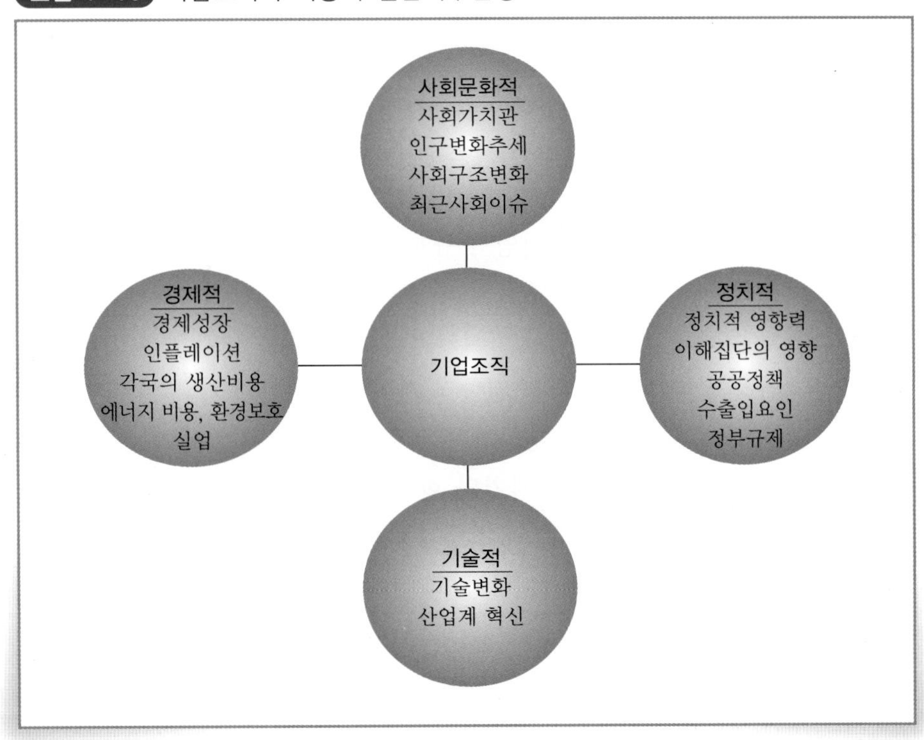

력, 정치적 영향력 등이 있다. 이 각각의 영향력들은 다양한 모습으로 조직경영활동에 영향을 미친다(그림 4-10 참조).

좀더 구체적으로 언급하면 경쟁적 여건 분석에 대한 포터(Porter)의 『경쟁전략』에서 언급된 5가지 경쟁을 형성하는 세력들이 있다. 즉, 진입장벽, 공급자의 힘, 구매자의 힘, 대체품의 유용성, 경쟁적 대항력 등 경영활동과 직접 영향이 있는 여러 외부요소들에 대한 상호작용을 알아보는 것이다. 이러한 5가지 세력들은 상호작용하고 있다.

외부환경에 대한 분석 결과 환경이 기업에게 주는 기회와 위협을 파악하게 되는데 기회(opportunity)란 기업의 환경에서 주요하게 유리한 상황이다. 과거에는 간과되었던 세분시장의 확인, 경쟁적이거나 규칙적인 상황에서의 변화, 기술적 변화, 개선된 구매자 · 공급자 관계 등이 그러한 기회를 나타낸다. 위협(threat)은 기업의 환경 가운데에서 불리한 주요 상황이다. 위협은 기업의 현재 혹은 바람직한 지위에 대해 중대한 장애가 된다. 새로운 경쟁자의 진입, 낮은 시장 성장률, 기술적 변화, 개정된 법규 등이 기업의 성공에 대한 위협이 될 수 있다.

3) 기업내부여건의 분석

기업내부여건의 분석은 기업자원의 분석으로 설명되기도 하는데 기업의 환경 변화대응능력이 어떠한가, 경쟁업체와 차별되는 자원은 무엇인가를 알아보는 것이다. 따라서 기업의 능력에 따라 강점(strength)과 약점(weakness)이 발견될 수 있다. 기업의 규모가 크든 작든 철저한 내부적 평가를 통한 성공적인 전략을 개발하는 것이 중요하다. 환경에서 유용한 기회를 최대화시키고 유해한 위협을 최소화시키기 위해 기업은 내부적 강점과 약점에 대해 철저하게 파악하는 데 그 전략적 기초를 두어야 한다.

기업내부여건을 분석하기 위해서는 우선 기업체의 전체적인 성과와 중요 부문별 성과, 그리고 과거와 현재의 경영전략을 이해해야 한다. 또한 성과분석과 더불어 기업내부의 경영기능과 조직도 연구해야 한다. 즉, 생산과 기술, 마케팅, 재무 및 회계, 인사, 조직 등에서 기업이 갖는 강점과 약점을 찾아내는 것이다.

4) 전략의 수립

외부환경의 분석을 통한 기회와 위협을 파악하고, 내부여건의 분석을 통한 강점과 약점을 발견하고 나면 기업의 강점을 이용하여 기회를 살리고 위협을 최소화할 수 있는 전략을 수립하게 된다. 전략의 수립은 우선 장단기 목표를 세운 후 여러 가지 전략적 대안들 중에서 최적안을 선택하는 의사결정 과정으로 이루어져 있다.

전략의 형성과정에 있어서 기업의 목표는 앞서 설명한 기업내부여건의 분석과 관련되어 수립되어야 한다. 즉, 기업의 목표는 첫째, 기업의 강점과 환경의 기회를 일치시키고, 둘째, 기업에 대한 위협을 최소화하며, 셋째, 기업에서의 약점을 제거시켜야만 한다. 장기적 목표는 장기적으로 기업의 사명을 추구하는 데 있어서 바람직한 결과를 구체화한 것이다. 그리고 단기적 목표는 장기적 목표로부터 논리적으로 도출되어야 하며, 보통 장기목표를 달성하기 위해서 고안된 단기적 성과목표를 말한다.

목표가 설정되고 나면 전략을 수립하게 되는데 전략은 크게 기업수준의 전략, 사업수준의 전략, 그리고 기능수준의 전략으로 구분된다. [그림 4-11]은 기업의 내부여건과 외부여건을 파악하여 얻은 정보를 기초하여 기업수준 전략을 수립한 예이다.

가로축은 외부환경이 우호적이냐 적대적인가를 나타내고 세로축은 내부능력이 강한가 제한적인가를 표시한다. 제 1 상황에서는 내부능력이 강점을 보이며 동시에 외부환경도 우호적인 경우에는 기업은 성장 전략을 추구한다. 제 2 상황에서처럼 강한 내부능력을 가지고 있지만 외부환경이 비우호적일 경우 방어 전략을 추구한다. 제 3 상황에서처럼 내부능력이 제한적이지만 외부의 우호적 상황에서 기업인수(M&A)를 시도할 수 있다. 마지막 내부능력과

그림 4-11 내부능력과 외부환경의 적합모형

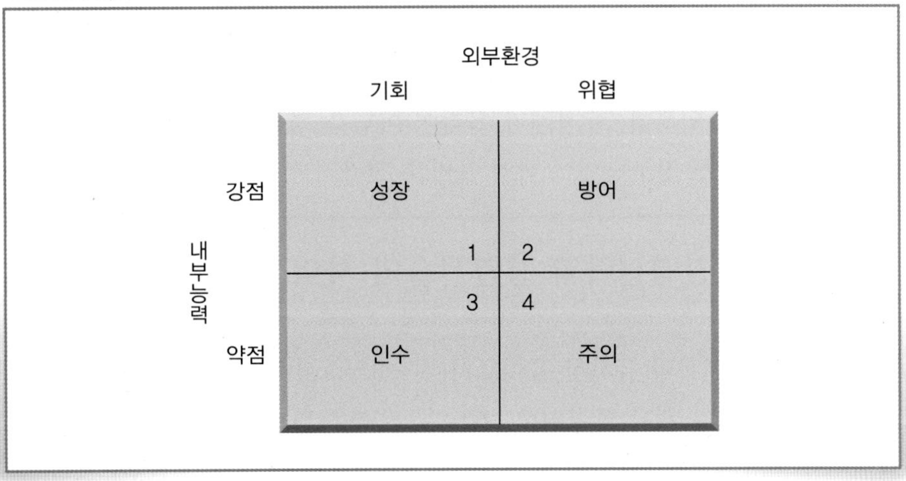

내부능력 \ 외부환경	기회	위협
강점	성장 (1)	방어 (2)
약점	인수 (3)	주의 (4)

출처: J. A. Pearce and R. B. Robinson, 1982.

외부환경이 모두 비우호적인 경우에는 조심하여 경영을 할 수밖에 없다.

5) 전략의 실행과 통제

전략의 실행은 단순히 채택된 전략의 수행으로서 끝나는 것이 아니다. 경영전략은 기업의 목적과 방향을 설정하고, 기업은 그 목적달성을 위한 시스템인 만큼 경영전략과 경영조직은 상호간에 밀접한 관계를 맺고 있다. 따라서 기업의 목적을 달성하기 위한 경영전략은 경영조직이 어떻게 구조화되는가 하는 것이 중요하다. 그리고 전략의 실행에는 전략의 수행에 적절한 조직구조를 개발하는 것뿐 아니라 효과적인 리더십을 갖고 있어야 성공적으로 목적을 달성할 수 있다. 따라서 전략수행의 주요소에는 경영관리자의 기술과 능력이 포함된다. 그런데 효과적인 전략을 수행하기 위해서 이에 적합한 조직구조와 리더십을 개발하는 것도 중요하지만 기업 구성원의 가치관과 태도, 전략, 조직구조와 방침, 절차 등으로 구성되어 있는 기업문화의 개발도 역시 매우 중요하다. 전략의 실행과정에서 나타날 수 있는 각종 갈등, 의사소통, 권력관계 등을 관리하는 것 또한 매우 중요한 부분이라 할 수 있다.

경영전략의 기본 가정은 선택된 전략이 조직의 목적을 달성할 것이라는 것이다. 그러나 그 결과가 성공적이지 못할 가능성이 항상 존재하기 때문에 전략통제 과정이 필요하다. 통제과정을 통해 경영자들은 선택된 전략이 조직의 목적을 잘 수행하고 있는가를 확인할 수 있다. 전략통제는 기대되는 성과와 실제 실현된 성과를 비교하고 목적으로부터 이탈된 부분을 수정하는 활동이다. 경영전략에서 통제는 필수적이다. 그러나 전략통제의 성질이 복잡하고 민감해서 전략통제를 실행하기 위해서 또 다른 통제를 만들어 내는 경향이 있다. 따라서 경영자는 전략통제는 경영전략의 과정 중에서 한 부분을 구성하고 있으며 그 자체가 목적이 아님을 명심해야 한다. 또한 경우에 따라서는 지나친 정보량이 오히려 올바른 전략적 통제에 해가 될 수도 있다.

4. 경영전략과 경영전술의 차이

전략과 유사한 용어로서 전술(tactics)이 있다. 전략은 구체적인 전술을 찾아내기 위한 방향이고, 전술은 전략을 달성하기 위한 구체적인 수단이다. 기업이 어떤 목적을 달성하기 위한 구체적인 수단 또는 대안(alternatives)은 수

표 4-5 전략과 전술의 비교

구 분	시 간	공 간	고려단계	주요변수	특징
전 략 (strategy)	장기적 (long-range)	글로벌 (global)	전략의 설정	경제-기술적 변수	합리적 · 개념적
전 술 (tactics)	단기적 (short-range)	국지적 (local)	전략의 실천	사회-정치적 변수	행동적

없이 많다. 이 때 전략이란 구체적인 전술을 찾기 전에 먼저 전술을 탐색할 방향을 결정하는 것이며, 그 결정된 영역 안에서 전술을 탐색하게 되는 것이다. 바꾸어 말하면 전술탐색방향 내지 전술영역이 바로 전략이다. 즉, 전략의 결정이란 전술의 탐색방향을 결정하는 것이다. 일반적으로 경영전략과 경영전술은 〈표 4-5〉와 같이 구분할 수 있다.

closing case

배달앱 3강 경영전략: 배민, 요기요, 쿠팡이츠

여러분과 친구들은 배달앱 중 어디를 사용하나요? 우리나라의 배달관련 어플리케이션 시장은 2010년 배탈통이 서비스를 시작한 이후 10여년이 지났다. 그동안 배달맛집, 배달114, 맛있는배달, 배달엔, 철가방, 배달킹 등 지금은 이름조차 생소한 수많은 앱들이 배달시장에 진입했다가 물러났다. 최근 3년 동안 최초의 배달앱이었던 배달통이 2021년 6월에 서비스를 종료하면서 역사 속으로 사라졌으며, 지자체 및 공공 배달앱이 출시되는 등 배달앱 시장은 계속해서 격변기를 지내고 있다. 코로나로 인한 비대면 시대에 제2의 '배달앱 전성시대'를 보냈다. 이러한 전성시대 속에서 배달의민족-요기요-쿠팡이츠 배달앱 3강 체제가 구축되었다. 배달앱 3강이 차지하는 시장점유율은 97%로서, 이미 포화된 시장속에서 고객 확보를 위한 전략을 추진하고 있다. 배달앱의 특성상 '신속한 배달', '쿠폰 및 할인서비스', '간편결제 방식', '1시간 이내 식료품 배달 서비스' 등 공통된 전략이 있지만, 각 브랜드들은 자사 플랫폼의 시장점유율을 지속적으로 강화하고자 차별화 전략을 마련하여 추진하고 있다.

| 배달앱 월간 활성 이용자 수(MAU) |

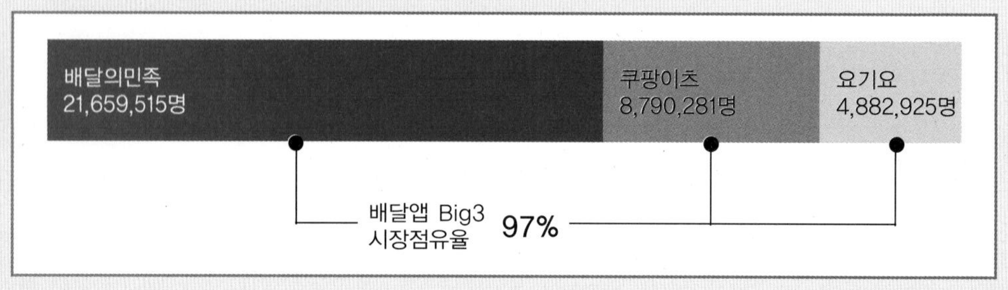

출처: 이미지에이워스, 모바일인덱스, 2024년 11월 기준.

쿠팡이츠: 단건배달을 시장의 대세로 만든 3위의 영리한 전략

2019년 서비스를 시작한 쿠팡이츠는 짧은 기간에 크게 성장하여 기존 3강이었던 배탈통의 자리를 차지하였다. 쿠팡이츠의 전략은 단순함에 있다. 업계 최초로 단건 배달이란 파격적인 수를 선보이며 시장의 판도를 흔들었다. 내가 주문한 음식이 여러 집을 거쳐 오지 않고, 오로지 나만을 위해 빠르게 올 수 있도록 하겠다는 캐치프레이즈는 소비자들을 빠르게 중독시켰다. 식당주들도 점차 단건배달을 선호하기 시작했다. 맛집이라는 평가를 받는 곳일수록 그랬다. 배달과 음식맛은 충돌할 수밖에 없다는 기존 관념을 쿠팡이츠가 깬 것이다.

요기요: 전에 없던 커머스를 만드는 전략

'전에 없던 커머스'를 만드는 것을 목표로 삼은 요기요는 실제로 배달앱에 존재하지 않았던 구독 서비스를 도입하는 시도를 했다. 할인 구독에 멤버십 혜택을 결합한 요기패스 서비스를 2021년 6월 출시하였다. 2019년도에 비슷한 서비스를 운영한 적이 있지만, 동일한 구독료 대비 할인 내용이 달라졌다. 일괄적인 3,000원 할인 혜택 대신 5,000원 할인 2회, 2,000원 할인 10회, 포장주문 1,000원 무제한 할인으로 그 내용을 다양화했다. 요기패스는 배달앱을 자주 사용하는 고객을 겨냥한 서비스다. 배달앱을 일상적으로 빈번하게 사용하는 고객들의 마음을 사로잡아 충성심을 높이겠다는 전략으로 분석된다. 배달앱 시장 내 치열한 경쟁 속에 복수의 배달앱을 그때그때 혜택에 따라 번갈아가면서 사용하는 이들이 많은 가운데, 소위 '큰 손 고객'을 잡겠다는 의지가 담겨있는 것이다. 또한 업계 3위인 쿠팡이츠가 '단건 배달'을 무기로 성장세를 보일 때, 요기요는 단건 배달 대신 인공지능(AI) 배차 서비스 '요기요 익스프레스'를 통해 라이더에게 효율적인 배달 동선을 제공하고 있다. 경쟁업체들의 단건 배달에 버금가는 빠른 배송 서비스를 제공하기 위함이다.

배민: 이커머스 플랫폼 전략

우아한형제들이 생각하는 마케팅의 본질은 '배민다움'이다. 이들은 언제나 "배민은 배민과 경쟁한다"고 말한다. 경쟁사의 전략에 무조건적으로 끌려가지 않고, 사소한 마케팅도 배민답게 한다는 의미다. 배민다움은 배달 전단지를 모으던 초창기 시절부터 고수한 마케팅 전략과 맞닿아 있다. 재치있는 문구와 트렌디한 감성으로 소비자들의 마음에 남는 기업, 먹거리 문화를 선도하는 기업이 되는 것이다. 우아한형제들 관계자는 "배민은 배달의 새로운 패러다임을 제시하고 식문화의 변화를 선도하는 기업이 되는 것이 목표"라며 "경쟁사와 더 빠르다거나 더 싸다는 점으로 싸우기보다는 우리만의 가치를 만들어가고 있다"고 말했다.

김범준 우아한형제들 대표는 2021년 11월 온라인으로 개최한 우아한테크콘서트에서 "배민은 더 이상 음식 배달앱이 아니다. 배달앱을 넘어 이커머스 플랫폼으로 진화하겠다"고 밝혔다. 실제로 배민은 이커머스로 도약하기 위한 다양한 서비스를 확대하고 있는데, 음식 관련 상품에 집중하는 라이브 커머스인 '배민쇼핑라이브'가 대표적이다.

즉시 배송 서비스인 '퀵커머스'가 유통업계 최대 지 중 하나이다. 선두 업체인 배달의민족(배민)과 쿠팡에 이어 홈플러스, GS리테일 등도 본격적인 확장에 나섰다. 이들의 목표는 '시장 선점'이다. 배송 속도는 물론 수수료 경쟁도 치열할 것으로 전망된다.

퀵커머스는 최근 편의점업계에서 앞다투어 강화하고 있는 부분이다.

국내 퀵커머스 시장은 아직 초기 단계다. 일부 대도시를 제외하면 수요가 크지 않다. 다만 성장성은 충분하다. 하루배송 시대를 넘어 즉시배송 시대가 열리고 있어서다

가장 적극적인 것은 GS리테일로, 2021년 6월 편의점 GS25와 GS수퍼마켓의 자체 배달 전용 주문 모바일 앱인 '우딜-주문하기'를 출시하며 퀵커머스 경쟁에 뛰어들었다.

특히 배달앱 요기요를 인수하고, 마트 서비스 요마트를 다시 출시해 퀵커머스 전선을 확대하고 있다.

3강의 전략적 변화 및 신규업체의 차별화된 전략을 각 세대들이 느끼는 불편한 점에서 아이디어를 찾아보자,

출처: 한국경제, 시사저널, 이코노미스트, 시사위크 참조 및 재구성.

제 5 장

의사결정과 위험관리

opening case

외환은행 매각 스토리

셰익스피어의 비극 – 햄릿의 유명한 대사 '죽느냐 사느냐 그것이 문제로다'는 개인 의사결정이 얼마나 어려운지를 상징적으로 보여주고 있다. '순간의 선택이 10년을 좌우한다'는 TV 광고문구는 한 번 선택하면 10년간은 사용해야 하니 잘 고르라는 의미였다. 비즈니스 의사결정은 이보다 훨씬 복잡하고 어렵다. 임직원, 고객, 정부 등 수많은 이해관계자들에게 막대한 영향을 미치기 때문이다.

외환은행은 1967년 외국환거래와 무역금융의 원활을 기하기 위하여 '국책은행'으로 출범하였다. 1970~80년대 정부주도의 총력 수출정책에 중요한 역할을 담당하였고, 무역 및 국제금융에서 독보적인 은행이 되었다. 1989년에 한국외환은행법이 폐지되면서 특수은행에서 일반은행으로 민영화되었지만, 개인 · 기업금융 분야에서도 경쟁력을 갖추며 IMF 위기에서도 살아남을 수 있었다.

외환은행 매각 배경

2003년 BIS비율이 6%대로 급락하는 사태가 벌어졌다. 당시 외환은행은 청산 우려가 있던 하이닉스, 현대건설 등의 주채권은행이었다. 이들 위험자산에 대한 우려로 대출을 늘리지 못하자 영업력은 위축되었다. 누적적자 폭이 증가하면서 자본확충이 시급한 과제로 떠오르기 시작했다. 2003년에 들어선 노무현 정부는 금융시장 개선을 목표로 조흥은행 등 공적자금이 투입된 금융기관의 매각에 역점을 두었다. 마침 국내진출에 눈독을 들이고 있던 미국계 사모펀드 론스타가 인수의사를 밝히자 외환은행 매각은 급물살을 타기 시작했다. 장기적 생존전략 차원에서 합병 또는 대규모 외자유치를 검토하던 외환은행이 이를 수용함에 따라 2003년 8월 27일 협상이 최종 타결됐다. 매각 금액은 현금 1조 3,834억원으로 론스타에게 있어서도 단일 투자 건으로는 최대 규모였다.

매각 논란

인수초기에는 외환은행, 론스타, 대주주인 정부 3자간의 이해가 절묘하게 맞아떨어진 윈윈게임이었다는 평가가 지배적이었다. 대규모 자본확충이 절실했던 외환은행은 1조원이 넘는 현금을 일거에 수혈 받고, 국내 금융업 진출에 관심을 가졌던 론스타는 교두보를 확보한 셈이었다. 기존 대주주인 정부로서도 소유지분을 낮춰 민영화를 한단계 진전시키고 대규모 외자유치를 성사시켰다는 명분을 거머쥐었다.

의혹이 처음으로 제기된 시점은 매각 후 1년이 지나서였다. 첫 번째 논란은 '인수자격 적법성'이었다. 론스타가 정식 금융회사가 아닌 '사모(私募)펀드'라는 것이 문제였다. 사모펀드가 국내은행을 인수할 수 있는 조건은 은행법 예외조항에 의거하여 BIS 8% 미만의 부실 금융기관에 한해서만 가능했다. 2003년 7월 중순 외환은행의 BIS 비율이 8.48%로 예외조항을 인정받기 어려웠으나, 불과 1주일 만에 6.16%로 하락했다. 이로 인해 외환은행은 부실 금융기관이라는 판정을 받았다.

두 번째 의혹은 '헐값매각'이었다. 불법으로 자산 저평가 및 부실규모 부풀리기를 통해 정상 가격보다 최소 3,400억원, 최대 8,200억원의 낮은 가격에 매각했다는 논란이 제기된 것이다. 당초 외환은행은 회계법인이 산출한 가격들 중에서도 저평가된 가격안으로 협상을 진행했다. 론스타가 지불한 가격은 당시 외환은행 주가에 13% 정도 높은 수치이기는 하나 실제 가치보다 4~8천억원이나 낮았기 때문에 헐값매각 논란에 불이 붙은 것이었다. 이에 따라 검찰은 2006년 4월 수사를 본격화했다.

의사결정의 중요성

2008년 법원은 피고인들에게 무죄판결을 내렸다. 경영자나 정책 당국자의 의사결정이 잘못되었다는 것은 인정했지만 그들이 고의적으로 회계수치를 조작했다는 증거는 없다고 판단했다. 어려운 상황에서 불가피하게 론스타에 매각할 수밖에 없었다는 피고들의 주장이 받아들여진 것이다. 한편, 론스타는 검찰이 수사하는 와중에서도 외환은행을 재매각하려고 하였다. 2006년 3월 달 국민은행과 협상을 진행했으나 11월 달에 계약이 파기되었다. 2007년 9월 HSBC와 인수합의를 발표하지만 이듬해 9월 또 다시 계약이 파기되었다. 2010년 세 번째 매각을 시도하고 있지만 적지 않은 난항을 겪고 있다. 가장 큰 걸림돌은 소위 '먹튀 논란'이다. 론스타가 매각을 성사시킬 경우 4조원의 투자 차익을 거둘 것으로 예상하고 있는데, "외국 투기세력이 국내에 들어와 먹고 튀었다"라는 소리가 나올 만한 액수이다.

외환은행 경영진과 정부 당국자들의 성급한 의사결정은 여러 부정적 결과를 낳았다. 첫째, 자본확충 압박에 급급한 나머지 외환은행 스스로가 '주인이 누구인지도 모르는 투기펀드'에 자신을 맡긴 셈이 되었다. 주인도 없이 기업 매매 시장을 전전해야 하는 신세가 되었고 그 누구도 인수의사를 밝히지 않는다. 또한 기업의 장기적 발전과 조직구성원의 심리적 안녕을 저해하는 결과를 낳았다. 둘째, 정책 당국자들의 무리한 추진은 심각한 정치 소모전을 가져왔다. 오랜 기간 동안 여야간 정치적 대립과 검찰과 법원의 갈등까지 야기했다. 이를 지켜보던 국민들로부터는 정부 정책에 대한 불신을 불러왔다. 셋째, 국가의 대외 이미지에 손상을 야기했다. 경제상황이 어려울 때 외국자본을 유치하기 위해 정부가 주도적으로 예외조항까지 적용시키며 추진한 일을 2년이 채 지나지 않아 동일 정부에서 검찰의 수사와 법원의 판결로 이어지게 만들었다.

출처: 조선일보 참조 · 재구성.

| 외환은행-론스타 주요일지 |

2003년 8월 론스타, 외환은행 인수
2004년 10월 투기자본감시센터, 론스타 주식 취득 승인 무효 소송 제기
2006년 1월 론스타, 외환은행 매각 추진 발표
3월 감사원 외환은행 매각 의혹 감사 착수
2008년 2월 외환카드 주가 조작 관련 유회원 론스타코리아 대표 징역 5년 선고
2010년 4월 론스타, 외환은행 매각 절차 개시
11월 하나금융, 론스타와 외환은행 지분 매매계약 체결
2012년 1월 금융위, 하나금융의 외환은행 인수 승인
4월 론스타, 싱가포르 법원에 외환은행 상대로 구상금 청구 소송 제기
11월 론스타, 한국정부 상대로 투자자-국가 간 소송(ISD) 제기
2015년 1월 외환은행, 론스타 손해배상금 절반 430억원 배상
2월 투기자본감시센터 장화식 대표 '뒷돈 거래' 적발
5월 미국 워싱턴에서 론스타-한국 간 ISD 재판 시작

출처: 한국일보, 2022.4

5.1 의사결정의 이해

1. 의사결정이란 무엇인가

인생은 선택의 연속이라는 말이 있다. 삶의 순간순간이 선택이라는 것은 일상에서 충분히 경험할 수 있는 명제이다. 배우자와 직업 선택과 같이 개인에게 매우 중요한 사안에서부터 오늘 학교에 갈 때 버스를 탈 것인가, 지하철을 탈 것인가, 점심은 밥을 먹을까, 국수를 먹을까와 같은 상대적으로 사소한 사안에 이르기까지 우리는 늘 선택의 순간에 노출되어 있다. 이러한 선택 모두가 바로 의사결정이라고 할 수 있고, 이러한 의사결정은 개인차원을 넘어서 조직에 있어서도 매우 중요한 바 심지어는 일부 학자들은 경영이 바로 의사결정이라고 주장할 정도로까지 그 의미가 크다.

결국 조직에서의 의사결정이란 조직의 문제해결을 위한 제반 대안을 모색하고 그 중 최선의 대안-최대 기대효과와 실현가능성이 가장 높은 대안-을 의도적으로 선택하는 행위이다. 좀더 구체적으로 경영에서의 의사결정은 경영 목적을 달성하기 위한 여러 대안을 모색하고 그 중 가장 효과적이고 실행 가능한 최선의 대안을 선택하는 행위라고 할 수 있다.

이러한 의사결정은 조직의 효과성과 성과에 영향을 주는 근본적인 요인이다. 예를 들면, 조직 내에서는 목표, 전략 및 과업의 설정을 비롯하여 조직 및 구성원들의 업무분담, 그리고 그 과정에서 야기되는 상호간의 마찰 등으로 인하여 각종 문제가 발생할 수밖에 없다. 이러한 문제들을 어떻게 해석하고 결정하느냐에 따라, 즉 이러한 문제에 대한 의사결정에 따라서 조직의 효율성은 영향을 받을 수밖에 없다.

하지만 조직에서 의사결정의 어려움은 문제해결을 위한 최종 대안(해결책)을 선택하는 방식에서 합리적이고 과학적인 방법을 요구하지만 꼭 합리적이고 과학적인 방법만이 최상의, 그리고 효율적인 결과를 가져오지는 않는다는 데 있다. 즉, 때로는 덜 합리적이고 덜 과학적인 방법이 더 나은 결과를 가져올 수도 있다는 것이다. 이는 조직이 처해 있는 상황과도 밀접하게 관련이 되어 있는데, 단적인 예를 들면 조직이 처한 환경의 복잡성과 불확실성을 들 수 있다. 어떠한 의사결정 방법이 가장 좋은 결과를 낳느냐는 것은 이러한 상황적 요인들로 인해 달라질 수 있다. 불난 집에서 사람을 구출할 때 최대한 빠른 구출 방법을 사용해야 하는 것처럼, 어떤 방법이 좋을지 이것저것 모든 대안을 검토해 합리적인 의사결정을 한 후에 행동에 옮기는 일이 반드시 가장 바람직한 결과를 낳을 것이라고는 보기 어렵다.

2. 의사결정의 상황

의사결정을 할 때에는 여러 가지 상황에 놓이게 된다. 어떤 경우에는 광범위하게 영향력을 미치는 의사결정을 해야 하는 경우도 있고, 때로는 아주 단순하고 평범한 의사결정을 하는 경우도 있다. 또한 어떤 결과가 나타날 것인지를 인지하고 있는 상황하에서 의사결정을 행하는 경우가 있는 반면 어떤 결과가 나타날지 전혀 모르는 상황하에서 의사결정을 하는 때도 있다. 이러한 의사결정의 상황은 통상 3가지로 구분지어 살펴볼 수 있다: 확실성하의 의사결정, 위험하의 의사결정, 불확실성하의 의사결정.

1) 확실성하의 의사결정

이 경우는 의사결정에 따른 결과를 확실하게 예측할 수 있는 상황하의 의사결정이다. 확실성하의 의사결정자들은 필요한 모든 정보를 활용할 수 있고, 문제와 해결안과 이에 대한 결과에 대한 충분한 정보를 보유하고 있다. 하위 조직 계층에서의 의사결정은 대부분 이런 경우에 속한다.

2) 위험하의 의사결정

이것은 의사결정에 따른 결과를 확실하게 예측할 수는 없고, 단지 일정한 확률을 가지고 예측할 수 있는 상황하의 의사결정으로서 확실성보다는 불확실하고, 불확실성보다는 확실한 중간 정도의 상황하에서의 의사결정이라 할 수 있다. 의사결정자들은 의사결정의 결과에 대해 약간의 정보를 가지고 있으나 모든 결과를 확실히 알 수는 없기 때문에 각 대안이 어떠한 결과를 나을 것인지에 대해서는 확실하게 예측할 수 없다. 조직에서의 실제 의사결정은 완벽하게 확실하거나 완벽하게 불확실한 경우보다는 이러한 위험하의 의사결정 상황이 많으므로 위험하에서의 의사결정은 조직의 중요한 관심사이고, 여기서 적용되는 개념은 확률이라 할 수 있다. 의사결정자는 대인 중 하나의 안을 선택하기 위해 상황의 발생확률을 고려해 평가해야 한다. 중간 계층에

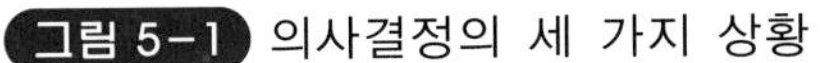
그림 5-1 의사결정의 세 가지 상황

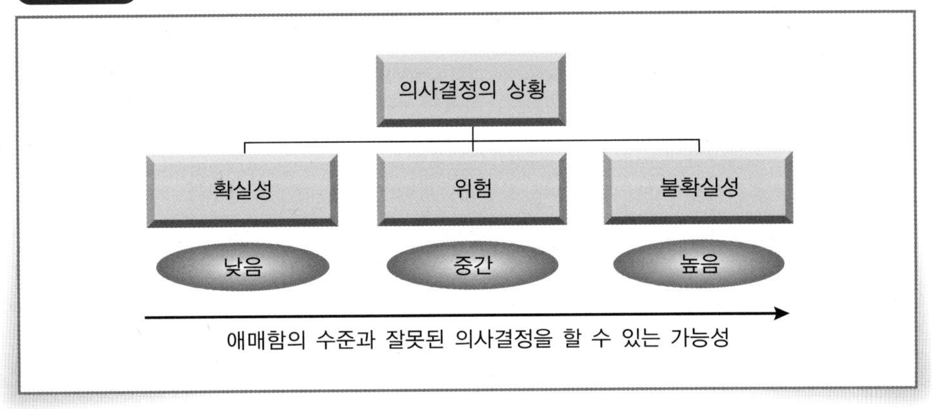

서의 의사결정이 보통 이런 상황이라 할 수 있다.

3) 불확실성하의 의사결정

이 상황은 그 결과를 의사결정자가 전혀 예측을 할 수 없다고 생각하는 경우이다. 불확실성하에서의 의사결정은 그 결과에 대해 고도의 불확실성이 존재하기 때문에 발생확률조차 예측할 수 없는 상황하의 의사결정이다. 보통 조직과 환경의 복잡성과 동태성에서 야기되며, 의사결정자에게 가장 애매모호한 상황이다. 최고 경영층이 내리는 의사결정이 흔히 이런 상황에 속한다.

3. 의사결정의 유형

1) 개인적 의사결정과 조직적 의사결정

개인적 의사결정은 개인목적의 관점에서 이루어지는 선택의 문제이다. 개인이 특정 조직에서 계속 일할 것인지 등에 대한 의사결정 등이 그 예라고 할 수 있다.

반면 조직적 의사결정은 조직목적의 관점에서 이루어지는 의사결정이다. 이 두 가지 의사결정은 이것을 위양할 수 있는가에 따라서도 구별할 수가 있을 것이다. 개인적 의사결정은 대개 타인에게 위양할 수 없는 것을 특징으로 하지만 조직적 의사결정은 특히 그것이 중요한 결정일 경우, 이에 따른 보조적 의사결정이 다른 사람들에게 할당되어 복수의 사람들에 의해 행하여 질 수 있다.

표 5-1 정형적 의사결정과 비정형적 의사결정의 비교

변 수	의사결정유형	
	정형적 의사결정	비정형적 의사결정
과업유형	단순, 일상적, 반복적	복잡, 창의적
조직정책의존	과거 의사결정으로부터 상당한 자극을 얻음	과거 의사결정에 의존 안함
의사결정 주체	하위계층(보통 독자적)	최고경영층(보통 집단적)

2) 정형화된 의사결정과 비정형화된 의사결정

정형화된(routine) 의사결정은 이미 설정된 대안을 기준으로 일상적이며 반복적으로 이루어지는 의사결정으로서 서류작성 담당자가 워드프로세서로 작업한 서류를 백업 디스켓에 저장하는 것이나 햄버거 가게 지배인이 햄버거 재고가 일정 수준 이하로 내려가면 주문결정을 하는 것 등이 그 예가 될 수 있다. 이러한 의사결정은 프로그램화되기 쉽고, 자주 되풀이되며, 구조가 비교적 명확하게 되어 있다.

반면 비정형화된(non-routine) 의사결정은 사전에 알려진 해결안이 없는 경우에 이루어지는 의사결정으로 정형화된 의사결정과는 달리 프로그램화할 여지가 적고, 개인의 경험과 판단, 능력 등에 의해 많은 영향을 받게 된다. 예를 들면, 희귀병의 치료법을 개발하고자 하는 한 과학자가 있다면 그는 지금까지 알려지지 않은 창의적인 방법에 의존하게 될 것이고, 이것은 결국 비정형화된 의사결정의 과정을 요구한다.

조직 내에서도 조직의 상부에 올라갈수록 비정형적 의사결정을 하게 되고, 하부에 내려갈수록 정형적 의사결정을 하게 된다. 또한 같은 조직수준에 있다고 하더라도 업무특징 또는 기능에 따라서 달라질 수 있다. 예를 들면 기획업무, R&D 등은 비정형적 성격을 띠고 공장 공정라인이나 은행의 단순 업무 등은 정형적 의사결정을 하게 된다.

3) 전략적 · 관리적 · 업무적 의사결정

또한 조직의 의사결정은 전략적 의사결정(strategic decision), 관리적 의사결정(administrative decision), 업무적 의사결정(operating decision)으로 분류할 수 있다. 전략적 결정은 대외적 경영전략의 결정을 말하며, 기업의 내부문제보다는 주로 기업의 외부문제에 관련이 있는 결정으로서 외부환경의

그림 5-2 경영계층과 의사결정

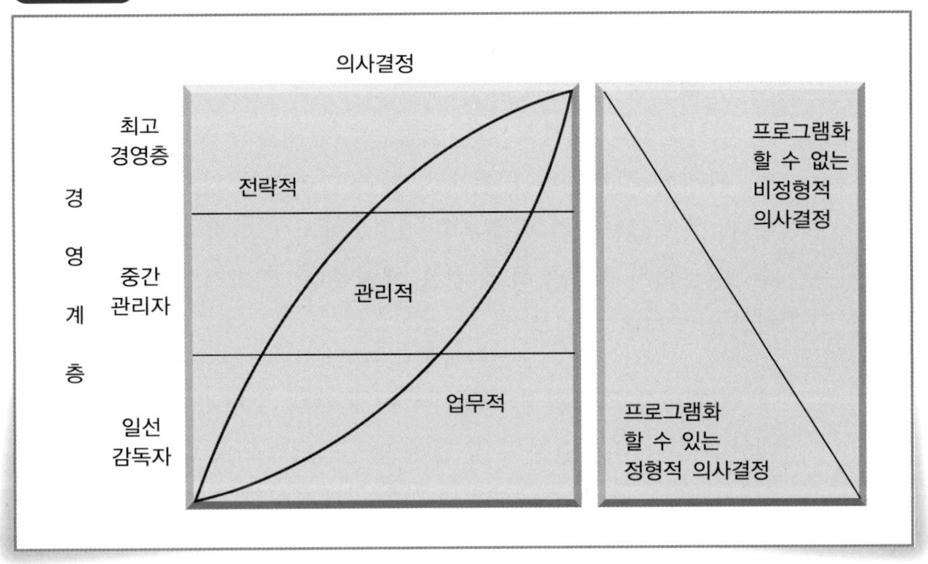

변화에 기업 전체를 대응 내지 적응시키기 위한 의사결정을 가리킨다. 이러한 전략적 결정을 통해서 기업목표나 시스템이 결정되며, 그 목표를 달성하기 위한 경영전략이 결정된다.

관리적 결정은, 대내적 경영계획의 결정을 의미한다. 그것은 전략적 결정에 의해서 결정된 기업의 목표와 전략을 실행하기 위해 조직을 형성하고, 전략의 실행에 필요한 인원 · 설비 · 기술 · 자본 등 제반 자원을 조달 · 개발하는 의사결정으로서, 주로 대내적 경영정책의 결정, 즉 경영계획적 결정에 해당한다고 할 수 있다. 업무적 결정은 일상적인 경영활동의 능률을 최대화 하기 위한 의사결정으로서 대내적 경영계획의 집행이라 할 수 있으며, 관리적 결정이 전반적 경영계획이라면 업무적 결정은 대체로 부문별 경영계획이 되는 셈이다. 이러한 의사결정기능은 비록 경영자 전 계층의 공통기능이라 하더라도, 그 실제의 비중에 있어서는 각 계층 간에 커다란 차이가 있다. 각 계층별 의사결정의 특징을 보면 [그림 5-2]와 같다.

4. 의사결정의 기본이론

의사결정에 관한 접근법과 모형들은 매우 다양하다. 하지만 그러한 주장들에서 가장 대표적인 것은 두 가지로 볼 수가 있는데, 그것은 의사결정의 합리성을 가정하는 합리적 모형과 제한적인 합리성을 가정하는 만족 모형이다.

1) 합리적 접근법

의사결정의 고전적 접근방법으로서 인간과 조직의 합리성, 합리적 경제인, 완전한 정보환경을 전제로 하여 합리적인 의사결정 행동을 모형화한 것이다. 즉, 모든 조건의 충분한 제공하에서 합리적 인간이 최대의 효과를 얻을 수 있는 의사결정을 하는 것을 제시한다. 합리적인 의사결정 모형의 특징을 살펴보면 다음과 같다.

• 합리적 의사결정 모형에서는 문제의 발견과 진단, 대안의 탐색 · 평가, 대안선택 등 의사결정의 각 단계들이 독립적으로 순서 있게 진행된다.

• 개인은 항상 추구하는 목적을 극대화시킬 수 있는 대안을 선택하게 된다.

• 의사결정에 고려될 수 있는 대안은 모두 인지할 수 있으며 각 대안을 모두 탐색할 수 있고 그 대안들이 가져올 결과를 포괄적으로 분석할 수 있다.

• 대안분석시에 가중치나 확률 및 복잡한 계산이 가능하므로 어려운 의사결정 사항에도 적용이 용이하다.

• 대안 선택시에 영향을 줄 수 있는 비합리적 요인을 통제하므로 일정한 기준에 따라 최적의 대안을 선택하게 된다.

그러나 합리적 의사결정 모형은 너무 이상적이고 규범적이기 때문에 현실의 의사결정 상황을 제대로 설명하지 못하는 면이 많다. 즉, 현실 상황에서 미래 상황에 대한 불확실성이나 정보의 결여 등이 발생하는 경우에 이 모형은 그 효용성에 큰 문제가 있는 것이다. 결국 합리적 모형은 예외적이고 비정형적 문제의 해결에는 적합하지 못한 모형이라고 할 수 있다.

2) 만족 모형

마치(March)와 사이먼(Simon)은 합리적 모형을 수정한 만족 모형을 제시하였는데, 이 모형을 '제한된 합리성'(bounded rationality) 모형이라고도 한다. 이 모형은 고전적 · 합리적 모형과 달리 행동과학에 근거를 두고 있다. 또 이 의사결정 모형에서는 개인의 완벽한 합리성이 가정되어 있지 않다. 조직 내에서의 의사결정자는 전체 문제에 대한 일부분의 정보만을 가지고 의사결정에 임하므로 합리적 의사결정을 저해하게 된다는 것으로, 최대의 가능한 만족을 어느 정도 희생하여 일정 정도 만족만 할 수 있는 의사결정을 한다는 것이다. 만족모형(satisficing model)의 기본적 가정을 살펴보면 다음과 같다.

• 사람은 자신의 제한된 능력과 환경적 제약으로 인해 완전한 합리성을 발휘할 수 없다. 따라서 인간은 합리적이 되고자 노력할 뿐이며, 대안의 분석에도 완벽을 기하려고 노력할 뿐이다.

• 대안의 선택시에도 최소한의 만족을 유지하지 못하는 경우가 계속된다면 그에 맞추어 대안의 선택기준을 낮추어 가게 된다.

• 의사결정을 하는 사람의 가치관 등 심리적 성향에 의하여 형성되는 주관적 합리성이 의사결정의 기준이 된다.

• 의사결정에서 탐색활동은 만족을 줄 수 있는 대안을 찾는 데에 그 목적이 있다. 즉, 주관적으로 좋다고 생각되는 대안을 선택하게 된다는 것이다.

이 모형은 고전적 · 합리적 모형과는 달리 완전 정보, 완전 대안, 완전 선호체제를 부인하고, 의사결정 상황에서 정보환경의 제약과 의사결정자의 심리적 제약 등을 강조하고 있다.

이 모형은 비정형화된 의사결정 유형에 속하면서 '직관적 의사결정'과 관계가 깊다. 직관적 의사결정에서는 순차적 논리 또는 명시적 추론보다는 경험과 판단에 의해 의사결정하는 것을 말한다. 직관적이라고 해서 반드시 자의적이거나 비합리적이라고 할 수는 없다. 왜냐하면 직관이 다년간의 경험과 실무 경력에서 형성되는 것이기 때문이다. 의사결정 환경이 매우 복잡할 때는 오히려 경영자의 오랜 경험에서 형성된 직관이 문제 해결에 도움을 주는 경우를 종종 보게 된다.

문제의 본질이 새로운 것이거나, 불확실하고 복잡한 양상을 띠고 있으며, 확실한 자료나 논리적 절차를 사용할 수 없는 상황에서는 이러한 제한된 합리성 접근법으로 의사결정이 내려지는 경우가 많다.

표 5-2 합리적 의사결정모형과 제한된 합리성 모형의 비교

가 정	합리적 의사결정모형	제한된 합리성모형
의사결정자의 합리성	완전한 합리성	제한된 합리성
정보의 가용성	완전한 접근	제한된 접근
대안의 선택	최적안 선택	만족안 선택

5. 의사결정의 과정

의사결정이 내려지는 일반적인 단계는 합리성(rationality)에 기초해 설명되곤 한다. 실제 상황에서는 이러한 의사결정의 각 단계가 가끔 생략되거나 또는 그 비중이 상황에 따라 달라지기도 한다. 어쨌든 의사결정의 과정이 합리적으로 되려면 의사결정자가 문제를 인식하여 이를 체계화하고 문제해결에 필요한 정보를 수집 · 분석하며 최종안을 선택하는 단계를 거쳐야 한다. 의사결정이 내려지는 단계를 순차적으로 나열하면 다음과 같다.

1) 문제의 파악

조직 내 문제의 파악이란 환자에 대한 병세진단과 비슷하다. 이 때 문제파악이란 병세를 보고 문제를 인식한 후 정확하게 원인을 파악하는 과정을 거친다. 정확한 문제파악은 정확한 원인과 해결책을 만들 수 있지만 잘못된 문제파악은 잘못된 대책이 세워지기 때문에 오히려 엉뚱한 결과를 초래할 수 있다.

그림 5-3 의사결정을 통한 문제해결 과정

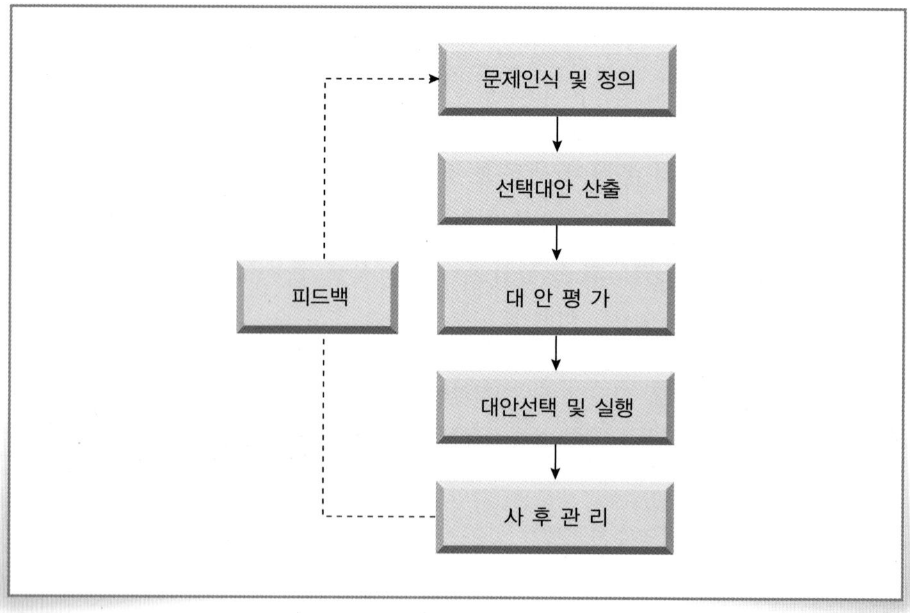

2) 대안의 수집 · 개발 · 발견

환자가 가진 병의 상태와 원인을 분명히 파악한 후에 의사는 치료가능한 방법, 약의 종류 등 수단을 강구해야 하는데, 이 때 유일무이한 경우도 있지만 대개 여러 가지 해결방법이 있다(예 : 수술, 약물치료, 자연치료, 약물치료에도 약의 여러 종류). 이 때 각 대안들과 관련된 정보가 필요한데, 예를 들면 각각의 치료방법에 드는 비용과 기간, 효과 등을 들 수 있다. 새로운 곳에 가서 새 정보를 발견하는 것도 중요하지만 과거 환자들의 기록, 성공과 실패에 대한 기존 정보를 참조하여 방법을 개발해 내는 것도 필요하다.

3) 대안의 평가

각각의 대안에 드는 비용, 기간, 장단점 등을 분명히 해놓고 의사는 자신의 기술, 병원의 시설, 환자의 경제력 등 상황에 가장 알맞은 대안을 하나만 선택해야 한다. 물론 하나 이상을 선택하여 병행할 수 있지만 그 방법은 이미 대안에 있었다고 가정하면 하나의 대안(병행하는 안)이 될 수밖에 없다. 이 때 중요한 것은 무엇을 기준으로 대안을 평가하느냐는 문제이다. 어떤 환자는 시간이 가장 중요한 조건이 될 수 있으나 또 다른 환자에게는 시간이 문제가 아니고 고통을 가장 적게 치료를 해달라는 사람이 있을 것이다. 즉, 평가요소의 가중치는 매우 '주관적' 이어서 의사결정자마다 다르다.

4) 대안의 선택과 실행

대안선택과 관련하여 최적의 안을 선택하는 것이 당연하겠지만 인간의 한계로 인하여(제한된 합리성: bounded rationality) 가장 적당한 것만을 골라야 한다는 법은 없다. 이론적으로는 가장 합리적인 것을 선택해야겠지만(합리적 모형), 실제적으로 가능한 범위 내에서 찾아보면 차선책이 선택되는 경우가 더 많다(만족모형). 일단 결정이 되면 수술이건 약물 치료건 빨리 실천으로 들어가야 한다. 결정만 해 놓고 쓰지 않는 의사결정(대안선택)은 아무 쓸모가 없다. 우리는 일상생활에서 며칠 고민하면서 최종적인 결정을 해 놓고도 정작 실천은 엉뚱하게 하는 경우가 종종 있는데 '실천' 이 있을 때만 비로소 의사결정이 의미를 갖는 것이다.

5) 사후관리

수술 후 퇴원했다든가 완쾌되었을지라도 약했던 부분을 계속 체크해 보는 것이 필요하다. 또한 사용한 대안들을 잘 정리해 놓음으로써 다음의 유사한 환자에게 다시 적용할 수가 있다. 의사결정자의 잠재의식이나 기억 속에 형성된 대안의 틀이 고정되면 이를 가리켜 '학습' 되었다고 볼 수 있다. 조직생활에서는 이러한 일련의 의사결정과정을 하루에도 수백 번, 한 시간에도 수없이 되풀이하고 있는 것이다.

6. 의사결정의 특징 및 제약요인

의사결정을 명확히 이해하기 위해서는 그 특징을 명확히 할 필요가 있다.

첫째, 의사결정은 사려 깊은 의식적 행동이라는 점이다. 따라서 반사적인 반응이나 무의식적인 행동은 의사결정이라기보다는 습관 또는 반응 행동이라고 볼 수 있다. 둘째, 의사결정은 여러 대안 중에서 하나를 의식적으로 선택한다는 것이다. 만약 어떤 문제에 대하여 해결할 수 있는 대안이 하나만 존재한다면, 의사결정은 필요하지 않을 것이다. 그러나 실제 상황에서 하나의 대안만 존재하는 경우는 거의 없다.

마지막으로 의사결정은 의사결정자가 현재의 상태와 바람직한 상태 사이의 차이를 인식함으로써 시작된다는 점이다. 즉, 의사결정에는 현실에 대한 문제의식을 바탕으로 현실을 개선하려는 목적의식이 포함되어 있다.

여기서는 의사결정에 영향을 미치는 여러 가지 제한 요인들을 살펴보기로 한다(그림 5-4 참조).

1) 의사결정자에 기인하는 영향요인

■ **가치관 · 태도**

각 개인은 자기만의 가치관과 태도를 지니고 있기 때문에 조직의 목표설정이나 의사결정에 대한 개인의 가치에 따라 다른 의견을 나타내는 수가 있다.

■ **병리적 행태**

의사결정자는 이른바 일탈행위를 하는 경우가 많으며 변화에 대한 저항, 형식주의, 부하의 요구에 대한 무관심 등의 특징을 나타낸다. 이러한 의사결정자의 병리적 · 역기능적 성향은 의사결정의 합리성을 제약할 수 있다.

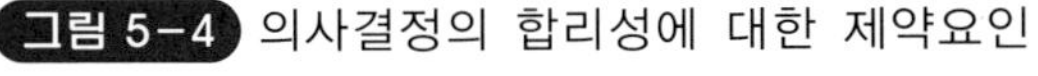
그림 5-4 의사결정의 합리성에 대한 제약요인

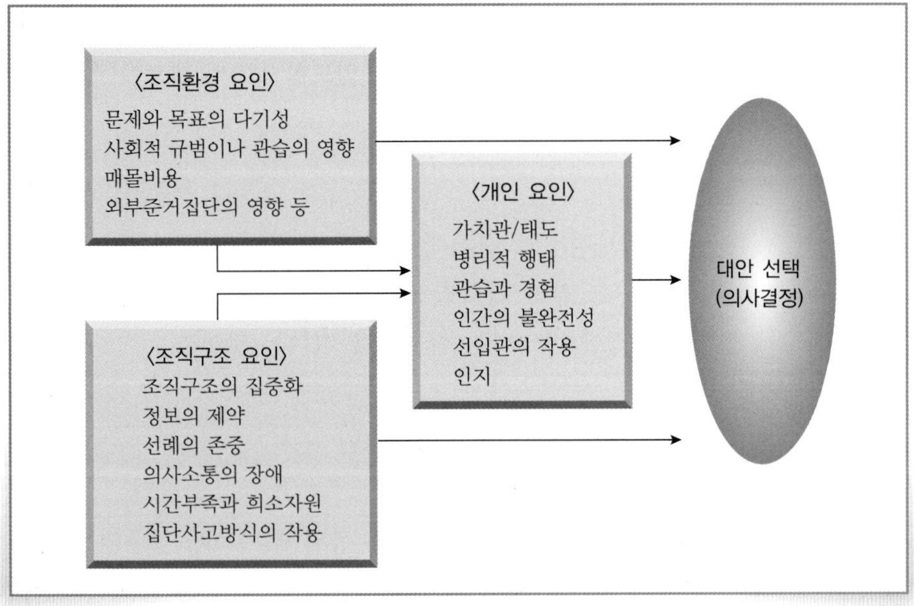

■ **관습과 경험**

관습과 경험은 의식적이고 새로운 사고 작용을 저지시킴으로써 합리성을 제약할 수 있다. 관습이란 유사한 상황이나 자극에 대해서 유사한 반응을 보이려는 성향이 강하기 때문에 새로운 사고 작용을 처음부터 막아버린다. 경험 역시 습관과 마찬가지로 하나의 사건을 해결한 경험이 있으면 다음에 일어나는 유사한 사건들에 적용되어 의사결정자의 행위나 사고의 보수성을 강화시켜 의식적인 새로운 시도를 막아버린다.

■ **인간의 불완전성**

일반적으로 합리성이란 행위상황에 대한 지식 및 정보가 완전하다는 것을 전제로 한다. 그러나 인간의 지식이란 단편적인 것에 불과하고 또한 불확실한 장래에 나타날 결과를 정확하게 예측한다는 것도 매우 곤란하기 때문에 완전한 합리적 의사결정이란 불가능하다.

■ **선입관의 작용**

의사 결정이 사실에 근거를 두고 있는 것처럼 보여도 실질적으로는 결정자의 선입관을 반영시킨 데 불과한 경우가 빈번하다. 내용이 상반되는 자료가 제시되고 몇 가지 방안을 도출하여 주는 정보를 얻을 수 있는 경우에도 의사결정자는 자기가 처음에 원하였던 선택을 정당화시키기 위하여 때로는 이러한 자료를 무시하거나 왜곡하는 것이다. 결국 인간의 확립된 선입관은 인간의 사고와 행동을 같은 방향으로 인도함으로써 새로운 사고와 행동을 일으키는 것을 저지하게 된다.

■ **인지**

인간은 의사결정의 전체배경 속에서 어떤 요인이나 조건만을 추려서 식별하려 한다. 그 결과 의사결정자들은 자기들이 분별하고 수용한 것만을 실제 행위의 결정에 반영하는 한계성을 지니는 것이다.

2) 조직구조에 기인하는 영향요인

■ **조직구조의 집중화**

의사결정이 어떤 특정 계층, 즉 상위계층 등에 집중되는 경우 대안의 작성 · 평가에의 참여기회가 제한되고 대안의 충분한 검토가 어려워지므로 결정에 비현실성과 질적 저하현상을 가져오게 된다.

■ **정보의 제약**

합리적인 결정은 환경적 요인을 신속 · 정확하게 파악할 수 있는 효과적인 정보관리체제와 결과에 대한 완전한 지식에 의하여 뒷받침되어야 한다. 그러나 결정자가 정보를 가지고 있지 못하거나 부정확한 정보를 가진 경우 그와 같은 정보와 자료에 입각해서 의사결정이 이루어지면 틀림없이 시행착오를 겪게 된다.

■ **선례의 존중**

조직에서 장기간에 걸쳐 확립되어 온 선례나 혹은 표준운영절차를 무시하기 어렵기 때문에 새로운 대안의 탐색이 때때로 곤란하게 된다. 즉, 어떤 조직에 이미 주어진 선례는 결정자들이 대안에 대한 고려의 범위를 좁혀주는 장애가 된다.

■ **의사소통의 장애**

조직의 상하계층 간이나 횡적으로 의사소통이 원활하지 않고 정보가 신속히 전달되지 않는 경우 합리적인 결정은 어려워진다.

■ **시간부족과 자원의 희소성**

어떤 조직체이건 시간 · 에너지 · 물자 및 인적 능력의 제약을 받는 가운데 결정이 이루어지는 것이 현실이다. 그 결과 대안을 검토할 때 완전성을 잃기 쉬우며, 관련된 다른 여러 기능을 수행하는 데 있어서 자원 활용의 효율성이 제한 받는다. 시간적 압력은 검토해야 할 대안의 수를 제한해 버리고 충분한 고려의 여유를 주지 않으며, 자원의 부족은 그 결정된 일의 시행 여부를 불확실하게 한다.

■ **집단사고의 작용**

응집성이 강하고 적은 인원수로 구성된 의사결정집단이 집단사고(group think)로 말미암아 중대한 실책을 범하는 일이 빈번하다.

3) 조직환경에 기인하는 영향요인

■ **문제와 목표의 복잡성과 다양성**

의사결정의 대상이 되는 문제란 명확히 확정되어 있는 것이 아니며, 또한 문제와 목표가 명확해진다 하여도 조직이 설정한 목표에 대하여 외부로부터 반대가 제기될 수 있다. 목표는 시간적 차원에 따라 변동될 수 있으며, 어떤 특정목표의 중요성도 상황이 달라지면 변동될 수 있다.

■ **사회적 규범이나 관습의 영향**

의사결정자는 사회의 일원이므로 사회관습에 배치되는 혁신적 결정을 취한다는 것은 실질적으로 불가능하다.

■ **매몰비용의 문제**

어느 시기에 어떤 일에 착수하여 경비나 노력 · 시간을 들인 경우에는 불가피하게 장래의 대안을 선택할 수 있는 범위가 제약을 받게 된다. 어떤 사업계획에 거액이 투입되고 있는 경우 본래의 결정이 잘못되었고 변동되어야 한다는 증거가 나타나도 수정할 수 없으며 이를 고집하는 경우가 많다.

■ **외부준거집단의 영향**

의사결정자는 자신과 동일한 수준 이상의 지위 · 권한을 가진 집단과 접촉하는 경향이 있으며 수준이 낮은 집단보다 이러한 준거집단의 의견 · 주장을 더 중요시하기 쉽다.

경영학 FOCUS

트럼프 2.0 정책과 기업 의사결정의 변수

도널드 트럼프(Donald Trump)는 2017년부터 2021년까지 미국의 제45대 대통령을 역임한 사업가이자 전직 TV 사회자였다. 공화당원인 그는 이민, 무역, 규제 철폐와 같은 문제에 초점을 맞추는 파격적인 리더십 스타일로 유명하다. 트럼프는 대통령이 되기 전 부동산 재벌이자 NBC의 '어프렌티스(The Apprentice)' 진행자였다. 그는 2024년 선거에 다시 대통령 후보로 출마한다. 2025년 1월 20일 2기 대통령 취임사에서 그는 '미국의 황금시대'로 도약하겠다는 목표를 세웠다. 이는 각국의 정치와 경제, 사회, 문화, 외교, 안보와 함께 기업경영 등의 의사결정에도 큰 영향을 미칠 것이다. 취임사의 주요내용을 정리하면 다음과 같다.

1. 미국 우선주의 강화이다. "미국 우선" 정책을 통해 주권과 자부심을 되찾겠다고 강조하고, 공산주의, 파시즘 등 이념적 위협에 단호히 대처할 것이며, 외국의 착취와 부당한 대우를 막기 위한 강력한 대책 마련이다. 2. 국경 및 이민 정책이다. 멕시코 국경에 군대를 배치해 불법 이민을 철저히 차단하고, "남아 있는 멕시코" 정책을 재도입. 외국에서 온 범죄조직과 불법 체류자들을 즉각 추방하겠다고 발표. 카르텔을 테러 단체로 지정하여 철저히 단속할 것을 천명. 3. 경제 회복 및 보호무역이다. 미국 경제를 지키기 위해 보호무역 체제를 다시 도입. 외국산 제품에 관세부과로 자국 내 일자리와 산업을 보호. 새로운 수익원을 확보하기 위해 "외부 수익 서비스(External Revenue Service, ERS)" 기관설립. 4. 에너지 독립 및 산업 발전이다. "드릴, 베이비, 드릴" 정책을 통해 석유와 가스 개발을 강화하여 에너지 독립을 선언. 전략적 비축유를 다시 채우고, 에너지 가격을 낮추겠다고 약속. 전기차 보조금 폐지하고 내연기관 차량 생산과 구매를 지원하며, 다시 제조업 국가로 전환, 자동차 산업 부흥을 도모. 5. 사회적 가치 회복이다. 성별은 남성과 여성으로만 인정하며, 전통적 가치와 사회 질서를 회복할 것. 교육 시스템을 개혁해 학생들에게 미국에 대한 자부심과 애국심을 심어줄 것을 다짐. 6. 공공 서비스 개혁이다. 재난 대응력 강화와 공공 서비스의 효율성을 높이기 위해 새로운 "정부 효율부(Department of Government Efficiency, DOGE)"를 설립(장관 일론 머스크). 과거의 부패와 비효율성, 관료제를 철저히 제거. 7. 자유와 검열 철폐이다. 표현의 자유를 완전히 보장하고, 모든 형태의 정부 검열을 중단. 정부가 정치적 반대 세력을 탄압하는 일을 다시는 허용하지 않을 것. 8. 범죄 및 마약 근절이다. 마약과 범죄조직에 대해 강력한 법 집행으로 미국 내 치안을 회복. 외국에서 유입된 범죄 세력을 완전히 제거하겠다고 약속. 9. 군사력 강화 및 국가 안보이다. 군사력을 확장하고 국방을 강화해 미국의 안전을 최우선으로 보장. 불필요한 전쟁을 방지하고, 미국의 국익을 최우선으로 보호. 10. 국제문제 해결이다. 중동 지역 인질 구출 작전을 포함해 국제 문제에서 미국의 리더십을 재확립. 파나마 운하 문제에서 중국의 영향력을

배제하고 미국의 권리를 회복할 것을 선언. 11. 코로나 공작 수사이다. 코로나 팬데믹과 관련된 음모와 잘못된 정보에 대한 조사를 착수. 12. 정치적 투명성과 신뢰 회복이다. 부정선거 방지를 위한 시스템 개혁. 국민의 신뢰를 회복하고, 미국 민주주의의 가치를 다시 세울 것을 약속. 13. 화성 탐사 및 우주 개발이다. 화성 탐사를 재개하고, 미국이 최초로 화성에 국기를 꽂는 국가가 될 것. 우주 개발을 통해 기술적 우위를 확보. 14. 에너지 명칭 변경이다. 걸프만(Gulf of Mexico)을 "아메리카 만(America Gulf)"으로 개명하여 미국의 주권과 자부심을 강조. 15. 국민 통합과 평등이다. 모든 인종, 종교, 지역 간 화합을 위해 노력하고, 모든 미국인을 위한 자유와 평화를 약속. 마틴 루터 킹 주니어의 꿈을 실현하기 위해 지속적으로 노력.

이같은 미국행정부의 정책방향에 대해 다른 나라들과 우리나라 정부 및 기업인들의 의사결정에 어떠한 영향을 미치며, 대응해 나갈 것인가 ?

출처: 내외뉴스통신(http://www.nbnnews.co.kr), Fox 뉴스.

5.2 의사결정의 이론적 모형

의사결정의 이론적 모형으로 여기서는 4가지 정량적 모형(카네기모형, 점증적 모형, 쓰레기통 모형, 상황적응모형)과 2가지 계량적 모형(의사결정 나무, 기대성과표)을 소개한다.

1. 카네기모형

사이어트(Cyert), 마치(March), 사이먼(Simon)의 연구는 개인 의사결정에 대한 '제한된 합리성'을 공식화하고 조직의 의사결정에 새로운 시각을 제공해 주고 있다. 과거에는 기업은 모든 정보가 최고 경영자에게 집중되어 의사결정이 이루어진다고 가정했으나 카네기학파의 연구에서 조직 수준의 의사결정은 많은 관리자가 연관되어 있고 최종 선택은 관리자들의 연합(coalition)에 기초한다고 주장한다. 연합은 조직의 목표와 문제의 우선순위에 대해 합의하는 관리자들의 협력체이다.

의사결정을 하는 데 관리자들의 '연합'이 필요한 이유는 두 가지이다. 첫째, 조직의 목표가 불명확한 경우가 많고 각 부서의 운영 목표가 일치하지 않기 때문이다. 목표가 모호하고 모순될 때 관리자는 문제의 우선순위에 대해 합의를 이루기 어렵다. 따라서 문제에 대해 타협해야 하고 해결되어야 할 문제에 대해 연합을 형성해야 한다. 즉, 목표와 문제의 해석에 있어서 합의를 도출한다는 것이다. 둘째, 개별 관리자는 합리적이고자 하지만 인간의 인지적 한계나 다른 제약요인들이 있기 때문이다. 관리자는 의사결정과 관련된 정보를 처리하고 모든 측면을 고려할 시간이나 자원, 정신적 능력이 충분하지 못하다. 이러한 한계가 연합을 형성하게끔 한다. 관리자는 정보를 얻고 모호성을 줄이기 위해 서로 이야기하고 관점을 교환한다. 연합 형성으로 인하여 의사결정이 상이한 이해 집단에 의해 상호 지원되는 형태를 갖게 된다.

연합의 형성 과정이 조직의 의사결정에 시사하는 바는 다음과 같다.

• 조직의 의사결정은 최적의 해결보다는 가장 만족스러운 해결을 찾는다. 즉, 연합 구성원들 모두를 만족시킨다고 생각되는 해결책을 수용할 것이다.

• 경영자는 즉각적인 문제에 관심이 있고 단기적 해결을 지향한다. 경영자는 상황이 잘못 정의되거나 갈등이 존재할 때는 완벽한 해결을 기대하지 않는다. 카네기모형에서는 만족스러운 해결책을 낼 수 있으면 충분하고 경영자는 첫번째의 만족스러운 대안을 선택한다는 것이다.

• 토의와 협상은 의사결정 과정 중 문제 인식 단계에서 특히 중요하다. 연합한 사람들이 문제를 인식하지 않으면 대응 조치도 일어나지 않는다.

카네기모형의 핵심은 조직 의사결정의 주요한 부분이 관리자의 연합을 통해 합의를 이룬다는 것이다. 이것은 특히 관리자의 상위 수준에서 설득력이 강하다. 토의와 협상은 시간이 많이 소요되므로 대안의 탐색과정은 간단하고 최적 대안보다는 만족스러운 대안을 선택한다. 문제가 정형화된 경우 조직은 과거의 절차에 의존하여 해결한다. 비정형적 의사결정은 타협과 갈등 해결을 요구한다.

2. 점증적 모형

점증적 모형이란 의사결정이 순차적, 부분적으로 진행되고 의사결정 과정에서 대안의 분석범위는 크게 제약을 받는다고 보는 모형이다. 합리적 의사결정 모형과 다른 점을 들자면, 이 모형은 현재의 상황을 바탕으로 의사결정에서 선택된 대안은 기존의 정책이나 결정을 점증적으로 수정해 나간다는 것이다.

점증적 모형을 제시한 린드블롬(Lindblom)은 정부조직을 준거집단으로 하면서 몇 가지의 가정을 제시했다.

• 목표 또는 실현할 가치를 선정하는 일과 목표 실현에 필요한 행동을 분석하는 일은 서로 밀접한 관계를 맺고 있다. 즉, 목표 또는 가치기준은 대안의 선택에 앞서 확정하기 어렵기 때문에 대안의 선택과 목표 확정을 병행하게 된다.

• 합리적 모형과 달리 점증적 모형은 목표와 해결대안을 함께 선택해야 된다고 보기 때문에 목표와 수단을 구별하기가 어렵다.

• 대안은 끊임없이 만들어지고 바람직한 목표도 끊임없이 변동되는 가운데 의사결정은 바람직하다고 생각되는 목표를 향해 접근해 가는 연속적인 과정이라 할 수 있다. 즉, 대안의 비교와 선택은 순차적, 점증적으로 계속되는 것이다.

• 어떤 정책(수단)이 좋은 정책인가를 판단하는 기준은 정책 자체에 대한 관련자들의 합의사항이다. 합리적 모형에서는 목표에 대한 합의가 없으면 정책(수단)에 대한 평가기준이 없는 것으로 파악된다. 그러나 점증적 모형에서는 목표에 대한 합의가 없더라도 수단 선택에 대한 합의는 있을 수 있고 수단의 평가는 합의 내용에 의존한다는 것이다.

• 점증적 접근방법에서는 의사결정의 단순화를 위해 의식적이고 체계적으로 고려해야 할 요인을 축소시킨다. 의사결정을 체계적으로 단순화시키는 방법에는 (a) 기존의 정책과 차이가 비교적 작은 대안들을 선택하여 비교하는 방법, (b) 대안 실현이 가져올 수 있는 중요한 결과의 일부와 그에 결부된 가치를 고려하지 않고 무시해 버리는 방법 등이 있다.

3. 쓰레기통 모형

고도로 불확실한 조직상황하에서의 의사결정 양태를 설명하기 위한 모형이 쓰레기통 모형이다. 이 모형의 의사결정 상황을 고도로 불확실한 상황이라고 전제하고 이러한 상황을 '조직화된 무정부 상태'라고 규정했다. 이러한 혼란상태는 세 가지의 중요한 요소를 포함하고 있다. 그 내용을 살펴보면 다음과 같다.

• 문제와 해결책, 목표 등 의사결정의 각 부분들은 분명하게 규정되어 있지 않고 모호한 상태로 놓여 있다.

• 의사결정 과정에 참여하는 구성원들의 유동성이 심하다.

• 의사결정에 적용할 인과관계에 대한 지식과 그 적용기술의 기초가 분명하지 않아 참여자들이 잘 이해하지 못한다.

쓰레기통 모형에서는 조직 내에서 문제의 흐름, 해결책의 흐름, 참여의 흐름, 선택기회의 흐름 등이 서로 독립되어 있다고 본다. 이 모형에서 의사결정은 논리적이고 흘러 다니는 흐름이 우연히 만났을 때 문제가 해결되는 것이다. 그러나 이러한 연결로 반드시 문제가 해결되는 것이 아니라 문제가 해결되지 않을 수도 있고 해결이 적합하지 못한 경우도 있다.

모호한 상황하의 쓰레기통 속에서 의사결정은 여러 양태가 나올 수 있지만, 1) 문제에 대한 해결방안을 찾지 못한 경우, 2) 선택된 대안으로 문제가 해결되지 못한 경우, 3) 문제가 없는데 해결책이 제안되는 경우 등이 있을 수 있다.

4. 상황적응모형

의사결정 모형 중에 현실적으로 의사결정 세계와 밀접한 모형도 있고 그렇지 못한 것도 있다. 의사결정을 연구하는 학자들은 의사결정 현상의 상황적응적 이해를 원칙적으로 강조하고 있다. 이러한 원칙에 입각하여 연구된 것 중 가장 대표적인 모형으로 데프트(Daft)에 의해서 만들어진 상황적응적 의사결정 모형이 있다.

그가 고안한 모형을 살펴보면 의사결정 상황을 목표 불확실성과 기술적 불확실성으로 분류해 놓고, 이를 기준으로 네 가지의 상황으로 구분하여 각 상황에 맞는 접근방법을 제시해 놓았다[그림 5-5 참조]. 목표의 불확실성은 조직이 추구하는 목표에 대한 관리자의 동의에 의해 결정된다. 목표의 불확실성은 문제의 확인 단계에 특히 중요하다. 조직의 목표에 대해서 경영자에 의해 합의가 있을 때 문제의 확인은 용이해진다.

기술적 불확실성은 어떻게 조직목표에 도달하는가에 대한 동의와 이해라 할 수 있다. 즉, 조직목표의 달성방법에 관한 합의, 이해, 지식 수준 등에 의해 결정되는 것이다. 기술적 불확실성은 문제의 해결 단계에서 특히 중요하

그림 5-5 상황적응 의사결정 매트릭스

		목표 불확실성 높음	목표 불확실성 낮음
기술적 불확실성	높음	상황-1 문제 확인 : 높은 불확실성 문제 해결 : 높은 불확실성	상황-2 문제 확인 : 낮은 불확실성 문제 해결 : 높은 불확실성
	낮음	상황-3 문제 확인 : 높은 불확실성 문제 해결 : 낮은 불확실성	상황-4 문제 확인 : 낮은 불확실성 문제 해결 : 낮은 불확실성

다. 문제 해결의 수단이 확실히 이해되었을 때 대안에 대한 비교적 확실하고 정확한 평가가 이루어질 수 있다. 수단에 대한 이해 정도가 정확하지 않았을 때 대안에 대한 정확한 평가는 이루어질 수 없고 직감, 판단, 시행착오 등이 중요한 의사결정 기준이 된다.

이러한 목표 불확실성과 기술적 불확실성을 기준으로 하여 네 가지의 의사결정 상황을 제시할 수 있으며 [그림 5-5]와 같다.

각 상황에 알맞은 의사결정의 접근방법을 좀더 자세히 살펴보면 다음과 같다.

• 상황-1 : 목표 불확실성이 높고, 기술 불확실성이 높은 상황이다.

매우 불확실한 의사결정 상황에서 문제를 인식하고 해결대안을 강구해야 하므로 관리자는 문제해결을 위해 직감, 모방, 판단 등의 방법에 의존하게 된다. 이러한 상황에 가장 적합한 의사결정 모형으로는 쓰레기통 모형을 들 수 있다.

• 상황-2 : 목표 불확실성은 낮고, 기술 불확실성은 높은 상황이다.

문제 확인을 위한 분명한 목표가 설정되어 있는 상태로 대안의 선택시 각 대안에 대한 정확하고 체계적인 분석을 할 수 없다. 그러므로 관리자는 적합한 대안을 선택할 때 자신의 과거경험, 직감 등에 의존해서 선택하여야 한다. 이러한 상황에 가장 적합한 의사결정 모형으로는 점증적 모형을 들 수 있다.

• 상황－3 : 목표 불확실성은 높고, 기술 불확실성은 낮은 상황이다.

이러한 상황의 관리자는 목표 불확실성을 위해 의사결정의 참여를 넓혀야 하고, 의사결정 참여자들 간에 목표 내용에 관한 합의가 먼저 이루어져야 한다. 이러한 상황에 가장 적합한 의사결정 모형으로는 카네기모형을 들 수 있다. 조직 내 집단 간의 불일치가 발생했거나 조직에 이해관계를 가지고 있는 사람들 간에 갈등이 발생했을 때 거래와 타협은 필요하다. 특히 거래전략은 의사결정 단계 중 문제 인식 단계와 관련이 깊다. 거래와 타협이 완전하다면 조직은 비교 실행에 관한 기준과 방향의 관점을 가질 것이다.

• 상황－4 : 목표 불확실성과 기술 불확실성이 모두 낮은 상황이다.

의사결정에 필요한 목표도 분명하고 모든 정보가 잘 알려져 있기 때문에 대안에 대한 분석이 용이하고 정확하게 할 수 있다. 즉, 조직에 발생한 문제에 대해 모든 정보를 구하기 쉽고 대안에 대해 체계적인 분석을 통해 합리적으로 선택할 수 있다. 이러한 상황에는 의사결정 모형으로 합리적 모형이 적합하다.

5. 의사결정 나무

의사결정 나무(decision tree)는 어느 대안이 선택될 것인가라는 것과 일어날 수 있는 불확실한 상황 중에서 어떤 것이 실현되는가라는 것에 의해 여러 결과가 생긴다는 상황을 나뭇가지와 같은 모양으로 도식화한 것이다.

예를 들면, 동전 던지기 게임에서 동전의 표면이 나오면 4,000원을 획득하고 뒤쪽이 나오면 2,000원을 잃게 되는 경우에 게임을 할 것인지의 여부의 의사결정을 의사결정 나무로 나타내면 다음과 같다. [그림 5-6]에서 □는 결정점(decision point)이라 하고, 의사결정자의 관리하에서 가장 좋다고 생각되는 대안을 선택할 수 있는 점이며, 표는 불확실점(point of uncertainty)이라 하고, 불확실한 상황이 갈라지는 분기점이다. 동전던지기 게임의 경우에는 동전의 표면이 나올 확률과 뒤쪽이 나올 확률은 각각 50%이므로 표면이 나오는 경우의 기대이익은 $4,000 \times 0.5 = 2,000$원이며, 뒤쪽이 나올 경우는 $-2,000 \times 0.5 = -1,000$원이 된다. 따라서 게임을 한다는 대안의 기대이익은

그림 5-6 동전던지기 게임의 예

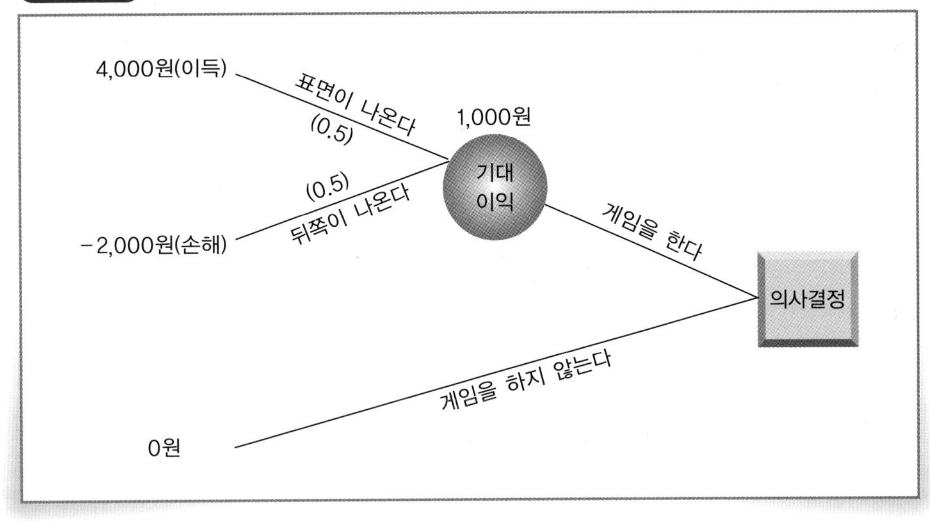

2,000원+(−1,000원)=1,000원이 된다. 게임을 하지 않는다는 대안의 기대이익은 0원이므로 게임을 한다는 대안이 좋다는 것이 된다. 이 사례에서도 알 수 있는 바와 같이 의사결정 나무를 구성하는 요소에는 결정 나무의 골격이 되는 대안과 불확실한 상황, 결과로서의 이익 또는 손실, 불확실한 상황과 결과가 생기는 확률이 있다. 이들의 요소가 결정점과 불확실점으로 결합되어 의사결정 나무를 만들게 한다.

6. 기대성과표

기대성과표는 의사결정 나무의 분석을 확장하여 최종적인 대안 선택을 가능하게 한다. 성과표는 기본적으로 대안(예를 들면, 설비확장, 초과작업), 상황(예를 들면, 수요의 증가와 감소), 그리고 성과(예를 들면, 순현금 흐름의 추정액)로 구성된다. 이러한 세 가지 구성요소를 토대로 대안, 상황의 기대결과에 발생확률을 곱하여 각각의 기대가치(expected value)를 구한다. 결국 기대가치가 제일 큰 대안이 최적안으로 선택된다.

〈표 5-3〉은 각 대안의 기대가치를 산정한 결과를 보여주고 있다. 즉, 위의 예와 연관시켜서 보면 설비확장의 경우 수요가 증가하면 276,000원이고, 수요가 감소하면 136,000원으로 총 412,000원의 기대가치가 발생한다. 반면에 초과작업을 하는 경우는 수요가 증가하면 264,000원이고 수요가 감소하면

표 5-3 기대성과표

(p=확률, EV=기대가치)

미래상황	의사결정대안	
	설비확장	초과작업
수요증가 (p=0.6 경우)	EV=460,000원×0.6= 276,000원	EV=440,000원×0.6=264,000원
수요감소 (p=0.4 경우)	EV=340,000원×0.4= 136,000원	EV=380,000원×0.4=152,000원
총기대가치	412,000원	416,000원

152,000원으로 총 416,000원의 기대가치가 발생한다. 따라서 경영자는 기대가치가 더 큰 초과작업의 대안을 선택하게 된다.

5.3 리스크 관리

1. 리스크와 의사결정

조직을 둘러싼 환경은 어느 시대건 복잡하고도 다양하며 불확실성에 차 있다. 따라서 경영자는 언제나 조직이 처해 있는 환경에 적응하여 조직을 생존, 유지, 성장, 발전시키지 않으면 안 된다. 그러기 위해서 경영자는 조직을 둘러싼 환경의 각종 위험(risk)을 분석하여 이를 극복하기 위한 방안을 수립할 필요가 있다. 이러한 과정은 경영자가 위험을 관리하기 위한 의사결정의 중요성을 의미한다고 볼 수 있다.

불확실성은 어느 시대에도 존재하지만 오늘날 특히 그것이 매우 강하게 부각되고 있다. 그것은 오늘날의 사회적, 경제적 변화의 예측이 매우 곤란하여 미래에 대한 예측가능성이 매우 한정되어 있기 때문이다. 경영자는 경영목표의 달성을 저해하는 이러한 환경 내외의 불확실성을 제거하기 위한 리스크 관리 활동을 수행하게 된다. 리스크란 잘 관리가 되면 다행이지만 잘못 관리되면 조직에 엄청난 손실을 가져다준다. 비록 발생 가능성이 적은 위험 상황일지라도 만에 하나 발생하게 되면 조직에 미치는 부정적 결과는 엄청나다. 그러므로 경영자는 조직의 경영환경에서 발생할 수 있는 여러 가지 위험 상황을 감지하고 이를 관리하여 발생 가능성을 최소화함으로써 미래를 대비하여야 한다. 물론 이러한 불확실성하에서의 조직 경영활동과정에서 경영자의 의사결정은 중요한 역할과 기능을 갖는다.

2. 리스크의 발생시기

리스크는 모든 인간활동에 존재한다. 그것은 보건 및 안전에 관련된 것(예를 들면, 유독 화학물질에 노출되었을 때의 즉각적 또는 장기적 · 보건적 영향)일 수도 있고, 경제적인 것(예를 들면 화재 폭발이나 다른 사고로 인한 장비의 파괴와 생산손실의 초래)일 수도 있으며, 환경에 영향을 미치는 것일 수도 있다.

기업조직의 경영 및 관리활동과 관련된 리스크는 다음과 같은 경우에 발생한다.

- 유리한 기회를 인식하거나 포착하지 못했을 때
- 목표를 달성하기 위한 프로젝트의 실패
- 고객의 불만족
- 부적절한 표지
- 물리적 안전의 저해
- 안전보장의 침해
- 부적절한 관리
- 설비 및 컴퓨터시스템의 고장
- 법률 및 계약상의 책임 위반
- 사기행위
- 재무관리 및 보고의 결함

이상을 살펴보면, 경영에 있어서 리스크는 모든 활동에 내재되어 있다고 볼 수 있으며, 그 내용도 매우 다양하다. 또, 기업조직 내부 및 외부의 모든 자원이 발생원인이 될 수 있는 반면, 비록 전적으로 리스크가 없는 환경을 만들 수는 없지만 적절한 리스크 관리활동에 의해 리스크 회피, 감소, 전가, 수용 등의 대응은 할 수 있다.

3. 리스크 관리

리스크 관리란 여러 가지 다양한 위험을 대상으로 하여 최소의 노력으로 리스크의 결과로 발생하는 결과(손해)를 최소화할 것을 목적으로 하는 관리라 하겠다. 좀더 구체적으로 리스크 관리(risk management)란, 경영상의 잠재적 기회이익과 손실을 효과적으로 관리하기 위한 문화(culture)와 과정(process), 그리고 구조(structure)를 관리하는 것을 의미한다. 그러므로, 리스크 관리는 무슨 일이 발생할 것인가를 사전에 구명하고 준비하는 활동으로서, 바람직하지 않은 사건에 대한 구명을 극대화하기 위한 조치와, 그 사건들로 인하여 원하지 않는 다른 부정적인 영향을 받거나 비용이 소요되는 것을 제거하거나 줄일 수 있는 활동을 망라한다.

이런 점에서 리스크 관리는 그 자체가 목적이 아니라 목적 달성을 위한 수단이므로 일상적인 업무 속에서 통합되어야 하며, 기업은 이러한 관리활동을 통하여 예기치 못한 사건에 대한 사후대책보다는 사전대책을 관리할 수 있게 된다. 결과적으로 리스크 관리는 수행도를 향상시키기 위한 기회를 포착하고 구명하기 위한 수단이며, 무언가 잘못될 수 있는 기회를 제거하거나 회피하는 수단이라고도 할 수 있다.

그러나, 경우에 따라서는 리스크 관리 수준과 리스크 관리 비용 및 얻을 수 있는 이익 사이에서 신중한 균형을 취할 필요가 있다. 리스크가 없는 환경이란 실현할 수 있다 하더라도 때때로 너무 많은 비용이 요구되므로 경제적이지 못할 수 있기 때문이다. 어떤 경우에는 리스크를 회피하거나 감소시키기 위해 요구되는 비용에 비해 이익이 상대적으로 작아 충분한 혜택을 기대하지 못할 수도 있다. 또한, 어떤 리스크가 극단적으로 낮을 경우에는 리스크를 예방하는 데 너무 많은 비용이 들 수도 있다. 이런 경우에는 활동을 중지하거나 미룰 필요가 있을 수도 있다. 그러므로 리스크 관리에는 비용과 효과의 측면을 고려하여 균형 있는 감각을 가지고 수용 가능(acceptable)한 리스크 수준에 대한 의사결정을 할 필요가 있다.

4. 리스크 관리의 과정

리스크 관리를 위해서는 [그림 5-7]에서 보는 바와 같이 리스크 구명, 리

그림 5-7 리스크 관리의 과정

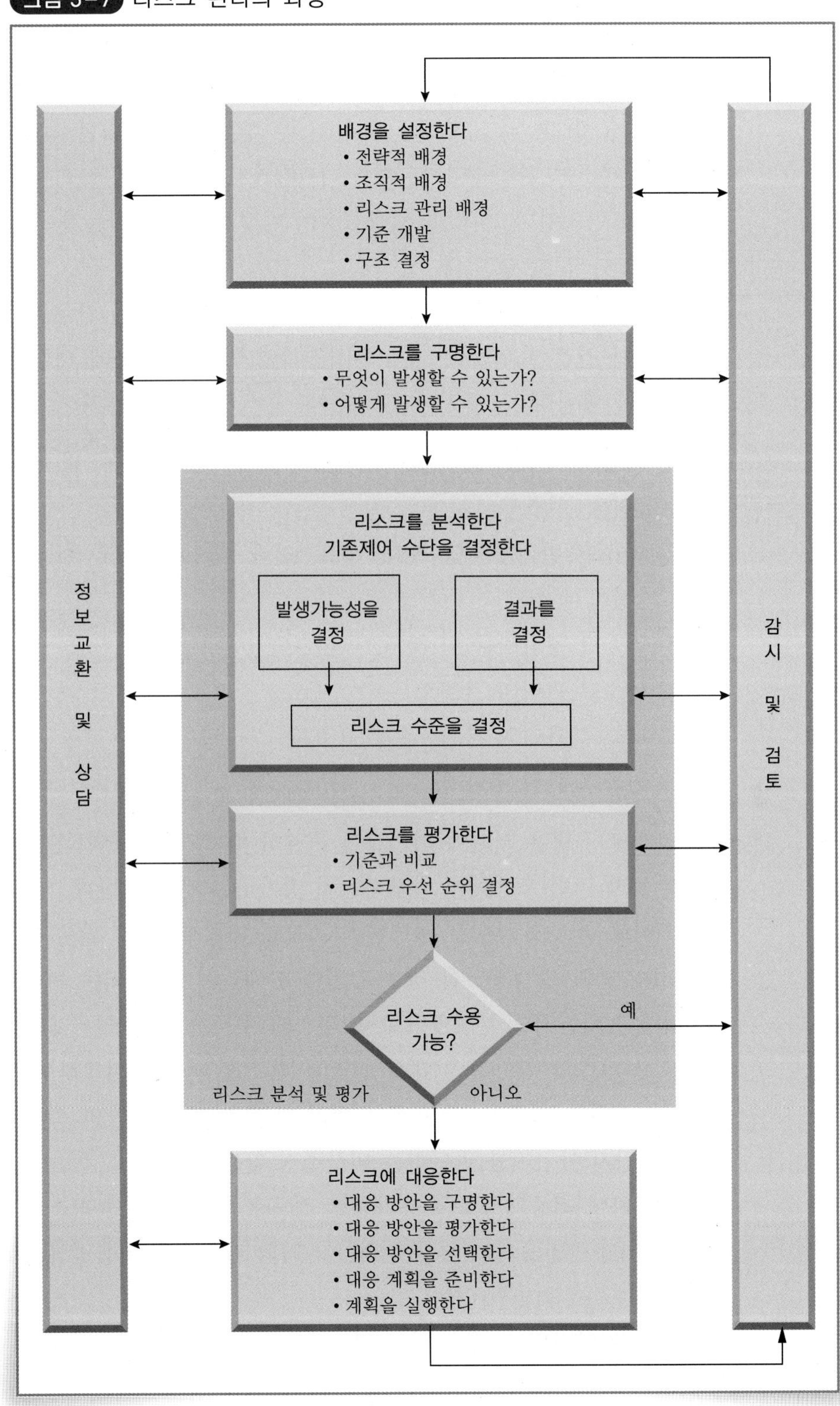

스크 분석, 리스크 평가, 리스크 수준 확인 및 리스크 절감 대안에 대한 의사결정, 리스크에 수반되는 재정상의 손실을 보전하기 위한 의사결정 및 정책수립 등의 일련의 과정이 요구된다. 특히 이 가운데 리스크 구명, 리스크 분석, 리스크 평가, 리스크 수준의 확인 및 절감 대안에 대한 의사결정의 과정이 바로 리스크 관리라고 할 수 있다. 따라서 조직의 리스크 관리는 결국 의사결정의 연속이며, 이러한 의사결정이 어떻게 이루어지는가에 의해 그 성과가 결정된다고 할 수 있다.

이 중 배경(context)의 설정이란 리스크 관리에 대한 연구를 시작하기 전에 다음과 같은 요인들에 대하여 사전파악과 함께 이들에 대한 기준을 설정하는 것을 말한다.

1) 기업이 가지고 있는 조직의 구조, 능력, 목적, 목표, 및 이들 목표를 달성하기 위한 전략 등

2) 리스크 관리활동의 목적, 목표, 전략, 활동의 범위, 활동변수, 리스크 관리 과정이 적용될 조직 부문 등

3) 리스크 평가기준 및 척도

4) 리스크 관리의 관계자

5) 리스크 관리의 지원 · 손상 요소 등

6) 리스크 관리 전략 등

리스크 구명은 어디에 리스크가 존재하며, 그 리스크의 특성은 어떠한 것이고, 언제 어떤 조건에서 발생하는지 평가하는 것을 말한다.

그리고 리스크 분석은 구명된 리스크를 대상으로, 그 발생 가능성은 얼마나 되며, 만약 발생하였을 경우 기업이나 개인이 입게 되는 피해나 손실규모는 얼마나 되는지를 분석함으로써, 리스크 수준을 결정하는 것을 말한다.

또한 리스크 평가란 앞에서 설정된 리스크 기준에 비교하여 각 리스크들의 우선순위를 결정하고, 그것이 여러 가지 기업 경영상의 측면에서 수용가능한 것인지 아닌지를 판단하는 의사결정 활동이다.

그리하여 최종적으로 수용가능할 정도로 낮은 수준의 리스크가 아니라면 새로운 대응방안을 모색하게 된다. 이 외의 리스크의 대응방안으로는 리스크 전가와 리스크 회피가 있다.

이러한 일련의 과정은 어느 한 순간에 종료되는 것이 아니라, 모든 관리

활동이 그러하듯 관리활동이 계속되는 한 끊임없이 반복되어야 함은 물론이며, 그렇게 함으로써 기업이든 개인이든 시시각각 다가오는 많은 위험요인들로부터의 리스크를 최소화할 수 있는 것이다.

5. 리스크 관리의 효과

이렇게 조직의 전체적인 안목을 가지고 리스크 관리에 임하게 될 때 얻는 긍정적 효과를 정리하면 다음과 같다.

1) 주요 리스크 요소를 체계적으로 고려함으로써, 전략적 계획을 수립하는데 보다 구체적인 기준을 세울 수 있다.

2) 손실기회를 명확히 구명하여 기업경영이익과 개발가능성이 높아진다.

3) 바람직하지 않은 리스크가 확인되고 관리되기 때문에, 경영상의 손실비용이 감소한다.

4) 효과적이며 효율적인 프로그램에 의하여 경영 수행도가 향상된다.

5) 추진중인 경영과정과 의사결정상의 개방성과 투명성이 향상된다.

6) 계속적인 내외부의 진단과 감사과정을 통하여, 명확한 결과를 위한 준비 및 용이성이 증대한다.

7) 손실 제어의 향상, 손실과 사고, 손상 및 상업적 보험료를 포함하는 리스크 비용이 감소한다.

8) 보험업자의 신뢰를 높이기 위해 리스크 재무비용 투자가 감소하며, 또한 안정성의 잠재력에 대하여 고객의 이해도가 향상된다.

9) 리스크 원천을 충분히 이해함으로써, 경영상의 대안 활동을 통한 유연성이 증가한다.

10) 관리활동과 경영 업무의 이해를 통하여 리스크가 완화되거나 감소한다.

그러므로, 리스크는 기업활동 전반에 걸쳐 지속적으로 관리되어야 하며, 기업의 모든 활동을 수행함에 있어서 의사결정을 할 때 리스크의 본질을 관리할 수 있는 신중한 접근을 하는 태도를 개발하는 것이 바람직하다.

6. 위기 관리

위기관리(Crisis Management)란 돌발사고에 대한 적절한 대응조치를 뜻하며 좀 더 포괄적 의미에서 위험관리(Risk Management)의 한축에 속한다. 위험관리란 사고의 예방, 사고 직후 대응(위기관리), 복구 등 모두를 포함하는 넓은 의미이다(그림 5-8 참조).

우리가 살고 있는 사회에선 항상 돌발사고가 일어날 수 있다. 특히 고도의 산업사회에 들어서며 우리 주위에는 곳곳에 사고위험이 도사리고 있다. 더구나 인간의 통제에서 벗어난 자연재해의 피해는 그 규모가 엄청날 뿐만 아니라 그 사후 피해 또한 예측 불가능할 정도로 극심하다. 일본의 방사능 누출사고에서 볼 수 있듯이 아무리 완벽한 대비를 한다 치더라도 피해결과는 천문학적이다.

위험(위기)관리 대상의 영역은 불의의 사고 또는 자연재해 사고에서뿐만 아니라 기업이 당면하고 있는 모든 문제에도 적용된다. 당장 우리가 현재 겪고 있는 경제위기도 예측하기 힘들었던 미국의 금융위기로부터 출발하여 유럽 금융위기, 더 나아가서는 자본주의 위기로 내치닫고 있다. 넓게는 세계경제, 좁게는 기업의 여러 위기, 예를 들면 웅진그룹의 법정 관리 위기 같은 문제도 모두 위험(위기)관리 범주 대상이다. 향후 기업의 생존, 성패의 향방은 효과적 위험(위기)관리에 달려있다고 해도 과언은 아니다.

효과적 위험(위기) 관리를 위해 기업은 내부 위험관리 시스템을 구축할 필요가 있다. 위험관리 시스템이 항시 작동한다고 해도 돌발사고(위기)는 언

그림 5-8 위험관리와 위기관리

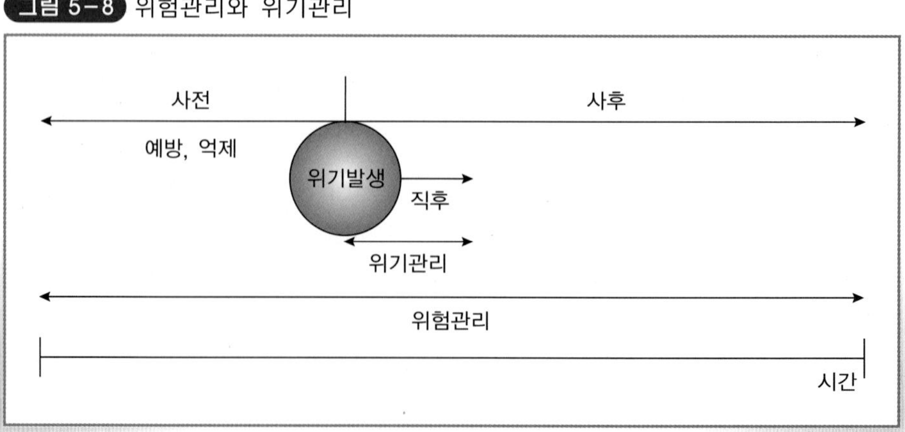

제나 발생할 수 있다. 일단 돌발사고가 발생하면 위기로 규정하고 위기관리의 기본목표는 손실을 극소화 하는 것이다. 기업 내에서 위험관리 시스템이 완벽하게 작동한다고 하더라도 돌발적으로 일어나는 사태는 어쩔 수 없기 때문에 일단 돌발사고가 발생하면 피해를 극소화 하는 것이 상책이다.

위기관리의 첫 번째 실천사항은 의사결정을 신속히 할 책임체제를 명확히 해야 한다. 우선 대책본부와 본부장을 임명하고 책임자들 간 권한의 순위를 명확히 한 후 긴급 상황을 처리할 긴급대책 태스크포스 또는 프로젝트를 발주하여 신속하고 유연하게 대처할 필요가 있다. 긴급대책본부의 위기관리 업무과정을 보면 (1) 사실 확인, (2) 원인규명, (3) 시정대책, (4) 책임표명, (5) 재발방지, (6) 운용감사, (7) 안전선언 등의 실천과정을 진행시켜야 한다.

위기관리 대처의 모범적 사례로 미국 존슨앤존슨社의 타이레놀 스캔들의 예를 들 수 있다. 1982년 외부인이 일반 판매약 타이레놀 캡슐에 독극물을 투입하여 7명이 사망하는 사건이 발생하였다. 회사는 우선 같은 공장에서 제조된 캡슐제품을 전국에서 전량 회수하였다. 그리고 적극적으로 복용 금지광고 및 알약 교환광고를 내보냈다. 재발 방지를 위해 모든 캡슐 제품에 3중 포장을 하였으며 신용회복을 위해 대대적인 광고 캠페인을 벌였다. 그 후 의사와 약사에게 다시 소비자에게 처방하도록 설득 작업을 했다. 그 결과 사고 전 35.3%이던 타이레놀 시장 점유율이 사고 직후 7%까지 떨어졌으나 위기관리 대처 후 35%선으로 다시 회복되었다.

우리 사회 주변에서 항상 돌발적 사태가 발생할 수 있고 언제나 위험한 고비나 시기를 겪을 수 있다. 특히 요즘과 같은 불확실한 시대에서 기업을 경영하는 것은 매우 복잡하다. 위기가 막상 닥쳤을 때는 적절한 대응을 하여 그 위기를 지혜롭게 극복하고 피해를 최소화해야 한다. 그러므로 기업이나 우리 사회는 위기관리란 대응적 접근 이외 총괄적 위험관리(Risk Management)를 할 필요가 있다. 기업 내 포괄적 위험관리 시스템을 구축하여 향후 발생할 수 있는 모든 위험 및 위기를 사전 · 사후에 효과적으로 대응해 나아가야 한다.

경영학 FOCUS

위기 관리: 발 빠른 코오롱 vs. 우왕좌왕 대한항공

같은 해 발생한 두 건의 위기상황에 대한 대처를 살펴보자.

2014년 12월 5일 이른바 '땅콩 리턴' 사태가 벌어졌다. 조현아 대한항공 前 부사장이 기내 서비스를 매뉴얼대로 하지 않는다는 이유로 비상사태에나 일어날 비행기 회항을 지시한 것이다. 이러한 전대미문의 사건에 대한항공이 입장을 처음 표명한 것은 3일이 지난 8일 밤이었다. 지나친 오너의 행동에 대한 사과는 없고 오히려 직원의 잘못으로 돌리는 어정쩡한 입장표명에 여론은 더욱 악화됐다. SNS가 연일 대한항공 비판여론으로 들끓자 다음날 9일 조 전 부사장의 보직사퇴를 발표했다. 하지만 무늬만 사퇴에 여론은 손 쓸 수 없이 돌아섰고 결국 10일 부사장 직도 내놓아야 했다. 여기서 그치지 않고 참여연대의 고발로 검찰의 압수수색까지 벌어져 대한항공의 이미지 실추는 물론 호미로 막을 것을 가래로도 막기 힘든 지경이 되었다.

이와는 반대로 발 빠른 위기 대응으로 기업 이미지 실추를 최소화한 사례가 있다. 바로 리조트붕괴 사고를 수습한 코오롱그룹이다. 2014년 2월 17일 밤 코오롱이 운영하는 경주 마우나리조트가 붕괴하여 10명이 사망하고 100명이 부상하는 사고가 발생했다. 자택에 있던 이웅렬 회장은 보고를 받고 1시간 만에 과천 본사에 도착했다. 이어 상황을 파악한 이 회장은 곧장 경주 행을 택했다. 다음 날 날이 밝으면 내려갈 것이란 예상을 깬 결정이었다. 그는 이어 새벽 6시 사고 현장에서 "깊이 사죄한다. 코오롱이 할 수 있는 것은 다 하겠다"는 사과문을 발표하고 사고현장에 상황실과 사고대책본부를 설치해 수습했다. 사건 발생 9시간 만에 오너의 사과가 나온 것이다. 코오롱은 이후 희생자 유족과 적극적인 보상 협의로 별다른 마찰 없이 신속하게 위기를 마무리 할 수 있었다.

출처: 조선일보, 연합뉴스.

closing case

멕시코만 기름 유출

2010년 4월에 발생한 멕시코만 기름 유출 사태로 인해 수많은 사람들과 자연환경이 피해를 입었다. 금전적 피해를 넘어서 지구적 환경 대란이라고 할 정도로 피해는 어마어마했다. 사건의 당사자인 BP는 석유 개발과 시추를 통해 성장해 나가고 있던 세계적인 석유회사였다. 2009년 BP의 연 매출은 2,461억 달러(약 250조원)에 달했다. 이는 포르투갈이나 말레이시아의 GDP를 앞서는 수치였다.

재앙의 시작

하지만, 2010년 4월 20일 재앙은 순식간에 일어났다. BP의 의뢰를 받아 미국 마콘도 유정에서 작업 중이던 석유시추시설 딥워터 호라이즌호가 폭발하였다. 그리고 이틀 후 시추시설은 멕시코만 아래로 가라앉았다. 이 사고로 인하여 수심 1,500m 해저에 있는 심해 유정에서 하루에 2만~4만 배럴에 달하는 원유가 새어 나왔다. 원유 유출량이 막대하여 3~4일에 한 번 꼴로 2007년 태안 유조선 충돌 사고(당시 유출량 7만 9천 배럴)가 반복된다고 볼 수 있을 만큼 그 사태는 심각했다. 사고 발생 50일이 되는 6월 10일까지의 총 유출량은 최대 95만 배럴로 추정되었으며, 미국 해안 경비대가 사고 발생 유정인 '마콘도 252' 유정을 최종 봉쇄하여 기름 유출을 막기까지 총 유출된 기름의 양은 490만 배럴로 추정되었다. 이는 미국 역사상 최악의 원유유출 사고였던 엑손 발데즈호 원유 유출 사건(26만 배럴)의 수 배에 달했고, 그 재앙은 여전히 진행 중이다.

리스크 관리의 실수

전문가들은 이 사태를 단순한 사고가 아니라 세계적인 석유회사인 BP의 안일한 리스크 관리로 인해 일어난 재앙이라고 분석하고 있다. 그 동안 BP가 간과했던 잘못들은 다음과 같이 지적되고 있다.

첫째, 최악을 가정하지 않았던 위기 대응 태도이다. 사고 후 BP의 CEO인 토니 헤이워드는 사고 초기 원유 유출 규모가 큰 바다에 비하면 상대적으로 적다고 밝혔다. 이 때 BP가 공식적으로 밝힌 유출량은 하루 1,000배럴에 불과했다. 하지만, 2010년 6월 20일 미 의회에서 BP내부 문건이 공개된 바에 의하면 "유정 뚜껑과 비상 밸브에 문제가 생긴다면 하루에 10만 배럴이 배출될 수 있다"는 계산을 했었다는 것이 밝혀졌다.

둘째, 통합적인 위기관리의 부재이다. 당시 사고가 난 유정은 BP뿐만이 아니라 유정 운영권, 시추선 운영사, 송유 파이프 공사권 등을 두고 여러 업체가 참여하고 있었다. 사고 발생 전 딥워터 호라이즌 시추선의 운영사인 트랜스오션의 근로자들이 원유가 유출되는 것을 발견했고, 당시의 공사방식이 위험할 수 있다고 BP 파견 감독관에게 밝혔음에도 불구하고 BP 감독관은 이를 무시했다.

셋째, 비용 절감을 우선시하는 경영 방식이다. 이 때 BP 파견 감독관이 잠재적 위험에 대한 적절한 조치를 취하지 못했던 것은 비용 절감의 압력 때문이었다. 당시 유정 개발이 계획보다 지체되어 있었고, 이에 따라 최대한 비용을 절감해야 했던 BP의 현장 책임자인 존 가이드는 유정의 안정성을 높일 수 있는 장비를 설치하지 않기로 결정했다. 또한, BP 현장관리자는 시간이 많이 걸린다는 이유로 유정 내 가스 유출 여부를 검사하는 실험도 건너뛰었고, 유정 마감 공사에 쓰인 시멘트의 강도 실험도 하지 않았다.

넷째, 위기 관리 역량 과신이다. BP 본사는 자사의 위기관리역량을 과신하였다. 자신의 위기 관리 능력을 부풀려 미국 정부에 보고했고, 이로 인해 BP에 대한 미국 정부의 신뢰를 떨어뜨렸다. 당장 정부나 상대방의 신뢰를 얻기 위하여 수행 불가능한 약속을 체결하고 이를 관리하지 못했다.

미국 정부는 BP의 빠른 대응과 비용 부담을 촉구하였다. BP는 원유 방제를 위해 95억 달러 이상의 돈을 지출하였으며 미 정부에 200억 달러의 피해보상 기금을 지불했다.

잘못된 리스크 관리로 인한 재정적 손실

2010년 4월 20일 멕시코만 원유유출 사고 이후 두 달 동안 BP의 주가는 무려 49% 폭락했다. 이에 이날 런던증권거래소에서 BP의 주가는 장중 304.60펜스(2010년 6월 26일 기준)로 1992년 12월 이후 최저치를 기록했다. 또한, 기름 유출 사고에 대한 비용으로 400억 달러 이상을 지불한 BP는 2010년 영업 이익이 적자를 기록했다.

이 뿐만이 아니다. BP는 미국 역사상 최대의 형사 벌금을 부과 받았다. 에릭 홀더 미 법무장관은 2012년 12월 16일 기자회견을 갖고 “BP가 모든 혐의를 인정하고 45억 달러(한화 4조 8,915억원 상당)를 벌금(in fine and penalty)으로 내기로 합의했다”고 밝혔다. 벌금 내역은 미 법무부가 제기한 14건의 형사소송에 대한 12억 5,600만 달러를 포함한 40억 달러의 합의금과, 미국 증권거래위원회(SEC)에 추가적인 5억 2,500만 달러의 벌금이다. 하지만 BP의 벌금은 여기서 그치지 않을 전망이다. 오는 2월 미국의 주 정부와 관련 지자체 그리고 개인의 민사소송이 본격화되면서 BP의 손해배상 금액은 천문학적으로 늘어날 전망이다. 파이낸셜타임스(FT)는 BP가 향후 총 420억 달러를 물어내야 할 것으로 추정했다. BP가 가장 우려하는 것은 내년 2월에 시작하는 미국의 수질관련 법률위반과 관련된 소송이다. 미국 청정수질관리법에 따라 원유 1배럴 유출에 대해 1,000달러에서 4,300달러까지 벌금을 부과할 수 있는데 490만 배럴의 원유를 유출한 BP는 최대 210억 달러를 추가적으로 벌금으로 물 수도 있다. 미 법무부는 BP가 사고방지 시스템 자체가 없었다며 최대 벌금액을 부과할 방침이다.

이처럼 잠재적 리스크에 대한 안일한 대처가 자칫 돌이킬 수 없는 결과를 일으키기도 한다. 일선 관리자들의 리스크에 대한 무관심이 그 기업의 존재 자체에는 물론 지구촌의 환경까지 위협하게 된 BP의 사례를 통해 사후는 물론이거니와 사전에도 보이지 않는 리스크를 대비하는 것이 얼마나 중요한 일인지 알 수 있다.

출처: BP Annual Report, 헤럴드 경제, 위키피디아 참조 · 재구성.

제 6 장

조직구조와 조직변화

opening case

SK텔레콤의 조직구조 변천: 끊임없는 환경변화에 대한 대응

SK의 이동통신산업 진출

1982년 정부는 이동무선전화 현대화 계획을 수립하고 1984년에는 한국이동통신서비스주식회사를 설립하여 본격적인 휴대전화 서비스를 시작하였다. 재계는 이동통신 시장의 급속한 성장을 예상하고 제2 이동통신 사업권 획득을 둘러싼 치열한 경쟁을 치뤘다. 선경합섬으로 시작한 SK는 정유사업으로 발판을 만든 뒤 1994년 체신부의 KMT 민영화 방침에 따라 공개입찰에 참여하여 1994년 KMT를 인수했다. 이러한 과정을 거쳐 SK텔레콤이 탄생했다.

책임경영을 위한 사업부제로의 전환 (1998년)

성장을 거듭하던 SK텔레콤은 1998년 정보통신서비스의 융합, 국내 정보통신시장의 경쟁심화 등 급격한 경영환경 변화에 탄력적으로 대응하기 위해 실질적 책임경영체제 구축을 시도했다. 즉 기존 사업 경쟁력을 강화하고 이와 연계한 다각화로 신규수익을 창출하기 위해 핵심역량 경영, 책임경영, 가치중심 경영 등 전략에 맞는 구조로 변화했다. 이를 위해 11개 부문으로 구성되어 있던 기능별 조직을 무선사업부문, 신규사업부문, 전략지원부문, 전략기술부문 4개 사업부제로 개편하였다. 아울러 조직개편 목적을 효율적으로 달성하기 위해 사업부 운영을 위한 이전가격체계 및 전략적 성과측정지표를 도입하고 경영전략위원회를 통해 경영평가체계 개선을 이루었다.

| 1998년 조직구조 |

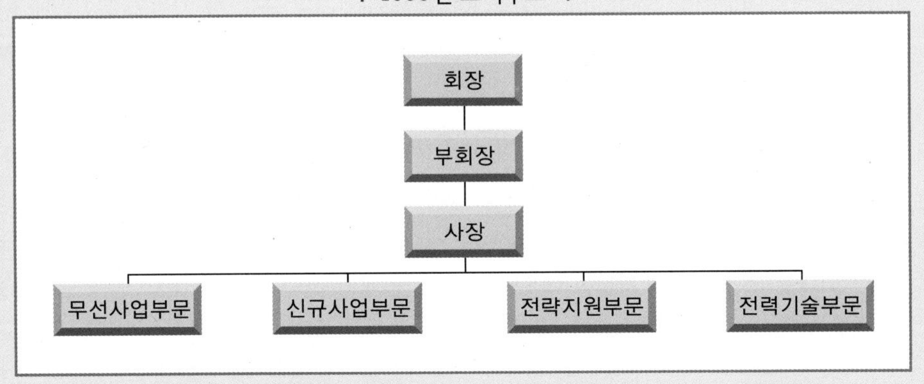

멀티미디어 시대 도래와 효율적 조직운영을 위한 조직개편(2003~2004년)

SK텔레콤은 이동전화 단말기를 통한 멀티미디어 서비스를 세계 최초로 상용화하였다. 무선인터넷 서비스인 네이트와 동영상 콘텐츠 서비스인 준은 새로운 비즈니스 모델로 각광받았다. 멀티미디어 시대라는 새로운 패러다임의 등장에 발맞춰 부문별로 흩어져 있던 연구개발 기능이 하나로 통합되고 중복되는 업무는 단일화되어 산업의 융·복합화가 실현되었다. 이로써 SK텔레콤이 유비쿼터스 환경에 부합하는 서비스 제공자로서 소비자들을 만족시킬 수 있게 되었다. 전사의 기술 전략과 R&D 기능이 통합된 전략기술부문이 신설되었고 네트워크나 단말기 등에 대한 연구개발이 대폭 강화됐다. 중복 업무라는 지적을 받았던 인터넷부문과 마케팅 부문은 업무성격에 따라 마케팅 및 영업 전략은 비즈니스 부문으로 고객관리와 밀착되는 사업은 커스터머 부문으로 재편되어 보다 넓은 관점에서의 마케팅이 가능해졌다.

2004년 지상파 DMB 서비스의 등장으로 인한 경쟁 격화에 따라 SK텔레콤은 변화 관리의 지속적 추진을 통한 기업 가치 극대화 및 투명하고 건실한 기업경영 실천을 위해 CFO 기능을 일원화하고 사업 및 상품 기획, 마케팅 기능을 강화하는 등 조직운영 효율화를 위한 조직개편을 단행했다. 새로운 성장 엔진 발굴과 추진을 담당하는 신규사업부문에는 윤리경영실이 신설되었고 구매관리실을 신설하여 구매 절차에 대한 감독을 강화했다. PMSB 사업추진단 등 의사결정 스피드 제고에 위해요인이 되는 부문은 과감히 폐지하였다.

CIC(Company In Company) 도입, 중국 · 신성장동력 지향 조직개편(2008~2009년)

2008년 이후 SK텔레콤의 조직구조 변화 중 가장 중요한 부분은 CIC제도의 도입이다. 회사의 규모가 점점 커지면서 전사적 목표를 일치시키는 조직의 단점은 부각되기 시작했다. 경영환경의 불확실성이 심화됨에 따라 개별사업이 전문성을 가지고 자율, 책임경영을 할 수 있도록 CIC제도를 도입하였다. 이에 따라 CEO는 정형적 · 일상적 경영을 CIC사장에게 대폭 위임하고 전략적 · 미래지향적 역할과 CIC간 이해관계 조정, CIC사장 육성 등을 담당하게 되었다.

2008년 말에는 기업 경영지원 부서인 CMS를 글로벌 사업과 통합하였다. 2009년 말에는 기업 대상 영업력을 높이는 동시에 새로운 사업을 발굴하는 두 마리 토끼를 잡기 위해 산업생산성증대 산업단(IPE)을 창설하였다. 중국 시장을 공략하려는 SK그룹 차원의 움직임에 발맞춰 C&I부문의 CIC기능 대부분을 중국으로 이전하기로 했다. 이동통신과 관련된 MNO (Mobile Network Operator) CIC는 B2B사업을 강화하는 쪽으로 조직을 재편하였다.

가볍고 빠르고 실행력 있는 조직개편(2010)/미래 성장사업 강화를 위한 조직개편(2011)

2010년 SK텔레콤은 글로벌 기업과의 무한 경쟁에서 생존을 넘어 Global ICT Leader가 되기 위해 스피드 경영 강화를 천명하며 대대적 조직개편을 단행했다. 임원 조직 단계를 4단계 이내로 축소하여 의사결정 속도를 높이고 임원의 책임 범위 확대를 통한 명확화를 위해 그룹 및 담당조직을 폐지했다. 또한 미래에 대한 불확실성에 대처하기 위해 미래경영실 CEO직할로 신설했다. 미래경영실은 사업/기술 분야별 전문인력을 배치하고, 국내외 전문기관 및 전문가로 구성된 외부 자문그룹을 적극 활용하여 중장기 미래 전략을 선도하는 Think Tank 역할을 했다. 이와 더불어 신설된 Product Development Factory를 통해 전사의 플랫폼/상품/서비스를 개발함으로써 무한경쟁 환경에서 주도권을 확보하고 새로운 시장을 개척해 나갔다.

2011년 스피드 · 실행력 · 응집력을 더욱 높이고 미래 상장사업 발굴과 추진력을 높이는 한편 자율과 책임을 동시에 가지는 자기완결적 구조를 더욱 확립하기 위해 조직개편을 단행했다. 모든 직원이 실력을 바탕으로 자율과 권한을 가지고 성과를 창출하는 문화를 정착시키기 위함이었다. 우선 B2B 역량 강화를 위해 IPE(Industry Productivity Enhancement: 산업생산성향상) 사업단을 C&S(Consulting & Solution) 사업단으로 변경하고, 기업사업부문 산하 조직으로 편성해 기업사업과의 시너지를 높였다. 또한 미래경영실 기능을 강화하여 통신시장의 급속한 변화와 무한경쟁 시대에 효율적인 대응의 역할을 맡았다.

Ⅰ 2011년 조직구조 Ⅰ

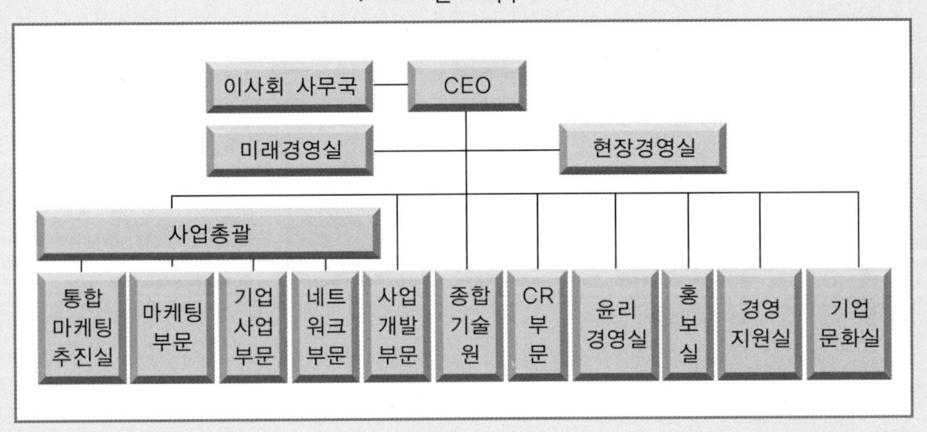

New ICT Company 비전 달성을 위한 조직 개편(2018)

SK텔레콤은 그동안 포화된 통신시장과 떨어져가는 이동통신 점유율로 인해 고초를 겪고 있었다. 이 때문에 2014년도부터 통신 중심의 사업구조에서 벗어나 신성장동력을 찾기 위한 노력을 해왔다. 그 결과 4차 산업혁명 시대에 맞는 New ICT Company라는 비전을 달성하기 위해 2017년 12월 7일자로 대대적인 조직개편을 단행했다. 이는 4차 산업혁명 시대에 맞는 5G와 AI를 신성장동력으로 본 결과였다. SK텔레콤은 차세대 네트워크의 핵심 인프라 역할을 할 5G와 수많은 정보에서 최적의 솔루션을 찾아낼 AI를 장기적 비전으로 삼을 뜻을 이번 조직개편에서 공고히 했다.

이를 위해 2018년 조직개편에서는 전과는 다르게 MNO, 미디어, IoT/Data, 서비스플랫폼 4대 사업부 조직 체계를 도입함으로써 조직 구조를 단순화했다. 각 사업 분야가 독립적으로 성장하고 혁신과 성과 창출에 집중할 수 있는 체계를 구축하기 위해서였다. 또한 부수적으로는 AI 리서치 센터를 신설해 AI 등 성장 R&D 영역에서 핵심 기술력을 확보하고, 종합기술원은 ICT기술원으로 명칭을 변경해 4대 사업의 핵심 상품 및 사업에 대한 기술 지원을 강화했다. 이와 함께 획기적으로 기업 이미지를 바꿔 프리미엄 브랜드로 재도약 하기 위해 Creative센터를 신설했고 사회적 가치 창출은 물론 외부 스타트업 · 대학 등이 추진하는 변화 에너지를 적극적으로 수용하기 위해 CEI사업단은 Open Collabo.센터로 명칭을 변경했다.

출처: SK 텔레콤 홈페이지, 2017년 사업 보고서 참조 및 재구성.

Ⅰ 2018년 조직구조 Ⅰ

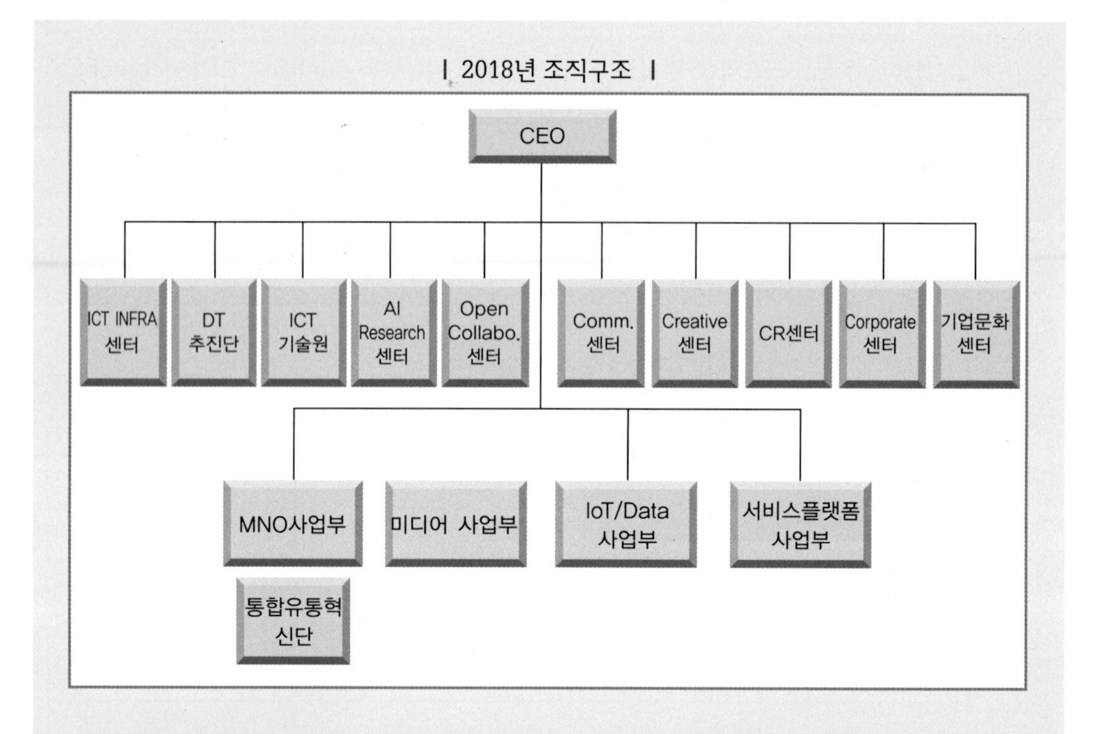

AI 빅테크 기업을 위해 기존 핵심기술조직들을 과감히 AI 중심으로 재편(2021)

AI서비스단은 AI&CO(Company)로 조직명을 변경하고 고객의 편리한 생활을 돕는 'AI Agent' 서비스 개발에 집중함으로써 SK ICT 패밀리 회사들의 모든 상품, 서비스 경쟁력을 혁신적으로 끌어올리고자 하였다.

T3K는 딥러닝 기반 대화형 AI '한국어 GPT-3', AI 가속기, 데이터 분석 플랫폼, MEC(모바일에지컴퓨팅) 클라우드 개발에 집중하는 4대 Product 컴퍼니로 개편됐다. 최근 'AI 1등 국가' 실현을 목표로 자체 개발한 국내 최초 AI 반도체 'SAPEON(사피온)'을 지속 고도화하고 글로벌 시장에 출시하는 막중한 역할도 맡는다. Cloud Transformation센터는 전사 클라우드 전환을 더욱 가속화할 예정이다.

가장 큰 매출을 담당하고 있는 MNO사업부는 9개 핵심 사업 Product에 주력하는 마케팅 컴퍼니로 크게 재편됐다. 9개 컴퍼니는 모바일, 구독형상품, MR(혼합현실)서비스, 클라우드, IoT, 메시징, 인증, 스마트팩토리, 광고/데이터로 모두 조직명에 CO(Company)가 붙는다.

SK텔레콤은 언택트 시대를 맞아 MNO 사업부의 온라인 서비스를 한층 강화하기 위해 Untact CP(Camp)를 신설했으며, 효율적인 5G 인프라 투자 및 운용을 위해 별도 조직이었던 ICT Infra센터도 MNO사업부 산하로 이동시켰다.

출처: SK 텔레콤 홈페이지 뉴스룸, 보도자료 'SKT, 2021년 조직 개편... AI빅테크 · 마케팅 컴퍼니로 도약' (2020.12.03.)

'통신 본원적 경쟁력'과 'AI 실행력' 강화 위한 7대 사업부 체계 구축

올해 AI 피라미드 전략 구체화를 통해 AI 영역의 성장 토대를 마련한 SKT는, 한 단계 더 나아가 실질적 성과를 내기 위해 '통신'과 'AI'를 두 축으로 하는 7대 사업부 및 이를 지원하는 공유 인프라군(群)[1]과 스태프군[2]으로 조직을 재편했다.

7대 사업부 중 MNO사업부와 B유선/미디어 사업부, 엔터프라이즈사업부는 통신사업의 본원적 경쟁력을 강화하고, 에이닷 사업부, GPAA(글로벌 퍼스널 AI 에이전트)사업부, AIX사업부, AI DC(데이터센터)사업부는 AI사업의 실행력을 높여 실질적 성과를 창출할 예정이다. 특히, B2B 사업은 엔터프라이즈사업부, AIX사업부, AI DC사업부로 재편해 영역 별로 전문화하고 SKT-SKB-SK C&C의 시너지를 기반으로 사업 경쟁력을 극대화한다.

엔터프라이즈사업부는 메시징, 광고/데이터, PASS/인증, 페이먼트 등 B2B향(向) 사업을 통합 수행하며, AIX사업부는 SKT-SK C&C 통합 역량을 활용하여 AI 업무혁신, AI 인텔리전스, AIX 클라우드, AI 팩토리 등의 영역에서 그룹 내 의미 있는 AI 활용 사례를 만들고 글로벌 및 국내 시장으로의 확장을 추진한다. AI DC사업부는 차세대 반도체, 친환경 에너지 등 그룹 솔루션 패키지 및 경쟁력을 기반으로 AI 데이터센터 및 GPU 클라우드 서비스(GPUaaS) 사업을 수행할 예정이다. SKT는 7대 사업부를 필두로 궁극적으로는 통신과 AI의 융합을 추구한다는 계획이다.

신속하고 기민한 의사결정을 위한 조직 단계 축소

SKT는 여러 조직에 나눠져 있던 기능을 통합해 전사 조직 단계를 4단계로 축소했다. 이 과정에서 사업부 조직은 '본부'로 스태프 등 지원 조직은 '실', R&D 조직은 '랩'으로 역할과 책임을 명확하게 구분했으며, SKMS실천실, O/I추진실, 고객가치혁신실, ESG추진실은 CEO 직속으로 편제해 주요 과제에 대한 추진력을 강화했다. 특히, 기업의 본원적 경쟁력을 강화하기 위한 O/I 조직을 신설, 글로벌 AI 컴퍼니로의 진화 발전을 위한 체질 개선에 본격적으로 나섰다.

한편 이동통신 3사를 비교해 보면, 핵심 경쟁 무대로 부상한 AI 분야에서 기술력을 확보하는 동시에 수익을 현실화하는 과제를 안고 있다. 5세대(5G) 이동통신에서도 안정성을 강화하는 동시에 기업간거래(B2B) 서비스에서 안전을 확보하는 게 과제라는 인식이다. 첫째, SK텔레콤은 AI를 사업조직 전면에 내세운 게 핵심 특징이다. 유무선통신사업부가 1번 조직인 경쟁사와 다르게 AI서비스 사업부를 전면에 내세웠다. 유무선통신사업을 영위하는 커스터머사업부는 SK텔레콤(무선)과 SK브로드밴드(유선) 간 융합을 강화한다. 둘째, KT는 그룹의 본부 역할을 하던 경영기획부문을 해체하고, 최고경영자(CEO) 비서실을 폐지했다. 대신 감사, 인재, 재무 등 기능을 독립시켜 각각의 역할을 강화했다. 최고기술책임자(CTO)와 전략 · 신사업

1) 공유 인프라군: 네트워크 인프라센터, AT/DT센터, (SK) AI R&D센터, 글로벌 A&I(Alliance & investment) 센터
2) 스태프군: CGO (컴플라이언스센터, CR센터, PR센터), Corp.플래닝센터, B 코퍼레이트센터, Corp.스트레티지 센터, HR 센터

부문을 신설해 AI기술력을 높이고, 수익 확대를 시도한다. 셋째, LG유플러스는 2024년 기존 조직의 큰 틀을 유지하면서도 각 사업부내에서 AI·플랫폼 부문을 강화했다. 정보보호기술 역량을 높이는 데 초점을 두고 있다. 고객경험(CX) 혁신센터를 비롯, 사업부 내에 CX관련 조직을 다수 배치, 고객중심 경영을 표방했다.

자료: 전자신문, 한국경제 참조.

6.1 조직구조

1. 조직구조란 무엇인가

앞의 사례에서 수십년간 조직구조가 개편되어 왔음을 알 수 있다. 일반적으로 조직구조(organizational structure)는 조직을 구성하고 있는 사람, 업무, 부서들 간의 공식적 관계나 상호관련성을 구축하는 짜임새로 정의된다. 조직설계(organizational design)란 분화된 업무, 부서를 공동목표로 이끌게 하기 위해 조정하는 노력이다. 이 조직구조는 조직전체나 부서 또는 작업집단과 같은 하위 단위조직의 구조적 형태를 선택하여 짜임새를 갖추게 하는 조직설계 과정을 통해 나름대로의 모양과 특색을 갖추게 된다. 이러한 과정을 통해 조직구조는 짜임새와 관련하여 비교적 정태적인 특성과 기본 변수들이 배열되어 있는 조직내부의 동태적 특성을 갖게 된다.

따라서 어떠한 조직구조의 설계가 효율적인가, 바람직한가의 질문에 답하기 위해서는 적어도 다음 세 가지 사항에 대한 정확한 이해가 필요하다.

첫째, 조직구조를 구성하는 원재료(기본요소)들이 무엇인가하는 점이다. 조직구조를 구성하는 가장 기본적인 요소 및 개념을 말한다. 건축물을 지을 때 벽돌과 철근이 필요하듯이 조직 구조의 설계에 있어서도 어떠한 기본요소들이 요구되는지를 알 필요가 있다. 조직구조의 기본요소에는 복잡성, 공식화, 집권화가 있다.

둘째, 다양한 조직구조 유형들에 대한 이해가 필요하다. 조직구조가 어떤 구조적 형태로 설계되어야 하는가를 말한다. 이는 관점에 따라 여러 가지 대칭적 조직구조 유형을 취할 수 있는데 이는 조직목표에 따라 구조적 유형을 결정할 수 있다. 건축물을 지을 때, 한옥을 지을 것인지, 양옥을 지을 것인지, 아파트를 지을 것인지, 초가집을 지을 것인지의 선택이 필요한 것처럼 조직구조의 유형(형태)에 어떠한 것들이 있는가를 이해할 필요가 있다.

마지막으로, 조직구조의 유형을 선택하는 데 있어 무엇을 감안해 결정해야 하는가이다. 이는 주로 조직구조에 영향을 미치는 외적 요소를 말한다. 조직이 처해 있는 환경, 채택하는 기술, 전략, 조직규모 등이 고려된다. 앞서 제시한 건축물을 예시로 든다면 한가로운 전원생활을 즐기기 위한 것인지, 어른들을 모시고 살아야 하는 상황이어서인지, 단순히 집이 낡아서 일기에

그림 6-1 조직구조 및 설계의 고려요인들

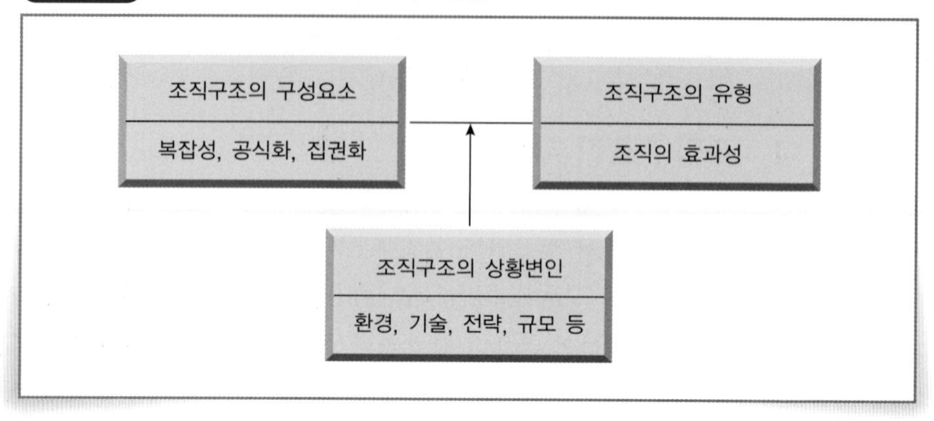

제대로 대응할 수 없어서인지 등이 검토될 필요가 있다.

이러한 세 가지 사항을 중심으로 조직구조를 살펴보기로 하자(그림 6-1 참조).

2. 조직구조의 구성요소

조직구조는 기본적으로 복잡성, 공식화, 집권화의 세 가지 요소로 구성된다.

1) 복잡성 : 과업의 분화정도

복잡성은 조직에서 과업의 분화가 이루어지는 정도를 말한다. 과업의 분화에는 수평적 분화, 수직적 분화, 지역적 분화가 있다.

■ 수평적 분화

수평적 분화란 조직이 상이한 부서나 전문화된 하위단위로 나누어지는 것을 의미하며 흔히 부문화로 부른다. 수평적 분화는 '직무전문화'와 밀접한 관계를 가지는데 조직 내에 전문적인 지식이나 새로운 기술을 요하는 직무의 수가 늘어나게 되면 수평적 분화에 의한 조직의 복잡성은 증대된다.

■ 수직적 분화

수직적 분화는 명령계통과 관계되는 개념으로 과업의 분화가 상·하관계를 가지고 이루어진다. 오늘날 기업은 수직적 분화를 통해 피라미드형의 권한구조를 형성하게 되는데, 이 때 통제의 폭과 계층의 수는 서로 밀접한 관계를 가지면서 조직구조를 형성하게 된다. 수직적 분화의 목적은 보고체계를 명시화하는 데 목적이 있으며 이 같은 과업의 분화가 상하관계를 형성한다.

■ **지역적 분화**

지역적 분화는 조직의 물리적인 시설과 인력이 지리적으로 분산되어 있는 정도를 말한다. 조직의 사무실, 공장 또는 종업원들이 지역적으로 분산되어 있을수록 의사소통, 조정 및 통제가 더 어려워지기 때문에 복잡성은 증가하게 된다.

2) 공식화 : 직무의 표준화 정도

공식화란 조직 내의 직무가 표준화되어 있는 정도를 말한다. 다시 말하면 종업원들의 태도가 문서화된 규칙이나 절차에 의존하는 정도를 의미한다. 단순하고 반복적인 직무일수록 공식화의 정도는 높고, 고도로 전문화된 업무일수록 공식화의 정도가 낮다. 일반적으로 생산부서의 직무는 마케팅이나 연구개발의 직무보다도 공식화의 정도가 높다.

3) 집권화 : 권한의 배분정도

집권화는 의사결정권한이 조직 내의 한곳에 집중되어 있는 정도를 말하는데, 집권화의 정도가 높으면 중요한 의사결정이 조직의 상층부에서만 이루어지는 것을 말한다. 조직 내의 권한위양 정도가 매우 낮아서 의사결정권이 대부분 최고경영층에 집중되어 있다면 그 조직은 집권화 조직에 속한다고 볼 수 있다. 집권화의 반대의 경우는 분권화(decentralization)라고 하는데 이는 권한이나 의사결정권이 하층부로 위양되는 정도를 일컫는다. 역동적인 조직일수록 분권화 정도가 높아지고 있다.

3. 조직구조의 유형

기업의 규모가 커지면 한 사람이 사업을 추진해 나가는 것은 불가능해진다. 따라서 한 사람의 힘으로 이룰 수 없는 사업을 효과적으로 수행하기 위해 다수로 구성된 조직이 필요하게 된다. 조직구조의 유형 선택은 기업이 성장하게 됨에 따라 필수적으로 당면하게 되는 기업내부의 차원이다. 전형적인 조직구조의 몇 가지 유형들을 살펴보기로 한다.

1) 관료제구조

기본적으로 관료제구조에 대한 고찰이 없이 조직의 구조, 설계 등을 완벽하게 이해하기는 어렵다. 관료제(bureaucracy)는 독일의 사회학자 베버(Weber)가 언급한 조직의 한 유형이다. 오늘날에 와서 많은 이들은 관료제를 부정적으로만 보고 있지만, 실제로는 관료제구조는 지금 현재까지도 조직의 근간을 이루고 있는 경우가 많다.

관료제구조의 특성은 다음과 같다.

• 명확한 분업 : 각각의 직위에 따라 그 권한과 책임이 명확하게 정의된다.

• 권한체계에 따라 서열화된 직위 : 낮은 계층의 직위는 그보다 높은 계층의 감독을 받는다.

• 기술적 능력에 근거한 직위 : 임용과 승진은 전문기술과 능력에 의한다.

• 공평한 규칙과 표준체계 : 규칙과 표준을 일관성 있고 공평하게 적용함으로써 성과의 통합과 조정이 보장된다.

이렇듯 이상적인 관료제구조는 논리, 서열, 그리고 합법적인 권한에 근거를 두고 있다. 이러한 관료제적 특성을 수용한 조직은 결과적으로 합리적이고, 공평하며, 효율적일 것이다. 그러나 실제로 대개의 경우 이러한 이상적인 형태가 실현되지 못하는 데 문제가 있다. 전통적인 관료제적 조직은 일반적으로 실제로는 다음과 같은 문제점을 노출하고 있다.

• 상대적으로 경직되어 있으며, 형식적이다. 즉, 규칙과 절차에 얽매여서 급격하게 변화하고 불확실한 환경에서 적응에 어려움을 겪는다.

• 조직의 규모가 커짐에 따라 통제하기 힘들 정도로 비능률적으로 운영되곤 한다. 권한체계에 따른 관리계층의 수가 늘어남에 따라 상위계층은 하위계층과 직접 접촉할 기회가 급격히 줄어든다. 따라서 최고경영자의 의사결정, 철학 등이 조직의 실제 현장에 적절하게 반영되지 못할 수 있다.

• 전문화에 대한 강조는 구성원의 창의성을 저하시킨다. 직무의 영역이 좁아지고 절차에 따라 명확하게 규정됨에 따라 나타나는 현상이다. 따라서 새로운 것보다 기존의 이미 설정된 규칙과 방식을 따라가게 될 가능성이 높다. 실제로 고도로 관료화된 조직은 형식적이고 비능률적인 업무처리(문서만능주의 등), 변화와 혁신에 대한 저항, 문제에 대한 무감각 등의 특성을 나타내는 경우가 많다.

2) 기계적 구조와 유기적 구조

설계모형을 기준으로 할 때, 기계적 구조와 유기적 구조로 구분할 수 있다. 기계적 구조는 고전적 조직모형에 기반을 두고서 조직을 구조화한 것으로 기능별로 업무를 전문화하고 복잡한 부문화를 거쳐 개인의 직무를 전문화시키며, 권한과 책임을 명백하고 세밀하게 규정짓고 있는 조직구조이다. 때문에 이 조직구조는 환경변화에 기민하게 적응하지 못하는 경직적인 특성을 갖는다. 반면 유기적 조직은 직무, 권한, 책임이 명백하고 상세하게 규정되어 있지 않으며, 명령통일의 원칙이 엄밀하게 적용되지도 않아 환경변화에 신축적으로 대응할 수 있는 조직을 말한다. 이 두 조직의 차이는 〈표 6-1〉을 통해 살펴볼 수 있다.

3) 라인구조와 라인-스탭구조

라인(line)은 조직의 목표달성에 직접적인 책임을 지고 있는 기능을 의미하고, 스탭(staff)은 라인이 효과적으로 일할 수 있도록 지원해 주는 기능을

표 6-1 기계적 vs 유기적 조직구조의 비교

구분		기계적 조직구조	유기적 조직구조
일반적 차이	권한	집권화	분권화
	규칙과 절차	많고 엄격함	적고 융통성이 있음
	일의 분할	명확	불명확
	관리의 폭	좁음	넓음
	조정	공식적이며 개인화	비공식적이며 개인적
특성	직무의 범위	구체적 정의	포괄적 정의
	규칙과 절차	많음	적음
	책임	명백	불명확
	위계질서	계층제	네트워크(분산된 채널)
	보상체계	객관적	주관적
	인간관계	공식적	비공식적
	상호작용	수직적	수평적
	의사전달의 내용	명령과 보고	조언과 정보
조건	조직목표	명백	모호
	직무	단순, 분해 가능	복잡, 분해 불가능
	환경	정태적, 확실	동태적, 불확실
	성과측정	가능	불가능
	권위	합법적	도전받음

표 6-2 라인 조직구조의 장단점

장 점	단 점
- 명령계통 단순/책임 · 권한의 구분 명확 - 신속한 의사결정 및 집행 - 상급자의 통솔력, 권한이 강해짐 - 하급자의 훈련 및 직무평가 용이	- 경영관리자의 독단가능성 - 조직구성원의 의욕과 창의력 저하 - 부문 간 협조의 어려움 - 총괄경영자 양성의 어려움

표 6-3 라인-스탭 조직구조의 장단점

장 점	단 점
- 스탭의 전문적 지식과 경험활용 - 스탭의 도움으로 라인관리자 부담 경감	- 스탭의 활용에 따른 비용의 증대 - 라인과 스탭의 갈등발생 가능성 - 라인의 스탭의존에 따른 의사결정 지연

수행하는 조직을 의미한다.

따라서 라인조직은 명령일원화의 원칙에 따라 최고경영자의 권한과 명령이 조직의 계층을 따라 단선적으로만 전달되는 조직형태로서 다음과 같은 장단점을 가지며, 소규모 기업에 유리한 조직구조 형태라고 볼 수 있다.

반면에 라인-스탭조직은 라인조직과 그에 대하여 조언을 하고 돕는 스탭전문가를 결합시킨 조직구조 형태로서 다음과 같은 장점과 단점을 갖는다.

그렇지만 라인, 스탭 중 어느 한 기능만 가지고 조직을 효과적으로 경영하기 어려우므로 일반적으로 모든 조직은 이 양기능을 함께 가지며 조화를 이루고 있다.

4) 조직구조 유형

■ 기능적 조직구조

기능적 조직구조는 업무의 내용이 유사하고 관련성이 있는 것들을 분류 결합시키는 조직설계의 방법으로 인사, 재무, 마케팅, 생산 등 이러한 기준을 토대로 조직의 구조를 설계하는 형태이다. 이것은 환경이 안정적이거나 일상적인 기술, 조직의 내부 효율성을 중요시하며 기업의 규모가 작을 때에는 횡적 조정 메커니즘이 필요치 않기 때문에 종적 관리 메커니즘의 효율성을 고려한 기능식 조직이 적합하다.

그림 6-2 기능적 조직구조

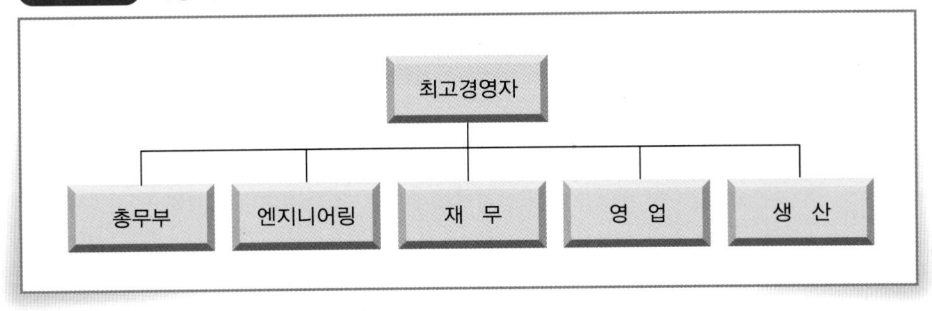

표 6-4 기능적 조직구조의 장단점

장 점	단 점
- 전문화로 개별 기능의 효율성 증대 - 관리자의 관리 감독 용이 - 기능분야의 전문가 양성 용이	- 기능부문 간의 갈등 - 전체조직보다는 직능의 목표를 중시 - 성과에 대한 책임한계가 불명확

■ 사업부제 조직구조

사업부제 조직구조는 전통적인 기능적 조직구조와는 달리 단위적 분화의 원리에 따라 사업부 단위를 편성하고 각 단위에 대하여 독자적인 생산·마케팅·재무·인사 등의 독자적인 관리권한을 부여함으로써 제품별·시장별·지역별로 이익중심점을 설정하여 독립채산제를 실시할 수 있는 분권적 조직이다. 사업부제는 하나의 제품계열을 담당하는 부서 내에 생산, 판매, 기술개발, 관리 등을 포함시켜 최고경영층의 의사결정권한을 단위 부서장에게 대폭 위양하는 동시에 각 부서가 마치 하나의 독립회사처럼 자주적이고 독립채산

그림 6-3 사업부제 조직구조

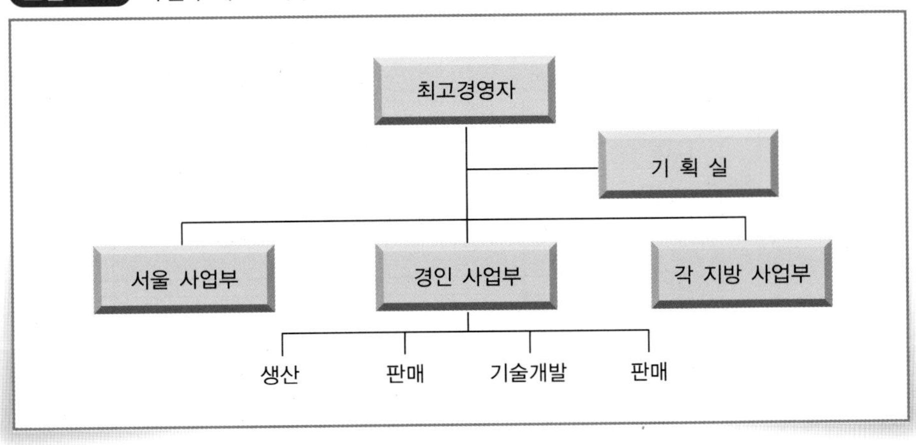

표 6-5 사업부제 조직구조의 장단점

장 점	단 점
- 고객 혹은 시장욕구에 대한 관심제고 - 통제와 평가가 용이 - 사업부 간 경쟁에 따른 단기적 성과제고 - 목표달성에 초점을 둔 책임경영체제 - 조직구성원의 동기부여와 관리자의 능력개발 용이	- 사업부 간 자원의 중복에 따른 능률 저하 - 사업부 간 과당경쟁(개별 사업부의 이익이 전체 조직의 그것에 선행) → 조직전체의 목표달성 저해 - 최고경영자의 권한 약화 - 단기 업적 위주

제적인 경영을 하는 시스템이다.

■ 매트릭스 조직구조

매트릭스 구조란 조직구성원들이 그들이 원래 소속되어 있는 기능부서에도 배치되고 동시에 그들이 현재 맡고 있는 생산품과 용역의 부문별로도 나누어진 팀에 배치되어 있어 두 개의 단위조직에 속하여 두 사람의 상급자를 두고 있는 형태이다. 이는 작업단위를 한 번은 기능별(생산, 판매, 재무 등)로 묶어놓고 또 한 번은 사업 혹은 제품별(제품 A, 제품 B 등)로 묶어서 두 구조 유형을 포개어 놓은 것과 마찬가지다(그림 6-4 참조). 지정된 프로젝트에 각 기능부서로부터 전문가를 차출하여 프로젝트가 운영된다. 프로젝트가 마무리되면 원래 기능부서로 돌아간다.

이러한 구조에서는 전통적인 명령통일의 원칙을 무시하고 한 개인이 두 상급자의 지시를 받으며 보고를 하게 된다. 즉, 상사의 직접조정이 연결, 조정 메커니즘으로 사용될 수 없다. 그러므로 부서 간 통합을 위해서는 빈번한

그림 6-4 매트릭스 조직구조

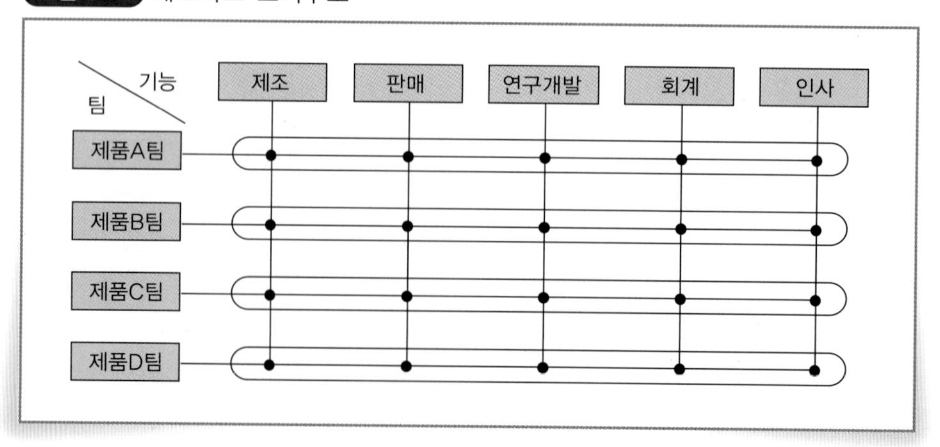

표 6-6 매트릭스 조직구조의 장단점

장 점	단 점
- 환경변화에 신속한 대응(유연성) - 부서 간, 계층 간 불협화음의 제거 - 문제해결지향적이며, 문제해결을 위한 다양한 전문지식 활용 - 개별 구성원의 창의력과 사기 제고	- 권한 · 책임의 중복에 따른 무질서 - 구성원 각자의 심리적 압박과 스트레스 - 또 다른 사업부로의 변질가능성 - 높은 관리비

상호접촉과 협조, 의사소통, 토론이 항상 있어야 할 것이다. 매트릭스 조직은 미국 우주항공국(NASA)에서 높은 성과를 올리기 위해 도입한 구조로써 높은 관리비가 소요됨에도 불구하고 많은 기업들이 선호하고 있다. 장단점은 〈표 6-6〉과 같다.

■ 네트워크 조직구조

네트워크 조직은 상호의존적인 조직 사이의 전방위적 협력관계를 의미하는 것으로 정의할 수 있다. 즉, 업무적인 상호의존성이 큼에도 불구하고 내부화하거나 자본적으로 강하게 연결됨이 없이 서로 독립성을 유지하는 조직들이 상대방이 보유하고 있는 자원을 마치 자신의 자원인 것처럼 활용하기 위하여 수직적, 수평적, 공간적 신뢰관계로 연결된 조직 간의 상태로 볼 수 있다. 따라서 전문화된 단위조직의 연합체로써 준시장거래를 통해 기능분야의 전문성과 효율성을 강화하고, 부가가치 창출력을 제고시키고, 다수의 기능별 전문회사가 연합하여 하나의 조직처럼 지속적인 협력체계를 구축하여 공동으로 기업가치를 창출하는 것이다.

이것은 조직 간 뿐만 아니라 조직 내의 집단 간에서도 수평적인 커뮤니케이션과 의사결정을 위해 공식적이고 계층적인 조직도를 무시하고 본사, 최고경영진, 부서장, 팀장 같은 매개자(broker)를 중심으로 각 기능을 연결시켜 놓은 조직이다.

■ 전략적 사업단위

전략적 사업단위는 경제여건의 변화와 지속적인 확대에 따라 1970년대 이후 사업부조직을 중심으로 경영다각화와 함께 대형화를 이루게 되었다. 그 결과 조직의 복잡화와 권한의 지나친 분산에 따라 경영의 통제가 어려워지고, 이러한 문제점을 해결하기 위하여 전략적 사업단위(SBU: strategic

그림 6-5 네트워크 조직의 형태

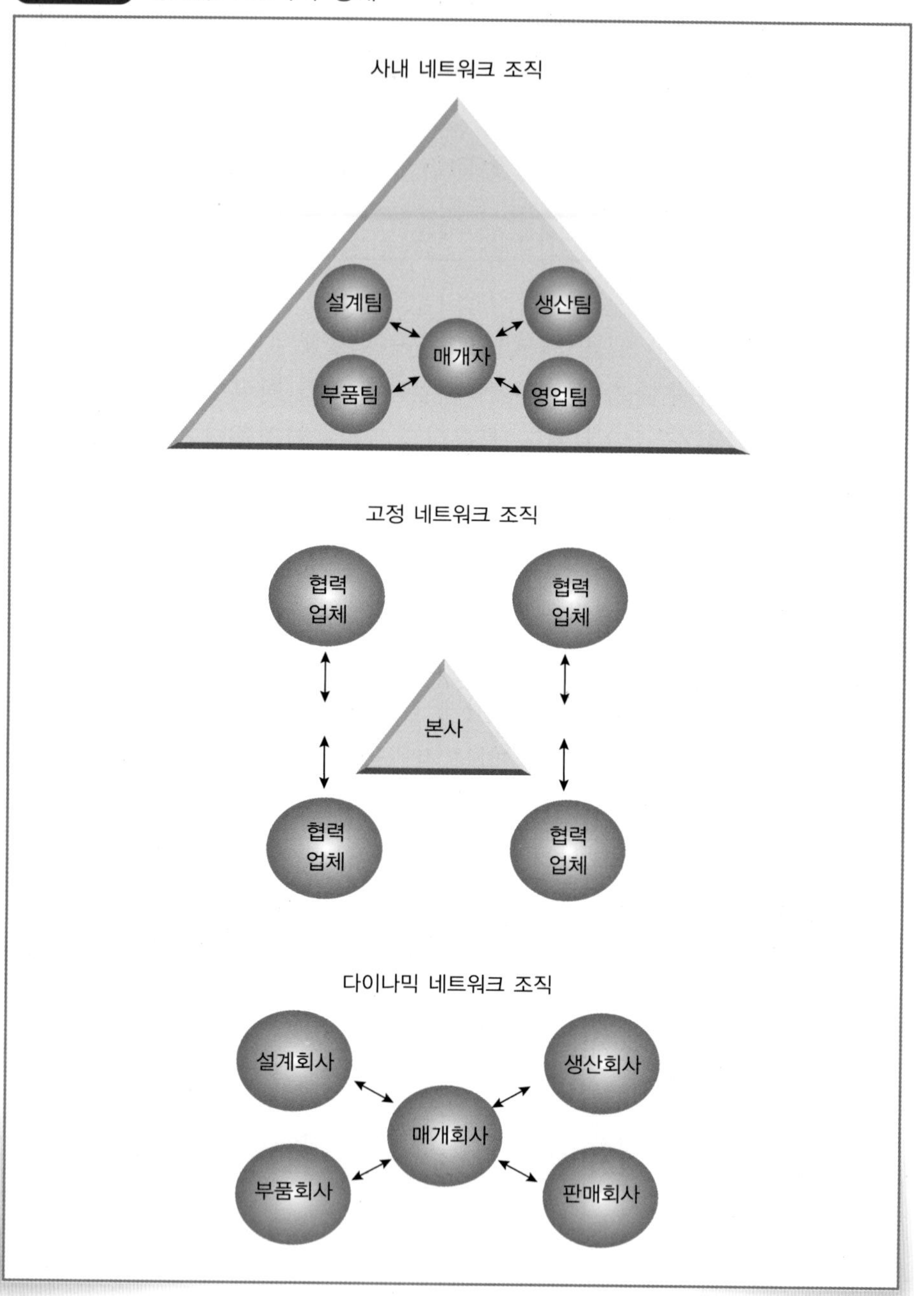

business unit)라는 새로운 기업조직이 설계되기 시작하였다.

전략적 사업단위란 서로 다른 경쟁전략을 수행할 필요성이 있는 사업부를 설계하는데, 원활한 조정과 통제, 업무의 효율성을 위해 각 사업단위마다 독자적인 전략을 수행할 수 있도록 제한적으로 자율성을 부여하는 조직형태라고 할 수 있다. 1990년대 LG그룹의 경우 그룹 내 문화가 유사한 계열사끼리 묶어 문화적 사업단위(cultural business unit)를 만들어 운영한 적이 있다.

■ **직능구조와 지배구조**

조직의 기본구조의 종류는 해야 할 일을 중심으로 한 직능구조와 권한을 중심으로 한 지배구조로 나눌 수 있다. 직능구조는 조직구조의 가장 핵심적인 구조로서 조직이 최대의 성과를 달성하기 위해 해야 할 일을 구성원의 능력에 맞추어 형성시킨 결합체이다. 구성원의 일의 구조는 직위나 직무로 나타나며, 전체의 직능이 부분직능으로, 부분직능은 다시 하위부분의 직능으로 세분되고, 마지막으로 구성원 개개인의 직능으로 편성되고 이를 역할이라 한다.

반면, 지배구조는 권한 분포에 기초를 두고 형성된 조직구조로서 직능구조가 조직의 활동을 통합하기 위해서는 지휘 통솔의 구조인 지배구조가 필요하게 된다. 지배구조는 분화된 조직 내의 활동을 촉진시키는 역할을 하게 되며, 명령 라인, 감독범위, 그리고 통제구조에 따라 다른 유형으로 구분될 수 있다. 현재 우리나라 대기업, 특히 재벌 그룹의 지배구조의 불투명성에 대해 여러 가지 문제가 제기되고 있다. 문제의 근원은 경영과 소유의 분리가 불명확한 상태에서 소유주들이 그룹계열사 간 상호연결 투자방법으로 전체그룹을 지배하고 있는 양상을 보이고 있다는 것이다. 정부, 기업, 학계 등이 머리를 맞대고 지배구조 개선책을 모색하고 있다.

4. 조직구조의 결정요소

조직의 구조를 결정짓는 외적 요소들은 조직의 규모, 기술, 환경 등이다. 그러나 최근에 와서는 이러한 요소들뿐 아니라 권력통제의 정도, 최고 경영자의 태도 역시 매우 중요한 조직구조 결정의 요소로써 고려되고 있다. 즉, 조직구조들을 설계할 때 이와 같은 상황변인들의 특징을 고려하여 조직구조의 형태를 선택하여야 보다 효과적이다.

1) 환 경

조직의 환경에는 정치, 경제, 문화, 기술 등 여러 가지의 변화가 항상 일어나고 있다. 환경변화는 조직에 따라서 변화의 정도와 중요성이 다르게 작용하고 있다. 이러한 환경의 차이는 조직의 구조와 조직 내부의 경영과정에 많은 영향을 주게 된다. 조직의 목표를 효과적으로 달성하기 위해서는 환경의 불확실성 정도에 따라 적합한 조직설계가 이루어져야 하며, 환경의 불확실성이 낮은 조직은 불확실성이 높은 조직에 비해, 분화의 정도, 권한의 위양 정도, 공식화의 정도에 있어서 다른 특성을 나타낼 것이다. 예를 들면, 안정적인 환경하에서는 변화에 대해 빠르게 반응해야 할 필요가 최소화되며 조직의 활동을 규격화시킬 때 경제성이 생기기 때문에 고도의 공식화를 가져오며, 환경이 거대하고 여러 부분과 관련된 경우 경영자는 환경을 주시하는 것이 어렵기 때문에 조직은 분권화되는 경향이 있다.

2) 기 술

여기서의 기술이란 조직이 그 과업을 수행하기 위하여 투입물을 산출물로 변환시키는 데 사용되는 인적, 물적, 재정적 자원과 지식, 도구 등을 말한다. 모든 조직은 재정적, 물적, 인적 자원을 제품 또는 서비스로 전환시키는 기술을 보유하고 있다. 따라서 투입물의 규칙성, 변환의 난이도 등에 따라 사용하는 기술이 달라질 수 있다. 대체로 일상화된 기술은 낮은 복잡성과 정적인 관계에 있다. 즉, 일상화의 정도가 크면 클수록 직무의 수는 적어지고 전문가들의 훈련기간은 짧아진다. 또한 작업이 일상화될수록 그 작업은 예측가능성이 높아져서 높은 공식화가 유효한 조정수단이 된다. 비일상화된 기술은 높은 복잡성을 초래한다. 작업이 더욱 정교해지고 주문 위주의 작업이 되면 될수록 감독범위는 좁아지고 수직적 분화는 증가한다.

3) 전 략

기업의 성장과정과 전략의 변화에 따라 조직구조를 설계하고 변경할 수 있으나 완벽하고도 이상적인 조직의 설계란 존재하지 않는다. 그리고 전략과 조직을 연결하는 보편타당한 조직원칙도 존재하지 않기 때문에 비슷한 전략을 선택한 두 기업이 전혀 다른 조직구조를 갖는 경우도 있다. 이것은 각 기업마다 외부적인 상황이 서로 다르고 오랜 세월에 걸쳐 형성된 특유의 기업문화와 내부권력구조, 그리고 성공여건 내지 기업의 강점과 약점이 서로 다르다는 점에서 그 원인을 찾을 수 있다.

4) 규 모

기업의 규모란 일반적으로 조직 구성원의 수를 일컫는다. 조직 규모에 따라 조직 구조의 기본 요소가 달라질 수 있다.

■ **규모와 복잡성**

일반적으로 규모가 증가할수록 복잡성이 커져 구조의 분화, 즉 전문화된다. 분업화가 촉진된다거나 기능적 분화로 인해 많은 부서들이 생겨나는 것은 이 때문이다.

■ **규모와 공식화**

조직의 규모가 커질수록 조직의 행동은 더욱 공식화된다. 경영자가 종업원을 통제하는 방법에는 직접적인 감독과 공식화된 규정이 있다. 이 두 수단이 서로 완벽하게 대체될 수는 없지만 어느 한 방법을 많이 사용하면 다른 방법은 적게 사용하게 된다. 소규모 조직에서는 직접 감독에 의한 통제가 비교적 쉽게 달성될 수 있지만 조직이 확대됨에 따라 감독해야 할 부하의 수가 많아져 규칙이나 규정에 의존해야 더 능률적으로 운영된다.

■ **규모와 집권화**

규모와 집권화의 관계는 역의 관계에 있다. 소규모 조직에서는 경영자가 집중화된 의사결정을 통해 통제권을 강력히 행사할 수 있지만 대규모 조직에서는 부하의 수와 부서의 증가로 인해 집중화의 방법보다는 분권화가 더욱 능률적이다.

5) 권력통제

조직구조는 조직구성원들의 상호 이해관계에 얽힌 권력통제가 중요한 작용을 한다. 조직의 합리성을 전제로 하는 종래의 전통적인 조직이론은 조직설계에 있어서 조직의 비합리적인 측면인 권력의 통제를 도외시하였으나 근대적 조직이론에서는 권력론자들의 의견을 받아들여 조직구조의 상황변인으로의 권력통제를 포함시킴으로써 행동적이며 동태적인 조직구조이론의 형태를 띠게 되었다. 합리성이란 언제나 일정한 목적과 수단의 관계를 전제로 하였을 때만 논의가 가능한데 권력론자의 입장에서 보면 조직 목적 자체가 권력통제 내지는 정치과정의 소산이다. 그러므로 권력을 소유한 사람들은 자신들의 통제를 증대시킬 수 있는 구조를 선택하려는 것이다. 권력을 가진 사람들은 자기들의 통제력의 유지를 촉진시켜 줄 수 있는 기술과 환경을 택한다. 그래서 조직은 일상적 기술과 불확실성이 비교적 낮은 환경을 선택하게 된다. 그들의 통제력을 더욱 증대시키기 위해 권력을 가진 사람들은 복잡성이 낮고 공식화와 집중화가 높은 조직구조의 선택을 추구한다.

6.2 조직변화 관리

1. 조직변화란 무엇인가

개방시스템으로서의 조직은 환경과의 지속적인 상호작용을 하고 있다. 이러한 조직과 환경의 상호작용 관계는 환경이 변화함에 따라 필연적으로 조직의 변화를 요구하게 된다. 그것은 환경의 변화에 따른 조직의 변화가 조직의 생존에 직접적인 영향을 미치기 때문이다. 예를 들면 춘하추동 자연환경의 변화에 따라 생태계 동식물이 자연에 적응 변화하는 것과 마찬가지 현상이다.

최근 대학들은 신입생 유치를 위해 매체 광고, 다양한 행사, 학과 신설, 학과명칭 변경 등의 노력들을 하고 있는데 이것은 기존에 전통적인 대학이라는 조직이 갖던 이미지를 완전히 뒤바꾸는 혁신적인 동향이 아닐 수 없다. 대학의 이러한 조직 변화를 시장경제의 원리로 설명하자면, 공급자인 대학에 비해 수요자인 학생들의 숫자가 상대적으로 적어졌기 때문이라 할 수 있다. 혹은 대학에 진학하고자 하는 욕구가 감소하는 등 사회적 인식의 변화에 의한 것일 수 있다. 이러한 대학이라는 조직의 환경에 변화가 일어남으로써 그에 대응하는 대학으로 하여금 변화를 가져오게 한 것이라 할 수 있다. 이러한 양상은 환경의 변화에 뒤쳐지는 조직은 도태되게 하고, 거기에 발맞추어 변화해가는 조직은 생존하게 하는 결과들을 낳고 있다. 이미 일본에서는 이러한 환경변화로 인해 수많은 대학들이 통폐합되고 있다.

한편 이러한 환경의 변화가 없다 하더라도 조직의 자생력과 성과를 높이기 위해서 스스로 개선하려는 자발적인 변화의 움직임은 당연히 필요할 것이다. 조직에서 나타나는 비효율적인 요소들로 인해 생산성의 저하가 나타난다면 그에 따른 조직의 개편 등은 지극히 당연한 생존의 방식일 것이다. 이렇듯 조직변화가 자연스레 환경에 적응하는 차원에서 이루어지든 혹은 계획적이면서도 전략적으로 이루어지든 조직의 변화는 필연적인 것이라 할 수 있다.

2. 계획된 변화

1) 반응적 변화와 선응적 변화

조직의 계획된 변화는 보통 두 가지 차원에서 다루어질 수 있는데, 이것은 현재를 중심으로 하는가, 미래를 중심으로 하는가에 따라 반응적 변화(reactive change)와 선응적 변화(proactive change)로 구분된다. 반응적 변화는 인식된 문제, 위협 또는 기회에 대한 반응으로써 기대하지 못한 사건이나 압력에 대해 반응하기 때문에 조심스럽게 상황을 분석할 충분한 시간이 없거나 잘 생각된 반응을 하기가 어려운 바 단편적 반응이 이루어질 가능성이 크다. 반면에 선응적 변화는 미래의 어려움, 위협과 기회를 예상하고 그에 따른 변화를 위해서 심사숙고하고, 그에 대한 체계적인 계획을 세우는 과정을 포함한다.

2) 레윈(Lewin)의 변화모형

계획된 조직변화를 보다 잘 이해하기 위해서는 변화과정의 단계를 이해할 필요가 있는데, 이에 대해 레윈은 해빙(unfreezing), 변화(moving), 재동결(refreezing)의 3단계 모형을 제시했다. 이 단계들은 얼음으로 만들어진 조각을 다른 형태의 조각으로 바꾸는 과정으로 이해하면 쉽게 이해할 수 있다.

(1) 해빙단계

조직변화를 위한 준비단계로 조직구성원들이 변화의 필요성을 인식하게 함으로써 변화에 저항하지 않고 오히려 협조할 수 있도록 하는 단계이다. 이 단계는 기존 체제를 해체시켜 새로운 개체로 만들기 위한 전초 단계이다. 마치 다른 얼음 조각을 만들기 위해 기존 얼음을 녹이는 것과 위기의식의 부여 등이 해빙단계에 많이 사용되는 방법론이다. 위기를 불러넣는 것이 해방단계에서 주로 나타난다.

(2) 변화단계

이 단계에서는 변화 영역에서 실제로 여러 가지 변화기법을 사용해 변화를 시도한다. 즉, 기존 상태에서 새로운 상태로 바뀌어지는 단계이다. 마치 얼음을 녹인 물을 다시 원하는 모양의 틀에 넣는 것과 같다. 바람직한 모습을

그림 6-6 Lewin의 조직변화 모델

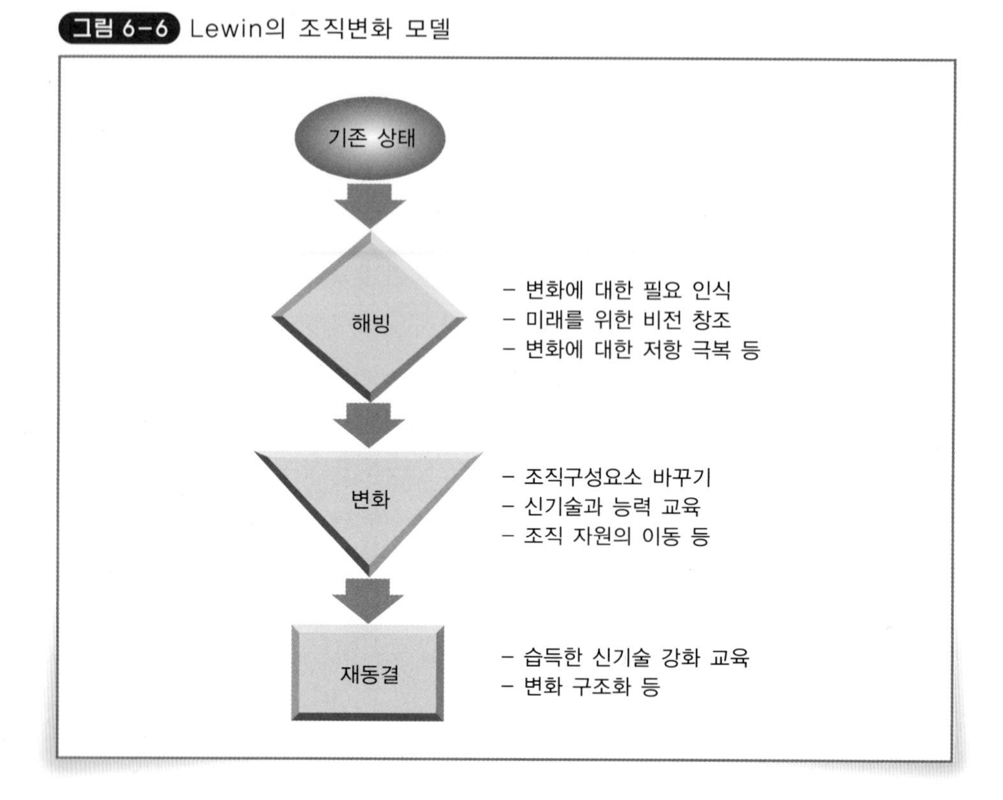

설정하고 이를 위해 실천하는 단계이다.

(3) 재동결단계

실행된 변화노력에 의해 이루어진 변화가 안정적으로 조직 내에 자리잡게 하기 위해 변화를 지원하고 강화시키는 과정이다. 새로운 체제가 확립되어 조직목표 달성을 향해 시스템을 재구축하는 단계이다. 마치 틀 속에 부어진 물을 새로운 얼음 조각으로 만들기 위해 다시 얼리는 것과 같다고 할 수 있다. 변화된 상태가 다시 원래대로 가지 않도록 하는 것이다. 한 예로서 과식 등으로 건강이 안 좋은 경우, 의사의 경고로 위기감을 갖고, 음식조절과 걷기 등 운동으로 체중과 여러 건강지표를 개선한 경우, 이를 유지하지 못하면 다시 원래상태로 돌아갈 수 있기에 변화상태를 안정적으로 유지하는 노력을 기울이는 것이다.

3) 그라이너(Greiner)의 조직진화 · 혁명 모델

그라이너(Greiner)는 조직진화 · 혁명 변화 모델을 제시한 바 있는데, 이것은 조직의 규모와 기간에 따른 조직의 성숙도에 따라 조직이 어떻게 위기

그림 6-7 조직 수명주기 모형

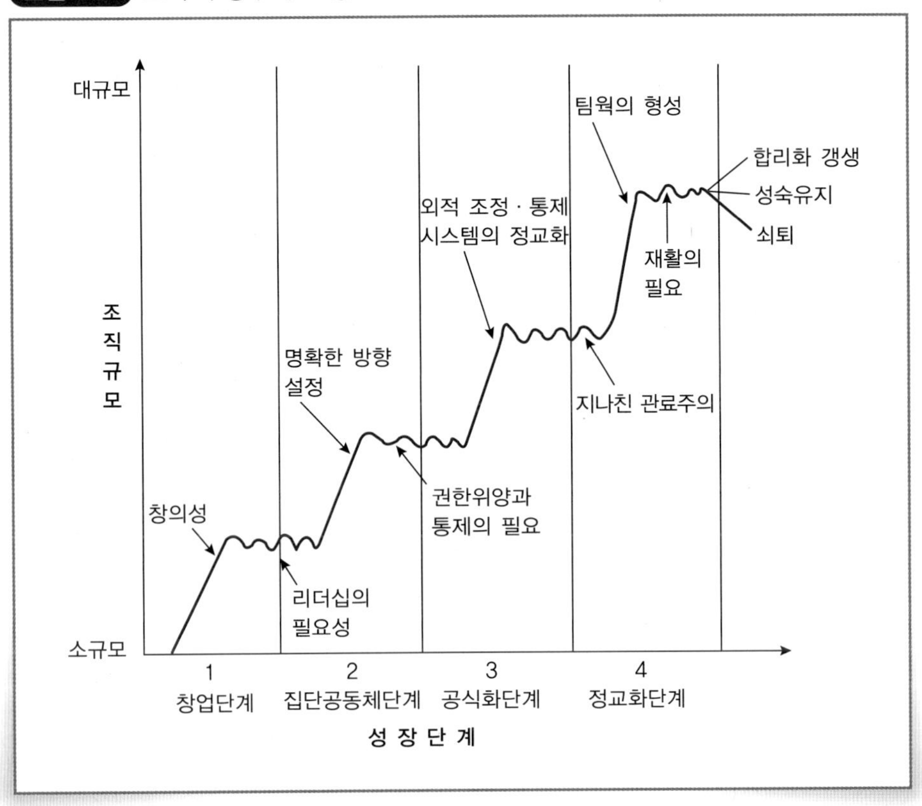

출처: Richard L. Daft, *Organization Theory and Design*, Minnesota: West Publishing Company, 2018.

(crisis)를 경험하고, 어떠한 방법을 통해 성장하게 되는지를 분명하게 보여주고 있다(그림 6-7 참조).

그림에서 보는 바와 같이 세로 축은 조직의 규모가 소규모에서 점점 커져가는 정도를 나타낸다. 반면에 가로 축은 조직이 양적으로 뿐만 아니라 관리적, 질적으로 성장하는 정도를 나타낸다. 창업단계, 집단공동체단계, 공식화단계, 정교화단계 등 모두 4단계의 성장단계를 거치는데, 각 단계의 후반부에 단계 특유의 위기가 발생하며 이 위기를 극복하는 극복 방법이 제시되고 있다.

제 1 단계 창업단계에서는 창의성을 중심으로 조직의 규모가 커지며 성장하게 되는데 이와 함께 곧 인원 증가 등으로 관리의 위기가 닥쳐 리더십이 필요하게 된다. 리더십 위기가 해결되면 제 2 단계 집단공동체단계에 접어들어 성장을 지속한다. 2단계에서 의사결정 권한의 위임과 그에 따른 통제 메커니즘이 제대로 작동하지 않아 위기가 생기고 이를 해결하기 위해 제도와 규칙,

절차, 통제 시스템이 도입되는 제 3 단계 공식화단계로 접어든다. 제 3 단계에서 성장을 지속하다 지나친 관료주의의 위기를 맞으면 이는 팀웍과 협동을 통해 극복하고 제 4 단계로 진입한다. 제 4 단계는 정교화단계로 성장을 지속하다 일시적인 쇠퇴기간을 겪고 이 때는 조직이 재활할 필요성을 느끼게 된다. 재활의 경우는 3가지 선택이 있는데 합리적 갱생을 하느냐, 지속적 성숙을 유지하느냐 또는 쇠퇴를 하느냐 하는 갈림길에 놓이게 된다.

3. 조직변화의 유형

조직변화의 유형 중 구조적 변화, 기술적 변화, 인적자원 변화가 대표적인데, 이러한 조직변화는 상호간에 밀접한 연관성을 낳고 있다. 예를 들어 기술적 변화로써 새로운 경영정보시스템이 조직에 도입되면, 조직은 그에 따른 업무 프로세스를 고려해 조직의 구조를 변화시키게 되고, 아울러 그를 활용하는 인적자원에 대한 훈련과 개발 등을 강화하게 된다.

1) 구조적 변화

조직변화 중 구조적 변화는 공식적 조직 설계, 직무설계, 권한배분, 분권화 정도 등과 같은 같은 영역에서의 조직변화를 의미한다. 즉, 조직구조의 변화나 재설계와 그에 따른 제반 하위 구성요소 등의 변화라 할 수 있다. 예를 들어, 앞서 배운 복잡성, 공식화, 집권화 등과 같은 조직의 구조적 기본요소 중 하나 또는 그 이상을 변경하는 형태로써 조직계층을 줄이기 위해 보고체계를 변화시키는 것 등의 방법을 취할 수 있다. 또는 기능적 조직을 사업부제, 또는 매트릭스 조직으로 개편하는 것 등도 이러한 범주의 변화에 포함된다.

2) 기술적 변화

기술이란 투입물을 산출물로 변환시키기 위해 조직이 사용하는 전환과정이라고 할 수 있다. 특히 오늘날에는 기술혁신의 속도가 매우 급속해져 이러한 기술적 변화의 중요성이 더 한층 강조되고 있다. 최근 대표적인 양상으로는 다양한 조직 내의 IT 시스템의 도입이 그 예라 할 수 있다. ERP, CRM, SCM, KM(제11장 생산운영관리 참조) 등의 시스템들이 조직 내에 도입되고 있다. 특히 AI가 도입되면서 많은 구조적, 인적자원의 변화가 이뤄지고 있다.

3) 인적자원 변화

인적자원의 변화는 주로 구성원들의 능력, 기능, 업적, 인식, 기대, 태도, 가치 등과 관련되어 나타난다. 예를 들어 구성원들의 역량 수준 향상을 통해 성과를 향상시킬 수 있도록 조직은 훈련과 새로운 평가제도 등을 도입하곤 한다. 또한 구성원들의 직무만족이나 조직몰입을 유도하기 위해 혁신적인 보상제도 등을 도입하거나 자기개발을 할 수 있는 기회를 제공하기도 한다. 이러한 모든 것들이 인적자원 분야에서 야기되는 변화의 유형이라고 할 수 있다.

4) 조직개발

조직개발이란 행동과학적 지식을 활용해 조직의 과정에 의도적으로 개입함으로써 조직의 유효성과 건전성을 증가시키기 위한 계획적이고 전체적이며 최고경영층에 의해 주도되는 노력으로 정의된다. 조직개발에는 개인적 차원, 집단적 차원, 조직전체 차원에서 접근하여 구체적이고 다양한 기법들이 있다. 이러한 조직개발의 구체적인 기법들은 개입(intervention) 기법이라고 불린다. 이러한 기법들은 조직개발의 방법과 기술이며, 조직개발이 지향하는 목표를 달성하도록 해주는 수단으로 일련의 구조화된 행동이라고 볼 수 있다.

■ 감수성 훈련(sensitivity training)

T그룹 훈련이라고도 하며, 서로 모르는 다수의 참가자들을 모든 관계집단에서 고립시킨 채로 비교적 오랜 기간 동안 집단생활을 하게 함으로써 그 동안 자신이 타인에게 어떠한 영향을 미치고 있으며 어떻게 인식되고 있는가 등을 감지하는 능력을 개발시키는 데 중점을 둔 방법이다. 이 방법은 구성원들로 하여금 자신을 보다 잘 이해하도록 하고 타인에 대한 이해능력을 키우며 집단화 과정에 대한 통찰력을 키우는 것은 물론 개인의 특수한 행동을 개발하는 데 있다. 또한 의사소통 능력의 개발도 가능하고 집단 혹은 팀의 성원으로 보다 효과적으로 일할 수 있는 방법과 리더로서의 역할에 대해 체득할 수 있다.

■ 팀빌딩(team building)

이 방법은 조직 내 다양한 공식적 작업집단 구성원들의 협조적인 관계 형성을 통해 업무수행의 효율화를 이끌어내기 위한 것이다. 팀빌딩은 전통적인 팀웍의 장점와 유사하다. 즉, 이 과정은 팀의 개방적이고 참여적인 분위기를 높이며, 팀의 의사소통과 문제해결력 강화, 개별 구성원들은 심리적인 성장

그림 6-8 팀빌딩 절차

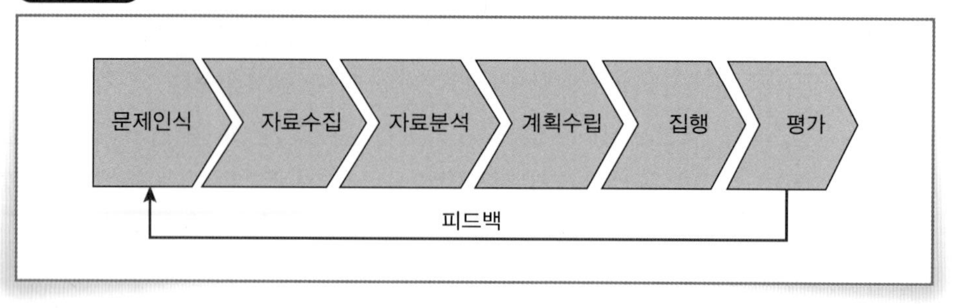

을 경험하고 대인관계의 기술을 개선시킬 수 있다. 이는 결과적으로 조직의 성과향상을 가져올 수 있다.

■ **조사피드백(survey feedback)**

이것은 조직구성원의 태도와 지각 간의 괴리에 관한 조사 정보를 피드백 집단에 사용함으로써 그 차이를 해결하려는 방법이다. 이를 위해 설문지는 조직이나 조직단위의 모든 구성원들에게 이루어지는 의사결정 관행, 커뮤니케이션, 조직 · 직무 · 상사 등과의 관계에 대한 만족 등에 대한 지각과 태도를 묻는 내용으로 구성된다. 수집된 자료는 집단문제 해결을 위한 활동에 사용된다. 이 방법은 조직문제를 진단하고, 그 결과를 바탕으로 변화를 도모할 수 있도록 한다.

■ **과정자문(process consultation)**

외부 컨설턴트가 관리자들을 도와 그들이 다루어야 할 과정상의 사건들을 지각하고 이해하여 거기에 영향을 미칠 수 있게 하는 데 있다. 이 방법은 오늘날 조직이 당면하고 있는 중요한 개인적, 집단적 문제해결을 목표로 해 외부 컨설턴트가 개입하되 조직 스스로가 문제해결을 모색하도록 하는 것이지만 참가자들이 다른 방법들에 비해 집중적으로 참여하지 않는다는 것과 비용과 노력이 많이 드는 단점이 있다.

그림 6-9 과정자문 절차

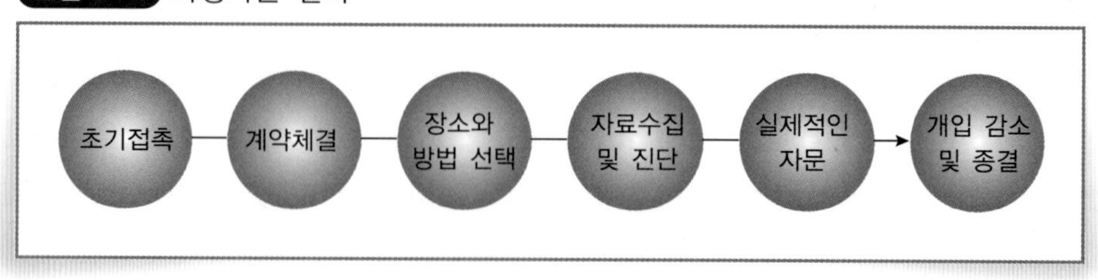

■ **집단 간 활동**(intergroup activities)

둘 또는 그 이상의 집단간 관계를 향상시키는 데 초점을 두는 방법으로 작업집단의 구성원들이 서로에 대해 갖고 있는 태도, 인습, 지각을 변화시키려는 시도이다. 이를 위해서는 서로 불편한 두 작업집단이 각각 자신들에 대한 지각과 상대방이 자신을 어떻게 인식하고 있는지에 대한 인식을 조사해 이것을 공유함으로써 유사점과 차이점을 논의하는 것이다. 이를 통해 서로 다른 점이 명백해지면 불균형의 원인을 찾아낸 뒤 집단 간의 관계를 개선할 수 있는 해결책을 모색한다.

4. 조직변화의 관리

1) 변화관리란 무엇인가

오늘날의 조직들은 내외적인 변화 압력 속에서 환경과의 지속적인 상호작용을 통해 자연적으로 적응하거나 계획적으로 대응해 나감으로써 항상 변화과정을 경험하고 있다. 특히 IMF 경제 위기를 겪고, 금융 위기와 COVID-19 및 보호무역주의 위기 등 이후 급속한 글로벌 경쟁 환경에 직면한 국내의 조직들은 환경에 자연적으로 적응하는 차원에서 기업변화를 시도하기보다는 내외적인 변화압력에 의해 사후적으로 전략적인 조직변화를 시도하고 있다. 그 결과, 조직에 있어 변화관리는 더욱 중요하게 인식되게 되었는데, 이는 결국 변화에 대한 개인적, 체계적 저항을 예방하거나 제거하여 원래 목표한 성과를 달성할 수 있도록 조직원들의 마음을 의도적으로 바꾸는 것을 의미한다. 즉, 변화에 대한 조직원들의 사고방식을 변경하여 그들이 변화에 저항하는 대신 최소한 묵인하거나 참여할 수 있도록 하는 것이다.

보다 체계적으로, 변화관리는 '변화가 조직문화와 제도, 규범, 관행 속에 흡입되어 갈 수 있도록 계획을 유연하게 조정하고, 경영층의 관심과 조직원들의 자율적인 참여를 통해 변화를 정착시키는 과정' 을 의미한다.

단순히 변화 활동을 도입하고 수행하는 것만으로 그것이 조직성과에 직접적으로 연결되는 것은 아니다. 모든 변화활동은 보다 체계적이고 총체적으로 관리되어야만 조직성과에 기여할 수 있다. 그 동안 기업들의 변화노력이 다양한 활동을 통해 수행되었음에도 불구하고 대부분의 경우 실제 성과를 나타내지 못하거나 비효율적으로 추진되는 경우가 많았다. 이는 그러한 변화활동이 조직 및 구성원들의 특성이나 조직구조, 조직문화 등을 고려하여 효과적으로 관리되지 못했음에 기인한다. 변화관리의 핵심은 단순히 변화, 혁신 활동을 수행하는 데 있는 것이 아니라 다양한 활동이 수행되는 각 부문 간에 균형을 유지하고 상호 연결하는 것이다. 그러므로 변화관리의 주요 과제는 어떻게 부문 간의 균형을 유지할 것인지, 어떻게 한 요인의 변경시 다른 요인들도 변하는지, 그리고 변화의 순서와 속도가 전체 구조에 어떤 영향을 미치는지를 이해하는 것이다. 변화활동이 각종 혁신 기업을 통한 변화이든 일반적 조직 변화활동이든 그것들을 따로따로 분리하여 관리하기보다는 조직의 역동성을 전체적으로 조망할 수 있는 관점을 가져야 할 것이다.

2) 조직변화에 대한 저항

그러나 조직변화에 대한 어떤 계획된 시도가 효과적이기 위해서는 조직변화의 장애요소들을 극복해야만 한다. 특히 변화과정에서 발생하는 저항을 효과적으로 관리해야 한다. 변화과정에서의 저항은 개인적 저항과 조직적 저항으로 구분지어 볼 수 있는데, 이러한 저항의 원인은 다음과 같다.

(1) 변화에 대한 개인적 저항

■ 경제적 불안정

직무에 대한 변화는 개인의 삶에 영향을 미친다. 예를 들어, 직업을 잃거나 봉급이 감소한다든지 하는 형태로 나타나는 변화는 경제적 불안정을 초래한다. 그렇기 때문에 직무 안정성에 대한 보장을 하지 않는다면 종업원으로부터의 저항은 불가피한 것이다.

■ 불확실성에 대한 두려움

사람들은 같은 일을 같은 방식으로 수행할 때 안정감을 느낀다. 친숙한 패턴이 사라지면 익숙하지 못한 상황이 오게 되고 이것은 저항을 부른다.

■ 사회적 관계의 위협

사람들이 조직에서 일을 하는 동안 동료들과 강한 유대감과 사회적 관계를 형성한다. 많은 조직변화(즉, 직무의 재조정 등과 같은)는 많은 종업원들에게 사회적 보장의 중요한 원천이 되는 친숙 집단의 통합성에 부담을 준다.

■ 새로운 지식 · 기술의 학습

잘 학습되어 습관처럼 익숙한 직무는 수행하기가 용이하다. 직무를 수행하는 방식이 바뀌게 되면 사람들은 일을 다시 배워야 하고 새로운 기술을 습득해야 한다. 이러한 것은 분명히 원래 배웠던 대로 하는 것보다 더 어렵다.

■ **변화 필요성에 대한 인식의 결여**

조직의 변화에 대한 필요성을 종업원들이 충분히 인식하지 못하면 어떤 변화노력도 받아들여지기 어렵다.

(2) 변화에 대한 조직의 저항

■ **구조적 관성**

조직은 안정성을 가지도록 설계된다. 즉 직무의 안정성을 만드는 힘들이 변화에 대한 저항을 야기하는 것이다.

■ **작업집단 편성**

작업 집단 내에는 강한 사회적 규범이 있기 때문에 작업을 어떤 특정 방식대로 하게 하는 강한 압력이 있다. 변화를 도입하게 되면 이러한 규범이 파괴되기 때문에 강한 저항이 생기게 된다.

■ **현재의 힘의 균형 파괴에 대한 위협**

일을 수행하는 방식에 관련하여 변화가 일어나면 개인들 그리고 조직 단위들 사이의 힘의 균형에 변화가 발생한다. 현재 자원을 통제하고 힘을 가지고 있는 부서는 조직변화의 결과로 이러한 우위를 잃는 것에 대한 두려움을 가지게 된다.

■ **과거 변화노력의 실패경험**

과거에 변화에서 불이익을 경험한 사람은 동일한 다른 시도에 대하여 저항하게 마련이다. 이와 비슷하게 집단이나 전체 조직도 과거에 변화를 시도하다 실패를 한 경험이 있으며, 또 다른 변화를 시스템 내에 도입하는 것을 꺼리게 된다.

3) 조직변화에 대한 저항의 관리방법

이러한 저항을 극복하고 조직이 충분한 성과를 내기 위한 효과적인 변화관리 방법에는 어떠한 것들이 있는가? 이와 관련한 대표적인 연구자인 코터(Kotter), 슐레징거(Schlesinger)는 대부분의 조직에서 변화에 대한 저항을 관리하는 데 활용할 수 있는 방법으로 〈표 6-7〉에 제시된 교육과 커뮤니케이션, 참여와 몰입, 촉진과 지원, 협상과 동의, 조작과 협조, 명시적 · 암시적

표 6-7 저항을 관리하는 주요 기법

기법	개요	적용상황	장점	단점
교육과 커뮤니케이션	변화의 설계 및 실행에 앞서 변화대상자에게 내용을 알리고 교육함	변화에 대한 정보가 없거나 부정확한 경우	일단 변화대상자가 설득되면 변화 실행에 큰 도움이 됨	많은 사람들이 관련되는 경우 시간의 소비가 많음
참여와 몰입	변화의 설계 및 실행 과정에 변화대상자를 참여시켜 그들의 의견을 반영함	변화주도자가 변화에 필요한 모든 정보를 갖지 못했거나 변화대상자의 저항이 상당한 경우	참여한 사람이 변화에 대해 일체감으로 가지며 그들의 의견이 변화계획에 반영됨	참여자들이 변화를 잘못 설계하면 시간이 과다하게 소비됨
촉진과 지원	변화대상자가 느끼는 변화로 인한 애로사항 해소를 위해 지원	변화 상황에 대한 적응문제로 저항이 발생할 경우	적응이 문제로 제시될 때 가장 성공적인 방법임	시간과 비용이 과다하게 사용됨
협상과 동의	변화대상자에 인센티브 제공	변화대상자가 변화를 통해 피해를 보는 것이 분명하고 그들의 저항력이 상당한 힘을 발휘하는 경우	치명적인 저항을 피하는데 비교적 손쉬운 방법임	협상당사자들이 타인에게도 협상하도록 일깨울 경우 커다란 비용이 발생
조작과 협조	변화의 원만한 실행을 위해 상황을 조작하거나 영향력 있는 변화대상자를 형식적으로 중요한 위치에 내세움	다른 방법이 안 통하거나 비용이 너무 많이 드는 경우	효과가 신속하고 비용이 별로 들지 않음	추후에 조작되었다고 인지할 경우 추가문제가 야기됨
명시적 · 암시적 강요	명시적이나 암시적으로 위협을 통해 변화를 수용하도록 강요	신속한 변화가 필요하며 변화주도자가 상당한 권력을 지니는 경우	신속하고 어떤 저항도 극복가능함	변화담당자에 대한 반감이 커진다면 위험함

강요를 제시하였다.

하지만 이러한 변화관리 방법은 조직의 상황이나 변화의 유형에 따라 다양하고 혼합적으로 활용된다. 또한 동일한 방법이라 할지라도 그 적용과정이나 이로부터 나타나는 문제점 또한 매우 다양하기 때문에 기법 자체의 성격만으로 획일적으로 구분하는 것보다는 방법이 적용되는 상황과 대상에 따라 보다 구체적으로 분석되어야 할 것이다.

경영학 FOCUS 한국의 챗GPT, 뤼튼 급성장: 카카오급 성장세의 비결

여러분이 사용하는 인공지능(AI)은 무엇인가 ? 생성 AI가 인터넷과 스마트폰 이후 21세기의 주요 기술 혁명으로 부상하고 있다. 오픈AI, 앤트로픽, 구글과 같은 글로벌 IT 기업들이 대규모 언어 모델 개발에 투자하는 가운데, 한국의 스타트업인 뤼튼테크놀로지스(2021년 창업, 이세영 대표)는 AI 검색을 중심으로 한 플랫폼으로 주목받으며, 아시아 전체를 아우르는 '생성 AI 슈퍼앱'으로 성장을 목표로 하고 있다. 이 기술은 정보 검색, 콘텐츠 생성, 업무 효율성 향상 등 일상의 다양한 영역에서 혁신을 이끌며 뤼튼은 이 변화를 어떻게 대중화하고 일상에 통합할 것인지에 대한 해답을 모색하고 있다.

뤼튼테크놀로지스는 공식 챗 서비스를 출시한 후 7개월 만에 100만 가입자를 달성하며 한국 IT 업계에서 빠른 성장을 이루었다. 이는 카카오톡의 초기 성장 속도와 유사하며, 특히 젊은 층과 교육 분야에서 큰 인기를 끌고 있다. 대학과 초중고에서도 뤼튼을 교육 및 행정 도구로 채택하면서, 기술이 교육 혁신을 이끌고 있다는 것을 증명하고 있다.

뤼튼의 성공은 세 가지 주요 요인에 기인한다. 한국어 사용자와 문화에 특화된 서비스, 사용자에게 쉽고 재미있는 경험을 제공하는 접근 방식, 그리고 다양한 AI 서비스를 통합하여 제공하는 전략.

AI 검색, 정보 획득의 패러다임을 바꾸다

뤼튼의 AI 검색 서비스는 전통적인 검색 엔진의 한계를 넘어서, 사용자의 의도와 맥락을 파악하여 실시간으로 최적화된 정보를 제공함으로써 정보 검색 시간을 대폭 단축시키는 혁신을 선보이고 있다. 이 서비스는 특히 한국어 사용자의 요구와 문화적 맥락을 깊이 이해하고, 외부 API와 데이터베이스를 활용하여 답변의 정확도를 높이는 아키텍쳐를 구성함으로써 높은 정확성을 제공한다. 또한, 뤼튼은 AI 검색 결과의 신뢰성을 확보하기 위해 정보 출처를 명확히 제공하고 사용자가 검증할 수 있는 링크를 함께 제시하는 등의 방법으로 서비스의 투명성을 높이고 있다.

뤼튼은 '사람들에게 AGI를 더 가까이'라는 비전 아래, 아시아 전체를 아우르는 생성 AI 슈퍼앱으로 성장하려는 야심 찬 목표를 갖고 있다. 이세영 대표는 한국에서 5,000만 유저가 일상적으로 사용하는 첫 화면 서비스를 목표로 삼고 있으며, 이미 일본에서의 성공적인 진출을 바탕으로 다른 아시아 지역으로 확장을 가속화할 계획이다. 이를 위해 그의 시간의 40%를 인재확보에 쏟고 있다. 뤼튼의 성장에는 여러 과제가 따른다. 첫째, 구글, 오픈AI 같은 글로벌 AI 기업들과의 경쟁, 둘째, 다양한 국가의 AI 규제에 대응, 셋째, 개인정보 보호와 AI 윤리 문제, 넷째, 지속적인 기술 혁신이 필요하다. 이세영 대표는 아시아 시장에 대한 깊은 이해와 현지화 전략, 윤리적 AI 개발을 통해 이러한 과제들을 극복해 나갈 것임을 강조했다. 뤼튼은 단순한 기업 성장을 넘어 한국을 대표하는 글로벌 AI 기업으로 자리매김하려는 야심찬 목표를 갖고 있다. AI 기술의 급속한 발전 속에서 뤼튼의 미래는 기술력, 지역 문화의 반영 및 현지화 성공 여부, 그리고 AI를 통한 새로운 가치 창출과 사용자 삶의 변화 능력에 의존할 것으로 보인다. 뤼튼은 카카오처럼 우리 일상을 어떻게 바꿀수 있을까?

출처: 브릿지경제, [비바100] 뤼튼, AI시대 정보 획득의 패러다임을 바꾸다, 아산 기업가정신 리뷰(AER), 월간중앙 참조.

6.3 리스트럭처링

1. 리스트럭처링의 이해

조직변화와 관련해 조직 재구축을 시도하는 전략적 접근 방법의 하나로 리스트럭처링이 있다. 1997년 IMF 외환위기하에서 해외신인도 하락, 소비위축 및 설비투자 축소 등 제반 경제 상황의 위기에 직면한 기업들은 급속한 경기침체를 경험하였다. 이에 대응해 각 기업들은 조직의 효율적인 운영과 건전한 재무구조의 중요성을 강조하며 여러 방면에서 기업 구조조정을 단행하였다.

구조조정이란 용어의 영어식 표현으로 가장 널리 사용되는 단어는 리스트럭처링(restructuring)이다. 영한사전에서는 'restructuring'을 '재구성, 개조, 개혁'으로 표현하고 있으며, 영영사전에서는 '시스템 혹은 조직을 새로운 방법을 통해 조정하는 것(arranging a system or organization in a new way)'으로 설명하고 있다. 구조조정은 적용대상 및 규모에 따라 산업구조조정 등으로 구분될 수 있지만 여기에서는 조직 차원의 구조조정을 살펴본다.

구조조정은 기업이 영위하고 있는 사업이나 제품의 성장성, 수익성이 둔화되는 내부 환경변화와 기술혁신, 경쟁격화의 외부 환경변화에 적절히 대응하여 미래의 환경변화를 예측하고 인원감량, 신규사업 진출, 주력사업 교체, 중복사업의 통폐합 및 축소 등을 행하는 기업경영의 제반 시스템 변화를 의미한다.

일반적으로 기업 차원에서 이루어지는 이러한 리스트럭처링은 몇 가지로 구별하여 살펴볼 수 있다. 재무 구조조정, 사업 구조조정, 조직 구조조정이 대표적이다. 이 중 특히 여기에서의 관심사는 조직 구조조정인데, 사실상 조직 구조조정은 인력의 구조조정과도 밀접한 관련을 가지고 있다. 즉, 조직 구조조정의 과정은 인력을 줄여나가는 것이 일반적이다. 하지만 반대로 인력의 구조조정이 반드시 조직의 구조조정을 낳는다고는 볼 수 없는데, 이러한 경우는 인력의 구조조정이 단순히 인건비 절감 차원에서 이루어지는 단순 인력감축의 경우가 해당한다. 여기에서는 인력 구조조정과도 밀접히 관련되는 조직의 구조조정의 두 유형인 리엔지니어링과 다운사이징에 대해 살펴보기로 한다. 이러한 조직 구조조정의 추진에 있어서는 앞서 논의한 바 있는 조직변화에 대한 저항의 이해와 그에 적절한 변화관리 방법들을 구사할 필요가 있을 것이다.

2. 리스트럭처링의 유형

1) 리엔지니어링

(1) 리엔지니어링이란

리엔지니어링(reengineering)은 급격한 성과향상을 달성하기 위해서 경영프로세스를 근본적으로 재사고하고, 조직구조를 급진적으로 재설계하는 것을 말한다. 여기서 프로세스란 기본적으로 전통적인 기능조직 내에서 이루어지는 단순한 업무의 흐름(flow)을 말하는 것이 아니라 기능조직을 가로질러(across) 이루어지는 업무의 흐름(process)으로 이해하는 것이 보다 정확할 것이다. 리엔지니어링을 통해 비용, 품질, 서비스, 서비스 속도 등이 향상되

표 6-8 조직 구조조정의 유형

구분	리엔지니어링	다운사이징
변화의 초점	경영 프로세스 재설계	핵심역량확보
효율성 저하원인	과업흐름의 비효율	자원의 선택과 집중 결여
추진목표	과업흐름의 투입요소비율 감축	투입요소 배분 변화, 산출물의 변화
주요내용	고객요구 중심의 과업 흐름	사업 및 조직구조 개편
실행기간	중기적	중장기적
조직구조변화정도	큰 편	매우 큼
위험요인	과업흐름설계의 실패 가능, 비효율적 비용 지출	신규사업의 실패가능성, 새로운 투자비용의 부담
공통사항	인력감축 및 인력조정	

고 획기적인 조직성과가 나타날 수 있다. 여기서 근본적인 재사고란 조직이 나아가야 할 방향이 무엇인가를 다시 고려해야 함을 의미하며, 급진적이란 기존의 모든 구조와 절차, 관행을 버리고 제로 베이스에서 새로운 방법을 도입하는 것을 말한다. 획기적인 성과란 성과가 점진적으로 향상되는 것이 아니라 급진적으로 향상되는 것을 의미한다.

그리고 앞서도 설명했지만 경영 프로세스란 리엔지니어링의 대상으로서 과거에는 과업, 사람, 직무, 조직구조에 초점을 두었지만 이제는 투입 → 변환 → 산출이라는 과업흐름의 행동에 중점을 둔다(business process reengineering). 다시 말해 경영환경의 변화에 따라 조직이 전통적으로 해왔던 생산과 제품 및 서비스를 어떻게 변화시킬 것인가를 다루는 것이 리엔지니어링이다.

(2) 추진절차

리엔지니어링이 개발될 당시에는 리엔지니어링의 담당자가 기술적 평가를 규명하는 데 중점을 두었다. 최근 리엔지니어링은 실행에 따른 변화관리에 초점을 두고 있다. 즉, 조직변화에 대한 저항이나 새로운 과업 프로세스의 이동을 어떻게 관리할 것인가를 중요하게 여긴다. 다음에 소개되는 리엔지니

그림 6-10 리엔지니어링의 추진절차

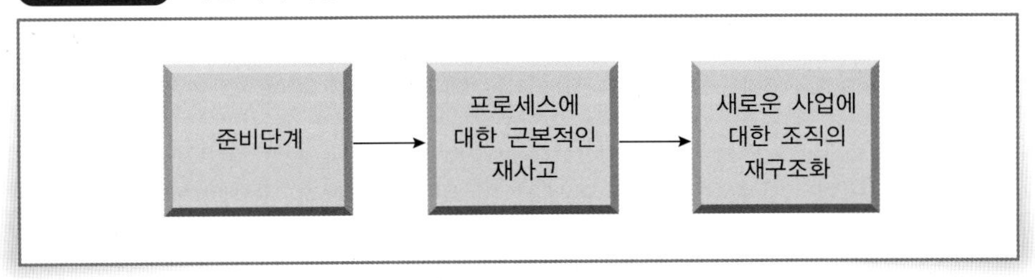

어링의 3단계는 변화관리의 단계를 제시한다.

■ 1단계(준비)

리엔지니어링은 먼저 조직의 전략적 상황 평가와 분류에서 시작한다. 조직의 외부경쟁자, 환경, 시장환경, 그리고 조직전략과의 평가를 통해 왜 리엔지니어링이 필요한지를 규명한다. 경쟁환경의 평가를 통해 조직의 전략과 목표가 재설정될 수 있다. 그러나 조직전략 수립시 중요한 것은 조직구성원들간에 공감대를 형성해야 한다는 것이다. 조직에서 리엔지니어링이 왜 필요하고, 어떤 방향으로 갈 것인지, 그리고 실행에서 어떤 과정에 있을 것인지를 알려준다.

■ 2단계(과업 프로세스에 대한 근본적인 재사고)

리엔지니어링 실행의 핵심은 세 가지이다. 첫째, 조직의 핵심 프로세스가 무엇인가를 분석하고 규명한다. 과업흐름의 투입과 가치 있는 산출이 무엇인가를 확인한다. 과업흐름의 투입으로 고객의 욕구를 파악한다. 또한 조직이 가장 부가가치를 높일 수 있는 활동이 무엇인가를 점검한다. 핵심 프로세스의 규명은 프로세스 지도(process map)를 개발하여 평가할 수 있다. 둘째, 성과목표를 정의하여 조직의 성과목표가 무엇인가를 규명한다. 전체 프로세스나 각 프로세스 단계에서 가장 높이 달성할 수 있는 수준을 정한다. 성과목표는 재무적 목표뿐만 아니라 속도, 품질, 비용 효율성 모두를 포함한다. 목표기준은 고객요구에 중심을 두거나 산업 내 최고성과를 달성한 사례(the best practices)를 참조할 수 있다. 셋째, 새로운 프로세스를 설계한다. 목표를 달성하기 위해 현재 경영 프로세스를 재설계하는 것을 말한다. 조직에서 경쟁력을 확보하기 위해 필요한 프로세스가 무엇인가를 질문을 통해 다시 확인한다.

■ **3단계(새로운 사업에 대한 조직의 재구조화)**

마지막 단계로 조직의 핵심 프로세스와 핵심 성과를 규명하여 그에 맞는 조직구조를 개편하는 일이다. 대표적으로 수평적 조직이나 프로세스 조직과 같이 핵심업무를 팀별로 할당하고 경영층이 조율하는 조직구조를 선택할 수 있다. 정보시스템은 구성원 및 팀 간 연결을 용이하게 할 수 있어 고객의 욕구에 부응하는 경영 프로세스의 통합을 가능케 한다.

2) 다운사이징

(1) 다운사이징이란

다운사이징(downsizing)은 인력 축소와 새로운 충원 그리고 핵심 사업에 대한 전략의 선택과 집중으로 대표된다. 다운사이징은 조직규모를 축소시키는 데 초점을 둔다. 조직의 전략방향에 따라 사업단위를 축소하거나 조인트 벤처, 아웃소싱, 분사 그리고 네트워크 조직구조 등을 통해 조직구조를 재설계한다. 이 과정에서 인력해고, 조기퇴직, 해고된 직무의 공백을 새로운 유입 인력으로 메우거나 인력 재배치 등 다양한 인력조정이 이루어질 수 있다. 또한 정규직 인력을 축소하는 대신 비정규직 인력을 고용하는 인력 아웃소싱을 할 수도 있다.

(2) 추진절차

성공적인 다운사이징의 실현은 실행단계인 조직전략과 더불어 명확한 실행목적의 구체화, 실행방안의 선택, 사후적 평가를 통해 가능하다.

■ **1단계(조직전략의 규명)**

새로운 조직전략을 규명하여 조직의 핵심 사업영역의 진출방향을 구체화한다. 특히 구체화된 조직전략에 대해 종업원들과 의사소통하는 것이 중요하다. 다운사이징의 목적이 인력축소가 아니라 조직이 새로운 조직전략을 달성하기 위해 필요한 재구조화 과정임을 종업원들에게 알림으로써 다운사이징에 대한 공감대를 형성할 수 있다.

■ **2단계(다운사이징 전술의 평가 및 선택)**

조직전략이 구체화되려면, 다운사이징의 전술과 범위가 규명되고 평가되어야 한다.

그림 6-11 다운사이징의 추진절차

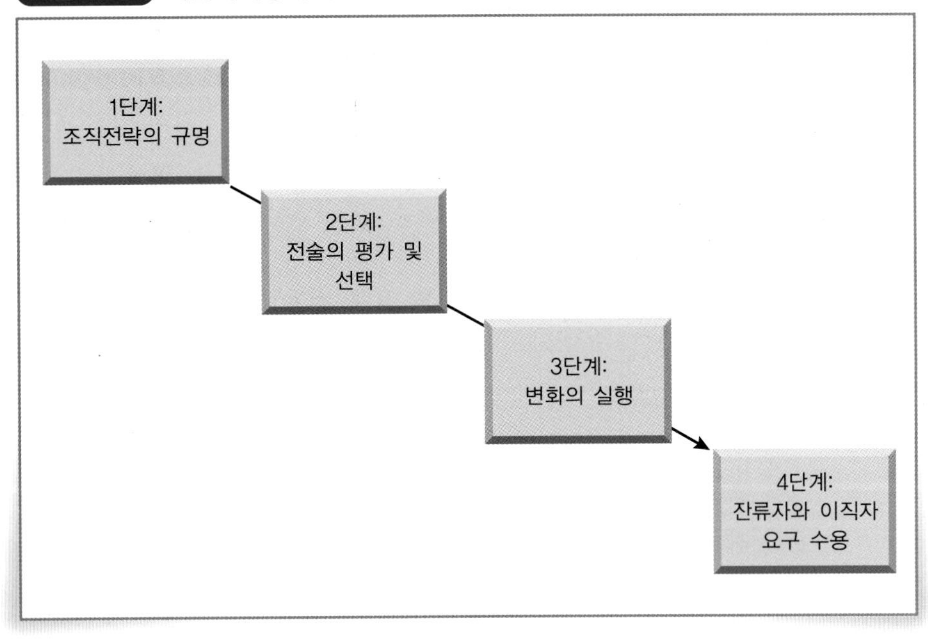

첫째, 사업 축소를 통한 다운사이징은 조직전략의 일환으로 자원의 선택과 집중을 어디로 할 것인가에 달려 있다. 조직의 핵심사업을 제외한 나머지 영역에서 철수할 수도 있고, 대신에 새로운 가능성이 보이는 사업에 뛰어들 수도 있다. 조직 내부 인력이 단기간에 이동되기도 하고 임원진들이 축소되기도 한다. 사업장 축소는 해고와 소모, 그리고 퇴직의 인력 축소로 이루어지기 때문에 적절한 해고과정과 보상이 필요하다.

둘째, 조직 재설계를 통한 다운사이징은 조직구조의 변화를 의미한다. 사업축소를 통해 조직의 전체 구조를 개편할 수도 있고, 기존 사업을 유지한 채 부분적인 조직구조만을 개편할 수도 있다. 분권적인 조직구조로의 개편은 관리계층의 축소에 따른 인력축소와 부서 통폐합 등으로 달성된다.

셋째, 시스템 변화를 통한 다운사이징은 기존 조직문화를 변화시켜 새로운 조직문화로 바꾸는 것을 말한다. 기존 관행의 불합리한 점을 규명하고, 건전한 조직문화를 구성원들에게 배양시키는 것이다.

■ 3단계(변화의 실행)

다운사이징의 실행은 첫째, 최고 경영층의 주도에 의해서 통제되어야 한다. 경영자의 의지와 노력으로 사업 축소와 조직 재설계는 물론 종업원들의 가치관과 태도변화를 유발시킬 수 있다. 둘째, 비효율적이고 높은 비용을 지불하는 영역을 규명해야 한다. 조직에서 부가가치가 높지 않은 사업이나 초과인력 공급의 여부를 확인하는 것이다. 셋째, 다운사이징의 실행은 조직의 전략과 직접적인 관계가 있어야 한다. 넷째, 다운사이징에 대한 구성원들과의 지속적인 대화를 통해 공감대를 형성해야 한다. 다운사이징에 대한 정보공유는 구성원들의 이해를 돕고, 심리적 불안감을 최소화시킬 수 있다.

■ **4단계(잔류자와 이직자의 요구 수용)**

조직에서는 다운사이징을 통해 이직하는 종업원과 잔류자에 대한 적절한 방안이 필요하다. 떠나는 종업원들에게 일자리 상실을 통해 삶의 회의를 느끼지 않도록 해야 하며, 재취업을 지원해주는 전직 프로그램(outplacement)을 통해 새로운 고용의 기회를 가질 수 있다는 희망을 심어주어야 한다. 아울러 잔류자들에 대해 심리적 안정감을 갖도록 도와주며 직무다양성과 승진경로의 단축과 같은 재활성화 방안을 제시해 주어야 한다.

3. 최근 조직의 구조적 변화방향

현재 및 향후에 전개되는 조직 내외부의 환경변화는 조직의 재구축을 필요로 하고 있다. 그렇다면 최근 조직변화는 어떠한 양상으로 전개되고 있는가. 특히 조직변화의 대상은 여러 가지가 있겠지만 무엇보다 여기서 우리가 관심있게 다루고 있는 조직의 구조적인 측면과 관련해서는 최근 어떠한 변화가 나타나고 있는가를 검토해 보기로 한다.

1) 관리계층의 단계 축소

전통적인 조직에서는 다음과 같은 이유 때문에 복잡한 관리계층이 요구되었다. 첫째, 테일러(Taylor)의 과학적 관리법의 분업화 원리에 따라 세분화되었고 조직계층도 세밀하게 다단계화되었다. 둘째, 직책과 직위가 분리되지 않고, 모든 보상이 승진과 연계된 기존 인사시스템하에서는 종업원의 동기부여 수단으로 승진만이 가장 강력한 도구였으며, 이를 위해 조직의 계층을 늘릴 수밖에 없었다.

복잡한 관리계층구조는 체계적이고 안정적인 관리를 가져온 장점도 있었지만, 한편으론 의사결정을 지연시키고 계층 간 정보의 흐름을 단절하고 왜곡시켰다. 그러나 최근 정보기술의 발달은 조직의 상위자와 하위자 간에 매개자 역할을 하던 중간관리자의 역할과 기능이 없이도 정보의 흐름을 가능하게 하고, 의사결정이 그 일을 가장 잘 알고 있는 현장 혹은 담당에 위양되어야 한다는 패러다임 등의 전환 등을 통해 관리계층의 축소가 이루어지고 있고, 이것이 조직구조 재설계에 반영되고 있다.

2) 자율적 합의 중시

과업의 표준화 정도를 나타내는 공식화는 종업원들의 행동양식을 규정해 안정된 작업결과와 질서를 유지시켰으며, 업무상 책임에 대한 명백한 책임소재 등을 통해 업무상의 혼선 등에 따른 손실을 최소화하였다. 그러나 이러한 공식화가 과도해지면서 형식주의와 문서만능주의가 만연되고 사고의 경직성이 초래되었다. 특히 과업에 대한 예측이 어렵고, 그 수행방법이 계속적으로 변화되어야 하는 상황에서는 과업을 표준화, 공식화하는 것은 아무런 의미가 없고 오히려 업무처리의 유연성과 신속성을 저해하는 요인으로 작용하게 된다. 따라서 예측하기 어렵고 불확실한 상황이 전개되는 최근 경영환경하에서는 공식적인 절차보다 상황에 따라 담당자 간의 자율적 합의에 의해 탄력적으로 조정하는 것이 자연스러워지고 있다.

3) 수평적 관계 지향

전통적인 조직의 복잡한 관리계층은 당연히 수직적 관계를 중심으로 되어 상사에게 조직운영의 주도권이 주어졌다. 또한 수직 라인으로써 자신이 소속한 부문의 이익이 전체의 이익보다도 우선시 되었다. 그러나 최근의 조

그림 6-12 최근 조직의 구조적 변화방향

〈전통적인 조직구조의 특성〉	〈새로운 조직구조의 특성〉
관리계층의 단계 복잡	관리계층의 단계 단순
높은 공식화	낮은 공식화(자율적 합의 중시)
수직적 관계	수평적 관계
권한의 집중	권한의 위양
내부통제화	네트워크화
과 · 부제	팀제
기능별 조직화	프로세스에 따른 조직화
계획 · 통제중심의 스탭기능	지원중심의 스탭기능

직에서는 상사와 부하 간의 관계보다 동료 간의 관계가 강조되고 의사결정 라인도 대폭적으로 단축됨으로써 수평적 관계가 중요시되게 되었다.

4) 권한의 위양 중시

전통적인 조직에서 담당자는 상사의 지시에 의해 업무를 수행하기 때문에 대부분 수동적으로 과업을 수행하는 양상을 나타냈다. 하지만 최근의 환경은 매우 복잡하고 급변하여 한두 사람이 모든 문제를 파악해 합리적인 판단을 내리는 것이 힘든 상황이다. 따라서 그 사항을 가장 잘 알고 있고 직접 다루는 곳(현장부서)으로 권한이 위양되고 있다.

5) 네트워크화

모든 기능을 내부통제하에 두는 것은 비효율적인 면이 적지 않다. 이제는 조직이 핵심기능만을 보유하고 지원기능이나 부가적인 기능은 그 일을 더 잘하거나 유리한 조건으로 생산할 수 있는 조직에 의뢰함으로써 경영효율을 극대화할 수 있다. 이를 위해서는 외부조직과의 긴밀한 네트워크 관계가 요구된다.

6) 팀 제

전통적인 과·부제는 피라미드 조직이 지니는 관료성, 경직성 등으로 인해 급변하는 경영환경에 신속하고 유연한 대응이 어려웠다. 급변하는 환경변화에 대응하여 계층이 줄고 수평적 관계 속에서 자율적 합의가 중시되고 권한위양이 일어나고 네트워크화가 진행되는 상황에서는 팀제 조직이 효율적이다.

7) 프로세스 단위 조직화

기능 부서 간의 벽을 허물고 신속하게 고객요구에 대응하기 위해서는 조직구조는 프로세스 중심으로 설계되어야 한다. 고객이 요구하는 것을 가장 이상적으로 실현시킬 수 있는 프로세스 단위로 조직을 설계함으로써 조직은 보다 간단하고 유연해지게 된다. 이러한 과정을 리엔지니어링이라고 하는데, 이에 대해서는 앞서 살펴본 리엔지니어링과 관련해 자세히 살펴보았다.

8) 지원중심의 스탭기능

전통적 조직에서 스탭기능은 실행부문과 계획, 조정, 통제, 점검하는 부문을 분리시킴으로써 상호견제와 엄격한 통제를 통한 낭비 제거, 전문화에 따른 기능효율화를 도모하였다. 그러나 사업부서와 스탭부서 간의 심한 갈등과 이해상충은 조직에 보다 심각한 문제를 야기했으며 신속한 의사결정과 유연한 업무처리를 저해하는 요인으로 작용하였다. 최근 조직에서는 그 동안 스탭부서에서 수행했던 상당수의 확인, 점검, 통제기능이 사업을 직접 담당하는 현장 라인 부서에 위양되어, 스탭의 역할은 고객이 요구하는 가치를 창출하는데 필요한 기술적 정보와 자원을 지원하는 역할로 그 기능이 바뀌고 있다.

closing case

두산그룹의 혁신적 변화

두산은 1896년 면직물을 취급하는 한국 최초의 근대적 상점인 '박승직 상점'을 모태로 시작하였다. 상점은 날로 번창하여 1946년에는 박승직의 아들 박두병 회장이 '두산상회'로 개명하면서 두산의 현대사가 시작되었다. 1950년대에는 맥주사업(OB맥주)과 무역업으로 사세를 확장하고, 1960년대에는 건설, 식음료, 언론 등 다양한 사업 포트폴리오를 구성하기 시작했다. 1980~1990년대 들어 해외 시장 개척에 주력하였고 출판, 광고 등에 진출하여 대형 재벌 그룹으로 성장하였다.

두산 탄생 100주년을 한해 앞둔 1995년 그룹 곳곳에서 심각한 위기가 감지되었다. 위기를 몰고 온 주범은 모기업인 OB맥주의 부실이었다. OB맥주는 1993년까지만 해도 국내 맥주시장의 70%를 차지하고 있었다. 그러나 조선맥주와 진로의 경쟁 제품이 나오면서 상황은 급변했다. 맥주시장 1위 자리를 조선맥주에 내주는 치욕적인 상황을 맞은 것이다. 1994년 이후 OB맥주의 3년간 누적 적자가 2천 8백억원을 넘었으며 부채비율은 9,445%에 달했다. OB맥주가 흔들리자 그룹 전체가 흔들렸다. 그룹 전체 부채비율은 600%를 웃돌았고 차입금이 1조원에 달해 영업이익으로 은행이자를 대기도 벅찼다. 그 동안 두산은 덩치만 크게 불린 공룡에 불과했던 것이다. 조직내부에서 위기의 공감대가 형성되고, 과감한 변화와 혁신만이 생존의 길이라는 결론이 내려졌다.

1차 구조조정 기간: 1995년~1996년

1995년 12월, 박용곤 회장은 계열사 통폐합과 자산매각을 골자로 하는 1차 구조조정 계획안을 발표하였다. 유동성 확보가 주 목표였다. 연간 수백억원의 이익을 거둬들였던 3M, 네슬레, 코닥 등 알짜 합작사 지분과 영등포 맥주공장 등 핵심자산을 매각하였다. 아울러 총 29개였던 그룹 계열사를 23개로 축소하였다.

2차 구조조정 기간: 1997년~1999년

1996년 12월에 새롭게 취임한 박용오 회장은 더욱 강도 높은 2차 구조조정에 돌입하였다. 재무구조 개선이 목적이었다. 이 시기에 두산은 역사상 가장 중대한 결심을 하게 되는데, 바로 그룹의 모태인 OB맥주와 을지로 사옥 매각을 결정한 것이다. 1998년 OB맥주는 벨기에 회사에 지분 50%와 경영권을 넘겼다. 이로써 45년 동안 해오던 두산의 맥주사업은 막을 내리게 된다. 을지로 사옥 매각 또한 두산의 구조조정 과정에서 빼놓을 수 없는 사건이다. 1998년 2월, 을지로 사옥을 690억원에 매각한다고 발표하자 일각에서는 "두산이 드디어 망하고 있다"는 말이 나왔다. 그러나 을지로 사옥매각은 동대문에 세운 새 본사 두타빌딩의 자금원이 되었을 뿐 아니라 외환위기로 불어 닥친 부동산 불황을 절묘하게 비켜가는 계기가 되었다.

두산의 구조조정은 1996년 흑자전환에 주력 → 1997~1998년 재무구조 개선 주력 → 1999년 성장기반 구축의 3단계의 흐름으로 진행되었다. 그 결과 1996년 688%에 달하던 부채비율은 1997년 590%, 1998년 332%, 1999년 159%로 급격히 낮아졌다. 현금 흐름도 개선돼 1999년에는 6,730억원의 대규모 흑자를 기록했다. IMF 외환위기로 대우그룹, 한보그룹 등 국내 유수의 기업들이 쓰러졌지만 두산은 외환위기 3년 전부터 자구노력을 기울여 기업 역사 100년의 시점에서 또 한 번의 도약 기회를 붙잡게 되었다.

신성장 동력 발굴 그리고 도약

1995~1999년에 걸친 일련의 자구노력들은 '생존' 그 자체가 목표였다고 해도 과언이 아니었다. 생존이 다급해 살림을 처분하다 보니 '앞으로 무엇을 먹고 살 것인가?'가 주요 과제로 떠올랐다. 두산그룹은 21세기 미래성장 엔진으로 '중공업'을 선택하였다.

2000년 12월, 공기업이던 한국중공업을 전격 인수하면서 두산중공업으로 개명하였다. 인수 당시만 해도 맥주나 음료 등 소비재 사업을 하던 두산이 중공업을 할 수 있겠느냐는 우려의 시각이 많았다. 그러나 두산중공업은 저수익 사업이던 제철, 화공 사업을 정리하고 발전, 담수 등 핵심 사업에 역량을 집중하였다. 2005년에는 국내 최대규모의 종합기계회사인 대우종합기계를 인수하고 '두산인프라코어'로 개명하였다. 아울러 국제적인 경쟁력을 갖추기 위해 담수설비(두산하이드로테크놀러지), 발전소 보일러(두산밥콕), 친환경 엔진(미국 CTI사), 소형 건설장비(밥캣) 등 인프라지원사업 분야에서 원천기술을 확보한 외국 회사들도 차례로 인수했다.

소비재 산업에 집중하던 100년의 역사를 뒤로 하고, 불과 10년 만에 대표적인 중공업 그룹으로 변모했다. 이와 같은 변신은 성공적이었다. 1998년 3조 3천억원이던 매출이 2009년에는 21조원을 넘어섰다. 또한 2009년 처음으로 포춘이 선정하는 글로벌 500대 기업에 진입했다. 그리고, 2024년까지 재계순위에서 17위 밖으로 벗어난 적이 없다.

| 두산그룹 재계순위 추이 |

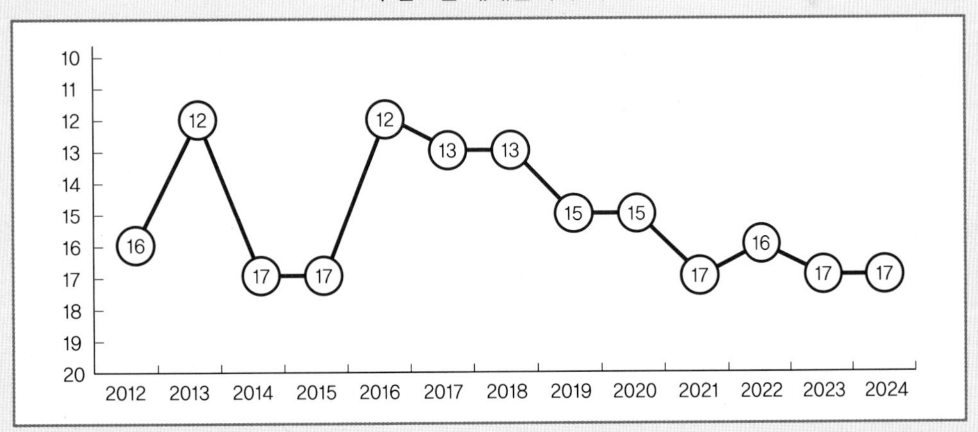

출처: 공정거래위원회.

2020년 초 두산중공업은 전자단기사채와 기업어음(CP) 등 단기채 차환이 막히면서 유동성 부족에 직면했다. 이는 석탄 화력 등 전통 발전분야의 실적 둔화와 자회사에 대한 자금지원 부담으로 재무구조가 악화되던 중 신종 코로나바이러스 감염증(코로나19) 팬데믹으로 촉발된 금융시장 경색에 따라 발생하였다. 유동성 문제 해결을 위해 두산중공업뿐만 아니라 대

주주((주)두산)와 계열주의 책임 있는 역할과 직원들의 고통 분담, 지속가능한 정상화방안(구조조정 3대원칙)을 전제로 경영정상화작업에 돌입했다. 두산중공업은 2022년 초까지 23개월 동안 두산타워 매각(두산그룹 사옥), 두산인프라코어 · 두산솔루스 등 계열사 매각 등 구조조정을 완료했다. 또한 에너지를 핵심 사업부문으로 삼겠다는 의지로서, 사명을 두산에너빌리티(Doosan Enerbility)로 변경하였다.

두산그룹의 변화혁신의 성공요인

두산그룹의 성공 그 첫 번째 비결은 모태가 되는 기업까지도 과감하게 시장에 내놓은 결단에 있었다. "창업주가 시작하고 애정을 쏟은 선대의 가업은 반드시 지켜야 한다"는 한국 기업인들의 성스러운 원칙을 과감히 버리고, 장기적으로 기업을 발전시킬 새로운 핵심역량에 집중한 점이 중요한 성공요인이 되었다.

두 번째는 기업매각 시 Win-Win 전략을 추구했다는 점이다. 대부분의 회사들은 구조조정을 행할 때 알짜배기 사업을 남겨두고 이익이 나지 않는 사업을 매각하고자 한다. 그에 반해 두산은 돈이 되는 알짜사업을 매각하여 그로부터 풍부한 자금을 조달하고자 하였다. 풍부한 자금력을 바탕으로 미래산업(중공업)에 과감히 투자를 할 수 있었다.

세 번째는 시대의 조류를 읽고 과감한 변화를 지속적으로 시도했다는 점이다. 2000년도에는 포화상태에 이른 식음료 및 소비재 산업을 포기하고, 중공업 그룹으로 변화를 시도하였다. 최근에는 정부의 에너지정책 및 산업육성정책에 따라 사업 포트폴리오를 다양화하는 등 유동성 위기 극복을 계기로 '미래형 사업구조로 새 출발'을 위한 패러다임 전환 전략을 수립하였다.

출처: 대한매일, 조선일보, 주간한국, 한겨레 21 참조 · 재구성.

제 7 장

경영자 리더십과 동기부여

opening case

서애 유성룡의 리더십

김한민 감독의 '명량'은 2014년 개봉되어 1,760만명이 관람해 국내 상영 영화 역대 1위를 기록한 바 있다. 또한 8년만에 개봉한 '한산: 용의출현(2002), 그리고 노량: 죽음의 바다(2024)'를 보고난 뒤 사람들은 우리 역사에 관심을 더 갖게 되었다. 망할뻔 한 나라를 살린 이순신 장군에 대한 리더십은 많이 언급되지만, 그를 만들고 후원한 서애 류성룡 선생은 우리에게 익숙하지 않다. 하지만 '두 위대한 만남'을 통해 우리 역사를 바꾸고 미래를 준비하도록 함으로써 오늘날 우리에게도 많은 시사점을 제공한다. 우리에게 익숙지 않았던 징비록(懲毖錄)은 일본에서 임진왜란이후 일본어로 번역되어 널리 읽혔다.

징비란 의미는 무엇인가? 이는 시경(詩經) 소비편의 '미리 징계하여 후환을 경계한다(豫其懲而毖後患)'라는 구절에서 따왔다. 임진왜란의 통탄할 경험을 기록으로 남겨 후세의 교훈으로 삼고자 한 것이다. 이런 의미의 징비록은 유성룡 선생이 집필한 임진왜란 수기로 1592년부터 1598년까지, 만 6년여간의 기록으로 조정에서 물러나 향리에서 거처할 때 임진왜란 중에 뼈아픈 현실을 적은 것이다. 이는 오늘날 국보 132호로 지정되었다.

"위대한 만남, 서애 유성룡"(지식마당)을 쓴 송복 교수는 당시 16세기 일본과 조선의 국력의 차이를 3200만명 인구의 일본에 비해 조선의 인구는 230만명에 불과했다고 한다. 이런 분석을 통해 우리는 정치, 경제, 사회, 국제정치, 군사학 등 각 분야의 당시 경쟁력이 어떠했는지를 생각해야 한다. 서애 유성룡은 임진왜란 6년 7개월 중 만 5년을 정무(政務)와 군무(軍務) 겸직의 전시(戰時) 수상과 4도 도체찰사 직을 맡아 두 가지 전쟁을 함께 치러냈다. 하나는 명, 왜(明, 倭)의 물밑 강화협상을 통한 조선분할 획책을 막아내는 '분할저지 전쟁'이고 다른 하나는 전쟁으로 식량이 완전히 고갈된 나라에서 식량을 모아 명군과 조선군에 식량을 대는 '군량 전쟁'이었다는 평가이다. 유성룡의 리더십은 오늘날 우리에게 시사하는 바가 크다. "위대한 만남, 서애 유성룡"(출판사 미래인력연구원)을 통해 그의 리더십을 정리해보자.

첫째, 통찰의 리더십이다. 그는 당시 국제정세를 꿰뚫어 보고 어떻게 나라를 지킬 것인지를 고민하고 바다를 막아야 한다고 판단하였다. 육군 말단장교인 이순신을 전격 발탁해 전라도 수군사령관으로 임명하였다. 둘째, 준비의 리더십이다. 그는 끊임없이 준비를 통해 예감을 예견으로, 이를 예측에 이어, 예비로 만들 줄 알았다. 그래서 군량미, 전함, 군사력, 전략을 수립할 수 있었다. 셋째, 방법론도 챙기는 리더십이다. 일본사회는 방법론이 발달했지만, 조선은 원칙, 당위는 있었지만 이를 실현할 방법론(methodology)이 취약하였다. 하지만 그는 어떻게 나라를 살릴지, 전란을 극복할지의 구체적 방법론을 제시하였다. 넷째, 유연의 리더십이다. 리더가 경직되면 조직은 딱딱해진다. 부드러움 속에 조직의 경직을 막고 소통이 일어나게 하였다. 또한 명나라로부터 모욕을 당하면서도 '내가 왜 이 자리에 있는가? 백성을 위해 있는 것'이라며 계속된 위기를 극복하였다. 그래서 '힘쓰는 자리'가 아닌 '일하는 자리'로 늘 만들었다. 다섯째, 물러남의 리더십이다. 전쟁이 마무리되면서 이순신 장군이 죽는 그날, 1598년 11월 18일 그도 자리에서 물러나 낙향한 후 한양으로 돌아오지 않았다.

그의 리더십에서 오늘날 '변혁적 리더십'의 특성을 발견하는 것은 우연이 아니다. 비전을 제시해주는 리더, 상황을 신중히 판단하고 용기 있는 의사결정을 내리는 리더, 겸손과 인내로 변화를 만들어가는 리더, 사람을 감동시켜 일에 참여토록 하는 리더, 적절한 문화를 만들어 공유된 가치관을 통해 바람직한 조직을 만드는 리더, 항상 학습하는 리더, 불확실성과 모호함을 참고 잘 관리하는 리더, 자신보다 훌륭한 후계자를 양성하는 리더의 모습이다.

영화를 보면서 13척으로 300여척을 대항했던 당시의 바다와 24명의 노벨과학상(물리학상, 화학상, 생리의학상, 2021년 기준)을 배출한 일본에 비해, 아직 한명도 배출하지 못한 우리 현실이 떠오른다. 또 다른 위대한 만남으로 오늘의 위기를 예비하는 지혜를 모을 때이다. 다시 보는 영화, 한산, 명량, 그리고 노량에서 느낀 공감이 '미리 징계하여 후환을 경계'하자는 '징비' 그리고 '철저한 준비'로 나가기를 기대한다.

올리브영 상생리더십 – 이선정 대표

"현장은 답을 알고 있다" 그의 주장은 현장경영 철학을 잘 보여준다. 이선정 대표는 탁월한 소통 능력을 갖춘 리더로 평가받는다. 내부적으로 직원들과의 자유로운 의견 교환을 독려하며, 외부적으로는 K뷰티의 글로벌 도약을 위한 비전을 적극적으로 알리고 있다. 소셜미디어와 글로벌 온라인몰을 활용해 고객들과 직접 소통하며 브랜드 이미지와 신뢰를 구축하고 있다. 이처럼 CJ올리브영은 오로지 제품 경쟁력만 본다.

CJ그룹 최연소, 첫 여성 최고경영자(CEO)인 이대표는 상품기획(MD) 출신답게 중소 K뷰티 브랜드 문턱을 낮췄다. 현재 올리브영 매대에 올려진 브랜드 80% 이상은 모두 국내 중소기업이 만든 인디 브랜드다. CJ올리브영은 2024년 1월에 지속가능하고 건강한 K뷰티 산업 생태계 구축을 위해 3년간 총 3천억 원가량이 투입되는 상생경영안과 준법경영 강화안도 마련했다.

이 대표는 1977년생으로 건국대 응용생물화학과를 졸업하고 2000년부터 한국미니스톱에서 상품기획자(MD)로 근무하다 2006년 11월 CJ올리브영 상품팀으로 회사를 옮겼다. '상품기획 전문가'로 통하는 이 대표는 MD팀장 · MD사업본부장 · 영업본부장을 거치며 올리브영의 상품 경쟁력을 끌어올리는 데 주도적인 역할을 했다. 이 대표는 2017년 임원으로 승진한 데 이어 2022년 10월 올리브영 대표이사에 오르며 그룹 내 최연소 CEO이자 올리브영 최초의 여성 CEO이다. 이후 올리브영을 'K뷰티 인큐베이터'로 바꿨다. 이 대표는 MD 전문가답게 2020년부터 2022년까지 총 300개 중소 브랜드를 발굴했다. 당시 코로나 팬데믹으로 어려움을 겪던 이들 브랜드에 판매망을 제공한 것이다.

올리브영은 신진 브랜드 발굴, 온 · 오프라인 연계 옴니채널 강화, 입점 브랜드 글로벌 수출 지원 등 전략을 펼치며 승승장구하고 있다. 2021년 2조1,192억 원이었던 올리브영의 매출은 2023년 3조8,682억 원까지 늘었다. 2023년 영업이익도 4,607억 원으로 1,378억 원을 기록한 2021년과 비교해 3배 이상 불어났다. 2024년도 상반기 매출은 2조2,872억 원으로 전년 동기(1조7,966억 원)보다 27.3% 늘어나며 역대 최대치를 달성했다.

올리브영의 성공 비결 중에는 탁월한 상품 기획력을 바탕으로 선보이고 있는 압도적인 입점 브랜드 수, 다양한 상품이 있다. 올리브영에 입점한 뷰티 브랜드 수는 약 2400여 개로 2만 개가량의 상품을 보유하고 있다. 올리브영은 단독 제품 등을 선보이며 타사와 차별화를 꾀하는 한편, 콜라겐 · 글루타치온 등 먹는 화장품으로 불리는 '이너뷰티' 카테고리를 강화하며 상품군 확대에도 힘쓰고 있다.

올리브영 손길에 중소 브랜드도 쑥쑥 성장했다. 2023년 올리브영 매출 상위 10개 브랜드 중 7개가 중소 브랜드에서 나왔다. 넘버즈인, 롬앤, 닥터지, 메디힐, 라운드랩, 클리오, 토리든 등이다. 국내외 대기업들을 제치고 이들이 소비자들 선택을 받았다. 특히 클리오와 라운드랩은 올리브영을 통해 매출 1,000억원을 기록하기도 했다.

올리브영이 이처럼 K뷰티 등용문으로 자리매김할 수 있었던 이유는 여느 기업과는 다른 조직문화 때문이다. 1977년생인 이 대표를 비롯해 올리브영 임직원 평균 연령은 30.3세다. 20 · 30대 비중이 약 95%에 달한다. 올리브영은 또 2024년 인사에서 3명의 1980년대생 임원을 배출했다. 올리브영 임원 승진자는 총 4명으로, 평균 연령은 42세다. CJ그룹 임원 승진자 평균 연령(45세)보다 3살 더 어리다. 이처럼 비교적 젊은 조직문화로 브랜드에 대한 선입관이 없다는 것이 올리브영 제품 경쟁력을 돋보이게 한다. 올리브영의 제품 카테고리는 다양한데, 뷰티부터 헬스케어, 퍼스널케어, 건강기능식품, 잡화 등 전 분야를 아우른다. 최근에는 샴페인까지 선보이면서 주류까지 발을 넓혔다. 올리브영 매장당 매출도 급증했고, 취급 품목이 많아진 만큼 올리브영을 찾는 사람들도 늘었다.

전국 매장에 16개 언어 실시간 통역이 가능한 휴대용 번역기를 도입하여 늘어나고 있는 외국인 고객의 쇼핑 편의성을 높였고, 외국인 매출도 같이 증가했다. 또한 2019년 론칭한 역직구 몰인 '글로벌 몰'을 활용해 온라인을 통한 글로벌 수출길을 개척하고 있다. 배송 가능 국가가 150여 개국에 달해 자국에 오프라인 매장이 없어도 전 세계에서 K뷰티 상품 1만여 종을 쇼핑할 수 있는 것이 장점이다. 이같은 성과로 포춘이 발표한 '2024 아시아에서 가장 영향력 있는 여성 리더(MPW Asia 2024)' 리스트에 이선정 대표가 올랐다.

다만 올리브영이 납품업체에 대한 갑질 의혹으로 공정거래위원회의 조사를 받은 것은 옥의 티이다. 무신사의 '뷰티 페스타'에 참여하려는 자사 납품업체에 불참을 압박하는 등 부당 행위를 했다는 혐의를 받고 있어 앞으로의 대응을 지켜봐야 할 것이다.

출처: 이투데이, 한국경제신문, 이코노믹리뷰, 인사이트 코리아.

7.1 리더십이란 무엇인가

조직이 높은 성과를 달성하기 위해서는 종업원들이 적극적으로 업무에 몰입할 수 있도록 도와주는 경영자의 효과적인 역할이 필요하다. 아무리 훌륭한 계획이 세워지고 짜임새 있는 조직을 갖추었더라도 이를 효과적으로 달성할 수 있게 경영자가 촉진제의 역할을 하지 않는다면 그 기업은 높은 성과를 달성하기 힘들다. 이러한 이유에서 경영활동의 과정 중 지휘(leading)는 더 나은 경영을 가능하게 한다. 구체적인 지휘활동에는 경영자의 리더십과 종업원의 동기부여가 중요한 역할을 차지하고 있다.

우리는 조직생활을 수행할 때 리더십이라는 용어를 자주 사용한다. 현대와 삼성의 CEO의 리더십 차이를 말하기도 하고 작년 학생회장의 리더십이 올해 학생회장의 리더십에 비해 뒤떨어진다는 말을 하기도 한다. 그렇다면 과연 리더십의 의미는 무엇일까?

리더십은 본질적으로 조직 구성원에게 미치는 영향력으로 정의되어지고 있다. 따라서 경영자가 발휘해야 하는 경영활동에서의 리더십이란 조직 목표를 달성하기 위해서 종업원들에게 영향을 미치는 능력이라고 할 수 있다. 리더십이 뛰어난 경영자는 종업원들에게 기업목표를 달성하기 위해 각자의 업무에 몰입하도록 유도하는 능력을 갖춘 리더를 의미한다. 만약 경영자가 작업을 완수하는 데 있어 구성원들에게 영향을 미치지 못한다면 이런 사람을 리더라고 볼 수 없다.

그렇다면, 모든 경영자는 리더가 아닐 수도 있을까? 경영자는 조직으로부터 임명에 의해 지위를 확보하게 되고 이 때 영향력을 행사할 수 있는 능력은 경영자 직위로부터 나오는 공식적 권한에서 비롯된다. 한편, 리더는 집단 내에서 자연스레 생겨날 수도 있고, 공식적 권한을 기초로 한 명령에 의한 행동을 뛰어넘을 수 있도록 영향력을 행사할 수도 있다. 일반적으로 효과적인 조직은 경영과 리더십을 모두 필요로 한다. 리더십이 변화를 창출하는 데 필요하다면, 경영은 결과를 질서정연하게 성취하기 위해 필요하기 때문이다. 리더십이 존재하는 경영은 질서정연한 변화를 이루어낼 수 있고, 경영이 존재하는 리더십은 조직으로 하여금 환경과 적절한 관계를 유지하도록 한다. 마찬가지로 어떤 사람은 경영자이거나 리더일 수도 있고, 둘 다이거나 둘 다가 아닐 수도 있다.[1] 이상적으로는 모든 경영자가 리더여야 한다. 그렇지만 모든 리더가 여타 경영기능에 대한 재능이나 능력을 가져야만 되는 것은 아니며, 경영자 지위를 보유해야 하는 것도 아니다.

이처럼 리더십과 경영은 서로 관련이 있기는 하지만 동일한 개념은 아니다. 왜냐하면 다른 사람에게 영향을 미칠 수 있다고 해서 계획, 조직, 지휘, 통제기능을 반드시 효과적으로 수행할 수 있는 것은 아니기 때문이다.

7.2 리더십의 원천과 영향

'리더는 자신의 능력만큼 부하를 키운다.'고 한다. 그만큼 훌륭한 리더를 만났다면 그 부하는 참 능력을 더욱 개발할 수 있지만, 반대로 빈약한 리더를 만났다면 어떻게 될까? 조직도, 국가도 마찬가지로 어떤 리더를 세웠는가에 따라 조직의 성공과 실패가 갈리는 것을 우리는 많이 보아 왔다. 그래서 리더의 중요성은 아무리 강조해도 지나치지 않을 것이다. 리더십이란 '공동의 목표를 설정하고 이를 달성하기 위해 구성원들의 협력을 가져오는 영향력'이라고 정의한다면, 그럼 누가 리더인가? 우리는 사회에서, 직장에서, 가정에서 누가 진정한 리더인지 안다. 우리 모두가 리더이거나 리더가 되지만, 얼마나 훌륭한 리더가 되느냐의 차이가 있다. 리더가 반드시 특출난 사람이어야 되는 것은 아니며. 리더는 정의에서 본 것처럼 공동의 목표를 설정하고 구성원들이 이를 달성하도록 그들의 능력을 최대한 발휘하도록 영향을 미치면 된다. 따라서 자신보다 뛰어난 사람을 적재적소에 잘 두고 그들의 잠재역량을 마음껏 발휘하도록 해야 한다. 또한 지위가 주는 권력은 진정한 리더십이라고 볼 수 없으며 오히려 구성원들이 얼마나 잘 수용하는가가 리더십의 정도를 나타낸다.

리더십은 리더의 목표나 집단의 목적을 달성하려는 목적 지향적 행동이기 때문에 그 결과는 리더와 구성원 간의 영향과정(influence process)에 달려 있다. 이 영향과정에 따라서 구성원의 행동은 물론 애초에 의도한 성과의 달성 여부가 결정되고, 나아가서는 이로 인한 구성원의 만족감도 결정된다.

---

1) John P. Kotter, "What leaders really do?" *Harvard Business Review*(May-June 1990), pp. 103~111.

그러므로 리더십의 영향과정을 살펴볼 필요가 있다.

영향과정에서 중요하게 작용하는 요소로 권력(power)이 있다. 권력은 영향과정과 직접적으로 관련된 요소로서 구성원의 행동과 성과를 결정짓는 데 중요한 역할을 한다. 다시 말하면 리더는 권력을 사용하여 조직구성원의 행동에 영향을 미칠 수 있다. 결국 권력은 리더십 발휘의 수단이 되는 것이다.

■ 보상 파워(reward power)

리더 영향력의 첫번째 원천은 보상 권력이다. 이는 부하가 필요로 하는 임금이나 승진 혹은 인정 등 그들의 행동을 유인할 수 있는 보상을 제공할 수 있는 공식적 및 비공식적인 능력을 말한다.

■ 강압 파워(coercive power)

리더 영향력의 두번째 원천은 강압적인 권력으로서 이는 리더가 부하에게 벌을 줄 수 있는 능력이다. 즉, 부하가 지시에 순종치 않을 경우 나타날 신체적 고통, 승진 누락 등 부정적인 결과에 대한 두려움에 의존하는 힘이다.

■ 합법 파워(legitimate power)

리더 영향력의 세번째 원천은 합법적 권력으로 리더의 공식적인 권위와 개인적인 능력에 의하여 발휘되는 영향력을 의미한다. 다시 말하면 조직에서 리더에게 부과하는 공식적 권위(authority)를 말한다.

■ 준거 파워(referent power)

준거적 권력은 부하로 하여금 존경심을 갖게 하고 매력을 느끼게 만드는 리더의 개인특성에 의해 발휘되는 영향력을 말한다. 리더의 카리스마에 의해 영향을 받아 구성원이 행동을 하는 것이다.

■ 전문 파워(expert power)

전문적인 권력은 능력이나 전문적 기술, 지식 등 리더의 개인적인 실력을 통하여 발휘되는 영향력을 의미한다. 특히 교수, 회계사, 엔지니어 등과 같은 전문가 집단에서는 전문적 지식이 탁월한 사람이 리더십을 발휘한다. 직위가 낮아도 그 분야에 전문성이 있다면 그 사람이 리더이다.

■ 정보 파워(information power)

정보권력은 상급자가 갖고 있는 정보가 가치가 있다고 부하들이 지각하고 있는 사실에 기반을 둔 권력이다. 정보적 권력은 숙련 또는 능력과 관련이 없다는 점에서 전문적 권력과 구별된다. 정보적 권력은 경험을 통해서 수집된 정보에 의해 형성된다.

7.3 리더십 이론

리더십을 이해하기 위한 연구는 1940년대 이후부터 꾸준히 이루어져 왔다. 초기에는 리더가 아닌 다른 사람들을 리더와 비교함으로써 리더의 개인적 특성에 초점을 맞춘 특성이론(trait theory)이 등장하였다. 이 이론에 따르면 리더란 외모, 성격 등 모든 면에서 선천적으로 타고나는 것이었다. 그러나 이러한 리더의 특성을 나열하는 것에 싫증을 느끼게 되면서 유능한 리더와 그렇지 않은 리더들 간에는 행동유형에 차이가 존재한다고 보는 행동이론(behavioral theory)이 등장하였다. 유능한 리더의 행동유형을 파악하여 효과적인 리더십 모형으로 발전시키고자 한 것이다. 이 후 경영환경이 빠르게 변화함에 따라 단순히 리더의 행동 유형을 일률적으로 설명할 수 없다는 인식이 대두되었다. 이에, 개별 상황에 따라 적합한 리더십을 발휘하여 최적의 성

그림 7-1 리더십 이론의 발전 과정

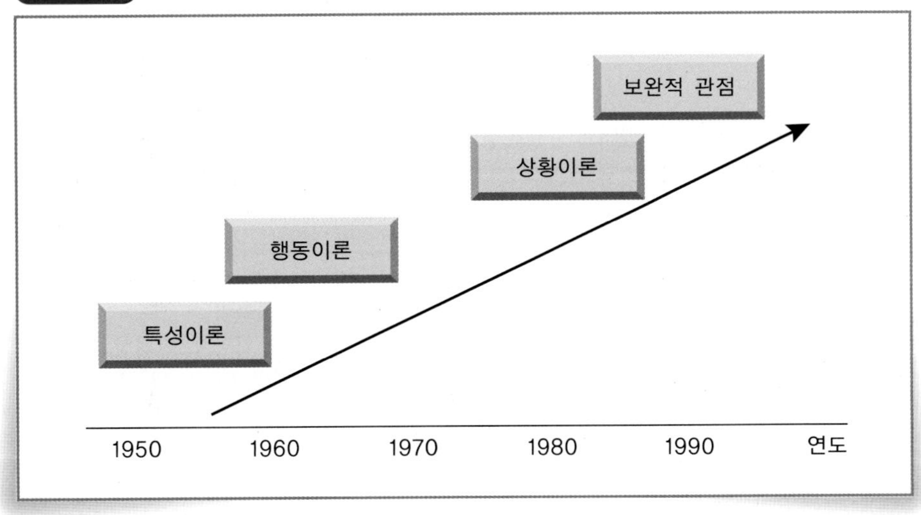

출처: Robert Kreitner, p. 471.

과를 이끌어내도록 하는 데 초점을 맞춘 상황이론(contingency theory)이 기존의 이론을 보완하면서 발전하였다.

1. 특성이론

특성이론은 오래 전 과거부터 1930년대와 1940년대에 주로 연구된 영역으로서 어떤 특성은 모든 리더에게서 발견될 수 있다는 것이다. 이에 대한 기본적인 가정은 유능한 리더와 그렇지 않은 리더 간에는 신체적인 특성(신장, 외모, 힘), 성격(자신감, 정서적 안정성, 지배성향), 능력(지능, 언어의 유창성, 독창성, 통찰력) 등에 있어 차이가 있다는 것이다.

특성이론은 리더의 정의를 충족시키기는 하지만 각 리더마다 독특한 리더십 특성을 갖고 있어 리더와 추종자, 유능한 리더와 무능한 리더를 항상 차별화시킬 수 있는 특성 집합을 제시하지는 못했다. 적합한 특성을 소유하는 것은 단지 유능한 리더가 될 수 있는 가능성을 증가시킬 뿐이다.

이러한 비판에도 불구하고 특성이론은 최근 다시 중요시되기 시작하고 있는데, 그 이유를 몇 가지 들자면 먼저 리더의 몇몇 특성들은 유효성을 높이는 데 있어 중요한 역할을 할 수 있다는 실증적 연구가 나타나고 있다는 것이다. 그리고 리더의 특성들이 주변사람들의 리더인식이나 지각에 영향을 미칠 수 있다는 인식론 차원의 새로운 해석이 가해졌기 때문이다. 또한 1960년대에서 1980년대에 걸친 학계의 줄기찬 비판에도 불구하고 실무차원에서 지속적으로 특성에 기초한 프로그램이 운영되어 온 것도 어느 정도 기여를 했다고 볼 수 있다.

표 7-1 리더의 중요특성 분류

구 분	내 용
신체적 특성	연령, 체중, 신장, 외모
사회적 배경	교육정도, 기동성, 사회적 지위, 가정배경
지능	능력, 판단력, 결단력, 설득력
성격	독립심, 지배력, 자신감, 적극성, 인내심
과업수행특성	성취욕구, 책임욕구, 과업지향성, 내구심
사회적 특성	감독능력, 통합력, 협동성, 대인관계

출처: Bass and Stogdills, *Handbook of Leadership*, New York: Free Press, 1981.

2. 리더십의 행동이론

리더의 개인적 특성에 대한 일치된 견해가 없고 리더가 반드시 타고나는 것은 아니라는 의견이 대두되면서 리더에게 필요한 행동이 무엇인가에 대한 관심이 높아지기 시작하였다. 행동이론(behavioral theory)은 리더가 자신의 역할을 수행하기 위해 종업원들에게 어떠한 행동을 보이느냐에 따라 리더십의 효과성이 결정된다는 이론이다.

행동이론에서는 리더가 나타내는 반복적인 행동 유형을 찾아내고 어떤 유형이 가장 효과적인가를 밝히는 것에 초점을 맞춘다. 이러한 리더의 행동에 초점을 둔 리더십 연구들을 살펴보면 다음과 같다.

표 7-2 리더십 행동이론 연구

연구	행동 특성 차원
레윈과 동료들 (Lewin, Lippitt & White, 1939)	독재형(autocratic), 민주형(democratic), 자유방임형(laissez faire)
오하이오 대학(1945)	종업원에 대한 배려(consideration structure), 업무 주도(initiating structure)
미시건 대학(1945)	종업원 중심적(employee-centered), 생산 중심적(production-centered)
블레이크와 무톤 (Blake & Mouton, 1964)	생산에 대한 관심(concern for production), 인간에 대한 관심(concern for people)

1) 아이오와 대학의 리더십 연구

아이오와(Iowa) 대학의 레윈(Lewin)을 중심으로 이루어진 리더십 스타일 연구는 독재형(autocratic), 민주형(democratic), 자유방임형(laissez faire)의 세 가지 리더십 스타일을 제시하고 있다.

연구에 따르면 이러한 리더십 스타일 중 자유방임형이 다른 두 스타일의 리더십보다 성과를 내는 데 덜 효과적이었으며, 독재형과 민주형 스타일의 성과차이는 유의하지 않았지만 작업의 질과 종업원들의 만족측면에서는 민주형 스타일이 더 효과적이었다.

표 7-3 아이오와 대학 리더십 연구의 리더십 스타일

	독재형	민주형	자유방임형
본질	① 리더가 모든 권한과 책임 보유 ② 리더가 명확한 과제를 구성원에게 할당 ③ 주로 하향적 의사소통	① 상당한 권한 위양 ② 참여적 의사결정을 기초로 작업 분할 ③ 활발한 쌍방향 의사소통	① 리더는 책임과 권한을 집단에 부여 ② 집단 구성원 스스로 작업 수행 ③ 주로 수평적 의사소통
주요 강점	신속성, 질서 그리고 예측 가능한 성과	참여를 통한 개인적 헌신 제고	리더의 방해 없는 직무수행 허용
주요 약점	개인의 독창성 묵살	시간 낭비	목표 없는 방황

2) 오하이오 대학의 리더십 연구

미국 오하이오(Ohio) 대학에서의 리더십 연구는 독자적으로 개발한 설문지를 통해 리더의 행동을 크게 종업원에 대한 배려(consideration structure)의 많고 적음과 업무 주도(initiating structure)의 많고 적음으로 분류하였는데 이에 따라 네 가지 형태의 리더십 유형이 도출되었다. 어떤 형태의 리더십이 가장 효과적인가를 분석한 결과 종업원에 대한 배려도 많이 하고 업무도 많이 주도하는 형태가 종업원의 높은 성과와 만족도를 이끌어 내는 데 효과적이었다.

3) 미시건 대학의 리더십 연구

미국 미시건(Michigan) 대학에서의 리더십 연구에서는 리더의 행동을 중심으로 종업원 중심적(employee-centered) 리더십과 생산 중심적(production-centered) 리더십으로 구분하여 리더십 효과를 조사하였다. 조사결과 하급자의 요구에 초점을 맞추고 있는 종업원 지향적 리더십에서 종업원 만족도와 성과가 가장 높은 것으로 나타났다.

4) 블레이크와 무톤의 관리격자연구

블레이크와 무톤(Blake & Mutton)은 오하이오 대학 연구를 바탕으로 효과적인 리더행동을 분석하였다. 사람에 대한 관심(concern for people)과 생산에 관한 관심(concern for production)을 두 가지 축으로 하여 1에서 9까지 등급을 매긴 바둑판 형태의 리더십 유형인 관리격자(managerial grid)를 개발하였다. 이에 따라 81개의 리더 유형을 도출해 냈는데 대표석인 리더십 유형 5가지를 살펴보면 다음과 같다.

사람에 대한 관심은 리더가 목표달성을 위해 노력하고 있는 종업원에 대해 얼마나 마음 쓰고 배려하는가를 의미하며, 여기에는 조직을 위한 헌신과 신뢰 구축, 종업원들의 개인적 가치의 실현, 좋은 작업환경의 제공, 공정한 임금구조의 유지, 좋은 사회적 관계의 촉진 등과 같은 행동들이 포함된다. 생산에 대한 관심은 리더가 조직의 과업목표 달성을 위해 어떻게 노력하는가를 가리키며, 여기에는 정책결정, 신제품개발, 생산과정상의 문제해결, 작업분담, 판매량 등과 관련된 행동들이 포함된다. 본 모형의 특징은 개인 리더십의 행동 유형에 따라 리더십을 점수화할 수 있다는 점에서 실용성이 뛰어나다는 것이다. 실제로 개인 경영자의 리더십을 평가하는 데 미국의 유수기업들이 이 모형을 사용한 적이 있다.

■ **무관심형(1-1)**

업적과 인간적 측면 모두에 별로 관심을 보이지 않는 리더형으로 리더는 업무에 대한 지시만 하고 방치하며, 어려운 문제가 발생하면 피해 버린다.

■ **컨츄리클럽형(1-9)**

업적보다 인간관계만을 중시하는 리더형으로 부하의 욕구나 동기를 충족

그림 7-2 관리격자 모형

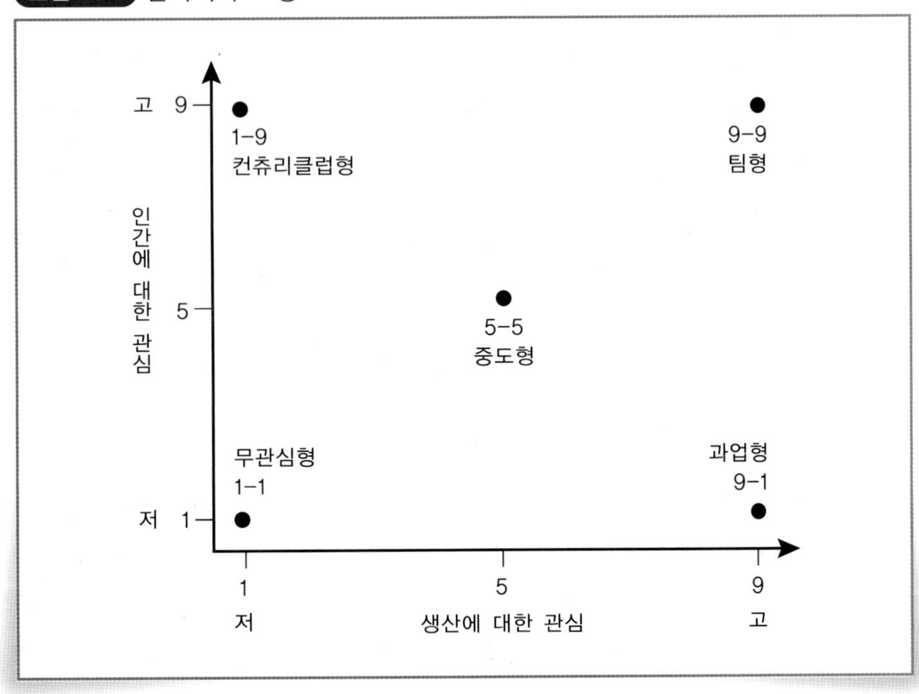

시키면 그들이 스스로 알아서 일을 수행할 것이라는 전제하에서 나타나는 리더십 유형이다. 능력 있는 부하들이 떠나는 경우가 많다.

■ 과업형(9-1)

업적에 대한 관심만 보이는 리더형으로 이 경우 상사는 혼자서 의사결정을 하고, 관리의 초점도 생산성 제고에만 맞추어져 있으므로 부하는 하나의 수단으로만 취급된다.

■ 중도형(5-5)

업적과 인간에 대해 중간정도의 관심을 보이는 형으로 부하들의 요구에 따라 합리적으로 목표를 설정하고, 원만한 방법을 통해 업무를 수행시킨다. 이러한 리더는 절충에 신경을 쓰는데, 이런 요소는 리더로 하여금 자신의 특성이나 주관을 뚜렷하게 부각시키지 못하게 하여 부하들에게 우유부단한 리더로 비쳐질 수 있는 가능성을 가지고 있다.

■ 팀형(9-9)

업적과 인간 두 측면에 높은 관심을 보이는 형으로 리더는 조직의 공동목표 및 상호의존 관계를 강조하고, 상호 신뢰적이며 존경적인 관계와 구성원의 몰입을 통해 과업목표를 달성하고자 한다.

관리격자 모형은 궁극적으로 가장 이상적인 리더형으로서 팀형을 지향한다. 그러나 이러한 유형이 항상 효과적인지에 대해서는 많은 의문들이 제기되어 왔다. 예를 들어 조직이 심각한 위기에 처해 있을 경우 리더가 민주적이기보다는 독재적으로 행동하는 것이 더 효과적일 수 있기 때문이다. 또한 9-9형이 이상적이라 현실적으로 가능하지 못하다는 지적도 있다. 오히려 7-7형이 현실적인 바람직한 리더형이라고 보기도 한다.

3. 리더십의 상황적인 접근

특성이론과 행동이론이 리더가 처해 있는 상황에 대한 분석이 미흡하여 한계점에 이르자 리더십의 역할, 기능, 행동 그리고 부하들의 과업수행과 만족에 영향을 미치는 상황변수를 찾는 데 초점을 맞춘 연구들이 나타났다. 리더십 상황이론은 연구의 초점을 리더에 두는 것이 아니라 리더, 부하, 조직이 처해 있는 상황에 둔 것으로, 상황에 따라 리더십의 유효성이 결정된다는 것이다. 이는 리더십 발휘가 조직현장과 분리된 진공상태에서 일어날 수 있는 일이 아니므로 다양한 현장변수들과의 상호작용을 고려할 수밖에 없다는 것을 전제로 하고 있다. 이러한 상황이론들을 살펴보면 다음과 같다.

1) 피들러의 상황적합성 이론

피들러(Fiedler)의 상황적합성 이론은 상황이 리더에게 허용하는 감독 내지 영향력 정도와 부하의 상호 작용하는 리더의 스타일 간에 존재하는 대응 여부에 따라 집단성과가 결정된다는 이론이다. 따라서 리더십 스타일과 상이한 상황을 정의하고, 두 가지 요소를 적절히 결합하는 방안이 모색되었다.

구체적으로 세 가지 요인에 따라 여덟 가지 상황을 설정하고 각 상황별로 적합한 리더십 유형을 제시하였다. 피들러가 제시한 세 가지 요인은 첫째, 리더와 구성원의 관계(leader-member relations)로 종업원들이 리더를 얼마나 지원하고 있는가를 나타내는 것이다. 둘째, 업무 구조화(task structure)로 종업원들에게 맡겨진 일이 업무의 목표나 처리 절차 등 구체화되어 있느냐를 나타내는 것이다. 셋째, 리더의 지위 권력(position power)으로 종업원들에게

그림 7-3 피들러의 상황이론

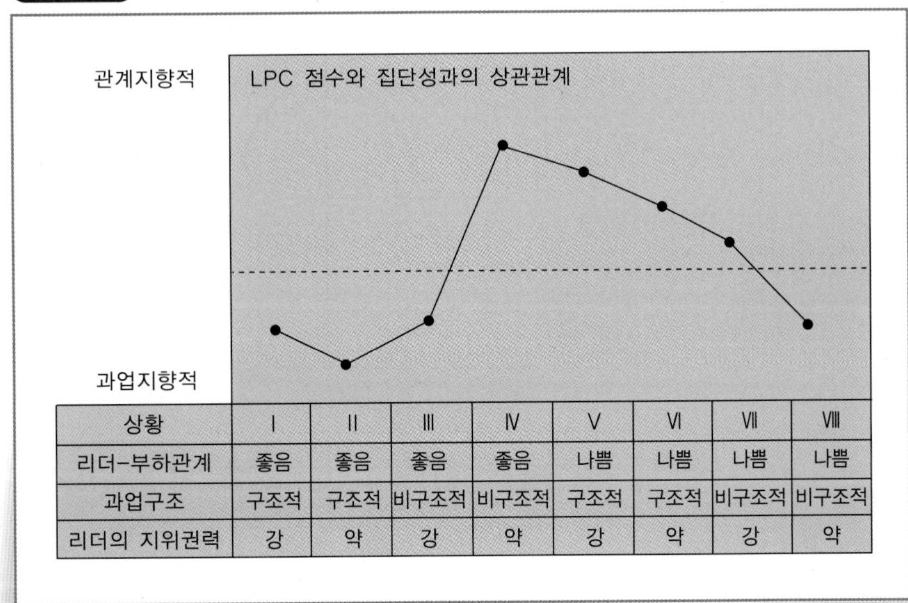

상황	I	II	III	IV	V	VI	VII	VIII
리더-부하관계	좋음	좋음	좋음	좋음	나쁨	나쁨	나쁨	나쁨
과업구조	구조적	구조적	비구조적	비구조적	구조적	구조적	비구조적	비구조적
리더의 지위권력	강	약	강	약	강	약	강	약

출처: Fiedler, F. E. & Chemers, M. M.(1982), *Improving Leadership Effectiveness: The Leader match concept*(2nd ed.), N. Y.: John Wiley.

보상을 주거나 처벌을 할 수 있는 상대적 재량권의 정도를 나타내는 것이다.

이와 같은 세 가지의 요인들을 결합하여 8가지의 상황으로 분류하고 각각의 상황별로 업무 중심적 리더십이 유리한지, 인간관계적 리더십이 유리한지를 제시하였다.

결국 상황이 아주 좋거나 아주 나쁜 경우는 과업지향적 행동을 보이는 것이 효과적이고 상황이 중간정도인 경우는 인간중심형이 효과적인 것으로 나타났다.

2) 허쉬-블랜차드 모델

피들러의 상황이론은 리더십 차원을 과업 중심과 관계 중심의 차원으로 나누어 살펴본 것에서 그친 데 반해 허쉬-블랜차드(Hersey-Blanchard)는 리더십 차원을 과업 중심과 관계 중심 행동을 각각 고(高), 저(低)로 세분화하였다. 이들을 결합하여 지시형(telling), 설득형(selling), 참여형(participating), 위임형(delegating)의 네 가지 특정한 리더십 유형을 제시하였다(그림 7-4 참조).

허쉬-블랜차드는 이러한 4가지 리더십 유형의 유효성을 높일 수 있는 요

그림 7-4 허쉬-블랜차드의 상황적 리더십 모델

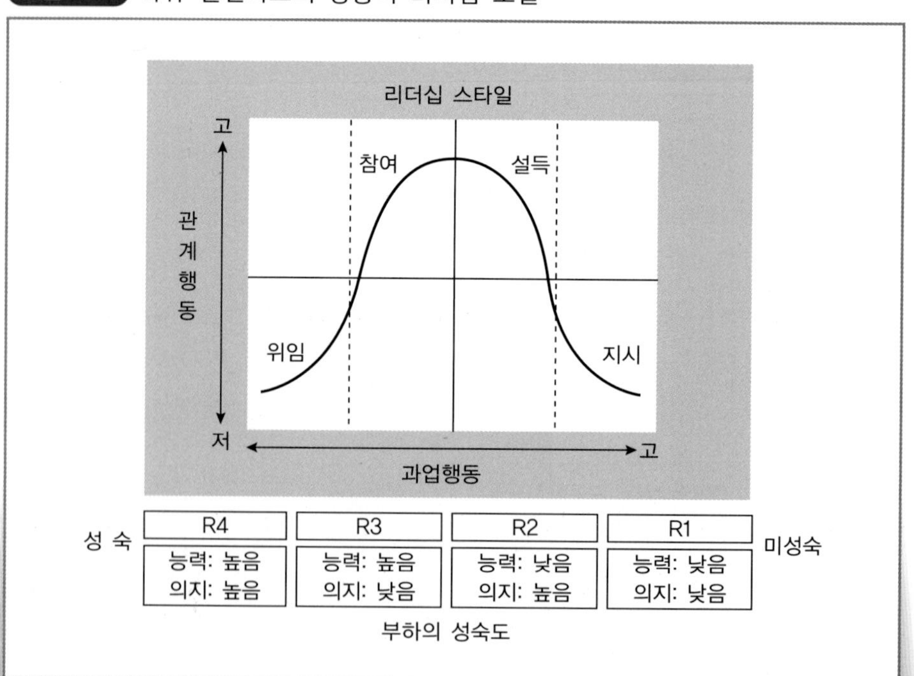

출처: Hersey, P. & Blanchard, K. H.(1982), *Management of Organization Behavior: Utilizing Human Resource*(4th ed.), Englewood Cliffs, N. J.: Prentice-Hall.

인으로 부하의 성숙도를 들고 있다. 부하의 성숙도는 특정과업을 수행하는 능력과 그것을 수행하려는 의지를 결합시켜 4단계로 나눌 수 있다. R1은 능력과 의지가 모두 낮은 상태이며, R2는 능력은 낮으나 의지는 강한 상태이고, R3은 능력은 뛰어나나 의지가 약한 상태이며, R4는 능력과 의지가 모두 높은 상태이다.

이 모델에 따르면 부하가 미성숙 단계인 R1단계에서는 지시형 리더십이 효과적이며, R2단계에서는 설득형 리더십, R3단계에서는 참여형 리더십, 그리고 R4단계에서는 위임형 리더십이 가장 효과적이라고 한다. 이는 인생주기에 비유하기도 하는데 유아기엔 지시형, 소년기엔 설득형, 청년기에는 참여형이 그리고 분가해 결혼한 이후엔 자유방임형이 더욱 효과적이라고 볼 수 있다.

■ **지시형(고과업-저관계)**

대부분 의사소통의 초점이 목표달성에 맞추어져 있으며, 리더는 집단성원들이 무슨 목표를 어떻게 달성해야 하는가에 대한 작업지시를 하고 구성원들의 작업활동을 주의 깊게 감독한다.

■ **설득형(고과업-고관계)**

의사소통의 초점을 목표달성과 정서적 지원 양쪽에 맞추고 있다. 설득형 리더는 종업원들의 참여를 고무하고 아이디어를 장려함으로써 자신과 구성원들이 모두 참여하는 팀 정신을 촉구하지만, 여전히 무슨 목표를 달성할 것인가에 대한 최종결정은 리더가 내린다.

■ **참여형(저과업-고관계)**

리더는 목표에만 초점을 맞추지 않고, 지원적 행동을 통하여 구성원들이 달성해야 할 과업을 위해 능력을 발휘하도록 동기유발을 시도한다. 지원적 유형은 경청, 칭찬, 아이디어 제출 및 권유, 피드백 제공과 같은 것을 포함하는 구성개념이다. 참여적 리더는 일상적 의사결정의 책임은 부하에게 넘기지만 문제해결을 촉진하는 책임을 리더가 가지고 있다.

■ **위임형(저과업-저관계)**

리더는 계획, 통제 등의 활동을 줄이고, 수행해야 할 업무에 대한 합의가 이루어지면 그 직무의 수행방법의 결정과 직무 책임을 부하에게 위양한다.

3) 경로-목표 이론

하우스(House, 1971)에 의해 개발된 경로-목표이론(path-goal theory)은 부하들이 열심히 일하게끔 동기부여시킬 수 있는 리더의 행동을 연구한 이론으로, 동기부여이론의 하나인 기대이론에 기반을 두고 있다. 이 이론에 따르면, 부하들은 그들이 추구하는 목표에 도움을 준다고 간주되는 리더의 영향력을 수용하게 된다. 즉, 상황이 제공하지 못하는 어떤 것을 리더가 제공함으로써 추구하는 목표에 도움을 주고 있는 것으로 부하가 지각될 경우 리더는 부하들에게 더욱 영향력을 행사할 수 있고, 또 리더는 부하들로부터 더 호의적으로 받아들여진다는 것이다. 이 이론은 다른 리더십 이론과 달리 '리더십이 어떻게 성과와 만족을 창출해내는가' 하는 과정에 대해 설명하고 있다. 즉, 상황에 따른 개개의 특정 리더십 스타일들은 부하에게 그들에게 돌아갈 각각의 보상을 명확히 제시함으로써 부하들의 동기를 불러일으키고 궁극적으로는 리더십 유효성을 증대시킬 수 있다는 것이다(표 7-4 참조).

경로-목표이론은 경영자가 사용할 수 있는 네 가지 상황별 리더십 스타일을 제시하고 있다. 먼저, 지시적(directive) 리더십은 구체적 지침과 표준 그리고 작업스케줄을 제공하고 규정을 마련하여 직무를 명확히 해주는 리더 행동이다. 두번째, 지원적(supportive) 리더십은 부하의 욕구와 복지에 관심을 쓰며, 이들과 상호 만족스런 인간관계를 강조하면서 후원적인 분위기 조성에 노력하는 리더 행동이다. 세번째, 참여적(participative) 리더십은 부하들에게 자문을 구하고 그들의 제안을 끌어내어 이를 진지하게 고려하며, 부하들과 정보를 공유하려는 리더 행동이다. 네번째, 성취 지향적(achievement

표 7-4 경로-목표이론

상 황	리더십 스타일	부하에 대한 영향	결 과
• 모호한 직무	지시적 리더십	보상 획득 경로 명료화	노력, 만족도, 성과상승
• 부하의 자신감 결여	지원적 리더십	목표달성을 위한 자신감 증가	
• 부적절한 보상	참여적 리더십	욕구에 맞는 보상 재설계	
• 도전의식 부족	성취지향적 리더십	높은 목표 설정	

출처: Yukl, G. A.(1998), *Leadership in organizations*, Englewood Cliffs, N. J.: Prentice-Hall 재인용.

oriented) 리더십은 도전적인 작업 목표를 설정하고 성과개선을 강조하며 하급자들의 능력발휘에 대해 높은 기대를 갖는 리더 행동이다. 리더는 이러한 네 가지 스타일 중 자유로이 어느 하나를 선택할 수 있으며, 적절한 선택은 부하의 특성 및 환경적 요인에 달려 있다.

경로-목표이론은 리더의 행동과 업적 간의 관계에 영향을 미치는 두 가지 요인을 제시하고 있는데 그 하나는 부하의 특성(직무능력, 통제위치, 욕구상태)이고, 다른 하나는 작업 환경적 변수(과업특성, 공식적 권한체계, 작업집단의 특성)이다.

일반적으로 경로-목표이론의 타당성에 관한 모든 연구 결과가 긍정적인

그림 7-5 리더-참여 모델

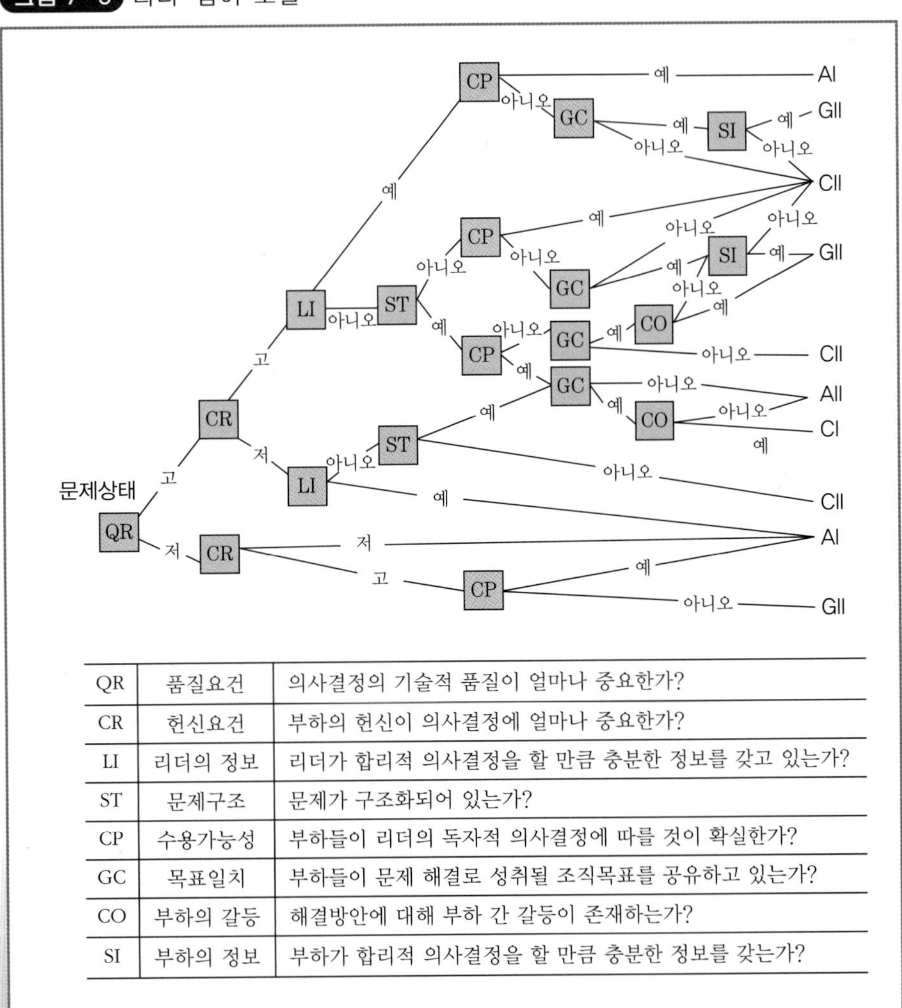

QR	품질요건	의사결정의 기술적 품질이 얼마나 중요한가?
CR	헌신요건	부하의 헌신이 의사결정에 얼마나 중요한가?
LI	리더의 정보	리더가 합리적 의사결정을 할 만큼 충분한 정보를 갖고 있는가?
ST	문제구조	문제가 구조화되어 있는가?
CP	수용가능성	부하들이 리더의 독자적 의사결정에 따를 것이 확실한가?
GC	목표일치	부하들이 문제 해결로 성취될 조직목표를 공유하고 있는가?
CO	부하의 갈등	해결방안에 대해 부하 간 갈등이 존재하는가?
SI	부하의 정보	부하가 합리적 의사결정을 할 만큼 충분한 정보를 갖는가?

것은 아니지만, 리더가 부하들이나 작업환경의 취약점을 보완할 경우 부하들의 성과와 만족에 긍정적인 영향을 미친다는 논리는 지지되고 있다.

4) 브룸-예튼 이론

브룸-예튼(Vroom-Yetton)의 이론은 리더의 의사결정행동은 의사결정상황에 따라서 바람직한 행동이 달라지기 때문에 리더는 주어진 상황에 적합한 리더십행동을 선택해 취할 수 있는 융통성을 길러야 한다고 강조하고 있다.

이 모델은 상이한 상황별로 이루어지는 의사결정 형태와 규모를 결정할 때 따라야 할 연속적 규칙들을 제공하는 규범적인 모델이다. 특히, 적합성 여부를 "예"와 "아니오"로 식별할 수 있는 일곱 가지 상황과 다섯 가지 리더의 의사결정 형태를 결합시켰다.

의사결정의 상황은 몇 가지 문제 속성으로 질문하고 있으며, 이는 리더가 사용하고 있는 의사결정에 영향을 미치는 상황 변인이다. 상황 변인을 고려한 의사결정트리는 [그림 7-5]와 같다.

의사결정의 참여정도를 고려한 다섯 가지 의사결정의 형태를 살펴보면 〈표 7-5〉와 같다.

표 7-5 브룸-예튼 이론에 의한 의사결정 형태

형 태		정 의	종업원의 참여정도
독재적 (autocratic)	A Ⅰ	경영자 혼자 이용 가능한 정보를 사용하여 문제를 해결하고 의사결정을 한다.	없음
	A Ⅱ	경영자는 하급자로부터 필요한 정보를 획득하지만 의사결정은 혼자 한다. 하급자에게는 문제가 무엇인지 알려 줄 수도 있고 그렇지 않을 수도 있다.	낮음
자문적 (consultative)	C Ⅰ	경영자는 개별 하급자와 문제를 공유하여 아이디어와 제안을 획득한다. 의사결정은 부하의 의견을 반영할 수도 있고 그렇지 않을 수도 있다.	적정
	C Ⅱ	경영자는 하급자 집단과 문제를 공유함으로써 하급자들의 아이디어와 제안을 획득한다. 의사결정은 하급자의 의견을 반영할 수도 있고 그렇지 않을 수도 있다.	적정
집단적 (group)	G Ⅱ	리더는 종업원 집단과 문제를 공유함으로써 문제 해결 방안 제시, 평가, 합의를 도출한다. 리더는 집단의 지지를 받는 해결책을 수용한다.	높음

4. 리더십의 최신 이론

1) 리더십과 팔로어십

지금까지 리더십에 관한 연구들은 리더가 발휘하는 리더십과 그 유효성에 초점을 맞추어 왔으며, 팔로어(follower)를 리더십 발휘의 주체가 아닌 대상으로 인식하여 왔다. 그러나 최근 들어 조직구성원들의 자발적 참여가 강조되면서 리더십과 팔로어십 간의 관련성이 강조되기 시작하였다. 리더가 있기에 팔로어가 존재하고 또한 팔로어 없는 리더란 무의미하다. 특히 최근에 와서 기업들은 급격한 환경변화에 직면하면서 부하들의 창의적이고 혁신적인 행동을 요구하게 되고, 이러한 행동을 유도할 수 있는 리더십으로 거래적 리더십, 변혁적 리더십 등 새로운 리더십 이론에 대한 논의가 활발해지고 있다. 리더십이 조직 목표를 달성하기 위해서 종업원들에게 영향을 미치는 능력으로 정의된다면 팔로어십은 주어진 상황에서 목표를 달성하기 위해 리더가 의도하는 바에 따라 팔로어가 개인이나 집단적 노력에 참여함으로써 개인적 목표를 획득하는 능력으로 정의될 수 있다. 결국 조직의 성과를 올리기 위해서는 리더십과 팔로어십의 상호작용이 필요하다.

2) 리더십 대체이론

기존의 리더십 모델들은 어떤 유형의 리더십이 적합한지를 규명하려 한 것으로서 리더십이 필요하지 않은 상황은 설명하지 못하였다. 리더십 대체(substitutes for leadership)는 이런 이유로 등장한 개념이다. 대체이론은 리더 행동이 무용화되거나 대체되는 상황이 존재함에 주목하고 있다. 예를 들면 응급실 당직의사, 간호사 그리고 보조요원들은 응급실 감독자의 지시적 혹은 지원적 행동을 기다리지 않고, 응급실에 들어온 환자를 치료하기 위해 필요한 행동을 해야만 한다. 이처럼 리더의 행동을 무용화하는 특성은 조직의 특수상황, 독립욕구가 강한 부하, 만족스러운 과제, 엄격한 보상구조를 갖는 조직 등에서 찾아 볼 수 있다.

3) 거래적 리더십과 변혁적 리더십

리더십에 대한 최신이론 중에 하나는 거래적 리더십(transactional leadership)과 변혁적 리더십(transformational leadership)을 구분하는 것이

표 7-6 거래적 리더십과 변혁적 리더십의 차이

구 분	거래적 리더십	변혁적 리더십
현 상	현상을 유지하기 위해 노력함	현상을 변화시키고자 노력함
목표지향성	현상과 너무 괴리되지 않은 목표 지향	보통 현상보다 매우 높은 이상적인 목표 지향
시 간	단기적 전망, 기본적으로 가시적인 보상으로 동기부여	장기적인 전망, 부하들에게 장기적 목표를 위해 노력하도록 동기부여
동기부여 전 략	부하들에게 즉각적이고도 가시적인 보상으로 동기부여	부하들에게 자아실현과 같은 높은 수준의 개인적 목표를 동경하도록 동기부여
행위표준	부하들은 규칙과 관례를 따르기를 좋아함	변환적이고 새로운 시도에 도전하도록 부하를 격려함
문제해결	부하들을 위해 문제를 해결하거나 해답을 찾을 수 있는 곳을 알려줌	질문을 하여 부하들이 스스로 해결책을 찾도록 격려하거나 함께 일함

다. 거래적 리더십은 부하에게 수행에 대한 보상과 같은 가치 있는 것을 서로 주고 받음으로써 리더십을 발휘하는 것을 말하며, 반대로 변혁적 리더십은 부하들과 비전 공유, 학습 경험의 자극 등을 통하여 원래 생각했던 성과 이상을 달성할 수 있도록 리더십을 발휘하는 것을 말한다. 따라서 거래적 리더와 변혁적 리더는 상이한 접근방법을 사용한다. 거래적 리더들은 계획에 의거 기대한 것들을 수행하도록 부하들을 감시하며, 변혁적 리더들은 기대 이상의 것을 수행하도록 자극한다. 구제적인 거래적 리더십과 변혁적 리더십의 차이에 대한 내용은 〈표 7-6〉과 같다.

경영학 FOCUS **나의 리더십(셀프 리더십) 진단**

최근 리더십의 개념은 리더 주변만이 아닌 리더 자신에 대한 영향력을 포괄하는 범위로까지 확장되어 이해되고 있다. 이러한 추세에서 비롯된 개념이 바로 셀프 리더십이다. Manz(1986)에 의하면, 셀프 리더십은 '스스로 자신에게 영향을 미치기 위해 개인이 취하는 광범위한 행동 및 사고전략'이며, Neck, Stewart, & Manz(1995)가 보다 상세하게 정의한 대로, '과업 수행에 필요한 자기방향 설정과 스스로 동기부여하기 위해 자신에게 영향력을 행사하는 과정'이라 할 수 있다. 여기서는 자신의 셀프 리더십 수준이 얼마나 높은지 진단해 보자.

구분	구성요소	문항	점수 (5점 만점)
행동적 전략	자기관찰	1. 나는 과제를 하는 과정에서 내가 잘 하고 있는지 늘 확인한다.	
		2. 나는 일을 하는 과정에서 나의 일 수행능력을 점검한다.	
		3. 나는 내가 공부하는 중간에 내가 잘하고 있는지 꼼꼼히 살펴본다.	
	단서전략	4. 나는 내가 꼭 기억해야 할 것은 잊지 않도록 장치를 마련한다.	
		5. 나는 공부의 집중도를 높이는 물건을 옆에 둔다.	
		6. 나는 중요한 결정을 하기 전에 다른 사람의 조언을 듣는다.	
	목표설정	7. 나는 목표를 세우고 이를 달성하기 위해 열심히 일하는 것을 좋아한다.	
		8. 나는 내가 세운 목표를 꼭 달성하고 싶다.	
		9. 나는 공부할 때 실천가능한 계획을 세우고, 그 계획대로 공부하는 것을 좋아한다.	
	자기보상	10. 나는 내가 일을 잘 했다고 생각하면 나를 자랑스럽게 여기고 나를 칭찬해준다.	
		11. 나는 과제를 성공적으로 마쳤을때 내가 좋아하는 물건으로 나에게 보상을 한다.	
		12. 나는 과제를 잘 해냈거나 시험을 잘보면 내가 좋아하는 활동을 함으로써 스스로 보상한다.	
	연습	13. 나는 중요하다고 생각되는 일을 하기 전에 미리 연습을 해본다.	
		14. 나는 중요한 일을 하기 전에 그 일을 머리 속으로 연습해본다.	
		15. 나는 도전적인 과제를 하기 전에 미리 연습을 한다.	
	자연보상의 분별	16. 나는 주어진 과제 중 제일 즐거운 과제가 무엇인지 안다.	
		17. 나는 내가 하는 공부에서 가장 흥미로운 분야가 무엇인지 안다.	
		18. 나는 내가 좋아하는 일이 무엇인지 자신있게 말할 수 있다.	

인지적 전략	환경조성	19. 나는 내가 좋아하는 장소에서 과제를 할 수 있도록 정한다.	
		20. 나는 쾌적한 환경에서 공부할 수 있도록, 우선 내 주변을 정돈한다.	
		21. 가능하다면, 내가 좋아하는 시간에 일을 하고 싶다.	
	자연보상을 주는 활동을 일에 도입하기	22. 나는 내가 즐기면서 할 수 있는 공부가 무엇인지 찾고 싶다.	
		23. 나는 내가 좋아하는 일을 즐기면서 하고 싶다.	
		24. 나는 내가 좋아하는 일을 즐기면서 할 수 있는 방법을 구상한다.	
	일의 좋은 면에 초점 맞추기	25. 나는 내가 하는 일의 단점보다는 장점을 더 많이 생각한다.	
		26. 나는 과제를 할 때 싫은 면보다 좋은 면을 더 생각한다.	
		27. 나는 내가 하는 공부에 대한 안좋은 면보다 좋은 면에 초점을 맞춘다.	
	내적 보상에 집중하기	28. 나는 공부의 결과보다 공부하는 과정 자체가 주는 즐거움이 더 중요하다고 생각한다.	
		29. 나는 공부할 때 성적보다는 공부를 하는 과정에 초점을 맞춘다.	
		30. 나는 일을 통해서 얻을 수 있는 보상보다 일을 실제로 하면서 느끼는 즐거움에 대하여 더 많이 생각한다.	
합계	10가지 요소	30 문항	

〈응답 및 채점요령〉

각각의 항목이 자신의 행동이나 특성을 얼마나 잘 반영하는가에 따라 1~5점까지 점수를 기입한다(전혀 반영하지 않는 경우: 1점, 매우 잘 반영하는 경우: 5점). 빠짐없이 점수를 기입한 후 합산한다(최하점: 30점~최고점: 150점).

5. 조직 정치(Organizational Politics)

조직 정치는 조직에서 인정되지 않는 목적을 달성하려고 하는 경우 또는 인정된 목적이라 하더라도 비공식적 수단을 이용하여 달성하려 할 때 발휘되는 영향력이다. 이러한 조직 정치는 자원의 희소성, 불명확하고 장기적인 의사결정, 부정확하고 복잡한 목표, 기술과 외부환경의 다변화, 변화의 발생 등으로 인하여 발생하게 된다. 조직 정치적 행동은 부정적으로만 볼 것이 아니라 조직 목표달성이나 조직 전체에 득을 가져올 수 있는 방향으로 관리할 필요가 있다. 개인의 영달을 위한 조직정치 행위는 억제시키고 조직 우호적 행동은 윤리적으로 용인되는 범위 안에서 장려할 수도 있다. 조직 내에서 흔히 발생되고 있는 조직 정치의 방법은 다음과 같다.

■ **상대방에 대한 비난 및 공격**

조직 정치 방법으로 가장 보편적으로 쓰이며 실패의 가능성이 높을 때 주로 쓰이는 방법이다. 상대방의 잘못으로 자신에게 그 책임이 돌아올 때나 제한된 자원에 대한 경쟁력을 확보하고자 할 때 사용된다.

■ **정보 접근에 대한 통제**

정보가 왜곡되었거나 정보의 흐름이 고의적으로 제한될 때 쓰인다. 하급자가 정보를 획득함으로써 상급자보다 유리한 입장에 서고자 할 때 이용된다.

■ **호의적인 인상 부각**

조직 통제에 관심을 갖고 있는 사람이 다른 사람에게 좋은 인상을 갖도록 이미지 구축을 하는 것으로 말한다. 조직의 규범을 철저하게 준수하고 성공과 영향력 확보를 위해 언제나 주의를 하며, 상대방의 업적을 칭찬해주는 등의 방법을 이용한다.

■ **지지기반의 확보**

조직에서 다른 사람에게 효과적으로 영향력을 행사하기 위하여 자신의 지지기반을 확보하는 것을 말한다. 이는 강한 공동체 형성이나 권력자와의 제휴관계 형성 등의 방법이 있다.

이와 같은 조직 정치는 적용범위에 따라 방법을 달리할 뿐이지 결코 사라지는 법이 없다. 따라서 이를 억제하려 하기보다는 긍정적 방향으로 효율적 관리를 해 나가는 것이 중요하다.

7.4 동기부여 이론과 기법

사람들의 의욕을 최대한 높일 수 있다면 얼마나 좋을까? 동기부여(motivation)란 종업원들이 조직의 목표를 내재적으로 받아들여 그것을 달성하기 위해 열심히 노력하게끔 유도하는 과정을 말한다. 즉, 행동목적과 방향을 제시하는 심리적 과정으로서 인간의 목표 지향적 행동을 불러일으키고 유지하는 영향력이다. 따라서 경영자들은 동기부여과정에 기초하여 종업원들이 조직 목적을 기꺼이 추구하도록 종업원을 관리한다. 종업원들이 자신의 능력 안에서 조직 목표를 성취하려고 전력을 다하는 행동을 유발시키는 과정이다(성과는 능력과 동기부여에 의해 결정된다).

동기부여는 개인과 상황 간의 상호작용으로 이루어지므로 개인 간은 물론 같은 사람 내에서도 시기에 따라 동기부여의 수준에 차이가 있을 수 있다. 동기부여 이론들은 의도적인 행동의 '이유' 측면인 내용적 접근과 '방법' 측면인 과정적 접근으로 나누어 살펴 볼 수 있다.

1. 동기부여 이론의 내용적 접근

동기부여의 내용적 접근은 행동을 부추기거나 멈추게 하고, 행동방향을 제시하는 요인이 무엇인지에 대해 탐색함으로써 동기부여의 본질을 설명한 이론으로 매슬로우의 욕구 단계설, 허즈버그의 2요인 이론, 맥클리란드의 동기 이론이 있다.

1) 매슬로우의 욕구 단계설

매슬로우(Maslow)는 인간의 본성에 대하여 세 가지 가정하에서 동기부여 이론을 설명하였다.

• 인간은 결코 만족될 수 없는 욕구를 지니고 있다.

• 인간의 행동은 주어진 어느 시점에서 만족 못한 욕구를 충족시키는 것을 지향한다.

• 인간의 욕구는 생리적 욕구(physiological needs), 안전의 욕구(safety needs), 사회적 욕구(social needs), 존경의 욕구(esteem needs), 자아실현욕

그림 7-6 매슬로우의 5단계 욕구

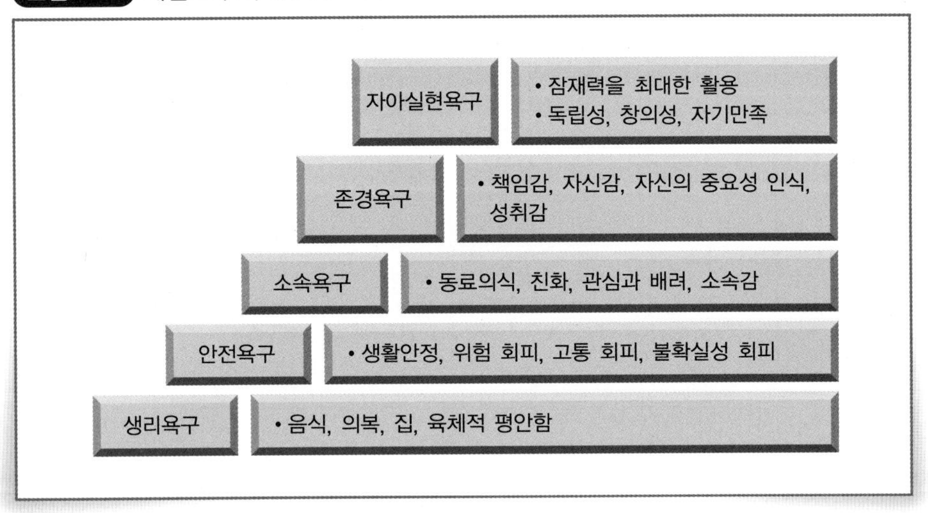

구(self-actualization needs) 등 5단계로 이루어져 있다. 인간은 하위 단계로부터 시작해서 기본적인 욕구가 채워지면 순차적으로 상위 단계의 욕구를 채우려 한다.

매슬로우는 인간의 욕구 단계를 활용하여 상위 욕구를 충족시킬 수 있도록 동기부여함으로써 더 좋은 경영성과를 낼 수 있다고 보았다.

2) 알더퍼의 ERG이론

알더퍼(Alderfer)의 ERG이론(Existence-Relatedness-Growth Theory)은 매슬로우의 5단계 욕구를 존재욕구(existence needs), 관계욕구(relatedness needs), 성장욕구(growth needs) 등 3차원으로 축약시킨 동기부여 이론이다. 즉, 존재욕구는 매슬로우의 생리적 욕구와 안전의 욕구, 관계욕구는 사회적 욕구와 존경의 욕구, 성장욕구는 자아존중과 자아실현의 욕구로 각각 대응된다.

ERG이론은 매슬로우의 욕구이론과 동일하게 욕구단계별로 동기부여가 이루어진다고 보았으나 한 차원 이상의 욕구가 동시에 동기부여의 요인으로 사용될 수 있다는 점, 상위 욕구가 좌절되면 그 아래 욕구를 더욱 충족시키는 방식으로 욕구 순환적인 과정을 고려했다는 점에서 차이가 있다.

3) 허즈버그의 2요인 이론

과거에는 직무만족과 불만족이란 동일한 차원, 즉 만족의 반대는 불만족

그림 7-7 허즈버그의 동기-위생이론

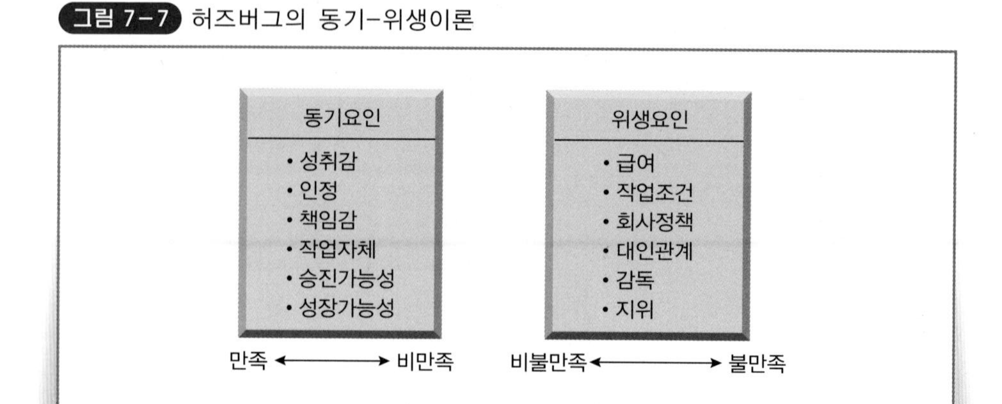

이라는 차원에서 다루었다. 그러나, 허즈버그(Herzberg)에 의해 주장된 2요인 이론(two-factor theory)은 직무에 대한 만족감을 느끼게 해 동기부여를 높이는 요인과 직무에 대한 불만족감을 느끼게 해 동기부여를 낮추는 요인이 동일하지는 않다는 것이다. 이 때 직무만족을 통해 동기유발 정도를 높이는 요인을 동기요인(motivative factors)이라고 하며, 이는 성취감, 남으로부터의 인정, 책임감, 진취성, 승진 등 작업의 내용과 관련된 것을 말한다. 반면 직무불만족으로 인해 동기유발 정도를 낮추는 요인을 위생요인(hygiene factors)이라고 하며, 이는 급여, 작업조건, 고용안정, 회사정책이나 경영방식 등 작업 환경과 관련된 것을 말한다.

여기서 위생요인은 작업환경이 불만족을 해소시키는 데 영향을 미칠 수 있지만 직무 만족을 가져다주지는 않는다. 두 가지 요인, 즉 직무만족을 가져오는 요인과 직무 불만족을 가져오는 요인이 서로 분리되어 있고 구별된다고 보았다. 그러므로 경영자는 이 두 가지 요인 모두를 관리해야 한다. 허즈버그 이론에 따르면 먼저 직무에 대한 불만족 요인을 제거하고 그리고 직무만족 요인을 통해서 동기를 유발시켜야 성과가 높아질 수 있다.

4) 맥클리란드의 동기 이론

맥클리란드(McClelland)의 이론은 개인의 동기가 개인이 사회문화 환경과 상호 작용하는 과정에서 조성되고 학습을 통하여 개인의 동기가 개발되어 질 수 있다는 것을 전제로 하기 때문에 성취동기이론(achievement motive theory) 또는 학습에 의한 욕구이론(learned motive theory)이라고 한다. 맥클리란드는 개인의 욕구 중에서 사회문화적으로 습득된 욕구를 성취욕구

그림 7-8 동기유발의 4가지 내용적 접근 이론의 비교

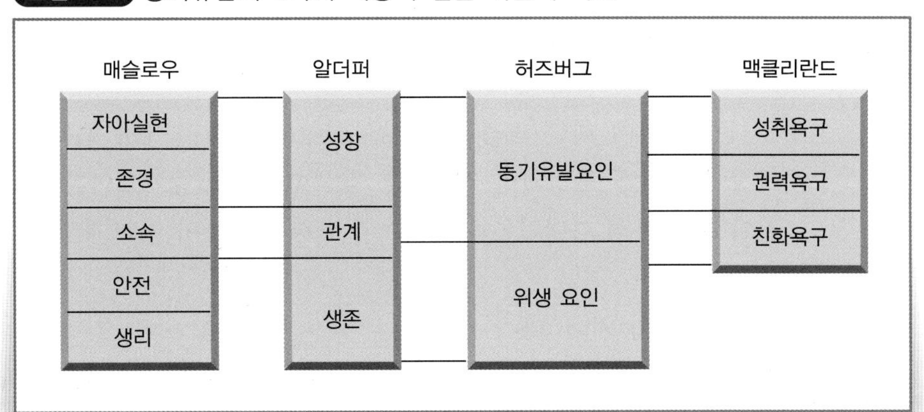

(need of achievement), 친교욕구(need of affiliation), 권력욕구(need of power)로 나누었다. 여기서 성취욕구는 표준을 달성하고 표준을 능가하려는 욕구를 말하며, 권력욕구는 타인에게 영향력과 통제력을 행사하려는 욕구를 의미하며, 친교욕구는 다른 사람들과의 친근하고 밀접한 관계를 맺으려는 욕구를 말한다.

이와 같은 욕구 연구를 통하여 다음과 같은 일관된 결과들을 도출해 낼 수 있었다.

• 높은 성취욕구를 갖고 있는 사람은 개인적 책임, 피드백, 그리고 중간 정도의 위험을 갖는 직무 여건을 선호한다.

• 성취욕구가 높은 사람이 반드시 유능한 경영자가 되지는 않는다.

• 권력욕구와 친교욕구는 경영자의 성공과 밀접한 관련이 있다. 즉, 권력욕구가 높고 친교 욕구가 낮은 경영자가 최선의 경영자가 될 수 있다.

• 종업원의 성취 욕구는 훈련을 통하여 향상될 수 있다.

동기유발의 내용적 접근에 관련된 매슬로우의 욕구단계설, 알더퍼의 ERG 이론, 허즈버그의 2요인 이론, 맥클리란드의 동기이론을 비교하면 [그림 7-8]과 같다.

맥클리란드는 저차원의 욕구를 제시하지 않고 있다. 그러나 그의 성취욕구와 권력욕구는 허즈버그의 동기유발요인이나 매슬로우의 고차원의 욕구나 알더퍼의 성장욕구와 어느 정도 비슷하다.

2. 동기부여 이론의 과정적 접근

동기부여에 대한 과정적 접근은 인간의 심리 속에서 행동으로 이어지는 과정이 어떻게 구성되어 있는지를 탐색함으로써 동기부여를 설명하고자 한 것이다. 브룸의 기대이론과 아담스의 공정성 이론이 이에 해당된다.

1) 브룸의 기대이론

브룸(Vroom)에 의해 제안된 기대이론(expectancy theory)은 사람들은 자신이 원하는 일을 수행하고 그에 따라 가치 있는 보상을 받기 위해 노력할 것이라는 것을 전제로 한다. 브룸의 기대이론에 의하면 동기부여는 기대감(expectancy) · 수단성(instrumentality) · 유의성(valence)의 3요소에 의해 영향을 받는다.

■ 기대감

개인의 능력으로 바람직한 업적 수준을 올릴 수 있을 것인가를 나타내는 것으로 자신의 능력을 발휘하여 노력하면 바람직한 성과를 가져올 수 있는가에 대한 기대를 말한다.

■ 수단성

어떤 특정한 수준의 성과를 달성하면 바람직한 보상을 받을 수 있을 것이라는 믿음의 정도를 말한다.

■ 유의성

성과에 대한 보상은 개인에게 얼마나 가치 있는 것인가를 나타내는 것이다. 이 때의 보상은 정적 보상일 수도 있고 부적 보상일 수도 있다.

이러한 세 가지 변수를 고려하여 기대이론의 동기부여를 표현하면 다음과 같다.

$$\text{동기부여} = \text{유의성} \times \text{기대} \times \text{수단성}$$

이는 개인이 승진을 원하지만(높은 유의성) 그 행동의 결과가 승진에 반영되지 않는다거나(낮은 수단성), 혹은 그 행동의 결과를 산출해 낼 능력이

표 7-7 공정성 이론

비율의 비교	종업원의 평가
결과(A)/투입(A) < 결과(B)/투입(B)	불공평(과소 보상)
결과(A)/투입(A) = 결과(B)/투입(B)	공평
결과(A)/투입(A) > 결과(B)/투입(B)	불공평(과대 보상)

없다면(낮은 기대감) 동기가 유발되지 않을 것임을 의미한다.

따라서 경영자는 종업원의 동기부여를 높이기 위해서 기대감, 수단성, 유의성을 모두 극대화시켜야 함을 알아야 한다.

2) 아담스의 공정성 이론

아담스(Adams)의 공정성이론(equity theory)은 직무에 대한 동기유발은 개인이 받는 보상이 얼마나 공정하게 배분되고 있는가에 대한 평가에 달려있다고 본다. 이 이론에 따르면 종업원은 자신이 투입하는 것(투입)과 직무상황으로부터 획득하는 것(산출)을 인지하고, 자신들의 투입-산출비율을 타인의 것과 비교한다(표 7-7 참조).

이 이론에 따르면 개인은 자신이 기울인 노력의 대가에 대한 절대적인 보상뿐만 아니라 타인의 보상과 비교해보았을 때 자신의 노력대비 보상이 어느 정도인지에 대해서도 관심을 갖게 된다. 시간, 노력, 경험, 기업에 대한 충성심 등과 같은 투입과 월급, 승진, 인정, 동료와 상사 간의 원만한 관계, 성취감과 같은 산출을 통해 개인의 투입-산출 비율을 인지하고 타인의 그것과 비교해 본다. 이 때 불균형을 인식할 경우 긴장하게 되고, 공정함을 인식하도록 행동하려 한다는 것이다. 즉, 불공평하다고 느끼는 종업원들은 자신이나 타인의 투입 또는 결과를 왜곡시키거나 변경시키려 하고, 타인으로 하여금 투입이나 결과를 변경시키도록 행동한다. 또한 상이한 비교 대상을 물색하든지 일을 그만두는 행동을 선택하기도 한다.

따라서 경영자는 종업원들이 보상을 공정한 것으로 인식하도록 하는데 주의를 기울여야 한다.

3) 강화이론

강화이론(reinforcement theory)은 인간의 행동을 결과변수로 간주하고,

목표, 기대, 욕구와 같은 요소들을 무시하는 대신 어떤 행동을 취한 사람에게 주어지는 결과에만 주목한다. 특히 인간의 행동이 외적 요인에 의하여 유발된다고 보고, 행동을 반복시킬 가능성을 증가시키는 요인을 강화요인이라고 한다. 강화이론에 따르면 경영자들은 적극적 강화(positive reinforcement), 소극적 강화(negative reinforcement), 처벌, 소거와 같은 네 가지 강화요인을 사용할 수 있다. 즉, 종업원들의 행동이 조직 목표 달성에 도움이 될 경우에는 적극적인 강화요인과 소극적인 강화요인을 통해 바람직한 행동을 증가시킨다. 그러나 조직의 목표 달성을 방해하는 행동에 대해서는 처벌과 소거를 사용하여 바람직하지 못한 행동을 억제할 수 있다.

특히, 스키너(Skinner)에 따르면 인간은 행동에 따라 보상이 이루어질 경우 요구되는 행동을 수행하며, 이 때의 보상은 원하는 반응을 보였을 때 시간차를 두지 않고 바로 주는 것이 효과적이다. 한편, 보상받지 못하거나 징계받았던 행동은 반복될 가능성이 극히 적어진다. 따라서 경영자는 바람직하다고 여겨지는 행동을 강화시킴으로써 상대방의 행동에 영향을 미칠 수 있다. 바람직하지 못한 행동은 질책하기보다는 무시하는 것이 바람직하다.

3. 동기부여 기법

1) 경제적 보상

개인이 어떠한 행위를 하는 것은 자신의 행위에 대하여 어떠한 형태로든 보상받을 것을 기대하기 때문이다. 이 때 보상은 과제를 수행한 데 대한 물질적이고 심리적인 대가의 지불이라고 할 수 있다. 이 때 경제적인 보상은 종업원의 업적을 정의하고 평가하여 보상하는 공식적 혹은 비공식적 틀로서 동기부여를 위한 가장 기본적인 수단이다.

매슬로우의 욕구이론에 의하면 경제적 보상은 생리적 욕구와 안전의 욕구를 충족시켜준다고 보고 있으며, 브룸의 기대이론에서는 성과에 따라 경제적 보상을 줌으로써 성과가 경제적 보상을 이끌어 내는 수단성을 높여 종업원들을 동기유발시킬 수 있다고 보고 있다.

2) 비경제적 보상

인간은 반드시 경제적 보상에 의해서만 동기부여 되는 것이 아니고 칭찬, 인정, 심리적 만족, 성취감 등에 의해 움직인다. 물론 기본적인 보상은 경제적인 것이지만 때에 따라서는 인간은 비경제적인 것에 더 자극받을 수 있다. 예를 들면 자연보호 운동을 위해 단식 투쟁을 하는 스님, 성취감을 위해 밤새 일하는 사회운동가들이 좋은 본보기이다. 또 칭찬은 고래도 춤추게 한다고 인정하고 칭찬하는 일은 경제적 보상 그 이상으로 효과가 있다.

일반적으로 효과적인 보상시스템은 다음과 같은 4가지를 충족해야 한다. 첫째, 기본적 필수품에 대한 개인의 욕구를 충족시켜야 한다. 둘째, 다른 조직에서 제공하는 보상과 비교하여 유리해야 한다. 셋째, 조직 내에서 이루어지는 보상배분이 공정해야 한다. 마지막으로, 인간이 각기 다른 욕구를 갖고 있으며, 이를 충족시키는 길도 다를 수 있다는 것을 인정해야 한다.

closing case

내적 동기부여의 힘을 입증하는 실제 사례들: 구글, 자포스, 스포티파이

동기 부여에 대해 생각하는 방식은 변화하고 있으며, 학습 및 개발 및 HR 전문가로서 이러한 변화에 적응하고 안내하는 것은 우리의 책임이다. 당근과 채찍 동기를 부여하는 전통적인 방법은 점점 더 쓸모없다고 여겨지며 자율성, 숙달, 목적과 같은 내재적 동기에 초점을 맞춘 보다 복잡미묘한 접근 방식이 효과적이다. 연구 결과에 따르면 "통제는 규정 준수로 이어지고, 자율성은 참여로 이어진다." 내재적 동기가 조직성과에 어떻게 영향을 미칠까 ?

1. 구글(Google)의 20% 시간: 자율성 실행

Google의 20% 시간 제도를 통해 직원들은 업무 시간의 5분의 1을 주요 업무와 무관하게 자신이 열정을 갖고 있는 프로젝트에 투자할 수 있다. 이 정책은 Gmail, Google 뉴스 등 Google의 가장 성공적인 제품 개발로 이어졌다. 자율성을 부여함으로써 Google은 혁신, 직무 만족도 및 뛰어난 성과를 촉진할 수 있었다. 또한 OKR (Objectives and Key Results)에서도 자율성은 핵심적인 요소다. OKR은 팀원들에게 목표 달성을 위한 방법을 스스로 결정할 수 있는 자유를 제공하며, 이는 '다양성의 확장'이기도 하다. 구슬의 시사점으로 조직에서 유사한 "혁신 시간" 프로젝트를 활용하여 자율성 문화를 구축하자. 꼭 20%가 아니더라도 직원들에게 자신이 참여하는 일에 집중할 시간을 주어 소기의 성과를 거둘 수 있다.

2. 자포스(Zappos): 목적을 통해 행복을 전달하다

Zappos의 핵심 목적은 신발과 의류를 판매하는 것 이상이다. '행복을 전달한다'를 목표로 하고 있으며, 그 결과 Zappos는 75%의 유지율을 자랑하는 가장 충성도 높은 고객을 보유하고 있다. 직원들은 단순히 제품을 판매하는 것 이상으로 자신의 업무에 대한 더 높은 목적을 알기 때문에 더욱 적극적으로 참여한다. 이를 통해 더 높은 목적을 식별하고 전달하기 위해 노력해야 한다. 이 목적을 온보딩 및 교육 프로세스의 핵심 부분으로 삼아 내재적 동기를 부여하고 있다.

3. 스포티파이(Spotify)의 분대: 소규모 팀, 큰 자율성

스웨덴의 음악 스트리밍 및 미디어 서비스 제공 업체(Spotify)는 엔지니어를 미니 스타트업처럼 운영하는 소규모 다기능 팀인 '스쿼드'로 구성한다. 이를 통해 신속한 혁신과 높은 직원 참여가 가능하다. 분대는 무엇을 구축할지, 어떻게 구축할지, 구축하는 동안 어떻게 협력할지 결정할 자율성을 갖는다. 즉 자율성은 프레임워크 내에 존재할 수 있다. 권한이 부여된 소규모 팀은 더 크고 관료적인 구조보다 더 빠르고 효과적으로 전략을 실행할 수 있다.

이러한 사례는 내재적 부여가 단지 이론적인 개념이 아니라는 것을 보여준다. 이는 조직의 성과를 크게 향상시킬 수 있는 실질적인 의미를 갖는다. 자율성 부여, 목적 의식 육성, 숙달 촉진 등을 통해 내재적 동기는 비즈니스 성공의 원동력이다.

자료: 북클럽 닷컴을 정리함.

제 8 장

작업집단과 의사소통

8.1 집단이란 무엇인가
8.2 집단의 형성
8.3 집단의 특성
8.4 집단의사결정
8.5 의사소통이란 무엇인가
8.6 조직 의사소통의 유형
8.7 조직 의사소통의 관리

opening case

피그스만(Bay of Pigs) 침공의 실패 사례: 집단사고의 위험

"우리는 실패할 리 없다!"

1960년대 초 쿠바에 카스트로 공산혁명정부가 들어섰다. 당시 소련과 냉전 중이었던 미국은 혁명정부를 전복하고 친미 정부를 세우고자 하였다. 하지만 당시 강대국이었던 미국이 약소국인 쿠바를 무력으로 침공한다면 대외적인 이미지에 타격을 입을 수 밖에 없었다. 비난을 면하기 위해 쿠바 혁명정부로부터 망명한 사람들을 모아 군사훈련을 시키고 첨단 무기를 제공하여 그들 스스로 카스트로 정부를 공격하게 하는 방안이 제시되었다.

구체적인 계획 수립을 위해 국무장관, 합참의장, CIA 국장 등 미 정부의 외교·안보분야 최고 수뇌부로 구성된 국가안보회의가 소집되었다. 이들 중 상당수는 당시 대통령이었던 케네디와 같이 하버드대를 졸업한 미국 최고 수재들이었다. 수 차례 회의 속에 반대 의견은 없었다. 뛰어난 두뇌집단의 낙관적 전망에 힘입어 피그스만을 통한 쿠바 침공계획이 완성되었다. 케네디 정부는 반정부 세력들이 쿠바에 침투하면 쿠바 혁명군들이 우왕좌왕할 것이고 쿠바 내 반군들도 침공을 적극 지원할 것으로 판단했다. 또한 국제사회가 이를 쿠바 공산화에 대한 쿠바 국민의 자발적 저항으로 볼 것으로 기대했다.

하지만 케네디 정부의 예상과는 정반대로 흘러갔다. 극비리로 추진되었던 작전이 언론에 새어나가 미국정부에 불리한 여론이 형성되었고, 침투 지역과 쿠바 내 반군에 대한 조사 또한 불충분하여 효과적인 작전수행이 제한되었다. 이처럼 곳곳에서 허점을 보인 피그스만 침공계획은 결국 반군 백여 명이 사살되고 나머지는 포로로 잡히게 되어 실패로 끝났다. 이로 인해 케네디 정부는 국제사회에서 망신을 당해 큰 외교적 손실을 입었다.

어떻게 해서 미국 최고의 수재들로 구성된 미국 국가안보회의에서 허점투성이의 침공계획을 세울 수 있었을까? 미국의 심리학자 어빙 재니스(Irving Janis)는 이런 현상을 집단사고(groupthink)의 폐해라고 설명한다. 집단사고란 집단 내 사람들끼리 논쟁을 통해 최선의 결론을 도출하기보다는 쉽게 한 방향으로 의견을 모아버리는 현상을 말한다. 의견의 통일을 최우선시하게 되어 상대방이 듣고 싶어하는 의견만 제시하고 서로의 의견에 맞서기를 꺼리게 된다. 비판적 검토나 반대의견 제시는 암묵적으로 억압된다. 특히 케네디 정부처럼 서로 안면이 있는 수재 집단의 경우에는 자신들이 옳으며 틀리지 않을 것이라고 맹신하여 집단사고 현상이 심화된다.

피그스만 침공의 실패는 집단이 합리적으로 의사결정을 내리기 위해선 집단사고의 함정에 빠져서는 안 된다는 교훈을 주고 있다. 집단사고로부터 자유로워지기 위해서는 무엇보다 냉정한 토론이 이뤄질 수 있는 분위기가 조성되어야 하며, 필요하다면 자유로운 비판이 가능해야 한다. 또한 다각도에서 의사결정의 질을 평가하는 제도적 장치가 마련되어야 한다. 예로써 집단 내에 '건설적 비판자(devil's advocate, 악마의 주장자)'를 두는 것을 들 수 있다.

우리나라 기업들의 경우, 단결이 강조되거나 상사의 의견이 우선시 되고 반대의견이 부정적으로 취급될 수 있는 집단주의적 문화를 가지고 있는 경우가 많기 때문에 집단사고에 대한 충분한 대비책이 강구되어야 할 것이다. 특히 정부 기관이나 재벌 그룹 등 거대한 조직과 전통을 자부하는 조직들은 스스로가 무적이라는 생각을 버리고 늘 집단사고를 경계하고 급변하는 시대 상황에 대응할 수 있는 민첩성과 융통성을 유지해야 할 것이다.

8.1 집단이란 무엇인가

오늘날 많은 조직들이 경영성과를 향상시킬 목적으로 팀과 같은 현대적 의미의 작업집단을 활용하고 있다. 경영활동을 수행하는 데 있어서 개인보다 집단의 힘을 빌림으로써 보다 효과적으로 목표를 달성할 수 있는 경우가 많기 때문이다. 또한 집단은 조직과 개인을 연결하는 매개체적 역할을 하고 있기 때문에 조직연구와 개인행동에 관한 연구를 통합한 조직행동 연구의 핵심 주제로 부각되고 있기도 하다.

1. 집단의 정의

단순히 개인들의 모임을 집단이라고 말할 수 있을까? 그렇지는 않다. 모든 집단은 개인들의 모임이라고 할 수 있지만 개인들의 모임을 모두 집단이라고 할 수는 없다.

집단(group)은 공통의 목표를 달성하기 위해 서로 상호작용을 하는 2인 이상의 상호의존적인 사람들의 모임이라고 정의된다. 집단은 다음과 같은 네 가지 측면을 지니고 있어야 한다. 첫째, 집단은 서로 상호의존적 관계를 갖는 둘 또는 그 이상의 사람들로 구성되어 있다. 둘째, 구성원들은 집단 활동을 통한 상호작용으로 영향력을 주고받는다. 셋째, 구성원들은 스스로를 집단의 일원으로 인식해야 한다. 넷째, 구성원들은 개인이 단독으로는 이룰 수 없는 공동의 목표를 공유해야 한다. 이와 같이 집단은 단순한 개인들의 산술적 집

그림 8-1 집단의 네 가지 측면

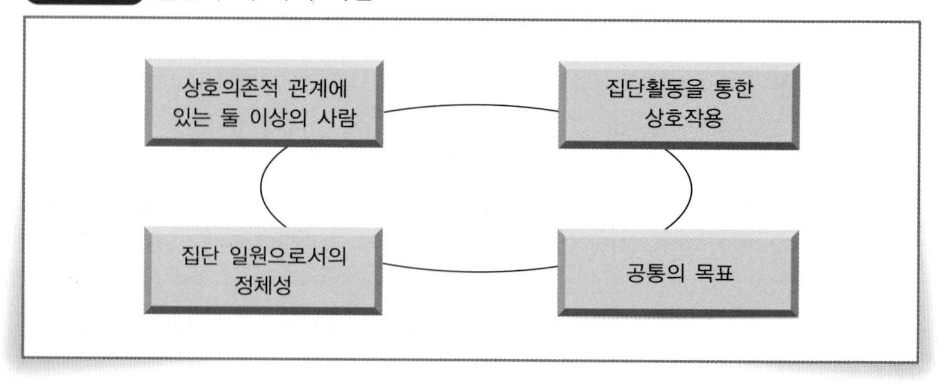

합이 아닌 개인들 간 상호작용을 토대로 공동목표라는 방향성을 가지고 움직이는 통합된 집합체이다(그림 8-1 참조).

2. 집단의 유형

집단은 조직이라는 보다 큰 시스템 안에서 작용하는 사회적 단위로서 한 조직 내에서도 다양한 형태로 존재할 수 있다. 이러한 집단은 대개 공식적 권한 유무에 따라 분류되거나 집단 구성원의 성격에 따라 분류될 수 있는데 여기서는 공식적 권한의 유무에 따라 공식적 · 비공식적 집단으로 구분해 보도록 한다(그림 8-2 참조).

1) 공식집단

공식집단(formal group)이란 조직의 목표를 달성하기 위해 의도적으로 설계된 집단으로 기능집단(functional group)과 과업집단(task group)으로 나누어 볼 수 있다.

기능집단은 관리자와 그 관리자에게 보고하는 모든 부하직원들로 구성된 집단이다. 즉, 조직 내에서 활동하는 특정 개개인의 업무 단위를 기능집단이라고 할 수 있다. 예를 들어, 엔디비아의 회계 부서나 마케팅 부서 등을 기능집단이라고 볼 수 있다.

과업집단은 주로 기능집단에 의해서 수행되는 업무를 보완 혹은 대체하려는 목적으로 만들어진 집단이다. 이런 집단은 보통 특정 분야의 전문가들로 이루어지는 경우가 많으며 그 종류도 매우 다양하다. 한편, 과업집단은 목적이 달성되면 해체되는 태스크 포스(task force)나 특별 위원회(ad hoc committees), 프로젝트 집단(project groups) 등과 같이 일시적인 형태로 존

그림 8-2 집단의 유형

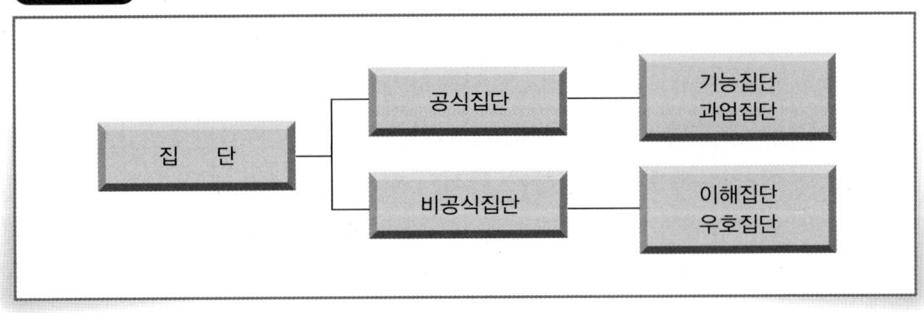

재할 수도 있으며 영구적으로 존속하는 상설위원회(standing committee) 등의 형태로 활용될 수도 있다.

2) 비공식집단

비공식집단(informal group)은 집단 구성원들의 이익 또는 사회적 욕구를 충족시키고자 형성된 집단으로 조직을 위해서라기보다는 집단구성원들 스스로의 필요에 의해 자연스럽게 발생한 집단이다. 이러한 비공식적인 집단은 공식적인 명령체계를 벗어나 있다는 것이 특징이다. 대표적인 비공식집단으로 공동의 이해를 추구하기 위해 결성된 이해집단(interest group)과 공동의 취미나 특성을 가진 사람들이 모인 우호집단(friendship group)을 들 수 있다. 예를 들어, 조직 내에서 여성의 위상을 높이기 위해 모인 조직구성원들은 공동 이익을 증진시키기 위해 결성된 이해집단으로 볼 수 있으며 야구나 영화관람, 등산 등과 같은 공통의 취미를 가진 사람들끼리의 모임은 우호집단으로 볼 수 있다.

경영자는 이러한 비공식적인 집단을 무시하거나 제거하려 하기보다는 그 존재를 인정하고 공식적인 업무에 기여할 수 있도록 유도할 필요가 있다.

8.2 집단의 형성

1. 왜 집단을 형성하는가

집단이 형성되는 데에는 크게 4가지 이유가 있다. 첫번째 이유는 과업의 달성이다. 집단을 통한 과업의 효과적 달성은 조직도에 나타나는 공식적 조직이 존재하는 일차적인 이유이며, 공식적 목표를 달성하기 위해 조직은 개인을 모아 하나의 집단을 구성하게 된다.

두번째 이유는 문제해결이다. 집단이란 과업달성과 마찬가지로 문제해결이라는 목표를 달성하기 위해서 형성된다. 즉, 개인 인지 능력의 한계를 집단의사결정을 통하여 극복할 수 있기 때문에 집단을 통해 더 나은 문제해결 방법을 모색해 볼 수 있다.

세번째 이유는 근접성이다. 조직 구성원들이 조직 내에서 물리적으로 가까운 거리에 있다보면 서로 빈번히 접촉하게 되는데 그러다 보면 상호관계가 맺어지고 따라서 집단이 형성된다고 보는 것이다.

집단 형성의 마지막 이유는 사회적, 심리적 욕구충족이다. 사람들은 사회적 권위나 명성을 갖고 있는 집단에 참여함으로써 자신의 여러 가지 사회적 · 심리적 욕구를 충족시키고자 한다. 예를 들어 IQ 상위 2%인 사람들의 모임인 멘사나 저명인사 클럽 등 많은 사람들이 부러워하거나 존경하는 집단의 구성원이 됨으로써 사람들은 스스로에 대한 자긍심을 가질 수 있다.

2. 집단의 발전 단계

앞서 살펴본 이유로 인해 집단이 형성된 뒤에도 집단은 끊임없는 변화의 과정에 놓이게 된다. 특히 대부분의 집단은 일련의 단계를 거치며 발전하게 되는데 일반적인 집단의 발전단계를 크게 5단계(형성기, 격동기, 규범기, 해산기)로 구분해 볼 수 있다(그림 8-3 참조).

1) 1단계 : 형성기(forming)

이 단계에서는 집단구성원들이 서로에 대한 기본적인 정보를 탐색하고 집단의 과업 달성을 위한 기본적인 규칙이나 절차 등이 만들어진다. 집단 구성원들은 규칙이나 절차를 공유하고 상호 작용함으로써 서로 친숙해지는데 이런 과정을 통해 서로를 집단의 일원으로 인정하게 되면 형성기가 완료된다.

2) 2단계 : 격동기(storming)

격동기 단계는 집단 내의 갈등과 충돌을 특색으로 한다. 즉, 집단 구성원들이 상호 작용하는 과정에서 더 많은 영향력을 행사하려고 하거나 서로 이해관계가 상충되는 경우에 갈등이 생겨나게 되는 것이다. 이 때 집단에 의한 통제에 저항하는 투쟁이 발생하기도 하고 갈등이 해결되지 않을 경우 구성원들이 집단을 이탈하기도 한다.

3) 3단계 : 규범기(norming)

이 단계에서 집단의 목표를 달성하기 위한 공동규범이 확립되고 집단구성원들은 이러한 규범을 수용하는 과정에서 동지애나 집단에 대한 책임감

그림 8-3 집단의 형성과 집단의 발전 단계

문제해결
근접성
과업의 달성
사회적, 심리적 욕구충족
집단의 형성과 집단의 발전 단계
1단계: 형성기
2단계: 격동기
3단계: 규범기
4단계: 성과달성기
5단계: 해산기

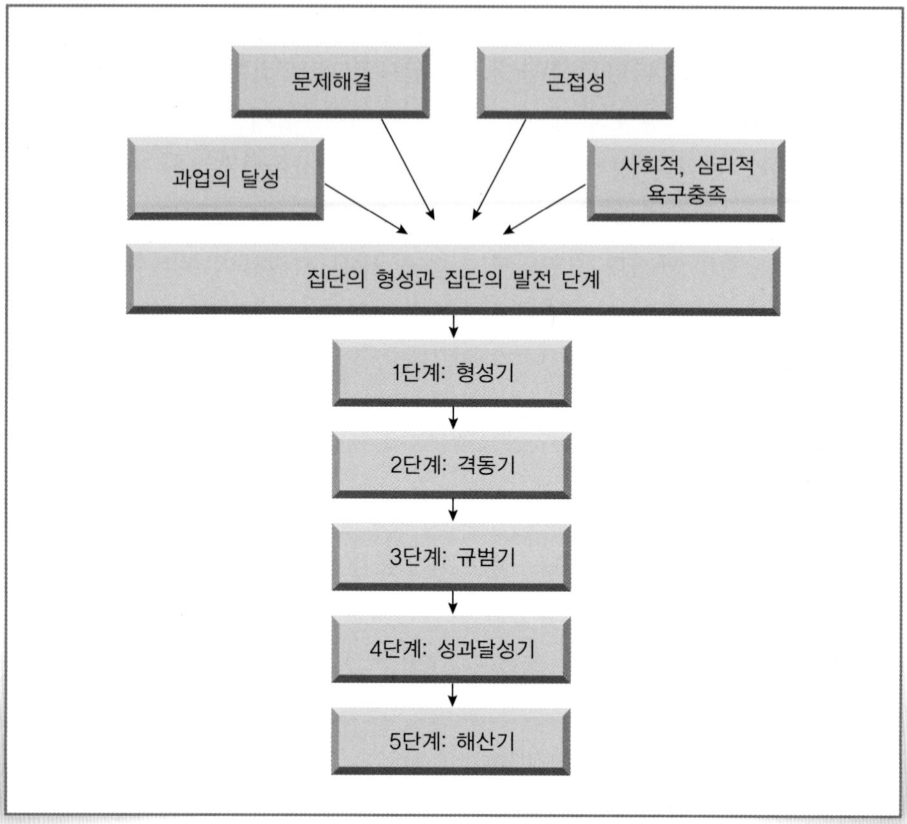

을 느끼게 된다. 또한 진정한 의미의 팀웍이 형성되면서 집단의 응집력이 강해지고 구성원들은 집단의 문제들을 해결하기 위해 자발적인 노력을 보이게 된다.

4) 4단계 : 성과달성기(performing)

성과달성 단계에서는 집단 구조가 완전히 수용되어 집단으로서의 기능이 원활히 이루어지고 집단의 성과가 향상된다. 이 단계에서 집단구성원들은 자신의 이익보다는 집단의 목표달성을 우선시하게 되고 집단 내부에 호의적인 관계가 구축됨에 따라 집단이 성숙하게 된다.

5) 5단계 : 해산기(adjourning)

집단의 목표가 달성되었거나 목표가 상실되어 더 이상 집단이 존재할 필요가 없어지는 단계이다. 이 단계는 임시위원회, 태스크 포스 등 임시집단에

그림 8-4 집단의 발전 단계

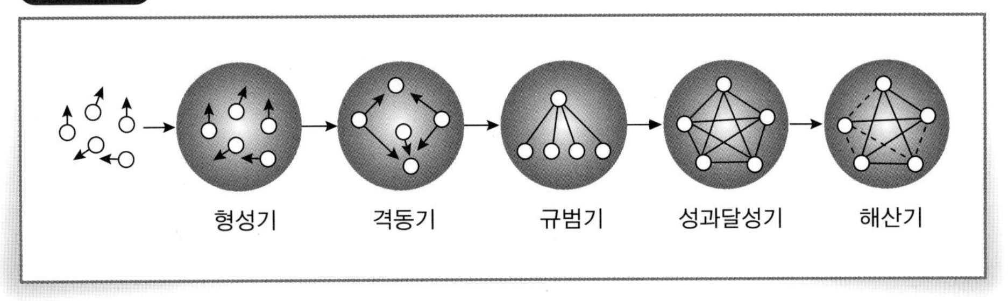

서 나타나는 단계로 모든 집단에서 나타나지는 않는다.

이제까지 살펴본 집단의 발전 단계를 그림으로 정리해 보면 [그림 8-4]와 같다. 그림에서의 구성원 간 실선은 적극적 상호작용을, 점선은 느슨해진 활동을 나타낸다.

8.3 집단의 특성

로빈스와 콜터(Robbins & Coulter)가 제안한 집단행동 모델에 의하면 어떤 집단의 성공여부는 집단구성원들의 특성, 집단의 특성, 집단과정 등에 의해 결정된다. 여기서 집단의 특성이란 집단의 크기, 역할, 규범, 응집력으로 설명할 수 있다. 이 같은 집단의 특성은 집단 구성원들 간의 상호관계 패턴을 결정함으로써 뒤에 살펴볼 집단과정에서의 집단 의사결정에도 중요한 영향을 미치게 된다. 또한 집단의 특성은 조직 내 개인의 행동뿐만 아니라 집단의 행위에도 영향을 미쳐 집단의 결과물 혹은 집단의 성과를 결정짓기도 한다.

이러한 모형하에서 집단의 특성을 나타내는 집단의 크기, 역할, 규범, 응집력에 대해 살펴보면 [그림 8-5]와 같다.

그림 8-5 집단의 특성과 집단행동 모델

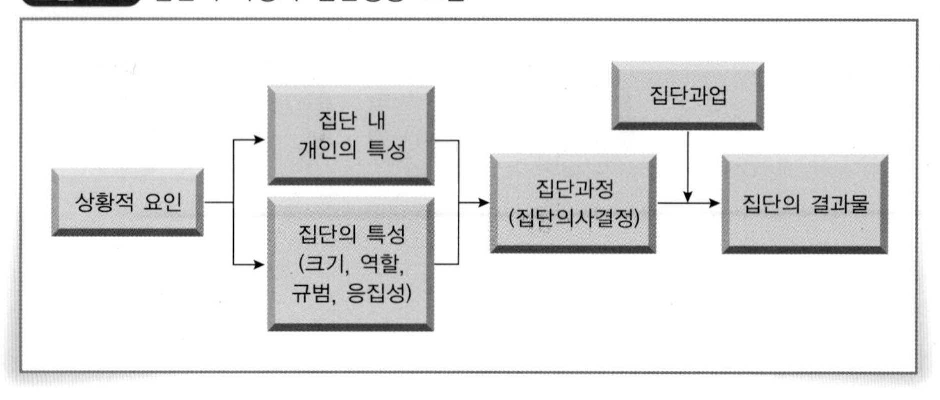

1. 집단의 크기

집단이 효과적이기 위해서 어느 정도의 인원수가 적당한가에 대해서 해답이 있는 것은 아니다. 집단의 목적에 따라 적정규모가 달라지기 때문이다.

하지만 일반적으로 규모가 작은 집단이 큰 집단보다 훨씬 신속하게 과제를 수행하는 경향이 있으며 문제해결에 대해서는 다양한 자원을 활용할 수 있는 규모가 큰 집단이 더 나은 성과를 보여주는 경향이 있다. 또한 집단의 목표가 어떤 사실을 발견하는 것일 경우, 규모가 큰 집단일수록 효과적인 것으로 나타났다. 한편, 상대적으로 크기가 작은 집단의 구성원일수록 크기가 큰 집단의 구성원들에 비해 자신의 존재와 역할이 중요하다고 느끼는 것으로 나타났는데 이는 크기가 큰 집단 내에서는 구성원들이 책임분산을 악용해 무임승차하려는 유혹을 받기 쉽기 때문이다.

2. 역 할

역할(role)은 일반적으로 특정 지위에서 기대되는 적절한 행동양식으로 정의된다. 역할은 보통 집단 내에서 개인이 차지하는 지위를 통해 각 개인에게 할당된다. 집단 구성원들은 자신의 역할을 수행하는 데 필요한 행동양식이 어떤 것인지 결정하기 위해 직무 기술서를 읽거나 전임자 혹은 상사의 가르침을 받거나 동료의 행동을 관찰할 수 있다. 또한 집단 구성원들은 각각 자신의 역할을 수행함으로써 다른 구성원들과 상호작용을 하게 되는데 역할을 수행하는 과정에서 자신의 역할에 걸맞는 책임을 부여받게 된다.

표 8-1 역할 모호성과 역할 갈등

	역할 모호성	역할 갈등
상황	• 역할에 따른 기대되는 행동이 불명확하거나 모호할 때 예) 조직에서 고문이라는 직함으로 자리를 주고 무슨 일을 하는지도 모르는 상태에서 어떤 사건의 결과에 대한 책임을 물음	• 서로 다른 역할을 수행하는 데 요구되는 행동이 상충되거나 모순될 때 예) 상사와 부하직원이 친구 사이인 경우, 상사는 리더 혹은 감독자로서 기대되는 행동과 사적인 친구로서 기대되는 행동 간에 갈등을 겪게 됨
부작용	• 자신의 역할에 부합하는 올바른 태도나 행위를 형성하기가 어려워 역할 정체성을 느끼지 못하게 됨 • 역할 갈등과 직무에 대한 불만족을 초래할 수 있음 • 역할 담당자가 집단을 이탈할 수 있음	• 다양한 역할을 수행하기 어렵게 만듦 • 직무스트레스를 가중시킴 • 심리적, 육체적 긴장감을 유발시킴 • 직무 불만족, 집단성과의 저하를 야기시킴
대비책	• 집단은 역할 담당자에게 기대되는 역할을 명확히 제시해야 함	• 직무설계를 통해 역할 갈등을 최소화하는 것이 필요함

하지만 이와 같은 역할이 제 기능을 발휘되지 못할 때에는 두 가지 문제가 발생하게 된다. 하나는 역할 갈등(role conflict)으로 지각된 역할과 실제의 역할에 차이가 날 경우 혹은 두 가지 이상의 역할을 동시에 수행해야 할 경우에 나타난다. 다른 하나는 역할 모호성(role ambiguity)으로 개인의 직무, 직책, 과업 등이 명확하지 않아 기대되는 행동이 분명히 규정되어 있지 않을 때 나타난다. 역할모호성과 역할갈등이 발생되는 상황, 부작용 그리고 그 방지책이 〈표 8-1〉에 나타나 있다.

3. 규 범

규범(norm)이란 집단 활동에 질서를 부여하기 위해서 집단구성원들에 의해 스스로 확립된 행위의 표준, 또는 구성원들 간에 공유된, 행위의 기준을 비공식적으로 규정하는 규칙이다. 여기서 규범은 공식화 · 문서화되지 않고 비공식적으로 집단의 행위를 규정한다는 점에서 규칙과 구별된다.

이런 규범을 통해 집단의 특성을 반영하는 것이어야 한다. 한 예로 CJ그룹이 삼성그룹에서 분리되면서 공식적이고 관료적인 삼성의 규범에서 벗어나 사내 자유복 차림의 근무를 허용하는 등 자유롭고 새로운 규범을 형성한 것을 들 수 있다.

한편 규범의 일반적인 특징을 살펴보면 다음과 같다.

첫째, 규범은 집단의 상호 영향과정을 요약 · 단순화시킨다. 이러한 단순화는 리더가 구성원들의 행위를 항상 감시 · 통제할 필요성을 줄여 준다. 규범을 통해 스스로 통제되기 때문이다.

둘째, 규범은 집단의 생각과 느낌보다는 집단의 행위에 초점을 맞추고 있다. 따라서 구성원들이 규범에 의한 행위적 요건을 준수한다면 구태여 공식적으로 집단의 규범에 동의하거나 심리적으로 수용할 필요는 없다.

셋째, 규범은 보통 중요하거나 특별한 행위에 한해서 개발된다.

넷째, 규범은 개발 및 변화속도가 느리다. 집단이 규범을 급진적으로 변화시키는 것이 가능하기는 하지만 이러한 경우는 드물다.

다섯째, 일부 구성원들은 집단의 규범으로부터 일탈할 수 있는 자유를 갖는다. 이러한 특권은 보통 높은 지위의 구성원들에게만 한정된다.

집단 내에서 규범이 생성되고 발전되는 과정을 살펴보면 다음과 같다.

집단이 격동기를 거쳐 규범기 단계에 이르면 집단 내에서 규범이 정의되고 집단 구성원들에게 전달된다. 이런 과정은 직접 말을 통해 전달함으로써 직접적으로 이루어질 수도 있고 바람직한 행동을 관찰함으로써 간접적으로 이루어질 수도 있다. 일단 규범이 생성되면 집단은 그 구성원들의 행동을 감시하고 규범이 지켜지고 있는지 수시로 체크할 필요가 있다. 이 때 규범을 따르는 사람이나 행위에 대해서는 보상이 주어지고 규범에 어긋나는 사람이나 행위에 대해서는 처벌이 주어지게 된다. 이런 과정을 거치면서 집단 구성원들은 집단 내 규범을 명확히 인식하고 존중하게 되며 그럼으로써 집단 내 행동에 대한 예측력이 증대되고 집단의 응집력 또한 높아진다.

4. 응집성

모든 집단이 구성원들에게 똑같이 영향을 주는 것은 아니다. 어떤 집단에서는 구성원들이 상호간에 호감을 갖고 서로를 존중하며 눈에 보이지 않는 집단정신이 형성되어 있다. 이와 같은 집단의 특성은 집단 응집성이라는 개념으로 설명될 수 있다.

응집성(cohesiveness)이란 집단 구성원들이 집단에 매력을 느끼고 집단의 일원으로 남으려고 하는 정도를 나타낸다. 이런 응집력은 집단구성원들이 서로에게 끌릴수록, 집단의 목표가 개인의 목표와 일치할수록, 집단의 과업이

표 8-2 집단응집성과 집단의 유효성 간의 관계

		집단 응집성	
		높음	낮음
집단목표와 조직 목표의 일치성	높음	높은 생산성 증가	생산성의 적정한 증가
	낮음	생산성 감소	중요한 영향을 못 미침
성과에 대한 규범	높음	높은 생산성	중간 정도의 생산성
	낮음	낮은 생산성	낮거나 중간정도의 생산성
집단에 대한 경영층의 지지	높음	높은 생산성	중간 정도의 생산성
	낮음	낮은 생산성	중간 정도의 생산성

구성원들에게 매력적일수록 높아지게 된다.

집단 응집성의 정도는 의사소통과 업무만족에 대한 매우 긍정적인 결과를 가져올 수 있다. 예를 들어 응집성이 강한 집단에서는 의사결정이 용이하게 이루어지며 집단 구성원들이 상대방에 대하여 많은 관심을 보여준다. 이들은 응집성이 약한 집단의 구성원들보다 업무에 대한 높은 만족도를 보여주는 경향이 있다. 하지만 응집성이 높은 집단이 타인의 의견에 반대하기보다는 동의하려는 동지의식이나 집단사고(groupthink)를 갖게 되면 의사소통이 효과적으로 이루어지지 않을 수도 있다.

한편, 〈표 8-2〉에서와 같이 집단 응집성이 업무에 미치는 영향은 집단의 규범에 따라 달라지기도 한다. 예를 들어 응집성이 강한 집단의 규범이 최선을 다해 일하는 것이라면 그렇지 않은 집단보다 성과가 아주 높게 나타나며, 규범이 열심히 일하지 않아도 되는 것이라면 다른 집단보다 성과가 낮게 나타나는 경향이 있다. 따라서 경영자는 집단의 성과를 높이기 위하여 집단의 응집성을 높이고 긍정적인 효과를 낼 수 있는 규범이 형성될 수 있도록 할 필요가 있다.

집단 응집성과 집단의 유효성 간의 관계는 복잡한 양상을 보이는데 이러한 관계를 변수별로 정리해 보면 〈표 8-2〉와 같다.

8.4 집단의사결정

우리는 제 5 장에서 개인의사 결정에 대하여 공부하였다. 하지만 조직 생활을 하다보면 집단으로 공동의사결정을 하게 되는 경우가 비일비재하다. 예를 들어, 부서 간 회의, 팀프로젝트, 이사회 등 여러 가지 조직 활동에서 집단의사결정이 요구되고 있다. 이 때의 집단 의사결정이란 개인 의사결정과 유사하게 합리적 방법에 의해 토론을 거쳐 합의된 결론에 도달하기까지의 과정을 일컫는다.

일본식 경영의 특징 중 하나가 집단 의사결정방식을 따르는 것이었다. 현재 많은 조직의 지배구조 또는 최고의사결정기구는 대부분 집단의사결정 방식에 의존하고 있다.

1. 집단의사결정의 특징

집단의사결정은 다음과 같은 특징을 가지고 있다.

첫째, 집단의사결정은 문제해결에 이르는 시간은 길지만 정확도가 높다.

둘째, 어려운 문제해결시 집단 내 구성원이 가지고 있는 모든 자원을 활용할 수 있다.

셋째, 집단 내 구성원의 능력이 상당히 우수한 경우에 이들은 서로 자원을 공유하려 하지 않는 경향이 있다.

넷째, 능력이 뛰어난 개인의 의사결정이 평범한 개인들의 집단적 의사결정보다 나은 결과를 가져온다.

2. 집단의사결정의 장점 및 단점

1) 집단의사결정의 장점

■ 더 많은 지식과 정보

한 사람이 얻을 수 있는 지식과 정보보다는 집단이 얻을 수 있는 지식과 정보가 더 많음은 당연하다. 따라서 집단은 보다 많은 지식과 정보에 근거하여 의사결정을 할 수 있다.

■ **문제에 대한 다양한 접근**

집단구성원이 갖고 있는 능력은 각기 다르며 각자에게 다른 시각으로 문제를 연구하게 함으로써 다양한 견해를 제공받을 수 있다.

■ **결정의 수용**

많은 의사결정들은 최종적인 의사결정이 이루어졌음에도 불구하고 실패하는 경우가 있는데, 그 이유는 사람들이 그 해결책에 납득하지 못하고 수용하려 하지 않기 때문이다. 그러나 그 결정을 직접적으로 실행하는 사람들과 그 결정에 의해 영향을 받게 되는 사람들이 의사결정과정에 참여한다면 그 결정을 수용하는 것이 수월해진다.

■ **의사소통문제의 감소**

집단의사결정에 참여하면 서로간의 의사소통이 활발히 이루어져 의사소통의 부족으로 생기는 여러 문제들을 감소시킬 수 있다.

2) 집단의사결정의 단점

■ **동조의 압력**

집단의사결정이 이루어지면 그 결정에 대해 의견의 불일치를 억누르고 결정에 동조하도록 압력이 가해지는 경우가 발생한다.

■ **시간의 소비**

집단을 소집하는 데 시간이 많이 걸리고, 의사결정이 계속 이루어지지 못하면 개인의사결정보다 오히려 비능률적인 경우가 있다.

■ **특정 구성원에 의한 지배가능성**

어떤 구성원이나 파벌이 집단을 지배하게 되면 구성원들의 자유로운 의사표현이 어렵다. 여타의 사람들은 자신의 의견을 포기하고 추종하거나 조언자로 변질해 버릴 가능성이 있다.

■ **의견불일치와 갈등의 문제**

의사결정에 도달하는 과정에서 의견의 불일치가 심할 경우 구성원들 간에 갈등이 생기고 서로에 대해 좋지 않은 감정을 가질 수도 있다.

■ **신속하고 결단력있는 행동 방해**

집단의사결정에 대한 의존이 지나치면 오히려 경영층의 신속한 행동을 방해할 소지가 있다.

■ **적정한 수준에서의 타협**

어떤 결론에 도달하거나 어떠한 결정을 내려야 할 필요가 있는 경우 그 구성원의 참여강도가 희석되거나 무의미하게 될 위험이 있다.

■ **비효율적 회의의 가능성**

회의진행방법이 구조화되어 있지 못할 경우에 리더의 역할이 증대된다. 이 때 리더가 회의를 잘못 이끌어가면 엉뚱한 아이디어가 나와 효율적인 토의가 이루어지지 않는다.

3. 집단의사결정의 함정

여러 가지 장점을 지닌 집단의사결정방식은 집단 양극화, 집단사고라는

표 8-3 집단사고의 징후와 극복방안

집단사고의 징후
• **지나친 자신감** : 집단구성원들은 명백한 위험이 다가옴에도 불구하고 사태를 지나치게 낙관적으로 보고 별 어려움 없이 위험에 뛰어드는 경향이 있다. • **도덕적 환상** : 집단구성원들은 집단의 입장은 분명히 도덕적이라고 맹신하는 경향이 있다. • **적에 대한 고정관념** : 집단구성원들은 다른 집단과 견해 차이가 생길 경우 이를 타협할 생각조차 갖지 않으며 반대집단의 리더에 대해서 부정적인 견해를 갖는다. • **동조의 압력** : 집단사고에 빠진 집단구성원들은 집단합의에 대해 비판적인 견해를 가진 성원들에게 동조하도록 압력을 가한다. • **자기억압** : 집단협의 과정에서 집단에 동요를 일으킬 수 있는 견해를 가진 사람들은 침묵 등으로 자신에게 올지도 모를 불이익을 피하려 한다. • **만장일치의 환상** : 자기억압에 의해 집단결정은 만장일치가 되기 십상이다. • **집단 과보호** : 집단사고에 깊이 빠진 구성원들은 반대의 정보는 집단의 화목을 깨뜨린다고 생각하여 지신이 마치 집단보호를 위한 친위대인 것처럼 행동하게 된다.
집단사고의 극복방안
• 목적 및 의문을 적극적으로 제시하는 평가자의 역할을 하도록 집단 구성원들에게 요구한다. • 집단의사결정에 앞서 리더가 사안에 대해서 언급을 회피하도록 한다. • 동일한 사안에 대해 의사결정하기 위해 다수의 집단을 동시에 구성한다. • 집단의사결정 과정을 평가하기 위하여 외부전문가를 참여시킨다. • 집단의 일관된 의사결정 과정에 대하여 의문점을 제시하는 건설적 비판자를 지명한다. • 다양한 동기와 의도를 가지고 의사결정 참여자들의 경쟁을 유도하고 평가한다. • 일단 합의가 이루어지더라도 대안을 재조사하도록 격려한다.

치명적인 문제를 안고 있다.

1) 집단 양극화(group polarization)

집단으로 모여 문제해결을 위한 토의를 하면 집단구성원들은 그들의 태도를 어느 한쪽으로 편향시키는 경향이 있다. 집단은 종종 위험이 큰 쪽으로 의견을 모으는 경향을 보이는데, 이러한 경향을 위험쏠림 현상(risky shift)이라고 부른다. 다른 경우로 집단토의 전에는 개인의 의견이 그리 극단적이지 않았는데, 집단토의 후에는 양극단으로 쏠리는 쪽으로 태도를 취하는 현상을 집단 양극화 현상(group polarization)이라고 한다.

이런 현상이 발생하는 이유는 다음과 같다.

첫째, 여러 개인이 집단으로 모이게 되면 우선 책임이 분산되기 때문이다.

둘째, 자신과 동일한 견해를 가지고 있는 것이 집단토의에서 확인되면 개인들은 자신의 견해를 더욱 과신하게 되기 때문이다.

셋째, 일부 구성원들이 선호하는 대안을 강하게 설득하는 경향이 있고 다른 사람들이 특별히 준비한 대안이 없는 경우 강하게 설득된 대안이 쉽게 채택되기 때문이다.

2) 집단사고(groupthink)

집단사고란 집단의사결정의 단점 중 하나로 응집력이 높은 집단에서 구성원들 간의 합의에 대한 요구가 지나치게 커서 이 요구가 다른 대안의 모색을 저해하는 경향을 의미한다(쿠바사태 사례 참조). 집단사고의 징후와 극복방안은 〈표 8-3〉에 나타나 있다.

4. 효과적인 집단의사결정 기법

효과적인 집단의사결정을 위해 실제로 조직현장에서 많이 활용되는 기법에는 브레인스토밍, 명목집단기법, 델파이기법, 변증법적 토의, 사이버 토의 등이 있다.

1) 브레인스토밍

집단문제 해결과정에서 창의성을 높이기 위하여 광고가인 오스본(Osborn)에 의해 개발된 기법으로 여러 명이 한 가지의 문제를 놓고 아이디어를 무작위로 개선하여 그 중에서 최선책을 찾아내는 방법이다. 이 방법은 초기에 되도록 많은 아이디어를 산출하게 하고 각 아이디어별로 순위를 매겨 최후에 가장 좋은 아이디어로 압축시키는 방법이다. 그 규칙은 다음과 같다.

첫째, 판단과 비판은 아이디어 기록이 끝날 때까지 유보한다

둘째, 제안은 자유롭게 이루어져야 한다.

셋째, 많은 수의 아이디어가 나올수록 좋다.

넷째, 모든 아이디어들이 제안되고 나면 아이디어들을 결합하고 통합된 아이디어를 재개발해야 한다.

2) 명목집단 기법

명목집단 기법은 보통 NGT(norminal group technique)법이라고 하며, 명목집단이란 말은 의사결정을 하는 과정에서 논의 및 대인 간의 의사소통을 제한하여 명목상의 집단이라는 데에서 붙여진 명칭이다. 명목집단 기법은 타인의 압력이 전혀 없이 자유롭고 개방적인 토론과 의사결정을 할 수 있다는 장점이 있다. 그리고 이러한 모든 과정이 끝나는 데에 거의 2시간 정도면 충분하다. 반면에 명목집단을 지휘하는 리더의 역할이 매우 커 리더의 자질과 능력이 제대로 갖추어져야 한다는 단점을 가지고 있으며 오로지 하나의 의사결정만을 할 수 있다는 것도 단점으로 지적되고 있다. 명목집단 기법 운용의 가이드라인은 [그림 8-6]과 같다.

첫째, 소집단 구성원들이 테이블에 둘러 앉되 서로 말은 하지 않는다.

둘째, 각 구성원들은 문제에 대해 생각하는 바를 종이에 적는다.

그림 8-6 명목집단 기법

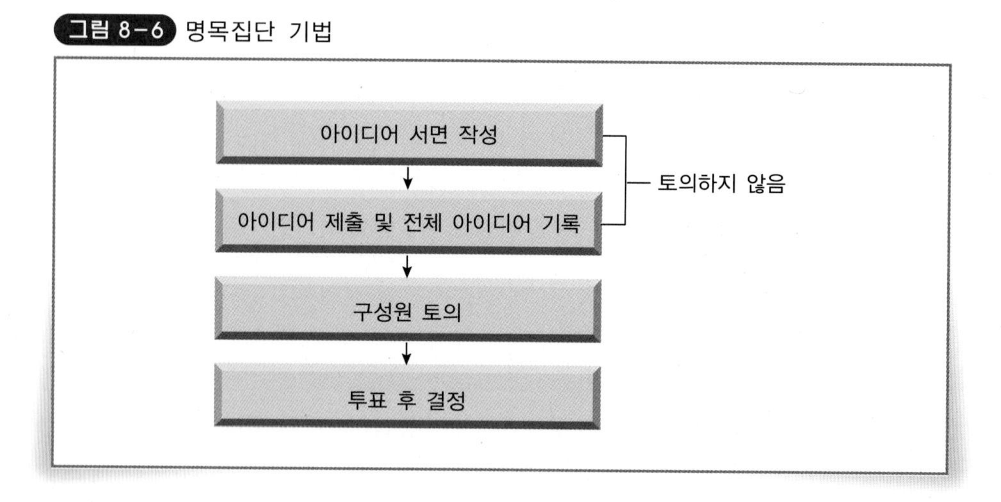

셋째, 다음은 한 사람씩 돌아가면서 자신의 아이디어를 발표하고 서기나 사회자는 구성원 모두가 한눈에 볼 수 있도록 제시되는 아이디어들을 칠판이나 큰 차트에 적는다. 각 아이디어에 대한 토의는 하지 않는다.

넷째, 지금까지의 결과로 아이디어 목록이 얻어진다. 그리고 난 다음, 각각의 아이디어에 대하여 구두로 보조설명이나 지지 이유에 대한 설명을 하도록 한다.

끝으로, 각 참석자들은 제시된 아이디어에 대한 우선순위를 묻는 비밀투표를 실시한다. 최고의 표를 얻은 안이 채택된다.

3) 델파이 기법

델파이 기법은 1940년대 미국 랜드 연구소에서 데이키(Dakey)와 그의 동료들에 의해 최초로 개발된 기법이다. 의견 조정자가 중심이 되어 많은 전문가들의 의견을 취합하여 재조정 과정을 거쳐 최종 결론에 도달하는 방식이다. 델파이 기법은 구성원인 전문가 집단을 공식적으로 소집하여 한 장소에 모이게 할 필요가 없다는 장점이 있다. 그리고 명목집단 기법과 마찬가지로 의사결정과정에서 타인의 압력이 배제된다. 여러 명의 전문가들을 모으는 데 소요되는 많은 비용을 줄일 수 있다는 장점도 있다.

그림 8-7 델파이 기법

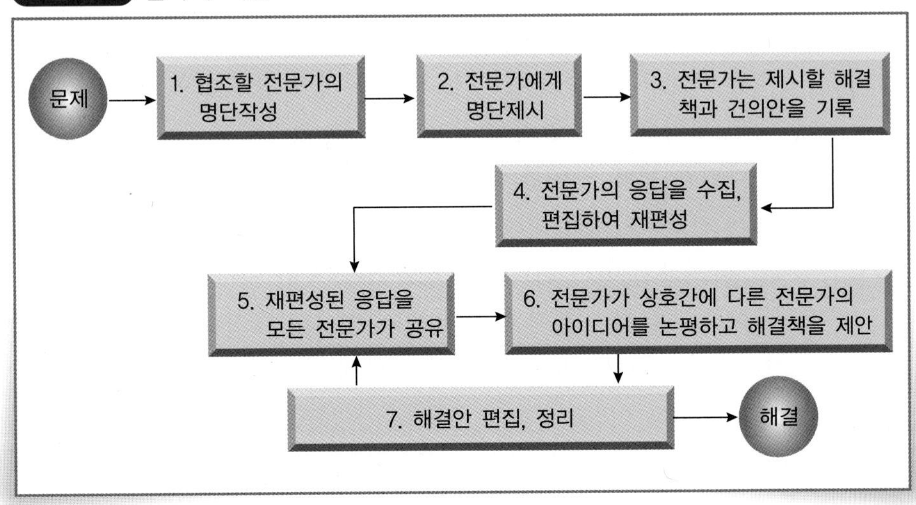

4) 변증법적 토의

사안에 따라서 구성원들을 둘로 나누어 찬, 반을 토론케 하면 각 대안에 대하여 장단점이 모두 드러나는데 이런 내용을 모두 이해한 다음 의견을 개진하면서 토의하는 방법으로 헤겔의 변증법적 사고에 기초한 기법이다. 반대할 사람들을 미리 공개적으로 나눠 놓으면 비판적 정보를 많이 검토할 수 있으며 찬성자의 눈치를 보지 않고 반대, 비판할 수밖에 없다. 즉, 반대가 있어야 새로운 개선이 있다는 법칙을 이용한 것으로 다음 단계를 따른다.

첫째, 집단 구성원을 두 편으로 나눈다.

둘째, 한쪽 집단이 자신들의 의견을 제시한다.

셋째, 다른 쪽 집단에서는 원래 안의 가정들을 정반대로 바꿔서 그에 기초한 대안을 마련한다.

넷째, 양 집단이 토론하여 두 가지 안의 장, 단점을 모두 드러나게 한다.

다섯째, 이 토론에서 살아남은 가정과 장점들만을 모아 의견을 종합하여 선택한다.

5) 사이버 토의

컴퓨터와 통신기술의 발달로 조직 내에서 뿐만 아니라 조직 간에 커뮤니케이션 할 수 있는 채널이 다양해지면서 사이버 미팅이 각광을 받고 있다. 사이버 미팅(Zoom 등)의 장점은 인터넷만 연결되어 있으면 장소에 구애받지 않고 원거리 있는 사람들이 한데 모여 같은 시간에 회의를 진행하고 의사결정을 내릴 수 있다는 것이다. 또한 사이버 미팅을 이용하면 시간과 돈을 들여가며 회의를 위해 멀리 출장 갈 필요도 없어지게 된다. 만약 화상회의가 가능하다면 미팅에 참석한 사람들의 얼굴표정이나 분위기를 통해 전화나 서신으로는 간과되기 쉬운 간접적인 의사표현 양식을 포착해 낼 수 있을 것이다.

이러한 사이버 미팅이 빠르고 효과적인 의사결정에 이바지하기 위해서는 사이버 미팅이 원활하게 진행될 수 있도록 조직 내 뿐만 아니라 조직 간에 정보 인프라스트럭처가 뒷받침되어야 한다.

경영학 FOCUS

집단 양극화 실험과 경영

index X?

A라는 사안에 대해 +2만큼(최대치 +10) 긍정적인 반응을 보이는 이들로 구성된 집단 X가 있다. 그리고 −2만큼(최저치 −10) 부정적인 반응을 보이는 이들로 구성된 집단 Y가 있다. X와 Y 사이에 집단 토론을 시키면 어떠한 변화를 관찰할 수 있을까?

놀랍게도 토론이 진행될수록 집단과 그 집단을 구성하는 개인들의 반응은 극단적인 방향으로 흐른다. 이를테면 원래 +2였던 개인이 +10에 가까워지고, −2였던 개인은 −10에 가까워지는 것이다. 시사 토론 프로그램을 자주 시청한 이들이라면 민감한 주제에 대한 토론이 토론자들이 더욱 확고하게 자신의 위치를 고수하게 만드는 현상을 자주 목격했을 것이다. 처음에는 무난한 정도의 차이를 보이던 두 토론자가 막판엔 상극이 되어 있는 경우도 비일비재하다. 그렇게까지 다르지 않은 정치성향을 갖고 있는 국회의원들이 정당의 이름으로 만나면 파행으로 치닫는 경우가 빈번한 것 역시 이러한 현상의 대표적인 예라 할 수 있다. 그리고 이 현상은 자신의 실제 성향과 반대되는 의견을 지지하도록 지정받았을 때도 똑같이 나타난다.

집단 양극화의 메커니즘

집단 양극화 현상은 1961년 MIT 대학원에 재학 중이던 제임스 스토너(James Stoner)에 의해 발견되었다. 그는 집단 토론이 보다 극단적인 결론을 도출해내어 집단에 보다 많은 위험 부담을 지게 만든다고 하여 모험적 변화(risky shift)라고 불렀다. 1969년 모스코비치(Moscovici)와 자발로니(Zavalloni)에 의해 모험적 변화는 단지 집단 토론의 극단적인 귀결의 한 예로서 이 현상에 집단 양극화(group polarization)라는 이름을 붙였다. 그들은 모험적(risky)인 극단화뿐만 아니라 보수적(conservative)인 극단화 현상 역시 존재한다는 것을 알아냈다. 다시 말해서 리스크를 지나치게 낮추는 경향 역시 관찰될 수 있는 것이다.

집단 양극화 현상은 개인이 자신을 주관적으로 인식된 사회에 더욱 적합한 인물로 간주되게 하려는 사고에서 비롯된다. 또한 정보에 대한 개인의 주관적 평가, 즉 인지의 부조화로 인한 취사선택의 오류 역시 집단 양극화 현상의 주요 원인으로 작용한다. 이러한 집단 양극화 현상의 메커니즘은 온라인에서도 그대로 나타난다. 특히 서로가 서로를 볼 수 없고 개인의 정체성을 밝혀낼 수 없는 익명의 환경에서 극단화의 정도는 좀 더 심화된다.

집단 양극화 현상이 경영자들에게 주는 시사점

집단 양극화 현상이 경영자들에게 어떤 시사점을 줄 수 있을까? 첫째, 극단적 사고에 대해 경계심을 가져야 한다. 대개의 기업은 집단이 모여서 만든 조직의 형태를 띠고 있다. 다시 말해 극단화의 가능성이 충분하다는 얘기다. 어느 정도 적정한 리스크를 감수하고 사업을 하려고 하는 개인들이 모이면 지나친 위험에 마주하게 되어 불필요한 손실의 위험을 떠맡게 될 수도 있고, 안정 성향의 개인들이 모이면 조직의 변화를 거부하며 시장 변화에 대한 적응에 실패하게 되는 결과를 낳을 수도 있다. 경영자는 언제나 극단적으로 모험적이거나 보수적인 상태에 이르지 않도록 리스크 관리를 철저히 해야 한다. 자연스러운 조직 극단화 현상에 대항하여 적절한 위치에 조직 성향을 유지시켜야만 한다.

둘째, 조직 갈등 관리의 필요성이다. 집단 양극화로 인해 조직 내 각 부서의 성향은 극단화될 수 있다. 본래 서로 큰 의견의 차이가 없더라도 토론을 통해 그 차이가 과대 인식되어 갈등으로 발전하는 경우가 많다. 갈등 자체가 언제나 나쁜 것은 아니다. 연구에 따르면 일상적이지 않은(non-routine) 적당한 갈등은 조직의 능률을 높이기도 한다. 하지만 극단화로 인해 그 갈등의 정도가 극대화되어 적당한 수준을 넘어 버린다면 조직의 능률은 바닥으로 떨어지게 된다. 경영자는 집단 양극화로 조직의 갈등 수준이 왜곡되지 않도록 예의주시해야 한다.

출처: 위키피디아 참조.

8.5 의사소통이란 무엇인가

경영자들의 하루일과는 의사소통의 연속이다. 전화통화, 회의 참석, 업무보고 등 조직 내외에서 지속적으로 의사소통이 진행되고 있다. 조직을 보다 효과적으로 운영하기 위해 개인 간, 혹은 집단 간에 서로가 가지고 있는 의견이나 정보 등을 주고받음으로써 기업의 목표 달성을 위한 활동들이 원만하게 조정, 통합될 수 있다.

이처럼 경영활동의 도구로서의 의사소통은 개인과 집단 또는 조직에 정보를 전달해 주는 기능을 함으로써 의사결정의 촉매제 역할을 할 수 있기 때문에 실제 경영현장에서 그 유용성이 강조되고 있다.

그림 8-8 의사소통 과정에 따른 구성요소

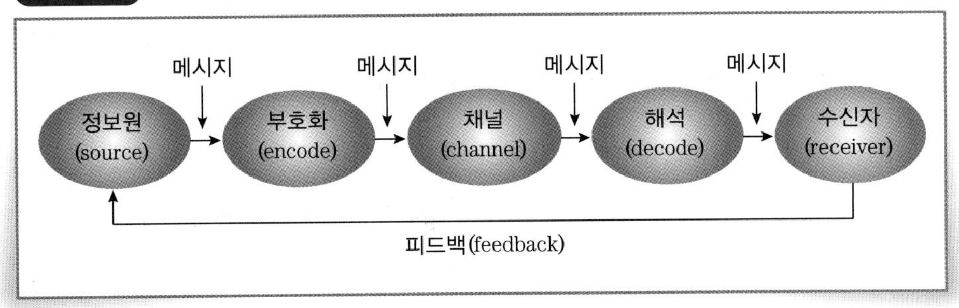

1. 의사소통의 구성요소

의사소통은 둘 이상의 개인이 공동의 목표를 위하여 일련의 활동 체계를 형성하고 유지하기 위해 메시지를 주고받는 것으로 볼 수 있다. 즉, 의사소통은 구성원 개인, 집단, 조직, 그리고 환경 간의 정보 교환을 가능케 하는 연결의 역할을 하고 있다.

이처럼 복잡해 보이는 의사소통 과정은 기본적으로 다섯 가지 요소로 구성되어 있다. 송신자의 생각, 아이디어, 정보 등이 기호화되어 매체를 통해 수신자에게 전달되고, 이 메시지가 수신자에 의해 해독되어 의미가 부여되고 피드백 되는 과정을 통해 그 일련의 구성요소를 살펴보면 [그림 8-8]과 같다.

2. 의사소통의 형태

의사소통을 통한 정보교환은 조직의 경영자들이 계획, 조직화, 지휘, 통제로 이루어진 경영활동을 효과적으로 수행하는 데 있어서 결정적인 영향을 미치게 되는데, 이 때 경영자와 종업원들이 사용할 수 있는 의사소통 형태는 크게 세 가지로 분류될 수 있다.

첫째, 말을 이용한 의사소통(oral communication)이다. 직접 대화, 전화통화 또는 집단 토의 등에서 말을 통해 정보를 교환하는 것이다. 실제로 경영자들은 일상 업무일 경우 말을 통해 정보를 교환하는 것이 편하기 때문에 대부분 말을 통해 의사소통을 하고 있다.

둘째, 글을 사용한 의사소통(written communication)이다. 이것은 간단한 메모에서부터 복잡한 문서까지 글을 사용한 다양한 형태의 의사소통을 의미

표 8-4 각각의 의사소통 형태의 장단점

의사소통 형태	장점	단점
말을 통한 의사소통	• 빠르고 신속한 피드백 가능 • 수시로 아이디어나 해결책을 주고받을 수 있음 • 개인적인 상호작용 가능	• 시간이 소비되며 갈등유발의 위험이 있음 • 공식적인 기록이 부재 • 메시지의 왜곡이 가능
글을 통한 의사소통	• 공식적인 기록 가능 • 좀더 정확하고 권위 있는 것으로 보일 수 있음 • 언제든 필요할 때 참고할 수 있음	• 해석이 다양해 질 수 있음 • 피드백을 구하기 힘듦 • 문서 작성시 시간이 소요됨
비언어적 의사소통	• 언어를 통한 의사소통을 보완 • 다른 의사소통의 필요성을 감소시킬 수 있음	• 언어를 통한 의사소통과 일치하지 않을 수도 있음 • 무시될 수 있음

한다. 시간이 많이 걸리는 단점은 있지만 영구적으로 남길 수 있다는 장점도 있다. 따라서 결재와 같은 중요한 의사결정을 하는 의사소통에서 주로 사용된다.

셋째, 말이나 글 이외에 비언어적인 의사소통(nonverbal communication)을 하는 경우이다. 이는 제스처와 같은 신체적 표현, 의사소통이 이루어지는 장소의 특성 등을 통해 정보가 교환되는 경우를 말한다.

이 같은 언어, 비언어 형태의 의사소통은 조직내 흥망성쇠를 결정하는 가장 중요한 요소이다. 리더는 스스로가 오만해지거나, 오만한 부하를 조직내에서 제대로 컨트롤 하지 못할 경우 쇠퇴의 길로 들어선다. 일부 오만한 창업공신이나 오만한 C레벨 임원을 관리하지 못하면 불협화음으로 인해 조직은 자멸한다. 명저인 '오만과 편견(Pride and Prejudice, 1813)' 의 저자인 영국의 제인 오스틴은 '오만은 다른 사람이 나를 사랑하지 못하게 하고, 편견은 내가 다른 사람을 사랑하지 못하게 한다' 고 말한다. 이를 의사소통으로 바꾸면 '오만은 사람들이 나에게 오는 것을 막고 편견은 내가 다른 사람에게 다가가는 것을 막는다'. 이런 가운데 제대로 의사소통이 이루어 질 수 없을 것이다. 리더는 치명적인 오만과 편견을 잘 관리해야 유능한 리더가 될 수 있다. 스티브 잡스는 연설에서 'Stay Hungry, Stay Foolish!' 를 강조하였고 이병철 회장도 사업의 성공은 운, 둔, 근[1]이라고 하였다. 또 CEO는 손이 세 개가 있다고

1) 운(運): 운이 좋아야 한다. 둔(鈍): 운이 없을 때 긴 호흡으로 기다릴 줄 알아야 한다. 근(根): 고지식하고 끈기 있어야 한다.

하는데, 오른손, 왼손, 겸손이다. 오만이 시작되는 표징은 남의 이야기를 끝까지 듣지 못하는 것으로부터 시작된다. 자신이 이야기하는 시간이 많아지면 오만이 시작되는 징표라고 보아야 할 것이다(이금룡, 2025). 그럼 의사소통의 다양한 유형을 살펴보자.

8.6 조직 의사소통의 유형

세 가지 의사소통 형태들의 장단점들을 정리해 보면 앞의 〈표 8-4〉와 같다.

조직은 공동의 목표를 가진 두 명 이상의 사람이 모인 위계질서를 가진 집합체로서, 외부환경과 상호작용을 하면서 일정 기간 존속하는 존재이다. 이런 조직의 내부 활동이 제대로 운영되고 환경에 잘 적응하려면 조직 의사소통이 효과적으로 이루어져야 한다. 즉, 조직 의사소통은 조직의 내적 기능에 필수적인 요소일 뿐 아니라 환경과의 정보교환에 있어서도 중요하다.

이러한 조직 의사소통의 유형은 크게 공식적 의사소통과 비공식적 의사소통으로 구분된다(그림 8-9 참조).

그림 8-9 공식적 의사소통의 예

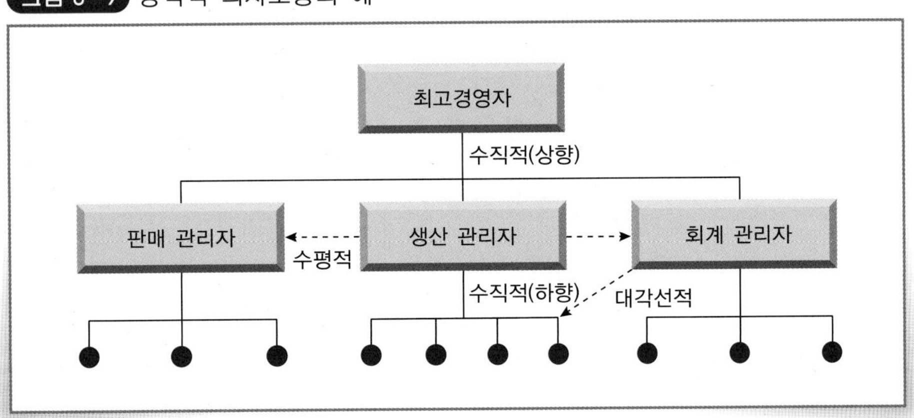

1. 공식적 의사소통

공식적 의사소통(formal communication)은 조직이 공식적으로 정해 놓은 경로와 방법, 절차에 따라 정보가 전달되는 것을 말한다. 이러한 공식적 의사소통에서는 종업원들 간의 의사소통이 체계적으로 이루어질 수 있도록 여러 가지 규칙과 절차가 마련된다. 이러한 규칙과 절차는 주로 의사전달자와 수신자가 각각 누가 될 것이며, 어떤 경로와 방법을 통해 정보가 전달되어야 하는지를 규정하게 된다. 조직의 공식적 의사소통은 다시 수직적 형태와 수평적 형태로 구분되어 질 수 있다.

1) 수직적 의사소통

수직적 의사소통(vertical communication)은 주로 공식적인 보고라인을 따라 조직 상하계층 간에 이루어지는 것이다. 즉, 상사에서 부하로(downward), 부하에서 상사(upward)로 의사소통이 이루어지는 경우이며, 단 두 사람 사이에서 이루어질 수도 있고 조직계층을 통해서 이루어질 수도 있다. 수직적 의사소통은 하향식 의사소통(downward communication), 상향

표 8-5 각 의사소통 유형의 장단점과 의사소통 상황

	공식적 의사소통		
	수직적 의사소통		수평적 의사소통
	하향식 의사소통	상향식 의사소통	
상황	• 회사의 정책이나 방침, 업무처리 절차를 알리고자 할 때 • 구체적인 업무지시를 해야 할 때 • 성과결과를 구성원에게 피드백할 때 • 조직목표를 도입하고자 할 때	• 성과 보고 • 개인 고충의 토로 • 조직 발전을 위한 제안	• 부서 간의 활동이 조정될 필요가 있을 때 • 부서활동에 관한 정보를 교환할 때 • 동료들과의 정서표현이 필요할 때
장점	• 효율적인 의사전달	• 하향식 의사소통의 오류 시정가능 • 상, 하급자 간에 쌍방적 의사소통이 가능	• 구성원들의 사회적 욕구 충족 • 개인과 개인, 부서와 부서 간에 경쟁이나 상호견제 등의 갈등문제 해결
단점	• 하향 전달과정에서 내용의 누락 및 왜곡이 발생할 가능성이 높음	• 하위계층에 의한 정보의 왜곡 및 누락	• 정보처리의 속도가 느릴 수 있음

식 의사소통(upward communication), 그리고 양방향 의사소통(two-way communication)의 양상을 보일 수 있다.

2) 수평적 의사소통

수평적 의사소통(horizontal communication)은 조직에서 동일 계층에 있는 동료들 간에 이루어지는 의사소통으로 다양하고 상이한 조직 단위 사람들 간에도 이루어진다. 이 의사소통은 부서 간 조정을 촉진시키고, 연합된 문제를 해결하기 위하여 사용된다.

수직적 의사소통과 수평적 의사소통이 효과적으로 사용될 수 있는 경우와 각 의사소통 유형의 장단점을 정리해 보면 〈표 8-5〉와 같다.

2. 비공식적 의사소통

비공식적 의사소통(informal communication)은 자연스럽게 생겨난 비공식적 조직을 통해 의사소통이 이루어지는 것을 말한다. 이러한 비공식적 의사소통은 공식적 의사소통 경로를 보완하기 위해 생겨나는 경우가 많은데 실제로 조직 내에서 이루어지는 정보의 흐름과 의사교환 중 많은 부분이 비공식적 의사소통을 통해 이루어지고 있다.

조직의 비공식적 의사소통으로는 조직전체에 퍼져 있는 비공식적 의사소통을 지칭하는 그레이프바인 형태를 들 수 있다. 그레이프바인(grapevine)은 공식적인 조직을 뛰어넘어 모든 방향으로 의사소통이 이루어질 수 있으며 경영자들은 조직 구성원들이 의사소통하고 싶어하는 내용을 그레이프바인을 통해 빠르고 정확하게 얻어낼 수 있다는 장점이 있다. 하지만 정보의 내용이 경영자가 의도했던 것이 아닌 루머의 형태로 전달되거나 친분이나 정치적 관계 등에 따른 비공식적 집단을 강화시켜 분파의식을 조장할 우려가 있다는 단점도 있다. 조직 내 비공식 의사소통이 만연하게 되면 조직이 불안정해지고 유언비어가 난무하여 공식체계에 부정적 영향을 줄 수 있다.

3. 의사소통 네트워크

조직 전체가 아닌 집단 차원에서 나타나는 의사소통의 패턴은 의사소통 네트워크로 설명할 수 있다. 즉, 조직의 의사소통 네트워크란 집단 구성원들

그림 8-10 의사소통 네트워크 형태

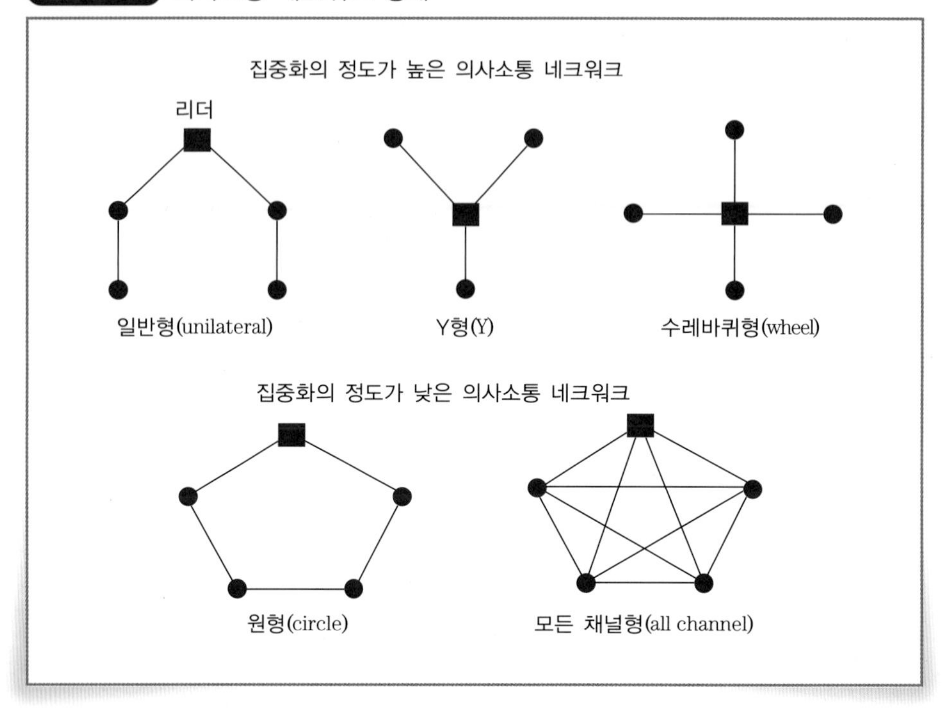

사이의 정보 교환을 위한 체계를 말하는데 이런 의사소통 네트워크는 공식적 의사소통보다는 덜 구조화되어 있다. 이는 네트워크가 다소 자발적으로 발생하며, 조직 내에서 개인의 일상적인 의사소통 행위로부터 발생하기 때문이다. 따라서 의사소통 네트워크는 끊임없이 변화하는 양상을 보인다.

그룹 내의 의사소통 네트워크는 집중화의 정도가 높은 형태와 낮은 형태로 나누어 볼 수 있으며 구체적인 의사소통 네트워크의 형태는 [그림 8-10]과 같다.

표 8-6 의사소통 네트워크의 유효성

		집중화의 정도가 높은 네트워크	집중화의 정도가 낮은 네트워크
속도	단순작업	빠름	느림
	복잡한 작업	느림	빠름
정확성	단순작업	높음	낮음
	복잡한 작업	낮음	높음
만족도		낮음	높음
통제의 정도		높음	낮음

각 의사소통 네트워크의 유효성을 의사소통의 속도, 정확성, 만족도, 통제정도 등을 기준으로 하여 살펴보면 〈표 8-6〉과 같다.

의사소통의 장애(communication barriers)란 의사소통과정에서 일어날 수 있는 의사소통의 비능률을 이야기하며 장애가 발생할 때는 메시지가 정확하게 전달되지 않고 왜곡된 정보가 전달될 수 있다.

8.7 조직 의사소통의 관리

의사소통에서 장애가 발생하면 조직 내부의 갈등이 유발되거나 정체 혹은 마비현상이 일어날 수 있으며 더 나아가서는 조직의 목표를 달성하는 데 차질이 생길 수도 있다. [그림 8-11]에서 보여지듯이 조직의 목표가 달성되기 위해서는 경영자나 관리자들의 의사결정이 의사소통 장벽을 뛰어넘을 수

그림 8-11 의사소통 장애와 조직목표의 달성

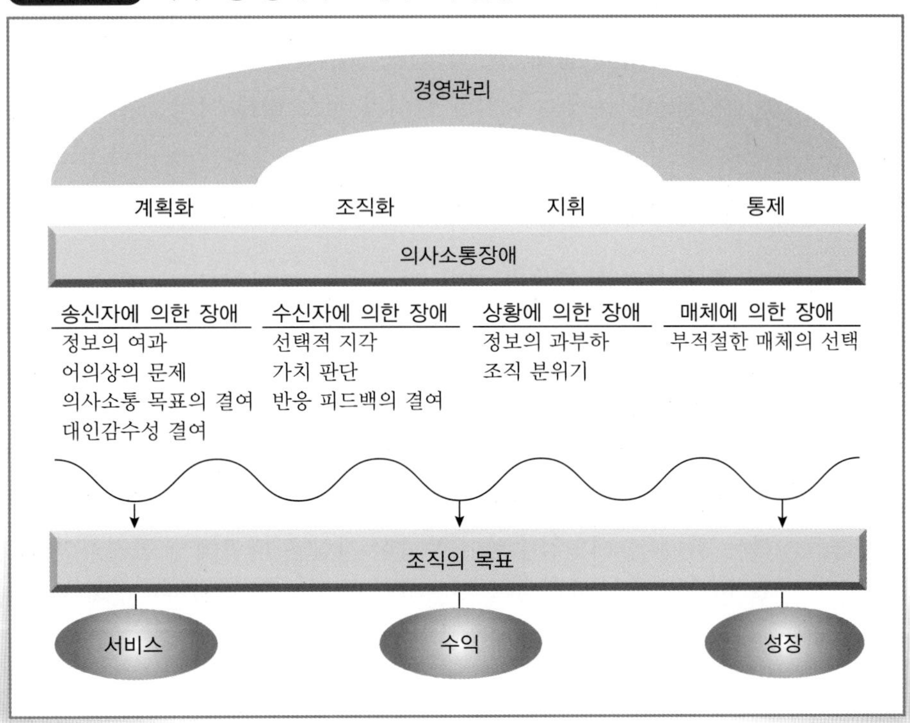

있어야 한다. 따라서 경영자나 관리자들은 잠재적인 의사소통의 이점은 살리고 의사소통의 문제점을 최소화할 수 있는 방안을 마련해 두어야 한다.

효과적인 의사소통 관리를 위하여 우선 의사소통 과정에서 발생하는 장애의 요인을 밝히고 그런 장애 요인들을 극복할 수 있는 방안에 대해 살펴보도록 하겠다.

1. 의사소통의 장애 요인

효과적인 의사소통을 위해서 경영자는 송신자의 특성, 수신자의 특성, 상황적인 특성, 매체의 특성 등 다양한 요소를 다각적으로 이해할 필요가 있다. 이런 요소들과 관련된 의사소통 장애요인들을 살펴보면 다음과 같다.

1) 송신자에 의한 장애

■ 정보의 여과

여과는 정보나 메시지를 수신자가 긍정적으로 지각할 수 있도록 정보를 조작하는 것인데, 송신자가 고의적으로 정보를 여과하여 수신자가 듣기 좋아할 메시지만 전달함에 따라 의사소통을 방해할 수 있는 요인이다.

■ 어의상의 문제

어의상의 문제는 동일한 단어가 서로 다른 사람들에게 아주 다른 의미를 가질 때 일어나며, 특히 송신자가 매우 추상적 인용어나 고도의 전문용어를 사용할 경우에 수신자가 그 말뜻을 이해하지 못하는 것을 말한다.

■ 의사소통 목표의 결여

의사소통의 명확한 목표가 없이 자신의 의견이나 정보를 전달할 때는 구심점 없는 메시지가 만들어져 수신자가 그 메시지를 잘못 이해할 수도 있다.

■ 대인감수성 결여

대인감수성 결여는 상대방의 입장을 전혀 고려하지 않고 메시지를 전달하는 것이다. 대인감수성이 부족한 사람은 타인에게 공격적인 언어를 사용할 수 있으며 상대방의 욕구수준이나 감정에 무관심함으로써 의도했던 목표를 달성하지 못하는 경우가 많다.

2) 수신자에 의한 장애

■ 선택적 지각

선택적 지각은 전체적인 메시지 중에서 메시지의 일부분만을 지각하는 것으로 상대방이 이야기하고 있을 때 다른 생각을 한다거나 주위가 산만할 때 메시지의 일부 또는 전부를 이해하지 못하는 것을 일컫는다.

■ 가치 판단

수신자는 자신의 욕구를 충족시켜주거나 자신의 신념과 일치하는 메시지는 받아들이고 자신에게 위협을 가하거나 기존의 신념과 갈등을 일으키는 메시지는 부정하거나 왜곡하려는 경향이 있다.

■ 반응피드백 결여

수신자가 송신자의 메시지에 대해 피드백을 보이지 않는 것은 그 메시지에 관심이 없다든지 송신자와 의사소통을 하기 싫다는 걸 암시할 수 있어 의사소통의 단절을 가져올 수 있다. 또한 수신자의 무반응은 메시지의 전달이 명확하게 이루어졌는지 확인할 수 없게 만들어 의사소통과정에서 오류를 증대시킬 수 있다.

3) 상황에 의한 장애

■ 정보의 과부하

정보의 과부하는 수신자가 수용할 수 있는 범위 이상의 과중한 메시지가 전달되는 것으로 이 경우 의사소통의 유효성이 떨어지게 된다.

■ 조직분위기

조직구성원 간에 높은 신뢰가 구축되어 있고 개방적인 분위기의 조직에서는 의사소통의 유효성이 증대될 수 있다. 반대로 조직 내에 불신이 만연하고 억압적인 분위기의 조직에서는 메시지가 부정적으로 해석되어 왜곡되는 경우가 많다.

4) 매체에 의한 장애

■ 부적절한 매체의 선택

부적절한 의사소통 매체로 인해 메시지가 효과적으로 전달되지 못하는 경우이다. 예를 들어, 직접 만나 메시지를 전달하는 게 훨씬 효과적임에도 불구하고 이를 서신으로 대신하는 경우 메시지가 잘못 이해되거나 오해의 여지가 생길 가능성이 많다.

2. 효과적인 의사소통을 위한 방안

1) 송신자의 노력

■ 사용언어의 단순화

송신자는 수신자가 이해할 수 있는 명확한 단어를 선택하여 메시지를 구성해야 한다. 즉, 송신자는 언어를 단순화시킬 필요가 있음은 물론 수신자를 고려하여 메시지를 구성해야 한다.

■ 감정의 억제

송신자가 항상 이성적으로 의사소통을 할 수만은 없다. 감정은 의미를 왜곡하거나 흐릴 수 있기 때문에 주의해야 할 요소이다. 어떤 주제에 대해 정서적으로 불안정한 송신자는 자신의 메시지를 명확하게 표현하지 못할 수도 있다.

■ 사후검토와 피드백 이용

송신자는 메시지의 왜곡이나 누락을 최대한 줄이기 위해 사후검토와 피드백을 이용하여 수신자가 메시지를 어떻게 해석하고 있는지 확인할 필요가 있다.

2) 수신자의 노력

■ 경청

경청은 단순한 듣기가 아니라 송신자가 전달하고자 하는 의미를 적극적으로 탐색하는 것을 말한다. 경청은 대화를 중간에 방해하지 않고, 단어와 의미에 집중하며, 적절한 질문을 던질 때 효과적으로 이루어진다.

■ 평가적 판단의 회피

송신자에 대해 긍정적 혹은 부정적인 평가를 성급히 하는 것은 바람직하지 않다. 수신자는 이러한 판단을 내리기 전에 상대방에 대한 신뢰와 이해를 촉진시킬 수 있는 분위기를 조성할 필요가 있다.

■ **피드백의 활용**

대부분의 의사소통문제는 오해와 부정확성에서 비롯된다. 이런 경우 의사소통과정에 언어적 또는 비언어적 피드백을 사용하면 많은 의사소통 문제를 줄일 수 있다.

3) 환경의 개선

■ **정보의 통제**

정보의 통제는 송신자와 수신자 모두에게 정보 과부하가 일어나지 않도록 하는 것이다. 많은 정보를 제공하는 대신 목표에 부합되는 중요한 정보만을 전달함으로써 정보의 과부하를 막을 수 있다.

■ **제도적 보완**

조직 내에서 쌍방향 의사소통이나 상향적 의사소통이 원활하게 이루어질 수 있도록 제도적 장치를 마련해 두는 것이 유용하다. 이를 위해 개방적인 의사소통을 촉진시킬 수 있는 방안이나 참여기법 등을 활용할 수 있다.

■ **적절한 매체의 선택**

의사소통 목적이나 상황에 따라 적절한 매체가 달라지는데 효과적인 의사소통을 위해서는 메시지의 내용뿐만 아니라 보내는 방법에 대해서도 신중

그림 8-12 의사소통 상황에 따른 적절한 매체 선택

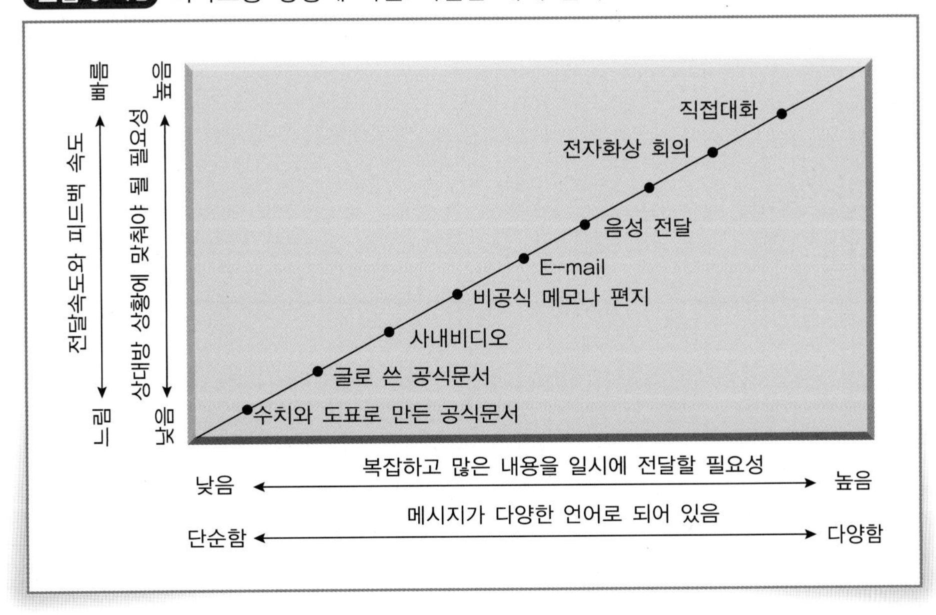

할 필요가 있다. 상황에 따른 적절한 매체 선택은 [그림 8-12]와 같다.

조직은 동일한 집합체로 존재하는 것이 아니라 다양한 개인들, 그리고 그 개인들이 공통의 목적을 가지고 모인 집단들로 이루어져 있다. 이 때 집단은 집단 자체의 네트워크, 나름대로의 집단 유효성을 추구하는 조직의 하위문화를 형성하게 되는데 이런 집단들을 효과적으로 관리하고 활용하기 위해서는 커뮤니케이션이 훌륭한 도구가 될 수 있다.

특히 오늘날의 조직관리는 정보나 권력 또는 권한을 이용해 조직구성원들이나 집단을 통제하거나 조정한다는 전통적인 의미에서의 관리 개념이 아니다. 오늘날의 조직관리의 핵심은 커뮤니케이션을 통한 건강한 조직문화의 형성, 유지, 전수가 원활히 이루어져야 하고 집단의 커뮤니케이션 네트워크가 조직의 유효성을 높이는 데 적합해야 하며 다양한 조직 내 다양한 집단들 간의 통합, 조정이 바람직한 방향으로 이루어져야 한다는 데 있다. 즉, 오늘날의 조직이나 집단 관리는 커뮤니케이션을 효과적으로 관리함으로써 더욱더 조직성과를 높일 수 있다.

closing case

북극에서 살아남기

당신은 캐나다 북부에 있는 사스카치안(Saskatchewan) 지방의 북쪽 국경에 위치한 한 호수에 지금 막 불시착했습니다. 비행기 조종사는 불시착 시의 충격으로 사망했지만 당신과 다른 두 승객은 별다른 부상 없이 무사히 호숫가로 나올 수 있었습니다. 옷을 든든하게 입기는 했지만 호숫가로 헤엄을 쳐서 나오느라 몸이 젖은 상태입니다. 몇 시간 후면 북극지방의 밤이 시작되는 저녁 12시입니다.

당신이 해야 할 일은 구조대가 도착하기 전까지 살아남는 것입니다. 그러나 당신들은 2주일 간의 사슴사냥여행을 떠난 것이기 때문에 당신들을 위한 수색작업은 적어도 그 때까지는 이루어지지 않을 것입니다. 이맘때면 낮 최고기온이 0°C를 약간 웃돌며 밤에는 거의 영하 40°C에 달합니다. 항상 살을 에는 듯한 바람이 불며 다음 2주간은 약 40cm의 눈이 올 것으로 예상되고 있습니다.

당신이 피해 있는 호숫가에는 약간의 상록수와 자작나무가 있습니다. 산지는 아니며 바위가 많은 불모지입니다. 하늘에서 보면 당신이 불시착한 약 60만평의 호수와 함께 수백 개의 호수가 보일 것입니다.

비행기가 가라앉기 전에 북극에서 살아남는 데 도움이 될 수 있는 다음과 같은 15가지 물건들을 구할 수 있습니다. ① 나침반, ② maple 시럽, ③ 침낭 세 개, ④ 식수 정수용 알약 25정, ⑤ 5인용 텐트, ⑥ 방수처리가 된 상자에 든 성냥 12개피, ⑦ 약 1cm 두께의 나일론 줄 약 80cm, ⑧ 네 개의 건전지가 들어가는 손전등, ⑨ 세 켤레의 방한화, ⑩ 럼주 한 병, ⑪ 거울과 면도기, ⑫ 자명종 시계, ⑬ 도끼, ⑭ 구명용 튜브, ⑮ 천문 항법책

1. 다음 표에 이 상황에서 가장 유용하다고 생각되는 물건부터 순위를 기록해 주십시오. 이것은 개인별로 실시되는 것입니다.
2. 당신의 팀 구성원들과 함께 협의하여 순위를 기록해 주십시오. 팀 구성원들과의 토론을 통해서 합의를 이루는 것이 목적이므로 다수결에 의한 결정을 내리지 마시고 각 구성원의 견해를 들어본 후 상호의견조정을 통해서 팀의 견해를 결정해 주시기 바랍니다.
3. 이러한 과정이 끝난 후 전문가의 의견과 비교하여 개인의 점수와 팀의 점수를 계산해 주십시오.

	① 당신의 순위	② 팀의 순위	③ 전문가의 순위	④ ①과 ③의 차이	⑤ ②와 ③의 차이
나침반					
maple 시럽					
침낭					
정수제					
텐트					
성냥					
나일론 줄					
손전등					
방한복					
럼주					
거울 및 면도기구					
자명종 시계					
손도끼					
구명용 튜브					
천문 항법책					
				합계:	합계:

* 계산 방법: 각각의 차이는 부호를 무시하고 절대값으로 계산해 주십시오.

예) 당신(또는 팀의)의 순위	전문가의 순위	차 이
6	12	6
10	3	7

제 9 장

인사관리

9.1 인사관리란 무엇인가
9.2 인적자원계획
9.3 모집과 선발
9.4 교육훈련과 경력관리
9.5 성과평가
9.6 보 상
9.7 노사관계

opening case

삼성전자의 인사관리

삼성의 경영철학과 목표는 "인재와 기술을 바탕으로 최고의 제품과 서비스를 창출하여 인류사회에 공헌"하는 것, 삼성전자가 추구하는 궁극적인 목표이다. 삼성이 가장 소중하게 지켜온 핵심가치는 인재제일, 최고지향, 변화선도, 정도경영, 상생추구 등 5가지인데, 그 중 인재제일이란 '기업은 사람이다'라는 신념을 바탕으로 인재를 소중히 여기고 마음껏 능력을 발휘할 수 있는 기회의 장을 만들어 가는 것을 말한다. 미중의 패권경쟁과 갈등, 그리고 급속한 기술발전으로 인재의 확보와 유지 및 성장이 중요한 시점에 삼성의 역할을 그 어느 때보다 중요시되고 있다.

삼성전자의 인사제도 혁신

삼성전자는 2021년 11월 29일 글로벌 경영환경 변화에 대응하고 중장기 지속성장의 기반을 마련하기 위해 ▲ 승격제도 ▲ 양성제도 ▲ 평가제도를 중심으로 한 '미래지향 인사제도' 혁신안을 발표했다.

삼성전자는 그동안 임직원 온라인 대토론회 및 계층별 의견청취 등을 통해 인사제도 혁신 방향을 마련하였으며, 최종적으로 노사협의회 · 노동조합 및 각 조직의 부서장과 조직문화 담당자 1,000여명을 대상으로 의견을 청취하여 세부 운영방안을 수립했다.

이번 인사제도 혁신은 ▲ 나이와 상관없이 인재를 중용하여 젊은 경영진을 조기에 육성하고 ▲ 인재양성을 위한 다양한 경력개발 기회와 터전을 마련하며 ▲ 상호 협력과 소통의 문화를 조성하기 위한 방향을 주요 골자로 하고 있다.

| 삼성전자 2022 미래지향 인사제도혁신안 |

연공서열 타파 · 삼성형 패스트트랙 구현	인재양성 · 성장 터전 마련	상호협력 · 소통 위주의 성과관리체계
• 부사장 · 전무 직급을 부사장으로 통합 • 직급별 체류기간 폐지, 승격세션 도입 • 우수인력 정년 이후 근무하는 '시니어트랙' 도입 • 직급과 사번 정보 삭제 • 상호 존댓말 사용 원칙	• 사내 FA제도로 다른 부서 이동 기회 부여 • 해외법인 상호 교환근무하는 'STEP' 제도 신설 • 육아휴직 리보딩 프로그램 • 공유오피스 설치, 사내 자율근무존 마련	• 고과평가를 절대평가 전환 • 수시 피드백 • 동료평가인 피어리뷰 시범 도입

출처: 머니투데이 보도자료, ""40대 CEO 나온다" 승진 연한 폐지…삼성전자 5년만의 인사 혁신", 2021. 11.29.

1. 연공서열을 타파하고 나이와 상관없이 인재를 과감히 중용하여 젊은 경영진을 조기에 육성할 수 있는 삼성형 Fast-Track을 구현.

'부사장/전무' 직급을 '부사장'으로 전격 통합, 임원 직급단계를 과감히 축소함과 동시에

'직급별 표준 체류기간'을 폐지하여 젊고 유능한 경영자를 조기 배출할 수 있는 기반을 구축하고자 하였다. 직원 승격의 기본 조건이었던 '직급별 표준체류기간'을 폐지하는 대신 성과와 전문성을 다각도로 검증하기 위한 '승격세션'을 도입하였다. 한편, 고령화, 인구절벽 등 환경변화에 선제적으로 대응하고 축적된 기술력과 경험의 가치가 존중받는 문화를 조성하기 위해 우수인력이 정년 이후에도 지속 근무할 수 있는 '시니어 트랙' 제도 도입하였다.

2. 인재제일 철학을 바탕으로 다양한 경력개발 기회를 통해 인재를 양성하고 이들이 마음껏 역량을 펼치며 회사와 함께 성장할 수 있는 터전 마련.

'사내 FA(Free-Agent) 제도'를 도입해 같은 부서에서 5년 이상 근무한 직원들에게 다른 부서로 이동할 수 있는 자격을 공식 부여하여 다양한 직무경험을 통한 역량향상의 기회를 제공할 예정이다. 국내 및 해외법인의 젊은 우수인력을 선발해 일정기간 상호 교환근무를 실시하는 'STEP(Samsung Talent Exchange Program) 제도'를 신규 도입하여 차세대 글로벌 리더 후보군을 양성하고, 경력단절을 최소화하기 위해 '육아휴직 리보딩 프로그램'으로 복직시 연착륙을 지원하고, 'Work From Anywhere 정책'도 도입한다.

3. 회사 전체의 경쟁력을 높일 수 있는 성과관리체제를 전면 도입, 상호 협력과 소통을 이끌어 내고 조직 시너지를 창출.

'엄격한 상대평가' 방식에서 성과에 따라 누구나 상위평가를 받을 수 있는 '절대평가'로 전환한다. 단, 고성과자에 대한 인정과 동기부여를 위해 최상위 평가는 기존과 동일하게 10% 이내로 운영할 예정이다.

부서장과 업무 진행에 대해 상시 협의하는 '수시 피드백'을 도입한다. 또한 '피어(Peer) 리뷰'를 도입하고, 동료평가가 갖는 부작용이 없도록 등급 부여 없이 협업 기여도를 서술형으로 작성하는 방식을 적용한다.

출처: 삼성전자 뉴스룸 보도자료, 삼성전자, '미래지향 인사제도 혁신' 추진. 2021.11.29. 참조 및 재구성.

삼성전자 노사관계

상생의 노사관계를 구축하기 위해 2020년 8월 이사회 산하에 노사관계 자문그룹을 신설해 외부 전문가 4명을 자문위원으로 위촉하였다. 자문위원들은 경영진과의 간담회 및 인사임원 자문회의를 통해 회사의 노사 이슈를 청취 · 검토하고, 중장기적 노사관계 발전에 대해 제언하는 역할을 한다.

노동조합과 상호 신뢰하는 노사관계를 형성하고 소통하기 위해 각 노동조합과 수시로 간담회를 개최하고, 노동조합의 제안사항을 청취하고 개선 항목 등을 협의하고 있다.

삼성전자는 국내에 4개의 노동조합이 설립되어 있으며, 정기적으로 단체교섭을 진행하고 있다. 또한 노동조합의 원활한 교섭을 지원하기 위해 단체교섭에 앞서, 상호 기본합의서를 체결해 노동조합에 사무실을 제공하고 조합원들에게 교섭에 필요한 시간을 보장해 주고 있다.

삼성전자는 전세계 사업장에 총32개의 노동조합이 있다. 삼성전자는 해당 국가의 법률에 따라 노동조합과 근로조건을 협상하고, 합의된 내용에 대해 단체협약을 체결하고 있다.

출처: 2021 지속가능경영 보고서 참조 및 재구성

9.1 인사관리란 무엇인가

조직 경영은 사람경영이라 해도 과언이 아닐 정도로 조직경영활동 중 거의 모두가 사람과 관련된 인사활동과 관련되어 있다. 영업, R&D, 생산 등 모든 경영활동은 사람을 제외하고는 생각할 수도 없다. '인재제일', '인사(人事)가 만사(萬事)'라는 말이 바로 조직의 인사관리에 대한 중요성을 대변해 주고 있다.

인사관리란 인간을 가치 있는 자원으로 다루려고 하는 조직 활동이다. 인사관리는 조직의 목표 달성을 위해 인적자원계획을 수립하여 채용하고 개발, 평가, 보상하는 모든 활동을 말한다. 즉, 조직원에게 영향을 미치는 정책, 시스템, 관례와 관련된 것으로 조직의 전략적 목표를 성취하기 위해 조직 구성원들을 확보하여 유지함은 물론 구성원을 개발, 평가 및 보상을 통한 통제나 지휘활동과도 관련되어 있다.

인사관리는 일반적으로 좁은 의미와 넓은 의미로 나누어서 파악할 수 있다. 좁은 의미의 인사관리는 사람의 채용과 배치, 개발, 평가, 승진 등 조직 내 인적자원 관리를 의미하는 것으로 기업이 필요로 하는 인력을 채용하여 유지 · 개발 · 활용의 활동을 하는 기능적 의미를 말한다. 한편 넓은 의미에서는 좁은 의미의 인적자원관리(human resource management)와 종업원과 경영자 간의 원만한 고용관계를 유지하도록 하는 노사관계관리(labor relation management)를 모두 포함한다. 최근에는 대외적으로 기업의 사회적 책임, 윤리경영, ESG 영역까지도 인사관리 분야에 포함되고 있다.

특히 넓은 의미에서의 인사관리는 CEO의 경영철학, 기업의 문화, 기업의 경영 이념들과 밀접한 관련을 가지고 있다. 따라서 각 기업의 인사관리는 기업 문화와 경영 철학이나 이념들과 통합적으로 표현되어 제도화되기 때문에 그 기업만의 독특한 핵심 역량으로 고려되어질 수 있다. 이는 각 기업이 나름대로의 특성을 지닌 인사관리를 전개해 나가고 있음을 시사한다. 또한 인사활동은 조직 내부에서의 조직 정의와 조직 외부에 대한 기업의 사회적 책임인 윤리적인 측면과, 조직전략과 인력관리가 통합적으로 이루어져야 하는 전략적 측면을 동시에 추구하여야 한다.

구체적인 인사관리 활동은 인적자원계획수립에서 시작하여 모집, 선발, 교육훈련, 평가, 보상, 경력계획과 이직관리의 일련의 순환과정으로 파악할

그림 9-1 인사관리 활동 및 기능의 과정모형

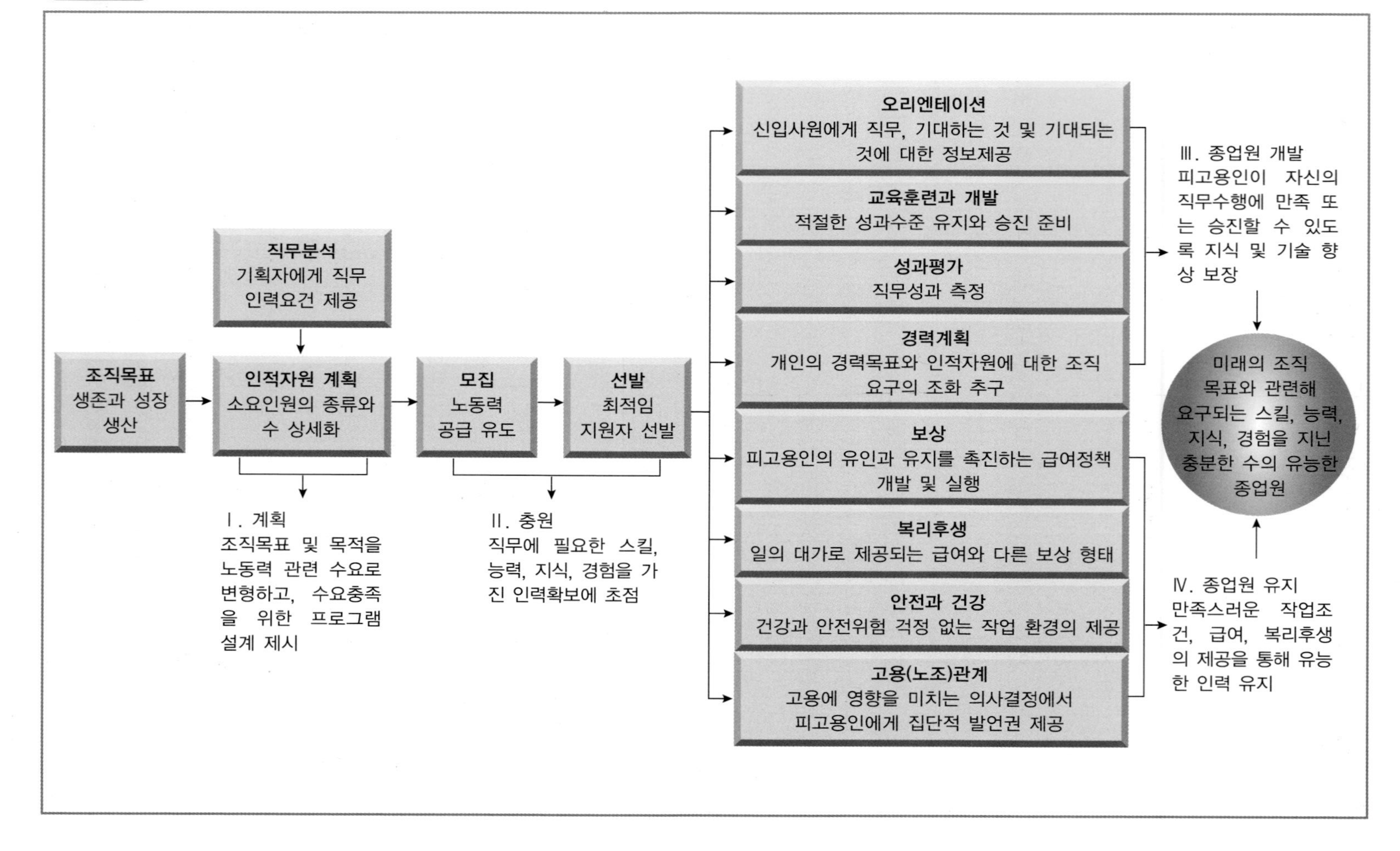

수 있으며, 추가적으로 노사관리를 고려해 볼 수 있다. [그림 9-1]은 조직 내 인사관리활동의 전반적 과정을 나타내고 있다.

9.2 인적자원계획

인사관리 활동은 인적자원계획(human resource planning)을 수립하는 것으로부터 시작하게 된다. 이는 인적자원에 관한 현재와 미래의 수요를 분석 · 예측하고, 그 수요를 충족시키기 위해 종업원을 확보하는 과정을 말한다.

인적자원계획은 기업이 보유하고 있고 또 보유해야 할 인적자원을 그들이 가지고 있는 KSA, 즉 지식(knowledge), 기술(skill), 능력(ability)을 중심으로 최적의 인적자원규모를 결정하여 적시적소에 배치하는 데 중점을 두고 수립된다.

1. 인적자원계획의 과정

이러한 인적자원계획의 과정은 환경분석과 조직의 전략적 행동, 인력 수요 및 공급 분석, 그리고 인력계획의 실천으로 살펴볼 수 있다(그림 9-2 참조).

■ 환경 분석과 전략적 행동

인력계획의 첫 단계는 환경분석을 통한 조직의 전략을 수립하는 것이다. 환경 분석은 크게 조직의 현재 사업영역이 무엇인가를 규명하는 과업을 비롯해 재무적 생산 활동, 인력 현황까지 포함하는 조직내부 환경분석과 소비자 욕구, 기술적 환경, 정부의 규제, 개인 근로자 변화 등 조직외부 환경분석으로 구분할 수 있다. 조직에서는 이와 같은 조직 내 · 외부 환경 분석을 통해 새로운 조직의 전략을 수립한다.

■ 인력수급분석

조직의 전략 수립 이후에 구체적으로 인력의 수요와 공급을 분석하게 된다. 인력수요는 새로운 전략 혹은 기존 전략을 강화시키기 위해 필요한 인력

그림 9-2 전략적 인력계획 과정

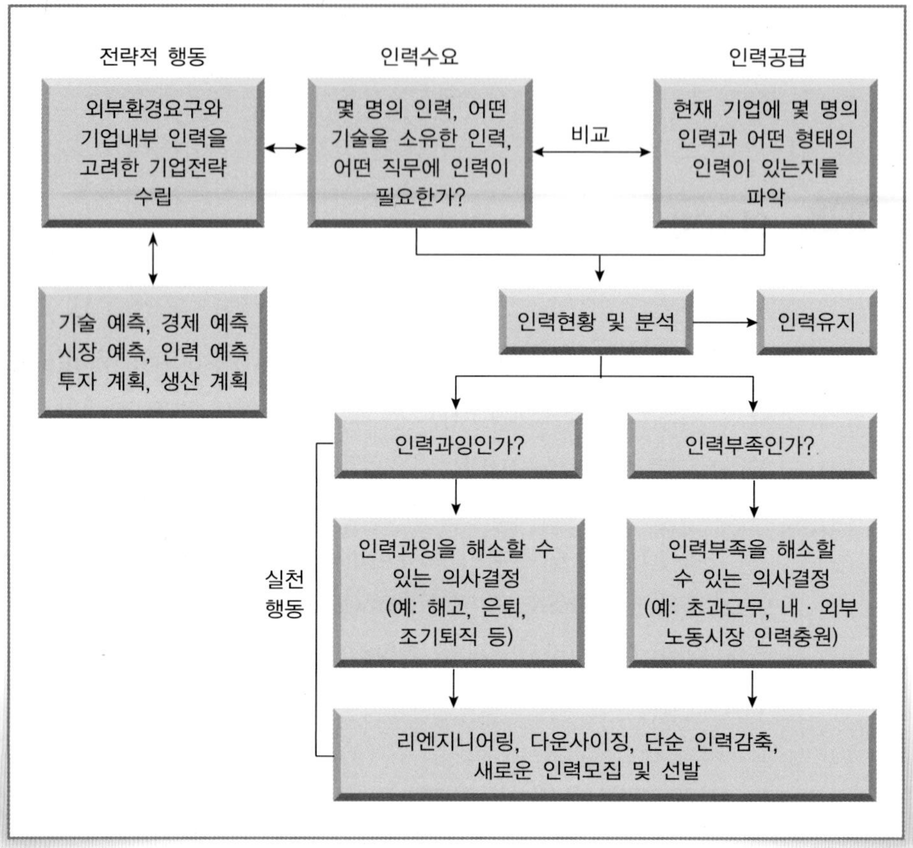

전략적 행동

인력수요

인력공급

외부환경요구와 기업내부 인력을 고려한 기업전략 수립

몇 명의 인력, 어떤 기술을 소유한 인력, 어떤 직무에 인력이 필요한가?

비교

현재 기업에 몇 명의 인력과 어떤 형태의 인력이 있는지를 파악

기술 예측, 경제 예측 시장 예측, 인력 예측 투자 계획, 생산 계획

인력현황 및 분석

인력유지

인력과잉인가?

인력부족인가?

실천 행동

인력과잉을 해소할 수 있는 의사결정 (예: 해고, 은퇴, 조기퇴직 등)

인력부족을 해소할 수 있는 의사결정 (예: 초과근무, 내 · 외부 노동시장 인력충원)

리엔지니어링, 다운사이징, 단순 인력감축, 새로운 인력모집 및 선발

출처: Ivancevich(1995), p. 134 수정인용.

의 수와 형태, 그리고 직무에 의해서 그 수요량이 결정된다. 인력공급은 조직 전략을 실천하기 위해 필요한 인력현황을 분석하는 것으로 인력현황 분석은 내부 노동시장과 외부 노동시장을 통해 이루어진다. 인력수급분석을 통해서 수급의 균형이 이루어지면 인력계획은 종료되나 수급 불균형이 지속되면 추가적인 절차가 필요하다.

■ 인력계획의 실천 행동

인력수급 불균형의 경우는 인력과잉과 인력부족으로 나누어 살펴볼 수 있다. 인력과잉은 필요인력보다 기존인력이 초과한 경우를 말하며, 이 때는 재교육, 인력감축을 통하여 균형을 이룰 수 있다. 인력부족은 필요 인력이 기존인력보다 부족한 경우를 말하며 이 때는 인력충원을 통하여 균형을 이룰 수 있다. 또한 조직의 재구축 정책에 의하여 직무재설계, 교육훈련, 시간외근

무, 비정형직 근로자 이동 등이 이루어질 수 있다.

2. 직무분석

위에서 살펴본 인적자원계획을 효율적으로 수립하기 위해서는 직무분석(job analysis)이 필요하다. 직무분석이란 직무를 구성하고 있는 과업의 내용과 그 직무를 수행하기 위해 종업원에게 어떤 행동이 요구되는지를 찾아내는 과정을 말한다. 구체적으로 작업자가 하는 일의 종류, 그 직무를 수행하는 데 요구되는 특성, 과업수행 방법, 시기 및 이유, 작업환경과 작업할 때의 행동방법 등을 결정하기 위해 직무에 관한 정보를 체계적으로 수집하는 과정이다. 특히, 직무를 수행하기 위한 과업, 의무 그리고 특별한 직무의 책임을 규명하는 데 초점이 있다.

이와 같은 직무분석을 통해 직무의 의무, 책임, 작업 환경, 직무 명세 등을 규정화한 직무기술서(Job description)와 인력의 자격요건, 즉 KSA에 대한 상세 조건을 명시된 직무명세서(Job specification)가 작성되어질 수 있으며,

그림 9-3 직무분석과 인사활동

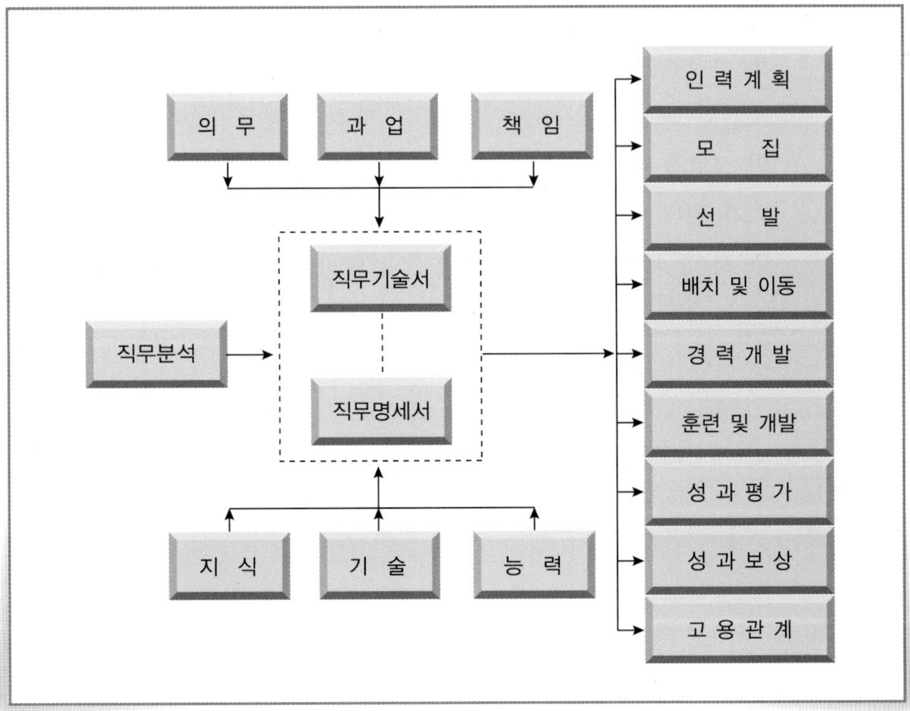

의 무
과 업
책 임
직무분석
직무기술서
직무명세서
지 식
기 술
능 력
인 력 계 획
모 집
선 발
배치 및 이동
경 력 개 발
훈련 및 개발
성 과 평 가
성 과 보 상
고 용 관 계

모집, 선발, 배치, 평가, 보상, 훈련개발, 작업 조건 등의 다른 인사 기능과 밀접한 관련을 가지고 있다(그림 9-3 참조).

1) 직무기술서

직무기술서는 직무분석을 통해 수집된 정보의 요약된 문서로서 직무의 의무, 책임, 작업환경 등을 규정한 것이다. 구체적인 구성내용은 직무 정보, 직무 개요, 직무 의무와 책임으로 구분하여 기술될 수 있다.

직무 정보는 직무의 명칭, 위치, 그리고 직무분석 정보의 원천을 규정한 것으로 직무기술서의 서두에 해당된다. 누가 작성하였는지, 직무분석이 시행된 날짜 등을 기입한 것이다. 직무개요는 해당 직무의 수행의무, 책임, 그리고 조직에서의 물리적 위치 등을 간략하게 요약한 것이다. 직무의무와 책임은 해당 직무를 통해 어떤 일을 수행하고 책임을 져야 하는지에 대한 것으로 직무수행과정의 중요한 의무가 무엇인가를 규정하고 있다(표 9-1 참조).

2) 직무명세서

직무명세서는 해당 직무를 성공적으로 수행하는 데 필요한 인력의 KSA 즉, 업무지식(knowledge), 업무기술(skill), 그리고 업무능력(ability)에 대한 조건 등을 상세히 기록한 문서를 말한다. 이는 직무분석을 통한 직무기술서를 바탕으로 작성된다. 단지 직무수행을 위한 물리적 조건보다는 인적자원의 조건과 특성에 초점을 두고 있기 때문에 직무기술서와 직무명세서의 효과적인 결합을 통해 해당 직무에 적절한 인력을 선발하고 배치할 수 있는 기초 자료가 된다. 직무명세서는 교육 경험, 육체적 특성과 건강, 지적 능력 및 특수한 지식, 과거 경험 등의 내용을 포함하고 있다(표 9-1 참조).

표 9-1 직무기술서와 직무명세서

1. 직무명	채용담당자	2. 직무기호	1506
3. 부 서	인사팀	4. 근무지	본 사
5. 직무분석자 및 일시	직무분석담당자 ○○○(○○○○년 ○○월 ○○일)		
6. 확 인	인사팀장 ○○○		

7. 직무개요
- 회사의 인사운영방침에 의해 회사원의 채용에 관한 업무를 수행한다.

8. 직무내용(의무와 책임)
- 회사의 연간인원수급계획을 모집일 30일 전까지 입안하고, 종업원 채용에 관한 업무를 수행하며 관계규정을 관리한다.
- 종업원 채용에 필요한 제반사항을 계획 · 운영한다. 여기서 채용에 필요한 제반사항이란 모집일시, 모집방법, 채용원칙, 선발장소, 면접시기와 장소, 채용인원수, 채용인원형태 등을 말한다.
- 종업원 채용결과에 대한 최종보고는 선발결정이 이루어진 다음 날을 기준으로 1주일 후에 채용담당관장에게 보고한다.
- 채용된 인력에 대한 자료를 훈련담당자에게 위임한다.
- 자질 있는 종업원의 인력수급에 대한 부분별 채용방침을 입안하여 운영 · 관리한다.

9. 자격요건(직무명세서)

교육경험	학교교육	인문계 대학 졸업정도
	실무경험	인사실무 2년 이상
	기타교육	
	자격면허	
학술지식	• 경영학원론, 인사관리론, 경영조직론, 경제원론, 사회심리 등의 일반적 지식	
실무지식	• 회사 인력채용에 관한 지식으로 채용제도의 원칙과 변천과정에 대한 지식 • 회사의 인사규정, 급여규정, 여비규정, 퇴직금 규정, 인사고과규정, 징계규정 등 인사관리제반 규정에 대한 일반적 지식	
신체적 조건	관계 무	
정신적 조건	기획에 관한 창의성과 성실성에 대한 노력이 크다.	
작업환경과 위험성	작업환경은 좋고 위험성은 없다.	
10. 특기사항		

9.3 모집과 선발

필요한 KSA를 소지한 인력수요가 결정이 되면 노동시장으로부터 모집을 통하여 적절한 인재를 기업으로 끌어 모으고, 조직과 직무에 적합한 인재를 선발한다.

1. 모 집

모집은 조직 내의 직무 공백을 채우기 위하여 지원자를 기업으로 끌어들이는 유인 과정이라고 말할 수 있다. 따라서 기업에서는 필요로 하는 사람들이 적극적으로 지원하도록 정보를 제공하고 지원을 할 수 있도록 유도하는 것이다. 이 때 모집 방법은 모집대상자를 기업의 내부에서 찾느냐 외부에서 찾느냐에 따라 사내모집과 사외모집으로 나누어 볼 수 있다.

■ 사내모집

사내모집은 자격을 갖춘 기업 내부의 종업원 중에서 승진이나 이동배치를 통해 인력을 충원하는 활동이다. 일반적으로 사내에 설치된 기능목록(skills inventory)이나 인력배치표를 통해 직무에 적합한 인력을 찾아내게 된다. 최근 들어 우리나라 기업에서도 사내 공모제도를 도입하여 필요한 인력을 내부에서 모집하는 경우가 점차 늘어나고 있다. 사내모집은 절차가 간편하며, 종업원들의 사기에도 좋은 영향을 미친다는 장점을 갖고 있다.

그러나 퇴직, 사고, 이직 등과 같은 인적자원의 변동으로 기업 내부인력만으로는 충분하지 못한 경우가 있다. 이 때에는 필요한 인력을 조직의 외부에서 모집하는 사외모집방법을 활용하게 된다.

■ 사외모집

사외모집은 외부 노동시장을 통해 필요한 인력을 모집하는 활동이다. 주로 신입사원모집에서 사용되었으나 최근에는 경력사원과 최고경영자도 이를 통해 충원된다. 외부모집방법은 광고, 고용알선기관, 종업원추천, 자발적 지원, 교육기관추천, 리크루터, 인턴십 등의 다양한 방법이 있다. 특히 최근에는 인터넷을 통하여 모집하는 e-Recruiting과 정규직을 채용하기 전에 실제

근무할 수 있게 하여 지원자와 조직 간의 적합성을 파악하는 인턴십을 활용하는 사례가 늘어나고 있다. 모집이 잘되지 않으면 아무리 좋은 선발기법을 사용해도 소용없다. "전쟁에 실패한 지휘관은 용서할 수 있어도 경계에 실패한 경우는 용서할 수 없다. 마찬가지로 선발에 실패한 관리자는 용납되어도 모집에 실패하는 것은 안된다."

모집이 이루어지고 나면 지원자 집단이 형성되는데 이 집단에서 조직이 필요한 인력을 선별하는 과정으로 이루어지게 된다.

2. 선 발

선발은 조직의 목적에 적합한 지원자를 뽑는 일련의 과정이다. 외부인력을 선발하는 경우 적격성 판정이 어렵고, 잘못 선발할 경우 조직전략 실행에 부정적인 영향을 미칠 수 있으므로 신중을 기해야 한다. 효과적인 인력선발은 조직 목표 수행에 적합한 인력을 선발함으로써 인력의 효율적 이용을 도모할 수 있다. 효율적 인력선발을 위해서는 몇 가지의 선발 원칙을 충분히 고려하여 선발하여야 한다.

1) 선발 원칙

선발의 원칙은 신뢰성(reliability), 타당성(validity), 유용성(utility) 그리고 합법성(legality)으로 나누어 살펴 볼 수 있다. 신뢰성은 측정결과의 일관성(consistency)을 말하는 것으로 지원자를 선별할 때, 동일한 조건과 환경에서 측정된 결과가 서로 일치되어야 함을 의미하는 것이다. 타당성은 측정결과의 정확성(accuracy)을 말하는 것으로 선발을 위해 사용된 내용 또는 도구가 대상자를 선발하는 데 얼마나 정확하게 측정할 수 있는지를 의미한다. 유용성은 인력충원에 따라 조직이 획득할 수 있는 인력충원 경제성을 평가하는 것을 말한다. 마지막 선발 원칙은 합법성으로 외부 노동시장으로부터의 인력충원을 위해서는 남녀고용평등법, 장애인고용촉진법, 최저임금제 등 인력충원에 관련된 각종 법률적 제약을 충분히 고려하는 것이다. 내부 노동시장에서는 내부 인력 충원에 관련된 사내 인사법규를 통해서 이루어져야 함을 말한다.

2) 선발 과정

실질적인 선발과정은 기업에 따라 다르고 또 같은 기업이라고 하더라도

그림 9-4 선발 과정

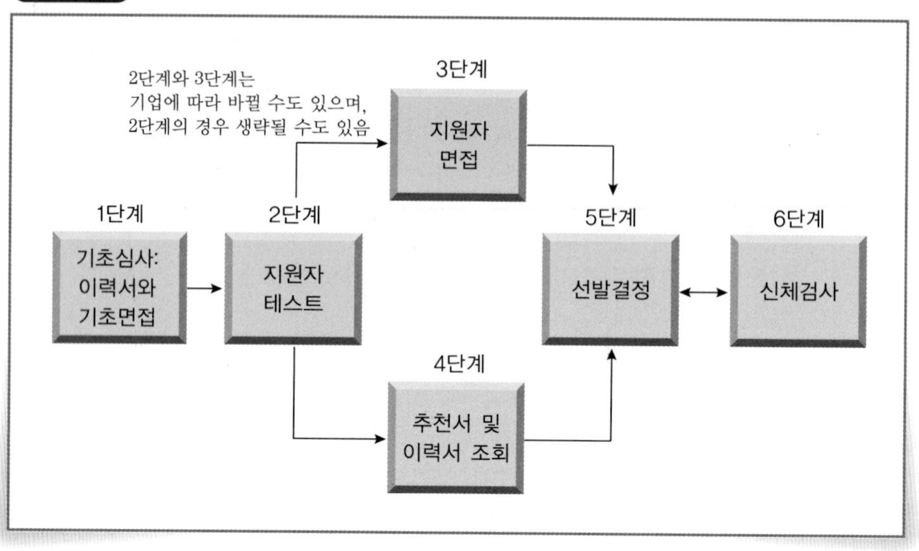

출처: Ivancevich(1995), p. 229 수정인용.

모집하는 분야에 따라서 달라질 수 있다. 그러나 일반적으로 선발과정은 이력서 심사, 지원자 테스트, 지원자 면접, 추천서 및 이력서 조회, 신체검사의 단계를 거친다(그림 9-4 참조).

■ 이력서 심사

선발결정의 첫 단계로서 이력서 심사는 이력서를 통해 지원자에 대한 최소한의 자격 요건을 심사하는 것을 그 목적으로 한다. 인터넷을 통해 이력서 지원이 빈번해 짐에 따라 이력서 제출 및 심사와 동시에 화상을 통한 기초 면접도 가능해 질 것으로 여겨진다.

■ 지원자 테스트

지원자 테스트는 지원자의 직무적성, 성격, 직무능력 소유여부, 자격 요건 등 면접을 통해 알 수 없는 것들을 보완하는 차원이라고 볼 수 있다. 지원자 테스트를 위해 사용할 수 있는 도구들은 필기, 실기 시험과 같은 선발 시험이 대표적이며, 기초 능력검사, 성격검사, 적성검사 등을 병행하여 실시한다.

■ 지원자 면접

면접은 지원자를 채용 담당자나 경영자가 직접 만나는 것이다. 면접은 조직이 필요로 하는 직무 수행자와 지원자의 직무능력과 적합성 여부를 판단할 수 있고, 지원자의 불완전한 자료를 보충하며, 조직의 이미지를 지원자에게 홍보할 수 있다는 점에서 장점을 가지고 있기 때문에 국내 조직에서 가장 많이 사용되고 있다.

그러나 면접은 중요한 역할을 수행함에도 불구하고 그 효과성에 대해서는 아직 의문이 많다. 면접과 직무성과에 관한 몇 가지 연구들을 통해 면접의 문제점에 대해서 〈표 9-2〉와 같이 제시할 수 있다. 면접은 주로 면접관과 지원자 간 이루어지는 것이기 때문에 면접관의 대인 간 관계에서 나타나는 문제점들이다. 예를 들어 상동효과, 현혹효과, 초기 및 대비효과, 그리고 관대화 및 엄격화 오류 등이다.

이와 같은 면접의 오류를 최소화하기 위해서는 몇 가지 방법이 존재한다(Feldman, 1988).

첫째, 구조적인 면접을 활용하는 것이다. 면접유형은 조직의 면접방침과 지원자의 수에 따라 달라지겠지만, 일반적으로 잘 짜여진 구조적 면접을 통해 조직은 지원자에 알고자 하는 정보를 효과적으로 획득할 수 있다.

둘째, 직무기술서를 활용하는 방법이다. 면접관에게 직무기술서를 제공하면 해당 직무수행에 필요한 지원자가 누구인지를 알 수 있으며, 지원자의 특성을 통해 직무수행이 얼마나 성공적으로 수행될 수 있는지를 판단할 수 있다.

표 9-2 면접의 오류

1. 면접관의 과도한 말은 지원자로부터 획득 가능한 직무관련 정보를 제한할 수 있다.
2. 각 지원자에 대한 상이한 질문은 지원자별로 상이한 정보를 얻는 것으로 지원자별 비교가 불가능하다.
3. 지원자 평가에 대한 면접관의 자만은 성급한 지원자 평가를 초래할 수 있다.
4. 면접관의 개인적인 호감에 의해 지원자가 과대 혹은 과소 평가될 수 있다.
5. 지원자의 비언어적 행동에 의해 지원자가 평가될 수 있다.
6. 지원자가 많을 경우 면접관은 일반적인 성과평가오류인 관대화(지원자 모두에게 점수를 후하게 주는 경우), 중심화(평균점수를 주는 경우), 엄격화(점수를 매우 낮게 주는 경우) 등을 범할 수 있다.
7. 현혹효과로 지원자의 특정한 장점 혹은 단점이 전체 평가에 영향을 줄 수 있다.
8. 유사성 효과로 지원자가 면접관과 비슷한 취향을 가지고 있는 경우 높은 점수를 줄 수 있다.
9. 초기 인상효과로 몇 분간의 지원자 인상에 의해서 평가될 수 있다.
10. 대비효과로 현재 지원자가 그다지 뛰어나지 않음에도 불구하고, 이전 지원자가 매우 낮게 평가가 되었다면 현재 지원자가 상대적으로 높게 평가된다.

출처: Gatewood, R. D. & Feild, H. S.(1994), pp. 532~533.

셋째, 면접관 훈련을 통해서 해결할 수 있다. 효과적인 면접을 위해서는 세부적인 질문과 지원자의 답변을 경청하는 등 면접에 대한 특별한 기술을 제공함으로써 면접의 오류를 줄일 수 있다.

넷째, 다중면접을 하는 것이다. 다중면접(multiple interview)은 한 명의 면접관에 의해서 지원자를 면접하는 것이 아니라, 다수의 면접관이 지원자를 평가하여 면접관 개인의 면접오류를 최소화 할 수 있다.

다섯째, 다양한 선발도구를 활용하는 것이다. 면접이 지원자 선발의 유일한 도구가 되어서는 안 된다. 면접은 다른 선발도구에서 획득하지 못한 지원자 정보, 예를 들어 지원자의 강점과 약점을 알 수 있게 하는 보완적인 역할을 한다. 면접 그 자체로만 지원자를 선발할 경우, 훌륭한 지원자들이 저평가되는 함정에 빠질 수 있다.

■ 추천서 및 이력서 조회

추천서 및 이력서 조회는 지원자가 제출한 이력서와 추천서를 재확인하여 사실여부를 판단하는 것이다. 이력서 조회는 학력, 과거 직장경험, 자격증 유무 등 자원자가 기재한 항목들의 사실 여부를 검토하는 것이다. 추천서 평가는 지원자가 제출한 추천서의 내용 평가뿐만 아니라 추천인의 신뢰성 여부를 확인하는 것이다. 공직자의 경우 '평판 조사'로 일종의 재확인 절차의 사례이다.

■ 신체검사

선발과정의 마지막인 신체검사는 지원자의 건강과 신체 특성을 파악하는 것이다. 보통 선발결정이 이루어진 후에 시행되는 경우가 많지만, 특수한 직무를 수행해야 하는 지원자의 경우는 선발 결정 이전에 실시되기도 한다.

9.4 교육훈련과 경력관리

모집과 선발과정을 거쳐 인력을 확보하게 되면 이들의 능력을 향상시켜 그들이 맡은 직무를 보다 효율적으로 수행할 수 있도록 적절한 교육훈련과 경력관리를 통하여 조직과 개인의 역량을 강화시켜야 한다.

1. 교육훈련

교육훈련은 급격하게 변화하는 경영환경에 적응하기 위하여 인적자원의 능력이나 직무관련 기술 수준을 지속적으로 향상시키고 개발하는 과정을 말한다. 이는 종업원이 갖고 있는 현재의 실제적인 능력뿐만 아니라 잠재적인 능력의 개발을 포함한다.

이러한 교육훈련은 크게 직무가 수행되는 현장에서 실시하는 OJT와 직무가 수행되는 현장 밖에서 실시하는 Off-JT, 그리고 양자를 혼합한 도제 훈련, 실험장 교육으로 나누어 볼 수 있다. 또한 경영자를 육성하기 위해 이루어지는 경영자 개발을 구분하여 살펴볼 수 있다.

1) OJT(On-the-Job Training)

OJT는 직무현장에서 피훈련자인 종업원이 동료나 상사들이 수행하는 업무의 내용, 업무절차, 그리고 업무결과 등을 직접적인 관찰과 실습을 통해 학습하는 일종의 경험학습을 통한 훈련이다. 대표적인 방법으로 상급자나 숙련된 동료가 기술적인 조언을 해줌으로써 기술 수준을 향상시키는 코치방법(coaching)이 있다.

2) Off-JT(Off-the-Job Training)

Off-JT는 피훈련자의 직무가 수행되는 작업현장을 벗어나 실시하는 훈련방법으로 실제 직무를 수행하기 전에 알아야 될 최소한의 KSA를 배양하는 데 중점을 둔다. 이에 대한 방법으로 강의실교육, 화상교육, 실습장 훈련, 시뮬레이션과 가상현실 훈련, 컴퓨터 기반 훈련 등이 있다. 이와 같은 방법 중 가장 널리 사용하는 것이 강의실 교육이었지만 점차 인터넷을 기반으로 하는 교육훈련이 증가하는 추세이다.

3) 도제훈련

도제훈련은 작업장이나 일정한 교육장소에서 상사와 피훈련자 간 일대일로 훈련하는 방법이다. 직장 밖에서 받는 교육에 비해 자신의 직속상사에게 직접적으로 개인 훈련을 받는 경향이 높다. 종합병원에서 인턴이 직무가 수행되는 병원 내에서 자신의 개인 교수 혹은 지도 의사와 더불어 치료하는 직

표 9-3 OJT와 Off-JT 간의 비교

OJT	Off-JT
• 직장 내 훈련 • 외부강사나 전문가에 의한 훈련 • 예: 코칭	• 파견교육훈련 • 외부교육기관 훈련 • 예: 강의실 교육, 실습장 훈련, 화상교육, 컴퓨터 기반 훈련

무를 수행하면서 학습하는 경우가 이에 속한다.

4) 실습장 훈련(vestibule training)

피훈련자들을 일정한 기간과 장소에서 실제 직무환경에서 사용되는 직무수행 방법들을 통해 교육 훈련시키는 것이다. OJT를 통해 실행하게 되면 고객들에게 불편을 줄 수 있는 상황인 경우, 모의상황을 만들어 훈련하는 방법이 실습장 훈련이다. 호텔과 같이 서비스를 최우선으로 하는 조직에서 일정기간 예절교육업체를 통해 교육받는 경우와 기술훈련소를 통해 생산라인의 직무를 습득시키는 경우가 이에 해당된다.

실습장 훈련은 실제 직무와 동일한 경험을 교육과정 중에 실시하기 때문에 교육과정이 끝나면 곧바로 현장에 투입될 수 있는 장점이 있다. 그러나 실습장 교육을 필요로 하는 직무들은 특별한 직무기술을 요구하는 경우가 많기 때문에 훈련비용이 다소 높다는 단점이 있다.

5) 경영자 개발

경영자 개발은 현직 경영자나 앞으로 경영자가 될 사람들에게 필요한 KSA를 배양시키고 혁신적이고 창의적인 기업가 정신을 연마시키기 위한 체계적인 개발과정을 말한다. 경영자 개발 방법은 경영자 개발을 위한 후보자 선발도구로서 평가센터법이 있으며, OJT는 직무순환, 수평이동, 중견이사회 등을, 행동학습훈련인 Off-JT로는 비즈니스게임, 경영사례분석, 행위모델링, 인바스켓 훈련, 최고경영자 프로그램, 전문가 협회의 참가 등을 들 수 있다.

평가센터법(assessment center)은 원래 조직 내에서 개인이나 집단에 대한 평가를 시행하는 장소, 즉 평가센터를 지칭하는 데서 유래되었으며, 새로운 경영자로서의 자질을 평가하는 목적으로 다양한 활동들을 통해 직무 관련 강점과 약점을 파악하는 것이다. 평가센터에 사용되는 활동들을 살펴보면 다음과 같다(표 9-4 참조).

표 9-4 평가센터법의 장점과 단점

평가센터법의 특징	
• 평가 기간: 일반적으로 1~3일 정도 실시 • 평가 항목: 리더십, 의사소통 기술, 경영자로서의 야망과 자질, 계획수립 능력과 의사결정의 민첩성 등 • 평가 방법: 구조적 면접, 인바스켓 훈련, 리더가 없는 집단에서 토론, 경영사례분석, 역할플레이, 구두 발표, 컴퓨터를 통한 비즈니스 게임 등을 혼합하여 사용	
장점	**단점**
1. 직접 관찰, 실험, 면접 등을 통한 객관적인 자질 평가 2. 평가 결과의 세부적 피드백을 활용하여 개선방향을 유도	1. 전문적 평가자 초빙, 기법개발 등 많은 비용과 시간을 요함 2. 직속상사에 의한 후보자 추천으로 인한 후보자 선발의 오류가 존재

직무 순환과 수평이동은 조직의 과업 흐름에 의해 설정된 직무들을 일정 기간 동안 순환을 하면서 다양한 직무를 배우는 것이다.

중견이사회는 부서별 과업을 직접적인 경험을 통해 얻게 하는 직무순환 방법과는 달리 각 팀이나 부서장들을 조직의 일정한 장소와 시기에 소집하여 조직의 의사결정을 하는 상황에서 의사결정 사안을 검토하고 권고하게 하는 것이다.

행동학습훈련은 중견이사회와 같이 팀장이나 부서장의 정기적인 모임을 통해 부서 간 조정 문제를 다룬다는 점에서 같으나 다른 부서의 문제를 분석하고 해결한다는 점에서 다른 것이다.

비즈니스 게임은 소수의 멤버로 구성된 각 팀 혹은 개인이 가상조직을 만들어 컴퓨터를 통해 서로 경쟁하는 게임이다.

경영사례분석은 일정한 사례를 피훈련자에게 제시하여 실제와 유사한 상황에서 의사결정하도록 하는 것으로 분석력과 판단력 향상이 주 목적이다.

행위모델링은 비디오를 통해 대인관계의 기본 에티켓과 매너를 피훈련자에게 보여주고 상대와의 역할연기를 통해 의사소통에 대한 생각과 행동을 교환하는 것으로 대인관계 기술을 배양하는 데 효과적인 방법이다.

인바스켓 훈련은 피훈련자에게 직무에 관련된 보고서나 전화 메시지들을 건네주고 제시된 사안을 제한된 시간 내에 가장 먼저 처리되어야 할 것을 결정하게 하고 결정과정에 대해 토론하는 것으로 경영자의 분석적 문제해결능력을 배양하기 위한 것이다.

최고경영자프로그램은 대학과 연계하여 과학적인 경영기법을 습득하는 것이며, 전문가협회의 참가는 전문학술단체나 전문가 모임에 참가하여 새로운 경영기법과 기술을 습득하는 것이다.

2. 경력관리

경력관리(career management)는 기업의 요구와 개인의 욕구가 일치될 수 있도록 각 개인의 직업경력을 장기적으로 개발하는 활동을 말한다. 이러한 경력개발은 개인의 욕구를 적절히 충족시킬 기회를 제공하여 그들이 스스로 경영활동에 적극 참가하여 기업의 발전과 개인의 발전을 동시에 달성할 수 있도록 하는 것이다.

경력관리는 개인의 욕구를 충족시키는 것에서 출발하지만 이를 기업 목표 달성으로 연계시킬 수 있어야 한다. 이러한 측면에서 조직은 경력개발 프로그램(CDP: career development program / planning)을 통해 개인의 경력계획과 조직의 경력개발의 실천과정을 상호 일치시켜 경력 발전을 극대화시킬 수 있다(그림 9-5 참조).

1) 경력개발프로그램(CDP)

경력개발프로그램은 체계적인 경력관리를 통해 조직의 조직전략과 종업원 경력 욕구의 방향성, 즉 개인과 조직의 경력개발의 전략적 방향성을 일치시켜 효과적인 종업원 경력 발전을 통해 조직 목표 달성을 용이하게 하는 시스템이다. 경력개발프로그램은 [그림 9-6]과 같이 평가단계, 방향설정단계, 개발단계로 구분할 수 있다.

(1) 평가단계

평가단계는 개인과 조직의 경력 개발 욕구를 일치시키는 단계이다. 개인 측면에서는 개인이 원하고 적성에 맞는 경력이 무엇인가를 스스로 평가하는 것이며, 조직 측면에서는 평가센터법, 성과평가, 승진가능예측법, 승계계획법 등을 통해 조직에 적합한 개인 경력이 무엇인가를 파악하는 것이다. 특히, 개인이 원하는 경력방향과 조직이 원하는 경력경로가 일치할 때 경력개발의 효과는 극대화된다.

그림 9-5 경력관리모델

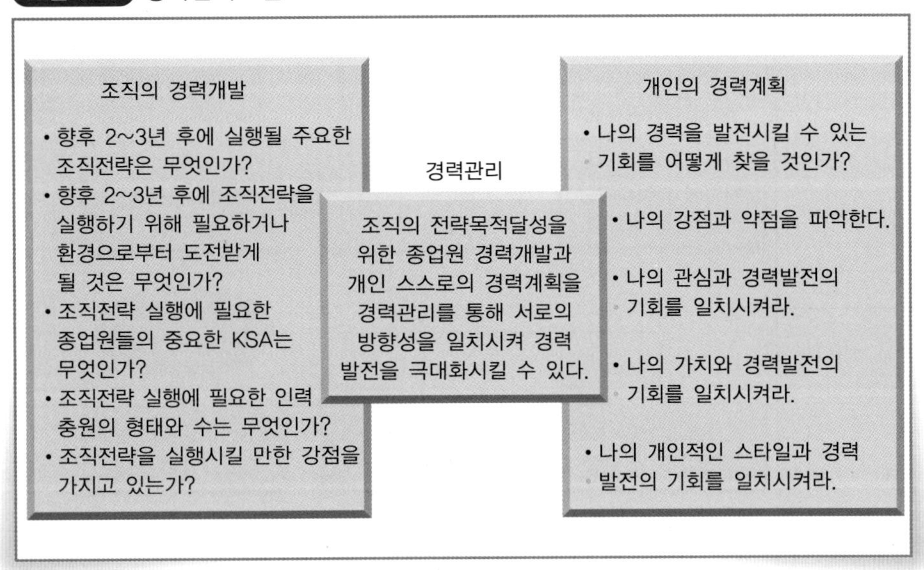

출처: Gomez-Mejia et al.(1998), p. 270 수정인용.

(2) 방향설정단계

방향설정단계는 개인과 조직의 경력개발 욕구를 고려하여 경력개발의 목표와 방향을 설정하는 단계이다. 이 단계에서 조직은 직속상관 또는 외부 전문가에 의한 개인의 경력상담이나 직무 공고제도, 업무기술 목록서, 경력정보센터, 경력 박람회 등과 같은 경력관련 정보제공 등을 통하여 구체화할 수 있다.

(3) 개발단계

경력개발 방향의 설정 이후 개인과 조직이 경력개발을 위한 노력을 하는 단계이다. 경력개발의 실행은 직속상사나 멘토의 코치에 의해 실행되거나 직무순환, 특정 훈련 개발을 통해서 이루어진다.

2) 경력개발과 관련된 이슈

다음은 경력개발과 관련된 특별 이슈와 용어들을 경력정체, 자기 경력 개발, 이중경력커플, 다중경력, 유리천장으로 살펴본다.

(1) 경력정체

경력정체(career plateaus)란 개인의 직위이동과 같은 승진이 멈추거나 더 이상의 책임이 증가되지 않는 것을 말한다. 이는 조직의 성장 정체일 경우에

그림 9-6 경력관리모델

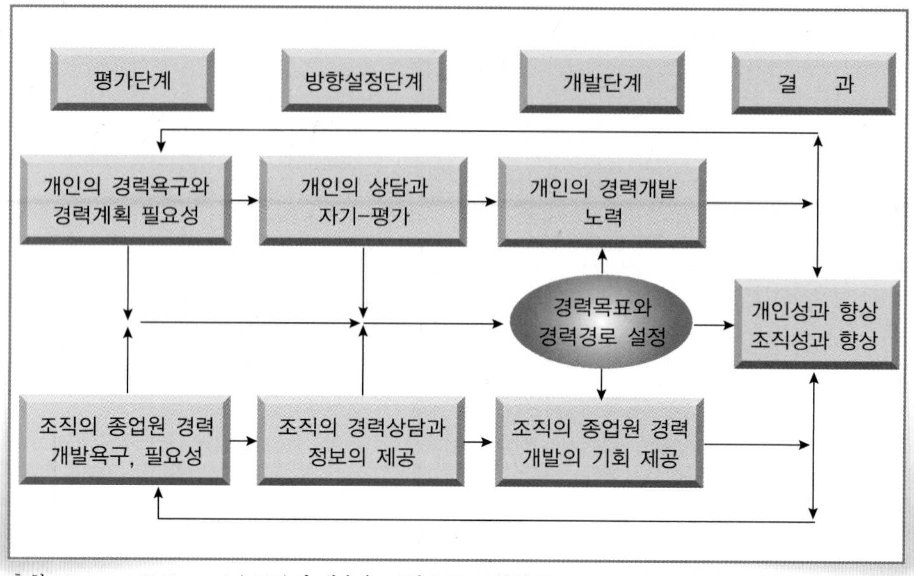

출처: Gomez-Mejia et al.(1998)의 내용을 그림으로 도식화함.

나타나며, 개인에게는 보통 경력 중후기의 성취의욕의 감퇴로 나타나게 된다. 이를 극복하기 위한 다양한 정체극복 프로그램이 제공될 수 있다.

(2) 자기 경력 개발

최근 노동시장의 고용유연화(flexible employment)의 영향으로 평생직장의 개념이 사라지면서 점차 스스로 자신의 경력 관리를 위해 노력해야 할 필요성이 증가되고 있다. 지속적인 능력 개발로 노동시장에서 자신의 시장성(marketability)을 높일 필요가 있다.

(3) 이중경력커플

이중경력커플(career couple)은 흔히 맞벌이 부부를 일컫는 것으로 부부가 직업을 갖는 것을 말한다. 이는 직장과 가정을 양립하는 경력을 갖는 것을 의미한다. 이러한 이중경력커플은 점차 증가되는 추세이며, 이는 직장과 가정의 조화의 필요성이 점차 증가되고 있다는 것을 의미한다.

(4) 다중경력

다중경력(multiple career)은 동일한 사람이 하나의 경력을 갖는 것이 아니라 유사하거나 혹은 상이한 경력을 갖는 것을 말한다. 이는 경력경로에서의 직위이동뿐만 아니라, 또 다른 직무에 대한 경험을 통해 새로운 경력 경로를 개척할 수 있다. 고용 유연화된 노동시장에서 등장할 수 있는 새로운 고용 형태이다.

(5) 유리천장

유리천장(glass ceiling)이란 소수민족과 여성과 같은 사회 내 비주류 세력이 조직에서 고위직으로 승진하지 못하는 현상 전반을 일컫는 말이다. 이는 여성과 소수계층이 고위직으로 진급하는 것을 방해하는 보이지 않는 벽, 천장이라는 의미를 갖고 있다.

경영학 FOCUS **유리천장 극복사례: 치프(Chief) 사**

'유리천장(Glass-Ceiling)'이라는 개념은 미국 경제 일간지 월스트리트저널(WSJ)이 1986년 기고문에서 사용되면서 사회적으로 널리 알려졌다. 사회에 진출한 여성 또는 소수인종(minority)들이 일정 직급에 오른 이후부터는 성 차별 등으로 인한 유리천장에 막혀 더 이상 고위직으로 올라가지 못하는 상황을 비유적으로 일컫는 용어다. 이후 유리천장은 여성들에 대한 차별을 지칭하는 대표 단어로 자리잡았다. 한국도 여기서 자유롭지 않다. 영국 시사주간지 이코노미스트가 발표한 '유리천장지수(Glass-Ceiling Index)'에서 한국은 경제협력개발기구(OECD) 국가 중 꼴찌다. 2024년 3월, 한국은 조사 대상 29개국 중 29위를 기록하며, 12년 연속 최하위를 기록했다. 한국의 성별임금격차는 31.1%로 OECD 회원국 중 1위를 기록했고, 2023년, OECD 상장기업 이사회 중 여성 비율은 32.5%로 증가했지만, 한국은 6.8%로 증가하는 데 그쳤다. 유리천장지수는 각국의 여성 경제 참여 수준을 측정하는 지표로, 100점에 가까울수록 여성의 경제 참여가 높은 수준을 의미한다. 10개 지표(고등교육, 노동력 참여, 성별 임금 격차, 여성이 치른 GMAT 시험, 관리직 여성, 회사 이사회 여성, 순 육아 비용, 모성 유급 휴가, 부성 유급 휴가, 의회에 참여하는 여성)로 구성된다. 1위는 아이슬란드이고. 스웨덴, 노르웨이, 핀란드가 그 뒤를 이었고, 스위스(26위), 일본(27위), 튀르키예(28위)는 한국과 함께 수년째 최하위권이다

22위인 미국은 국가가 해결하지 못하는 유리천장 문제를 여성들이 직접 해결하기 위해 뭉쳤다. 여성 기업인 네트워킹 플랫폼 '치프(Chief)'가 대표적이다. 블룸버그에 따르면 2019년 설립된 치프는 현재 2만여명의 회원들을 두고 있다. 창업 3년 만인 2022년 3월 유니콘(기업 가치 10억 달러 이상인 스타트업) 기업으로 거듭났다. 치프의 기업 가치는 11억달러(약 1조4000억원)로, 가입을 기다리는 여성들 수만 6만여명에 달한다. 치프는 뉴욕 맨해튼의 한 클럽하우스에서 처음 시작됐다. 오픈 초기 가입 대기 명단이 1,000명을 훌쩍 넘어서며 큰 관심

을 받았다. 이 같은 성장을 발판 삼은 치프는 다른 도시들로의 확장을 시작했다. 코로나 시기에 각 도시에 봉쇄 조치가 내려지고 사람 간 만남이 금지되면서 다수의 사업장들이 문을 닫았지만, 치프는 발 빠른 디지털 전환 전략으로 회의와 세미나를 온라인으로 진행하는 등 조기 대응에 성공하였다.

치프의 주요 설립 목적 중 하나는 사회 진출 이후 고위직에 진입한 여성들을 회원으로 받아 이들을 위한 교류의 장을 만드는 것이다. 회원들의 정기적인 만남을 주선해 각자가 사회에서 배운 지식을 나누고, 이를 통해 더 많은 여성들의 고위직 진출을 도모하는 것을 목표로 했다. 각 회원들은 비슷한 직급 및 분야로 묶여 서로의 사회생활 경험을 공유하고, 더 높은 직급으로 승진한 회원은 비슷한 직급의 회원들이 속해 있는 상위권 그룹으로 이동하게 된다.

치프 공동창업자인 캐럴라인 차일더스와 린지 캐플런은 "형식적인 멘토링에 그치지 않고 모임을 통해 서로를 위한 실질적인 도움과 조언의 기회를 제공하는 것이 목적"이라고 말한다. 유리천장에 대한 인식 제고와 법적 조치에도 불구하고 유리천장은 많은 직장에서 일어나고 있다. 이 문제를 해결하려면 조직, 정책 입안자, 사회 전체의 지속적인 노력이 필요하다.

자료: 매일경제, 위키피디아, 중앙일보, 이코노미스트.

9.5 성과평가

성과평가(performance appraisal)는 종업원 혹은 집단이 수행한 업무 수행결과를 객관적으로 파악하여 차후 KSA를 보완, 개선을 도모하는 인사활동을 의미한다. 즉, 종업원에 대한 기대치와 비교해서 그들의 업적을 측정, 평가하고 이를 다시 구성원들에게 피드백시킴으로써 종업원이나 집단이 수행한 결과가 조직에 어떻게 기여하였는지를 인지시키는 과정을 의미한다. 성과평가의 목적은 종업원들의 성과향상을 위한 방향을 제시하여 조직 전략을 효율적으로 달성하기 위한 전략적 목적과 임금, 승진, 해고, 직무배치 등의 관리적 목적, 그리고 종업원 스스로가 필요한 직무능력이 무엇인지를 파악할 수 있는 개발의 목적으로 설명될 수 있다.

또한 성과평가의 기법은 상대평가, 특성평가, 행동평가, 결과

평가로 나누어 살펴볼 수 있다(그림 9-7 참조).

상대평가는 대인 간 비교를 통해 직무수행자를 평가하는 방법으로 종업원들 간 성과를 직접 또는 의도적으로 비교 · 평가하는 방법이다. 구체적인 방법으로는 종업원들의 근무성적이나 업무 성과를 비교하여 순위를 정하는 서열법, 종업원을 두 명씩 쌍을 지어 기준 점수로 서로를 비교하는 쌍대비교법, 피평가자를 일정비율로 구분하여 평가하는 강제할당법, 특정인물을 중심으로 종업원들의 업무 성과를 그와 비교해서 평가하는 표준인물법 등이 있다.

특성평가는 개인의 특성을 평가하는 것을 말한다. 구체적인 특성평가 방법으로는 평가자가 피평가자를 측정하기 위한 특성항목에 적당한 점수를 부여해서 평가한 후 평가된 점수를 선으로 이어서 개인의 특성을 시각적으로 파악하는 도표척도법이 있다.

행동평가는 피평가자의 구체적인 행동에 초점을 두고 평가하는 방법이다. 구체적인 평가기법은 중요사건 기록법과 자유기술법과 같은 정성적인 방법과 체크리스트, 행동기준고과법, 행동관찰법 등과 같은 계량적인 방법으로 나누어 볼 수 있다.

정성적인 방법인 중요 사건 기록법은 개인에게 일어난 주요한 사건을 기록하여 평가하는 방법이며, 자유기술법은 평가자가 정해진 평가항목에 따라 피평가자로부터 받은 인상, 피평가자의 직무행동, 직무 성과 등을 자유롭게 기술하는 방법이다.

계량적인 방법인 체크리스트법은 대조법이라고도 하며 평가자가 평가의 직무태도, 잠재적 능력, 그리고 업무 성과와 관련된 표준 행동을 기술한 일련의 항목을 체크하는 방법이다. 행동기준고과법은 중요사건기록법과 특성평가인 도표척도법을 결합한 것이며, 행동관찰법은 관리자들이 양식에 기재된 부하직원들의 다양한 행동들이 얼마나 자주 발생했는지를 기록하고 평가하는 방법이다.

결과평가는 성과목표의 달성정도를 알 수 있는 성과결과에 근거한 평가로 직무나 집단에서 실제 수행한 작업 결과를 토대로 평가하는 방법이다. 구체적인 평가방법으로 종업원과 상사가 같이 목표를 설정, 실행, 평가하는 목표 지향적 성과평가인 목표관리가 있으며 생산성을 객관적으로 평가하여 종업원 생산성을 향상시키는 목적인 생산성 평가시스템이 있다.

이와 같은 성과평가의 방법들은 각각의 장점과 단점을 갖고 있다. 따라서 경영자는 서로의 문제점을 보완하고 절충해서 사용할 수 있어야 한다.

그림 9-7 성과평 기법들

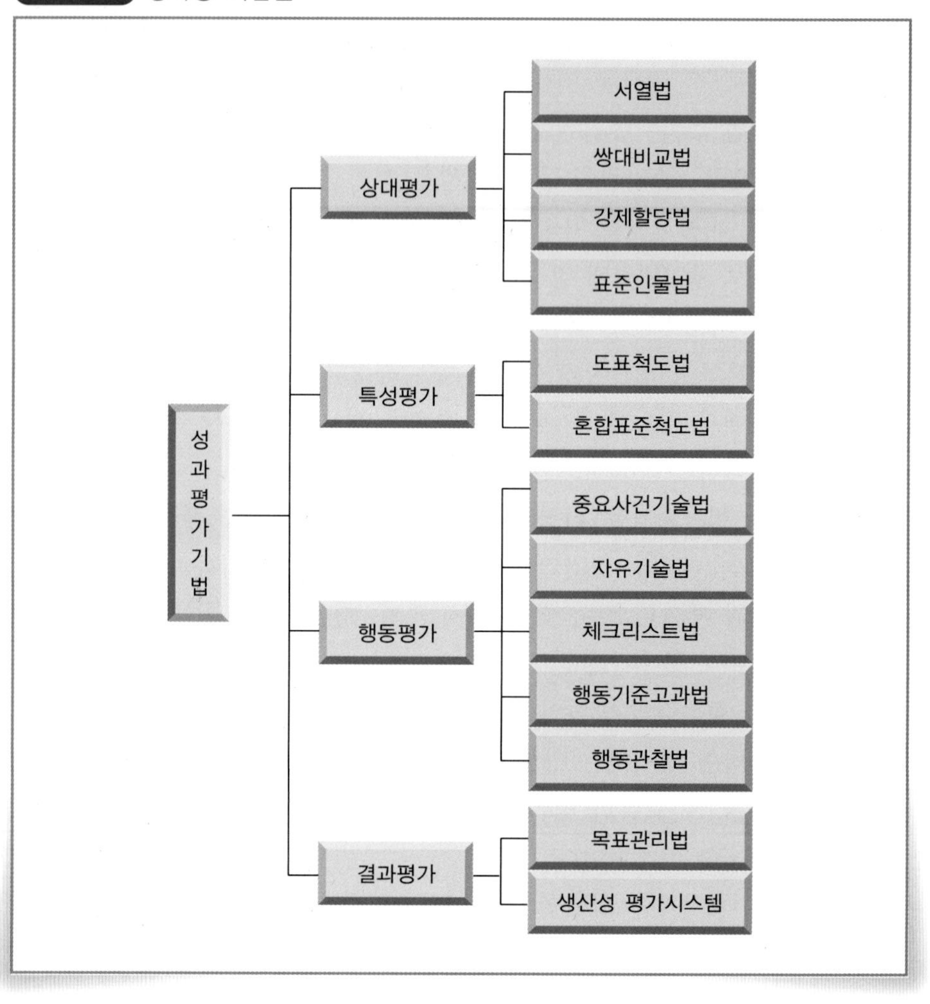

9.6 보 상

성과를 평가한 후에는 종업원들에게 기업에 공헌한 대가에 대한 보상을 제공하여야 한다. 특히 종업들에게 주어지는 보상은 생계비나 욕구 충족 등과 같은 생활수준을 유지하는 수단이 될 뿐만 아니라 동기부여의 수단이 될 수 있어야 한다. 보상은 임금과 복리후생으로 나누어서 살펴볼 수 있다.

1. 임 금

임금은 종업원이 조직에 노동력을 제공하고 이에 대한 대가로 수령하는 금전적 또는 비금전적 금품을 일컫는 것으로 임금의 결정은 조직 외부적 요소와 조직 내부적 요소에 의하여 영향을 받는다. 조직 외부적 요소는 정부의 임금 통제, 노동조합의 요구, 경제적 상황, 조직 간 경쟁정도, 외부 노동시장 상황, 산업 내 임금 수준이며, 조직 내부적 요소는 기업의 지급능력, 경영층 태도, 직무와 종업원의 상대적 가치 등이다. 임금의 구조를 살펴보면 크게 기본임금과 상여금으로 구성된다(그림 9-8 참조).

1) 임금 유형

임금구조와 관련하여 조직에서 사용할 수 있는 임금유형은 연공급, 직무급, 직능급, 성과급으로 나누어 살펴볼 수 있다.

연공급(seniority-based pay)은 임금을 근속연구에 비례해서 지급하는 것으로 근무연수가 증가할수록 임금 또한 정비례해서 증가되는 시간적 공정성에 입각한 논리이다. 개인의 근속연수에 따라 개인의 업적인 성과를 동일하

그림 9-8 임금구조

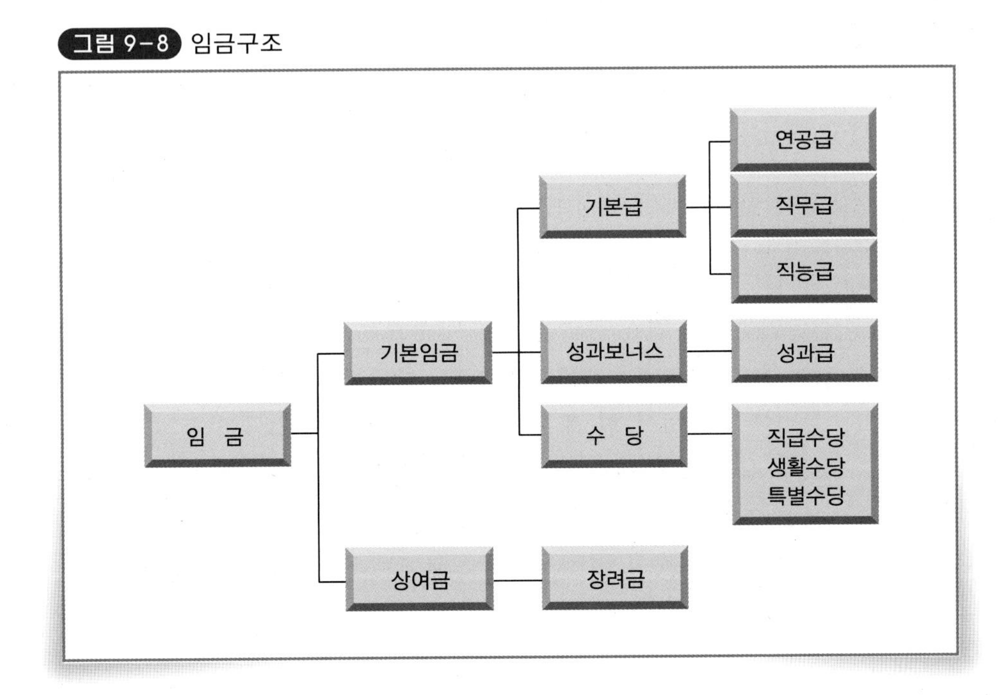

게 보고 승진과 임금이 결정된다.

직무급(job-based pay)은 직무의 중요성과 난이도, 위험조건 등을 감안하여 직무의 상대적인 가치를 평가하여 임금을 지급하는 형태로 직무와 관련된 임금수준과 개인별 요소를 고려해서 결정하는 임금체계이다.

직능급(skill-based pay)은 직무를 수행하는 사람의 능력에 따라 차별적으로 임금을 지급하는 방법이다. 모든 종업원은 동일한 임금 수준에서 출발하고, 자신이 습득한 업무 기술과 지식, 그리고 능력이 증가함에 따라 임금이 상승하는 것이다.

성과급(performance-based pay)은 종업원이 달성한 업무성과를 기초로 임금 수준을 결정하는 방식으로 개인 성과급, 집단 성과급, 조직 성과급으로 구분될 수 있다.

개인 성과급은 개인의 업무 성과를 기초로 금전적 · 비금전적 보상을 제공하는 것으로 그 형태는 업적급, 보너스, 상, 성과비율제 등을 통해 보상된다. 집단 성과급은 집단 구성원들이 수행한 결과에 대한 동등한 보상을 해주는 것이다. 조직 성과급은 조직이 시장에서 획득한 성과를 기초로 개별 구성원 및 집단에 보상을 제공하는 것이다. 이는 조직성과의 기준을 바탕으로 종업원의 생산성 향상과 품질개선을 강조하는 생산이윤배분제(gainsharing)와 조직이 시장에서 달성한 매출이익에 의한 성과분배제(profitsharing)로 나누어 볼 수 있다.

2) 임금과 관련된 이슈

최근 기업에서 많이 사용되고 있는 연봉제와 최근의 이슈로 대두되고 있는 임금피크제에 대하여 살펴보면 다음과 같다.

(1) 연봉제

연봉제는 연간 봉급을 줄여서 부르는 말로 기본적으로 종업원이 1년간 받을 수 있는 총임금제도를 말한다. 즉, 종업원의 과거 업무 성과와 잠재적인 능력에 기초하여 한 해 동안 받을 수 있는 총임금이다. 따라서 개인별 능력, 업무 실적 및 공헌도 등에 대한 종합적 평가를 통해 연간 임금액이 결정되는 실적 중시형 임금제도이며 기본급, 상여금, 수당 등을 구분하지 않고 기본임금과 성과에 의한 업적급으로 구분하는 통합적인 성격을 띤다.

(2) 임금피크제

임금피크제는 일정한 나이에 도달하면 임금이 점차 줄어들게 하는 제도이다. 연공서열형 임금체계하에서 정년 때 가장 많은 임금을 받던 것을 정년 전 일정시점에 임금수준을 최고조로 하고 정년이 다가오면서 임금이 줄어드는 체계이다. 임금피크제는 일정 연령 이후 업무능력이 떨어지는 장기근속 직원에게 임금을 줄여서라도 고용을 유지하는 능력급제의 일종으로 일본과 미국, 유럽의 일부 국가에서는 공무원과 일반기업 직원에게 선택적으로 적용하고 있으며, 현재 우리나라에서는 연구소, 은행 등 여러 공공기관에서 정착되고 있다.

2. 복리후생

복리후생(fringe benefit)이란 조직이 종업원이나 그 가족들에게 제공하는 집단 멤버십 형태의 간접적인 보상의 집합으로 임금과 같은 직접적이고 금전적인 보상이 아니라 종업원과 그 가족들에게까지 혜택이 제공되는 간접적인 보상방법이다. 이러한 복리후생은 초기 가부장적 온정주의에서 시작되어 사회보장으로 확산되면서 합법성과 조직의 자발적인 행동을 동시에 포함하는 특성을 갖게 되었다.

1) 복리후생의 유형

복리후생의 유형은 법적인 구속력에 따라 법정 복리후생과 법정 외 복리후생인 자발적인 복리후생으로 구별할 수 있다(그림 9-9 참조).

(1) 법정복리후생

법정복리후생은 사회보장 차원에서 근로기준법에 명시되어 있는 것이다. 법정복리후생의 범위와 종류는 국가의 사회정책에 따라 상이할 수 있지만, 근본목적은 종업원의 사회·문화적 생활수준의 보장과 질적 향상을 추구하는 데 있다. 우리나라에서는 사회보험으로 직장의료보험, 산업재해보상보험, 고용보험, 퇴직금 제도, 유급휴가제도가 이에 속한다.

(2) 자발적 복리후생

자발적 복리후생은 법적인 구속력이 없이 조직에서 종업원의 근로의식 고취를 위해 간접적인 경제 급여 형태로 제공하는 것이다. 조직에 따라 자발

그림 9-9 복리후생의 유형

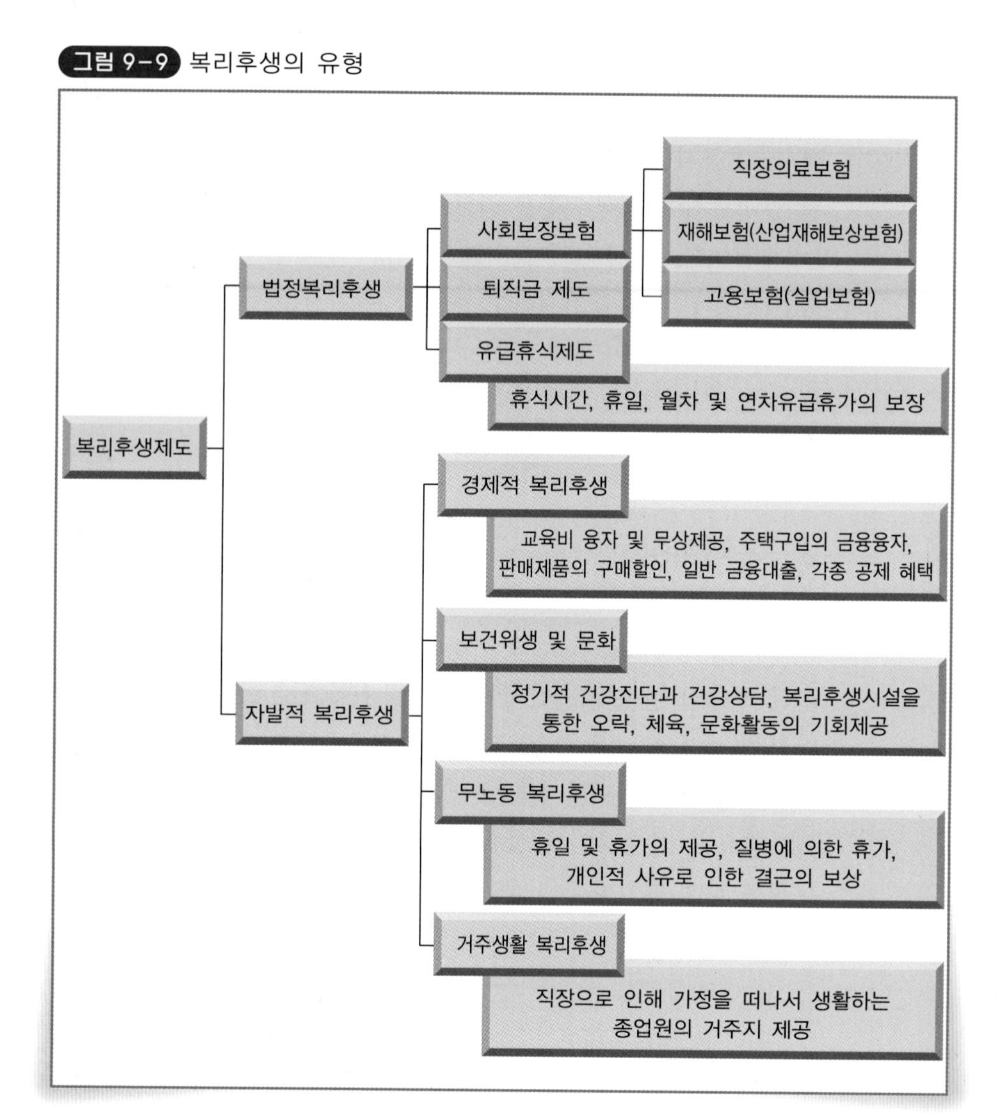

적 복리후생의 종류 및 규모가 다르기 때문에 자발적 복리후생의 다양성 여부가 임금과 더불어, 개인이 조직을 선택하는 주요한 요인이 된다. 자발적 복리후생은 크게 경제적 복리후생, 보건위생과 문화, 무노동 복리후생, 거주 생활 복리후생 등이 있다. 경제적 복리후생은 조직이 종업원에게 경제적 보조를 해주는 것이며, 보건 위생 및 문화는 종업원의 건강진단이나 상담을 무료로 해주며, 각종 편의시설을 할인 및 무료로 이용할 수 있게 보장하는 것이다. 무노동 복리후생은 노동에 대한 금전적 보상을 휴가와 같은 무노동 보상으로 환원시키는 것이며, 마지막으로 거주 생활 복리후생은 가정을 떠나서 조직생활을 하는 종업원들을 위해 일정한 거주지를 마련해 주는 것이다.

이와 같은 복리후생은 보상수준과 조직목표와의 부합성, 조직 특성과 실행 비용 등을 고려하여 유연하게 실시되어야 하며, 다양한 복리후생전략을 혼합하여 사용하는 것이 그 실행의 효과를 극대화한다는 것을 유념해야 한다.

2) 복리후생 전략

종업원과 조직의 일체감을 높여 조직의 효율성을 높이고자 하는 최근의 복리후생 전략들을 살펴보면 다음과 같다.

(1) 카페테리아식 복리후생

카페테리아식 복리후생은 뷔페나 카페테리아식 식당에서 자신이 원하는 음식을 고를 수 있다는 것에 착안하여 유래되었다. 종업원들의 복리후생 욕구를 최대한 충족시킬 수 있도록 다양한 선택 옵션을 제공하고 종업원 스스로가 선택할 수 있게 하는 것이다.

(2) 건강 복리후생

웰빙(well-being)족이라는 새로운 집단이 등장하듯이 최근 들어 건강에 대한 관심이 부각되고 있으며, 조직에서도 이러한 점을 감안한 복리후생제도이다. 건강(wellness) 복리후생은 종업원들의 신체 및 정신건강문제를 종합적으로 해결해주는 복리후생제도이다. 이는 종업원들의 개인적인 사생활 문제가 무엇인지를 규명하고 처리하는 종업원 후원 프로그램(employee assistant program)이 있다. 대표적 종업원 후원 프로그램으로는 스트레스 관리 등이 있다.

(3) 홀리스틱 복리후생

홀리스틱(wholistic) 복리후생은 종업원을 전인적 인간으로서, 즉 육체적 · 심리적 · 정신적 측면에서 균형 잡힌 사람을 추구할 수 있도록 지원하는 복리후생이다. 홀리스틱 복리후생의 큰 특징은 조직 · 개인 · 가정의 삼위일체를 통해 삶의 질 향상을 강조하는 것이다. 조직을 하나의 사회 공동체로 간주하고, 종업원과 가족이 함께 공동체의 일원이 될 수 있도록 관리하는 복리후생 방법이다.

(4) 라이프 사이클 복리후생

라이프 사이클 복리후생은 종업원의 연령에 따라 변화하는 생활 패턴과 의식변화를 고려하여 복리후행 프로그램을 달리 제공하는 것을 말한다. 예를 들어 연령대별 주된 관심사로 20대는 학력보강과 자부심을 증진시킬 수 있는 프로그램, 30대는 주택마련, 40대는 사회적 지위와 건강증진, 50대는 은퇴준비 등을 위한 프로그램에 초점을 두는 것이다.

9.7 노사관계

고용관계(employment relationship)는 종업원이 한 기업에 고용되면서부터 이직할 때까지 기업과 고용계약에 따른 다양한 관계를 말한다. 기업과 종업원은 고용관계를 통하여 경제적 · 사회적 교환관계를 갖는다. 그러나 이러한 교환관계는 항상 원만하게 유지되는 것이 아니라 때때로 갈등을 수반하게 된다. 이와 같이 노동자인 종업원과 사용자인 경영자의 관계가 대립적이냐 협조적이냐에 따라 노사관계라는 용어와 고용관계라는 용어를 구분하여 사용한다. 즉, 노사관계는 종업원과 기업 간의 대립적인 관계로 보는 입장으로 이들 간의 갈등이 해결되느냐 해결되지 않느냐는 기업의 경쟁력을 좌우하는 중요한 요인이 되고 있다.

대부분의 기업단위에서의 노사관계의 주체는 종업원들이 결성한 노동조합과 경영자로 이루어진다고 볼 수 있다. 노사관계와 연관되어 노동조합과 단체교섭, 그리고 고충처리제도와 같은 내용들을 살펴보면 다음과 같다.

1. 노동조합

노동조합(labor union)이란 근로생활의 조건을 유지 · 개선하기 위해 조직된 임금근로자들의 단체를 말한다. 노동조합이 존재하는 조직의 인사관리는 근로계약에 명시된 절차와 정책에 따라 구성된다. 즉, 채용장소, 선발방법, 훈련주체, 보상방법 등이 경영자의 일방적인 의사결정이 아니라 근로계약 협상을 통해 이루어진다.

이와 같은 노동조합은 같은 직종이나 같은 직업에 종사하는 노동자가 결성하는 직업별 노동조합(craft union), 직종에 관계없이 같은 산업에 종사하는 노동자가 결성하는 산업별 노동조합(industrial union), 모든 미숙련 노동자나 중소기업 노동자가 결성하는 일반 노동조합(general union) 및 같은 기업에 종사하는 노동자가 결성하는 기업별 노동조합(company union) 등 네 가지 형태로 구분해 볼 수 있다.

2. 단체교섭

단체교섭(collective bargaining)은 경영자와 노동조합 간의 만족스러운 근로계약을 협의하는 과정이다. 이 때 근로계약은 임금과 작업시간은 물론 승진, 휴직, 훈련, 휴가, 휴식시간, 고충처리 절차 등과 같은 고용조건에 대한 동의를 포함하게 된다. 단체 교섭이 제대로 체결되지 않은 경우 노사관계는 분쟁 상태가 되고 양측은 자신의 입장이 유리하도록 실력을 행사하는 쟁의행위를 하게 된다. 쟁의행위는 사용자 행위와 종업원 행위로 구분할 수 있다. 종업원 쟁의행위는 파업이나 태업, 작업방해, 준법투쟁, 보이코트, 피케팅, 직장점거 등이 있으며, 사용자 행위로는 직장폐쇄와 보이코트가 있다. 이러한 쟁의행위의 합법성은 법적인 통제 범위 내에서 가능하기 때문에 경우에 따라 특정 쟁의행위는 위법의 성격을 갖는 것도 있다.

3. 고충처리제도

노사간 단체교섭의 결과를 사후적으로 처리하는 의사소통과정으로 고충처리 제도가 있다. 이는 단체 교섭을 통해 결정된 단체협약의 해석과 적용에 대한 종업원들의 불평과 불만족을 최소화시키고, 단체교섭의 부조화를 해결하는 것을 목적으로 한다. 고충처리제도는 단체협약에 따른 종업원과 기업과의 불만족을 해결하기 위한 것이기 때문에 쌍방의 토의와 협의의 의사소통이 매우 중요하다. 특히 고충처리과정은 종업원들은 기업으로부터 공정성을 지각할 수 있는 기회를 가지게 되므로 단체 협약의 불이행에 따른 부정적인 영향을 예방하는 역할을 한다.

이상과 같이 인사관리활동은 종업원과 관련된 일련의 관리 활동으로 정의될 수 있으며, 구체적인 활동 내용은 인적자원계획, 모집, 선발, 교육훈련과 경력관리, 평가, 보상, 그리고 노사관리로 살펴보았다. 그 이외에도 최근 주목을 받는 인사관리 이슈로는 직업생활의 질(QWL), 국제인사관리, 여성인사관리 등이 있다. 인사관리활동은 경영관리 기능의 일부분으로 인식되어 질 수 있으나 회사의 모든 업무들이 인간에 의하여 이루어진다는 측면에서 다른 기능과는 독특한 측면이 있다. 따라서 조직 내외의 윤리적인 측면과 조직의 전략적인 측면을 감안한 인사관리가 이루어져야 한다.

closing case

변화하는 공무원 선발 제도

기업의 인재 선발제도는 많은 변화를 겪고 있다. 인턴십을 통한 정규직 채용이 확대되고 있으며, 면접관이 지원자의 배경을 알지 못하는 '블라인드 면접'을 시행하고 있는 기업도 발견할 수 있다. 직무적성검사나 구조화된 면접은 보다 엄밀하게 인재를 채용하는 도구로 활용되고 있다. 흔히 '철밥통'으로 불리는 공무원 선발도 변화의 물결에서 자유롭지 않다. 소위 '고시'로 대표되는 공개경쟁채용 시험이 여전히 주류를 이루고 있지만, 고시만으로는 다양한 경력과 자질을 가진 인재를 선발할 수 없기 때문에 새로운 인재 선발제도가 속속 도입되고 있다.

민간경력자 5급 채용

민간경력자 5급 일괄채용시험은 공직 순혈주의를 타파하고 다양한 경력을 가진 인재를 유치하고자 도입됐다. 기존에는 부서별로 채용했으나 2010년 당시 외교통상부 장관 딸의 특채 논란으로 인해 공정성 시비가 일자 안전행정부로 선발 창구를 일원화했다. 박사학위 소지자나 경력 10년 이상인 사람 등 각 분야의 전문가들이 지원하며 필기, 서류, 면접 등을 거쳐 5급 공무원으로 선발된다. 선발된 이후에는 민간 경력을 그대로 인정받으며 인사고과나 승진에 있어서도 '고시' 합격자들과 차별대우를 받지 않는다. 민간의 다양한 현장경험과 전문성을 갖춘 인재를 선발하는 2020년 5급 및 7급 공무원 민간경력자 일괄채용시험에 최종 합격한 216명(5급 58명, 7급 158명)이었다.

ㅣ 민간경력자 채용시험 경쟁률 추이: 5급과 7급 ㅣ

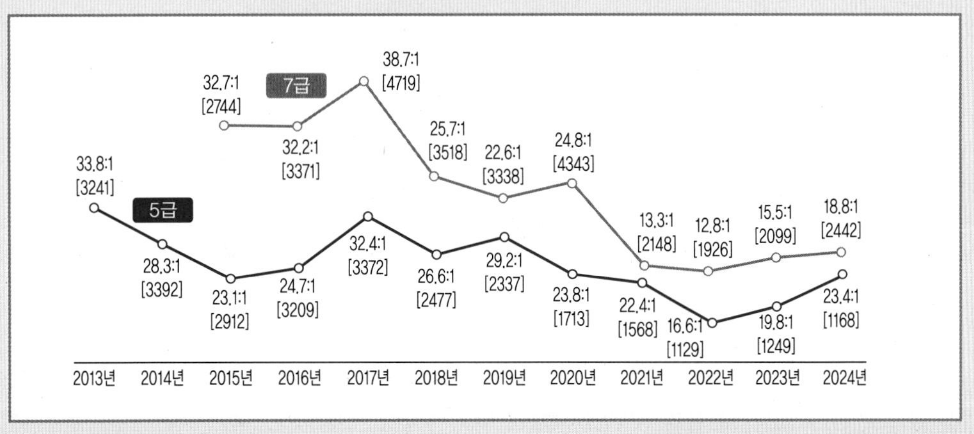

출처: 법률저널, 인사혁신처 참조.

국립외교원

국립외교원의 창립 목적도 민간경력자 채용과 유사하다. 정부는 기존의 외무고시를 통해 선발된 인재들만으로는 필요한 외교 역량을 확보하기 어렵다고 판단했다. 국립외교원은 '선(先)선발 후(後)교육' 시스템에서 탈피 '선(先)교육 후(後)선발' 시스템을 지향한다. 외교관 후보자 정규과정은 총 49주, 3학기 과정이며 정규과정 종합교육성적에 따라 최종 임용자가 결정된다. 2013~2014 외교관 후보자 정규과정에는 총 43명(일반외교 32명, 지역외교 8명, 외교전문 3명)이 입교했으며 평균연령은 26.58세, 성비는 남성 18명(41.9%), 여성 25명(58.1%)이다. 국립외교원의 강의는 칠판식, 주입식 강의를 최소화하고 참여형 수업을 지향하여 외교관 후보자들의 전문성을 양성코자 한다.

여러 분야의 교수들이 '팀 티칭(team teaching)' 방식으로 실제 외교 현장에서 접하게 되는 기능과 지역들에 대한 내용을 가르치며 실제 업무를 모의 수행하는 '액션 러닝' 방식도 활용된다. 이를 위해 '워 룸(war room)'은 물론 경제상황실, 화상회의 시스템 등의 시설도 구축한다는 계획이다. 또한, 미국, 영국, 프랑스 등 선진국의 외교관 양성 노하우도 도입되며, 유엔 등 국제기구와도 협력해 교육훈련 및 연수 프로그램을 강화시켜 나갈 계획이다. 49주간의 교육과정을 거친 후보자들은 종합교육성적에 따라 합격자와 불합격자로 나뉘고 합격자들은 최종적으로 정규외교관으로 임용되고 탈락한 후보들은 타 부처나 민간, 국제기관 등에서 본인들이 습득한 지식을 활용할 수 있는 기회를 얻게 될 것이다.

로스쿨, 달라지는 판사 임용

2009년 법학전문대학원(이하 '로스쿨') 제도가 도입됐다.

로스쿨 제도 도입과 함께 판사 임용 제도도 변화했다. 기존에는 사법시험 합격 후 연수원에서 우수한 성적을 거두면 바로 판사로 임용됐다. 이로 인해 사회 경험이 부족한 30대 초반의 판사들이 단독판사로 혼자 재판을 맡아, 재판 당사자들로부터 신뢰를 얻지 못한다는 지적이 있어왔다. 이에 대한 반응으로 대법원은 로스쿨 제도 도입과 발맞춰 판사도 3년 이상의 법조 경력을 가진 자 중에서 임용하기로 했다. 요구되는 경력 기간은 점차 늘어나 2022년에는 10년 이상의 법조 경력을 가진 자 중에서 판사를 선발할 계획이다. 풍부한 경험을 바탕으로 임용된 판사들이 로스쿨 출신 변호사들이 법조계에 신선한 바람을 몰고 왔던 것과 마찬가지로 판사 사회에 새로운 혁신을 불러일으킬 수 있을지 주목된다.

새로운 공무원 인재채용 정책에 대한 비판도 적지 않다. 전 외교통상부장관 자녀 특혜 의혹에서 보았듯 민간인 특별채용은 부정채용에 대한 의혹에서 자유롭지 못하다. 국립외교원 제도는 기존에 의도했던 석사과정 프로그램에 미치지 못하고 선발인원도 축소되어 외무고시와 크게 차별화되지 못한다는 비판을 받고 있다. 로스쿨 역시 높은 학비로 서민의 법조계 진출에 장해물로 작용하게 될 것이라는 비판과 함께 3년 교육만으로 필요한 실무능력을 갖추기 쉽지 않다는 지적도 받고 있다. 하지만 민(民), 관(官)의 경계가 허물어지는 상황에서 공무원 선발 제도의 변화는 필연적이며 공무원 조직의 경직성 타파와 공공부문 경쟁력의 강화요구와 맞물려 앞으로 민간전문가 출신의 공무원 채용은 더욱 확대될 전망이다. 다만 민간경력자채용 지원자가 계속 줄어들고 특정 분야의 지원자가 없으면서 민간의 우수 인재 선발이라는 취지가 퇴색하는게 아닌가 하는 우려도 있다.

출처: 조선일보, 동아일보, 매일경제, 한국경제, 경향신문, 국립외교원 참조 · 재구성.

제 10 장

통 제

opening case

자라(Zara)의 재고관리

2000년대에 들어 젊은 여성들이 비싸고, 좋은 옷을 하나 장만해 오래 입는 것보다 유행에 맞춰 값싼 옷들을 여러 벌 소비하는 구매 패턴이 확산되었다. 그 결과 고가의 브랜드 의류보다 최신 트렌드를 반영한 상품을 빠르게 공급하는 SPA(Specialty store retailer of Private label Apparel: 자사상표 의류 전문 판매) 브랜드가 빠르게 성장하였다. SPA브랜드는 트렌드가 될만한 아이템을 발굴하면 곧바로 기획 및 디자인에 들어가 생산과 유통까지를 빠르게 진행한다는 특징이 있다. 대표적인 SPA 브랜드로는 자라(Zara), H&M, Forever21, Gap 등이 있다. 이러한 브랜드 중에서도 자라는 눈에 띄는 성장세를 보이고 있다. 2004년부터 2015년 사이의 성장률을 살펴보면, 자라는 매출이 240% 가량 증가하여 180% 증가한 경쟁사 H&M을 크게 웃돌았다. 최근에는 패션업계 내의 경쟁이 치열해지고 소비자들의 눈높이가 높아지면서 패션업계 전체의 경영실적이 악화되고 있는 추세임에도 불구하고 자라는 2017년 1분기 순이익 6억 5,400만 유로를 기록하면서 전년 동기 대비 18% 상승하였다. 이와 같은 자라의 두드러지는 성과의 배경에는 자라가 속한 회사인 인디텍스(Inditex)의 성공적인 물류시스템과 재고 관리 시스템이 있다.

JIT 시스템

JIT시스템은 일본 자동차기업 Toyota에서 개발한 독자적인 생산관리 시스템으로, 철저한 현장주의에 의해 만들어졌다는 특징이 있다. 모든 프로세스에 걸쳐 필요한 때, 필요한 것을, 필요한 만큼만 생산함으로써 생산시간을 단축하고 재고를 최소화하며, 대내외적인 환경변화에 신속하고 유연하게 대응하고자 하는 생산시스템을 의미한다. JIT 시스템은 비용만 발생시키고 부가가치 창출에 기여하지 않는 활동 또는 자원으로서 즉각적으로 제거되어야 하는 7가지 낭비요소 즉 불량의 낭비, 재고의 낭비, 과잉생산의 낭비, 운반의 낭비, 비합리적인 프로세스의 낭비, 동작의 낭비, 대기의 낭비를 최소화하는 기본 목표를 추구한다.

자라가 속한 인디텍스는 이러한 Toyota의 JIT 시스템을 모범적으로 활용하여, 세계 최단의 '디자인으로부터 매장에 전시되기까지의 주기(Design to Retail Cycle)'를 달성한 것으로 나타났다. 다른 의류 브랜드의 해당 주기가 최대 6개월인 것에 비해 인디텍스는 최대 5주, 빠르면 20일 안에 디자인부터 매장 전시까지가 이루어진다. 본사 디자이너들의 트렌드를 반영한 새로운 디자인을 새롭게 만들어내면, 해당 디자인의 의류가 매주 2번 매장에 도착하는데, 이 의류는 몇 주 전에 런웨이에서 선보여진 옷의 디자인이 이미 반영된 결과물이다.

인디텍스는 재고의 낭비와 과잉생산의 낭비를 최소화하기 위해 타 브랜드에 비해 적은 양의 제품을 생산하고, 각 매장당 판매하는 제품의 수량이 많지 않기 때문에 세일 때까지 기다리기보다는 바로 구매하는 소비자의 비율이 높다. 이와 같은 JIT 시스템의 적절한 활용으로 자라를 비롯한 인디텍스 산하 브랜드의 제품은 항상 정가의 80% 이상에 판매되고 과잉 재고로 인해 업자에게 떨이 판매하는 일이 매우 드물다.

자라는 또한 2005년 8월부터 2년간 MIT Jeremie Gallien교수팀과 함께 '노출 및 포화 효과 분석 이론'을 통해 각 매장 데이터를 바탕으로 자체 개발한 알고리즘을 통해 어느 매장에 얼마만큼의 제품을 공급할 것인지 수학적 알고리즘을 통해 결정하게 하였다. 새로운 프로세스가 도입되면서 과거 판매 데이터와 각 매장의 주문량과 사이즈를 참고하여 예측 모델(Forecasting Model)이 수요예측을 하게 되고 이후 물류창고 담당 부서가 아닌 최적화 모델(Optimizing Model)이 매장 내 재고와 물류창고 재고를 파악하여 전체 매출을 극대화하는 방향으로 출하 수량을 결정하는 방식으로 진화하게 되었다. 새로운 프로세스를 도입한 결과 자라는 2007년에서 2008년 사이 2억3,300만~3억5,300만 달러에 달하는 추가 매출을 기록할 수 있었다.

인디텍스의 재고관리에 있어서 또 하나 눈여겨 봐야 할 부분은 모든 벤더와 배타적인 계약을 맺는다는 것이다. 즉, 벤더는 오직 인디텍스의 물량만 처리할 수 있다. 또한 이렇게 계약을 맺은 벤더에게는 자사의 시스템을 잘 활용할 수 있도록 하기 위한 체계적 교육을 실시한다. 그 결과, 인디텍스는 벤더를 효과적으로 관리할 수 있고 제조 공정이 지연되는 일이 줄어들며 지연 리스크 비용도 감소한다. 인디텍스 벤더는 모두 인디텍스의 유통 관리 시스템을 도입하기 때문에 재고부터 제조, 출하, 물류까지를 모두 관리하여 인디텍스가 강조하는 '공급망 추적(Traceability of Supply Chain)'이 이루어진다. 인디텍스가 모든 공정과 물류 과정을 상세히 파악하고 제어할 수 있는 것이다. 인디텍스는 또한 의류의 특성에 맞게 IoT, 머신러닝 등의 기술을 활용하여 물류센터 전 시스템을 자동화했다. 전 세계 매장에서 MD와 코디네이터가 주문한 신규 제품은 인디텍스 산하 브랜드별로 구축된 물류센터에 자동으로 배정된다. 그 결과 유럽 등 물류센터 근처에 있는 매장에는 24시간, 기타 지역에는 48시간 내에 신상품이 도착할 수 있다.

자라의 JIT시스템이 추구하는 목표 중 가장 눈에 띄는 것은 재고의 낭비와 과잉생산의 낭비를 최소화하겠다는 것이다. 쉽고 당연하게 느껴질 수 있는 목표지만 이를 실천하고 있는 의류 브랜드는 많지 않다. 자라의 대표적인 경쟁사인 H&M은 재고관리에 실패하여 2018년 50억 크로나(약 4조 5,000억원)어치의 재고로 몸살을 앓고 있다. 이러한 재고관리의 실패는 주가의 하락으로 이어져 120.94크로나(약 1만 5,600원)로 5년 만에 최저치를 찍기도 하였다. 실시간 데이터를 기반으로 한 소비자 수요 파악과 중국 내 6000개 이상의 공급업체를 통한 신속한 수요 대응으로 미국 패스트 패션 시장에서 큰 성공을 거두지만, ESG 측면에서 비판을 받는 중국의 알리, 테무, 쉬인의 전략과 쿠팡의 대응도 눈여겨보자.

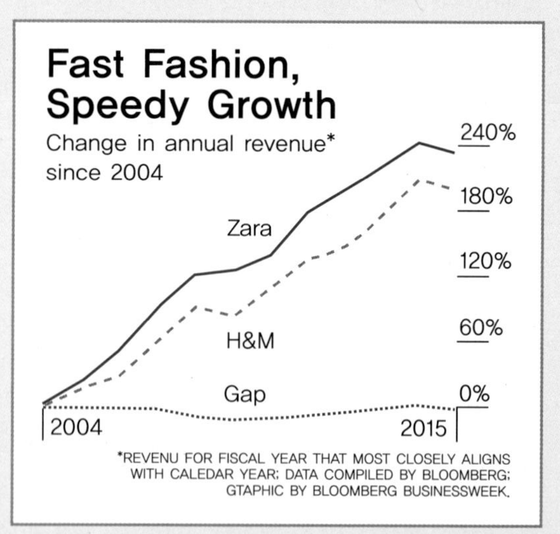

출처: Bloomberg Businessweek, 디지털리테일, CLO 매거진, 중앙일보 기사 참조 및 재구성

10.1 통제의 개념 및 중요성

1. 통제의 개념

경영자는 조직 내에서 생존, 발전을 위한 경영활동을 수행하고 전반적인 조직 유효성을 획득할 수 있도록 노력한다. 이러한 조직발전과 조직유효성은 경영자가 조직 자원(예를 들어 예산, 장비, 시설, 사람)을 사용한 경영 목표 달성 시 자원활용의 효과적 통제 없이는 불가능하다.

통제란 계획된 행동과 그에 따르는 실제 성과를 비교하고, 필요에 따라 수정 행동을 취하는 과정이다. 이러한 과정에서 경영자는 지속적 의사결정을 내린다. 이 과정을 그림으로 나타내면 [그림 10-1]과 같다. 예를 들면 마치 인텔리전트 빌딩 내 자동실내 온도조절장치와 같은 기능을 수행한다고 할 수 있다. 자동 온도조절장치는 한 장소에서 바람직한 온도를 유지하도록 고안된 자동조절 시스템이다. 일단 바람직한 온도가 설정되게 되면, 온도조절장치는 그 온도를 감시하고 유지하게 된다. 실제온도가 바람직한 온도의 범위를 벗어나게 되면 온도조절장치는 수정 작용을 취하기 시작한다. 즉, 냉방기나 난방기와 같은 도구를 사용하여 적정 온도를 유지하도록 수정 작용을 행하게 된다.

물론 경영자에 의한 통제 활동은 더욱 다양하고 복잡하다고 할 수 있다. 왜냐하면 경영상의 복잡성으로 인해 통제과정은 어려울 수밖에 없으며, 경영상의 통제는 특정 기간이 만료된 이후에만 행하는 것이 아니라 연속적으로 행해지기 때문이다.

그림 10-1 계획과 통제

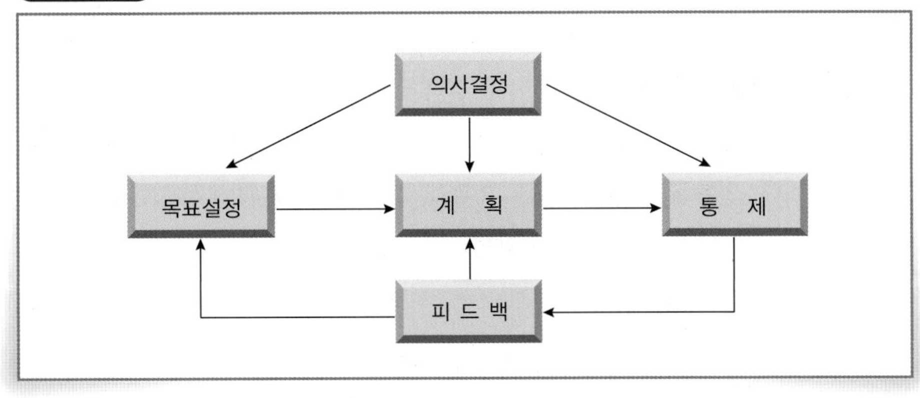

2. 통제의 중요성

기획(planning)은 조직의 방향성이나 자원할당의 문제를 주로 다루며, 조직(organizing)은 작업 조합으로써 인적 자원과 물질적 자원을 결합시키는 문제를 다룬다. 지휘(leading)는 종업원으로 하여금 이러한 자원을 효과적으로 이용할 수 있도록 지시하는 것이다. 통제는 위의 각 기능들이 최초에 예상했던 대로 정해진 시간에 올바른 방법으로 행하여지는가를 결과적으로 살피는 것이다. 다시 말해서 적절한 통제는 경영자로 하여금 종업원들에게 필요한 활동이 무엇이며, 언제 그것이 필요하며 그리고 바람직한 방법으로 행해지는가를 명확히 해주는 기능을 수행한다. 한편 통제는 다음과 같은 작업 조건하에서 그 중요성이 더해가고 있다.

■ **불확실성**

계획이나 목표는 미래에 대한 개념을 다루는 것으로써 이러한 계획이나 목표는 즉각적으로 달성될 수 없으며, 달성하는 과정에서 예측할 수 없는 불확실한 환경변화에 직면할 수 있다. 따라서 이 불확실성을 줄이기 위해 조직의 활동이나 계획, 목적을 구조적으로 조정할 수 있는 통제시스템이나 통제 항목체크가 필요하다.

■ **복잡성**

조직의 규모가 커지고 다양성이 증가됨에 따라 조직의 복잡성은 점차적으로 증대되고 있다. 따라서 조직 내 조정활동과 통합을 이룰 수 있는 적절한 통제시스템이 필요하다.

■ **인간적 한계**

인간은 조직 내 다양한 활동을 수행하면서 크고 작은 실수를 범하게 된다. 이러한 오류들은 위에 언급되었던 환경의 불확실성이나 복잡성이 더해가는 상황에서 더욱더 일반적으로 나타날 수 있는 현상이다. 따라서 이러한 작은 오류들이 조직에 큰 타격을 입히기 전에 통제시스템을 통해서 오류나 실수를 사전에 수정해야 한다.

■ **권한 위임**

급변하는 경영환경에서 조직은 더욱더 복잡해지고 다양해지기 마련이다.

따라서 경영자가 모든 일을 통제한다는 것은 불가능하기 때문에 일정의 업무 수행 권한을 하위관리자에게 위임하게 된다. 경영자는 하위자가 위임받은 과업을 수행함에 있어서 그것을 잘 달성하고 있는지 여부를 파악해야 하는데, 이 때 필요한 것이 바로 통제시스템이다.

이 외에도 통제는 조직 내에서 다음과 같은 역할을 수행할 수 있다. 첫째, 통제는 기업의 장기적, 중기적 및 단기적 계획에 맞추어 전반적인 기업의 방향성을 명확히 하는 데 도움을 준다. 통제는 기업의 계획 하에서 시간이 지남에 따라 발생하는 성과를 감시하는 수단을 제공한다.

둘째, 통제는 조직 내 다양한 수준과 사업 단위 사이에서의 실행목적과 성과가 적절한 수단-목적(means-ends) 방식하에서 상호간 조화를 이루고 있는가를 명확히 해준다. 예를 들어 하나의 수준(예: 개인수준)에서 추구되는 목표는 다음 상위수준(예: 집단수준)에서 제시되는 목적(ends)을 성취하기 위한 수단(means)이 되어야 한다는 것이다.

셋째, 통제는 조직 내 기본적 규범이나 방침을 준수하도록 돕는다. 이는 출근이나 작업시간과 같은 직접적인 업무 요구사항뿐만 아니라 개인에 대한 기본적 예의에 관한 규정이나 존중심까지 포함한다. 예를 들어 요즘 대부분의 조직은 직장 내 성희롱으로부터 종업원을 보호하기 위한 공식적 방침을 가지고 있다.

10.2 통제의 유형

1. 사이버네틱 통제

사이버네틱 통제(cybernetic control)는 앞서 예로 들었던 자동 온도조절 장치와 같이 통제 과정상에서 필요에 따라 자동적으로 상황을 감시하고 적절한 수정을 할 수 있는 자동조절(self-regulating) 메커니즘이다. 따라서 이러한 통제 시스템은 대부분 컴퓨터에 의존하고 있다. 기업에서는 사이버네틱 통제개념을 이용한 전산화된 주문제도를 도입할 수 있다. 재고가 어떤 수준까지 내려가기 전까지는 주문이 이루어지지 않다가 지정수준 아래로 내려가면 자동으로 주문시스템이 작동하는 것을 말한다.

이에 반하여 비사이버네틱 통제(non-cybernetic control)는 컴퓨터에 의한 자동조절장치에 의존하는 것이 아니라 인간의 판단력에 기반을 둔 통제 시스템이라고 할 수 있다. 이것은 주로 경영 환경의 변화나 천재지변과 같은 미리 예측하기 어려운 돌발적 상황에서 경영자의 직관이나 경험에 의한 판단에 의존하는 것이다.

2. 통제시점에 따른 유형

통제의 시점에 따른 유형에는 사전통제, 동시통제, 사후통제가 있는데 시스템적 관점에서 그 시점을 도식해 보면 [그림 10-2]와 같다.

1) 사전통제(precontrol)

사전통제는 다른 말로 예비적 통제(preliminary control)라고도 하는데, 생산이나 서비스 활동 시작 전에 이루어지는 통제 시스템을 가리킨다. 이것은 적절한 투입물과 산출물 요인의 열거를 포함하며, 성과목표가 분명한지 그리고 자원이 적절한 곳에 배치되어 있는지를 확실하게 해준다. 이러한 통제는 미래의 잠재적 문제를 예측하고 발생할 수 있는 문제점에 대한 예방조치를 취하는 데 도움을 준다. 따라서 사전통제를 위해서는 미래지향적(forward-thinking) 사고 또는 사전예방적(proactive) 사고가 필요할 것이다. 예를 들면 서울에서 뉴욕으로 가는 보잉747여객기는 떠나기 전 미리 항로, 속도, 고도 등의 모든 정보를 전산입력하여 사전에 비행을 통제하고 있다.

2) 동시통제(concurrent control)

동시통제는 작업 과정상에서 어떤 문제가 발생할 수 있는지에 초점을 맞

그림 10-2 시점에 따른 통제유형

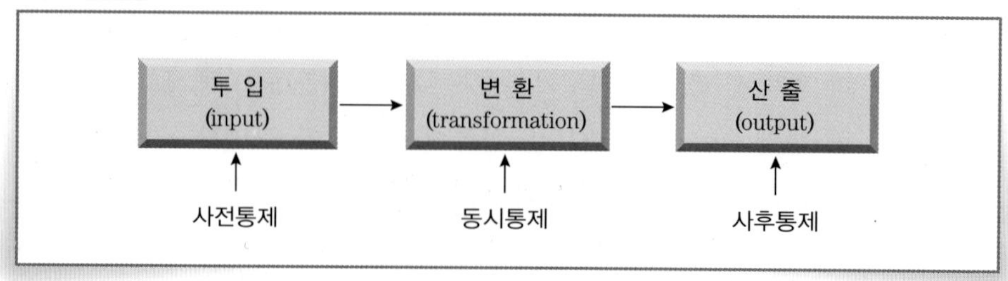

추는 통제 시스템이다. 다시 말해, 최종 결과가 나오기 전에 문제점을 수정 및 감시하는 통제 방법으로써 이러한 활동은 작업 과정상에서 지속적으로 이루어져야 하므로 지속적 통제(screening control) 또는 예스-노 통제(yes-no control)라고도 한다. 품질조사, 계약의 법적 승인 등이 동시통제에 속한다. 예를 들어, 발사된 미사일이 목표지점에 도달할 수 있도록 비행 중에 지속적으로 방향 수정을 하는 행위가 동시통제라고 할 수 있다.

3) 사후통제(postaction control)

사후통제는 때때로 피드백 통제(feedback control)라고도 하는데, 이것은 작업이 완수된 이후에 발생하는 통제 시스템이다. 예를 들어 식사 후 종업원이 얼마나 음식이 맛있었는지를 질문하는 것과 한 학기가 끝난 뒤 치르게 되는 기말고사는 수업을 얼마나 이해했는가를 나타내는 사후통제의 예가 될 수 있다. 또한 프로젝트를 완수한 뒤 보고하는 최종 예산 보고서는 경영자에게 프로젝트 수행 과정에서 초과액이 있었는지의 여부를 알려주는 사후통제 시스템에 해당한다. 이러한 사후통제 시스템은 비슷한 특성을 가진 미래 활동을 계획하는 데 가장 유용하며, 종업원들에게 성과대비 보상을 분배하는 과정에서 기준선을 결정한다.

결론적으로 경영활동에서 효과적으로 통제가 이루어지기 위해서는 위 세 가지 모두가 종합적으로 이루어져야 한다.

10.3 통제과정의 단계

통제는 문제를 예방하는 것뿐만 아니라 문제가 발생했을 경우 수정을 하고 새로운 기회를 탐색하기 위해 고안된 활동이다. 효과적인 통제과정은 일반적으로 [그림 10-3]에 나타난 것처럼 다음의 네 단계를 거치게 된다.

1. 제 1 단계 : 표준의 설정

통제 과정의 첫번째 단계는 조직의 목표를 달성했는지 여부를 결정하기

그림 10-3 통제과정의 단계

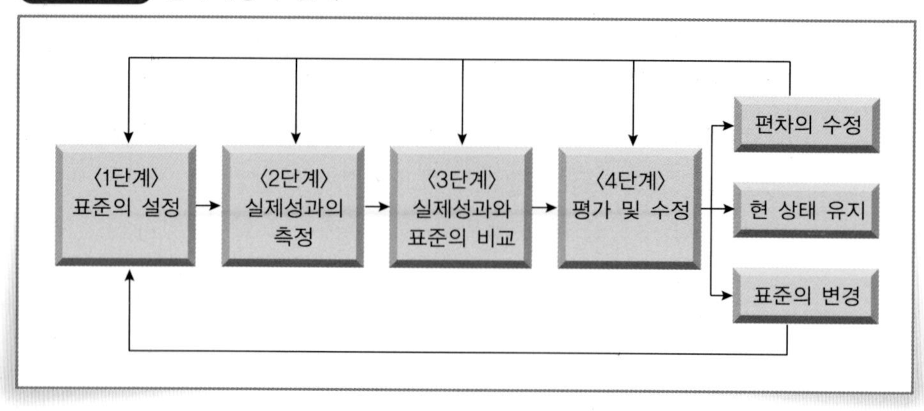

위해 성과 표준을 설정하는 것이다. 표준이란 성과를 평가하기 위한 모델로서 경영진에 의해 설정된 활동(activity)의 수준(level)을 의미한다. 즉, 표준은 실제 성과와 비교하기 위한 기준점에 해당한다. 표준은 되도록이면 구체적으로 표현되어야 한다. 이러한 표준의 설정은 크게 두 가지로 나뉘는데 첫째는, 산출물(output) 표준으로 양(quantity), 질(quality), 비용, 시간의 관점에서 성과를 측정한다(표 10-1 참조). 둘째는, 투입물(input) 표준으로 업무활동에 투입한 작업노력의 정도를 측정한다. 이 방법은 앞의 산출물 표준을 측정하기 어렵거나 측정하는 데 비용이 많이 드는 경우에 사용한다. 예를 들어, 작업시간엄수의 정도, 규범에의 순응정도, 자원 사용의 효율성 등을 측정할 시

표 10-1 산출물 표준의 유형

표준의 유형	목 적	예
시간 표준	- 작업라인의 배치 - 생산스케줄의 조정	- 시간당 12개 생산(1인 기준) - 8시간당 4,000개 생산(전체 기준)
질적 표준	- 허용 가능한 질적 수준의 설정	- 무결점의 요구 - 모든 완제품은 2% 내 크기차이를 가져야 한다.
양적 표준	- 개인 또는 작업집단에 대한 허용 가능한 양적 수준의 설정	- 결근율이 3%를 초과해서는 안 된다. - 고숙련자는 저숙련자보다 최소 10% 이상 더 많은 제품을 생산해야 한다.
비용 표준	- 단위당 생산비용의 설정 - 보상수준에 따른 종업원 분류 설정	- 단위당 생산비용이 10만원을 초과해서는 안 된다. - 급여총액은 1억 5천만원으로 예산 책정되었다.

에는 투입물 표준이 적절할 것이다.

2. 제 2 단계 : 실제 성과의 측정

일단 표준이 설정되어지면, 통제과정의 두번째 단계는 실제 성과를 측정 및 감시하는 것이다. 측정이란 실제성과가 정확하게 무엇인가를 알아보는 것이다. 산출량이 경영자개발, 충성심 등과 같이 양적 측정이 불가능할 경우 더욱 어렵다. 이런 경우 MBO(management by objective)방식이 매우 유용하다. 통제과정의 다른 단계들과 마찬가지로 실제 성과의 측정 단계는 대부분의 조직에서 지속적으로 행해진다. 따라서 이 단계는 측정도구의 신뢰성과 언제, 어디서, 어떻게 측정할 것인가에 대한 명확한 정의가 요구된다.

성과 측정 단계에서 가장 필수적인 사항은 개인이나 활동의 성과를 나타내는 정확한 자료를 수집하는 것이다. 정확한 자료를 수집한다는 것은 항상 쉬운 일은 아니며 종종 수집하려는 자료는 비용측면에서 효율적이지 않을 수도 있다.

3. 제 3 단계 : 실제 성과와 표준의 비교

통제 과정의 세번째 단계는 실제 성과와 표준 간에 유의미한 편차(deviations)나 변화가 있는지를 비교하는 단계이다. 이상적으로는 이러한 편차가 미리 예측되어져야 하고, 적어도 초기에 발견되어야 할 것이다. 만약 위의 첫 번째 단계(표준의 설정)와 두번째 단계(실제성과의 측정)가 만족스러웠다면 세번째 단계는 어렵지 않을 것이다. 실제 성과와 미리 결정된 표준과의 비교는 조직의 피드백 망을 통해 수집된 자료를 분석하는 것에 의해 이루어진다.

통제 과정에서 피드백의 중요성은 더할 나위 없이 중요하다. 왜냐하면 피드백은 네 단계의 통제 과정을 하나로 묶어주는 신경망(nerve center)으로의의 역할을 하기 때문이다. 피드백은 요구된 수정 조치를 취해야 할 활동센터(activity center)로의 하향식 움직임뿐만 아니라 조직에서 의사결정의 중심으로 향하는 상향식 방향으로도 움직여야 한다. 따라서 정기회의나 보고서 등이 적절한 피드백을 제공하기 위한 수단으로써 주로 사용되며, 오늘날 해외 곳곳에 지사를 가지고 있는 다국적 기업의 경우 인터넷을 활용한 메일이나 화상회의를 통해 전방위 피드백을 제공하고 있다.

4. 제 4 단계 : 평가 및 수정

통제과정의 마지막 단계는 평가 및 수정이다. [그림 10-3]에서 볼 수 있는 것과 같이 평가 및 수정에는 일반적으로 세 가지 대안이 있다. 만약 설정한 표준과 그 성과가 비슷하다면 어떤 조정행위도 필요하지 않을 것이다. 즉, 경영활동이 조직 내에서 심각한 예외가 아니며 수용할 수 있는 범위 내에서 진행되는 경우 경영자는 이를 용납하여야 한다. 이를 예외경영(MBE: management by exception)이라 한다. 이 경우 경영자는 MBE를 종업원들이 그들의 훌륭한 업무 성과를 계속적으로 유지할 수 있도록 하는 동기부여적 도구나 정보적 도구로써 사용할 수 있다.

하지만 성과가 설정된 표준으로부터 현저하게 벗어났다면 다양한 수정조치가 필요할 것이다. 일반적으로 과도한 차이는 통제 과정을 둘러싼 환경의 변화나 설정된 표준이 현실적이지 않을 경우 발생할 수 있다. 경영자는 과도한 차이의 발생 원인에 대해 올바른 해석을 내려야 하며 이후 이러한 해석은 수정 조치로 이어지기 때문에 매우 중요하다고 할 수 있다.

한편 과도한 차이는 종종 일시적이거나 통제할 수 없는 요인에 의해서 발생하기도 하며 이것은 절차나 계획에서의 문제를 삼지 않는다. 따라서 이러한 경우에 경영자는 계획이나 과정을 수정하는 것보다는 이것을 일시적이고 통제할 수 없는 요인으로 해석하고 기존의 계획을 유지하는 것이 더 좋을 수 있다. 왜냐하면 새로운 계획을 만들어 내는 것은 추가적인 비용이나 또 다른 문제를 낳을 수 있기 때문이다.

10.4 효율적인 통제시스템

조직마다 다양한 통제시스템을 가지고 있으며 서로 다른 부서나 활동들 간에도 특정 요구를 충족시키기 위해 다양한 통제시스템을 채택하고 있다. 하지만 이러한 통제시스템이 효과적이기 위해서는 몇 가지 특성들을 반드시 가져야 한다.

1. 효율적 통제시스템의 특성

■ **전략 및 결과 지향성**

통제시스템은 측정 행위 자체가 아닌 전략적 계획을 강조하고 앞으로 무엇이 행해질 필요가 있는지의 문제에 초점을 두어야 한다는 것이다. 즉, 통제의 주요 초점은 조직 목표의 성취에 큰 영향을 미칠 수 있는 상대적으로 중요한 활동이기 때문에 반드시 전략적 계획과 연계되어야 한다.

■ **통제의 정보성**

이것은 문제해결과 의사결정과정에서 강조되는 것으로써 훌륭한 통제시스템은 실제 성과와 기대되는 성과 수준 간의 차이를 정확히 지적할 수 있는 충분한 정보에 기초를 두어야 한다. 왜냐하면 이러한 과정은 표준과 실제성의 차이가 발생하는 원인과 그러한 차이를 수정하기 위해 어떤 조치를 취해야 하는지에 대한 통찰력을 경영자에게 제공해 주기 때문이다.

■ **통제의 간결성**

이것은 관련된 종업원이나 업무 요구사항 등에 적합하도록 통제시스템이 간결하게 설계되어져야 한다는 것이다. 다시 말해 경영자의 역할은 통제 과정을 가능한 단순화시키는 것이다. 과통제(overcontrol)는 불필요한 추가 비용을 낳을 수 있으며, 종업원들로 하여금 이러한 통제 시스템을 지지하기보다는 오히려 맞서 대항하려는 심리적 모순을 낳을 수 있다.

■ **통제의 신속성과 예외관리**

통제시스템은 조직 내 발생한 문제가 조직에 치명타를 입히기 전에 적시에 신속하게 문제점을 보고할 수 있도록 설계되어야 한다는 것이다. 이상적으로는 통제는 어떤 것이라도 더 이상 악화되기 전에 발생해야 하고 해당 업무에 적절한 방법으로 문제점을 보고해야 한다. 그 후 허용할 수 있는 통제 범위를 벗어난 이상현상들(exceptions)에 초점을 두어야 한다.

■ **통제의 이해가능성**

통제 과정에서 사용되는 자료는 활동에 참여하는 종업원들이 이해하기 쉬운 용어로 기술되어야 한다. 좋은 통제시스템은 의사결정자에게 간결하고 이해하기 쉬한 형태로 자료를 제공해야 한다. 불필요하게 복잡한 통계치나 산출물들은 주어진 통제 시스템의 유용성을 저하시킨다.

■ **통제의 탄력성**

통제시스템은 개인의 판단을 적용할 수 있는 공간을 남겨둠으로써 새롭게 발생한 환경에 적응할 수 있도록 수정 가능해야 한다. 좋은 통제시스템은 변화하는 환경이나 독특한 상황에 반응할 수 있는 인간적 판단의 충분한 여유 공간을 허용해야 한다.

■ **조직구조와의 일관성**

통제시스템은 권한의 위계질서구조(hierarchy of authority)를 보조할 수 있어야 한다. 즉, 통제시스템은 실제 권한을 가진 경영자가 문제발생 시점에서 의사결정에 사용할 수 있는 적절한 자료를 제공할 수 있어야 한다. 왜냐하면 만약 그러한 자료가 위계구조상의 올바른 위치에 도달하지 못한다면, 적절한 수정 조치가 적시에 내려질 가능성이 희박하기 때문이다.

■ **자기통제의 활성화**

효과적인 통제시스템은 종업원 각자의 자기통제시스템과 조화를 이루어 작동해야 한다. 자기통제(self-control)는 관련된 모든 부서 사이에 상호 신뢰, 의사소통, 참여도를 더욱 활성화 시킨다. 자기통제는 적절한 직무설계와 특정 직무를 잘 수행할 수 있는 능력 있는 인재를 선발한다면 더욱 촉진될 수 있다.

■ **긍정적 통제**

긍정적 통제시스템은 발전, 변화, 진보를 강조하고 처벌이나 질책을 최소화하는 시스템이다. 종업원이 통제에 몰입할 수 있는 경우는 처벌이나 질책에 의한 측면보다 긍정적인 측면에 의해 더욱 활성화된다. 처벌이 필요할 경우에는 인간의 존엄성 측면에서 긍정적이고 조심스럽게 행해져야 할 것이다.

■ **통제의 공평성과 객관성**

통제는 관련된 모든 부서에 대해 정확하고 편견 없이 시행되어져야 한다. 통제시스템이 불공평하거나 주관적으로 치우쳐 비판을 받고 있다면 성과향상이라는 통제의 기본적 목적이 퇴색될 것이다.

2. 경영자의 통제스타일

유명 컨설턴트 네들러(Nadler)에 의하면 모든 조직, 모든 경영자가 동일한 통제스타일을 가지고 있는 것이 아니라 서로 다양한 통제양식을 보일 수 있다고 했다. 〈표 10-2〉에서 보는 바와 같이 첫째, 경영자의 업무수행방식 또는 리더십 스타일에 따라 달라질 수 있다. 즉, 경영자가 참여적인 경영 스타일을 보이는가 또는 지시적인 경영을 하느냐에 따라 통제 스타일이 달라질 수 있다.

둘째, 개방적 조직문화, 조직분위기 또는 조직구조가 관료적이냐 아니냐에 따라 참여적 또는 비참여적 조직 스타일로 구분할 수 있다.

셋째, 종업원의 성과를 측정하는 제도나 방식이 정확한가 또는 모호한가에 따라 통제스타일이 달라질 수 있다.

마지막으로, 종업원의 참여의지에 따라 통제스타일이 달라질 수 있다. 이는 종업원의 업무 및 조직에 대한 참여도, 몰입도, 충성심의 정도에 따라 통제스타일이 달라질 수 있음을 뜻한다.

표 10-2 경영의 통제스타일

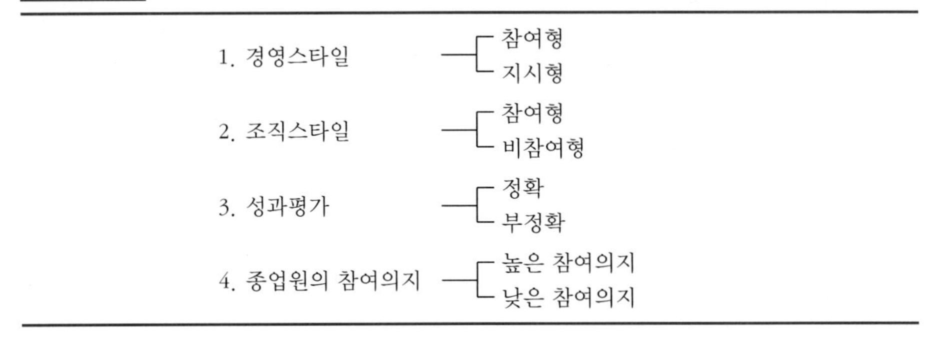

경영학 FOCUS

KAL기 격추사건

1983년 9월 1일 새벽 소련 전투기가 발사한 2발의 공대공 미사일로 인하여 대한항공 소속 뉴욕발 서울착 예정 KE007 점보편 보잉 747여객기가 격추당해 268명의 탑승객 전원이 사망하는 사건이 있었다.

한국시간 8월 31일 밤 10시 앵커리지 공항을 출발한 KAL기는 최북단 항로를 택하였는데 비행 중 항로를 이탈하여 소련 영공을 침범하게 되었다. 이를 육안으로 발견한 소련 전투기 조종사는 지상기지에 연락하였고 3회의 걸친 교신 끝에 소련 전투기는 KAL기에 미사일을 발사하였으며 KAL기는 3시 38분 사할린 서남쪽 모네론섬 해상에 추락하였다.

이 참사의 원인으로는 조종사가 관성 항법 장치(INS)가 아닌 나침반에 의한 비행을 한 것으로 추정되고 있는데 관성 항법 장치란 비행 통제 시스템의 일종으로 비행기가 목적지에 정확히 도착할 수 있도록 도와주는 시스템이다. 즉, KAL기의 사할린 상공 미사일 격추 사건은 엄밀히 말해 비행사 또는 비행 통제 시스템의 잘못에 의한 잘못된 비행경로가 원인이었고 또 항공 · 항해에서 필수적인 지속적 통제의 부족이 이러한 결과를 낳은 것으로 볼 수 있다.

이 외에도 항법 보조 장치 등 비행에 대한 통제수단에는 여러 가지가 있다. 또한 군사 목적으로 개발된 통제시스템인 GPS(global positioning system)의 신호 일부를 1994년 미 의회가 일반인에게 공개하도록 승인하였는데 이는 KAL기 격추사건이 계기가 되었다고 한다.

당시 정황으로 의문점이 없는 것은 아니지만 통제시스템이 올바르게 작동하였다면 이러한 참사는 막을 수 있었을 것이므로 KAL기 격추사건은 통제의 중요성을 일깨워주는 예가 될 수 있다.

10.5 통제의 도구

효과적인 통제란 조직의 목적을 달성하기 위해 수행되는 계획의 설계 그리고 순차적 수정으로 구성되어 있다. 본 장에서 다루어질 통제 도구는 통제 표준의 설정과 관련되어 있다. 통제는 항상 계획에 대한 평가를 수반하게 되므로 통제의 도구 역시 계획 도구(planning tools)가 될 수 있다. 사실 계획이나 의사결정, 통제는 하나의 연속선상에서 상호 관련된 활동으로 이루어져

그림 10-4 통제의 도구

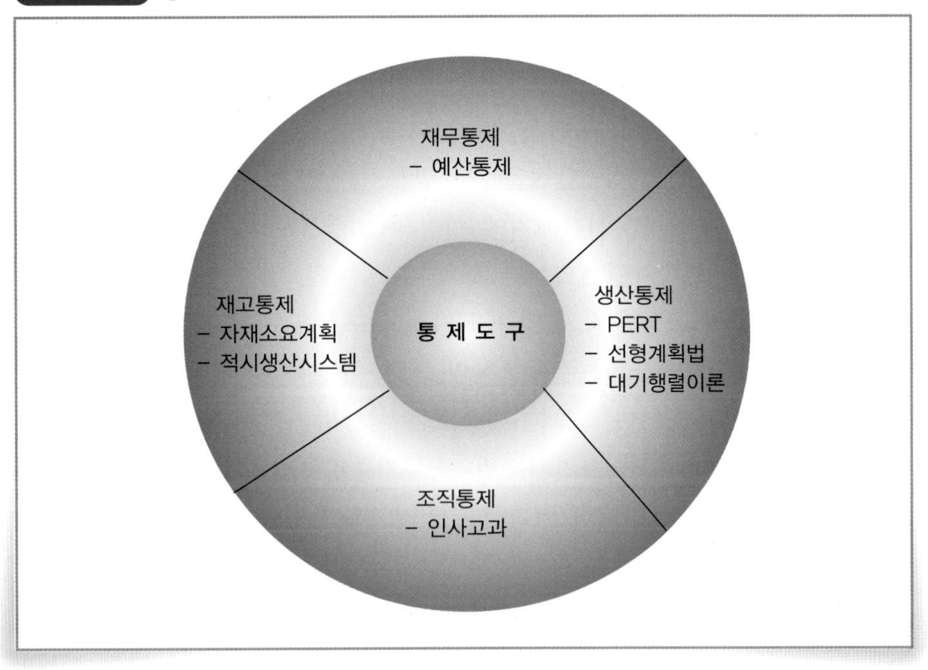

있다(그림 10-1 참조). 조직의 구조와 정책에 대한 결정 또한 조직 내에서 채택되는 통제의 유형에 영향을 줄 수 있다.

통제는 수많은 형태로 다양한 조직적 설정에 의해 만들어지기 때문에 조직의 유형에 따라 수많은 통제 수단이 존재할 수 있다. 본 장에서는 통제의 도구를 [그림 10-4]에 묘사된 것과 같이 크게 조직통제, 재무통제, 재고통제, 생산통제로 나누었다. 이 중 조직통제에서는 인사고과를 다루고, 재무통제에서는 예산통제기법을 다룬다. 재고통제에서는 자재소요계획과 적시생산시스템을, 생산통제에서는 프로젝트비용통제(PERT), 선형계획법, 대기행렬이론을 다룬다.

1. 조직통제: 인사고과(employee performance evaluation)

인사고과는 인적자원관리의 여러 기능 가운데 가장 어려운 부분으로 사람이 사람을 평가하기 때문에 모든 사람들이 공감할 수 있는 완벽한 결과를 얻는다는 것은 거의 불가능하다. 그럼에도 불구하고 인적자원관리에서 가장 중요하고 핵심적이며 기초가 되는 것이 인사고과이다. 인사고과를 통해서 종업원 차원에서뿐만 아니라 집단, 조직 전체 차원의 성과평가 및 통제가 가능해진다.

인사고과의 목적은 첫째, 피드백을 제공하고 교육 욕구를 파악하며 종업원 개개인의 장, 단점을 파악함으로써 얻게 되는 부하의 계발이다. 둘째, 승진이나 해고, 전환배치에 사용되는 행정적 의사결정에 대한 자료제공이다. 셋째, 인적자원계획이나 교육, 훈련 계획, 인사제도 평가 등에 자료를 제공함으로써 조직의 유지 및 목표달성에 도움을 주는 것이다.

즉, 인사고과는 종업원의 능력, 개인특성, 작업행동, 그리고 성과를 측정하는 제도이며, 고과기법으로는 서열법, 평가척도법, 체크리스트법, 강제선택서술법, 중요사건기록법, 행동기준평가법, 목표관리법, 그리고 평가센터법 등이 있다. 이러한 기법들은 인사고과의 구성요건 측면에 따라 평가되어져야 한다.

한편 신인사제도에서는 능력주의, 성과주의에 그 초점을 맞춤으로써 인사고과의 중요성이 더욱 높아지고 있다. 인사고과에 대한 자세한 내용은 본서의 제 9장에서 다루고 있다.

2. 재무통제: 예산통제(budget control)

예산(budget)이란 미래의 일정 기간을 정해 이 기간 동안 필요한 각 활동들을 구체적으로 명시하고 이러한 각 부문의 활동들을 기업 전체의 목표와 적절히 일치하도록 조정하는 종합적이고 구체적인 집행계획을 의미한다.

예산은 화폐적 용어로 표현되기 때문에 통제의 수단으로써 분명한 표준을 정확하게 수량적으로 제공될 수 있다. 비록 예산이 장기적 계획의 빠트릴 수 없는 부분이지만 예산 기획과 통제를 위한 예산 기간은 일반적으로 1년이다. 하지만 경영자가 운영 기간 내 정보를 습득해야 하는 경우 예산은 수정될 수 있다. 따라서 얼마나 자주 예산이 수정되어야 하는가는 예산 자료의 신뢰성에 의해 결정된다.

예산의 유형에는 크게 고정예산(fixed budgets)과 변동예산(variable budgets)이 있다. 고정예산은 확실한 가정에 기반을 두고 있으므로 가정이 변하지 않는 한 예산을 변경시킬 필요는 없다는 것이다. 이에 반하여 변동예산은 고정예산과 마찬가지로 가정에 기초를 두고 계획되지만 그 상태가 변할 가능성이 더 크다. 예를 들어 자동차 산업의 경우 예산은 자동차 판매량에 기반을 두고 있다. 따라서 판매량이 변함에 따라 노무비, 재료비, 광고비 등이 변하게 된다. 다시 말해 판매량이 증가함에 따라 단위당 생산비용은 떨어질 것이다. 즉, 변동예산은 이러한 변화를 고려하여 설계된 것이다.

예산의 통제에 관한 자세한 내용은 본서의 제13장에서 다루기로 한다.

3. 생산통제

조직 내 투입물이 유입되어 산출물로서 외부환경에 유출될 때까지 조직에서 여러 가지 변환(transformation)과정을 거친다. 즉, 최종상품과 서비스로 산출되기까지 여러 가지 생산과정을 거치게 된다. 이 과정을 좀더 효율적으로 통제하기 위한 생산통제 방식으로 선형계획법, 대기행렬이론, PERT를 다루어본다.

1) 선형계획법(linear programming)

거의 대부분의 경영자는 사람이나 기계, 원료, 자금과 같은 제한된 자원을 가능한 한 효율적으로 할당하는 문제에 직면하게 된다. 이러한 할당 문제를 해결하는 데 도움을 줄 수 있는 기법 중의 하나가 바로 선형계획법이다. 다시 말해 경영자는 특정 목적을 성취하기 위해 주어진 능력의 제약하에서 주어진 자원의 최적 할당을 결정하기 위해 이 기법을 사용한다. 선형계획법은 다음과 같은 세 가지 기본적인 요소를 가지고 있다.

• 모든 문제는 이익최대화 또는 비용최소화와 같은 목적함수(objective function)를 가지고 있다.

• 변수들에 한계를 부과하는 제약조건(constraints)이 알려져 있어야 한다. 예를 들어 만약 문제가 대안적 제품의 제조에 관련되어 있다면, 필요한 기계 또는 원재료의 이용가능성에 대한 정보가 알려져 있어야 한다.

• 모델에 나타나는 관계들은 선형적이고 비례적인 관계에 있어야 한다. 즉, 한 변수가 변하는 것에 비례해서 다른 변수가 변화를 해야 한다.

예를 들어 A회사가 에어컨과 선풍기을 생산한다고 할 때, 두 제품 모두

그림 10-5 선형계획법

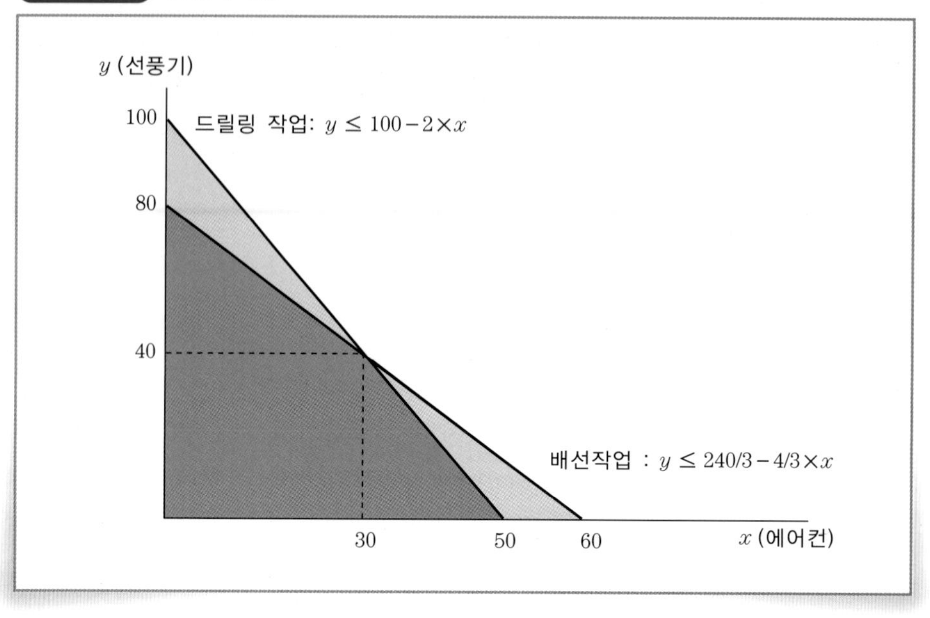

배선작업과 드릴링작업을 거치게 된다. 에어컨은 4시간의 배선작업과 2시간의 조립시간을 요하고, 선풍기는 3시간의 배선작업과 1시간의 조립작업을 필요로 한다. 금년에는 노사협약에 의하여 배선작업에는 240시간, 드릴링작업에는 100시간을 이용할 수 있다고 한다. 에어컨은 대당 3만원, 선풍기는 대당 2만원의 이익이 생긴다면, 경영자는 이익 최대 생산라인, 즉 에어컨 몇 대, 선풍기 몇 대 생산했을 경우 이익을 최대로 할 수 있을 것인가의 문제에 직면하게 된다.

이 경우 선형계획법을 이용하여 목적함수와 제약 조건식, 그리고 이러한 식들을 그래프에 나타내면 다음과 같다.

- 목적함수 = 이익최대화: $Z = 3 \times x + 2 \times y$
- 제약 조건식: $4 \times x + 3 \times \mathrm{y} \leq 240$

  $2 \times x + 1 \times \mathrm{y} \leq 100$

[그림 10-5]의 그래프를 통해서 목적함수와 제약 조건식을 만족시키면서 이익을 최대로 하는 점은 에어컨을 30대, 선풍기를 40대 생산하는 점이다. 즉, 경영자는 선형계획법을 통해 기업이 가진 제약하에서 이익을 최대화 할 수 있는 생산량을 결정할 수 있다.

그림 10-6 대기행렬시스템

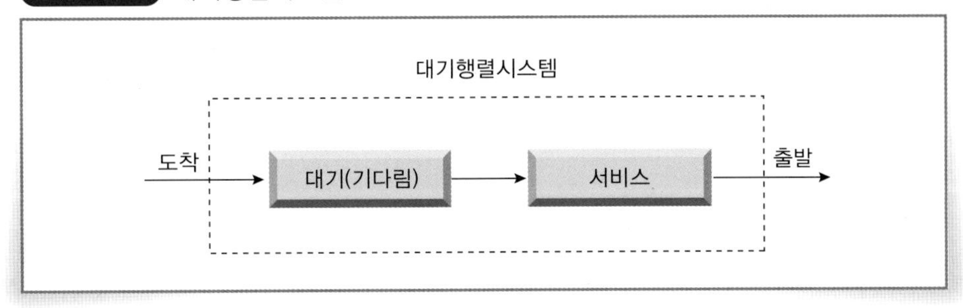

2) 대기행렬이론(queuing)

대기행렬이론이란 고객과 서비스 시설과의 관계를 확률이론을 적용하여 모형을 작성함으로써 고객의 도착상황에 대응할 수 있는 경제적 규모를 결정하고자 하는 기법이다. 대기행렬의 구조는 [그림 10-6]과 같이 크게 도착, 대기행렬시스템 그리고 고객의 출발 등 세 가지 요소로 구성된다.

대기행렬이론의 가정은 첫째, 모집단은 무한하며 일정기간 경과 후 대기행렬 시스템이 안정상태가 되고 둘째, 서비스율이 도착률보다 크며 셋째, 도착률과 서비스율은 포아송분포를 따르며 넷째, 도착간격과 서비스시간은 부의 지수분포를 이루며 마지막으로 선착순으로 서비스를 제공한다는 것이다.

이러한 대기행렬이론은 실제적 서비스업의 전 분야에 걸쳐 적용된다고 할 수 있다. 예를 들어 창구에서 고객에 대한 서비스와 관련된 문제, 병원에서 환자의 대기와 관련된 문제, 공장에서의 기계고장과 수리에 관련된 문제, 항구나 비행장의 시설규모 결정문제, 음식점 등의 좌석수 결정 문제 등 대부분의 서비스업 분야에 적용시킬 수 있다.

3) 프로젝트 비용통제(project cost control)

PERT(project evaluation and review technique)란 1958년에 해군 특수사업 기획처에 의해 개발된 것으로 사업의 지연차단 및 갈등을 축소시키고 사업완성을 촉진시키는 방법이다. PERT는 사업종료시기(program deadline)에 맞게 사업을 성취하는 데 필수적인 지적, 물리적 활동을 완성하는 데 있어서 직면된 불확실성에 관한 지식을 양화하기 위한 진단적, 예방적, 계획적 기법이다. 이는 경영의 관심을 교정적 결정에 요구되는 위험신호에 집중시키는 기법이며 시간에 맞는 거래자원 및 기술적 성과들이 주요한 종료 시기에 맞도록 그 능력을 향상시키려고 하는 노력에 집중하는 기법이기도 하다.

이러한 PERT는 첫째, 작업을 질서 정연하게 관리하게 해주며 둘째, 일정표에 따라 이미 결정된 일을 수행할 수 있도록 자원을 배정하고 예산을 수립하는 기법이며 셋째, 발전과정을 경영자에게 보고하고 알리는 의사소통 수단이며 넷째, 시간에 맞추어 사업의 완성을 성취시키는 현명한 접근법의 하나이다.

한 가지 주의할 점은 PERT는 경영자들이 문제를 해결하는 기법은 아니라는 것이다. 대신 PERT는 당면 문제가 무엇이며 어떤 해결방안이 현실적이며 그것의 각각의 강점과 약점이 무엇인가를 경영자로 하여금 알게 하여 준다. PERT는 경영자로 하여금 의사결정을 낳을 모든 요인이나 고려되어야 할 점을 알게 하여 준다. 비록 PERT가 경영적 지식, 지각, 경험과 판단에 대한 대체물이 되지 못한다 할지라도 그것은 의사결정에 가치 있는 보조물이 되며 동시에 유용한 도구가 될 수 있다.

PERT는 기본적으로 flow chart의 작성을 필요로 한다. 시간 안에 완성될 만한 지점에서 일어난 특별한 수행(accomplishment), 즉 사건(event)을 원으로 그리며 특별한 사건을 완성하는 데 요구된 작업(work)인 활동(activity)은 선으로 나타낸다. 다음에 사건과 활동을 연결시켜 어떤 작업이 수행되는 과정을 나타내게 되는데 이것을 네트워크(network)라고 부른다(그림 10-7 참조). 경영자는 이러한 네트워크 모델을 바탕으로 프로젝트의 일정을 계획, 통제할 수 있으며 궁극적으로 기일의 단축과 비용의 최소화라는 프로젝트의 목적을 달성할 수 있다.

마지막으로, 다른 체제경영기법이나 이론이 모두 그렇듯이 PERT는 주먹구구식 기획보다는 많은 변인을 과학적으로 고려하게 됨으로써 판단의 오차를 줄이게 되며 계획의 성패를 따져 볼 수 있게 만든다. 또한 자원의 적정한

그림 10-7 네트워크 모델

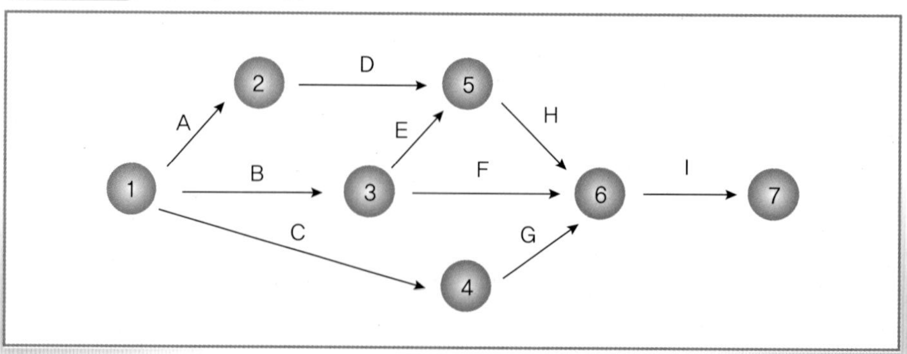

배분을 가능하게 하여 결국 조직 고유의 목표달성을 효과적 · 효율적으로 이룩하도록 하여 준다.

4. 재고통제(inventory control)

경영조직은 일반적으로 상품의 재고를 일정 수준으로 유지하게 된다. 소매상점들은 최종 생산물의 재고를 유지하고 공장은 원재료의 재고 수준을 유지한다. 재고가 너무 많을 경우에는 갑작스런 수요 증대에 대응할 수 있다는 이점이 있지만 재고의 유지비용을 증가시킨다는 단점이 있다. 따라서 적정재고 수준을 유지하기 위한 통제 기법은 기업의 성패를 좌우할 만큼 중요한 통제 도구 중 하나이다.

재고통제시스템은 안정적인 조직 운영을 수행하기 위한 충분한 재고를 유지하는 동시에 재고에 관련된 비용을 최소화하는 것을 그 목적으로 한다. 즉, 수요가 예측 가능하다면 재고유지비용(carrying costs)과 주문비용(ordering costs)을 최소화하는 것이 주요 관건이 된다.

이러한 적정 재고 수준을 관리하기 위한 통제 기법에는 자재소요계획, 적시생산시스템, 경제적 주문량 모형(economic order quantity), ABC 재고관리시스템, 최적주문시점(optimum reorder point) 등이 있는데 이에 관한 자세한 내용은 본서의 제11장에서 자세히 다루기로 한다.

1) 자재소요계획(material requirement planning)

자재소요계획법(MRP: material requirement planning)은 제품(특히 조립제품)을 생산함에 있어서 자재가 투입될 시점과 투입되는 양을 관리하기 위한 시스템이다. 최종 제품이 여러 개의 하위 제품, 부품으로 구성된 경우나 종속적인 수요가 존재할 때, 제품에 대한 수요가 많고 비연속적인 경우에 주로 사용된다.

효과적인 MRP의 사용은 정확한 대일정생산계획에 따라 제품 생산을 위한 부품 주문을 통해 재고의 필요량을 감소시킬 수 있다. 또한 고객까지의 제품 인도기간을 감소시킬 수 있으며, 정확한 수요 예측을 통해 재고의 감소를 가져옴으로써 생산관리 운영의 효율을 높일 수 있다.

[그림 10-8]과 같이 MRP는 정확한 대일정생산계획과 재고상황파일, 자재명세서의 입력을 요구한다. 대일정생산계획이란 생산계획을 추진하는 데

그림 10-8 자재소요계획시스템의 구조

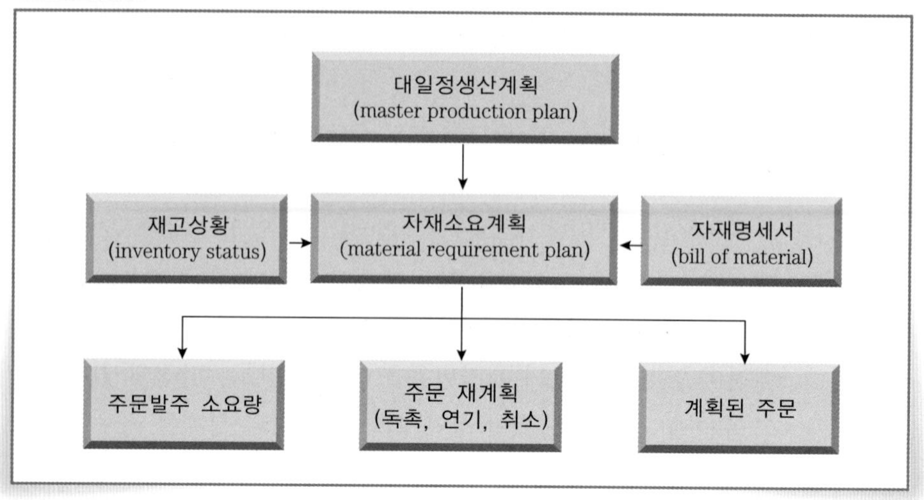

필요한 노동력이나 자재의 양, 재고소요량 등을 결정하기 위하여 총괄생산계획을 보다 구체적으로 구분한 계획이며, 재고 상황이란 이전의 재고의 양을 조사해 부족시 필요한 부품의 양을 주문하기 위한 기록이다. 마지막으로, 자재명세서는 제품이 조립되어지는 과정을 나타내는 자료를 의미한다.

이러한 MRP는 복잡한 제조·생산 시스템에서 컴퓨터를 사용하여 총괄적으로 관리할 수 있는 동적인 시스템이며 따라서 변화가 심한 시스템에 잘 적응할 수 있고 MRP 자료의 중간 수정이 가능하다는 장점을 가지고 있다. 하지만 MRP는 컴퓨터를 필요로 하며, 조립제품에만 적합한 기법이고, 정확한 대일정생산계획이나 재고 기록 등이 요구된다는 단점이 있다.

이 외에도 MRP의 발전된 형태로서 제조자원계획(MRP II: manufacturing resource planning)은 MRP의 고려 사항 외에, 인력·설비·공구 등의 자원 및 기타 제조와 관련된 모든 자원(마케팅, 재무, 엔지니어링 등)을 고려하는 확장된 시스템이라 할 수 있으며, 전사적 자원관리(ERP: enterprise resource planning)는 MRP를 기본적 토대로 해서 생산 분야 외에 영업·판매, 물류, 조직·인력, 재무·회계 등의 기업 업무 전반을 관리하기 위한 시스템이다.

2) 적시생산시스템(just-in-time)

1950년 적시생산시스템(just-in-time: JIT)은 일본의 토요타 에지지 회장의 포드(Ford)사 방문으로부터 그 기초가 이루어졌다. 1960년대에 일본에서 적시생산시스템이 활용되었을 때 적시생산시스템은 재고관리(inventory manage-ment) 내지는 품질관리(quality control)를 위한 접근방법으로 인식되었다. 적시생산시스템에 의한 재고관리나 품질관리는 기업의 몇몇 부서에 국한되어 적용되기보다는 기업의 모든 부문이 참여하는 전사적인 관점에서 시행되었다. 이와 같이 적시생산시스템은 기업의 부문들을 통합하는 역할을 하였으며, 이러한 통합의 역할은 칸반(kanban)을 이용한 부품, 자재공급 및 재고관리로부터 생산계획 및 통제 등 생산관리의 모든 영역으로 확대되었다. 1970년 후반 이후 미국 및 유럽 제조업체들도 경영성과를 향상시키고 경쟁우위를 회복하기 위해 적시생산시스템의 개념을 도입하였고 미국 및 유럽 경영학계에서는 미국 제조업체의 적시생산시스템 시행효과에 대한 긍정적인 연구결과들이 발표되었다.

적시생산시스템이란 고객이 필요로 하는 상품을 적시에 생산하는 것으로서 이는 또한 대량생산방식에서의 불필요한 생산요소를 철저히 배제하면서 부가가치를 높이기 위한 생산방식이다. 이 방식은 본질적으로 낭비(waste)의 제거를 목적으로 하며, 낭비를 제거하기 위해 적시생산시스템에서 주로 사용되는 수단으로는 ① 칸반방식, ② 소로트(小 lot) 생산, ③ 생산의 표준화, ④ 설비배치와 다기능공 제도의 4개 하위 시스템을 들 수 있다. 적시생산시스템이란 고객에게 판매될 제품과 그 제품의 판매될 수량만을 생산하여 고객이 요구하는 시간에 납품을 하는 것이다. 이를 위해서는 모든 제조공정에서는 고객에게 판매될 제품의 조립공정에 꼭 필요한 자재나 부품만 공급되어야 한다는 것이다. 이 외에 몇몇 학자들은 적시생산시스템은 단지 고객이 필요로 하는 제품을 필요한 만큼 필요한 시간에 생산하고자 하는 시스템이라고 보다 간단히 정의하고 있다. 그렇지만 이들은 적시생산시스템을 낭비제거의 협의

표 10-3 JIT시스템과 MRP시스템의 비교

JIT 시스템	MRP 시스템
• 불필요한 부품이나 재공품 등 자재의 재고를 없애도록 설계된 시스템 • 칸반카드에 의해 자재의 제조명령이나 구매주문을 가시적으로 통제하는 시스템 • 대생산일정계획 안정 • 제조준비시간의 단축 • 공급자 협력관계 • 무결점 품질 유지 • 반복생산시스템에 효과	• 자재의 소요 및 조달계획을 수립하여 그 계획에 의한 실행에 중점 • 컴퓨터에 의한 정교한 정보처리 • 대생산일정계획의 수시 변경 • 제조준비시간을 주어진 것으로 봄 • 공급자 경쟁시킴 • 약간의 불량 허용 • 비반복적 생산시스템에 적합

의 관점에서 정의하고 있으며 품질을 통한 고객만족이라는 추가적인 관점에서는 정의하지 않았다.

또한 적시생산시스템은 다른 시스템을 보완적으로 통합사용할 수 있는 효과적인 시행시스템이라고 하여 MRP시스템은 물론 유연생산시스템(FMS: flexible manufacturing system), 컴퓨터통합생산시스템(CIMS: computer integrated manufacturing system) 등 컴퓨터와 로봇을 기초로 하는 첨단 생산시스템과 같이 통합 작용될 수도 있으나, 이들을 꼭 기초로 하는 것은 아니다. 적시생산시스템은 무엇보다도 기업의 최고경영자를 비롯한 전 조직원의 적극적인 참여로 자원의 불필요한 낭비를 제거하여 저렴한 가격으로 고객이 원하는 고품질의 제품을 적시에 납품하여 궁극적으로 고객 만족을 통한 경쟁우위 확보의 장기전략 또는 경영철학이다.

10.6 통제의 미래

통제의 중요성은 현대 경영 환경에서 더욱 부각되고 있으며, 미래의 통제는 새로운 도전과 기회를 제시하고 있다. 먼저 앞에서 살펴본 것처럼 현재의 통제 중요성은 다음과 같다. 첫째, 복잡성 관리이다. 조직의 규모가 커지고 활동이 복잡해짐에 따라, 내부 행동을 조정하고 종합하기 위한 적절한 통제 기능이 필요하다. 둘째, 권한 위임의 균형이다. 경영자가 권한을 위임하고 자율성을 통해 동기부여를 할 때, 부하 직원들의 활동을 관리할 수 있는 통제 수단도 필요하다. 이때에도 프로세스 통제보다는 결과로 말할 수 있는 게 좋다. 셋째, 오류 방지와 수정이다. 경영자의 착오나 예측 오류를 방지하고 수정하기 위해 통제 기능이 중요하다. 넷째, 환경 변화 대응이다. 불확실한 경영 환경에 대응하려면, 계획의 적합성을 지속적으로 체크하고 조정하는 통제는 여전히 필요하다.

한편 미래의 통제에 대한 방향을 전망해 보면 다음과 같다. 첫째, AI와 통제의 변화이다. 인공지능(AI)의 발전으로 통제의 개념과 방식이 크게 변화할 것이다. 둘째, 통제의 집중화이다. AI 기술이 소수의 대형 기업과 정부에 집중되면서, 간접적으로 다수의 인간 결정을 통제할 가능성도 높아진다. 셋째,

블랙박스 문제이다. AI의 의사결정 과정이 불투명해지면서, 통제자들조차 AI의 결정 과정을 완전히 이해하지 못하는 상황이 발생할 수도 있다. 넷째, 따라서 윤리적 통제의 중요성이 더욱 커질 것이다. AI의 결정이 인류의 진보 방향을 설정하는 상황에서, AI를 어떻게 발전시키고 활용할 것인가에 대한 윤리적 통제가 중요해질 것이다. 이처럼 미래의 통제는 기술 발전과 함께 더욱 복잡해질 것으로 보이며, 이에 대한 준비와 대응이 필요하다. 특히 AI와 같은 새로운 기술이 가져올 통제의 변화에 대비하여, 윤리적이고 투명한 통제 시스템을 구축하는 것이 중요하며, 개인의 윤리의식도 새롭게 살펴보아야 할 것이다.

closing case

갑을병 회사의 통제시스템

갑을병 그룹은 방위 산업에서 거대하고 국제적 조직을 갖춘 그룹이다. 그리고 이 그룹은 대략 10,000~80,000명 정도의 사원으로 이루어진 몇 개의 생산 회사로 구성되어 있다. 또한 각 생산 회사는 몇 개의 부문으로 나뉘어져 전국 각지뿐 아니라 해외로도 흩어져 있다. 그리고 이 부문들은 유통, 공급, 컴퓨터 시스템, 인사관리, 예산, 재정 등의 지사로 구성되어 있다.

각 부문들은 컴퓨터 시스템 지사를 가지고 있는데 이곳에서는 그 부문에서 사용된 모든 종류의 통계자료와 경영보고서를 축적하고 있다. 그리고 이러한 컴퓨터 시스템 지사는 각각의 관리자가 따로 존재하는 생산, 경영, 생산품 관리의 3개 분야로 구성되어 있다. 먼저 생산 분야는 대체로 15~20명의 사람들로 구성되어 있으며 IBM, Univac, Burroughs 등의 컴퓨터 시스템을 사용하여 보고서를 작성한다. 다음으로 경영분야는 약 6명의 사람들로 이루어져 있으며 이들은 부문 내의 모든 부서의 기록과 보고서를 수집하거나 효과적인 표시방법을 사용하여 자료를 축적한다. 또한 이들은 컴퓨터 장비나 새로운 보고서에 대한 요구를 다룬다. 마지막으로 생산품 관리 분야는 약 10여명의 사람들로 구성되어 있으며 고객들의 요구사항을 접수하거나, 생산 전반에 걸쳐 보고 체계를 관리한다. 이와 함께 이들은 확립된 보고 계안에서 문제를 겪고 있는 사람들을 도우며 높은 관리자들과 함께 보고 체계의 문제에 관한 일을 한다.

컴퓨터 시스템 지사

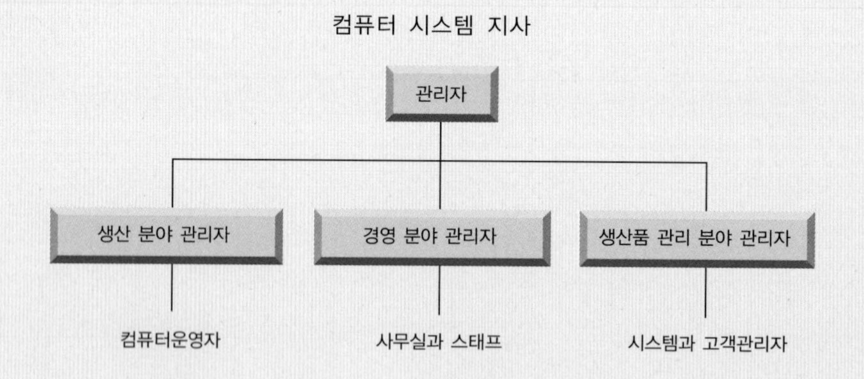

이런 다양한 컴퓨터 보고 시스템은 각 생산 회사별로 표준화 되어지는데 이것은 각 회사마다 평균적인 생산 레벨이 만들어진다는 것을 뜻한다. 이에 따라 각 부문별 지사는 그 부문의 컴퓨터 시스템이 요구하는 정도로 생산할 것으로 예측된다. 그리고 각 지사의 관리자는 자신이 맡고 있는 지사의 전체적인 생산성과 인사관리, 각 분야의 관리자들에 대한 관리와 평가, 부문 관리자에게 컴퓨터 시스템상의 문제에 관한 조언을 할 책임이 있다.

지난 마지막 회계연도에 어느 한 지사의 생산 평균이 그 지사가 속한 모든 지사의 평균 생산보다 밑돌았다. 그 지사의 전체적인 평가는 '한계수익점' 이었으며 매달 평균 컴퓨터 운영자 오류는 55개, 시스템 관리 오류는 83개였다. 이에 반해 각 지사의 평균적인 전체 평가는 '만족' 이었고 컴퓨터 운영자 오류는 40개, 시스템 관리 오류는 50개였다.

이러한 결과를 바탕으로 이 지사의 관리자와 그의 상사는 1년 안에 이 지사를 전체 지사의 평균적 생산과 같게 만들어야겠다고 생각했다. 이를 위해 이들은 2가지 목표를 세웠는데 1가지는 전체적인 평가를 '만족' 으로 만드는 것이었고, 다른 하나는 컴퓨터 운영자 오류와 시스템관리 오류를 각각 40개, 50개로 줄이는 것이었다.

6개월 후 이 지사 관리자는 아래와 같은 보고서를 받았다. 아래의 보고서는 그 지사의 경영분야에서 준비된 것이며, 이 생산회사에서 사용하는 7개의 주요한 지표를 포함하고 있다.

지사 효율성 보고서	우리 지사	전체 지사 평균
1. 전체 평가	훌륭	만족
2. 생산 가능 시간	98.7%	99.2%
3. 오류 없이 수행된 프로그램	97.3%	97.0%
4. 컴퓨터 운영자 오류(횟수/달)	39	41
5. 시스템 관리 오류(횟수/달)	55	50
6. 비계획적인 운영 시간(시/달)	8	6

〈질문〉

1. 계획한 것과 비교했을 때 실제 생산은 어떻게 이루어졌는가? 자신의 의견을 최대한 분명히 하시오.
2. 자신이 가지고 있는 정보를 바탕으로, 실제생산과 계획한 것과의 차이를 극복하기 위해 앞으로 무엇이 필요한지 결정하시오.

제 11 장

생산운영관리

opening case

도요타의 생산관리 시스템

2010년 도요타는 미국시장에서 불량부품으로 인한 리콜사태로 큰 고통을 겪었다. 양적팽창에 의한 글로벌 부품업체관리에 맹점이 있었다. 생산관리 시스템에 문제가 있던 것이 아니라 그것이 올바르게 관리되지 못했던 것이다.

도요타 자동차는 '필요한 제품을, 필요한 시기에, 필요한 만큼만 생산한다'는 특유의 생산철학을 가지고 있다. 이런 철학을 실제 생산 공정에 적용한 것이 바로 JIT(Just in Time) 시스템이다. 린(Lean) 시스템이라고도 불리는 JIT 시스템은 고객의 주문에 의해서만 생산을 하는 풀(Pull) 방식을 이용해 재고감소, 품질향상을 보장한다. 품질향상은 장기적으로 불량률을 제로로 만들어 재조립, 환불, 신용도 하락과 같이 불량품 생산에서 오는 비용을 크게 줄인다. JIT는 작업자의 능력의 이용에 있어서도 최대 효율을 발휘함으로써 단위노동 당 생산성을 높인다. JIT의 비용 절감 효과는 단순히 적시생산으로 인한 재고 절감에만 있는 것이 아님을 알 수 있다.

JIT의 핵심, 칸반 시스템

칸반(Kanban)은 '카드'나 '눈에 보이는 기록'을 뜻하는 일본어이다(看板, 간판). 이는 공장의 생산흐름을 통제하기 위해 사용되는 카드를 말하는데, 도요타 자동차의 칸반 시스템에서는 인수칸반과 생산칸반의 2가지 칸반만 사용한다. 부품 생산자는 일정시간마다 부품저장소에 가게 될 때에나 일정 수의 생산칸반이 부품저장소의 수거함에 쌓이게 될 경우에만 생산칸반과 빈 용기를 가져와서 부품을 담고 생산칸반을 붙여 부품저장소로 보낸다. 이 과정에서 생산칸반의 수는 빈 용기의 수와 일치해야 하고 만약 생산칸반이 없으면 부품 생산자는 부품을 생산하지 않는다.

한편, 부품 사용자는 부품 생산자와 마찬가지로 일정시간마다 부품저장소에 가거나 일정 수의 인수칸반이 부품저장소의 수거함에 쌓이게 될 때에 인수칸반과 빈 용기를 가지고 부품저장소로 간다. 여기서 빈 용기는 저장소에 쌓아놓고, 부품 생산자가 생산해 놓은 부품이 담긴 용기를 인수한다. 이 때, 용기에 부착되어 있던 생산칸반을 떼어내 수거함에 넣고 대신에 인수칸반을 붙여놓는데 인수칸반의 수와 생산칸반의 수가 일치함을 확인해야 한다. 확인이 끝나면 부품이 담긴 용기를 생산 공정으로 가져간다. 이런 과정은 자동차 생산 공정 전체에서 반복되는데, 각 공정마다 작업자는 선행공정에서 전달된 생산칸반이 없으면 생산을 하지 않고 후속공정에게 인수칸반을 전달하지 않는다. 여기서 JIT 시스템이 최종 조립라인의 고객이 요구하지 않으면 이후의 모든 공정에서 부품생산을 하지 않는 풀(Pull) 방식을 차용하고 있음을 확인할 수 있다.

부품의 표준화와 로트화

칸반시스템을 효율적으로 사용하기 위해서 도요타 자동차는 부품의 표준화와 로트화(Lot-1회에 생산되는 특정수의 제품단위)를 추진했다. 2가지의 칸반을 이용하여 수만 가지에 이르는 자동차 부품을 일일이 다음 공정으로 전해주는 일은 결코 쉬운 일이 아니다. 또한 생산 공정의 진행단계에 맞게 선행 공정에게 부품을 요청하고 후속 공정으로 부품을 전달하는 것은 이보다 더 어렵다. 그래서 도요타 자동차는 자동차 한 대에 필요한 부품을 표준화하여 그 수를 줄이고 생산 공정의 수를 줄였으며 각 공정에서 필요한 부품을 하나의 용기에 담아서 운반할 수 있도록 하였다. 이렇게 되면 작업자가 개별 부품의 수량을 일일이 체크할 필요 없이 하나의 용기에 필요한 부품이 담겨져 있는지 확인한 후 자신이 담당한 공정에서 실수 없이 부품을 조립하면 칸반을 붙여 다음단계로 보내기만 하면 된다.

JIT 시스템 운용

JIT 시스템은 겉보기에는 공정별 부품의 이동이란 단순한 형태이지만 안정적으로 운용하기가 쉽지 않다. 수 만 가지에 이르는 자동차 부품의 수와 크기를 표준화하는 작업과, 각 생산공정에 맞게 부품을 로트화해야 하는 작업이 필요하다. 부품을 로트화 한 후에는 하나의 로트로 만들 수 있도록 생산 라인을 배열해야 한다. 또한 JIT 시스템의 시행은 작업자의 업무부담도 가중시킨다. 작업자는 부품이 로트화 되어있기 때문에 자신의 생산 공장에서 불량이 없게 해야 한다. 부품 하나를 잘못 조립하면 로트화 된 다른 부품 전체가 필요가 없어지기 때문이다. 또한 각각의 공정에서 여러 개의 부품이 사용되기 때문에 작업자가 여러 가지 작업에 능숙해야 하는 점도 업무 부담을 가중시킨다.

이러한 이유들로 인해 전 세계의 많은 자동차 기업들이 경쟁적으로 도요타의 JIT 시스템을 도입하여 실행했지만 기대한 만큼의 효과를 얻지 못했다. 그들은 도요타가 보여준 만큼 칸반 시스템을 효과적으로 사용하지 못했다.

시사점

도요타 자동차의 JIT 시스템은 결코 짧은 기간 안에 달성된 것이 아니다. JIT 시스템은 획기적이고 급진적인 변화를 통해 생산 공정을 혁신시키는 것이 아니라 끊임없는 개선을 통해 낭비를 제거하는 시스템이기 때문이다. 이를 도요타에서는 카이젠(Continuous Improvement)이라고 부른다. 현재 자동차 산업은 기술의 발달로 인해 끊임없이 발전하고 있다. 새로운 생산 방식이 도입되어 생산 공정의 자동화가 진척되는 것과 같이 획기적이고 급진적인 변화가 계속될 것이다. 그 과정은 항상 장밋빛일 수는 없을 것이며 도요타 사태처럼 많은 이들을 실망시키기도 하고 회사의 운명을 바람 앞 등불처럼 위태롭게 할 실패도 분명 있을 것이다. 하지만 도요타 자동차는 수십 년 간 JIT 시스템을 개선시켜 세계 최고의 자리에 올랐던 것처럼, 21세기에도 지속적인 개선과 끊임없이 변하는 환경에 대한 대처를 통하여 보다 효율적인 생산방식, 문제 해결 방안을 찾아낼 것이다. JIT 시스템은 그들이 가진 기술이 적시에 적재적소에 쓰일 수 있도록 할 것이며, 그 현실화된 기술은 다시 JIT 시스템을 개선하는데 기여할 수 있을 것이다. 그리고 자동차 업계뿐만 아니라 세계의 수많은 회사 역시 그들이 전사적 품질경영(TQM: Total Quality Management)을 통해 도요타를 배우고자 했던 것처럼 발전된 JIT로부터 발전된 TQM을 이끌어낼 수 있을 것이다.

출처: 매일경제신문, 토요타방식(The Toyota Way), 한국경제신문 참조 · 재구성.

11.1 생산운영관리의 개념 및 의의

생산운영관리는 다양한 투입물(input)을 제품이나 서비스와 같은 산출물(output)로 변형시키기 위한 모든 활동들이라고 정의할 수 있다. 예를 들어 자동차 생산에는 알루미늄, 유리, 반도체 등과 같은 수많은 원재료가 투입물에 해당하고 이러한 투입물은 조립라인을 통해 변형되어 최종 산출물인 제너시스나 그랜저와 같은 자동차가 탄생되는 것이다. 즉, 위와 같은 투입-변환-산출의 과정을 거치는 모든 행위를 생산운영관리라고 할 수 있다.

1980년 대 후반 이전까지만 하더라도 생산운영관리(production/operation management)라는 용어보다는 생산관리(production management)라는 용어가 더 널리 사용되어졌다. 하지만 생산관리라는 개념은 일반적으로 형체가 있는 물건에 대한 제조로 그 범위를 제한시킨다. 오늘날 세계 선진국 경제가 점차 제조 산업 중심에서 서비스 산업 중심으로 이동하는 시점에서 유형의 제품에 대한 생산뿐만 아니라 무형의 서비스에 대한 창조까지 포괄할 수 있는 생산운영관리라는 용어의 사용이 더욱 적절하다고 할 수 있다.

성공적인 생산운영방법은 다양하다. 투입물은 기초원재료에서부터 프로야구 선수 선발권에 이르기까지 다양하며, 생산공정 역시 조립라인에서 선수들을 위한 훈련프로그램에 이르기까지 다양하다. 하지만 이러한 모든 상황에서 가장 중요한 요소는 다양한 투입물들을 한 곳으로 혼합시켜 질 좋은 제품이나 서비스를 생산할 수 있도록 만들어 주는 효과적인 관리이다.

일단 투입물이 결정되면 생산운영관리에서 행해지는 두 가지 주요한 활동은 생산시스템의 설계와 생산시스템의 운영(기획과 통제)이다. 이 두 가지

그림 11-1 투입-변환-산출 모형

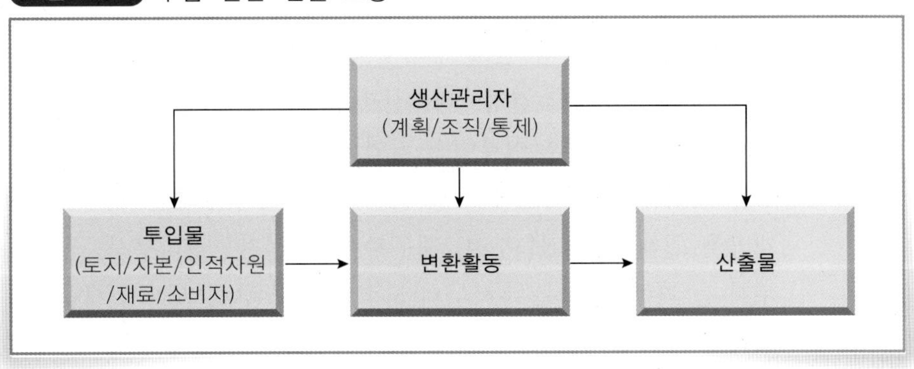

그림 11-2 변환 모형

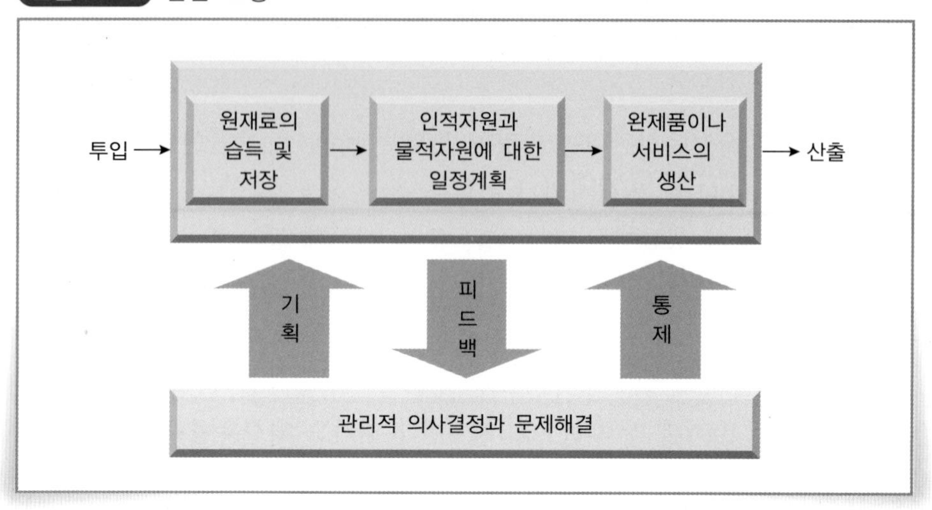

모두 관리적 업무라고 볼 수 있다. 먼저 관리자는 제품 또는 서비스를 생산하기 위해 어떤 시스템이 사용되어야 하는지를 결정하게 된다. 즉, 장기적 관점에서 제품의 설계나 개발, 공정설계, 배치결정, 입지선정이 이에 해당된다고 볼 수 있다. 한편 생산시스템의 운영은 단기적 관점에서 수요관리나 총괄생산계획, 재고관리 및 품질관리 등이 이에 해당한다고 볼 수 있다.

11.2 생산운영시스템의 설계

1. 제품과 서비스의 설계

생산과정 중 가장 먼저 내려야 하는 결정은 어떤 제품 또는 서비스를 생산할 것인가에 대한 결정이다. 신제품의 설계와 개발은 기업의 중요한 과제들 중 하나로서 향후 이루어질 기업의 생산, 조달, 물류, 판매과정에 많은 영향을 미치게 된다는 점에서 전략적이고 체계적인 접근이 요구된다. 신제품의 개발을 위해서는 R&D부서, 재무부서, 인적자원관리부서, 생산부서, 마케팅부서 등 기업 내 모든 부서들의 노력이 요구된다. 따라서 제품 또는 서비스를 설계하는 과정에서 부서 간 갈등이 일반적으로 발생할 수 있으며 이를 극복하기 위해서는 부서 간 협력이 절대적으로 필요하다.

제품과 서비스의 설계는 시장의 요구를 충족시키기 위해 고안된 연구 및 개발 노력과 함께 시작한다. 기업이 어떤 기술적 장점을 가졌는지에 상관없이 제품과 서비스는 효율적으로 생산되어져야 하며 소비자의 요구를 충족시킬 수 있어야 할 것이다.

또한 제품은 [그림 11-3]과 같이 고유의 수명주기를 가지고 있기 때문에 다양한 제품을 기업이 처한 상황에 맞추어 꾸준히 개발하는 것이 필요하다. 예를 들어 컴퓨터 제조업의 경우 제품의 출시와 성숙 및 쇠퇴 간 시간적 차이가 짧으므로 제품에 대한 지속적인 기술 변화를 요구된다. 텍사스 인스트루먼트(Texas Instrument)나 오스본 컴퓨터(Osborne Computer)와 같이 시장에서 외견상으로 굳건한 입지를 가지고 있던 컴퓨터 제조회사들조차도 이러한 빠른 시장의 변화에 적응하지 못해 도산하거나 시장으로부터 퇴출당하였다.

[그림 11-3]에서 각 제품수명주기의 특징은 다음과 같다.

■ 제품계획기

제품이 출시되기 전에 신제품 또는 서비스에 대한 아이디어가 창출되고 선정되어지는 과정을 거쳐 최종설계가 이루어지는 단계이다. 따라서 제품이나 서비스에 대한 이익은 마이너스가 된다. 비록 수입은 없다고 할지라도 개발과 관련된 제반비용이 발생하기 때문이다.

그림 11-3 제품수명주기

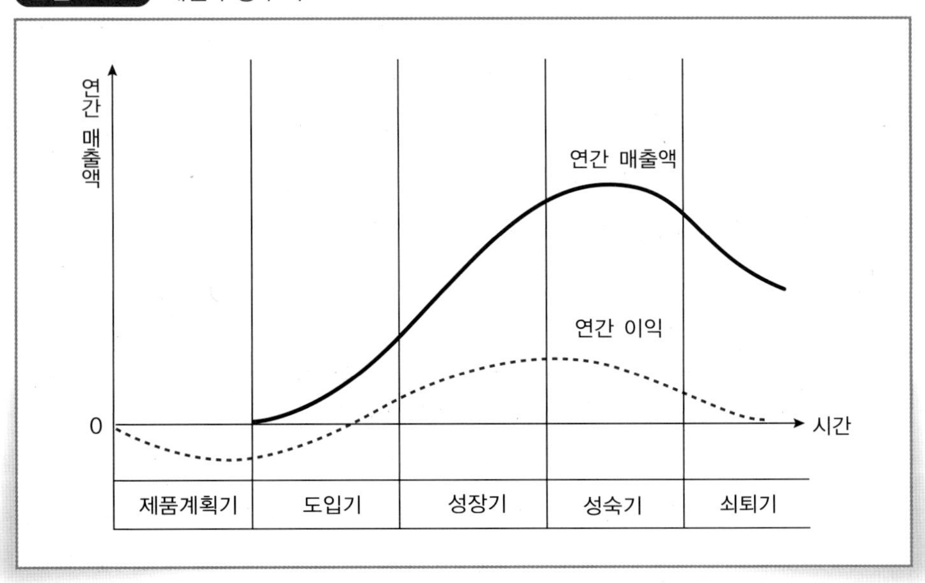

■ 도입기

도입기에는 일반적으로 판매량이 적고, 경쟁자가 거의 없으며 유통비가 많이 소요되므로 이익이 없거나 적자가 발생한다. 또한 일반적으로 도입기에는 제품가격이 높은데 이는 연구개발비용, 초기시설투자비용, 촉진비용 및 유통망 구축비용 등을 조기에 회수하고자 하기 때문이다.

■ 성장기

이 단계는 급속한 판매성장과 경쟁자의 등장으로 특징지어지는데 제품이 다수의 소비자에게 급속히 채택되면서 성장단계로 들어가게 된다. 생산원가는 수요의 급증으로 도입기보다 낮아지게 된다. 매출액의 증가로 산업전체의 이익이 발생하고 경쟁자들은 점차 이 시장을 매력적인 시장으로 평가하고 진입하게 된다.

■ 성숙기

이 단계는 특정 제품을 사용할 의향이 있는 소비자들의 대부분이 제품을 채택한 상태로 판매량의 성장률이 점차 둔화된다. 성숙기는 도입기나 성장기보다 오랜 기간 동안 지속되는 것이 보통이며 많은 제품들이 성숙기에 위치하고 있는 경우가 많다. 제품의 표준화와 대량생산으로 제품원가가 다른 수명주기단계보다 낮아 제품가격이 낮아지고 촉진비가 늘어나 이익은 성장기보다 낮아진다.

■ 쇠퇴기

신기술개발로 인해 대체품이 출현하여 소비자의 욕구를 만족시켜 주거나 신제품이 기존제품보다 성능이 좋다든지 또는 가격이 저렴한 신제품이 등장했다든가 소비자 기호가 변화되어 판매량이 점차 감소하면서 제품의 매출과 이익이 점차 감소하므로 수명주기단계는 쇠퇴기에 들어간다. 수요의 격감은 저가격을 유지토록 하므로 일반적으로 이익이 매우 낮다.

이와 같이 특정 제품을 통해 얻을 수 있는 이익은 시간이 흐름에 따라 감소하게 되고 경영진은 기존 제품이 절정에 이르기 전에 신제품을 개발해야만 한다. 즉, 제품의 설계, 개발 및 개선에 대한 성패를 결정하는 가장 중요한 요인은 신제품의 시장 도입시기라고 할 수 있으며, 기업은 그들이 생산하고 있는 제품이 수명주기상의 어떤 위치에 있느냐를 항상 주시하고 고려해서, 이에 적합하도록 제품을 개선하거나 신제품을 개발해야 할 것이다.

2. 생산공정계획(production process planning)

수많은 생산공정에 관한 결정 중 가장 기본적인 관심사는 여러 가지 투입물들을 어떻게 산출물로 변형시키는지에 관한 결정이다. 즉, 제품을 생산하는 방법을 결정하는 것인데 이는 제품설계를 제조 가능한 지시로 전환하고 구성품을 자체 개발할 것인가 아니면 공급업체로부터 구매할 것인가를 결정한 뒤 구체적인 공정유형을 선택하는 것이다. 이러한 공정의 선택은 기업의 전략적 의사결정에 중요한 영향을 미칠 수 있으며 이는 다시 제품의 원가, 품질, 납기 및 유연성에 영향을 미친다.

공정설계의 첫번째는 제품설계 명세서를 분석하고, 제품의 생산 방법을 결정하기 위한 문서를 만드는 단계로서 이러한 분석을 위해서 조립도표, 작업공정도표, 공정흐름도표 등이 널리 사용되고 있다. 다음으로 관리자는 비용이나 생산능력, 품질, 납기, 신뢰성, 전문성 등을 고려하여 어떤 품목을 구매할 것이며, 어떤 품목을 생산할 것인가에 대한 의사결정을 내려야 한다. 마지막으로, 위에서 조사했던 결과를 토대로 제품의 특성에 적합한 공정을 선택하게 되는데 공정의 유형은 다음과 같다.

1) 프로젝트공정(project process)

건설이나 선박제조와 같이 완성하는 데 오랜 시간이 소용되고, 대규모의 자본과 자원이 투자되며, 고객의 주문에 따라 일정기간 동안에 단일품목만을 생산하는 공정을 의미한다.

2) 대량생산공정(mass production process)

대규모 시장을 대상으로 표준화된 제품을 대량으로 생산하는 공정의 형태로 제품의 수요가 안정적일 때 효과적이다. 이 공정형태는 효율성을 높이고 단위당 원가의 절감을 가져올 수 있으나 고객 요구의 변화에 대한 유연한 대응이 어렵다는 단점을 가지고 있다.

3) 주문생산공정(make-to-order process)

생산활동이 고객의 요구에 대응해서 이루어지므로 특정한 고객주문의 확인이 가능해야 한다. 따라서 제품에 대한 납기가 가장 중요한 생산성과의 척도가 되며 다양한 고객의 주문을 충족시킬 수 있도록 유연성 있게 설계되어야 한다.

4) 조립생산공정(make-to-assembly process)

수요예측을 토대로 중간조립품과 구성품을 생산하는 재고생산과 고객의 주문에 따라 최종제품을 생산하는 주문생산이 결합된 형태라고 할 수 있다. 따라서 소수의 중간조립품에 대한 예측이 가능하도록 제품이 설계되어야 하며 제한된 중간조립품의 재고를 가지고 다양한 고객주문에 대처할 수 있어야 한다.

5) 묶음생산공정(batch production process)

제품을 단속적인 시간간격에 따라 그룹 혹은 묶음 단위로 생산하는 형태로 수량범위가 넓고 표준품과 주문품 모두를 생산할 수 있는 형태이다.

6) 연속생산공정(continuous production process)

고도로 표준화된 일용품을 대량으로 생산하기 위해서 사용되는 공정형태로 화학이나 제지, 철강, 화학회사와 같은 장치산업에 주로 이용된다. 이 공정 역시 제품 생산의 효율성 측면에서는 장점을 가지고 있으나 수요의 변화에 대한 낮은 유연성은 단점이 될 수 있다.

3. 설비배치(physical layout)

생산공정에 대한 설계가 이루어진 후에 기계나 작업장 등의 물리적 설비의 위치를 결정하는 것을 설비배치라고 한다. 이러한 설비배치는 생산설비를 효율적으로 이용할 수 있도록 하고 자재취급비용과 운반비용을 감소시킬 수 있어야 한다. 또한 기계, 인간, 공간의 이용률을 향상시키고 물리적, 심리적 작업환경을 개선시킬 수 있어야 한다.

기본적인 설비배치의 유형에는 제품별 배치(product layout)와 공정별 배치(process layout), 고정형 배치(fixed layout)가 있다. 각각의 배치 유형은 다양한 장점과 약점을 가지고 있으며 생산운영관리자는 가장 적절한 유형을 선택하기 위해 수많은 요인들을 고려해야 할 것이다. 배치유형의 선택에 큰 영향을 미치는 요인으로는 제품 또는 서비스의 특성, 생산량, 무게, 설계비용, 완제품의 견고성 등을 들 수 있다.

그림 11-4 제품별 배치

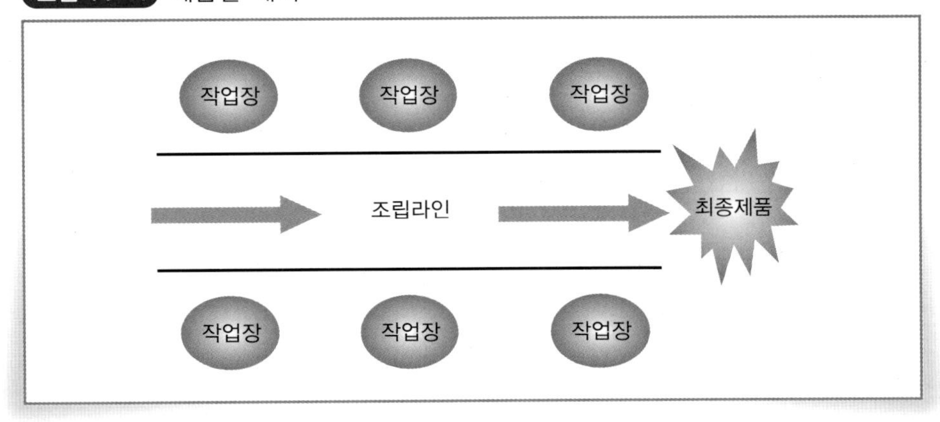

1) 제품별 배치(product layout)

[그림 11-4]에서 볼 수 있는 것과 같이 제품별 배치는 수행되는 작업 활동의 선형 흐름의 유형을 의미한다. 즉, 제품의 작업순서에 따라 기계 설비를 배치하는 것으로 조립라인이나 카페테리아에 일반적인 형태이다.

제품별 배치의 장점은 작업순서에 따른 배치이므로 흐름이 부드럽고 논리적이며 작업공간의 자재운반거리가 짧고 대기시간이 줄어든다는 점이다. 또한 작업자의 감독과 훈련에 용이하다는 장점을 가지고 있다. 하지만 한 번 설치된 설비는 변경이 어렵고 작업자의 직무만족이 낮으며 생산라인 중에서 한 부분이 문제가 생겼을 경우 전체 공정에 영향을 줄 수 있다.

그림 11-5 공정별 배치

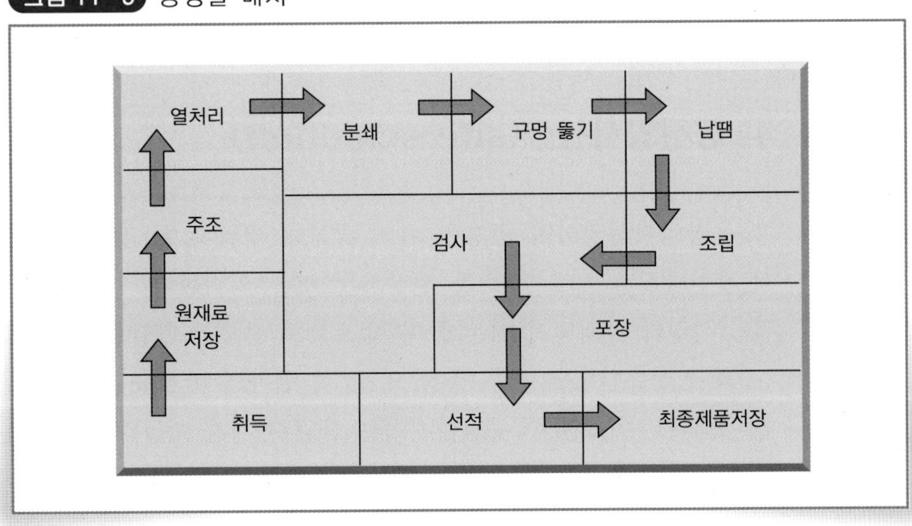

2) 공정별 배치(process layout)

[그림 11-5]와 같이 공정별 배치는 작업기능의 종류에 따라 기계와 사람들을 분류하고 같은 종류의 작업기능을 갖는 공정들을 한 곳에 모아 배치하는 형태이다. 따라서 공정별 배치는 기능별 배치(functional layout)라고도 하며 다품종 소량생산에 적합하다.

공정별 배치의 장점으로는 기계의 이용도가 높고 제품설계, 작업순서의 변경에 유연성이 크며 설비가동률이 높고 생산시스템의 유지가 용이하다는 점을 들 수 있다. 또한 공정별 배치는 제품별 배치에 비해 종업원들의 직무만족도가 높으며 전문화된 감독과 통제가 가능하다. 하지만 자재취급비용이 높고 재고 비용이 증가되며 관리 및 통제가 어렵다. 또한 총생산시간이 증가되며 숙련된 노동력을 필요로 하게 된다는 단점 또한 지닌다.

3) 고정형 배치(fixed position layout)

고정형 배치는 비행기나 큰 선박의 제조에 적합한 형태로 제품이 한 장소에 고정되고 장비, 공구, 작업자가 이동하면서 작업하는 형태를 의미한다.

4) 기타 형태의 배치

근래에 와서 많은 경우 제조업체들은 앞서 언급한 위의 세 가지 설비배치 유형을 결합하여 생산량을 상황에 맞게 조정할 수 있는 유연성을 갖는 배치 형태인 혼합배치(hybrid layout)를 많이 사용하고 있다. 예를 들어, 대형 슈퍼마켓의 배치는 본질적으로 공정별 배치의 성격을 띠고 있지만 제품을 카트나 컨베이어 벨트와 같은 운반 기구를 이용하여 계산대로 운반할 수 있는 혼합배치의 형태를 취하고 있다.

4. 공장입지선정(site selection)

공장입지선정이란 공장을 어느 위치에 세워야 할 것인가에 관한 것으로서 생산공장을 세울 장소를 선정하는 것을 의미한다. 공장입지선택의 경우 일단 선정하게 되면 쉽게 바꿀 수 없으므로 신중한 판단이 요구된다.

과거 섬유산업의 경우 특정 요인, 즉 원가의 이점을 가져갈 수 있는 지역인 우리나라를 포함한 동남아시아로 산업 자체가 이동해 왔다. 즉, 위치선정 분석의 목적은 지리적 위치에 의해 영향받는 모든 비용의 합을 최소로 하는 것이다. 공장입지에 선택시 고려해야 할 객관적 요인들은 다음과 같다.

1) 시장에의 근접성

아마도 시장에의 근접성은 대부분의 산업에서 가장 중요한 요인들 중 하나일 것이다. 한 산업이 해당 시장으로부터 멀리 떨어질수록 소비자들이 부담해야 하는 수송비나 서비스 비용은 증가한다. 이 요인의 중요성은 종종 제품에 의해 결정되는데, 예를 들어 농기계 제조업체의 경우에 그들 대부분의 소비자가 위치한 농촌과 지리적으로 가까워야 할 것이다. 또한 자동차 회사에 부품을 공급하는 수천 개의 부품 제조사들은 그들의 주 소비자인 자동차 회사에 가깝게 위치해야 할 것이다.

2) 원재료의 근접성

철강산업에서 산소용광로가 존재하기 전에는 철을 만들기 위해서 막대한 양의 석탄을 필요로 했다. 즉, 석탄이 많이 매장되어있고 대량의 물을 사용하고 방류할 수 있는 강과 근접한 장소에 위치하는 것이 철강회사의 성패를 좌우하게 되었다. 따라서 방대한 석탄매장량과 강을 보유하고 있는 펜실베니아와 오하이오가 미국 철강산업의 메카가 된 것은 당연한 이치인 것이다.

3) 수송시설

곡물산업에서 가격에 큰 영향을 미치는 요인 중 하나는 낮은 선적비용(shipping cost)일 것이다. 또한 신선해야 하는 상품을 취급하는 산업에 있어서는 수송의 속도가 더욱 중요할 것이다. 하지만 모든 경우에 있어 수송시설이 큰 영향을 미치는 것은 아니다. 예를 들어, 책과 같이 상품가치와 비교해 선적비용이 대단히 낮을 경우에는 수송요인이 커다란 영향을 미치지 못할 것이다.

4) 숙련된 노동력의 공급과 이용가능성

기업은 한 지역에서 숙련된 노동력을 이용할 수 없는 경우 다른 곳으로 공장을 이동해야만 한다. 이 외에도 노동력과 관련하여 고려해야 할 요인은 비용과 노동조합이다. 과거 가전 제조회사인 메이텍(Maytag)사의 경우, 그들은 경쟁 회사에 비해 노동비의 지출이 상대적으로 많아짐에 따라 아이오와에 위치한 공장을 폐쇄하였다. 더욱이 메이텍 회사의 본사가 아이오와에 위치해 있음에도 불구하고 더 이상 그곳에서는 공장을 설립하지 않을 것이라고 언급했다. 또한 우리나라와 같이 강한 노동조합을 가지고 있는 국가는 상대적으로 제조비용이 높다는 연구 결과가 있다.

5) 기타 객관적 요인과 주관적 요인

어떤 회사의 경우에는 저원가의 이점이 기업의 경쟁력일 수 있으며 또 다른 회사의 경우에는 바다와 가깝게 위치한 공장의 입지가 기업의 경쟁력일 수 있다. 주관적 요인으로는 기업을 향한 지역적 인지도나 그 지역의 분위기, 거주하기 좋은 환경 등을 들 수 있다.

많은 중소기업의 경우 그들의 공장이 위치한 지역이 주 표적시장이 된다. 즉, 공장의 위치가 표적시장을 결정한다. 일단 특정 지역에 공장을 세우기로 결정했다면 위에 열거한 요인들 이외에도 그 지역에 세금혜택이나 보조금이 있는지를 검토해야 하며 교회, 학교, 공원 등의 공공시설이 잘 갖추어져 있는지도 면밀히 검토해야 할 것이다.

11.3 생산운영시스템의 운영(계획 및 통제)

본 장에서 다루어질 생산운영시스템의 운영은 앞 절에서 언급된 생산운영시스템의 설계에 비해 상대적으로 단기적이고 구체적인 계획 및 통제의 과정이다. 생산운영시스템의 운영(계획 및 통제)이란 가능한 최소의 비용으로 최소의 투입물을 가지고 최대의 산출물을 생산하기 위한 시스템이라고 정의할 수 있는데 이러한 계획과 통제 과정은 [그림 11-6]과 같이 일련의 순차적 단계에 의해 진행된다. 첫번째 단계는 수요예측을 포함한 총괄생산계획(aggregate production planning)이다.

1. 수요예측(demand forecasting)

생산운영시스템 운영의 첫번째 단계는 조직의 제품 또는 서비스에 대한 미래의 수요를 예측하는 수요예측(demand forecasting) 단계이다. 일반적으로 수요예측이 잘못되는 경우로는 두 가지를 생각해 볼 수 있다. 먼저, 실제

그림 11-6 생산운영시스템의 운영

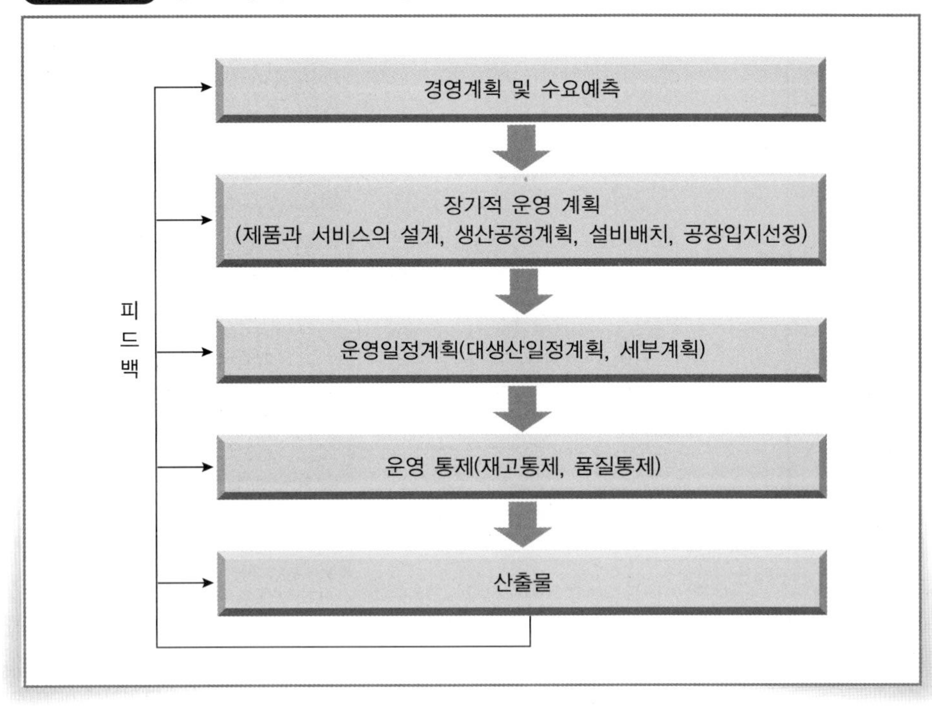

수요가 예측보다 적은 경우에는 과잉시설투자가 일어나게 되고 따라서 막중한 재고 부담을 안게 된다. 다음으로, 실제수요가 예측보다 큰 경우에는 재고부족이 일어나 고객을 다른 회사에 빼앗기게 되어 판매 기회손실이 일어날 수 있다. 이렇게 재고부족 현상이 있는 경우에 제품의 수요는 어느 정도 시간을 두고서 억제시킬 수도 있으나, 서비스의 경우에는 상품의 무형성과 무재고의 특성 때문에 곧바로 판매기회를 놓치게 된다. 이것은 마치 자동차를 운전할 때, 앞에 4차선 직선도로가 있을 것이라 생각할 때와 앞에 급커브 길이 있을 것이라 생각할 때 행동이 달라지는 것과 같다.

제조회사에서 수요예측은 매주 만들어지는 제품의 수량을 계획하는 것을 포함한다. 마찬가지로 병원에서도 하루에 얼마나 많은 환자를 치료해야 되는지에 관한 계획이 필요할 것이다. 따라서 훌륭한 수요예측은 생산과 서비스의 운영에 관한 적절한 계획을 수립하는 데 도움을 주게 된다. 제조해야 할 제품의 양이 많아질수록 더 많은 자원을 필요로 하게 되며, 수요가 증가될 것이라고 기대한다면 더 많은 재료와 장비를 구매하고 사람들을 채용해야 할 것이다.

수요예측을 행하는 일반적인 절차는 [그림 11-7]과 같다. 먼저 예측의 필

그림 11-7 수요예측의 절차

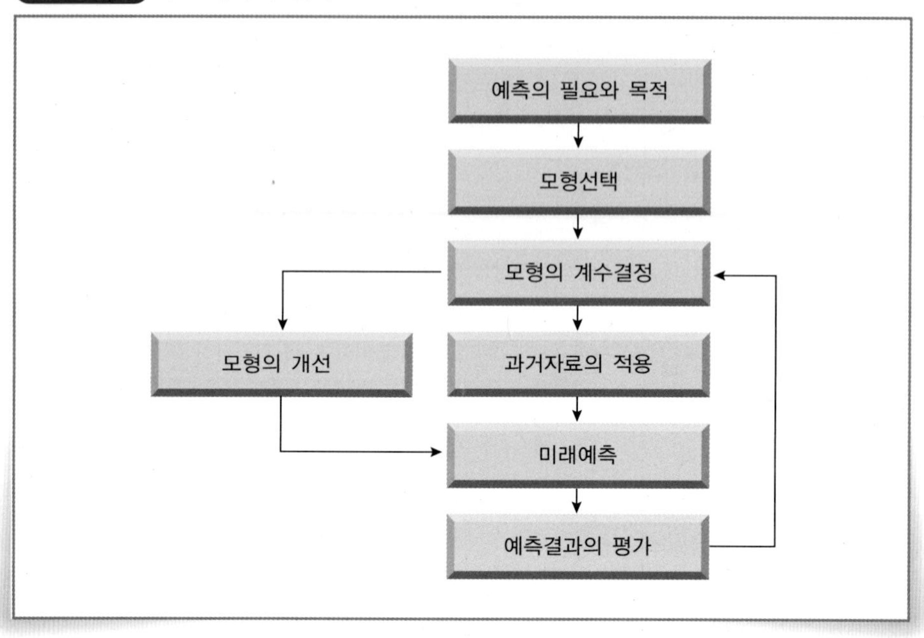

요성과 목적을 명확히 해야 하며 예측하려는 품목의 환경적 요인이라든지 혹은 예측 결과의 이용자 등을 밝히는 것이 중요하다. 다음으로 적절한 예측 모형을 결정하여야 하는데, 이것은 다음에서 설명하는 여러 기법 중에서 선택하는 일이 된다. 모형 선택이 이루어지면, 모형에 내재하는 모수를 나타내는 계수를 결정하고, 과거 자료를 적용시킨다. 이것이 합당하면, 미래 예측에 사용한다. 그리고 차후에 예측치와 실제치와의 비교 검정을 통해 모형을 개선하게 된다.

현대와 같이 빠르게 변하는 경제적, 사회적, 글로벌 환경 요인 속에서 시장수요를 정확하게 예측하기는 어렵다. 하지만 기업 입장에서 볼 때 정확한 예측이 현실적으로 어려움이 있다 하더라도, 체계적이고 과학적인 방법으로 수요예측을 실시하여야 한다. 예측된 수요량은 기업목표의 달성에 중요한 지침이 되고 이는 경영계획의 중요한 부분이 되기 때문이다. 특히 신제품개발과 판매 예측은 생산능력의 활용과 생산계획에 커다란 영향을 미친다.

수요예측이란 간단히 말해서 제품이나 서비스에 대한 미래의 고객수요를 추정하는 것이다. 미래의 예측은 거의 대부분 과거 또는 현재의 자료나 정보에 근거하여 이루어지게 되는데, 이 경우에 특히 환경변수의 정확한 분석이 요구된다. 기업은 제품이나 서비스의 판매를 위하여 단기 및 장기적으로 수요예측을 하지 않으면 안 된다. 미래수요의 예측 내용은 고객과 시장의 특성, 제품이나 서비스의 종류, 수량, 품질 등이 포함된다. 기업의 사업전략이나 생산계획은 미래 환경에 대한 예측에 근거하여 이루어지는바, 수요예측은 기업 전략 및 생산계획을 연결시켜 주는 기능을 가진다. 따라서 수요예측은 모든 경영계획의 기초가 되며, 특히 제품이나 서비스상품에 대하여 소비자의 다양한 욕구를 충족시키기 위한 수요예측은 생산 활동의 영역에서 가장 중요한 단계 중의 하나이다.

수요예측기법에는 크게 정성적 방법(qualitative methods)과 인과법(causal methods), 시계열 분석법(time-series methods)으로 구분할 수 있다. 정성적 방법은 조직 내외의 사람들의 경험이나 견해와 같은 주관적 요소를 사용하는 예측 방법으로서 시장조사법, 위원회 토론, 델파이법 등이 있으며, 인과법은 수요 자료에 영향을 미치는 원인과 결과 사이의 관계를 찾아 예측하는 방법으로 회귀분석법을 들 수 있다. 마지막으로 시계열 분석법은 시계열 자료를 이용하여 예측하는 방법으로 지수평활법, 이동평균법, 가중이동평균법 등이 있다.

2. 총괄생산계획(aggregate production plan)

예측의 목적은 경영자로 하여금 생산운영 활동을 위한 계획을 가능하게 해 주는 것이다. 초기에 이러한 활동들이 잘 계획되어진다면 실제 나타나는 결과에 대한 통제(control)가 용이해진다. 경영자는 주어진 수요예측결과를 이용하여 최종 제품 또는 서비스를 만들어내기 위해 결합되어져야 할 다양한 재료나 인적 자원에 대한 생산계획(schedule)을 작성하게 된다. 이러한 생산계획의 목적은 기업이 만들고자 하는 제품 또는 서비스를 자원의 효과적 사용을 통해서 올바른 재료와 사람을 가지고 적절한 시간에 올바른 것을 창출해 내는 것이다.

대부분의 조직은 생산을 위한 계획이나 서비스 운영을 전담하는 전문화된 부서를 가지고 있으며 경영자는 [그림 11-8]에 나타난 모든 기본적인 계획 활동을 고려해야 할 것이다.

다음 [그림 11-9]에서 보는 바와 같이 기업의 계획은 예측기간에 따라 단기계획, 중기계획, 장기계획으로 구분되는데 총괄생산계획(aggregate production plan)은 3개월 내지 18개월에 이르는 중기에 대하여 생산의 수량과

그림 11-8 생산계획활동의 과정

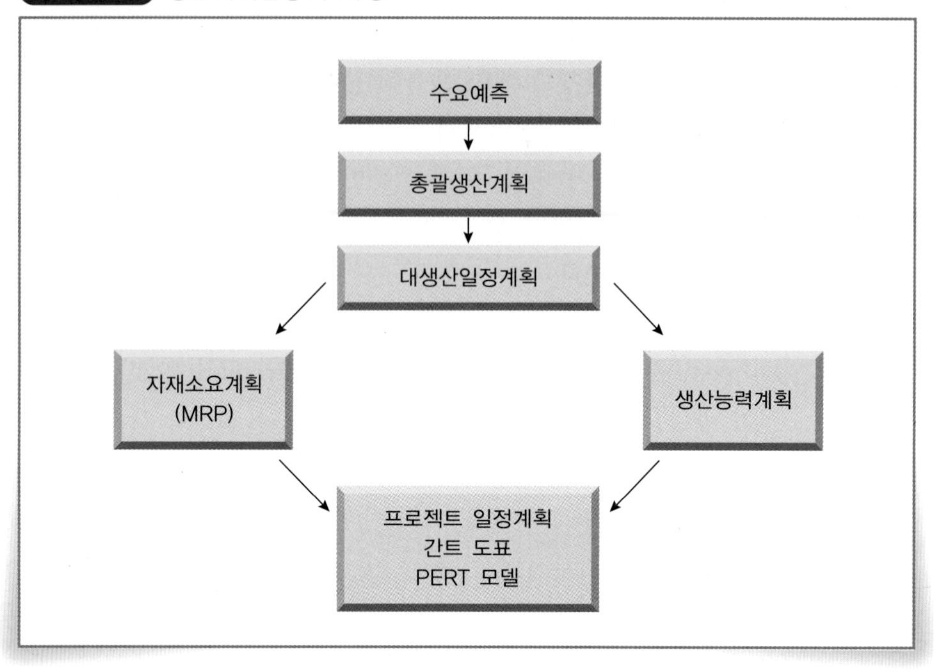

시기를 결정하는 것이다. 생산운영자는 예측수요에 부응하기 위해 생산율, 노동력수준, 재고수준, 잔업, 하청률 등 통제가능변수들을 조정하는 최선의 방안을 추구해야 한다.

재화와 서비스의 생산에 있어서 예측된 수요에 부응하도록 생산능력을 효율적으로 활용하기 위해 기업은 일정한 노동력과 기계설비 그리고 시간을 가지고 있다. 이러한 것들을 생산운영시스템의 생산능력이라고 한다. 그런데 재화와 서비스의 수요는 그 기업의 생산능력과 반드시 일치한다고는 할 수 없다.

예측된 수요에 부응할 수 있는 효율적인 생산능력 이용방법을 계획하는 것이 총괄생산계획이다. 대개 2개월 내지 1년 정도의 기간을 대상으로 하는 계획이며, 수요가 계절적으로 변하거나 생산능력이 시간에 따라 변하는 기업의 경우에는 특히 효과적 총괄생산계획이 요구된다고 하겠다.

총괄생산계획은 기업전반적인 생산계획이다. 기업은 수많은 제품종류와 모델을 생산하는 것이 보통인데, 총괄생산계획에서는 이들을 모두 하나의 단위로 종합한다. 총괄단위의 예로는 노동시간(labor hour), 기계시간(machine hour), 무게단위, 용량단위, 개수단위 등이 있다.

대생산일정계획(master production plan)은 위 분류 중 단기 계획에 해당

그림 11-9 예측기간에 따른 계획의 분류

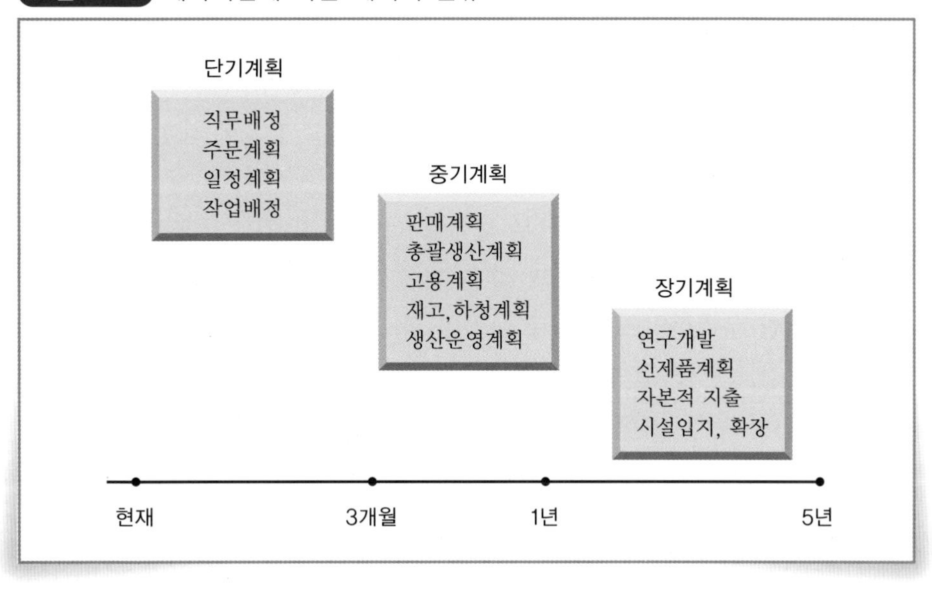

하는 것으로서 단기간 내 정확히 어떤 제품 또는 서비스를 생산할지에 관한 세부사항을 구체화시키는 것이다. 따라서 대생산일정계획은 총괄생산계획을 주단위나 일단위로 운영될 수 있도록 도와주는 역할을 하며 총괄생산계획을 좀 더 세부적으로 분해한 형태라고 할 수 있다. 즉, 생산계획을 추진하는 데 필요한 노동력이나 자재의 양, 재고소요량 등을 결정하기 위하여 총괄생산계획을 보다 구체적으로 구분하는 것이다.

3. 재고관리(inventory control)

재고란 기업의 창고 내 보관되어 있는 제품이나 자원을 의미하며 기업이 재고관리를 어떻게 하느냐에 따라 그 성패가 좌우될 정도로 생산운영관리의 중요한 구성요소 중의 하나이다. 즉, 고객이 요구하는 상품을 항상 충분한 재고수준으로 유지하는 것이 매우 중요하다.

그런데 일반적으로 재고는 비용을 증대시키기 때문에 가능한 재고 발생을 억제하고 상품 회전율을 높이는 것이 올바른 경영을 하는 것으로 보는 경향이 있다. 사실상 과다재고(overstock)는 자금효율을 저하시키고 판매부진 품목을 증대시켜 결과적으로 재고의 재평가나 이폭 감축의 비중을 높여 영업이익 감소를 초래하기 쉽다.

그러나 재고 감축으로 인한 과소재고(understock)는 점포에 다른 형태의 위험을 가져다준다. 판매규모에 비해 지나치게 적은 재고는 결과적으로 상품 계열마다 품목별 재고수량을 줄여 매장의 품절(stockout)을 상례화시키게 된다. 이 때문에 판매기회를 상실하게 되고 점포에 대한 고객의 신뢰감을 떨어뜨리기 쉽다.

이처럼 재고는 너무 넘쳐도 너무 부족해도 안 된다. 과다재고는 언제 폭발할지 모르는 폭약과 같은 것이지만, 재고는 정상적인 영업을 전개하기 위한 무기탄약이 되므로 이것이 과소하면 강력한 판매활동을 전개하기는 어렵다. 그러므로 항상 적정재고(optimum stock)가 유지되도록 통제할 필요가 있다. 우크라이나-러시아 전쟁에서 보듯, 유럽 국가들이 무기 생산과 재고 무기들이 없어 어려움을 겪은데 반해, 우리나라의 경우 남북 대치로 군수산업이 발전하고 일정 무기를 재고로 보유하였다.

재고관리시스템은 생산하려고 하는 제품이 직면한 수요 상황에 따라 재고의 유형을 분류할 수 있다. 예를 들어, 한 제품의 수요 상황이 다른 제품의 수요와 관련하여 독립적인지 아니며 종속적인지에 따라 분류해 볼 수 있을 것이다.

재고에는 재공품재고, 일상재고, 안전재고, 예상가능재고 등이 있는데, 이들을 관리, 통제하기 위하여 다음과 같은 기법들이 많이 사용된다.

1) 경제적 주문량 모형(EOQ : economic order quantity)

재고관리에 있어 우리가 결정해야 할 기본적인 의사결정문제는 두 가지이다. 첫째, 1회에 얼마만큼을 주문해야 하는가 하는 1회 주문량 결정이다. 둘째, 이를 언제 주문할 것인가 하는 재주문점(reorder point)의 결정이다. 재고관리비용을 최소화시키는 1회 주문량을 경제적 주문량이라 하며, 이를 결정하기 위해서는 먼저 재고관리와 관련되는 비용들을 살펴보아야 한다.

기업의 재고관리에 수반되는 비용은 재고유지비용(carrying cost)과 재고가 부족함으로써 야기되는 기회비용(out-of-stock costs) 및 재고자산을 주문하거나 인수하는 데 소요되는 주문비용(ordering cost) 등으로 분류할 수 있다.

연간 총재고주문량을 S, 1회 주문량을 Q, 1회 주문비용을 O, 단위당 재고유지비용을 C라 하자. 여기서 매회당 Q씩 주문할 경우 기업이 보유하게 되는 재고량은 [그림 11-10]과 같이 표시할 수 있다.

그림에서 기초에 Q만큼 주문하면 재고량은 Q가 될 것이다. 시간이 경과

그림 11-10 재고수준모형

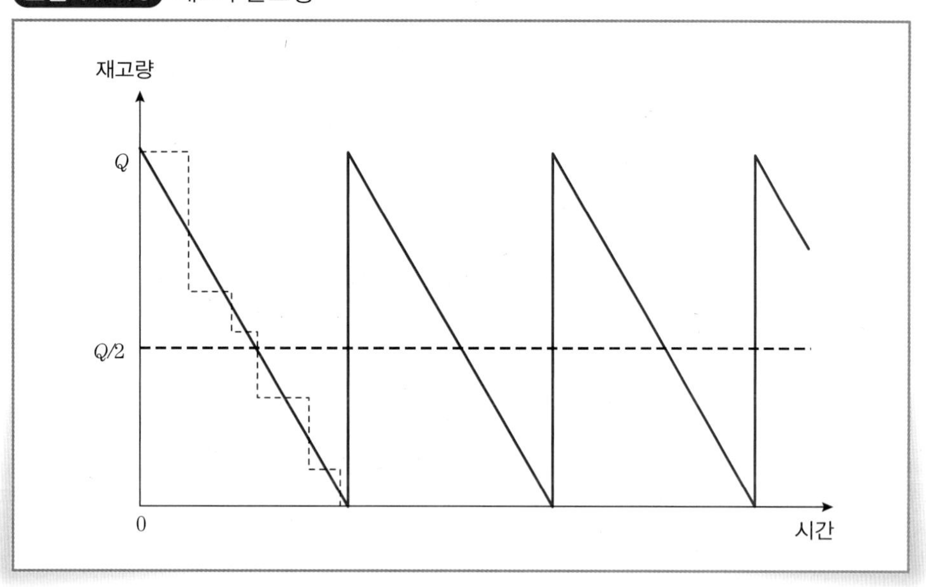

함에 따라 재고 중의 물품은 소비되거나 판매되어 그 재고량이 점차 감소하게 된다. 소비나 판매가 일정속도로 이루어진다고 가정하였으므로 재고량은 선형적으로 감소한다. 시간의 흐름에 따라 재고량은 0에 이르게 되는데, 이때 이 기업은 다시 Q만큼 주문하여 사용할 것이다. 이와 같은 패턴이 반복될 경우, 재고량의 감소가 선형이므로 평균재고량은 물론 $Q/2$가 된다. 따라서 이를 유지하기 위한 연간 총재고유지비용(T)은 다음과 같다.

$$T = T_c + T_o = \frac{Q}{2} \cdot C + \frac{S}{Q} \cdot O$$

여기서 재고유지비용(T_c)은 Q의 증가함수인 반면에 주문비용(T_o)은 Q의 감소함수이므로, 이 두 종류의 비용 간에 서로 상치관계(trade-off)가 존재함을 알 수 있다. 이와 같은 상치 관계의 존재는 두 함수의 합인 총비용을 결정하는 데 있어서 이를 극소화시킬 수 있는 최적수준의 주문량이 존재한다는 것을 의미한다. 이 상치관계를 그림으로 나타내면 [그림 11-11]과 같다.

재고의 적정보유수준은 총재고비용이 최소가 되는 Q^*점에서 결정된다. 즉, 경제적 주문량은 총재고관리비용이 최소가 될 때의 주문량이므로 위의 식을 최소화시키는 Q의 값은 다음과 같다.

그림 11-11 경제적 주문량

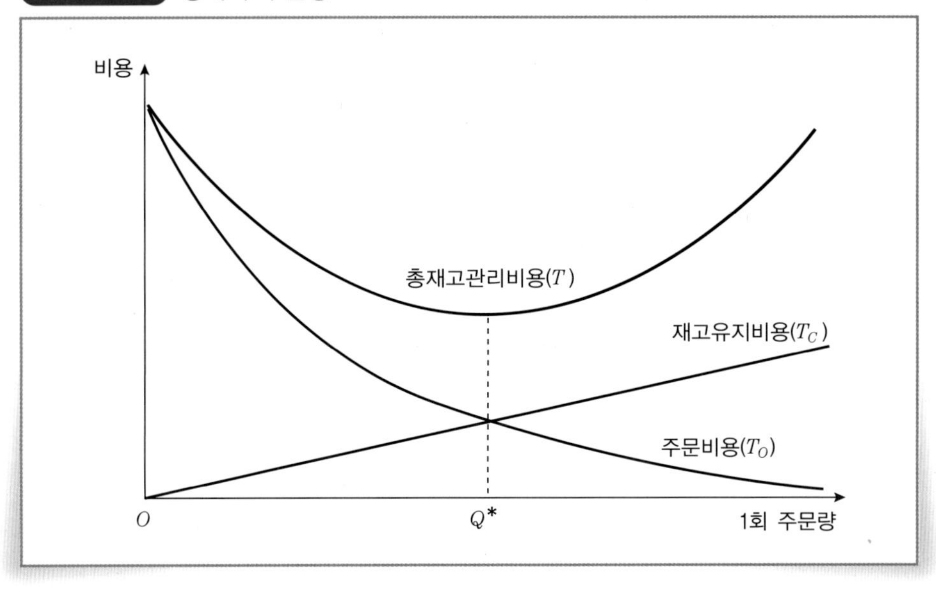

$$Q^* = \sqrt{\frac{2SO}{C}}$$

2) ABC 재고관리시스템

ABC 재고관리법은 1951년 데키(Deckie)에 의해 제창된 재고관리법이다. 이 방법은 품목에 따라 관리의 중점을 달리하는 재고관리법으로써 재고의 가치나 중요도를 고려하여 재고자산의 품목을 분류하고, 가장 집중적으로 통제를 행하여야 할 재고품목이 무엇인지를 결정하여 이를 중점적으로 관리하고자 하는 방법이다. 일반적으로 A, B, C의 세 가지 품목으로 분류하지만 분류방법은 통제 노력에 차등을 두고자 하는 정도에 따라 달라질 수 있다.

일반적으로 A 품목은 금액이 큰 반면에 품목수가 적은 것을 말하며, 금액은 적지만 품목수가 많은 것을 C 품목, 그 중간에 있는 것을 B 품목으로 정하

표 11-1 ABC 재고관리법의 일반적인 구분점

	전체품목에 대한 비율	총가치에 대한 비율
A	5~10(%)	70~80
B	10~20(%)	15~20
C	70~80(%)	5~10

여 각각에 대한 재고관리상의 중점의 차이를 두는 것을 말한다. 따라서 A 품목은 통제의 정도가 강하고 주문 순위가 높은 반면 C 품목은 통제의 정도가 약하고 주문 순위 역시 낮게 된다.

4. 품질관리

품질이란 어떤 제품이나 서비스가 일정한 표준에 얼마나 가까운가 하는 척도로 제품이 어떤 성능 혹은 광고된 성능을 만족시키는 정도를 의미한다. 이러한 품질은 등급이나 사용적합성, 일관성, 품질의 적합성 등에 의해 측정된다.

기업경영의 목적은 원칙적으로 제품의 생산과 판매를 통하여 이익을 올리고 기업을 성공적으로 발전시키는 것이다. 기업의 발전에 있어서 이익은 필수적이다. 그렇지만 이익추구는 장기적인 안목에서 볼 때 품질에 의한 경영, 즉 품질관리를 기본으로 하지 않으면 안 된다. 품질관리란 고객이 요구하는 품질의 제품을 생산하기 위한 수단의 총체계를 의미한다. 품질관리의 목적은 제품이나 서비스의 특정 값이 일정한 표준에 적합하도록 보장하는 데 있다.

그림 11-12 품질비용곡선

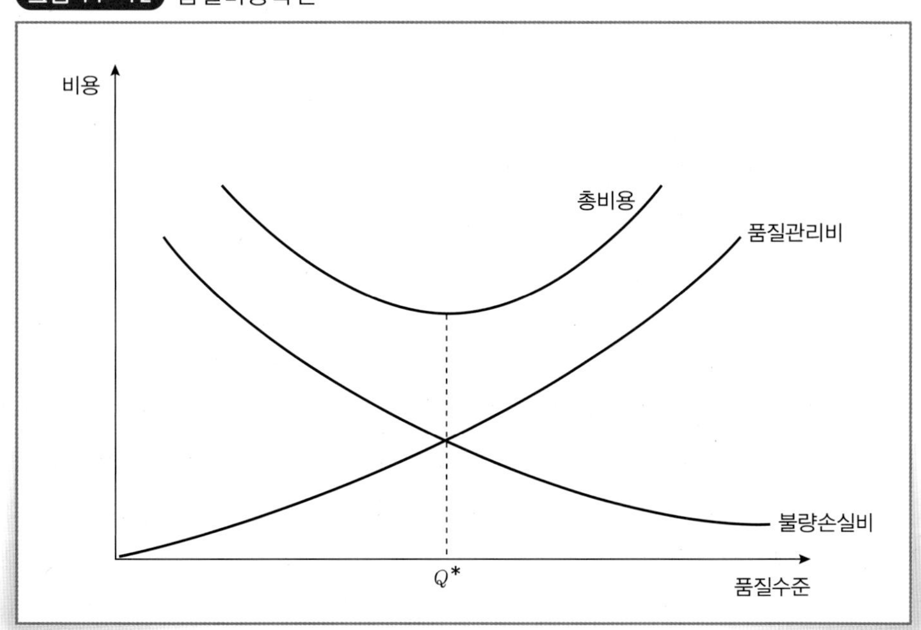

일반적으로 [그림 11-12]와 같이 철저한 품질관리는 제품의 불량률을 감소시킬 수 있으나 품질관리비의 증가를 가져온다. 따라서 품질관리비와 불량으로 인한 손실비의 합이 최소가 되는 점에서의 품질수준이 바람직하다. 즉, 그림에서 Q^*값이 비용이 최저가 되는 최적 품질 수준이다. 다시 말해 제품의 값이 싸면 품질이 나쁘더라도 팔리고, 품질이 좋으면 값이 아주 비싸더라도 팔리는 것은 일시적인 현상이라는 것이다. 품질이 좋으면서 가격이 적당해야 제품이 많은 소비자들로부터 오랫동안 애용될 수 있다.

실제로 품질제일을 강조하고 있는 대기업에서조차 제조품질과 설계품질의 확보는 게을리 하면서 품질보증에만 힘을 쏟으며 판매활동과 원가절감에만 열을 올리고 있음을 볼 수 있다. 밑 빠진 독에 물 붓기 식으로 이러한 기업에서 생산된 제품은 사용단계에서 품질불량이 있게 되면 반품 및 A/S 등으로 인한 금전적 손실은 물론 소비자들에서 실망을 주기 때문에 판매활동에도 막대한 손실을 초래한다. 따라서 제품의 품질관리를 위해서는 생산되는 제품의 품질을 측정하여 품질규격에 미달될 때는 그 원인을 조사하여 수정작업을 필요로 하게 된다. 생산공정이 규격 미달된 제품을 생산한다고 판단될 때는 신속히 공정을 중지시켜 불량품 생산에 따른 손실을 방지하여야 한다. 이와 반대로 규격제품을 생산한다고 판단될 때는 불필요한 공정검사를 줄여 생산량의 감소에 따른 손실을 방지할 수 있어야 할 것이다. 이렇게 품질관리 문제는 제품의 생산 및 판매에 있어서 중심적인 역할을 하게 되었다.

1) 통계적 품질관리(SQC: statistical quality control)

통계적 품질관리란 고객에게 만족을 줄 수 있는 제품을 가장 효율적으로 생산할 수 있도록 생산의 모든 단계에 통계학적 원리와 기법을 적용한 품질관리 기법을 말한다.

통계적 품질관리를 크게 표본조사에 의한 허용발취검사법(acceptance sampling)과 관리도법(control chart)으로 나눌 수 있다. 허용발취검사법은 모집단과 표본집단을 구별, 확률론적 관계를 이해함으로써 어느 정도로 표본을 크게 잡으면 어느 정도의 정밀성을 얻을 수 있는지를 규명하여 표본추출(sampling)에 의해 전 제품 및 부품의 특성을 도출해내는 방법을 의미한다.

관리도법은 통계학의 이론을 응용하여 생산공정 중에 있는 기계나 공정의 상태를 파악, 통제하는 기법을 의미한다. 즉, 품질의 합격 상하한을 정해서 관리도를 작성한 다음 공정을 통제하는 기법이다. [그림 11-13]은 관리도

그림 11-13 관리도법

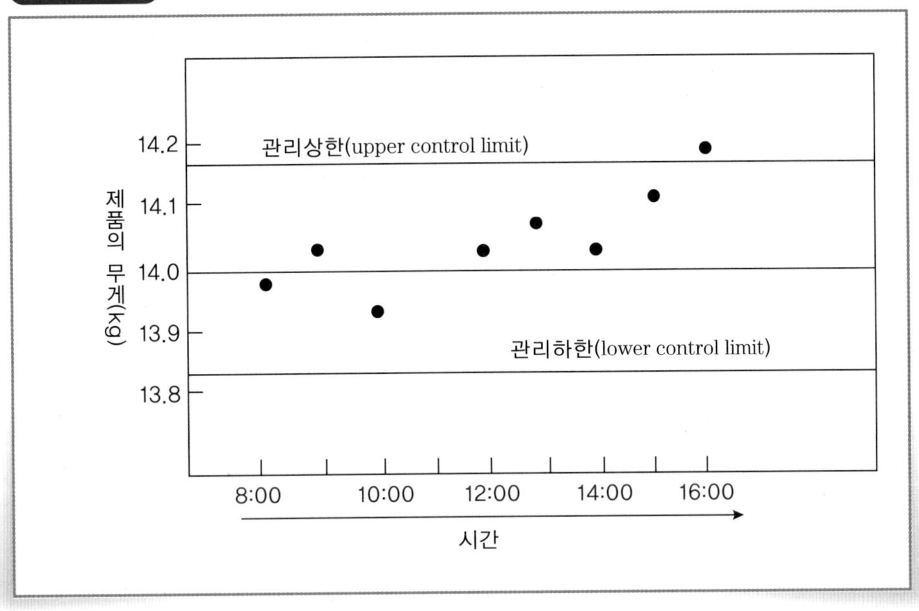

법의 예를 보여주고 있는데 그림에서 처음 다섯 개의 점들, 즉 오전 8시에서 정오까지 제품의 무게가 중심선 주위에 산발적으로 분포하는 것을 확인할 수 있다. 즉, 기계에 별 이상이 없다는 것을 의미한다. 하지만 다섯번째에서 여덟 번째 점들의 경우 모두 중심선 위에 분포되어 있어 이것은 무엇인가가 제품 무게의 증가를 가져오고 있다는 것을 의미한다. 한편 맨 오른쪽에 있는 점은 관리상한(upper control limit) 위에 위치해 있는데 이것은 공정에 문제가 발생했음을 확신시켜주는 메시지라고 해석할 수 있다. 따라서 이 점에서 관리자는 공장가동을 멈추고 문제의 원인을 조사해야 할 것이다.

2) 전사적 품질관리(total quality control)

전사적 품질관리란 경영 전반에 걸쳐 지속적인 노력을 통해 조직의 모든 구성원이 품질의 향상을 위해 노력하고 협조하며 자발적인 연구를 해야 한다는 것으로 품질 하나를 위해 모든 기업 조직의 노력을 결집시킨다는 것을 의미한다. 즉, 품질을 관리하기 위해서는 회사 내에 모든 부분이 협력해서 종합적, 체계적으로 노력하지 않으며 안 되며 통계적 방법은 품질관리의 중요한 기법이지만 품질관리 그 자체가 아니라는 주장이다.

전사적 품질관리의 발상지인 미국에서는 일부 기업을 제외하고 광범위하게 보급되지 못했으나 일본에서는 급속히 보급 · 확산되었고 일본 특유의 생산 방식으로 자리잡게 되었다. 일본에서 더욱 정교해진 전사적 품질관리는 ① 경영자에서부터 말단 작업자까지 참여하는 전원참가, ② 제조부문뿐만 아니라 기술, 구매, 판매부문 등 전 부문이 협력하는 전사적 활동, ③ 품질 문제 외에 원가, 생산성 향상도 동시에 해결하는 종합관리 활동으로 발전하였다.

한편, 제품 품질에 지대한 영향을 끼치는 제품 개발, 품질 향상을 위해 제품 개발 절차를 강화하였고, 설계를 향상시키기 위해 실험 계획법이나 다구찌 방법들을 활용하였다.

closing case

스마트공장

정보통신, 센서 기술의 급속한 발전이 세계 제조업 공정에 혁명을 일으키고 있다. 최근 기계 산업과 ICT와의 융합을 통해 혁신을 불러일으키고 있는 '인더스트리 4.0(industry 4.0)'이 대표적인 사례이다. 독일은 2011년 '하이테크 비전 2020'에서 제조업 창조경제를 위해 '인더스트리 4.0'이라는 슬로건을 내세워 ICT와의 융합공정 개발을 강도 높게 추진하고 있다. 인더스트리 4.0은 미래의 발전을 위한 목표이기도 하지만 낮은 출산율과 고령화로 야기된 생산 인구의 감소 등으로 인한 제조업의 부가 가치 하락 전망에 따른 방안이기도 하다. 이러한 상황에서 독일은 제조업의 부활을 꾀하고자 공장의 스마트화를 추진하고 있는 중이다.

4차 산업혁명과 스마트공장

현재의 생산 활동, 즉 3차 산업혁명 시대는 전자공학 분야와 IT가 자동화 설비에 접목된 형태로서 과거와 비교하였을 때 다소 진보하였으나 전반적으로는 2차 산업혁명 시기에 도입된 공정 시스템을 이어나가고 있다고 볼 수 있다. 컨베이어 시스템을 기반으로 한 상태에서 각각의 공정별로 자동화를 이룬 것이 현재의 공장모습이다. 컨베이어 벨트 시스템의 특징은 부품의 이동이 수동적이며 정해진 Route에서 획일적인 디자인과 규격으로 제품을 만들어진다는 것이다. 이러한 성격 때문에 기존의 생산 활동은 소품종 대량생산을 할 수 밖에 없는 구조이다. 그뿐만 아니라 공정상에서 문제가 모든 공정이 중단될 뿐만 아니라 최종 제품이 나오기 전까지는 불량 여부의 확인이 불가능하다.

하지만 사물인터넷, 빅데이터, 인공지능로봇 등 ICT를 기반으로 한 스마트 공장이 도입(디지털 변환)되면서 많은 변화가 일어나고 있다. 가장 큰 특징은 소품종 대량생산에서 다품종 맞춤형 생산체계로 진보할 수 있게 되는 것이다. ICT 기반으로 인해 부품, 기계, 사람 등 제조에 있어 필요한 모든 것들이 연결되기 때문에 데이터를 자유롭게 주고받을 수 있으며, 이로 인해 규격화 되지 않은 부품들이 오류 없이 자체적으로 조립된다. 공정상에 문제가 발생하여도 각 제조 단계에서 스마트센서가 문제점을 발견해 즉각적으로 새로운 공정 지시를 내릴 수 있어 전에는 원인을 몰랐던 돌발 장애, 품질 불량 등의 원인을 알아내고 해결할 수 있게 된다.

그뿐만 아니라 공장에서 최종 제품에 영향이 없는 경우에는 공정 순서를 바꿔 진행하는 것도 가능하기 때문에 특정 공정에서 병목현상이 발생해 전체 공정이 지연되는 사태 역시 방지할 수 있으며 디자인, 재질, 형태 등 갑자기 설계가 변경되더라도 이를 실시간으로 반영할 수 있게 된다.

스마트공장의 성공사례: 독일의 가구업체 노빌리아

독일의 명품 주방가구 제조업체인 노빌리아(Nobilia)는 유럽 최대 규모의 가구 브랜드이자 인더스트리 4.0 스마트 공장의 대표적 성공 사례이다. 지금까지 고객 맞춤형 제품은 기업이 아니라 장인들의 몫이었다. 하지만 소비자 니즈의 다양화로 인해 노빌리아 기업은 고객 맞

춤형 제품을 생산하기 위해 스마트공장을 구현하였다. 노빌리아의 스마트공장 구현원리는 'Manufacturing by Wire'라 불리는 자동생산방식에 있다. 이 방식은 생산공정을 전공정과 후공정으로 나누고 각 공정에 고도의 ICT를 접목한 것이다. 전공정에서는 각각의 부품들이 고객이 주문한 가구에 따라 어떻게 조립이 되어야 하는지를 오라클을 통해 관리할 수 있게 설계되었다. 후공정에서는 가공이 완료된 부품은 전사적자원관리 품목으로 지정하여 관리하고 식별이 가능하도록 RFID 태그, 바코드를 활용하여 고유의 ID를 부여하였다. 이러한 공정 기반을 바탕으로 부품조립방법, 기한날짜, 배달장소 등의 다양한 정보를 활용하여 조립공정의 최적화뿐만 아니라 공정문제 발생 시 개별적 부품의 문제를 찾을 수 있게 되었다. 또한 고객들에게 다양한 색상과 크기 그리고 옵션을 가진 주방 가구를 선택할 수 있도록 보장하여 제품의 다양성을 확보하였다. 그 결과, 노빌리아는 전체 직원 2,800명이 2만 가지의 경우의 수가 되는 고객 맞춤형 제품을 하루 평균 2,870세트 만들 수 있게 되었다. 더불어 자동화된 공정은 생산비용을 크게 절감시켜 인건비가 매우 높은 독일에서도 경쟁우위를 가질 수 있도록 보장하였고, 제품의 품질을 유지 및 향상시킬 수 있었다. 뿐만 아니라 스마트 공장 도입 후 생산성은 매년 2%씩 증가하고 있다고 한다. 야비에르 롬바르디아 아시아지역 영업담당자는 "제품 만족도는 평균 90.29%로 독일에서 가장 높은 수준"이라고 언급할 정도로 제조업계에서 좋은 성과를 내고 있다.

향후 전망

스마트공장의 도입으로 모든 생산 공정이 자체적으로 조직화가 가능해진다. 각각의 공정이 상호 연결되어 있고 데이터를 공유하기 때문에 전체 공정의 최적화가 가능해진다. 그로 인해 공정의 유연성이 매우 높아지게 되는데 이는 제품 및 서비스 대량생산과 동시에 고객맞춤형으로도 전환이 가능하다는 것을 의미한다. 사물인터넷, 빅데이터, 인공지능, 로봇, 센서기술과 같은 ICT기반의 인더스트리 4.0은 공장의 스마트화에만 국한되지 않을 것이다. 앞으로 모든 분야의 연계가 가능해져 다양한 비즈니스 형태와 모델이 출현할 것이고, 그에 따라서 산업·분야 간의 경계가 없어져 각각의 기업이 속한 산업을 특정 지을 수 없을 날이 도래할지도 모른다. 이러한 환경의 변화에도 불구하고 기존의 경영방식을 유지한다면 그 기업은 사라질 것이다. 따라서 기업의 경영자들은 Industry 4.0시대의 특성을 파악하고 새로운 비즈니스 모델을 찾아야 하며, 그에 부합하는 경영방식을 강구해야 할 것이다.

출처: 한국정보화진흥원, 하나금융경영연구소, 조선비즈, 한국일보 참조 및 재구성.

제 12 장

마케팅관리

opening case

커피시장의 지각변동

고종 황제가 한국인 처음으로 커피를 마신 지 120여년이 지난 지금, 한국은 '커피공화국'이 되었다. 2024년도 커피수입액은 약 11억 달러로, 지속적으로 증가하고 있다. 또 2024년 기준으로 커피점은 약 10만개 이상으로 편의점보다 거의 두배 많은 수준이다. 커피수입량이 이렇게 꾸준히 증가하고 있는 주된 원인은 우후죽순으로 늘어나는 프랜차이즈 커피점의 증가를 꼽을 수 있다. 2009년을 시작으로 2013년까지 수많은 커피전문점들이 출범하였는데, 그 중 스타벅스, 커피빈, 카페베네가 커피업계에서 두각을 나타내고 있었다. 하지만 카페베네는 매장 확장으로 인해 가맹점주 관리가 제대로 되질 않아 그에 따른 서비스와 메뉴의 질이 저하되었고, 커피빈은 트렌드에 맞지 않게 오로지 커피에만 주력하여 2, 3위의 자리를 투썸과 이디야에 내주게 되었다. 그렇다면 부동의 1위인 스타벅스와 현재 2, 3위인 투썸플레이스, 이디야, 그리고 최근 성장세를 보이는 빽다방이 커피경쟁에서 어떠한 전략을 통해 두각을 나타내고 있는지 살펴보고자 한다.

스타벅스: 현지화 전략

스타벅스는 1999년 1호점인 이대점을 시작으로 커피를 파는 곳이 아닌 문화를 파는 가치공간으로 접근하고 있다. 2024년 9월기준 국내 매장수는 1,937개로 전 세계에서 4위를 기록하고 있다. 스타벅스 코리아는 본사에서 요구하는 메뉴와 상품으로는 한국에서 살아남을 수 없다고 판단하여 한국에 적합한 '한국형 마케팅 전략'을 펼친 것을 주된 성공요인으로 꼽고 있으며, 이는 스타벅스가 전 세계 매장에 동일한 매뉴얼을 적용하는 것에 비춰볼 때 매우 이례적인 일이라고 한다.

대표적인 예시로 'Call My Name' 서비스와 경주 보문단지의 'Drive Through' 매장을 들 수 있다. 주문한 음료를 받을 때 사전에 등록한 별명 혹은 이름으로 불러주는 'Call My Name' 서비스로 고객에게 즐거움을 선사하며 나아가 고객의 이름을 불러 더욱 친근함을 느낄 수 있도록 하는 서비스이다. 2014년 초에 시행된 이후 한 달 만에 25만명이 별명을 등록했을 정도로 인기이다. 또한 경주 보문단지에 문을 연 'Drive Through' 매장은 '주거지와 오피스 지역 사이를 연결하는 구간에만 설치한다.'는 원칙을 깨고 만들어졌으며, 차 안에서도 점원과 Face to Face로 대면할 수 있도록 조성되어 주문의 용이함을 더했다. 연 800만 명의 관광객이 왕래한다는 점에 착안하여 만들어진 국내 최초 'Drive Through' 매장으로 2013년 말 한국 매출 순위 10위에 올랐으며, 글로벌 본사는 성공한 현지화 사례로 이 점포를 꼽고 있다. 스타벅스의 확실한 품질과 고급스러운 이미지 외에 현지 소비자를 겨냥한 공격적인 마케팅으로 시장 1위라는 성공을 거둘 수 있었다.

스타벅스의 위기로는 매출 감소, 미국과 중국 등 주요 시장에서 부진, 인플레이션으로 인한 가격 인상으로 소비자들의 외면하는 점들을 극복하기 위한 노력이 필요하다.

투썸플레이스: 매출 이원화 전략

투썸플레이스는 매출액(직영점과 가맹점) 기준으로 커피전문점 업계 부동의 2위 자리를 지키며 성장하고 있다. 투썸플레이스는 다른 커피전문점과는 다르게 '프리미엄 디저트 카페'로 출발하였고, 그에 따라 디저트 메뉴의 다양성과 품질이 상대적으로 강한 면모를 보이고 있다. 게다가 최근에는 단순 커피전문점보다 디저트 카페가 유행하기 시작하면서 커피 외에 사이드메뉴(디저트, 팥빙수)의 차별화가 주목받고 있다. 2014년 여름 '설빙'과 같은 디저트 카페의 열풍이 이를 증명하고 있다. 이러한 변화와 함께 투썸플레이스는 커피와 함께 디저트 메뉴에도 주력을 다하였다. 투썸플레이스는 다른 커피전문점에서 접하기 힘든 디저트 메뉴를 내놓고 있으며, 고급 과자류 60여종, 브런치와 샐러드 30여종, 케이크 36여종으로 커피를 제외한 디저트 메뉴만 120가지가 넘는다. 이를 통해 투썸플레이스는 매출의 이원화를 달성하게 되어 업계에서 성장할 수 있게 되었다. 크리스마스 디저트 파티를 열어 소비자들에게 프리미엄 디저트 카페로서의 입지를 다지는 전략을 펼치기도 하였다.

CJ그룹이 2002년 시작했으나 홍콩계 사모 펀드에 2019년 매각했고 2대 주주로 유지하였으며, 2021년 미국 기업인 칼라일(Carlyle) 그룹에 매각하였다.

이디야, 빽다방: 저가 전략

이디야는 2012~2013년 1년간 87.4%이라는 가장 높은 성장세를 보였으며 할리스, 탐앤탐스 등 쟁쟁한 경쟁자들을 제치고 5위에 이름을 올렸다. 2013년도에는 매장 1,000개를 돌파하였고, 2023년말 기준, 가맹점 2,821개로 확장하여 국내에서 가맹점 수로는 압도적인 1위를 차지하였다. 대기업 브랜드 커피전문점과는 다르게 이디야의 핵심 전략은 바로 '착한 가격'이다. 이디야는 저렴한 가격대에 커피를 판매하기 위해 맛을 제외한 모든 부분에서 비용을 절감하였다. 광고홍보를 거의 하지 않으며, 대형매장 대신 소형매장으로 15평 내외의 가맹점만 승인하며, 서브스트리트만 공략하여 임대료는 낮추되 가맹점이 수익이 낼 수 있는 곳을 계약하기 위해 외부업체에 맡기지 않고 이디야 본사가 직접 철저하게 조사한다고 알려졌다. 여기에 커피전문점 업계 중에서는 유일하게 자체 커피연구소를 운영하여 최고 품질의 커피를 착한 가격에 내놓을 수 있게 되었다. 가격과 품질의 두 마리 토끼를 잡은 이디야는 다른 소비자들 사이에서 입소문이 퍼져 자연스러운 바이럴 마케팅이 이루어지게 되었다.

하지만 최근 빽다방이라는 브랜드가 이디야를 무섭게 위협하고 있다. 빽다방은 2006년 저가의 커피를 단돈 1,500원에 판매하기 시작하여 2013년도부터 본격적으로 프랜차이즈 가맹점을 모집하기 시작하였다. 2014년만 해도 전국에 24개의 가맹점만 보유하고 있었으나, 2024년 말 기준, 1,452개로 큰 폭으로 증가하였다. 빽다방의 전략 역시 이디야와 같은 '착한 가격'인데 이디아의 커피가격(2,500원대)보다 더 저렴한 1,500원대의 초저가에 커피를 내놓았으며, 거기에 더해 일반 커피전문점과 다르게 업계 최초로 대용량 사이즈(600㎖)의 커피를 선보였다. 커피의 맛을 위해 매장의 원두는 매장 도착 후 최소 4~5일 안에 모두 소진하는 것을 원칙으로 삼고 있으며, 또한 블렌딩할 때 들어가는 콜롬비아 수프리모가 차지하는 비율이 60% 이상 되도록 조절하여 맛의 풍미를 더했다. 여기에 더해 모회사인 더본아메리카 백종원 대표이사의 대중적인 인기 상승으로 빽다방의 인지도는 더욱 높아지고 있는 모습이다.

경쟁이 치열해지면서 위기도 나타난다. 한 예로 스타벅스는 냄새나는 종이빨대, 부실한 샌드위치, 리콜 사태의 서머캐리백 등의 문제가 터졌다. 고객을 팬으로 만드는 '팬덤 마케팅'으로 충성고객을 만들었지만, 이들이 돌아설 수도 있어 문제해결이 필요하다.

출처: 한국경제, MNB, 중앙일보, 머니투데이, 세계일보 참조 · 재구성.

12.1 마케팅과 환경

1. 마케팅의 개념

마케팅이란 조직의 목표와 소비자의 만족을 달성하기 위해 아이디어, 재화, 서비스 등의 개발과 더불어 가격책정, 촉진, 유통 행위 등을 수행하고 계획하는 교환 창출 과정이다.

우리가 만질 수 있는 상품에 대한 마케팅은 누구든지 명확할 것이다. 지금이라도 백화점으로 걸어 들어가면 화장품, 자동차, 기성복 등과 같이 수많은 상품들을 접할 수 있다. 제약 회사는 새로 나온 감기약을 선전하고, 자동차 딜러들은 자신들의 새로운 차 홍보를 위해 행사가격을 제시하고 소비자들을 끌어들인다. 이런 제품들은 소비자들이 개인적으로 사용하기 위해 구입하는 제품들인데 이것을 모두 소비재(consumer goods)라고 한다. 이렇게 개인적인 소비를 위해 소비자에게 제품을 판매하는 기업은 소비자 마케팅(consumer marketing)과 관련이 있다.

또한 마케팅은 산업재(industrial goods)에도 적용될 수 있다. 기업은 신제품을 생산하기 위해 기존과 다른 제품을 사용할 수도 있다. 컨베이어 시스템, 외과 수술 장비, 지질탐사 장비와 같은 산업재는 원자재(코르크, 철, 니켈 등)와 똑같이 제품 생산의 한 요소로써 쓰이게 된다. 그래서 그들의 제품을 다른 생산자에게 판매하는 기업은 산업 마케팅(industrial marketing)과 관련이 있다.

마케팅은 무형의 제품, 시간, 서비스 know-how 등과 같은 서비스(service)에도 적용될 수 있다. 서비스 마케팅은 보험회사, 항공회사, 투자 컨설팅회사, 헬스클리닉 등과 같은 서비스 부문의 성장과 함께 주요 분야로 급부상하였다. 또한 마케팅은 아이디어(idea)에도 적용이 될 수 있는데, TV와 유튜브의 광고 등이 여기에 속한다.

일반적으로 마케팅은 제품, 서비스, 아이디어의 단순 거래나 일회성 거래에 초점을 맞추고 있지만, 성공적인 마케팅을 위해서는 장기적인 관점이 필요하다. 관계 마케팅(relationship marketing)은 일회성 거래를 강조하기보다는 소비자와 공급자의 지속적인 관계에 초점을 맞추고 있다. 기업과 고객과의 지속적인 관계는 장기적인 소비자의 만족과 기존 고객의 보유에 긍정적인 영향을 미친다.

그림 12-1 마케팅의 환경적 요인

1) 마케팅 환경

Coca-Cola와 Procter & Gamble사의 영향력 있고 경험 많은 경영자들조차도 마케팅 계획과 의사결정, 전략 등을 일방적으로 결정하지 않는다. 왜냐하면 이러한 사항은 외부 환경의 강한 영향을 받기 때문이다. 아래의 [그림 12-1]에서 보는 바와 같이 어떠한 마케팅 프로그램이든지 간에 회사의 외부 환경(external environment)을 구성하는 외부 요인들을 인식해야 한다. 이러한 외부 요인들에는 정치 · 법률적, 사회 · 문화적, 기술적, 경제적, 경쟁적 환경 등이 있다.

■ 정치적 · 법률적 환경(political and legal environment)

국내 · 외의 정치적 행위는 비즈니스에 영향을 미친다. 한 예로 담배에 대한 정부의 입장, 국방비의 지출 예산, 환경 보호, 반도체 보증금 등과 같은 정치적 활동은 전체 산업의 방향을 결정한다. 그래서 기업은 미래에 대한 불확실성을 줄이기 위해 정치 · 법률적 환경 요인들과 우호적인 관계를 유지하려고 노력한다. 기업의 제품이나 비즈니스 활동에 대한 정부의 지원을 얻기 위해 기업의 마케팅 파트는 지역적, 현안 이슈들에 대한 광고나 캠페인을 실시하기도 한다.

■ 사회적 · 문화적 환경(social and cultural environment)

요즘 많은 여성들이 사회에 진출하고 있고, 건강식품이나 레저 등에 대한 사람들의 관심이 높아져 가고 있다. 이런 현상은 한국 사회의 가치관, 라이프 스타일 등을 반영하는 이슈들인데 이러한 요인들도 비즈니스를 수행함에 있어서 직접적인 영향을 미친다. 예를 들면, 고령화 사회에 접어들어 노인인구가 증가하자 노인을 주고객으로 하는 상품, 서비스가 눈에 띄게 개발되고 있고, 또한 COVID-19와 신세대 취향에 맞는 음식을 개발하기 위해 패스트푸드 시장이 점점 확대되고 있다.

이러한 상황에서 경영자들은 일반 소비자와 산업 소비자를 위해 제품을 개발하고 판매하는 그들 본연의 사업을 수행함에 있어서 새로운 관점을 가지고 사회 · 문화적 요인에 접근해야 한다.

■ 기술적 환경(technological environment)

혁명적인 과학 업적은 유전자학, 전자학, 항공학, 의학, 정보공학, 커뮤니케이션 시스템, 수송 등과 같은 아주 다양한 분야에서 일어난다. 인간의 생체 염색체 지도가 발견되거나 DNA 지문 채취 방법이 개발되고 있는 지금 이러한 과학적 연구 업적은 상업적인 비즈니스에 이용될 수 있다. 특히 신제품의 가격 결정과 판매 촉진 등과 같은 마케팅의 의사결정 과정도 기술적인 발전에 따른 변화를 반영하면서 달라진다. 새로운 기술들은 마케팅에 여러 가지 방향으로 영향을 미치는데 새로운 재화(스마트폰)나 새로운 서비스(홈쇼핑) 등을 창조해 내기도 하지만, 기존에 존재했던 제품을 대체하기도 한다.

■ 경제 환경(economic environment)

경제 상황은 소비자, 기업, 정부의 지출 패턴을 결정한다. 경제 주체들은 경영자의 계획(제품 결정, 가격 결정, 판매 촉진 결정)에 영향을 미치고, 더불어 인플레이션, 이자율, 쇠퇴기, 회복기 등의 경제 상황들도 경영자에게 영향을 미치게 된다. 반면에 경영자들은 경제의 호황, 불황 등의 전반적인 비즈니스 사이클에 대해서 항상 관찰하는데 왜냐하면 소비자들의 소비 심리가 경제 환경(호황, 불황)에 따라 좌우되고 이를 통해 소비 지출 성향을 어느 정도 예측 가능하기 때문이다. 과거에는 경제 환경의 분석이 국가 경제와 이것을 조정하고 통제하기 위한 정부의 정책에 초점을 맞추고 있었던 반면, 현재에는 점점 국가와 국가의 경제가 통합됨에 따라 글로벌 경제가 마케팅에 있어서 좀더 지배적인 경제 환경 요인으로 중요시 되고 있다. 한 예로 NAFTA (North American Free Trade Agreement)를 살펴보면 한 국가에서 다른 국가에게로 경제적 사건이 직접적으로 연관되는 것을 알 수 있다. 그러므로 경영자의 입장에서 국내 · 국외 마케팅 전략 수립시 새로운 경제 변수들을 고려해야 한다.

■ **경쟁 환경**(competitive environment)

치열한 경쟁 상황에서 경영자들은 다른 경쟁 기업들의 상품보다는 자사의 상품을 소비자들이 구입해야 한다는 것을 확신시켜야 한다. 왜냐하면 소비자들은 제한된 재원(財源)을 가지고 있고 그 재원으로 소비할 수 있는 상품은 한정되어 있기 때문이다. 그러므로 기업에서는 자사의 제품을 소비자들에게 가장 매력적으로 어필할 수 있도록 만들어야 한다. 반대로 실패한 마케팅 프로그램은 소비자들로부터 관심을 영원히 잃을 수도 있다.

다른 기업과의 경쟁 관계에 대해서 자세히 살펴보면, 경영자들은 특정 3가지의 경쟁 관계 내에서 그들의 제품을 어떻게 하면 가장 좋은 위치에 올려놓을 것인가를 결정해야만 한다.

• **대체재 경쟁** : 대체재는 경쟁자의 제품과는 다르지만 실제로 소비자의 같은 욕구를 충족시켜줄 수 있는 것으로서, 한 예로 자신의 콜레스테롤 수치를 낮추기 위해서 헬스 프로그램 또는 약물 치료가 필요하다고 한다면, 헬스 프로그램과 약물 치료는 대체재의 관계에 있다.

• **브랜드 경쟁** : 같은 제품군들 간에는 경쟁이 일어나게 된다. 한 예로 Ernst & Young, KPMG Peat Marwick 등과 같은 큰 회계 법인에 의해 제공되는 감사 서비스는 소비자가 인지하는 특정 회사의 서비스 효익에 따라 경쟁이 이루어진다. 이는 곧 특정 회사의 브랜드가 제품 경쟁의 주요 기준이 되는 것이다.

• **국제적 경쟁** : 외국 제품과 국내 제품의 경쟁이 글로벌 경쟁으로까지 확대되기도 한다. 한 예로 Swiss Air와 Delta Airlines 간의 경쟁이 확대되어 유럽과 미국 항공사들 간의 경쟁으로 발전된 경우가 있다.

2) 마케팅 믹스

마케팅 전략을 계획하고 수행함에 있어서 경영자는 4가지의 기본 요인을 바탕으로 한다. 이 4가지 기본 요인을 흔히 마케팅의 "4P"라고 부르며 이 4

그림 12-2 마케팅 MIX

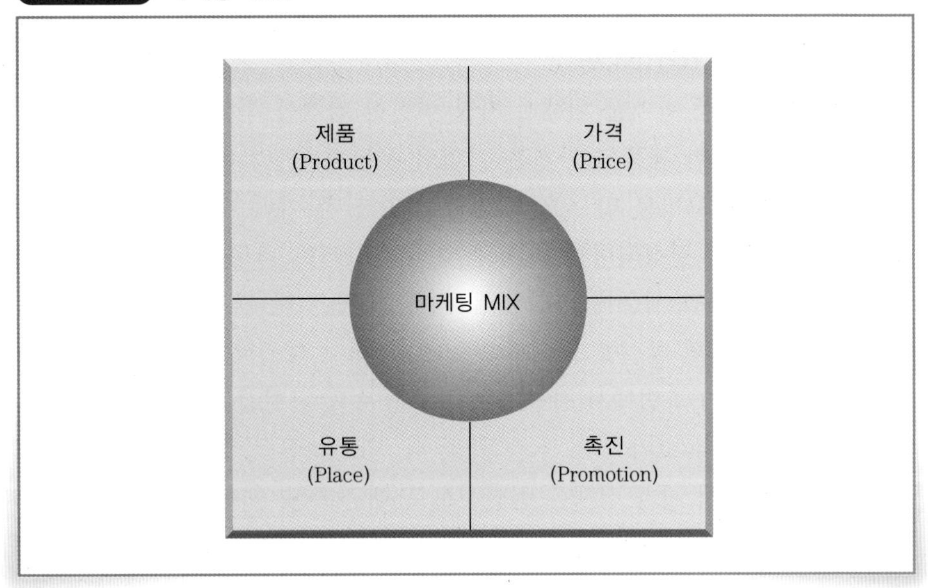

가지 요인들의 조합을 마케팅 MIX라고 부른다.

■ 제품(product)

마케팅은 소비자의 욕구를 채우기 위해 디자인된 아이디어, 서비스, 재화 등과 같은 제품과 시작된다. 새로운 제품을 개발하고 고안하는 것은 경영자들에게는 연속적인 도전인 동시에 항상 불확실한 상황적 요인들을 고려해야 한다. 한 예로 경영자는 변화하는 과학 기술 및 소비자들의 욕구(needs)와 요구(wants), 경제 상황들을 고려해야 한다. 특히 소비자들의 욕구 및 요구 변화는 종종 기업들의 제품 변화를 요구하기 때문에 소비자들의 욕구를 고려한다는 것은 한마디로 변화하고 있는 현재의 제품들을 고려한다는 의미이다.

예를 들어 Zebra Technologies란 기업은 최고 품질, 최고급의 바코드 프린터를 제조하는 데 오랫동안 명성을 떨쳐온 기업이다. Zebra사는 저가 제품 시장에 있어서 판매 잠재력을 가지고는 있지만 현재 점유하고 있는 고가 제품 시장의 브랜드 파워 및 명성이 흐려지는 것을 원치 않았을 뿐 아니라 현존하는 제품의 판매를 깎아먹는 "출혈 경쟁"을 원하지 않았다. 그래서 Zebra사는 좀더 비싸고 용도가 넓으며 성능 좋은 프린터 버전을 개발하였고 이 모델은 즉시 성공하여 연간 47%정도의 판매 수익 향상을 가져왔다.

또한 기업은 새로운 제품을 개발할 수도 있고 그들이 과거에는 경쟁한 적이 없었던 새로운 시장에 진입할 수도 있다.

■ 가격(price)

제품 판매를 위해서 가장 적절한 가격을 선정하는 일은 매우 어려운 일이다. 또한 제품의 가격은 기업의 운영비, 관리 비용, 연구 개발비, 마케팅 비용, 광고비용 및 직원의 임금 등과 같은 여러 가지 다양한 종류의 비용을 감안해서 결정되어야 하지만 제품의 가격이 너무 높게 책정되어서도 안 된다. 왜냐하면 제품에 비해 너무 높은 가격은 타 경쟁사의 경쟁력 있는 제품으로 소비자의 발길을 돌리게 만든다. 그래서 성공적인 가격 책정은 수익과 비용의 두 가지 측면에서 접근하여 적절한 수익 균형점을 찾아야 한다.

저가/고가의 가격 정책 둘 다 서로 다른 상황에서 효과적인 전략이다. 예를 들어 저가 정책은 일반적으로 대규모 및 대량 판매의 제품에 적합하며 고가 정책은 대체로 제한된 시장을 가지고 있지만 한 제품당 이익의 비율이 높은 제품을 대상으로 한다. 더불어 고가 정책은 소비자들에게 가격을 제시하면서 최고급의 품질임을 인식시켜 소비자들을 유인하는 효과도 가지고 있다.

■ 촉진(promotion)

마케팅 믹스 중 가장 명백하고 뚜렷한 요소는 촉진이다. 이 마케팅 요소는 제품에 대한 정보를 소비자에게 전달하는 테크닉에 대한 것이다. 촉진에 있어서 가장 중요한 요소들을 살펴보면 다음과 같다.

- **광고**(advertising) : 광고는 스폰서의 도움을 받아 잠재적 고객에게 자사의 제품을 알리거나 구매하도록 설득하는 대중적인 커뮤니케이션의 한 형태이다.
- **인적 판매**(personal selling) : 보험, 의류, 화장품 같은 제품들은 세일즈맨을 통해 판매되거나 일 대 일 대면 접촉을 통해 가장 많이 판매가 촉진되는 제품들이다. 이뿐만 아니라 산업재의 경우에는 특히 인적 판매를 통해 판매되는 경우가 많다. 왜냐하면 회사가 다른 회사나 구매 대리인을 통해 구매할 때 필요한 제품에 대한 기술적이거나 자세한 정보를 필요로 하기에 판매 직원의 도움을 받아야 하는 것이 일반적이기 때문이다.
- **판매 촉진**(sales promotion) : 비교적 값싼 물건의 경우 고객들을 유인하는 판매 촉진 방법을 통해 시장에서 거래된다. 무상 선물, 쿠폰, 패키지 등과 같이 일시적인 소비자들에게 제품을 판매하도록 유인하기 위한 모든 방법

을 말한다.

• PR(public relations) : PR은 기업에 대한 좋은 태도를 형성하기 위한 모든 방면의 노력을 포함하는 말로써 기업과 제품에 대해 우호적인 태도를 만드는 것이 목적이다. 유한 킴벌리 같은 경우 자사의 제품에 대한 홍보뿐만 아니라 산림 육성에 대한 다양한 후원을 통해 정직하고 따뜻한 기업이라는 이미지를 유지하고 있는 것을 보면 알 수 있다.

■ 유통(place/distribution)

마케팅 MIX에서 유통은 도매점, 소매점과 같은 유통 경로를 통해 제품을 배치하는 활동을 말한다. 생산자로부터 제품이 생산되어 소비자에게까지 전달되는 유통 경로에서 발생할 수 있는 모든 유통 활동의 범위 및 수에 대한 의사결정을 내려야 한다. 예를 들면 제품 수송에 있어서는 기차나 트럭을 이용할지 아니면 항공기나 선박을 이용할지에 대한 의사결정을 내려야 하고 재고 관리에 대한 의사결정도 역시 유통에 관한 의사결정이다.

또한 기업은 그들의 제품을 유통시킬 수 있는 채널에 대한 의사결정도 내려야 한다. 예를 들면 두부류, 나물류, 면류, 냉동식품류 등을 판매하는 (주)풀무원은 여러 가지 다양한 형태의 제품을 다양한 유통 채널을 통해 소비자에게 공급하고 있다. 그래서 (주)풀무원은 홈플러스, 롯데마트, 이마트 등과 같은 대형 할인점을 통해 판매할 것인지 롯데백화점, 현대백화점과 같은 백화점 체인을 통해 판매할지, 아니면 일반 대형 슈퍼마켓을 통해 제품을 판매할지에 대한 유통 채널 의사결정을 내려야 한다.

2. target 마케팅과 시장 세분화

경영자들은 오래 전부터 제품과 서비스에 있어서 모든 사람들을 위한 모든 것은 존재하지 않는다고 생각하고 있었다. 소비자들은 다른 기호, 관심, 목표, 라이프스타일을 가지고 있다. 이러한 소비자들의 차이는 경영자로 하여금 'target market'이라는 관점으로 소비자들의 욕구를 인지하게끔 이끌었다. target market이란 동일한 욕구(needs)와 요구(wants)를 가진 소비자들의 그룹을 말하고 대부분의 기업들에게 있어서 target market을 선정하는 일은 마케팅 과정에 있어서 가장 첫 단계에 해당한다.

target market을 선정하기 위해서는 시장 세분화란 단계가 필요한데 여기서 시장 세분화란 소비자의 성향이나 관심 등의 일정한 기준을 가지고 종류별로 카테고리를 만들거나 분류화하는 과정을 말한다. 또한 시장 세분화를 하고 난 후 기업은 이 결과를 다양한 전략에 적용하기도 한다. 예를 들면 현대 자동차는 소형차(엑센트), SUV(싼타페), 중형차(쏘나타), 고급차(제네시스), 스포츠카(아반떼 스포츠) 등 여러 가지 다양한 형태와 가격 수준의 제품을 제공한다. 현대 자동차의 전략은 시장의 거의 모든 고객군을 위한 자동차를 제공하는 것이다.

반대로 어떤 사업은 많지 않은 제품을 제공하면서 최적의 시장 세분화를 통한 전략을 구사하기도 한다. 예를 들면 리더스 다이제스트(Reader's Digest)의 경우 하나의 제품으로 청소년-청년층(25%), 컴퓨터 사업 CEO(45%), 전문직 · 매니저(17%), 기타(13%) 등의 고객층을 포함하여 5,000만 이상의 독자를 보유하고 있다. 이 상황에서 리더스 다이제스트는 독자층을 확대시키기 위해서 좀더 어린 고객층을 공략하려고 노력하였다. 그래서 흥미로운 광고와 좀더 알기 쉽도록 사진과 그래프를 더 추가하고 어린 고객층에게 인기가 있는 유명 인사들의 기고를 유도하는 등 통합적으로 어린 고객 세분시장을 공략하였다.

〈표 12-1〉에서 살펴보면 라디오 시장이 가전제품 경영자에 의해 어떻게 실제 세분화 될 수 있는지에 대해 나와 있다. 세분화(segment)는 제품이 아니라 고객을 분석하기 위한 전략이다. 소비자는 조깅, 통근, 여행을 목적으로 사

표 12-1 라디오 시장 세분화

세분 항목	제품/Target Market
1. 나이	1. 어린이를 위한 값싸고, 견고한 휴대용 모델 2. 청소년을 위한 값싼 휴대용 모델 3. 성인을 위한 적당한 가격의 모델
2. 소비자 특성 및 태도	1. 방송대역을 위한 복잡한 구성요소 2. 거실의 장식용 및 가구와 어울리는 한 세트의 제품
3. 제품용도	1. 조깅과 출퇴근시 사용목적의 미니 모델 2. 야외에 가져갈 만한 휴대용 모델 3. 여행을 위한 카스테레오 시스템 4. 가전제품 모델
4. 지역	1. 전기가 없는 어느 곳에서도 사용가능한 모델 2. 한국에서 사용가능한 AC 모델 3. 다른 나라에서 사용가능한 DC 모델

용하는 제품에 따라 분류될 수 있다. 이 단계에서 더 나아가 제품의 본질을 전달하고 적용하며, 결정하는 과정들을 소위 포지셔닝(positioning)이라고 한다.

시장 세분화를 할 때 가장 중요한 요소는 소비자 행동에 영향을 줄 수 있는 분류 기준들을 정하는 일이다. 일반적으로 가장 중요하게 언급되는 기준으로 지리학적 변수, 인구통계학적 변수, 심리학적 변수, 제품 사용용도 등 총 4가지를 들 수 있다.

■ 지리학적 변수(geographic variables)

많은 경우 구매의사 결정은 소비자들이 거주하는 위치에 영향을 받는다. 예를 들면, 서울 지역의 사람들이 제주도 지역의 사람들보다 겨울에 더 두꺼운 모피코트를 구입한다. 이처럼 지리학적 변수는 시장 세분화 전략을 개발하는 데 고려되어야 할 중요한 변수이다. 이런 패턴은 제품의 범위를 결정하는 마케팅 MIX 의사결정에 있어서 영향을 미친다. 예로 가전제품을 제조하는 S사의 경우 서울의 대규모 아파트 단지가 존재하는 지역과 지방의 소규모 아파트 단지가 존재하는 지역에서의 마케팅 MIX가 다른 것을 들 수 있다. 서울 지역에서는 타 경쟁 기업과의 경쟁도 치열하고 수요도 많으며 소비자들의 욕구도 까다롭기 때문에 다양한 제품 MIX를 선보이지만 지방의 경우에는 그만큼 수요도 적고 타 기업과의 경쟁도 덜 치열하기 때문에 서울 지역에 비해서는 단순한 제품 MIX를 선보이고 있다.

■ 인구통계학적 변수(demographic variables)

인구통계학적 변수는 나이, 소득, 성별, 인종, 군복무 상태, 종교 등과 같은 인구통계를 측정한다. 아래의 〈표 12-2〉를 보면 분류 가능한 인구통계학적 변수를 설명하고 있다. 경영자의 목적에 따라 시장 세분화가 나이란 한 가지 기준에 의해서 나뉠 수도 있고 나이와 성별, 소득이라는 3가지 이상의 기준에 의해서 나뉠 수도 있다.

당연히 인구통계 변수들은 마케팅 의사결정에 영향을 준다. 예를 들면 일반적인 소비 패턴은 연령을 기준으로 나누어진 그룹(5세 이하, 5~11, 12~19, 20~34, 35~49, 50~64, 65세 이상)과 대체로 일치하는 성향을 보인다. 그러므로 경영자들은 특정 마케팅 계획을 수립할 때 연령을 기준으로 분류하여 의사결정을 하는 방식을 많이 취하는 편이다.

게다가 경영자들은 인구통계 변수들을 통해 미래의 소비 패턴을 예측하기도 한다. 예를 들어 65세 이상의 인구가 많아지는 결과가 나타나면 당연히

표 12-2 인구통계학적 변수에 의한 시장 세분화

1. 연령	5세 이하, 5~11, 12~19, 20~34, 35~49, 50~64, 65세 이상
2. 교육	중졸 이하, 고졸, 대졸, 대학원 졸
3. 가족구성	자녀 없음, 자녀 1인, 2인, 3인 이상
4. 가족규모	1인, 2~3인, 4~5인, 6인 이상
5. 소득	3,000만원 이하, 3,000~5,000만원, 5,000~7,000만원, 7,000~1억원, 1억원 이상
6. 국적	내국인, 외국인
7. 종교	불교, 기독교, 천주교, 원불교, 힌두교
8. 성별	남성, 여성

이 그룹을 대상으로 한 실버산업에 대한 수요가 많아질 것이라는 예측이 가능할 것이다. 또한 연령대별 기준과 성별 기준, 소득 기준을 동시 적용하여 20~34세의 그룹에 있어 4,000~5,000만원대 소득 수준을 갖는 여성의 비율이 높게 증가하고 있다는 결과를 얻는다면 이 그룹을 대상으로 한 마케팅 계획을 수립할 수도 있을 것이다.

■ **심리학적 변수(psychographic variables)**

심리학적 변수는 라이프스타일, 관심 분야, 적성 등을 말하는 것으로써 경영자들은 인구통계학적 변수와 심리학적 변수를 조합하여 좀더 명확한 정보를 얻을 수 있다. 예를 들어 미국 스타벅스 커피의 경우 순수 원두커피 판매점을 bar에 위치시켜 도시의 청소년들이 알코올음료를 대체할 만한 무언가를 찾고 있을 때 bar에서 "baristas"라고 하는 전문가가 제조한 원두, 모카, 에스프레소 등의 다양한 커피를 접할 수 있도록 하였다.

심리학적 변수들은 특히 경영자들에게 중요한데, 왜냐하면 지리학적 변수나 인구통계학적 변수와는 달리 때때로 경영자들의 노력에 의해서 소비자들의 견해나 취향을 바꿀 수 있기 때문이다. 예를 들어 자일리톨 껌의 경우 다양한 홍보 및 마케팅 활동에 의해 기존에 가지고 있던 껌이라는 제품에 대한 이미지, 즉 건강에 좋지 않다던 이미지 및 소비자의 견해를 바꾸어 놓았다.

■ **제품의 사용용도(product use variables)**

제품의 사용용도는 소비자가 제품을 사용하는 방법을 포함하여 브랜드에

대한 충성도 및 제품을 구입하는 이유에 대한 것이다. 예를 들어 여성 브랜드화의 경우 운동화, 캐주얼화, 정장화 등 3가지의 제품군으로 나뉠 수 있는데, 각각의 제품군은 서로 다른 사용 목적을 가지고 있다.

12.2 마케팅과 소비자

여러분은 스마트폰을 아이폰과 삼성 갤럭시 중 어디를 선택하는가 ? 여러분의 부모님이나 친척들은 어떤 제품을 선택하고 다른 제품으로 쉽게 바꾸고 있는가? 소비자들이 왜 어떤 제품은 구매를 하고 어떤 제품은 구매하지 않는 것인가라는 질문은 분석하기가 어렵다. 이러한 질문은 소비자 행동이라는 마케팅의 분야에서 언급해 줄 수 있을 것이다.

1. 소비자 행동의 이해

우리들은 "사회적 동물"이다. 그래서 소비자 행동을 이해하기 위해서는 경영자들이 심리학과 사회학의 영역들을 응용할 수밖에 없었다. 이러한 결과로 심리학적 영향, 개인적 영향, 사회적 영향, 문화적 영향 등 총 4가지의 주요한 요소가 소비자 행동 연구에 영향을 미치게 되었다. 경영자들은 이를 통해 소비자의 행동을 설명하고 미래의 제품 구매 행동을 예측하려고 한다.

- 심리적 영향(psychological influences)은 개인의 동기 유발(motivation), 인지(perceptions), 배우기 위한 능력 등을 포함한다.
- 개인적 영향(personal influences)은 라이프스타일, 개성, 경제적 상태 등을 포함한다.
- 사회적 영향(social influences)은 가족, opinion leaders(사회적 모임에서 의견을 주도하는 사람), 동료, 준거 집단(개인이 자기의 행위나 규범의 표준으로 삼는 집단) 등을 포함한다.
- 문화적 영향(cultural influences)은 문화(한국 문화 등과 같은 큰 의미의 문화), 하위문화(신세대 문화 등과 같은 공유된 가치의 문화) 등을 포함한다.

이런 모든 요인들은 복잡한 과정을 거쳐 소비자들이 구매하는 제품에 대해 강한 영향을 미친다. 예를 들면, 아주 부유한 여성들은 그들이 표현하는 품위를 유지하기 위해 진짜 보석이 달린 옷을 입기도 하지만, 영부인인 경우 아무리 부유해도 사회적 관심 때문에 수수한 옷차림을 선호하기도 한다.

어떤 제품의 구매에는 행동적 요인들이 아주 적게 아니면 거의 영향을 미치지 않기도 한다. 예를 들면, 어떠한 소비자는 한 가지 브랜드에 대해 꾸준한 충성도를 유지하기도 하지만 어떠한 소비자는 가까운 곳에 위치한 제품만을 구매하기도 한다.

2. 소비자 구매 행동

소비자 행동 분야에 있어서 경영자들은 어떠한 과정을 거쳐 소비자들이 특정 제품을 구매하게 되는지를 이해하기 위해 여러 가지 모델들을 사용하게 되었다. [그림 12-3]에서 보면 모델을 제시하고 있는데 이 모델의 핵심은 심리학적 영향이 소비자로 하여금 구매하도록 이끈다는 것이다. 궁극적으로 경영자들은 마케팅 계획을 개발하기 위한 정보를 사용하게 된다.

■ 문제 인식 · 욕구 인식(problem/need recognition)

구매과정은 소비자가 문제나 소비에 대한 욕구를 느낄 때 시작된다. 예를 들어, 격렬한 운동 후에 갈증을 느낄 수도 있고 쌍둥이의 출산 후에 좀 더 넓은 방이 필요하다는 것을 느낄 수도 있다. 욕구를 인식하는 것은 소비자의 구매 습관을 변화시키기 위한 기회가 왔을 때 일어난다. 예를 들면, 자신이 졸업 후 첫번째 직장을 얻을 때 직장에서의 소득이 특정 상품을 구매하고 싶다는 욕구를 느끼게 할 수도 있을 것이다.

■ 정보 탐색(information seeking)

소비자가 욕구를 인지하고 나면, 정보 탐색 과정을 거치게 된다. 이 탐색은 언제나 광범위하게 이루어지지는 않는다. 예를 들어, 우리가 격렬한 운동 후 갈증을 느낀다면 간단히 누군가에게 음료수 자동판매기가 어디에 있는지 물어볼 수 있을 것이다. 아니면 예전에 보았던 판매기의 위치를 기억할 수도 있을 것이다.

그러나 주요 구매를 하기 전에 대부분의 사람들은 주로 개인적인 기억(광고, 캠페인, 경험)으로부터 정보를 찾아 탐색하려고 한다. 만약 내가 새로운

그림 12-3 소비자 구매행동의 과정

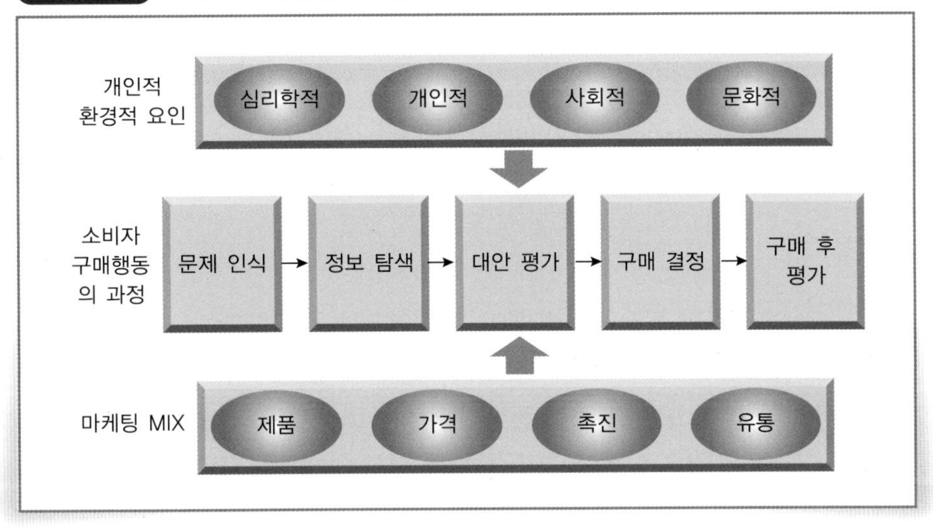

지역으로 이사한다면 가까운 치과, 미용실, 병원, 마트 등에 대한 정보를 얻으려고 할 것이다. 이런 정보를 얻기 위해서는 동료나 친척들에게 들었던 지역 정보, 예전에 봤었던 광고와 같은 개인적인 기억들을 체크해 볼 수도 있을 것이다. 예를 들어, 오토바이를 구매하기 원한다면 도서관에 가서 관련 잡지를 찾아볼 수도 있고 인터넷을 통해 자료를 검색할 수도 있으며 오토바이에 대해 평소에 잘 알고 있던 친구에게서 정보를 구할 수도 있을 것이다. 그것도 아니면 직접 매장까지 찾아가서 정보를 얻을 수도 있을 것이다.

■ **대안의 평가**(evaluation of alternatives)

만일 자신이 스키 장비를 시장에서 구입하려고 한다면 아마도 제조사가 어디인지 브랜드별 제품의 차이는 어떤지에 대해 알아볼 것이다. 그리고 어느 정도 정보 탐색 단계를 거쳐 여러 가지 제품에 대한 지식을 축척하는 동시에 예전에 알았던 제품과 비교하여 볼 수도 있을 것이다. 색상, 맛, 가격, 인지도, 품질, A/S 등과 같은 제품 속성을 분석하는 것은 주어진 상품에 적용할 수 있다. 이런 과정을 통해 자신의 욕구와 가장 잘 맞는 제품을 결정하고 선택을 할 것이다.

■ **구매 결정**(purchase decision)

궁극적으로 소비자는 구매 의사결정을 내려야 한다. 그들은 지금 바로 제품을 구매할지 아니면 나중에 제품을 구매할지에 대한 의사 결정을 내릴 수도 있다. 구매 의사결정은 합리적인 동기요인(rational motives) 및 감정적 동기요인(emotional motives)을 기반으로 결정된다. 합리적 동기요인이란 소비자가 제품의 구매를 결정할 때 제품의 속성(비용, 품질, 색상)을 합리적으로 측정하고 비교하여 구매의사결정을 내리는 과정에서 주요한 요인으로 작용한다는 것이고, 감정적 동기요인은 사교성, 모방성향, 미적 감각과 같은 비합리적인 요인들이 제품 구매의사결정을 내리는 데 주요한 요인이라는 것이다.

감정적 동기 요인이 모두 밝혀진 것은 아니지만 많은 감정적인 요인들이 순간적인 의사결정에 주요한 요인으로 작용한다는 것은 대체로 밝혀졌다. 예를 들면 여러 브랜드의 청바지를 구매할 때 자신의 취향이 아니더라도 친구나 같은 또래의 사람들이 선호하는 스타일의 청바지를 구매하는 경우가 많은데 이 경우에 친구 집단의 모방 성향이 많이 작용하게 된다. 이런 비합리적이란 것이 틀리다는 의미는 아니다. 단지 주관적인 요인을 기반으로 한 의사결정이라는 것을 의미한다.

■ **구매 후 평가(postpurchase evaluations)**

마케팅은 단 한 번 제품을 판매하는 것으로 그치는 것이 아니다. 소비 전 과정을 포함해서 심지어 구매 후에 무엇이 일어나는가 살펴보는 것이 중요하다. 기업은 소비자가 제품을 구매 후에 만족감을 느껴 다시 그 제품을 구매하기를 원한다. 왜냐하면 소비자들은 매번 제품 구매시마다 복잡한 의사결정을 거치길 원하지 않기 때문이다. 그러므로 소비자들은 과거에 자주 구매했고 만족했던 제품들을 계속 사용하는 경향이 있다. 또한 구매자들이 평가한 후기는 매우 중요한 의사결정의 근거가 된다.

불만족스러운 소비자들은 판매자에게 불평을 하기도 하고 제품에 대해 공개적으로 비판을 하기도 할 뿐만 아니라 같은 제품들을 다시는 구매하지 않기 때문에 만족스러운 소비자들보다 미치는 영향이 광범위해지게 된다. 불만족스러운 소비자들은 부정적인 영향을 미칠 수도 있지만 한편으로는 제품에 대한 개선점이나 여러 가지 다양한 정보를 공급하는 공급원으로서의 역할을 하기도 한다. 예를 들어, 삼성전자에서는 직원 및 회사 제품에 대한 불평불만을 전담하는 직원이 있어서 각종 불평불만을 접수하고 이 문제점들을 제품 설계 및 결정에 반영하려고 노력한다.

12.3 마케팅과 기업

1. 제품(product) 결정

1) 제품의 개념

마케팅 MIX 과정에서 제품을 개발할 때 경영자에게는 소비자가 정말로 언제 제품을 구매하고 무엇을 구매하길 원하는지 고려해야만 한다. 제품을 분류하는 한 가지 방법은 구매자에 따른 분류인데 소비재(consumer product) 구매자와 산업재(industrial product) 구매자로 나눌 수 있다.

■ 소비재(consumer products)

소비재는 일반적으로 구매자의 행동을 반영하여 3가지의 카테고리로 나누어 볼 수 있다.

- **편의품**(convenience goods)**과 편의서비스**(convenience services) : 일반적으로 편의품은 우유, 신문 같은 것을 말하고 편의서비스는 fast food 레스토랑의 서비스를 말하는데 이 카테고리의 제품은 빠르고 규칙적으로 소비되는 것이 특징이다. 또한 비교적 값싸며 자주 구매되고 구매자의 시간과 노력이 적게 드는 제품 등을 말한다.
- **선매품**(shopping goods)**과 선매서비스**(shopping services) : 일반적으로 선매품은 카스테레오나 타이어 등을 말하고 선매서비스는 보험 같은 것을 말하는데 편의품 카테고리보다는 좀 더 비싸고 덜 자주 구매하는 제품을 말한다. 소비자들은 자주 브랜드와 다른 상점의 제품을 비교하기도 하고 스타일, 외관, 색상, 가격 등과 같은 여러 기준에 따라 대안들을 탐색하기도 한다.
- **전문품**(specialty goods)**과 전문서비스**(specialty services) : 일반적으로 전문품은 웨딩드레스 같은 제품을 말하고 전문 서비스는 결혼식의 뷔페 서비스 같은 것들을 말한다. 이는 대단히 중요하고 값비싼 제품 등을 말하며 소비자들은 일반적으로 그들이 무엇을 원하고 어떻게 구매할지에 대해 복잡한 구매의사결정 과정을 거치기도 한다. 또한 이 상점에서 저 상점으로 옮겨 다니면서 여러 대안을 신중히 탐색하고 시간과 노력을 가장 많이 들이는 제품이다.

■ 산업재(industrial products)

기업들이 얼마나 많은 비용을 책정하고 어떻게 사용할 것인지에 따라 산업재는 크게 2가지의 카테고리로 나뉜다.

- **지출재**(expense items) : 지출재는 기업이 소비자에게 판매되는 최종 제품을 생산하거나 다른 기업에게 공급할 때 1년 안에 소비되는 자재나 서비스를 말한다. 명확한 지출재는 직접 생산 과정에서 사용되는 재화를 말하는데 예를 들면, 인스턴트커피를 생산하기 위해 필요한 포장재료, 설탕, 포장박스 등이 모두 지출재라고 할 수 있다.
- **자본재**(capital items) : 자본재는 내구성이 있는 반영구적인 재화나 서비스를 말하는 것으로서 비싸고 장기간 존재한다. 이런 종류의 재화나 서비스는 예상 수명이 있어 감가상각을 하기도 하는데 예를 들면 빌딩, 오븐 기계, 컴퓨터, 비행기 등이 모두 자본재화에 속하고 자본 서비스는 직원들의 음식을 장기간 공급하는 급식 서비스가 여기에 속한다.

2) 제품 MIX

기업이 소비자에게 판매할 수 있는 제품들의 그룹을 제품 MIX라고 한다. 예를 들어 (주)농심은 라면, 스낵, 음료, 햅쌀밥 등 여러 가지 다양한 제품을 만들고, 3M은 포스트 잇(post-it)에서부터 레이저 제품까지 모든 종류의 사무용품을 만든다.

물론 많은 기업들은 하나의 제품에서부터 시작한다. 그러나 시간이 지나면서 기업의 초기 제품은 모든 소비자의 욕구나 취향을 적절히 맞추기 힘들다는 것을 알게 되고 시장의 수요를 맞추기 위해 다른 소비자들의 욕구를 맞추기 위해 디자인된 새로운 제품을 출시하게 될 것이다. 예를 들어, 삼성전자는 비슷한 가격대에 여러 가지의 냉장고 모델을 제시하고 있다. 이처럼 같은 계열의 제품 그룹이라고 소비자들이 인식하는 제품들을 제품라인(product line)이라고 한다.

또한 기업은 존재하는 제품 라인을 수평적으로 확장하여 새로운 기회를 창출할 수도 있는데 이것을 제품라인 다각화(diversified product lines)라고 한다. 예를 들어 제일제당(CJ)은 처음 설탕을 만들기 시작해서 지금은 식자재 유통 및 급식 사업을 맡고 있는 CJ 푸드 시스템과 영화, 케이블 TV, 음악을 취급하는 미디어 엔터테인먼트, 홈쇼핑 채널 등을 통해 다양한 제품들을 생산 공급하고 있다. 이런 제품라인 다각화는 기업을 빠르게 성장시키고 일부

제품의 매출 감소의 영향을 최소화해준다는 장점이 있다.

3) 신제품과 제품 수명주기

제품라인을 다양화하거나 확장하기 위하여 기업은 새로운 제품들을 성공적으로 소개하거나 개발하여야만 한다. 경쟁과 소비자 선호의 변화에 직면하면서 기업은 한 가지 성공적인 제품만으로는 영원히 살아남을 수 없다. 뿐만 아니라 기존의 제품조차도 장기간 동안 살아남기 위해서는 지속적인 개선이 필요하다.

시장에 출시된 제품은 제품 수명주기(PLC: product life cycle)에 따라 진행되는 양상을 보인다. 소비자를 유지하고 이끄는 특정 제품의 능력에 따라

그림 12-4 (주)농심의 제품 MIX

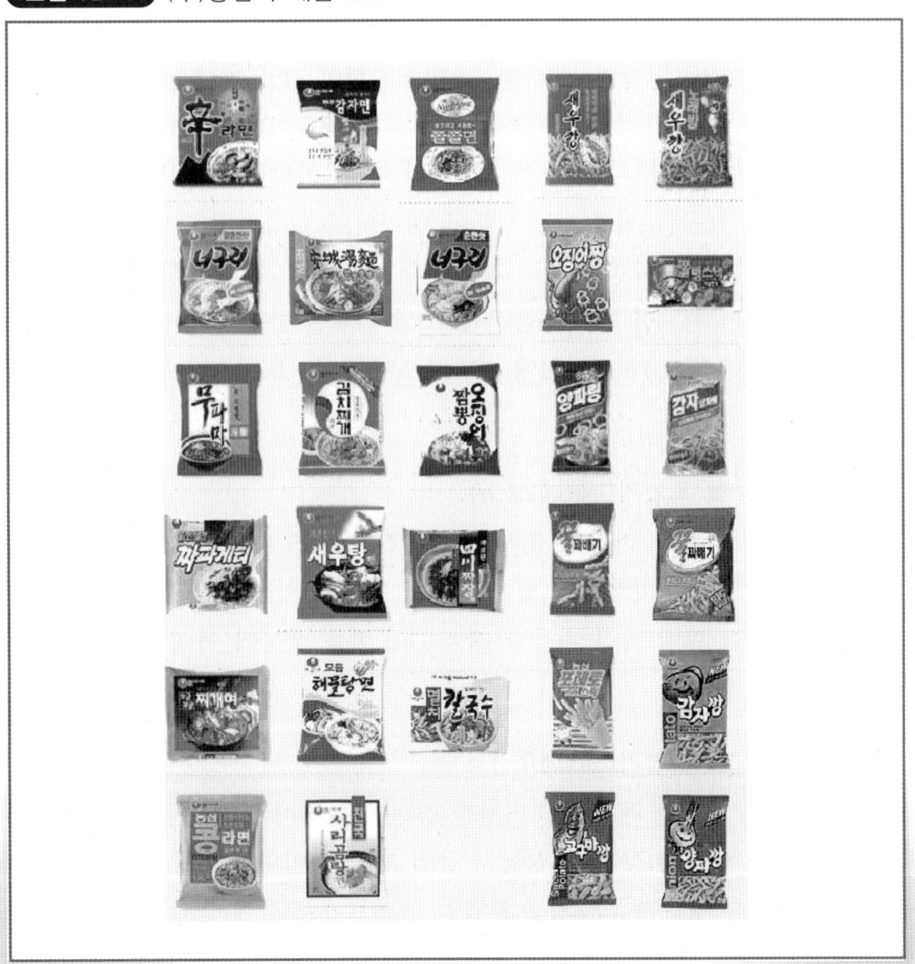

그림 12-5 VCR의 제품 수명주기

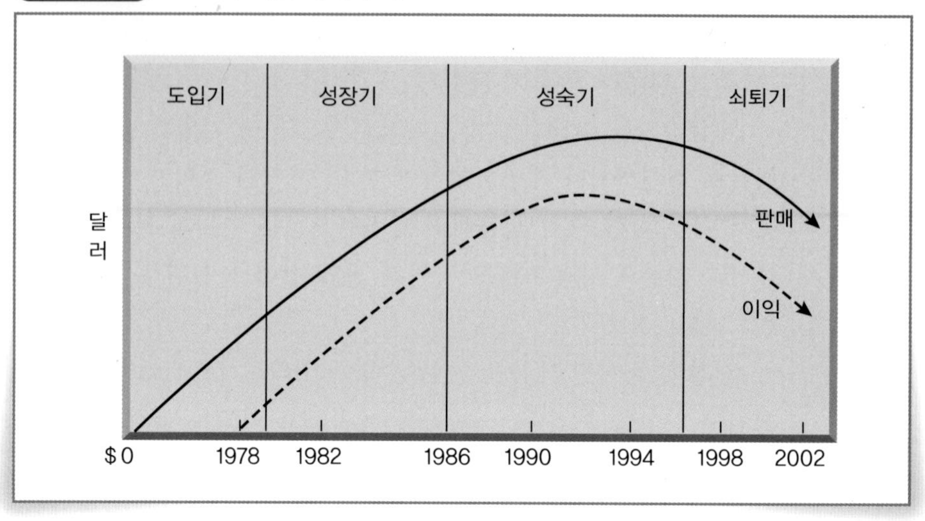

특정 제품의 PLC는 한 달이 될 수도 있고 몇십 년이 될 수도 있다. 예를 들어 박카스, 신라면, 새우깡, 우황청심환과 같은 제품은 매우 오랫동안 살아남았고 앞으로도 그럴 가능성이 높은 제품들이다. 그래서 여기서는 대부분의 제품에 적용되는 제품 수명주기의 여러 단계에 대해 살펴보도록 하겠다.

제품 수명주기는 제품이 태어나고 성장하며 성숙하는 단계를 거쳐 소멸하는 과정을 나타내는 과정이다. 그림에서 볼 수 있는 바와 같이 VCR의 단계를 살펴보면 VCR 제품은 1970년대 후반에 출시되어 오늘날까지 넓게 퍼져있지만 DVD가 출시되어 사라졌으며, DVD 또한 넷플릭스 등 OTT에 의해 대체되었다.

■ 도입기(introduction)

제품이 시장에 출시되기 시작하는 단계로서 도입기 동안에 경영자들은 잠재적 소비자들이 제품과 그 효용을 인지하는 데 초점을 맞춰야 한다. 광범위한 판매 촉진 비용과 제품 개발비용 때문에 이 단계에서는 이익이 발생하지 않는다.

■ 성장기(growth)

새로운 제품이 소비자를 충분히 만족시키고 매력적이라면 판매는 급속도로 상승할 것이다. 성장기 동안 제품은 이익을 발생시키기 시작하고 산업 내 다른 경쟁자들은 경쟁 제품들을 빠르게 시장에 출시하려고 노력한다.

■ 성숙기(maturity)

판매 성장률이 느려지기 시작한다. 성숙기 초기에 제품은 높은 이익을 남기지만 증가하는 경쟁 제품으로 인해 결국 가격 인하와 이익 감소가 발생한다. 성숙기의 끝에는 판매량이 감소하기 시작한다.

■ 쇠퇴기(decline)

이 마지막 단계 동안 판매량과 이익은 연속적으로 하락하고 새로운 제품이 도입기 단계로 진입하기 시작한다. 기업은 판매 촉진을 감소하거나 중단시킨다.

2. 제품의 가격(price) 결정

제품 개발에 있어서 경영자는 기업이 소비자에게 무슨 제품을 제공할 것인지를 결정한다. 마케팅 MIX의 두번째 주요한 결정 요소인 가격 결정은 기업이 제품을 시장에 출시하여 이것이 소비자에게 판매되어 받는 이익에 대한 문제이기 때문에 기업이 계획한 목적이 제품 가격 의사결정에 미치는 영향에 대해서 살펴보도록 하겠다.

기업은 이익을 극대화하기 위하여 적절한 제품가격을 결정하려고 하지만, 기업의 다른 목적에 의해서 제품의 가격이 결정되는 방향이 틀려지기도 한다. 예를 들면, 어떤 기업은 가장 높은 이윤을 남기기 위해 제품가격을 결정하기보다는 시장 점유율을 유지하거나 시장을 선점하기 위해서 제품가격을 낮추어 결정하기도 한다. 또한 가격 의사결정은 경쟁시장에서 살아남기 위해서 혹은 사회적 · 도덕적 관심이나 기업 이미지 유지를 목적으로 결정되기도 한다.

■ 이익 극대화 목표

이익을 극대화하기 위한 목표는 다루기 힘든 목표이다. 만일 가격이 너무 낮게 책정되면 기업은 아마도 제품을 많이 판매할 수는 있겠지만 제품당 추가 이윤을 얻을 기회를 놓쳐버릴 수 있다. 반대로 가격이 너무 높게 책정되면 기업은 제품당 추가 이윤을 크게 얻을 수 있지만 얼마 팔리지 않을 위험성이 있다. 결과적으로 기업은 제품당 추가 이윤을 가능한 높게 책정하는 동시에 소비자들의 구매를 이끌 만한 적절한 가격을 결정해야 하는 어려운 문제를 풀어야 한다.

■ **시장 점유율 목표**

장기간 동안 사업이 살아남기 위해서는 이익을 남겨야 한다. 그럼에도 불구하고 많은 기업들은 초기에 새로운 제품을 출시할 때 낮은 가격을 제시한다. 그들은 최소한의 이익을 얻거나 심지어 손해를 보면서까지 소비자들이 제품을 구매하도록 유도하기 위해서 가격을 낮게 책정한다. 이것은 기업이 특정 제품에 있어서 전체 시장의 점유율을 확보하기 위해서인데 이럴 경우에는 가격 정책의 목표가 이익 극대화가 아니라 시장 점유율을 목표로 하는 것이다.

예를 들어 초기의 휴대폰 통신 사업자 시장에 있어서 국내의 통신사들은 높은 시장 점유율을 확보하기 위하여 고가의 휴대폰 기기를 싸게 공급하여 고객들을 선점하려 하였다. 왜냐하면 시장 점유율을 높게 확보할수록 장기간의 사업에서 우위를 점할 수 있기 때문이다.

■ **그 외의 목표들**

어떤 경우는 이윤 극대화도 아니고 시장 점유율 향상도 아닌 다른 이유로 가격을 책정하는 경우가 있다. 예를 들어 IMF 시기에는 더 이상의 손해를 입지 않고 시장에서 살아남는 것이 기업의 주요 목표였다.

또한 여전히 다른 목표로 가격이 결정되는 경우가 있다. 예를 들어, 산업재 구매자들에게 자사의 서비스를 소개하기 위하여 International Graffiti Control(IGC)사는 건물벽의 낙서를 제거하기를 원하는 빌딩소유주들에게 고정요금제(set-fee pricing system)를 제공했다. 다시 말해 매달 혹은 매년 일정금액을 부과함으로써 위험을 고객들로부터 IGC사로 이전시키는 것이다.

이러한 요금제는 앞으로 얼마나 많은 낙서들이 생길지는 모르지만 이러한 낙서들이 고정요금에 의해 커버되기를 희망하는 고객들에게 호소할 수 있다.

3. 제품의 촉진(promotion) 결정

촉진(promotion)은 제품을 팔기 위한 기술이다. 제품이나 촉진 기술(광고)을 위해 디자인된 커뮤니케이션 MIX의 부분으로서 제품의 사용용도, 외관, 효용 가치 등을 소비자에게 전달하는 과정인 것이다. 그러나 판매 촉진(sales promotion)은 제품의 본질적인 가치를 넘어서 부가적인 다양한 프로그램을 제공한다. 예를 들어 합리적인 가격에 높은 품질의 제품을 얻는 것은 분명 좋은 것이다. 그러나 여기에 그치지 않고 판매원들은 거기다가 20% 할인 쿠폰, 보너스 상품까지 더하여 제공하려고 하기 때문에 소비자의 입장에서는 분명 예상 외의 큰 혜택일 것이다.

1) 촉진 목적(promotional objectives)

촉진의 궁극적인 목적은 판매를 증가시키는 것이지만 경영자는 기업의 전략적 목표(정보를 전달하는 것, 제품의 포지셔닝, 판매량을 조절하는 것)에 따라 촉진의 방법이 달라질 수 있다.

■ **정보를 전달하는 것**

촉진은 한 개인 또는 조직으로부터 다른 개인 또는 조직에게 정보를 전달하는 효과적인 방법이다. 물론 소비자는 그들이 제품의 정보를 전달하더라도 제품을 구입하지 않을 수 있다. 정보는 소비자들에게 제품이 존재하며 제품에 어떠한 특징들이 있는지를 전달한다. 정보는 신문, 잡지와 같은 문서의 형태일 수도 있고 전화를 통한 음성의 형태일 수도 있으며 TV, 인터넷과 같은 음성, 시각 등이 혼합된 형태일 수도 있다. 전문가들은 매일 평균 1,500bit 정도의 정보에 소비자들이 노출되고 있다고 주장한다. 그러므로 오늘날 경영자들에게 있어서 소비자들이 어느 장소에 있건 간에 기업의 제품과 서비스에 대한 정보가 전달될 수 있도록 전략을 수립하는 것은 매우 중요한 일이다.

경영학 FOCUS **McDonald와 Disney의 만남**

1996년 McDonald와 Disney사는 십년 동안 10억 달러에 달하는 상호 판매 촉진에 관한 협정을 발표하였다. McDonald사에게 있어서 Disney와 마케팅 파트너십을 유지하는 것은 새로운 영화와 홈 비디오를 통해 소비자에게 더 빠르고 직접적으로 판매 촉진 활동을 수행할 수 있는 이점이 있다. 동시에 Disney사에게 있어서는 디즈니 영화에 나오는 인기 있는 캐릭터 장난감을 소비자에게 제공할 수 있는 많은 기회를 얻을 수 있다. Disney는 과거에 다른 패스트푸드 전문점인 버거킹과도 계약을 체결해서 공동 마케팅 캠페인을 수행했었다. 예를 들어, 버거킹은 Disney의 라이온 킹, 포카 혼타스, 노트르담의 꼽추와 함께 성공적인 촉진 활동을 수행했었다. 그래서 McDonald사도 Disney사와 장기간 전략적 의사결정 파트너의 관계를 유지하고 있다. 2021년 디즈니 50주년에 멕도날드는 해피 밀 세트를 구입시 디즈니 캐릭터를 제공해 어린이들로 부터 인기를 끌었다.

■ **제품을 포지셔닝(positioning)하는 것**

포지셔닝은 소비자의 마음 속에 제품의 이미지를 각인시키는 과정이다. 제품을 포지셔닝시키는 것은 어려운 일이다. 왜냐하면 기업이 전체 시장의 소비자들보다는 특정 시장의 소비자들을 이끌기 위해 노력해야 하기 때문이다. 그러므로 경쟁자가 누구이고 제품을 구입하는 고객이 어떠한 세분 시장의 고객인지 명확해야 하며 그 다음 자사의 제품이 대상 고객들에게 어떠한 효용을 제공해 줄 수 있는가를 마음 속에 각인시키면서 타 경쟁사와는 다른 차별화된 전략을 구사해야 한다.

■ **판매량을 조절하는 것**

미국 최대의 축하 카드 제조 회사인 홀마크 카드사와 같은 회사는 계절별 판매 패턴에 대한 경험이 많다. 판매량이 감소하는 시기에는 촉진 활동을 증가시킴으로써 이 기업은 안정된 판매량을 유지할 수 있다. 그러므로 그들은 생산과 유통 시스템의 속도를 일정하게 유지할 수 있다. 반대로 판매량이 감소하는 시기에서 증가하는 시기로 접어들면 촉진의 양상이 변화할 수 있다. 위의 Hallmark Cards사의 경우 판매량이 급증하는 어버이날 같은 시기에는 판매량 감소시기에 비해 반 정도의 촉진 활동을 수행함으로써 안정된 판매량을 유지한다.

2) 광 고

미국 마케팅 협회(American Marketing Association)에서는 광고의 정의를 "광고란 누구인지를 확인할 수 있는 광고주가 하는 일체의 유료형태에 의한 아이디어, 상품 또는 서비스의 대중적(nonpersonal) 정보제공 또는 판촉활동이다"라고 정의하고 있다. 또한 1969년 미국 일리노이대학의 던 교수는 「Advertising, its Role in Modern Marketing」에서 "광고란 광고 메시지 속에 어떤 형태로든 밝혀져 있는 기업이나 비영리기관 또는 개인이 여러 매체에 유료로 내는 대중적(nonpersonal) 커뮤니케이션이다"라고도 정의하였다. 이처럼 광고(advertising)에 대한 정의는 매우 다양한데 이를 종합하여 정의하자면, 광고(advertising)란 "확인 가능한 광고주가 교환을 창출하거나 유지하기 위해 다양한 매체를 이용하여 주로 유료로 행하는 일방 또는 상호작용적 마케팅 커뮤니케이션이다"라고 정의할 수 있다.

광고와 흔히 혼동해서 쓰는 개념으로 선전(propaganda)과 PR(public

relations)이 있다. 선전(propaganda)은 진실 또는 거짓의 정보를 전달하여 신념이나 행동에 영향을 주려는 커뮤니케이션 활동이고 PR(public relations)은 '유료', '누구인지를 확인할 수 있는' 이란 두 관점에서 광고와 다르다. 즉, 홍보나 선전은 광고처럼 일정한 광고료를 내지 않으며, 또 홍보나 선전을 하는 주체가 분명히 밝혀져 있지 않다. 이 2가지 정의에도 예외는 있는데, 그것은 무료 공공광고(public service advertising)의 경우이다. 이는 매체가 광고료를 받지 않고 게재, 또는 방송하기 때문에 예외의 경우이다. 광고란 낱말은 영어로 'advertising' 또는 'advertisement' 라고 하는데, 전자는 광고활동 모두를 뜻하고, 후자는 개별 광고물을 뜻한다.

경영학 FOCUS **광고사례**

'집을 지키는 집, 등대프로젝트'

KCC건설의 2021년 스위첸 TVCF '집을 지키는 집, 등대프로젝트'(A HOUSE NEVER SLEEPS)가 세계 3대 국제광고제인 '2022 클리오 어워드(CLIO Awards)' 에서 Intergrated Campaign Bronze와 Public Relations Bronze를 각각 수상했다. 클리오 어워드는 칸 국제광고제, 뉴욕페스티벌과 함께 세계 3대 국제광고제 중 하나로 손꼽힌다.

이번 프로젝트는 경비원분들께 실질적 도움을 드리기 위한 진정성 있는 고민으로부터 시작해 단순히 캠페인에만 그치지 않고 우리 사회 전반에 선한 영향력을 끼침으로써 기업의 사회적 가치까지 실현했다는 데에 해외에서도 공감을 이끌었다는 평가를 받았다.

앞서 KCC건설은 지난달 동일 프로젝트로 아시아 · 태평양 지역 최고 광고제인 2022 스파이크스 아시아(Spikes Asia)에서 Brand Experience 부문 Bronze를 수상했다. 이에 앞서 국내 광고제 '2021 대한민국광고대상' TV영상부문 대상과 디지털영상부문 은상, '서울영상광고제 2021' 공공캠페인 사례 부문 금상과 TV부문 은상을 수상한 바 있다.

KCC건설의 TVCF '집을 지키는 집, 등대프로젝트' 는 국내 · 외 광고제를 모두 석권하며, '2014년 아빠의 집' 과 '2015년 자식의 자식농사', '2016년 모두의 집', '2017년 가족의 집', '2018년 대한민국 첫번째 집', '2019년 엄마의 빈방', '2020년 문명의 충돌' 등 매년 가족과 사람들, 집에 대한 이야기를 통해 다져온 KCC건설의 기업이념을 한층 더 공고히 하게 됐다.

'집을 지키는 집, 등대프로젝트' 는 사회적 이슈가 되었던 노후화된 경비실과, 경비노동자의 근무 환경 조명한 캠페인이다. 노후된 경비실을 리모델링하는 모

습을 영화처럼 담아냈다. 기업의 사회적 책임(CSR) 활동의 일환으로 진행된 본 프로젝트는 지난해 6월 금강 이매촌 아파트를 시작으로 12월까지 전국 40여 개 이상의 모든 경비실의 전면적인 리모델링과 내 · 외부 보수, 책상 · 의자 등 집기류 교체, 냉난방기 · 순간온수기 및 냉장고 설치 등을 전액 무상으로 진행해 경비노동자들의 근무 환경을 개선하고 권리 증진을 직접 실천해왔다.

출처: 매일경제 보도자료, KCC건설, 스위첸 '등대프로젝트' 세계 3대 국제광고제 '클리오 어워드' 2개문 수상, '22.4.27.

'Feel the Rhythm of KOREA' 2

LG계열 광고회사 HS애드가 제작한 한국관광공사 'Feel the Rhythm of KOREA'(한국의 리듬을 느끼세요!) 시즌 2캠페인이 한국광고총연합회가 주관하는 국내 최고 권위의 2021 대한민국광고대상에서 디지털영상 부문 대상을 수상했다.

2일 HS애드에 따르면 한국관광공사는 'Feel the Rhythm of KOREA' 시즌 1으로 대상을 수상한 이래 2년 연속 대한민국광고대상 대상 수상이며, HS애드는 대한민국광고대상에서 11년 연속 대상 수상 기록을 세웠다.

'Feel the Rhythm of KOREA' 시즌 1이 얼터너티브 팝 밴드 '이날치'와 현대무용 그룹 '앰비규어스 댄스 컴퍼니'의 중독성 있는 멜로디와 춤사위로 인

출처: Brand Brief, 'HS애드, 대한민국광고대상 11년 연속 대상 수상', 2021.12.07.

기를 끌었다. 이번 시즌2는 유명 힙합 레이블 하이어뮤직과 AOMG의 뮤지션들의 K-힙합과 민요의 콜라보와 '머드맥스 신드롬'을 일으킨 서산편 등 참신한 영상으로 한국의 다양한 매력을 전 세계에 알렸다는 평과 함께 두 달 만에 누적 조회수 3억뷰를 달성하며 뜨거운 반응을 이어갔다.

유명 힙합 뮤지션들이 도시별 특색에 맞춰 새로운 매력을 힙하게 표현한 것이 MZ세대들의 취향을 저격했고 외국에서 '힙템'으로 떠오르고 있는 커피믹스, 아기 포대기, 호미 등 한국적인 아이템을 전략적으로 활용함으로써 한국의 관광지를 소개하는 차원을 넘어, 한국적인 삶을 보여주었다는 평가를 받고 있다.

HS애드 관계자는 "11년 연속 대한민국광고대상에서 대상을 수상하는 등 HS애드가 성공캠페인을 꾸준하게 탄생시킬 수 있었던 힘은 광고주의 본질적인 페인 포인트(Pain Point)을 해결하는 경쟁력에 있다"며 "고객과 소비자, 시장으로부터 인정받는 캠페인을 선보일 것"이라고 밝혔다.

3) 촉진 전략(promotional strategies)

마케팅 전략의 목표가 명확하다면 기업은 목표를 성취하기 위하여 촉진 전략을 개발하여야 하는데 이런 전략에는 일반적으로 사용되는 2가지 종류의 전략이 있다. 물론 많은 기업들은 어느 한 가지 형태의 판매 촉진 전략보다는 두 가지 형태를 조합하여 사용한다.

■ pull 전략

pull 전략은 제품 제조 기업이 소비자에게 판매 촉진 활동을 하여 제품을 밀어 넣기보다는 소비자로 하여금 자의적으로 제품을 구매하도록 유도하는 전략이다. 즉, 소비자가 직접 기업의 제품을 소매업자에게 요구하고 소매업자는 도매업자에게 요구하는 형태로 이루어진다. 예를 들어, 스티븐 킹의 소설이 출판될 때 스티븐 킹의 팬 및 호러소설의 팬들은 직접 소설의 구매 주문을 예약하고 서점의 경우 책에 대한 재고가 없을 때는 도매업자나 출판사에게 주문량을 요청한다.

■ push 전략

push 전략을 사용하는 기업은 소비자들이 자사의 제품을 구매하도록 공격적으로 판매 촉진 활동을 전개한다. 예를 들어, 자동차 회사의 경우 자동차를 판매함에 있어서 공격적인 촉진 전략을 수행하는데 대리점 dealer들에게 직접 제품의 홍보 활동 교육을 시켜 생산된 자동차의 재고를 줄이기 위해 소비자들을 설득하려고 노력한다.

4. 제품의 유통(place) 결정

우리는 앞에서 이미 적절한 제품 MIX에 대해서 살펴보았는데 아무리 성공적인 제품 MIX를 구성했다고 하더라도 기업이 최종 소비자에게 제품을 전달하기 위한 유통 채널의 조합인 유통 MIX(Distribution MIX)를 효과적으로 설계하지 않고서는 소비자에게 정확히 제품 포지셔닝을 할 수 없다. 그래서 여기서는 유통 MIX 중에 중요한 부분을 차지하고 있는 중개업자와 유통 채널에 대해 살펴보도록 하겠다.

중개업자(intermediaries)는 제품이 확산되도록 도와주는 개인 또는 기업을 말한다. 그들은 일반적으로 도매업자나 소매업자로 분류되며 도매업자(wholesalers)는 최종 소비자에게 제품을 파는 소매업자나 중간 유통 사업자에게 제품을 공급하는 기능을 한다. 반면에 소매업자(retailers)는 직접 소비자에게 제품을 판매한다. 어떤 기업은 독립적인 중개업자에 의존하지만 어떤 기업은 자사의 유통 네트워크를 구축하고 판매 직원을 고용하여 운영하기도 한다. 그러면 제품을 유통시키는 과정에 있어서 어떠한 경로가 존재하며 소비재 및 산업재의 경우 어떠한 경로를 거쳐 유통되는지 알아보자.

1) 소비재의 유통(distribution of consumer products)

유통 채널이란 제조업자에게서 최종 사용자에게 제품을 공급하는 경로를 말한다. [그림 12-6]에서 볼 수 있는 바와 같이 유통 채널은 일반적으로 총 6가지 형태로 분류해 볼 수 있다. 모든 채널은 제조업자로부터 시작해 최종적으로 소비자나 산업 소비자에서 끝나게 된다. 그러므로 일단 제조업자로부터 시작해 최종적으로 소비자에서 끝나는 유통 채널에 대해서 살펴보자.

■ 소비재의 직접 유통(채널 1)

직접적인 경로를 말하는데 제품은 중개업자 없이 생산자에서 소비자까지 직접 전달된다.

■ 소비재의 소매 유통(채널 2)

이러한 유통 경로의 형태는 제조업자가 소매상을 통해 제품을 유통시키는 것을 말한다. 아모레퍼시픽이나 한국콜마 등은 수백여 종류의 다양한 제품을 판매하기 위하여 국내에 수천 개의 소매상들을 통해 유통경로를 구축하

그림 12-6 소비재와 산업재의 유통채널 유형

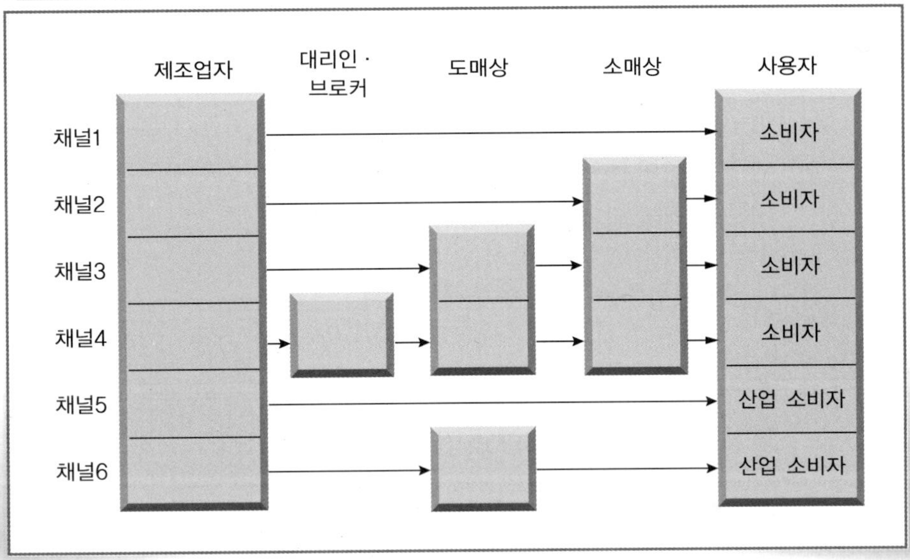

제조업자 / 대리인 · 브로커 / 도매상 / 소매상 / 사용자

채널1 — 소비자
채널2 — 소비자
채널3 — 소비자
채널4 — 소비자
채널5 — 산업 소비자
채널6 — 산업 소비자

고 있다.

■ 소비재의 도매 유통(채널 3)

1960년대 중반까지 채널 2와 같은 유통경로 형태가 일반적으로 존재하였다. 그러나 소매상에서 재고와 상품의 전시를 위해 제품을 저장하기 위한 많은 공간이 필요하게 되었다. 이것은 곧 비용을 발생시키게 되었고 많은 소매상들이 많은 상품들을 저장하기 위한 공간 서비스를 제공하는 도매상을 이용하게 되었다. 채널 3의 경우 편의점이나 주유소 등을 예로 들 수 있다.

■ 대리인과 브로커를 통한 유통(채널 4)

채널 4에서는 소매상이나 도매상에게 제조업자를 대표하는 판매 대리인과 브로커를 사용한다. 그들은 다른 유통 업자에게 제품을 판매하는 대신 제품에 대해 판매 수수료를 받는다. 일반적으로 대리인은 제조업자의 제품 라인을 취급하며 판매 직원과 같은 서비스를 제공하기도 한다. 예를 들어, 여행대행사는 항공기, 숙박업소, 렌터카 예약까지 필요에 따라 구매자의 요구에 맞추어 제공한다.

2) 산업재의 유통(distribution of industrial products)

산업재의 유통 경로는 매우 중요하다. 왜냐하면 모든 기업이 구매자인 동시에 소비자이기 때문이다. 예를 들어, 켈로그 사의 경우 콘푸로스트에 들어가는 시리얼을 제조하기 위해 곡물을 구매하는데 이 유통 경로에 따라 제품의 품질 및 제조 원가 자체가 확실히 달라지기 때문에 산업재의 유통 경로는 매우 중요할 수밖에 없다. 산업재의 유통 경로는 산업 소비자에게 전달되는 과정에 관여한 네트워크의 멤버를 의미한다. 소비재와는 달리 산업재는 전통적으로 채널 5, 6을 통해 유통된다.

■ 산업재의 직접 유통(채널 5)

대부분의 산업재는 제조업자가 사용자인 산업 소비자에게 직접 파는 형태를 취한다. 예를 들어, 포스코는 원자재인 철을 가공하고 제조하여 이것을 직접 자동차 제조기업이나 건설회사와 같은 산업소비자에게 판매한다.

■ 산업재의 도매 유통(채널 6)

산업재 유통 채널에서 도매상의 기능은 아주 작지만 일반적으로 제조업자와 최종소비자 간의 중개상 역할을 하면서 물건의 포장 단위나 분류 상태를 변환하는 기능을 한다. 예를 들어 대규모 제조업자가 대규모의 클립을 트럭 단위로 생산하여 필요한 여러 중소기업들에게 판매하려고 할 때 중소기업들이 필요한 클립의 양은 적기 때문에 중간에서 트럭 단위의 클립을 박스단위로 재분류하여 중소기업들에게 공급하는 역할을 하는 도매상이 필요하게 된다.

12.4 요 약

마케팅이란 기업의 목표와 소비자의 만족을 달성하기 위해 아이디어, 재화, 서비스 등의 개발과 더불어 가격책정, 촉진, 유통 행위 등을 수행하고 계획하는 교환 창출 과정이다. 그래서 경영자는 마케팅 관리를 적절히 하기 위해 소비자, 기업, 환경적 요인을 동시에 고려해야 한다. 소비자의 만족을 달성하기 위해 소비자의 행동을 이해해야 할 뿐만 아니라 정치적 · 법률적 환경, 사회적 · 문화적 환경, 기술적 환경, 경제 환경, 경쟁 환경적 요인이라는 여러 환경적 요인을 전부 고려해야 하며 이런 분석을 기반으로 기업의 목표를 달성할 수 있도록 기업 내의 마케팅 믹스(제품, 가격, 촉진, 유통)요소를 적절히 구성하고 조합해야 한다.

또한 중요한 것은 일반적으로 마케팅은 제품, 서비스, 아이디어의 단순 거래나 일회성 거래에 초점을 맞추고 있지만, 성공적인 마케팅을 위해서는 장기적인 관점이 필요하다는 것이다. 즉, 일회성 거래를 강조하기보다는 소비자와 공급자의 지속적인 관계에 초점을 맞추고 접근해야 한다. 기업과 고객과의 지속적인 관계는 장기적인 소비자의 만족과 기존 고객의 보유에 긍정적인 영향을 미치기 때문이다.

마케팅 믹스 중 가장 첫번째는 제품(product)으로서, 소비자의 욕구를 채우기 위해 디자인된 아이디어, 서비스, 재화 등과 같은 상품을 말한다. 새로운 제품을 개발하고 고안하는 것은 경영자들에게는 연속적인 도전이며 경영자는 항상 불확실한 상황적 요인들을 고려해야 한다.

두번째는 가격(price)으로서, 제품이 판매되기 위해서 가장 적절한 가격을 선정하는 일은 매우 어려운 일이다. 또한 제품의 가격은 기업의 운영비, 관리 비용, 연구 개발비, 마케팅 비용, 광고비용 및 직원의 임금 등과 같은 여러 가지 다양한 종류의 비용을 감안해서 결정되어야 한다. 그래서 성공적인 가격 책정은 수익과 비용의 두 가지 측면에서 접근하여 적절한 수익 균형점을 찾아야 한다.

세번째는 촉진(promotion)으로서, 제품에 대한 정보를 소비자에게 전달하는 테크닉에 대한 것이다. 이런 촉진 활동을 수행하기 위해 고려되어야 할 요소는 광고(advertising), 인적 판매(personal selling), 판매 촉진(sales promotion), PR(public relations) 등이 있다.

마지막으로 유통(place/distribution)인데, 이는 도매점, 소매점과 같은 유통 경로를 통해 제품을 배치하는 활동을 말한다. 생산자로부터 제품이 생산되어 소비자에게까지 전달되는 유통 경로에서 발생할 수 있는 모든 유통 활동의 범위 및 수에 대한 의사결정을 내려야 한다.

데이터 기반 마케팅이 개인에 맞는 정보를 제공해 주고 있다. 아마존에서 책 구입시, 또는 유튜브, 넷플릭스 등을 볼 때, 자신이 직접 검색하기 전 보다, 알고리즘이 추천해주는 콘텐츠를 구입 또는 시청하는 경우가 많다. 만약 추천 알고리즘이 정확하다면 고객 만족은 높을 것이다. 한편 민감한 개인정보를 침해받지 않는가 하는 의구심을 느끼기도 한다. 초개인화 마케팅의 장단점도 살펴보자.

closing case

한류

2018년 5월, 국내 아이돌그룹인 '방탄소년단'은 한국 K-POP 최초로 빌보드200 차트에서 1위를 차지하는 기염을 토했다. 2017년 빌보드 뮤직 어워드에서 수상을 한 이후로 국내뿐만 아니라 해외에서의 엄청난 인기를 유지하고 있다. 2000년대 초 드라마가 한류 열풍의 주역이었다면 최근에는 K-POP이 신흥강세로 떠오르고 있다. 세계로 뻗어나가는 K-POP 열풍은 비단 단기간에 이루어진 현상이 아니다. 과거 빅뱅, 동방신기, 소녀시대 등으로 대표되던 K-POP 한류 열풍은 최근 방탄소년단, 트와이스, 엑소 등을 필두로 한 2세대 아이돌들이 아시아를 넘어 전 세계를 뒤흔드는 문화 열풍을 만들고 있다.

'한류'라는 용어는 중국 내의 한국 대중문화 열기를 표현하기 위해 2000년 2월 중국 언론이 붙인 용어이다. 대중문화의 단순 수용을 넘어 한국의 가수, 영화, 탤런트, 나아가 한국인과 한국 자체에 애정을 느끼는 아시아인들이 많아졌다. 한국의 치밀하고 선진적인 스타 마케팅과 고급 문화 컨텐츠의 조화로 '한류'는 더 이상 스타중심의 팬덤문화가 아닌 범 아시아인의 최신 라이프스타일로 자리잡았으며 아시아에 국한되지 않고 전 세계적으로 뻗어 나가고 있다.

한류열풍의 등장배경

하루 아침에 드라마라는 분야 하나로 한류 열풍이 생긴 것은 아니다. 한국은 민주화 및 고도경제 성장을 바탕으로 올림픽을 성공적으로 치렀다. 그 해, 광복 이후로 금기시했던 일본대중문화를 개방 수용하였고, 문화콘텐츠의 글로벌화 속에서 한국의 적극적인 문화 개방으로 국가 이미지가 점차 개선되었다. 2002년에는 일본과 월드컵을 공동 개최함으로써 김치, 불고기 등의 음식과 함께 다양한 한국 문화콘텐츠를 일본에 소개할 수 있었다. 이에 일본도 한국대중문화를 적극적으로 받아들였고, 2004년 드라마 겨울연가 '욘사마(배용준)'를 통해 그 속도는 더욱 가속화되었다. 한류는 드라마 한 편으로 하루 아침에 이루어진 것이 아닌 장기간에 걸쳐 우리 스스로가 문화적 다양성을 받아들여 발전시킨 결과이다.

이수현 씨의 23주기를 맞아 2024년 1월 26일 사고현장에서 헌화한 뒤 묵념하고 있다(연합뉴스).

또한 2001년 일본의 '신오쿠보(新大久保) 전철역 선로에 추락한 일본인을 구하려다 숨진 이수현 씨의 의로운 정신과 용기 있는 행동은 한 · 일 양국 국민의 가슴을 울리고 숭고한 가치를 알려준 바 있다.

다양한 한류 마케팅 전략

이미 한류는 아시아 지역을 넘어 글로벌화 단계에 들어섰다고 전문가들은 진단한다. 영화, 음악, 스포츠, 음식 등에서 유럽과 미국으로의 진출을 끊임없이 시도하고 있다. 이러한 한류의 확산으로 대한민국의 경제적 이익이 점진적으로 증가하고 있으며 앞으로는 전 세계인으로부터 사랑받는 K-POP과 드라마를 넘어서 음식, 패션, 게임분야, 영화, 스포츠, 의료기기 등이 제3의 한류로 성장해야 할 필요가 있다.

최근 제3의 한류를 이끌고 있는 분야는 '화장품'이다. 중국인들이 한국여행을 할 때에 화장품가게를 방문하는 것은 관광코스의 필수가 되었다. 한국 관세청이 2018년 발표한 자료에 따르면 한국화장품의 중국 수출액은 26.48억 달러에 이르며, 이는 전체 수출의 42.2%를 차지한다. 중국뿐만 아니라 베트남, 홍콩, 미국, 일본으로도 화장품 수출이 증가하고 있다. 이러한 화장품 수출은 수입의 3.3배이다.

게임 산업에서도 한국의 위상이 높아지고 있다. '리그 오브 레전드'라는 한국 게임은 전 세계적인 '롤드컵'이라는 게임 경기가 생길 정도로 국제적인 사랑을 받고 있다. 미래의 한국 게임 산업이 긍정적인 전망을 받고 있게 된 계기도 이 게임일 정도로 잠재적 한류의 선도자로 각광받고 있다.

영화계에서 2013년 봉준호 감독의 '설국열차'는 할리우드 유명배우들을 필두로 미국과 유럽에서 흥행에 성공을 거두었다. 특히 원작 만화의 탄생지 프랑스에서는 개봉과 동시에 300여개의 상영관에서 동시 개봉하는 등 유럽에서 개봉한 한국영화 역사상 최고의 흥행을 기록했다. 2019년에 개봉한 영화 '기생충'은 2020년 아카데미 시상식에서 작품상, 감독상 등 6개 부문에서 수상하는 등 한국영화가 아카데미에서 101년 만에 처음으로 수상하는 쾌거를 이루어냈다. '지아이조'로 할리우드에 데뷔한 이병헌은 후속작 '레드2'로 할리우드에서도 주목받는 배우가 되었다. 영화에서의 한류는 비단 완성작의 수출이나 몇몇 스타가 할리우드 영화에 출연하는 것에서 그치지 않는다. 2013년 박찬욱 감독의 '올드보이'가 할리우드 리메이크판으로 개봉한데 이어 송해성 감독의 '파이란'이 할리우드 판으로 제작되고 있다고 한다.

스포츠계에서도 많은 약진을 이루어 냈다. 시작은 1990년대 중반 박찬호 선수와 골프의 여왕 박세리였다. 이제 LPGA에서는 '세리키즈'라 불리는 박인비, 신지애 등이 박세리가 보여준 한국여성의 파워를 여전히 보여주고 있다. 축구에서는 차범근, 박지성의 한국 축구 레전드의 계보를 잇는 초대형 공격수 손흥민의 등장과 기성용, 구자철, 박주호 등이 유럽무대에서 활약한 바 있다. 야구에서는 2013년 메이저리그에 첫 진출하여 최근까지 눈부신 활약을 펼치고 있는 류현진은 2024년 한화로 복귀하였다.

미래의 경제적 성장을 위해서는 한류의 다양화가 필요하다는 목소리가 많다. 이미 만들어진 한류의 산업화 성공을 기반으로 다양한 분야에서 저작권 문제 등 한류의 선결과제가 이루어져야 경제적 성장도 함께 이루어질 것이다.

한류 열풍의 중심, K-POP

K-POP은 최근 한류의 가장 핵심으로 꼽힌다. 2012년, 전 세계를 강타했던 싸이의 '강남스타일'은 K-POP의 영향력을 아시아에서 전 세계로 넓혀주는 시초가 되었다. 이후 K-

BTS Earns First No. 1 Album on Billboard 200 Chart With 'Love Yourself: Tear'

5/27/2018 by Keith Caulfield

POP은 전 세계 음악 관계자들의 뜨거운 감자가 되어 큰 관심을 받기 시작했고, 최근 방탄소년단의 성공적인 미국 시장 진출로 더 이상 마니아층만의 음악이 아닌 음악 시장의 주류로 자리 잡고 있다. 앞서 언급했듯이 방탄소년단은 이날 'TOP 소셜 아티스트 상'까지 수상하며 세계 음악 시장에 강렬한 인상을 남겼고, 2020년 8월에는 디지털 싱글로 발매한 '다이너마이트'는 첫 주에 빌보드 '핫 100' 1위에 올랐다. 이외에도 트와이스, 워너원, 엑소, 러블리즈, 빅뱅 등 다양한 한국 아이돌들이 아시아, 남미, 유럽 등에서 큰 팬덤을 보유하고 있으며, 성황리에 월드 투어 콘서트를 진행하는 등 K-POP의 영향력을 전 세계로 넓히고 있다. 2019년에는 미국의 대중음악 시상식 MTV 비디오 뮤직 어워즈에서 베스트 K-Pop 부문을 신설했다.

2018년 5월 2일 코엑스에서 열린 'C-페스티벌 2018'은 국내외 관람객 약 155만 명을 동원하며 생산 유발효과 약 1,430억 원, 소득유발 효과 약 293억 8,600만 원 등의 다양한 경제적 파급 효과를 창출하고 있다. 이베이코리아가 운영하는 역직구몰 'G마켓 글로벌샵' 이용률이 매년 증가하는 추세인데 도서음반 카테고리 성장세는 한류 열풍을 이끄는 아이돌 그룹의 음반과 각종 굿즈 판매 등에 힘입은 것으로 보인다.

이렇게 한류 열풍이 전 세계로 퍼질 수 있는 데에는 소셜미디어가 핵심적인 역할을 맡았다. 과거 1세대 한류 아이돌들이 해외 진출을 시도했을 때만 해도 최소 몇 년은 현지 활동으로 인지도를 쌓아야 했다. 하지만 최근에는 유튜브, 페이스북 등 소셜미디어를 통한 파급효과 덕에 해외 활동 없이도 글로벌 팬덤을 생성할 수 있는 여건이 만들어졌다. 특히 밀레니엄 세대(1980년대 초~2000년대 후반 출생)가 문화 소비의 중심이 되며 이 같은 현상은 더욱 확대되고 있다. 이들은 자발적으로 자신이 좋아하는 아티스트의 라이브 영상을 수십여 개 언어로 번역해서 소셜미디어로 확산시키는 등 온라인 팬 활동에 익숙하다. 또한 유튜브로 음악 콘텐츠를 소비하는 해외 팬들은 남들과 다른 신선한 음악을 듣는 것에 자부심이 강하다는 분석도 있다. 이에 다수의 K-POP 기획사들은 소셜미디어 채널을 아티스트 쇼케이스, 앨범 정보를 전달하는 등 글로벌 팬덤과의 소통 및 홍보 창구로서 유용하게 활용하고 있다.

승승장구하는 한국의 한류열풍 그리고 K-POP, 과연 '강남 스타일' 신드롬을 넘어 글로벌 주류 문화로 자리 잡을 수 있을지 앞으로의 한류열풍에 더욱 주목해야 할 것 같다.

출처: 한국관광공사, 한국문화원, 해럴드 경제, 삼성증권, 매일신문, YTN, 동아일보, 세계일보, 한국관세청 자료 참조 및 재구성

제 13 장

재무 및 MIS 관리

opening case

세계 금융 위기

미국발 서브 프라임(sub-prime) 사태로 미국 및 세계 경제는 2차 세계대전 이후 최대 금융 위기를 겪었다. 서브 프라임 사태는 미국의 경제뿐만이 아니라 유럽을 포함한 전 세계의 경제에 큰 타격을 입히는 결과를 낳았다.

미국 서브 프라임(sub-prime) 사태

2000년대 초반 이후 닷컴 버블의 붕괴, 9.11 테러 등으로 나스닥(NASDAQ)이 대폭락하면서 미국 경기는 침체기에 돌입했다. 이러한 위기를 타개하기 위해 미국은 지속적인 저금리 정책을 펴기 시작했다. 연방준비은행(FRB)은 2000년 5월부터 2003년 6월까지 연방금리를 12차례 인하(6.5% → 1.0%)했으며, 2001년 11월 이후 2% 이하의 저금리가 3년간 지속됐다. 이러한 상황에서 미국에서는 부동산 투기의 열풍이 거세어져 갔다. 상식적으로 서브 프라임 대상자에게는 대출 원금과 이자에 대한 회수율에 문제가 있어 쉽게 대출을 해 주지 말았어야 했다. 하지만, 부동산 투기 열풍이 거세지면서 원금과 이자를 회수하지 못해도 집값 상승으로 인한 이득을 얻게 될 수 있다는 판단 하에 은행들은 앞다투어 저소득층에게도 대출을 해 주게 된 것이다. 얼마 후, 부동산 거품이 사라지면서 은행들은 그에 대한 대출에 대한 원금과 이자를 회수하지 못하게 되고, 결국 리만 브라더스와 같은 대규모 투자 은행들까지도 파산에 이르게 되었다.

미국발 서브 프라임 사태의 파급효과

미국에서 시작된 서브 프라임 사태로 인한 경기 침체의 영향은 전 세계적으로 번져나갔다. 가장 먼저 문제가 드러난 곳은 유럽연합(EU)에 속한 그리스였다. 그리스의 주요 소득원은 관광 산업이었다. 전 세계적인 경기 침체로 인해 관광 산업에서 얻을 수 있는 소득이 줄어들자, 국가 재정을 통해 경기 부양책을 펼치려 했지만, 당시 그리스의 재정 상태로는 불가능했다.

사실 그리스의 위기는 언젠가는 터질 수밖에 없는 문제였다. 그리스는 지나친 복지정책으로 이미 재정 위기를 겪고 있었다. 그리스는 연봉의 95%를 퇴직 연금으로 지급했으며, 전체 인구의 23%인 260만명이 연금으로 생활하는 상황이었다. 또한, 실업률을 낮추기 위해 과도하게 공무원 수를 늘린 결과 2004년부터 2009년까지 그리스 공무원 수는 7만 5,000명이 증가했고, 이 중 25%가 과잉인력으로 분류되었다.

유로화의 사용도 문제였다. 처음 유로화를 도입했을 때에는 그리스 최대 산업인 관광산업을 부양시키는 효과를 냈다. 그리스의 유로화 가입 이후인 2002년부터 2006년 사이에는 평균 4.2%의 증가율을 보였고, 특히 2006년 GDP 증가율은 5.2%로 유로존 국가 중 가장 높은 수준이었다. 넘쳐나는 자금은 국민들의 과소비와 물가상승으로 이어졌다. 이러한 상황에서 미국발 서브 프라임 사태가 터지고 세계적인 경제 위기가 닥치자 관광객의 발길이 끊어졌다. 그리스 정부는 상황을 극복하기 위하여 금융시장에서 구제금융을 받았지만, 이 돈을 복지 혜택을 늘리는 데 사용했을 뿐, 산업을 회생시키는 데는 사용하지 않았다.

세계 경제를 위협하는 PIGS(포르투갈 · 이탈리아 · 그리스 · 스페인)

그리스뿐만 아니라 연쇄적으로 문제점을 드러내고 있는 포르투갈, 이탈리아, 스페인 등의 유럽 국가들은 높은 실업률, 토목산업 중심의 부동산 버블과 유로존이라는 평소에 가지고 있던 문제점과 더불어 미국의 경제위기에 의해 갑자기 늘어나 버린 국가 부채에 의해 지속적인 재정 위기를 겪고 있다. 일반적으로 국가부채가 GDP의 60% 이상일 때 국가 부채 상환능력이 위험한 수준이라고 보는데, 그리스는 GDP 대비 부채비율이 160%에 육박하였으며, 이탈리아 120%, 포르투갈 110% 그리고 스페인은 73.6%에 이르는 수준이었다. 최근에는 PIGS 이외에 아일랜드가 포함된 'PIIGS' 그리고 영국이 추가된 'PIIGGS' 라는 용어도 만들어졌다.

이러한 연쇄적인 경제 위기는 유럽에서 멈추지 않고 전 세계를 위협하고 있다. 미국과 유럽 선진국들의 잇따른 재정 위기로 인해 전 세계적으로 소비가 위축되었고, 이에 따라 글로벌 제조 공장인 중국이나 다른 자원 수출국들까지도 타격을 받았다. 또한 미국과 유럽에서 발행된 채권을 가지고 있는 나라도 재정 위기에 따른 손실을 입게 되었다. 우리나라의 은행권도 전체 자본의 30% 이상이 유럽 자본인 것을 감안할 때, 유럽 경제 위기는 우리나라를 포함한 전 세계에 연쇄적인 악영향을 미치고 있는 것이다. 이러한 상황에서 미국의 저금리, 재정확대 등으로 경기가 회복되는 듯 보였으나, 아직 근본적인 문제점은 남아 있다.

세계 경제 성장률을 낮추는 COVID-19 대확산과 러시아-우크라이나 전쟁

세계은행은 2022년 6월 발표한 세계경제전망보고서를 통해 많은 나라들이 1970년대와 같은 스태그플레이션(소득감소와 물가상승 동시발생)에 빠질 수 있다고 경고했다. 이는 COVID-19로 인한 경제적 영향이 회복되지 못한 상황에서 러시아의 우크라이나 침공이 세계 경제를 더 악화시키는 요인이 되었다.

COVID-19는 2020년 초에 등장한 새로운 감염병으로 세계 경제에 많은 영향을 미쳤다. 각국의 감염병 확산 억제조치와 외부활동 자제로 인한 물적 인적교류 위축, 공급망 훼손 등 세계 경제에 직·간접적인 영향을 미쳤다. 각국은 COVID-19 위기 극복을 위해 적극적인 경기부양책으로 재정·금융 지원정책으로 인한 과잉유동성이 인플레이션을 유발시켰으며, COVID-19로 주춤했던 수요가 회복됨에 따라 물가상승이 가속화되었다. 이러한 COVID-19로 인한 경제혼란이 가시기도 전에 러시아의 우크라이나 침공을 계기로 에너지 식량 대란까지 발생하며 인플레이션을 더욱 악화되었다. 전쟁 초기에 미국과 EU 등 북대서양조약기구(NATO, 이하 나토)에 가입한 주요 국가들은 3차 대전 확전을 우려해 직접적 개입은 회피하는 가운데 러시아에 강도 높은 금융제재를 단행했다. 특히 미국과 EU는 국제금융결제망(SWIFT)에서 러시아 은행을 배제했고, 러시아산 원유에 대해 미국이 수입금지 조치를 취했다. 이로써 국제유가가 고공 행진을 지속하게 됐고, 가뜩이나 높은 인플레이션이 더 자극받는 형국으로 흘러가면서 최근 미국 연준의 통화정책에서 찾아볼 수 없었던 '50bp(0.5%p) 금리인상' 이라는 강한 긴축에 맞닥뜨리게 됐다. 특히 우크라이나 사태는 글로벌 인플레이션과 복합화하면서 일차적으로 세계 금융시장의 밸류에이션을 떨어뜨렸다. 또한 인플레이션을 자극해 연준의 강한 긴축을 유도함으로써 글로벌 통화시장의 변동성 확대에도 영향을 줬다.

자본주의 체제의 근본적인 문제점

미국에서 시작된 경제 위기가 유럽을 거쳐 전 세계로 퍼져 나가는 과정에서 우리는 자본주의 체제의 문제점을 엿볼 수 있다. 처음에는 미국의 거대 자본이 그들의 욕심을 채우기 위해 지나치게 이익을 추구하는 과정에서 경제 위기가 발생했다. 그 후 유럽으로 옮겨간 자본주의의 문제점은 유럽의 건전하지 못한 자본구조와 맞물려 위기를 악화시키고 사태는 눈덩이처럼 불어나 전 세계의 경제를 위기에 빠뜨린 것이다. 결국 지금 일어나고 있는 세계 경제 위기는 거대 자본의 탐욕스러움이 만들어낸 수렁과도 같은 것이다.

앞으로의 대응책

유럽과 미국은 시중에 돈을 풀어 문제를 해결하려고 하고 있다. 하지만, 이러한 양적 완화 정책은 근시안적일뿐더러 급격한 긴축 재정과 악순환의 고리를 가지고 있기 때문에 완벽한 해결책이 될 수 없고, 장기적이고 근본적으로 자본주의의 문제를 해결할 수 있는 정책이 필요하다.

그럼에도 불구하고 자본주의 위기는 돈을 쓰지 않고는 해결할 수 없다. 자본을 통해서 흐름이 막힌 부분을 뚫어내고 원활한 자본의 순환성을 확보해야 하기 때문이다. 그러나 지금까지의 '밑 빠진 독에 물 붓기' 식의 공급정책이 아닌 흘러들어간 자본이 다시금 유동적으로 흐를 수 있도록 길을 만들어 주는 것이 중요하다. 이러한 위기 대응 방안이 실제적으로 적용되어 효과를 보기 위해서는 각 국의 실리를 먼저 챙기려는 대처 태도가 우선적으로 바뀌어야 한다. 자본과 시장이라는 이름으로 하나가 된 글로벌 지구촌 세계는 이제 그 위기 또한 함께 겪게 되었기 때문이다. 기존의 시장에서의 자유로운 흐름이 이루어졌더라면 자본주의의 위기는 오지 않았을지도 모른다. 하지만 위기가 도래한 이상 세계는 자본의 쏠림 현상을 없애고 글로벌 시장의 성격에 맞추어 변화하는 모습이 필요하다. 유럽 경제의 위기는 이제 시작이다. 경제 침체와 회복의 기로에 선 각국의 행보에 따라 이후 자본주의의 운명이 달렸다.

출처: 한국경제, 세계일보, 한겨레, 연합뉴스, 한국무역협회, KDI 참조.

13.1 예산(budget)의 통제

1. 예산의 개념

예산이란 미래의 일정 기간을 정해 이 기간 동안 필요한 각 활동들을 구체적으로 명시하고 이러한 각 부문의 활동들을 기업 전체의 목표와 적절히 일치하도록 조정하는 종합적이고 구체적인 집행계획을 의미한다.

이러한 예산을 통한 경영 활동의 통제는 주로 중간관리자에 의해 사용되는데 자신의 목표와 계획의 진전 과정을 파악하기 위해 사용한다. 예산은 주어진 계획의 각 활동들을 수량화, 숫자화하여 조직의 다양한 활동과 결과를 알기 쉽게 숫자로 바꾸어 주기 때문에 오래 전부터 아주 유용하게 사용되어 왔다.

이러한 예산을 통한 경영활동의 통제는 여러 가지 기능적 측면을 가지는데 예산을 편성하는 계획기능, 예산의 작성 실시를 통하여 부문 상호간의 조정을 도모하는 조정기능, 예산과 실적과의 차이를 분석함으로써 각 부문 활동의 효율을 판정하고 적절한 개선조치와 부문 관리자의 책임을 명시하며 업적의 판정 평가 등을 실시하는 통제기능 등을 들 수 있다. 기업의 예산은 그 기업의 달성목표이자 평가기준이기 때문에 경영활동의 여러 조건에 알맞는 탄력적 운용이 필요하다. 이 점이 바로 국가예산과 기본적으로 다른 차이점이다.

2. 고정 및 변동 예산제도

고정 예산이란 예산기간 중에 경영조건의 변동이 생겨도 기간예산을 고정시켜, 실제 업적의 관리를 당초예산을 기준으로 해서 집행하는 것을 말한다. 이에 대해 실제 업적의 관리를 하기 위하여 실제 활동에 대한 허용예산을 별도로 설정해서 사전에 변동 예산 내지는 탄력성 예산을 편성해 둘 필요가 있는데, 이렇게 함으로써 예산관리책임자에 대한 관리가 효과적으로 행해질 수 있다.

고정 예산과는 대비되는 개념으로 변동 예산이 있는데 단일의 표준안을 기준으로 예산이 책정되는 고정 예산이란 개념과 대응한다. 예를 들어, 제조간접비의 크기는 생산량의 대소(大小)와 직접적으로 결부되는 것은 아니므로 생산량의 변동에 따라 제품 1단위당의 할당액은 상당한 차이를 나타내게 된다. 또한 그 동향은 불규칙적이어서 치밀한 예산을 설정하기 위해서는 탄력성예산으로 편성하는 수밖에 없기 때문에 원가관리 등의 목적에는 탄력성예산이 채용된다. 이에 비해 고정 예산은 표준적인 제품원가를 산출하는 경우 등에 한정하여 채용된다.

3. 계획 예산제도

계획 예산제도 또는 프로그램 예산제도란 거대한 기업이나 조직에서 자원배분의 효율성을 높이기 위하여 정책책정, 사업별 실시계획, 예산 등을 유기적으로 결합한 것을 말한다. 예를 들어, 제너럴모터스(GM)와 같은 민간기업에서도 채용하고 있어 적용의 잠재성은 크지만, 주로 거대하게 팽창한 근대국가의 중앙과 지방정부에의 적용에 활용된다.

계획 예산제도의 주요 특징은 종래의 예산방식에서는 할 수 없었던 포괄적인 예산심의를 할 수 있다는 것과 여러 행정조직에 상관없이 각 목적별로 검토하여 전체 조직의 목표와 가장 적절히 부합할 수 있는 예산을 수립할 수 있다는 데 있다.

그러나 정책의 의사결정에 필요한 데이터를 얻기가 어렵고, 그 실시상의 곤란성 때문에 전통적 예산편성방식을 타파하지는 못하였다. 프로그램 예산제도를 개선 보완한 방법으로서 현재 주목을 받고 있는 것이 zero-base 예산제도이다. zero-base 예산 제도는 카터 대통령이 조지아주 주지사이던 1970년도에 채용되었고, 1977년 연방예산에도 도입되었다. 이것은 기본적으로는 각 연도마다 전 사업을 영(zero)으로부터 시작함으로써 우선순위를 매겨 긴급도가 높은 사업부터 예산화하는 것이다.

4. zero-base 예산제도

zero-base 예산제도란 기업의 간접 부분에서 현장 관리자가 영(zero)에서 시작하여 의사결정안건(decision package)을 작성하고 상위의 경영자가 과거와 현재의 두 가지 의사결정안건을 동일한 기준에 의해 평가하여 그 결과에 따라 경영자원을 배분하는 프로그램 예산 편성의 한 방식이다. 이 방식에 의하면 경영자들은 매 회계연도의 예산 편성시 영(zero) 기준에서 출발해야 하며 각각의 예산 항목을 처음부터 새로 검토하게 된다.

이 제도를 도입하면 다음과 같은 장점이 있다.

• 종래와 같은 전년도의 실적을 전제로 하는 증분예산방식에 따른 폐해를 막을 수 있다.

• 새롭고 혁신적인 방법이나 기법의 도입을 가능하게 하여 과거의 틀에 얽매이지 않는 단절적 사고를 할 수 있다.

• 관리자의 예산의식이 바뀌고 예산편성에의 참가가 가능해지며 책임이 관리자에게 이전되어 기획력과 계산처리기능 및 실행력을 가진 관리자가 두각을 나타낼 수 있다.

• 원가 절감을 위한 간접부문의 대폭적인 삭감이 가능하다.

13.2 재무의 통제

1. 재무의 개념

재무란 경영 활동에 있어서 기업의 최종 생산물인 제품을 생산하는 과정에서 필요한 요소인 자본을 다루는 영역을 말한다. 일반적으로 자본의 조달과 처분에 관한 활동만을 대상으로 하는 재무를 좁은 의미의 재무라고 하고 조달한 자본을 어떻게 운용하는지에 대해 관심을 가지고 접근하는 재무를 넓은 의미의 재무 또는 재무관리라고 한다.

따라서 재무관리란 기업의 자본 조달과 운용, 자본시장, 현금의 흐름, 운전자금의 관리, 배당결정, 재무 분석 등의 이슈에 대하여 어떻게 하면 효율적이고 효과적으로 관리하고 통제할 것인가에 대한 의사결정 과정이라고 할 수 있다. 그래서 재무 관리, 즉 재무 통제를 통해 얻을 수 있는 기업의 이득을 살펴본다면 다음과 같다.

■ **기업가치의 극대화**

기업 가치란 현재의 기업이 미래에 벌어들일 수 있는 현금이나 가능성을 말하는 것으로서 수익성과 위험의 관리가 필수적이다. 예를 들어, 사업을 추진함에 있어서 수익성이 크면 그만큼 위험이 크고, 수익성이 작으면 위험이 작다. 그러므로 수익성과 위험의 균형을 유지할 필요가 있다.

■ **안전성의 확보**

재무적 안전성을 말하는 것으로서 총자본 중 자기자분의 비율을 말하는 것으로서 그 비율이 높을수록 안전성이 높아진다. 그러므로 재무적 안전성을 확보하고 관리하는 것은 매우 중요한 일이다.

■ **유동성의 확보**

IMF시절 기업이 경제적으로 건실하면서도 현금 지급능력이 부족해 도산하는 경우가 많았다. 이처럼 기업의 지급능력을 뜻하는 유동성을 확보하는 것은 중요한 목표가 되고 있다.

2. 재무제표

재무제표(financial statements)란 현재 기업의 재무상태가 어떠하며 어떻게 운용되고 있는지를 파악할 수 있는 재무상태표, 손익계산서, 이익잉여금처분계산서(또는 결손금 처리계산서), 현금흐름표, 자본변동표로 구성된다. 그러므로 기업의 재무 상태를 파악하고 관리하며 통제하기 위해서는 기업의 재무 정보를 포함하는 재무제표를 작성하고 관리하는 것이 필수적이라 하겠다. 즉, 재무제표는 조직 내 재화와 서비스의 흐름을 재무적으로 평가하고 재무상태를 알려주며 조직의 재무통제를 위한 기초적이고 결정적인 자료가 된다.

■ **재무상태표**

재무상태표란 일정 시점 현재 기업이 보유하고 있는 경제적 자원인 자산과 경제적 부채 그리고 자본에 관한 정보를 제공하는 재무보고서로서 정보이용자들이 기업의 유동성, 재무적탄력성, 수익성과 위험등을 평가하는 데 유용한 정보를 제공한다. 재무상태표는 손익계산서와 재무제표의 중심을 이루는데 일반적으로 특정 시점의 모든 자산을 차변(왼쪽)에 부채 및 자본을 대변(오른쪽)에 기재하는 형식을 취하고 있다. 작성 시점은 대부분 연말에 이루어지

그림 13-1 재무상태표

재무상태표

제24기 2023년 4월 1일부터 2024년 3월 31일까지
제23기 2022년 4월 1일부터 2023년 3월 31일까지

과목	제24기		제23기	
자 산				
1. 유 동 자 산		31,355,123,529		12,503,695,814
(1) 당 좌 자 산		27,608,965,831		8,172,716,289
1. 현금및현금성자산	22,034,724,097		2,753,174,403	
국 고 보 조 금	376,273,619	21,658,450,478	41,496,374	2,711,678,029
2. 매 출 채 권	5,582,323,794		5,294,276,078	
대 손 충 당 금	691,153,209	4,891,170,585	526,014,155	4,768,261,923
3. 미 수 금	39,940,911		132,014,155	
대 손 충 당 금	12,435,000	27,505,911	12,435,000	119,614,286
4. 선 급 금		721,747,125		410,395,901
5. 선급부가가치세		45,000		0
6. 선 급 비 용		61,915,935		56,387,701
7. 미 수 수 익		104,157,933		493,780
8. 예 치 보 증 금		240,000		240,000
9. 선 급 법 인 세		0		1,534,640
10. 이연법인세자산(유동)		143,732,864		104,110,029
(2) 재 고 자 산		3,746,157,698		4,330,979,525
1. 제 품		33,525,398		709,922,723
2. 제 공 품		1,929,594,483		1,566,631,764
3. 원 재 료		1,703,468,654		1,961,988,936
4. 저 장 품		22,985,412		27,436,386
5. 미 착 품				0

며 기업에 있어서 합병, 지사 설립 등과 같은 특정 사건이 있을 때 작성된다.

■ 손익계산서

손익계산서란 특정 기간 동안의 경영성과를 표시하기 위하여 특정 기간

그림 13-2 손익계산서

구 분	2021년도	2022년도	2023년도	2024년도	2025년도
매 출	2,480,879	2,771,249	3,303,621	3,261,098	3,551,260
매출원가	1,723,291	1,908,549	2,433,932	2,273,603	2,472,440
판관비	88,573	111,143	131,487	154,534	145,090
영업이익	669,015	751,557	738,202	832,961	933,730
영업외수익	251,642	304,855	158,490	1,212,971	497,641
영업외비용	868,064	997,783	799,196	1,957,099	1,363,981
법인세비용	0	0	43,729	26,608	11,214
총 수 익	2,732,521	3,076,104	3,462,111	4,474,069	4,048,901
총 비 용	2,679,928	3,017,475	3,408,344	4,411,844	3,922,725
당기순이익	52,593	58,629	53,767	62,225	56,176

내에 발생한 모든 수익과 비용을 대비시켜 당해 기간의 순이익을 계산 · 확정하는 보고서의 형태를 말한다. 손익계산서는 당해 회계기간의 경영성과를 나타낼 뿐만 아니라 기업의 미래현금흐름과 수익창출능력 등의 예측에 유용한 정보를 제공한다. 예를 들어 [그림 13-2]에서 보면 손익계산서는 경영활동을 통해 얻은 수익과 관련된 항목들(매출액, 영업이익, 영업외 수익)에서 일종의 비용이라고 할 수 있는 항목들(매출원가, 판매비와 관리, 영업외 비용, 법인세 비용)을 차감하여 나온 2025년도의 순이익 56,176백만 원을 확인할 수 있다.

■ 현금흐름표

현금흐름표는 일정기간동안 기업의 현금유입과 현금유출에 대한 정보를 제공하는 재무보고서이다. 현금흐름표는 영업활동을 통한 현금창출에 관한 정보, 투자 활동에 관한 정보 및 자본조달을 위한 재무활동에 대한 정보를 제공한다. 이러한 현금흐름 정보는 기업의 현금자급능력, 재무적 탄력성, 수익성 및 위험 등을 평가하는 데 유용하다.

■ 이익잉여금처분계산서와 자본변동표

이익잉여금처분계산서(또는 결손금처리계산서)는 이익잉여금의 처분(또는 결손금의 처리사항)을 명확히 보고하기 위한 재무보고서이다. 자본변동표는 자본의 크기와 그 변동에 관한 정보를 제공하는 재무보고서로서 자본을 구성하고 있는 자본금, 자본잉여금, 자본조정, 기타포괄손익누계액, 이익잉여금(또는 결손금)의 변동에 대한 포괄적인 정보를 제공한다.

3. 손익분기점 분석

손익분기점(break-even point)이란 비용과 수익이 같아져서 '0'이 되는 매출액을 말하는 것으로서 매출액과 그 매출을 위해 소요된 모든 비용이 일치되는 점을 말하며 투입된 비용을 완전히 회수할 수 있는 판매량이 얼마인가를 나타내준다. 손익분기점 이상의 매출을 올리면 총수입의 증가분으로 인해 비로소 이익이 발생하게 되며, 판매량이 그 이하이면 총비용의 증가분으로 인해 손실이 발생한다. 이처럼 손익분기점은 초과이윤과 손실의 기준이 되기 때문에, 이익계획이나 경영분석 등에 널리 이용된다.

그림 13-3 손익분기점 분석

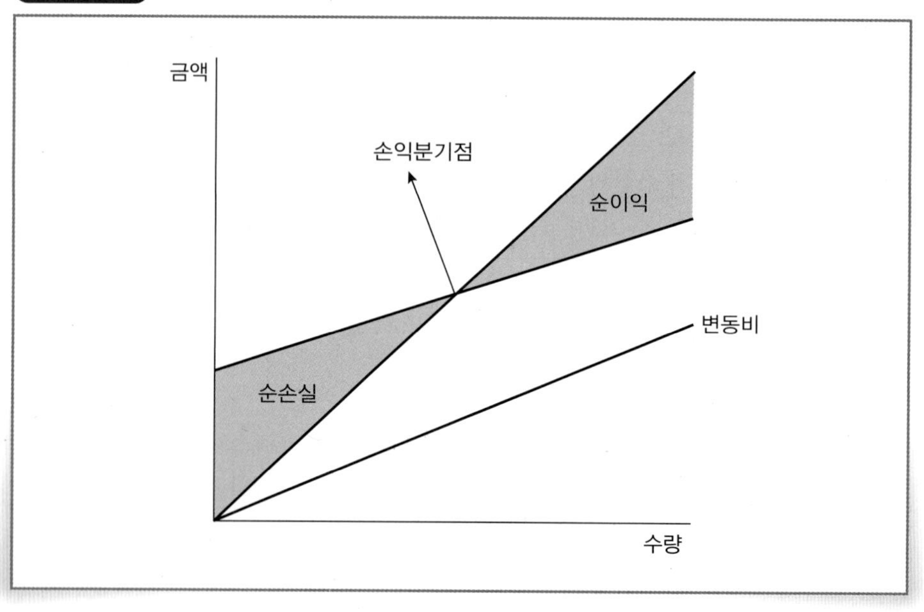

4. 재무 비율 분석

1) 유동성 비율

유동성 비율이란 단기에 지급해야 되는 채무를 갚을 수 있는 기업의 능력을 측정하는 것을 말한다. 유동성이란 보통 단기부채를 갚을 수 있는 능력,

표 13-1 재무 비율 분석

	목적	비 고
유동성 비율	단기 재무적 위험 측정	유동비율
수익성 비율	경영활동의 수익성 정도 측정	총자본 순이익률 매출액 순이익률 자기자본 순이익률
레버리지 비율	장기 재무적 위험 측정	부채비율 고정비율

즉 단기간에 갚아야하는 채무를 갚을 수 있느냐 없느냐를 말하는 것이다. 이는 곧 기업이 현금을 동원할 수 있는 능력이 얼마나 되느냐를 말하는 것으로서 기업의 채권자들이 가장 중요시하는 항목이다.

$$\text{유동비율} = \frac{\text{유동자산}}{\text{유동부채}} \times 100$$

2) 수익성 비율

수익성 비율(profitability ratio)이란 기업이 경영활동을 하면서 어느 정도의 수익을 발생시키는지를 나타내는 지표라고 할 수 있다. 즉, 실제 기업이 제품을 판매해서 얻어진 돈(매출)과 기업이 제품을 제조하는 데 들어간 자본이나 비용 등을 비교해서 실제 얻어진 순수익이 어느 정도인지를 파악할 수 있고 수익성 비율을 통해 앞으로 투자할 자본에 대해 어느 정도의 미래 수익이 발생할 것이라는 걸 예측할 수 있다.

$$\text{총자본 순이익률} = \frac{\text{순이익}}{\text{총자본(자기자본 + 타인자본)}} \times 100$$

$$\text{매출액 순이익률} = \frac{\text{순이익}}{\text{매출액}} \times 100$$

$$\text{자기자본 순이익률} = \frac{\text{순이익}}{\text{자기자본}} \times 100$$

3) 레버리지 비율(leverage ratio)

기업은 경영활동에 직 · 간접으로 참여하는 주주, 경영진, 채권자 같은 여러 이해당사자의 관계에 영향을 받게 된다. 이 여러 이해당사자 중에서 채권자는 타인자본이라고 부를 수 있을 만큼 미래의 경영활동에 있어서 상당한 위험으로 작용할 소지가 있다. 그러므로 기업이 타인의 자본에 의존하고 있는 정도를 나타내는 레버리지 비율, 즉 부채성 비율은 경영활동을 수행함에 있어서 상당히 중요한 지표가 될 수 있고 유동성 비율과 함께 재무위험을 측정하는 지표로 널리 사용된다. 특히 레버리지(leverage)란 용어 자체가 지렛대 효과를 의미하는데 이는 타인 자본에 대한 의존도가 크면 클수록 경기 상황(불경기 · 호경기)에 따라 재무적 위험이 엄청나게 급증할 수도 있기 때문이다.

$$\text{부채비율} = \frac{\text{총부채}}{\text{자기자본}} \times 100 \qquad \text{고정비율} = \frac{\text{고정자산}}{\text{자기자본}} \times 100$$

경영학 FOCUS

투자유치 경연 프로그램 '사크 탱크'

자금조달의 원천은 크게 두 가지로 구분된다. 자기자본과 타인자본. 자기자본은 회사의 소유주(주주)가 출자한 자본금이고, 타인자본은 회사가 타인으로부터 빌린 차입금으로 볼 수 있다. 우리 회사에 자금을 투입한 사람들은 각자 저마다의 기대 수익이 있다.

"모 스타트업이 1,000억 원의 기업가치를 인정받아 100억 원의 투자를 유치했다" 는 기사를 본적이 있을 것이다. 스타트업이나 초기 창업기업의 경우에 특히 투자유치 등을 통한 자금조달은 생존에 필수적이다. 우리 회사가 자금을 조달했다는 것은 필연적으로 반대 방향에는 투자자가 존재한다는 의미이다.

미국 ABC 방송국에서 2009년부터 방송 중인 인기 TV 쇼, '샤크 탱크(Shark Tank)' 가 있다. 매회 창업자들이 출연, 자사 아이템을 소개하고 투자를 유치하는 경연대회다. 창업자들이 자신의 고유사업 아이템을 들고 나오면 '샤크'(상어)라 불리는 5명의 투자자들이 날카로운 질문과 투자여부를 결정하는 리얼리티 프로그램이다.

여기에 나와서 가장 큰 히트를 친 대표적 제품 세 가지를 꼽으면, 봄바스, 에버리웰, 스크럽 대디 등이다. 1등은 자선(慈善)을 미션으로 삼은 양말회사 봄바스(Bombas)는 총 13억불의 매출을 기록했다. 양말을 팔 때 마다 한 짝을 기부하는 형태로 투자자(데이먼드 존)에게서 20만달러(17.5% 지분)를 받았다. 2등은 의료비가 매우 높은 미국에서 가정용 건강진단키트(홈테스트)를 제공한 에버리웰(Everlywell)사는 총11억 달러의 매출을 기록하였다. 3등은 설거지용 스펀지인 스크럽 대디(Scrub Daddy)는 아론 크라우스가 창업한 회사로 총 9,2억달러 매출을 기록하고 있다. 스마일 형태의 노란색 스폰지는 찬물에서는 딱딱하지만, 미지근한 물에서는 부드럽게 변한다. 투자자인 로리 그라이너가 여러 투자자들의 경쟁을 이겨내고 20만불(20% 지분)을 투자하였다. 45분간 방영되는 인기 TV 프로그램에 참여하고자 하는 신청자들은 연간 수만명에 이를 정도이며, 수백

대 일(230:1)의 경쟁을 뚫고 출연하고, 유명 투자자들과의 대화 속에서 긴장감과 대화 속에 많은 경영의 지식과 현실을 경험하게 해준다.

우리나라 창업가들도 출연, 재미를 더해주는데 대표적인 케이스로는 2022년 5월 샤크탱크 시즌 13에 출연한 '컵밥'(CupBob)이 있다. 여기서 송 대표는 회사가치를 3,330만달러로 보고 3%지분으로 1백만 달러를 요청하였다. 투자자인 마크 큐반은 1백만달러 투자에 5% 지분을 요청해 받아들여지는 과정을 흥미롭게 보여준다. 2012년 송정훈 대표가 유타 주에서 노량진 컵밥에서 아이디어를 얻어 창업, '정, 흥, 덤'을 추가해 만든 한국식 바비큐-컵밥을 만들어 미국내 큰 호응을 얻었고, 월스트리트에서 경험을 쌓은 권덕씨가 경영진에 합류하며 회사는 성장 중이다, 인도네시아에는 컵밥 매장이 200여개나 있을 정도이다. 또한 K 뷰티-화장품을 들고 나와 투자를 받은 여성 기업인도 있다.

한편 'Coffee meets Bagel' (CMB)은 한인 세자매가 만든 데이팅 앱으로 2012년 창업, 2015년 샤크탱크, 시즌 6에 출연했다. 그런데 NBA 구단주이자 5명의 투자자 중 가장 기술에 정통한 마크 큐반이 역대 최대금액인 3천만 달러에 회사인수를 제의했지만 세 자매(Dawoon, Arum, and Soo Kang)는 "더 클 수 있다고 생각한다. Match.com 만큼 커질 수 있다고 본다"며 제안을 거절하여 주위를 놀라게 했다. 이 결정이 10년 뒤 어떤 모습으로 나타나고 있을까?

앞서 다룬 봄바스 외에 남성을 위한 물티슈로 화장실 문화를 바꾸려는 두드와입스(Dude Wipes) 같은 제품은 사회적 미션을 자신의 비즈니스 모델로 삼아 성공한 케이스이다. 이들 제품이 성공함으로써 혁신적이고 독특한 아이디어와 매력적인 피칭과 같은 발표의 힘이 만날 때 사크탱크를 이기는 프로그램에서 흥미로움을 느낀다. 이런 프로그램을 닮은 TV 쇼들이 여러 나라에서 시도되며 인기를 끌고 있다. 샤크 탱크 인디아, 샤크 탱크 멕시코 등이며, 우크라이나에도 Business Sharks 가 있을 정도이다.

우리나라에는 이런 TV 비즈니스 쇼는 없지만 각종 대회 등에 이를 도입하고자 시도하고 있다. 한 예로 산업기술혁신펀드 IR 경연대회는 '샤크탱크'를 벤치마킹해 선발된 12개의 스타트업들이 산업기술혁신펀드 운용사들 앞에서 발표를 했다. 투자자들의 마음을 사로잡은 곳은 럼플리어(리튬이온배터리 제조사), 인터엑스(AI 자율제조 전문기업), 컨트로맥스(구동장치 개발 · 생산기업)으로 각각 최대 투자금액 20억원이 배정되었다. 만일 우리를 둘러싼 비즈니스 환경이 상어가 들어있는 물탱크와 비슷하다면 이 같은 상황을 극복하는 역동성을 담은 'K 비즈니스 버라이어티쇼'가 만들어져 인기 프로그램으로 정착되고, 투자를 원하는 젊은 기업가들에게 기회를 제공하면 어떨까?

13.3 정보(information)의 통제

대부분의 경영자들은 효과적인 경영을 위한 필수적인 도구가 정보라는 것에 동의한다. 특히 관리의 핵심적인 역할은 정보 프로세서의 역할과 비슷하다. 인적자원, 재무자원과 그 외의 주요한 자원들과 같이 정보는 기업의 목표를 이루기 위해 잘 관리되어야만 한다. 신뢰성 있고 적절한 정보는 경영자가 기업의 성과를 극적으로 향상시킬 수 있도록 돕는다. 반면에 불확실하거나 부적절한 정보는 경영자의 잘못된 의사결정 및 경영활동을 초래하여 기업의 성과에 부정적인 영향을 미칠 수 있다.

1. 정보와 경영

경영자는 필요할 때 사용하기 위하여 자본, 인력, 기술 등과 같은 자원(resource)을 기업이 보유하려 노력한다. 이 과정에서 어떠한 자원은 특정한 형태로 변환하여야 하며 경영자는 이러한 자원이 여러 과정을 거쳐 변환되면서 최종 소비자에게 전달되기까지 들어가는 시간과 비용을 최소화하려고 노력한다. 더군다나 경영자는 생산 과정에서 사용된 자원을 새로운 것으로 교체해야 하는 동시에 기업의 제품이 항상 같거나 향상된 품질을 유지하도록 노력해야 한다. 그렇기 때문에 자원들을 관리함에 있어서의 실패는 기업의 비효율을 초래하며 궁극적으로 시장에서의 실패를 초래하게 된다.

정보라는 자원은 다른 자원들과 같이 잘 관리되어야만 한다. 경영자는 원초적 데이터를 수집하고 사용이 불가능한 형태의 정보를 변환해야 한다. 정보는 필요한 타이밍에 맞춰 제공되어야 할 뿐만 아니라 의사결정에 쉽게 사용될 수 있는 형태로 제공되어야 한다. 마지막으로, 상황이나 시기가 적절하지 못한 정보는 새롭고 적절한 정보로 대체되거나 갱신되어야 한다.

일반적으로 정보와 데이터는 자주 같은 의미로 사용되고 있지만 현대의 경영자는 각각의 의미를 구별하여 사용해야 한다. '데이터'는 가공하지 않은 상태를 말하는 것으로서 경영활동에 사용되기 위해 아직 가공되지 않은 초기의 상태를 말한다. 한 예로 기업의 인사고과 프로그램을 작성하기 위해 필요한 각 직원 개개인의 인사고과 자료 자체가 데이터라고 말할 수 있다. '정보'는 경영활동에 유효적절하게 사용되기 위해 조직화되거나 가공되어진 데이터를 말한다. 한 예로 각 직원들의 인사고과 자료가 모여 각 부서의 인사고과의 특징점이나 성향 등을 파악할 수 있는 데이터를 말한다.

오늘날 정보의 관리는 크게 2가지의 요인으로 인해 점점 더 중요해지고 있다. 하나는 경영 활동의 복잡성 증가이며, 또 다른 하나는 의사결정 도구의 개발이다.

■ 경영 활동의 복잡성 증가

경영자의 업무는 지난 수십 년 동안 경영 활동의 복잡성 측면에 있어서 급격히 증가하여 왔다. 과거의 조직 규모보다 현재의 조직 규모 자체가 현저히 증대되었을 뿐만 아니라 생산 및 상거래 행위에 있어서 기술적인 측면 자체가 상당히 복잡해지고 있다. 현대의 경영자는 생산 부문에 있어서 진보된 로봇을 사용한다거나, 자동화 시스템을 통해 재고를 옮길 뿐만 아니라, 심지어는 제품 개발에 있어서도 진보된 기술을 이용해 과거에는 불가능했던 신제품을 완벽하게 테스트할 수 있는 실험실 공간을 마련하기도 한다. 이렇게 새로운 기술을 사용하거나 사용하지 않는 것에 대한 결정은 엄청난 규모의 자원의 투자를 초래하는 것이기 때문에 정확하고 시기적절한 정보를 제공하는 것과 밀접한 관련을 맺고 있다. 정보 관리에 있어서 컴퓨터의 중요성은 다음 페이지에 제시된 '한진 P&C의 사례' 에서 살펴볼 수 있다.

이러한 사례에서 볼 수 있는 바와 같이 컴퓨터의 도입은 많은 절차를 간소화할 수 있었다. 그러나 반면에 점점 더 급격히 발전되는 과학 기술들, 즉 위성통신, jet-speed 수송 시스템, ERP 시스템, 커뮤니케이션 시스템 등으로 인해 경영 활동에 있어서의 복잡성은 더욱더 증가하고 있는 것이 현실이다. 그러므로 경영자는 더 이상 과거에 행해졌던 호화로운 의사결정 방식(오랜 시간에 걸친 침착한 결정)은 효과적일 수 없게 되었다.

■ 개선된 의사결정 도구

경영 활동 자체가 복잡해짐에 따라 경영자가 좀 더 복잡한 경영 문제를 해결하기 위해 도와주는 도구의 개발이 필요하게 되었다. 그래서 계량경영학이나 경영과학 분야에서는 경영자의 의사결정 과정에 발생하는 복잡한 여러 문제들(생산, 재무, 마케팅 등)을 풀 수 있도록 도와주는 도구들을 개발하는데 주력하고 있다. 이러한 의사결정 도구들은 1950년대 이후로 많이 사용되어 왔고 현대에는 컴퓨터를 기반으로 한 정보 시스템 자체가 의사결정과정에서 아주 중요한 역할을 하고 있다. 이러한 관점에서 경영정보 시스템(MIS : management information system), 의사결정 지원 시스템(DSS : decision support system), 경영 지원 시스템(MSS : management support system) 등이 개발되었고 점점 더 발전하고 있는 상황이다.

2. 경영 활동에 있어서 정보의 유용성

어떤 조직을 관리하는 데에는 정보가 필요하다. 정확하고 시기적절한 다양한 정보는 기업의 성과와 생산성을 개선할 수 있다. 또한 이러한 정보는 여러 부문(생산, 마케팅, 재무, 인사)에 있어서 경영 활동을 통제하거나 조정하는 역할을 할 뿐만 아니라 계획을 수립하고 미래의 사업 방향을 예측하는 활동에까지 쓰이고 있다.

■ 문제점에 대한 경고

정보는 특정한 사안에 대한 경영진의 관심을 불러일으킬 수도 있다. 수익률에 대한 급격한 변화나 비용에 대한 문제를 경영자에게 알리고 경영자는 이 문제를 풀기 위한 행동을 취할 수 있다. 경영정보시스템(MIS)로부터의 정보는 현재 기업에게 있어서 어떠한 문제에 직면했으며 향후 어떠한 일이 있을지에 대한 예측치에 대한 관심을 불러일으킬 수 있다.

■ 분석적 연구 조사 업무

정보는 연구나 분석의 기본 토대가 된다. 여러 방면에 대한 정보는 경영자에게 미래의 기회나 현재의 운영에 대한 분석과 연구를 위한 기초를 제공한다. 한 예로 의료보험제도나 사회보장제도를 실시할 때 정책 담당자에게 경제적 지표들이나 인구통계학적 지표 등과 같은 정보를 제공한다면 아주 유용할 것이다.

■ 계획의 토대 및 기준

정보는 기업의 향후 계획을 수립할 때 기반이 될 수 있을 뿐만 아니라 운영상 현재의 상태를 파악할 수 있게 해준다. 예상 성장률, 운영비용과 예산, 환경적 영향 등과 같은 요인들이 현실을 제대로 반영하기 위해서는 적절한 정보를 기반으로 해야 한다. 한 예로, 의료 보험 서비스를 제공하는 기관에서 정보 시스템을 구축한다고 할 때 시스템의 운영을 맡은 직원들에 대한 신상 정보(성별, 나이, 직무, 기술 등)를 바탕으로 채용이나 경력 개발 프로그램 등과 같은 여러 가지 프로그램들을 계획할 수 있을 것이다.

3. 적절한(good) 정보의 기준

정보가 유용한 쓰임새를 갖기 위해서는 유용성(availability)과 적절한 품질과 양 등을 갖추어야 하는 동시에 또한 비용 측면에서 효율적이어야만 한다. 왜냐하면 유용한 정보의 조건을 모두 만족하더라도 정보를 수집하고 활용하는 측면에서 높은 비용이 발생한다면 최종적으로 경영 의사결정과정에 정보가 사용됨에 있어서 비효율성을 수반하기 때문이다. 유용성(availability), 적절한 질(proper quality), 적절한 양(proper quantity), 적절한 타이밍(timeliness) 등의 4가지 요소가 정보의 가치 및 유용성을 판단하는 주요한 기준이 된다.

■ 유용성(availability)

경영자의 의사결정 과정에 있어서 정보는 항상 필요하지만 유용하지 않은 정보는 경영 활동에 있어서 가치가 없다. 아래의 사례에 나와 있는 것과 같이 정보가 실제 의사결정에 필요한지 불필요한지는 중요한 문제이다.

정보화 사회가 확산됨에 따라 중소기업에서도 PC를 사용하지 않는 경우는 드물다. 정부에서도 중소기업의 경쟁력을 높이기 위해 과거 수 년 동안 전사적 자원관리(ERP)시스템 보급을 중점 과제로 채택해 정보화를 주도하고 있다. 그러나 경영정보시스템(MIS)과 전사적 자원관리(ERP) 등 수치를 다루는 정형화된 데이터관리시스템은 실제 기업 현장에서 다루는 정보의 30~40% 정도만 처리할 뿐 60~70% 정도는 비정형 정보, 즉 워드프로세서 기반의 전자문서나 CAD시스템에 의한 설계도면 기술 보고서 등이 차지한다.

기업에서 많은 노력을 들여 만드는 경영현황 분석서류나 시장조사 보고서, 마케팅 계획서, 기술 보고서, CAD 설계도 등의 전자문서는 데이터베이스에 축적되지 못하고 개인의 PC에 보관돼 조직원 전체에 유통되지 못하는 것이다. 이로 인해 조직원들은 기업노하우를 효과적으로 공유하지 못하는 일이 발생하기도 한다.

■ 적절한 품질(proper quality)

기초 데이터를 수집하고 처리하며 보고하는 과정에서 정보의 품질을 나타내는 기준은 정확성(accuracy)이다. 부적절하거나 불완전하며, 부정확한 정보는 경영자가 현실 상황에서 적절한 의사결정을 내리도록 돕지 못한다.

또한 정보는 정확성뿐만 아니라 문제 해결에 대한 관련성도 있어야만 한다. 한 예로 도시버스의 배차 간격을 결정하는 데 있어서 이용승객의 수, 정류장 간의 거리, 주행 구간의 교통상황 등에 대한 정확하고 관련성 있는 정보가 제공되지 않은 상태에서 의사결정이 이루어진다면 결국 고객들의 불만, 회사의 수익 감소, 비용의 증가 등으로 인해 사업은 난항을 겪을 수도 있다.

■ 적절한 타이밍(timeliness)

정보가 쓸모 있기 위해서는 필요한 시기에 제공되어야만 한다. 특히 데이터의 수집과정과 처리과정을 거쳐 경영자에게 정보가 전달되어지는 데까지 걸리는 시간이 중요하다. 한 예로, 경비 업체의 경우 범죄에 대한 정보는 사건이 일어난 후보다는 사전에 매니저에게 제공되어야 한다. 왜냐하면 범죄에 대한 시기적절한 정보의 공급은 많은 범죄 사건을 예방할 수 있는 동시에 관리의 효율성에도 기여할 수 있기 때문이다. 그러므로 기업은 시기적절한 정보의 공급을 위해 점점 더 전산화된 정보 시스템에 의존하게 되며, 효율적인 경영 활동을 위해서 이런 시스템의 관리는 필수적이다.

■ 적절한 양(proper quantity)

경영자는 정보를 유용하게 활용하기 위해서 적절한 수준을 보유하고 있어야 한다. 인간의 제한된 합리성으로 인해 정보가 너무 많이 전달되면 정보과부화가 일어난다. 이러한 과부화 현상은 경영자가 너무 많은 정보를 가지고 있을 때 일어나며 이로 인해 의사결정을 제대로 처리하지 못하거나 전달되는 정보를 적절하게 이해하지 못하는 상황이 발생함으로써 혼동과 오해를 불러 일으킬 수 있다. 반대로 공식 채널을 통해 입수되는 정보의 양이 너무 적을 경우에 경영자는 루머나 개인적 경험, 선입견과 같은 정보에 의존할 수도 있다.

정보 시스템의 디자인에 있어서 경영자가 정보를 필요로 하거나 사용하고자 할 때 얼마나 많은 양의 정보를 제공하느냐는 매우 중요한 문제이다. 한 예로, 저소득자 · 신체장애자를 위한 의료 보조제도 시스템 운영 매니저들에게 매일 두툼한 교과서 분량의 보고서를 제공한다면 대부분의 매니저들은 혼동스러워 하거나 정보의 대부분을 간단히 무시하면서 제한된 의사결정을 내릴 것이다. 반면에 충분한 정보가 주어지지 않을 경우 매니저들은 루머에 의존하거나 개인적 육감이나 신뢰성 없는 정보에 의존하려 할 것이다.

■ **정보와 예외 관리(management by exception)**

예외 관리의 개념 또한 정보 관리에 응용할 수 있다. 경영자는 경영 활동을 수행함에 있어서 발생하는 예외적인 상황의 불확실성을 줄일 수 있는 정보를 제공받아야 한다. 예외적인 상황이란 예측된 결과를 벗어난 상태를 말하는 것으로서 생산비용 초과, 주문의 폭증, 직원의 이직 등과 같은 경우를 말한다. 경영 활동에 있어서 예외의 원칙(exception principle)은 경영자가 경영 활동을 수행함에 있어서 일어날 수 있는 예외적인 일탈 행동을 관리하고 조정하여 비정상적인 상태를 정상적인 상태로 되돌리는 데 적용할 수 있다.

또한 예외 관리의 개념은 경영자가 의사결정을 하기 위해서는 충분한 정보가 주어져야 한다는 것을 의미한다. 그러나 모든 경영자나 매니저가 같은 정보를 요구하는 것은 아니기 때문에 기업은 각 경영자나 매니저가 필요로 하는 적절한 정보, 즉 타겟 정보(target information)를 제공할 수 있는 능력을 개발해야만 한다.

4. 경영 정보 시스템(MIS)

경영자가 의사결정을 하기 위해서 정보를 획득하여 처리할 때 적절한 경영 정보 시스템(management information system)이 존재해서 유용한 정보를 경영자에게 시기적절하게 공급할 수 있다면 가장 현실적이고 적절한 행동을 취하도록 의사결정을 내릴 수 있을 것이다.

1) 경영 정보 시스템의 정의

1960년 중반 이후로 경영 정보 시스템(MIS)의 관점이 확대되어 왔지만 이것의 일관된 의미 및 정의에 대한 견해의 일치는 이루어지지 않았으나 가장 일찍 주창된 개념들을 종합적으로 살펴보면 MIS의 본질을 알 수 있을 것이다.

경영 정보 시스템(management information system)이란 조직의 내부(internal) 및 외부(external) 기능 운용과 관계된 과거, 현재 및 미래의 정보를 공급하는 조직화된 방법이다. 조직의 의사결정 과정을 지원하기 위해 한결같고 유용한 정보를 적절한 시간 프레임(frame)에 공급함으로써 조직의 계획, 통제 및 운영적 기능들을 지원하는 것을 말한다.

그러면 정의에 나타나 있는 각 문장을 자세히 살펴봄으로써 MIS에 대한 종합적인 개념을 이해하기로 한다.

■ 조직화된 방법

MIS의 부분들은 중요한 정보의 확산과 효율적인 취득을 하기 위해 조직화된 방법으로서 기능한다.

■ 과거, 현재, 미래의 정보

정보는 경영자에게 과거에는 조직이 어디에 있었는지, 지금 현재는 어디에 있는지, 앞으로 어디로 나아갈지에 대한 모습을 제공한다. 이전에는 컴퓨터 시스템 속에서 대부분의 정보 시스템은 오직 조직이 어디에 있었는지에 대한 정보만 공급했었다. 그래서 경영자는 과거의 보고서를 기준으로 앞으로 무엇을 해야 하는지에 대한 의사결정을 내렸을 뿐 현재 무슨 일이 일어나는지에 대한 적절한 정보를 공급받을 수 없어서 적절한 행동을 취하지 못하였다. 그러나 컴퓨터 시스템이 도입된 이후에는 현재 및 미래의 흐름에 대한 정보를 얻을 수 있고 좀 더 빠른 의사결정을 내릴 수 있게 되었다.

■ 내부 및 외부 정보

MIS는 조직의 내부 및 외부에 무슨 일이 일어나는지에 대한 정보를 공급해야만 하는데 이것은 매우 중요한 일이다. 조직 외부의 중요한 정보를 조직 내부의 정보와 결합하여 좀 더 관련 있고 완벽한 정보를 경영자에게 공급할 수 있기 때문이다. 경영자는 경쟁자들의 움직임, 관련 법률의 변경 가능성 등의 외부 정보와 재무적 상태, 직원들의 숙련 정도 등의 내부 정보가 결합된 좀 더 종합적인 정보를 공급받아야 한다.

■ 계획, 통제, 운영적 기능

MIS는 경영자가 계획하고 통제를 유지하는 것을 도와야만 하며 더불어 조직의 일상적인 운영 기능들을 도와야 한다.

■ 한결같고 유용한 정보

MIS는 다양한 의사결정을 위해 유용하고 정확하고 일관되며 최적화된 정보를 공급하고 유지해야만 한다. 그러므로 MIS는 재무, 생산, 마케팅 등과 같은 어떤 특정한 기능들을 위해서만 전문화되어서는 안 된다. 즉, 광범위한 부문을 다뤄야 하고 연속적인 의사결정을 할 수 있도록 여러 부문의 매니저들을 도울 수 있는 최신 정보를 공급해야만 한다.

■ **적절한 시간 프레임(frame)**

MIS에 의해 공급되는 정보는 즉시 사용할 수 있어야 하고 정보가 수집되고 공급되기까지의 시간, 즉 시간 프레임은 효과적인 MIS를 구분짓는 결정적 요소이다. 이와 관련해서 디지털 변환(digital transformation)은 MIS를 강화할 수 있다.

■ **의사결정 과정을 지원한다.**

MIS의 주요한 목적은 경영자가 의사결정을 내리도록 돕는 것이다. MIS가 컴퓨터로 이루어져 있기는 하지만 컴퓨터는 경영자를 대신해 의사결정을 내려주지 못하기 때문이다.

2) 경영 정보 시스템의 본질

MIS 자체는 여러 가지의 형태가 있지만 일반적으로 투입, 처리, 출력, 피드백 과정으로 구성되어 있다. 컴퓨터를 이용하지 않는 경영 정보 시스템은 존재할 수도 있지만 일반적으로 경영 정보 시스템은 컴퓨터를 이용하여 구성되어 있는 것이 대부분이다. 또한 경영 정보 시스템은 정보가 파일이나 전자 데이터의 형태와 같은 형태로 수집되고 확산되기 때문에 컴퓨터와 결합되어 있는 것은 효율성과 효과성 측면에서 당연한 것이다. 컴퓨터를 이용하지 않은 경영 정보 시스템의 문제는 수많은 데이터를 조합하고 새로운 정보를 업데이트하는 과정에서 극적인 취약점을 나타낸다. 그렇기 때문에 결과적으로 여기서 말하는 경영 정보 시스템은 컴퓨터를 이용하여 정보를 처리하는 형태의 시스템으로 정의해 둔다.

■ **투입과정(input)**

MIS에서의 투입은 기업의 목표와 전략을 포함해서 결정해야 한다. 왜냐하면 MIS에서의 투입은 미래에 대한 위험(risk)과 기회(opportunities)를 측정하고 평가하려는 활동에 필요한 데이터뿐만 아니라 경영자가 필요로 하는 특정 정보에 대한 요구까지 반영해야 하기 때문이다. 한 예로, 어떠한 도시에 대한 사회복지제도를 결정하는 과정에 있어서 정책 입안자가 의사결정을 하기 위해서는 여러 가지 정보를 필요로 하게 된다. 즉, 도시의 크기, 사회 복지제도에 해당되는 수요자의 크기, 새로운 복지제도를 정비하기 위해 필요로 하는 인력의 수, 복지 수요에 대한 파악 등과 같이 여러 부문의 정보가 필요하게 된다. 정보 시스템 내에서 이미 유용한 데이터가 있다면 정책 입안자의

그림 13-4 MIS의 예

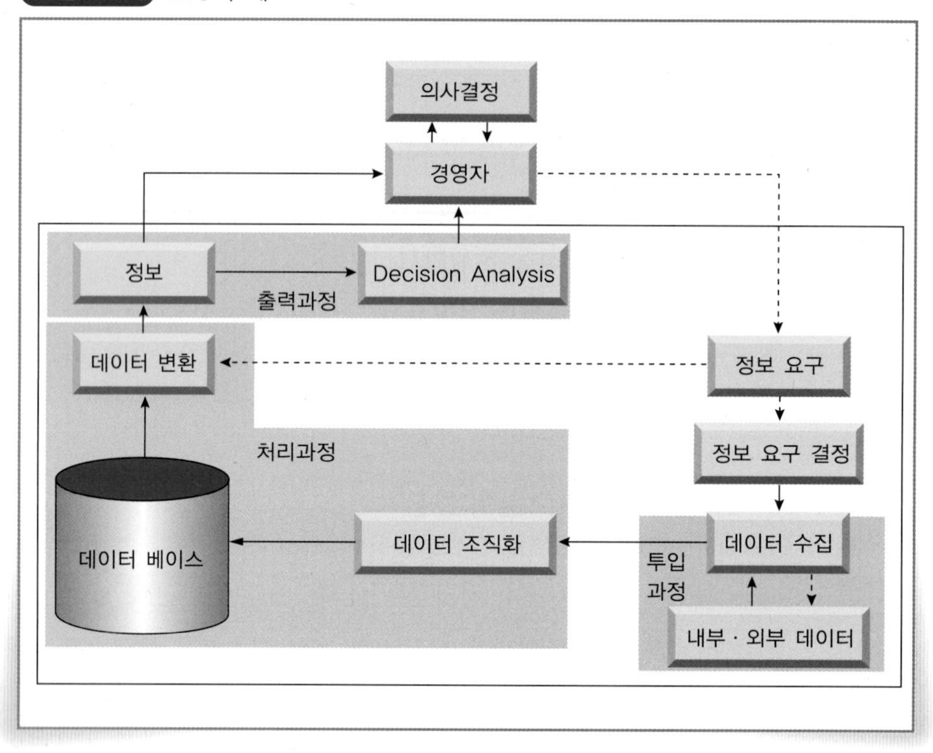

요구에 따라 변형되거나 조합될 수 있지만, 만일 필요한 데이터가 없다면 정보 시스템은 필요로 하는 데이터에 대한 수요를 파악하고 즉시 수집해야 한다. 그러므로 경영자는 잠재적으로 그들이 필요로 하는 모든 종류의 정보에 대한 최종 목록이나 리스트를 보유하고 있으면서 조직이나 의사결정 과정에서 필요로 할 때 즉시 필요로 하는 정보를 획득할 수 있도록 투입과정(input process)을 설계해야 한다.

■ **처리과정(processing)**

데이터는 수집된 후에 조직화(organized)되고, 저장(stored)되고 경영자가 사용할 수 있는 형태로 변환되어야만 한다. 한 예로, 앞에서 언급했던 사회복지 제도의 경우 예산 제도, 공무원 인력 제도, 세법 제도 등과 같은 여러 부문과 밀접한 연관을 맺고 있다. 그렇기 때문에 여러 부문에서 수집된 모든 정보를 조직화해서 데이터베이스(DB)의 형태로 보유하고 있어야 하며 적절한 소프트웨어를 사용해 데이터를 정보나 보고서의 형태로 변환하여 의사결정을 지원해야 한다.

■ **출력과정(output)**

경영자에게 공급하기 위한 MIS의 출력물은 컴퓨터 스크린, 표와 차트를 포함한 보고서 형식, 프리젠테이션 형식 등과 같이 여러 가지 형태로 나타날 수 있다. 한 예로, 앞에서 언급한 사회복지제도에 대한 정보의 출력과정은 문서 양식의 보고서 형태나 on-line상에서 확인 가능한 컴퓨터 화면의 형태 등으로 나타나 여러 부문의 매니저나 정책 입안자가 즉시 정보를 확인하고 의사결정 과정에 사용하거나 미래에 대한 분석 과정에 활용할 수 있다.

■ **피드백과정(feedback)**

MIS에서 생성되어 활용되는 정보의 정확성에 대한 확인 과정은 매우 중요하다. 왜냐하면 MIS의 정보를 사용하는 경영자가 의사결정을 내릴 때 필요로 하는 정보가 과연 자신이 필요로 하는 정확한 정보가 맞는지에 대해서는 의사결정 후에 피드백을 통해서만 확인이 가능하기 때문이다.

3) 의사결정 지원 시스템(decision support systems)

단순히 데이터를 처리하여 정보의 형태로 변환하는 일반적인 MIS의 개념에서 좀더 진보한 개념이 의사결정 과정 자체에 초점을 둔 MIS이다. 일반적인 MIS는 데이터를 처리하는 과정에 초점을 두는 반면 의사결정 지원 시스템(DSS)은 경영자 · 사용자와 컴퓨터를 이용해 구축된 데이터 뱅크(DB) 간의 유연성(flexibility)을 개발하는 데 초점을 맞추고 접근한다. 또한 의사결정 지원 시스템의 또 다른 특징은 현재의 상태를 시뮬레이션해서 여러 의사결정 과정의 가능성을 제시하는 모델을 사용하기도 한다. 그러므로 시뮬레이션 형태의 모델을 사용하는 의사결정 지원 시스템은 현재의 상황에 관련된 데이터와 공급되는 여러 가지 대안들에 대한 정보를 종합해 시뮬레이션 과정을 거쳐 경영자가 의사결정 과정에 사용할 수 있도록 지원해 준다.

또한 의사결정 지원 시스템의 또 다른 특징은 경영자가 능동적으로 미래의 의사결정에 필요한 정보를 요구할 수 있다는 것이다. 이미 정해진 틀 안에서 출력된 정보를 받는 것뿐만 아니라 경영자가 과거에는 제시되지 않은 방식으로 정보를 요구할 수 있다. 이러한 유연성(flexibility)은 의사결정 지원 시스템의 유용성을 강화시킨다.

4) 경영 지원 시스템(management support systems)

광범위한 기술적 변화와 미래학자 앨빈 토플러가 저서에서 언급한 대로 선례가 없는 정보의 힘은 퍼스널 컴퓨터 및 전통적인 시간 분할 시스템(대형 메인 컴퓨터)을 넘어서 진보하고 있다. 경영 지원 시스템(MSS : management support system)은 의사결정 지원 시스템보다 진보한 형태로서 기업의 여러 가지 다양한 컴퓨터들을 내부적으로 네트워킹을 통해 연결하고 확장하며 동시에 기업내부의 네트워킹 시스템을 기업외부의 다른 시스템과 연결하여 기업의 모든 사용자들이 업무를 수행하는 데 있어서 효율성과 효과성을 높일 수 있도록 지원하는 막강한 시스템이다. 경영 지원 시스템은 원격 회의, 전자 문서 교환 시스템, 그래픽 워크 스테이션과 같은 다양한 경영 지원 기술을 포함하면서 정보 기술의 완전한 결합체를 경영활동에 적용하려 하고 있다.

그러나 빠르고 급격하게 변화하는 정보 기술의 발전은 본격적인 경영 지원 시스템을 출현시켰으나, 이러한 복잡한 시스템에 의해 시스템을 사용하는 경영자의 입장에서는 시스템 운용과 사용에 필요한 여러 가지 복잡한 기술을 배우고 보유해야만 하는 딜레마에 빠지게 되었다. 즉, 경영자가 의사결정 과정에 있어서 좀 더 신속하고 정확한 활동을 할 수 있도록 지원하는 컴퓨터 시스템이 정보 기술의 발달로 인해 오히려 경영자의 의사결정을 방해하기도 한다.

5. 경영 정보 시스템의 구축

MIS의 목적은 기업의 경영자 및 매니저가 필요로 하고 가치 있는 정보를 공급하는 것이다. 그러므로 이 목적에 맞게 MIS를 개발하는 것은 매우 중요한 일이다. MIS의 개발과 구축에는 중요한 4가지 단계를 거치게 되는데 경영의 다른 대부분의 활동처럼 처음에는 계획 단계(planning)를 거쳐야 한다. 시스템이 계획되면 그 다음으로 시스템은 구성, 조직화되어야 하는 디자인 단계(design)를 거쳐 실제로 시스템의 실행 단계(implementation)에 들어가게 되고 마지막으로 시스템이 제대로 작동되는지 평가되어야 하며, 이 평가 단계(evaluation)는 연속적인 과정으로서 평가를 통해 시스템의 점진적인 수정을 가하고 향후의 계획 단계에 반영하게 된다. 새로운 시스템이 어떠한 과정을 거쳐 사용되는지 TRW란 기업의 예를 통해 살펴보자.

경영학 FOCUS

TRW(Thompson Ramo Wooldridge)

TRW는 연간 50억 달러 이상의 수익을 올리고 있는 큰 규모의 다양한 조직을 보유하고 있으며 TRW의 사업 영역은 자동차 부품에서 우주선 부품에 이르기까지 다양한 제품을 생산하고 있다. 그러한 거대기업을 경영하기 위해서 MIS는 필수적이었기 때문에 사용자들에게 도움을 주기 위해서 MIS 부서를 설립하게 되었다. MIS 부서는 많은 영역에 걸쳐 다양한 지원을 하게 되었고 기술이 점점 진보하고 사업 규모가 확대됨에 따라 새로운 시스템이 필요하게 되었다. 그래서 MIS 부서는 사용자가 새로운 시스템을 원할 때 다음의 예에서 보는 바와 같이 절차에 따라 시스템 구축을 진행시켜 갔다.

시스템 계획 단계

TRW 설비 부서는 MIS 부서에게 과거의 시스템 평가 자료와 개선사항에 대한 아이디어를 제시하였다. 이를 바탕으로 MIS 분석 전문가(analyst)는 시스템의 비용 측정과 설계 명세서를 개발하기 위해서 MIS 조정 전문가(coordinator), 경영자와 같이 공동 작업을 하였고 시스템이 조직에서 필요로 하는 정보를 적절히 공급할 수 있도록 계획을 설정하였다.

시스템 디자인 단계

계획 단계에서 수립된 시스템의 용도에 맞게 시스템의 구체적인 디자인 작업에 들어갔고 설계 명세서는 프로젝트 디자인의 기준이 되었다. 시스템의 디자인에 대한 결정은 MIS 조정 전문가, 경영자, MIS 분석 전문가가 동시에 의사결정하여 결국 최적의 시스템 디자인 모델이 결정되었다. 결국 시스템 디자인을 위한 비용 지출 승인서가 발급되었고 시스템이 구축되었다.

시스템 실행단계

프로젝트 리더가 프로젝트 팀에 지정되고 시스템 실행단계가 시작되었다. 이 단계에서는 매월 시스템 상태에 대한 정기 모임이 열려 MIS 조정 전문가와 사용자가 함께 시스템의 실행상 문제점을 해결하였고 MIS 부서와 사용자는 시스템을 시험하기 위해 좀더 광범위한 test 데이터를 입력하였다. 결국 test 데이터로부터의 결과가 만족스러워 시스템의 전반적인 사용을 승인하게 되었다.

시스템 평가단계

시스템 운영 후 초기의 계획한 목표와 현재의 결과를 비교하는 시스템 평가 작업을 하였고 향후의 시스템 계획에 사용 될 수 있는 여러 가지 정보를 전자문서화시켜 데이터베이스(DB)에 구축하였다.

그림 13-5 경영 정보 시스템의 구축과정

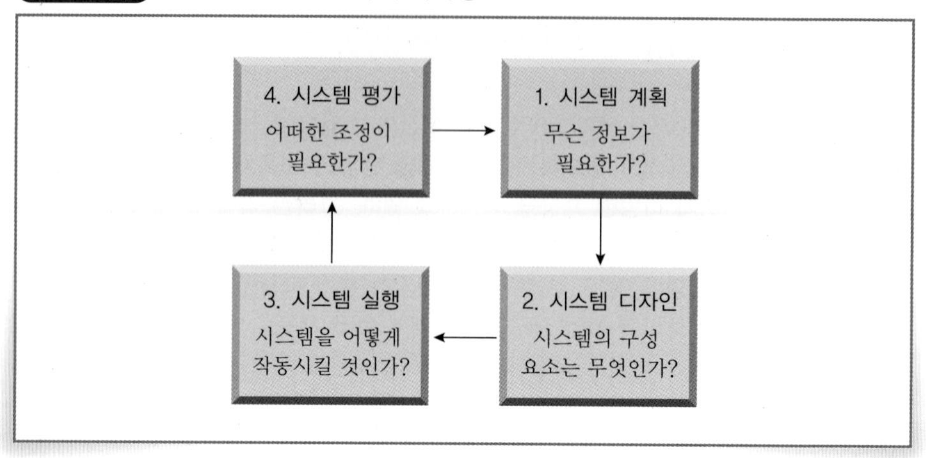

1) 시스템 계획(system planning)

MIS의 계획 단계는 주로 경영자의 정보 욕구에 초점을 맞추고 있으며 제안된 시스템의 요구 조건을 자세히 살펴보는 동시에 몇 가지의 중요한 질문을 던져봐야 한다.

- 어떠한 종류의 정보가 생산되어야만 하는가?
- 현재 존재하는 MIS를 수정되거나 새로운 MIS로 변환하기 위해 무엇을 해야 하는가?
- 실제 비용은 얼마나 드는가?

MIS는 전문화된 정보 시스템의 사용을 필요로 하는 복잡한 기술 영역이다. 그러나 중요한 문제는 MIS 시스템이 MIS 전문가의 관점에만 치중하여 개발될 때 일어날 수 있다. 경영자는 정보의 사용자이기 때문에 경영자가 필요로 하는 정보가 무엇인지에 대해 파악하기 위해 시스템 개발에 활동적으로 참가해야만 한다.

또한 MIS의 계획 단계에 있어서 서투른 계획은 심각한 문제점을 발생시킬 수 있다. 한 예로, 캘리포니아 교도소에서는 수감자가 자신의 범죄 기록 사실을 열람하고 접근할 수 있도록 MIS를 계획하였다. 그러나 수감자들은 네트워크를 통해서 불법적으로 허가받지 않은 접속을 시도하였고 범죄 기록 데이터베이스에 침입하였으며 결국 자신들의 범죄 기록 사실을 바꿔버리거나 삭제해 버렸고 이로 인해 많은 문제가 발생하였다. 이처럼 MIS의 계획 단계에 있어서 MIS 전문가는 확실하고 안전한 시스템을 계획하도록 주의를 해야 한다.

2) 시스템 디자인(system design)

많은 세부적인 의사결정은 시스템 디자인 단계에서 결정된다. 가장 중요한 의사결정 중의 하나는 시스템을 매뉴얼 기반으로 할 것인지 아니면 컴퓨터 기반으로 할 것인지에 대한 결정을 하는 것이다. MIS 설계 전문가와 시스템 디자이너는 아래와 같은 조건에서는 컴퓨터 기반의 MIS 도입을 적극 검토해야 한다.

- 많은 수의 반복 거래가 일어나는 경우
- 광범위한 데이터의 가공과 분석이 필요한 경우
- 같은 데이터가 방대한 양의 보고서에 사용될 경우

압도적인 시대의 흐름이 대기업뿐만 아니라 소규모 기업들에서조차 컴퓨터를 기반으로 한 MIS의 설계를 결정지었다. 막강한 성능을 기반으로 한 미니 컴퓨터는 조직 내에 시스템을 구축하거나 디자인하는 데 있어서 막대한 영향을 미쳤다.

그리고 시스템을 디자인하는 가장 효과적인 테크닉 중의 하나는 표준 모델(prototype)을 만들어 보는 것인데 표준 모델은 입력 장치와 출력 장치를 포함한 시스템의 여러 특정 부분을 실물 크기로 설계하는 것을 말한다. 이 표준 모델을 통해 시뮬레이션하고 향후 예상되는 여러 가지 문제점 및 해결 방안을 찾을 수 있으며 여러 기능을 적용하여 확장성을 실험해 볼 수 있기 때문이다.

3) 시스템 실행(system implementation)

MIS의 실행 단계에서는 앞에서 진행시켜왔던 계획 및 디자인이 실제 운영 시스템으로 변환된다. 이 단계의 큰 부분은 기술적 부분의 구현(technical implementation)과 관계가 있다. 장비를 구입하거나 설비를 개조하고 정보시스템 관련 직원을 채용하거나 훈련시키는 활동뿐만 아니라 시스템 디자인을 제대로 구현하기 위한 시스템 소프트웨어를 개발하는 활동까지 포함하는 광범위한 과정을 말한다. 그래서 MIS 조정 전문가는 시스템을 설치하고 테스트하면서 계획 단계에서 목표로 삼았던 모델에 적합한 상태로 수정해야만 한다. 이런 시스템 실행 단계에 있어 행해지는 모든 활동은 다른 모든 단계와 비교할 때 비용이 아주 많이 드는 과정인 동시에 계획 단계나 디자인 단계의 효율성과 효과성이 입증되는 과정이다. 즉, 이전 단계에서 시스템이 얼마나 정교하고 구체적으로 계획되고 디자인 되었느냐에 따라서 실행 단계에서의 비용 문제는 장점이 될 수도 있고 단점이 될 수도 있다.

실행 단계는 기본적으로 4가지의 방법으로 구성될 수 있는데 이는 어느 정도의 시간을 가지고 기존의 시스템을 교체하거나 교환하는가에 대한 문제이다.

■ **직접 실행(direct implementation)**

정해진 시점에 새로운 시스템이 시작되는 동시에 기존의 시스템을 완전히 중단하고 소멸하는 방법을 말한다.

■ **병행 실행(parallel implementation)**

새로운 시스템의 문제점 및 성능이 확인될 때까지 기존의 시스템과 새로운 시스템을 병행하여 사용하고 테스트한다.

■ **모듈 실행(modular implementation)**

일반적으로 파일럿(pilot) 접근 방법이라고도 하며 동일한 시스템을 여러 부문에서 사용할 경우 시험적으로 특정 부서만 사용해 보고 성능이 검증되면 전체 부문으로 확대하여 사용하는 방식을 말한다.

■ **단계적 실행(phase-in implementation)**

새로운 시스템을 여러 부문의 모듈(module)로 나누어 시험 가동한 후 성공적으로 운영되는 부분을 하나씩 추가하여 교체해나가는 방법이다.

4) 시스템 평가(system evaluation)

MIS는 다른 통제 메커니즘과 같이 측정 및 평가되어야 한다. 이 시스템 평가 단계는 통제 메커니즘을 완성하는 과정인데 시스템 계획 단계에 설정한 목표가 제대로 수행되었는지를 체크해 봄으로써 시스템의 문제점을 파악하고 새로운 개선점에 대한 정보를 얻을 수 있다. 평가에 있어서 중요한 기준이 되는 것은 다음 4가지이다.

■ **효과성(effectiveness)**

MIS가 어떻게 경영자에게 도움을 줄 수 있는가?

■ **효율성(efficiency)**

시스템의 자원을 어떻게 잘 사용할 수 있는가?

■ **신뢰성(reliability)**

MIS가 필요할 때 적절히 정보를 공급할 수 있는가?

■ **보안성(security)**

MIS의 설비나 저장된 데이터들이 사용자의 남용으로부터 어떻게 안전할 수 있는가?

평가 단계에 있어서 추천되는 방법은 경영자나 시스템의 사용자를 통한 평가 방법이다. 즉, 새로 도입된 MIS에 대한 평가를 할 때 경영자나 시스템 사용자를 대상으로 과연 새로운 시스템이 자신들이 필요로 하는 가치 있는 정보를 제공하였는지에 대해 조사하고 이 결과를 통해 새로운 시스템에 대한 평가를 하는 것이다.

closing case

LG CNS

스필버그는 영화 '마이너리티 리포트'에서 미래사회를 배경으로 첨단 기술들을 선보인다. 개별 인물에게 맞춰진 광고가 거리를 활보하는 도중에 눈 앞에 팝업 창 처럼 등장하기도 한다. 이는 MIS(Management Information System: 경영정보시스템) 중 CRM(Customer Relationship Management: 고객관계관리)의 극단적인 한 예라고 볼 수 있겠지만 실제 우리 생활에 MIS는 알게 모르게 가까이 존재한다.

대기업뿐 아니라 공공기관, 금융기관에 이르기까지 여러 분야에서 IT를 기반으로 한 경영정보 시스템이 구축 활용되고 있다. LG CNS는 IT 서비스를 수익모델로 사업을 하고 있는 기업이다. 1987년 (주)STM으로 시작하여 2002년부터 새로운 사명의 LG CNS는 경영 혁신에 필요한 IT 컨설팅, 시스템 통합(SI), IT 아웃소싱, 비즈니스 프로세스 아웃소싱(BPO), 네트워크 통합(NI) 등의 서비스를 제공하고 있으며, 2021년 기준 4조 1,431억원의 매출을 달성한 IT 관리업계의 선두 기업이다. IT서비스 업계에서 가장 많은 해외법인을 운영하며 국내 성공사례를 해외에 수출도 하고 있다. LG CNS는 다음과 같은 사업 영역과 기술을 보유하고 있으며 DX(Digital Transformation) 개념을 기업 및 실생활에 접목시키고 있다.

클라우드

LG CNS는 금융, 항공, 제조 등 다양한 고객 비즈니스에 대한 높은 이해도와 클라우드 기술 전문성을 보유하고 있다. 클라우드 환경에 맞춰 IT시스템 개발과 구축방식을 최신화하는 애플리케이션 현대화(AM) 전담조직인 '클라우드 애플리케이션 빌드센터'와 '클라우드 네이티브 론치센터'를 운영하고 있다. 클라우드 컨설팅 → 전환 → 구축 → 운영 전체 영역에 대한 클라우드 서비스를 제공한다. 이를 통해 LG CNS는 고객 상황에 최적화된 맞춤형 클라우드 서비스를 제공한다.

AI

LG CNS는 고객사의 디지털 트랜스포메이션을 가속화할 수 있도록 국내외에서 검증된 AI서비스를 멀티 클라우드 기반 또는 현장 구축형으로 제공하고 있다. 대표적인 사례로 ▲ 이미지 인식 기반의 비전 검사를 통한 다양한 불량 판정 및 사물인식 서비스 ▲ AI 기반 사물검출, 사물분류를 통해 물류센터의 업무 자동화 서비스 ▲ 언어지능 기술과 챗봇 솔루션을 활용한 실시간 고객상담 및 콜센터 서비스 자동화의 AI 컨택센터 ▲ 강화학습과 정형데이터 분석을 통한 기업의 부정(Fraud) 감지 및 생산설비 자동화 서비스 등이 있다.

빅데이터

LG CNS는 수많은 분석 사례를 보유하고, 고객의 비즈니스 및 IT 환경 특성에 따른 최적의 솔루션을 제공하고 있다. 여기에는 제조 품질 예측 및 영향인자 분석, 이미지 인식 기반 비전 검사, 수요예측, 실시간 고객 마케팅 서비스가 있다. 또한 소셜 데이터 분석 기반 R&D

기술 센싱, VOC(Voice of Customer) 분석 및 품질 개선, 이상금융거래 탐지시스템(FDS, Fraud Detection System), 정보보안 모니터링, HR 고성과자 요인 분석 및 퇴직 예측 등 빅데이터 분야에서 국내 최다 B2B 레퍼런스를 보유하고 있다.

스마트물류

컨설팅, 상세 설계, 구축, 설비 및 솔루션 공급, 유지보수까지 물류 자동화 설비 분야에서 토털엔지니어링 솔루션을 보유하고 서비스를 제공한다.

스마트시티

LG CNS는 유시티(U-City) 도입 초기부터 도시 인프라 구축 경험을 통해 축적된 디지털 기술과 솔루션 전문성을 기반으로 스마트시티를 선도하고 있다. LG CNS는 2018년 대기업 최초로 국토부가 추진하고 한국정보통신기술협회(TTA)가 주관하는 스마트시티 통합플랫폼 인증을 획득하였다. 인증을 획득한 기업은 자체 개발한 플랫폼을 정부 및 지자체의 스마트시티에 구축하여 고차원적인 서비스를 제공할 수 있다. 인증을 통해 민·관·공이 협력하여 한국의 지형 문화 인구 특색에 맞는 '한국형 스마트시티' 모델을 개발하고, 나아가 한국이 글로벌 스마트시티 표준 경쟁을 주도하는 기반이 될 것으로 기대된다.

스마트팩토리

LG CNS는 20여 년간 LG그룹 제조업 계열사의 소재, 부품, 완성품 등 다양한 제품과 산업군에서 검증된 노하우에 AI, 빅데이터, IoT 등 최신 디지털 기술을 적용하여 스마트팩토리 솔루션을 완성하였다. 이 솔루션은 LG CNS의 ICBMA(IoT, Cloud, Big Data, Mobile, AI) 기술과 LG전자 소재·생산기술원의 장비 및 공정 설계 능력, LG유플러스의 통신 인프라를 결합한 결과물이다. 이를 통해 공장 내 최적의 스마트팩토리 환경을 제공한다.

금융DX

LG CNS는 AI, 빅데이터, 클라우드, 블록체인, MDD(Model Driven Development) 등 디지털 기술 기반의 솔루션 제공뿐 아니라, 은행, 카드, 캐피탈, 보험, 증권, PG(전자지급결제대행) 등 핵심 금융 업무를 위한 전문 솔루션을 제공한다. 최신 디지털 기술을 지속적으로 접목하여 금융기업이 환경 변화에 유연하게 대응할 수 있도록 최신의 AM(Application Modernization) 기술을 활용한 시스템 구축을 지원한다.

공공DX

LG CNS는 지난 30여년간 주민등록 시스템, 서울시 교통카드/환승 시스템, 국세통합 시스템, 지방재정 시스템, 현금영수증 시스템, 전자여권, 형사사법 시스템, 부동산등기 시스템, 건강보험 시스템, 사회보장정보 시스템, 기상정보 시스템 등 우리 삶에 필수불가결한 공공 IT 시스템을 만들었다. 공공 DX사업 노하우는 수출로 이어져 대한민국 국격을 높이고 있다. 2020년에는 약 1,000억원 규모의 인도네시아 국세 행정시스템 사업을 수주했으며, 이는 당시 역대 수출사업 중 시스템 구축 단일 계약으로는 사상 최대로 알려졌다. 대한민국 국세청의 국세통합 시스템 등 국내에서 축적한 DX경험이 결정적 사업 수주 요인이었다.

블록체인

LG CNS는 고객이 필요로 하는 블록체인 기반 비즈니스를 지원한다는 목표 아래 기업환경에 최적화된 허가형(Permissioned) 블록체인 플랫폼인 Monachain(모나체인)을 개발하였다. 그리고 세계적인 중앙은행들이 검토 중인 디지털화폐(CBDC) 발행과 대체 불가능한 토큰(NFT, Non-Fungible Token) 도입에 대비하여 다양한 기술검증을 통해 선제적 비즈니스 생태계 구성뿐 아니라 LG CNS만의 차별화된 플랫폼을 준비하고 있다. LG CNS는 블록체인의 핵심 기술과 실용 서비스 솔루션을 보유하고 있는 블록체인 생태계의 IT 리더로서 꾸준한 연구와 실증을 진행하고 있다.

보안

LG CNS는 국내 최초로 스마트팩토리 보안 체계를 완성하고 이를 사업화하였다. 또한 클라우드 보안 체계를 마련하여 LG그룹의 클라우드 전환 시에도 안전한 클라우드 환경을 제공하고 있다. 대규모 금융, 공공 및 산업 유형별 보안컨설팅 구축 · 운영 경험과, 이를 통해 확보한 사이버 · 물리 보안의 보안 컨설팅, 보안SI, 보안운영 · 관제 등 7개 영역 109개 보안 솔루션 유형을 총망라하는 보안 솔루션 구축 · 운영 경험을 보유하고 있다.

출처: LG CNS 홈페이지 및 2020~2021지속가능경영 보고서 참고 재구성.

제 14 장

기업가정신, 창업 및 중소 벤처경영

opening case

더본코리아

우리나라의 산업화를 이룬 대기업 창업주의 스토리를 들으면 무한한 감동과 교훈이 밀려온다. 그러나 그에 못지않은 중소기업 프랜차이즈 성공 스토리가 있다. '더본코리아'가 이러한 중소기업의 한 예이다. 더본코리아는 1993년 원조쌈밥집이라는 브랜드 런칭을 시작으로 30여 년 간 특정메뉴를 전문화하여 다양한 브랜드로 고객의 선택을 넓힌다는 취지하에 25개의 다양한 업종의 브랜드를 보유한 기업이다(2024년 기준). 2019년 1월 기업공개 주관사를 선정하고 상장절차에 돌입했으나 코로나19 여파 등으로 한차례 연기되었으며, 2024년 창립 30주년을 맞아 코스피 증시 입성, 재도전에 성공했다(2024. 11.). 작은 외식사업에서 시작하여 성공한 중소기업, 중견기업 더 나아가 대기업의 지위도 넘보고 있는 더본코리아가 제시해주는 성공 전략이 무엇인지 살펴보도록 하자.

성공비결1 : 테스트베드를 이용한 마케팅전략

새로운 기술, 제품 혹은 서비스의 성능 및 효과를 시험할 수 있는 환경 혹은 시스템, 설비를 '테스트베드'라고 한다. 더본코리아는 일종의 마케팅전략으로 테스트베드를 이용한다. 이는 흔히 볼 수 있는 마케팅전략과 차별화된 전략이다. 더본코리아는 신생 브랜드를 개발해 이곳에서 반응이 좋으면 프랜차이즈 사업으로 발전시키고 안 좋으면 접거나 시기가 무르익기를 기다린다.

더본코리아의 백종원 대표는 면밀한 시장조사를 통해 브랜드를 개발하기보다는 일단 브랜드를 빨리 만들고 먹자골목에서 고객 반응을 살피는 전략이 통했다고 평가한다. 데이터와 트렌드를 통해 고객의 취향을 짐작하는 우회적인 방법보다는 일단 고객들에게 음식을 먹여 보고 목소리를 듣는 것이 훨씬 빠르고 정확하다는 얘기다. 그는 매경MBA팀과의 인터뷰에서 "과거 교통도 별로 안 좋고 상권도 제대로 형성되지 않은 논현동 점포들을 싼 값에 매입했다. 이 정도 상권에서 통하면 가맹사업을 해도 승산이 있다는 판단이 생겨 가맹주를 모집하기 시작했다"고 말했다. 백 대표의 사업 방식은 요식업계의 SPA 전략이라고 할 만하다.

자라나 망고 같은 SPA(제조 · 판매 일괄) 브랜드는 최소 6개월 걸리는 기존의 신제품 출시 기간을 2주로 앞당겼다. 2주 내 시장조사, 디자인, 생산, 운송, 매장진열 등이 이뤄진다. 시장조사는 형식적이고 일단 다양한 콘셉트의 의류를 매장에 진열해 판매량을 본다. 그리고 판매량에 따라 생산량을 조절해 잘 팔리는 상품에 화력을 집중한다. 전산화를 통해 실시간으로 매출과 재고를 포착할 수 있기에 충분히 가능한 전략이다.

더본코리아의 전략이나 SPA 방식은 면밀한 계산과 조사를 통해 될 만한 상품을 내놓았던 기존의 마케팅 방식와 대척점에 서 있다. 일단 내놓을 수 있는 상품은 모두 내놓고 고객들이 될 만한 상품을 판단하게 하는 것이다. 소비자의 취향을 100% 알 수 없는 공급자로선 일단 고객들에게 다양한 선택지를 빨리 주고 히트상품을 발견하는 것이 최선의 전략일지도 모른다. 특히 소셜미디어의 발달로 시장의 반응을 체크하는 데 걸리는 시간이 짧아진 요즘 이 전략은 더욱 유효하다는 게 그의 설명이었다.

성공비결2 : 효과적인 프랜차이즈 및 인사관리

더본코리아는 본사와 가맹점주가 상생하기 위한 지속성 있는 브랜드 개발과 경영방침을 추구한다. 가맹점의 숫자를 늘리기보다는 점포의 관리와 유지에 초점을 맞춰, 300여명의 전문가로 구성된 점포 관리조직을 통해 가맹점 관리와 경쟁력 강화에 중점을 두고 있다. 때문에 더본코리아 브랜드 창업은 투명하게 창업설명회 참석을 시작으로 진행된다. 지역에 따라 진행되는 창업설명회에 참석하는 방법으로 본부의 영업이나 점포추천을 통해서는 진행되지 않는다. 창업절차 또한 10단계로 진행된다. 백종원 대표는 가맹점주와의 소통을 위해 정기적으로 만남의 시간을 가지고 이를 장사이야기라는 포맷으로 온라인에 업로드도 진행하면서 소통과 정보 공유에 중점을 두어 프랜차이즈 관리를 진행해오고 있다.

또한 인재상 역시 고객의 입장에서 최우선으로 생각해줄 수 있는 열정을 가진 사람을 선호한다. 또한 급성장한 기업답게 혁신적이고 미래지향적인 인재를 추구한다.

성공비결3 : CEO의 경영이념

더본코리아의 CEO 백종원 대표는 대한민국 명실상부 외식업계의 마이다스의 손으로 알려져 있다. 그는 자신이 요리사가 아닌 음식에 대한 끊임없는 관심과 탐구를 목표로 삼는 사람이라고 소개한다. 백종원 대표는 요리사로 불리기도 하고, 경영인으로 불리우기도 한다. 머릿속에서 수많은 식당을 세웠다가 허물기를 반복하며 고객들이 만족할 수 있는 음식과 컨셉을 선보이기 위해 끊임없이 노력한다. 꾸준한 그의 경영이념은 그가 남긴 수많은 어록에서도 확인할 수 있다. 상상력을 동원한 요리를 만들어 대중음식을 만들려고 시도한다. 이러한 백종원 대표의 끊임없는 도전은 그를 요리사로 보이도록 만든다.

하지만 고민하는 요인들도 존재한다. 높은 개인의존도, 다브랜드의 관리 한계, 주가 하락, 일부 점주들과의 갈등, 경기 침체와 최저임금 인상 등도 극복해야 할 과제이다.

출처 : 더본코리아 홈페이지, 매경프리미엄, 비즈니스포스트 자료 참조 및 재구성.

14.1 기업가정신

1. 기업가정신의 개념

전 세계 국가들이 기업가정신에 주목하는 가운데 기업가정신은 경제 위기 극복과 성장, 지속성장이 가능한 경제체계 수립, 일자리 창출 및 삶의 질 개선 등 문제해결의 핵심 방안이 되고 있다. 이스라엘의 경제 기적을 다룬 책인 창업국가(Start-Up Nation, 2009)는 기업가정신의 중요성과 성과를 잘 설명하고 있다. 기업가정신을 이해하는데 기업가(Entrepreneur)에 대한 이해가 필요하다. 기업가는 '수행하다', '시도하다', '모험하다' 등을 의미하는 프랑스어 동사 'Entrepredre'에서 유래하였다. 17, 18세기 당시 유럽에서 위험한 해외무역에 종사하는 모험적인 상인을 기업가라 부르기도 하였다. 이후 슘페터(J. A. Schumpeter)는 기업가의 개념을 보다 체계적으로 확립하였다. 슘페터는 기업가를 '혁신적인 직능(Innovation Function)을 통하여 이윤을 추구하는 직무를 수행하는 자'로 정의하고 소유주 또는 경영자와 구분하였다. 따라서 소유주나 경영자가 아니라 일반 직원이라 하여도 혁신적인 업무 수행이 기대되는 사람은 기업가로 정의할 수 있다(한국연구재단, 2015)

기업가정신에 대한 다양한 관점이 제기되지만 기업가정신의 공통적인 의미를 도출한다면 첫째, 투자와 기술적인 경영능력 등을 포함한 전반적인 경영능력(Management Skill). 둘째, 자원 활용에 대한 조직화, 사회적 인지, 경제적 메커니즘과 특수거래에 대한 상황판단을 잘할 수 있어야 하며 늘 부족한 자원을 최적으로 배합하는 능력. 셋째, 위험과 실패에 대한 수용과 도전정신 등이 제시될 수 있다. 창업에 도전하는 많은 창업가는 기존 시장의 경쟁자들과 차별화된 아이디어를 개발하고, 좋은 팀을 구성하고 적절한 자금을 마련하기 위하여 수많은 어려움을 극복해나간다. 이러한 과정에서 많은 창업가는 때로는 포기하고 좌절하기도 한다. 이러한 치열한 창업과정에서 자원의 중요성도 강조되지만 많은 전문가들이 공통적으로 강조하는 것이 바로 기업가정신이다.

우리 정부도 경제 위기 극복 및 경제 성장의 중요한 역할로써 창업과 기업가정신을 인식해 왔으며, 기업가정신을 활성화하기 위한 지원과 계획을 수립하여 지속적으로 수행해 왔다. 희망한국, 청년 창업 활성화 방안(2011년 9월), 벤처 · 창업 자금생태계 선순환 방안(2013년 5월), 정부 창업지원사업 효율화 방안(2015년 10월) 등을 발표하였으며, 최근 대학발 창업 활성화 방안(2017년 3월), 건강한 창업생태계 조성 지원방안(2017년 4월), 혁신창업 생태계 조성방안(2017년 11월) 등을 통해 창업 유도 및 기업 R&D 지원 확대 등 창업생태계 조성을 위한 노력을 기울이고 있다. 직접적인 창업 및 기업지원뿐만 아니라 '제2차, 3차 대학 창업교육 5개년 계획'(2018년, 2023년)을 통하여 대학을 기반으로 한 창업교육 생태계의 조성을 통해 근본적인 기업가정신을 육성하고자 하고 있다.

한편 정부의 강한 정책의지는 중소벤처기업의 양적, 질적 성장에는 크게 기여하였으나, 근본적으로 중요한 기업가정신 활성화에 대해서는 가시적인 성과를 창출하지 못하고 있는 상황이다. 청년기업가정신재단(2016)은 한국을 포함한 아시아 6개국(일본, 중국, 인도, 인도네시아, 싱가포르), 유럽 5개국(영국, 독일, 러시아, 덴마크, 핀란드), 중동 3개국(터키, 아랍에미리트, 이스라엘), 아프리카 2개국(남아프리카공화국, 이집트), 미주 3개국(미국, 브라질, 칠레), 오세아니아 1개국(호주) 총 20개국을 대상으로 '기업가정신 생태계지수'(Entrepreneurship Ecosystem Index: EEI)를 조사하였다. 조사 결과 대한민국의 개인수준 기업가정신 평균은 100점을 기준, 62.6점으로 창업 및

표 14-1 글로벌 기업가정신 트렌드 국가별 비교

국가명	개인	n	도전정신	창조혁신	리더십	가치지향
한국	개인	2,000	58.1	63.5	65.9	65.1
	조직	1,211	57.5	58.6	60.4	59.6
중국	개인	2,057	70.2	73.5	72.3	73.2
	조직	1,510	69.7	72.4	72.7	72.0
이스라엘	개인	2,000	63.8	73.9	72.6	74.2
	조직	1,274	64.0	67.5	68.8	68.7
미국	개인	2,000	58.8	76.1	73.8	73.5
	조직	1,038	69.9	74.6	75.0	74.8
20개국 평균	개인	40,355	66.3	72.9	71.6	72.3
	조직	23,781	66.5	70.4	70.9	70.0

출처: 청년기업가정신재단(2016), 권기환(2018)

기업가정신이 활성화된 미국(72.9점), 중국(72.2점), 이스라엘(70.7점)에 비해 상대적으로 낮게 나타났다. 조직차원의 기업가정신도 58.8점으로 미국(73.3점), 중국(71.6), 이스라엘(67점)보다 상대적으로 낮게 나타났다. 20개국의 개인 수준 평균 70.6점, 조직 수준 평균 69.2점보다도 낮게 나타나 보다 적극적인 개선노력이 필요한 상황이다.

2. 기업가정신의 사례

기업가정신을 '아이디어를 가치와 기회로 변환' 시키는 것이라고 정의할 때, 이를 좀 더 생각해보면 [그림 14-1]처럼 많은 수의 독특한 아이디어 도출, 고객들이 고민하는 문제나 욕구(니즈)의 발견, 그리고 기술 등 해결역량 개발 등 세 가지 요인들의 교집합에서 기업가정신은 탄생한다. 즉 기업가정신 교육은 남과 다른 독특한 아이디어(unique ideas)를 내도록 하는 것으로, 우리 지역과 사회의 문제점과 욕구(needs, 니즈)를 발견하도록 하는 교육이며, 문제를 해결할 역량(capability)을 키우는 교육이라고 볼 수 있다. 이렇게 본다면 기업가정신은 창업이나 기업활동만을 위한 개념이 아니라, 우리 주변의 모든 문제를 발견하고 해결해 나가는 기본적 교육임을 알 수 있다.

그림 14-1 기업가정신의 3요인: 잉크(INC)

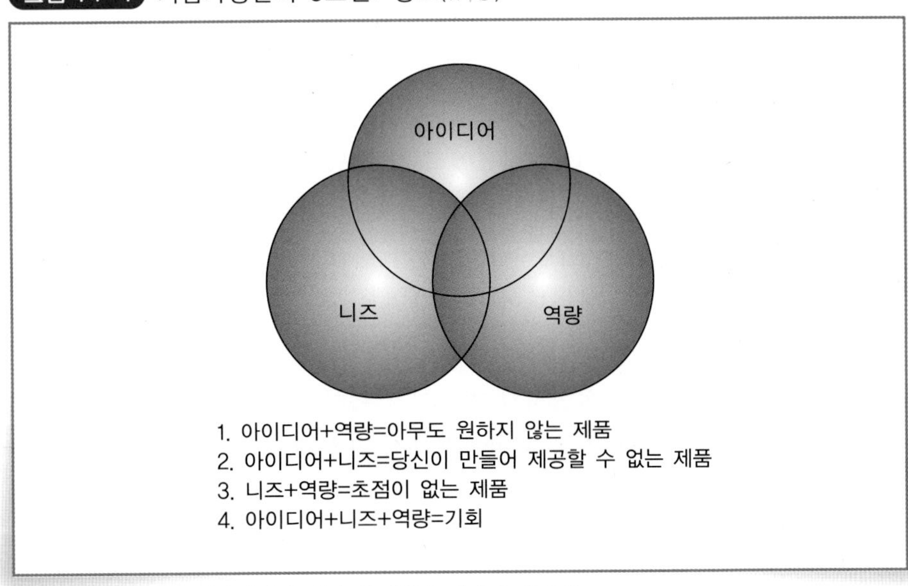

출처: 최종인(2017), 기술사업화: 죽음의 계곡을 건너다, 한경사.

기업가정신을 키우는 교육모델로 아이디어-니즈-역량을 종합하는 잉크(INC) 모델을 제시할 수 있다. [그림 14-1]처럼 먼저 새롭고 유용하면서 남들이 생각하지 못한 많은 수의 창의적이고 독특한 아이디어를 낼 수 있도록 하는 '발상 교육'(Ideation)이 필요하다. 이 때, 이 아이디어들은 두 가지에 뿌리를 내리고 있어야 한다. 하나는 아이디어가 사람들이 느끼는 큰 문제나 불편함 또는 욕구(Needs)에 명확히 바탕을 두어야 하며, 다른 하나는 이를 구현할 기술과 역량을 보유해야 한다.

아이디어를 많이 내고 창의적 사고력을 기를 수 있는 패다고지(pedagogy)로는 창의적 문제해결방법인 트리즈(TRIZ) 등이 있다. 구 소련 과학자인 알트슐러(현 아제르바이젠)는 1946년 러시아의 20만 건에 달하는 우수한 특허들을 분석하여 창의적 문제해결 방법을 찾아냈다. 최근 국내외 기업과 대학들이 창의적인 문제해결 및 경영혁신 도구로 트리즈를 널리 활용했는데, 이때 분할, 분리, 비대칭, 조금 적게, 전화위복 등의 '트리즈 40가지 원리'는 유명하다. 다른 하나는 이 같은 아이디어를 해결하고 실현할 수 있는 기술을 포함한 해결 역량(capability)을 제대로 갖추고 있어야 한다. 대학연구실이 보유한 특허 등의 역량과 지역 등 외부가 보유한 기술과 역량도 여기에 포함된다. 이처럼 독특하고 기발한 아이디어는 강력한 두 축, 즉 현장의 크고 심각한 문제로부터 더 많이 만들어지고 또한 이를 구현할 해결역량에 기반을 둠으로써 탄탄해 질 수 있다. 따라서 아이디어-니즈-역량의 INC 세 요소는 상호영향을 미치는 밀접한 관계에 있을 알 수 있다.

그러나 현실에서는 세 개의 원이 똑같은 크기가 아닌 경우가 대부분이다. 즉 세 가지 원 가운데 한 개 또는 두 개가 부족해 작은 원을 가진 경우가 많기에 주의가 필요하다. 현실에서 보면 아이디어와 니즈는 있었지만, 이를 구현할 기술이 없거나 부족한 경우가 많다. 세 가지 원 중 두 가지만 만나는 기업가정신 교육인 경우, 어떤 문제가 생길까? 첫째, 니즈가 없는 가운데 내가 잘하는 분야에서 아이디어를 낸다면 이는 아무도 원하지 않는 제품이나 서비스를 만들 가능성이 높다. 둘째, 어떤 욕구를 충족시킬 수 있는 아이디어가 존재하지만 이를 실현시킬 역량이 부족하다면 어떤 문제가 생길까? 만들 수 없는 제품과 서비스를 제공하겠다고 구호에 그칠 가능성이 높다. 셋째, 니즈와 욕구가 실현역량과 만나고는 있지만, 아이디어가 충분하지 않으면 별로 매력적이지 않고 남과 다르지 않은 초점 없는 아이디어가 될 가능성이 높다. 즉 그림의 두 가지 원만이 만나는 기업가정신 교육은 2% 부족한 교육이 될 것이다.

따라서 세 가지 원들이 서로 만나는 기업가정신 교육이 필요하다. 즉 '아이디어(I)-니즈(N)-역량(C)' 을 종합적으로 키우는 'INC 기반의 기업가정신 교육' 이 바로 우리에게 요구된다. 이런 교육이 쉽지만은 않기에 새로운 방법론이 필요하며, 이것이 기업가정신 교육을 체계적이며 의무적으로 제공해야 할 이유이다. 이같은 세 가지 요인에 대학의 리더십이 통합역할을 수행해야 할 것이다. 대학 CEO뿐만 아니라 개별 교수의 리더십이야말로 학생들의 아이디어, 니즈, 역량을 결합시키는 링크(LINC) 된 모습이 되도록 할 것이다.

경영학 FOCUS

대학생의 기업가정신 : 데이트강간 예방 매니큐어(Undercover Colors 社)

미국 내 대학 등에서 벌어지는 데이트 강간사건은 사회적 문제로서 연간 4천 건에 이르며 약 20%의 여성이 이에 노출된 것으로 분석되었다. 이 가운데 음료나 술에 약을 타서 일어난 것이 많았다. 노스캐롤라이나주립대학 재료공학 4학년 학생 4명이 '디자인 프로젝트' 로 시작한 것으로 사회 문제를 찾고 이를 해결하기 위한 가치제안서를 2014년 'Lulu eGames' 대학창업경진대회에 '언더카버 칼라스' (Undercover Colors)라는 이름으로 발표하여 대상 수상을 한다. 아이디어는 간단했다. GBH, Rohypnol, Xanax 등의 약물이 들어있는 잔에 매니큐어(nail polish)를 바른 손가락을 몇 번 휘저으면 손톱 색깔이 변하는 경우 약물이 들었음을 사전에 인식한다는 것이다. 기업가정신과 창업 등의 수업을 들은 이 학생들은 상금 1만 달러와 10만 달러의 투자유치로 회사를 만들어 이를 제품화를 시도하였다. ABC, NBC 등 미국 내 방송을 통해 이 학생들의 아이디어는 급속도로 퍼져나갔다. 졸업 후 회사를 만들지 여부를 고민할 때 대학 내의 창업지원 조직이 중간에 가교역할을 함으로써 창업으로 연결될 수 있었다. 4명의 학생 중 2명이 회사에 남고 외부에서 인력을 유치해 회사를 리빌딩하고, 제품을 만드는 노력을 기울였으나 필요한 기술과 자금력 등의 문제로 제품개발과 사업화에 시간이 많이 소요되었다. 즉 잉크(INC) 모형에서 아이디어(I)와 니즈(N)는 있었지만, 기술, 자본 등의 역량(C)이 부족한 모습이었다.

이 가운데 2015년 여름 미국을 흔드는 대형사건이 벌어진다. 대학이 소재한 노스캐롤라이나 주도인 랄리(Raleigh)시 바이오 벤처기업인, 스프라우트(Sprout)사가 여성용 비아그라 개발에 성공해, 최초로 FDA 승인을 받는 대형사건이 일어났다. 그리고 이틀 후 이 회사는 글로벌제약사인 밸리언트(Valeant)사에 M&A를 발표하고 무려 1조원에 팔고, 자신들은 밸리언트사의 사업부로 남게 되었다. 스프라우트의 여사장인 화이트헤드는 학생창업회사인 UC에 자문으로 참여한 뒤에 3백만 달러를 투자하기로 하는 등 '언더카버 칼라스'는 2016년 지역의 투자자들로 부터 450만 달러의 투자유치가 이루어졌다. 2017년부터 제품 출시의 문의가 많았으나 2018년 여름까지 시장에서 이 제품을 구입할 단계는 아니다. 제품개발이 되면 판매는 아마존 등 다양한 경로를 거칠 것이며, 다국적 제약사인 밸리언트의 유통망이 큰 기여를 할 것이다. 드디어 이 제품은 2018년 하반기 출시되어 아마존 등 인터넷쇼핑몰에서 판매되고 있다. 학생들의 경진대회 아이디어에 나온 강간약물 검사를 위한 제품이 다양한 형태로 출시되어 판매되고 있다. 물론 제품형태는 초기 매니큐어 형태에서 스마트폰의 고리에 넣는 형태로 바뀌었다.

30초 안에 음료에 약물이 들어있는지를 확인할 수 있다. 이처럼 사회문제로부터 아이디어를 찾고, 이를 검증하고, 이것이 프로토타입을 만들며, 시제품 테스트와 양산 및 시장 판매에 이르는 과정은 복잡하고 어렵다. 여기에 대학의 기술력과 지역의 자금 및 판매 네트워크의 결합이 요구됨을 알 수 있다. 이는 사회적 가치창출과 경제적 가치창출의 결합이 동시에 추구되는 사회가치경영의 사례로도 평가된다.

교수도 기업가정신을 : 권욱현 교수, 박장우 교수

권욱현 서울대 명예교수는 1977년부터 서울대학교 제어계측공학과에 부임하여 2008년 정년퇴직할 때까지 21년간 약 130명의 대학원생을 지도하였고, 그 중 40여 명이 벤처기업에 몸을 담고 있다. 제자들이 10여 개의 벤처기업을 창업하여 벤처기업의 대부이자 CEO 산실로 불리는데 그 중 휴맥스(변대규 대표), 슈프리마(이재원 대표), 파인디지털(김용훈 대표), 텔레칩스(서민호 대표), 우리기술(김덕우 창업자), 바텍(임성훈 창업자) 등이 성공한 대표 사례이다. 권 교수는 벤처기업이라는 용어조차 모르던 시절부터 수많은 제자를 벤처기업인으로 배출하며 국내 벤처기업의 효시를 이루었다. 대학연구실에서 시작해 대표기업으로 성장하기까지 '무(無)'에서 '유(有)'를 만들어낸 이들의 기업가정신은 오늘날 혁신성장의 표본으로 평가된다. 권 명예교수는 "개인이 잘하는 것보다도 국가에 기여할 수 있는 것이 무엇인가를 생각할 때 본인에게 더 많은 성공의 기회가 올 것"이라고 하였다. "나는 제자들이 창업해서 성공한 것을 내 업적이고 실적이라고 생각해요. 당장은 내 연구와 실적에 손실이 생긴다 하더라도 그렇게 해서 성공한다면 결과적으로는 내가 성공하는 거잖아요. 그러니까 단기적인 손실은 내가 견딜 수 있었던 거죠. 게다가 그 당시는 논문평가가 그리 엄격하지 않았어요. 물론 엄격했더라도 관계없는 것이, 나는 일단 학생이면 논문은 당연히 써야 한다고 봐요. 다만 조금 시간을 더 내 150%의 노력을 해서 두 가지를 한꺼번에 하자는 겁니다. 논문도 쓰고 프로젝트도 하고요. 그런 내 가르침을 따라 제자들이 창업에 성공했을 때 굉장히 기뻤어요."(서현진, 2014).

OECD 정의에 따르면, 지역대학이란 지역에 존재히는 대학이 아니라 지역을 위한 대학이라고 한다. 지역에서 신입생의 80%를 유치하고 대전 충청지역의 기업에 75%의 졸업생이 취업하는 지역에 밀착한 국립 한밭대학교는 교수창업의 성공사례를 보유하고 있다. 화학과 박장우 교수가 IMF 여파로 학생들이 취업이 잘 안되자 2000년에 대학원생과 ㈜나노신소재를 창업하였다. 그 후 2011년 코스닥에 상장하고 2024년 말 1,000억 원의 매출을 기록하였고, 시가총액이 1조 원을 넘기도 하였다. 200명에 이르는 좋은 일자리를 창출하였고, 대부분을 대전지역 인재로 채용(90% 수준)하고 있어 지역일자리 창출에도 기여하고 있다. 초임이 약 4,000만 원으로 웬만한 대기업 초임과 비슷해 입사하려는 학생들의 인기도 매우 높은 편이다. 박 교수는 대학에 10만 8천 주(약 35억 원)를 기부하였고, 2018년 봄에 1만 주를 추가로 기부하는 등 대학의 기부문화에도 기여하고 있다. 단과대학 건물기둥에 새겨놓은 성공창업 기념동판에서 학생들이 사진 찍는 모습을 볼 수 있는 등 기업가정신 문화를 만드는 데도 기여를 하고 있다.

하지만 지역에서 이같은 우수한 교수창업 성과를 내는 경우는 매우 드물다. 이는 논문 수로 평가받는 대학문화와 낮은 기술준비도(technology readiness level) 및 시장수요 파악에 대한 한계 때문이다. 따라서 교수 창업과 기업가정신을 높이려면 기술-제품-시장(T-P-M) 연계성에 대한 높은 이해와 교육도 필요하다.

14.2 창 업

외부인에게 대학을 소개하며 강조할 때 미국과 한국의 차이를 보여주는 일화이다. 우리나라 대학은 고시합격자 수, 장차관 배출 수 등을 보여준 반면, 미국의 유명대학은 좋은 일자리를 창출한 창업가와 기업가 수를 통해 대학의 역할을 보여줘 대조를 이룬다. 미국 전미창업보육협회(NBIA) 크리스티 차드윅 회장을 만나 미국 학생들이 안정적인 대기업보다 왜 벤처기업 등을 선호하는지 그 이유를 물으니 당연하다는 듯, 학생들이 대기업 입사나 공무원을 단순하고 반복적이라 재미없어하고, 지루해 하지 않는가라고 반문해 당황한 적이 있다. 반면 우리나라는 안정적인 공무원에 우선순위를 두고, 대기업과 공공기관 입사를 목표로 삼는게 현실이다.

정부는 2018년 '2차 대학창업 5개년 계획'을 수립하였다. 2013년 교육부, 중기부, 과기정통부 등 세 부처 합동으로 만들어진 '1차 대학창업교육 5개년 계획' 은 대학내 창업 거부감을 줄이며, 창업교육을 급증시켰고, 창업펀드를 만드는 등 5년간 성공적으로 진행됐다. 하지만 보완할 점도 남아있는데, 2차 5개년 계획은 창업교육의 질적인 변화와 교수진의 창업에 대한 몰입, 나아가 창업을 응원할 문화적 변혁에 집중할 필요가 있다. 첫째, 누구나 창업할 수 있는 환경조성이다. 창업 친화적 학사제도를 더욱 강화하며, 교원들이 창업에 가까이 가도록 인사제도를 고치며, 실전형 창업교육으로 전환하자. 예를 들어 대학입시에서 창업실적만으로 진학이 가능하다면 교실에서 자는 학생들을 깨울 수 있을 것이다. 또한 교원평가에서도 자신의 창업이나 대학원생 창업지원 업적을 적극 반영하고, 창업 연구년제도를 확대하는 것이다. 동시에 시장 중심 · 현장 중심의 문제해결형 창업 및 기업가정신 훈련으로 전환하는 것이다.

둘째, 도전하는 창업가를 키우는 것이다. 핵심인재를 선발해 집중양성하고 이들에게 창업도전을 지원해주자. 학부만이 아니라 대학원생의 기술창업을 활성화하고 대학의 엑셀러레이팅 역량을 강화하는 것이다. 예를 들어 논문 중심의 대학원생 경로 외에 창업 경로를 만들고, 대학원생과 교수진의 '팀 창업' 을 유도하는 것이다. 한 예로 한밭대 화공과의 박장우 교수는 ㈜나노신소재(ANP)를 창업해 코스닥에 상장시키고, 연간 1,000억원 매출과 200여명의 '좋은 일자리' 를 창출하였다. 창업관련 심층연구를 위해 박사후 과정 지원제도(해외 포스트닥)를 도입하고, 대학창업펀드를 확대하며, 대학내 기술지주회사를 적극 활용하는 것이다.

셋째, 대학을 창업활성화 주역으로의 활용이다. 대학이 보유한 창업교육 역량을 초중고에 연계시키자. 예를 들어 초중등 교원 · 교장 연수 과정에 창업훈련과 체험을 필수화해 이해도를 높여 교실에 적용해 볼 수 있다. 이는 초 · 중 · 고와 대학이 연결되는 '스쿨 스타트업 릴레이' (SSR) 형태로 발전할 수 있다. 또한 시니어와 제대군인 등에게도 평생교육 차원에서 온라인 창업교육을 제공하며, 대학과 지역간 파트너십을 강화해 대학이 보유한 자산을 적극 활용하자. 지역문제 해결형 스타트업을 육성하고 캠퍼스 주변을 창업공간으로 개발해, 대학과 지역이 상호연계된 창업 정주공간을 조성한다면 구도심 문제도 해결할 수 있을 것이다.

그러나 창업은 늘 위험에 처해 있다. 이를 해결하는데 '세 겹으로 꼰 줄' 이 쉽게 끊어지지 않는 것처럼, 세 겹으로 된 창업 위험대책이 필요하다. 첫째, 기술(technology), 인재(talent), 인내문화(tolerance) 등 3T의 줄이다. 둘째, 독특한 아이디어(I), 고객니즈(N) 및 역량(C)이라는 세 겹의 INC 줄도 필요하다. 셋째, 3대 창업실패 요소인, 시장요구를 모르고, 자금이 부족하고, 팀워크가 없는 점을 보완하는 세 겹의 끈 줄도 필요하다. 두 사람이 한 사람보다 나은 것은 두 사람이 힘을 합치면, 더 큰 일을 할 수 있기 때문이다. 한 사람이 넘어질 때, 다른 이가 일으켜 세울 수도 있기 때문이다. 창업과정에서 넘어질 때 일으켜 세우는 제도와 문화의 뒷받침이 필요한 시점이다.

1. 창업의 의의

빌 게이츠는 1955년 시애틀에서 출생하여 14살이 되던 해 어머니가 사준 컴퓨터에 심취했고, 고교시절 컴퓨터 프로그래밍 동아리 활동을 하였으며, 지역의 연지니어링 회사 프로그램언어를 개발해주기도 하였다. 1975년 하버드 대학을 중퇴하고 친구 폴 앨런과 함께 앨브커크에서 마이크로소프트(MS)사를 설립했다. 게이츠는 2000년 1월 최고경영자(CEO) 자리에서 물러날 때까지 회장 겸 CEO로 회사를 이끌었지만 회장으로 남아 소프트웨어 설계의 최고책임자가 됐다. 2006년 6월 게이츠는 자신과 아내 멜린다 게이츠가 2000년에 설립한 개인 자선재단인 빌&멜린다 게이츠 재단에서 전일제로 근무하기 위해 마이크로소프트에서 파트타임직으로 전환하였다. 그리고 2014년 2월 마이크로소프트 회장직에서 물러나, 새로 임명된 사티아 나델라 최고경영자(CEO)를 지원하기 위한 기술자문위원직을 새로 맡았다. 2009년에 게이츠와 워렌 버핏은 더기빙플레지(The Giving Plege)를 설립, 자신과 다른 억만장자들은 적어도 재산의 절반을 자선단체에 기부하겠다고 서약했다.

이것이 창업이다. 창업(創業)이란 사업을 처음 일으키는 것, 또는 그 기초를 닦음을 말한다. 창업은 창업가 자신이 고객들에게 제품 또는 서비스를 제공하기 위해 회사를 설립하는 것이다. 빌 게이츠가 마이크로소프트를, 마사루 이부카가 소니를, 휴렛과 패커드가 HP를, 정주회 회장이 현대를, 이병철 회장이 삼성을, 유일한 박사가 유한양행을 창업하였다.

창업은 현대사회에서 경제발전의 출발이다. 산업혁명 이후로 기업활동은 국가 및 세계발전의 근간이 되고 있다. 창업하지 않는다면 기업활동도 없을 것이다. 기업은 창업을 통해 인류가 필요로 하는 제품과 서비스를 제공할 뿐만 아니라, 인류를 위해 경제활동을 가능케 한다.

창업은 창업자의 개인적 성취 욕구를 충족시킨다. 개인은 누구나 자아실

표 14-2 창업가의 특징

연도	주창자	특 징
1848	Mill	위험 감수
1917	Weber	공식적 권한의 원천
1921	Knight	불확실성과 위험의 부담으로 생기는 이윤 추구
1934	Schumpeter	혁신, 회사의 새로운 조합 추진력
1952	Hoselitz	불확실성 감수, 생산 자원의 조정, 혁신 도입과 자본 제공
1954	Sutton	책임감 욕구
1959	Cole	이윤 추구의 사업과 추진, 개발을 위한 의도적 행동
1961	McClelland	위험 추구 및 성취 욕구
1963	Davids	야망, 독립성과 책임감 욕구, 자신감 충천
1974	Borland	내부적 통제위치
1978	Timmons	추진력, 자신감, 목표 지향, 적당한 위험 추구, 통제 초점, 창의성
1980	Sexton	정열과 야망, 좌절의 극복
1982	Casson	희소 자원의 조정에 대한 의사결정과 판단력
1985	Gartner	새로운 조직의 창조
1989	Stevenson, Roberts & Grousbeck	기존 자원에 관계없이 기회를 추구

출처: Donald F. Kuratko & Richard M. Hodgetts(1995), *Entrepreneurship: A Contemporary Approach*, 3rd ed., Fort Worth, TX: Dryden.

현의 욕구를 가지고 있다. 창업자들은 자신의 주도로 생산한 제품과 서비스를 인류 사회에 제공함으로써 자신의 존재가치에 대해 인정받고, 인류발전에 봉사하고자 한다. 창업은 기업 경영의 출발점일 뿐만 아니라, 인류발전에 지대한 공헌을 하며, 개인 창업자의 자아실현 욕구를 증진시킨다.

창업가의 특성을 보면 〈표 14-2〉와 같이 위험을 감수, 혁신을 추구하고 내적인 통제위치를 갖고 있으며, 기존 자원에 관계없이 기회를 추구하여, 새로운 조직을 창조하는 특성들을 갖고 있다.

2. 창업 경영과 일반 경영

창업은 13장까지 논의한 일반 경영과는 다소 차이가 있다. 일반 경영은 이미 창업을 한 이후의 일반적 관리 활동이지만, 창업 경영은 이제 막 경영을 시작한 기업의 상황이다. 창업 경영은 자원의 유무에 상관없이 사업 기회를

표 14-3 창업 경영과 일반 경영의 차이

주요 사업 차원	관리적 경영(경영 관리자)	창업 경영(창업 기업가)
전략적 관점	현존 자원에 의해 주도	기회 인식에 의해 주도
기회의 대처	장기간의 진화적 입장	단기간의 혁명적 입장
자원의 투입	일단계 의사결정으로 전적인 투입	다단계 방식으로 최소 위험 부담
자원의 통제	필요 자원의 직접 소유 내지는 고용	필요 자원의 간헐적 활용 혹은 임대
경영관리 구조	공식적 위계의 수직적 조직	비공식 및 수평적 조직
보상 정책	기존 자원의 범위내 집행 단기 자료에 기반 승진 한정된 지원	개인적 기대에 부응 경쟁 체제의 활용 개인적 부의 창조 가능성 인식

출처: Howard H. Stevenson, Michael J. Roberts & Irving Grousbeck(1994), *New Business Ventures and the Entrepreneur,* 4th ed., Burr Ridge: Irwin.

적극적으로 추구하는 경영방식이다. 창업 경영의 특징은 다음에 소개할 일반 관리적 경영과의 차이점에서 찾을 수 있다(표 14-3 참조).

■ 경영자의 전략적 관점

기업 전략에 대해 일반 경영자와 창업자의 견해가 다르다. 일반 경영자는 기업 내 주어진 자원의 한계 내에서 사업 기회를 찾는 경향이 있다. 창업 기업가는 자신에게 주어진 자원의 한계를 넘어서라도 사업 기회를 인지하고 추구하는 자세를 갖는다.

■ 기회의 대처

일반 경영은 설정한 사업 기회에 대해 장기적으로 대처하는 경향이 있다. 창업 경영에서는 단기간의 혁신적 혹은 혁명적 행동을 지향한다. 단, 사업 기회와 환경 패턴이 항상 변하기 때문에 창업자는 해당 사업 분야를 잘 아는 것이 중요하다.

■ 자원의 투입

일반 경영에서 의사결정은 철저한 분석을 통해 이루어진다. 그리고 일단 결정한 사안에 대해서 사업 초기에 집중적으로 자원을 투입한다. 창업 경영은 초기에 모든 자원을 투여하기보다는 주요 의사결정 단계에 따라 자원을 투입한다. 창업 경영은 단계적으로 자원을 투입하여 갑작스런 자원 소진의 위험을 극복하고자 한다.

■ **자원의 통제**

일반 경영은 기업이 소유한 자원의 한계 내에서만 경영 활동을 고수하려고 한다. 창업 경영은 사업 기회를 잃지 않기 위해서 내부적 자원뿐만 아니라 각종 대출 혹은 임대 등의 외부적 자원까지 활용한다.

■ **경영관리**

일반 경영은 공식적 절차에 의한 관리를 추구한다. 기업의 종업원 수가 늘어나고, 제품의 수가 증가함에 따라 수직적인 위계질서를 취하며, 구성원들에게 명확한 권한과 책임을 부여한다. 공식화와 분권화를 통해 관리 효율성을 찾기 때문이다. 창업 경영은 비공식 절차에 의한 관리를 한다. 기업의 규모나 사업의 영역 자체가 그리 크지 않기 때문에 높은 수준의 공식화가 필요하지 않기 때문이다.

■ **보상 정책**

일반 경영은 개인 중심의 보상으로 보상의 기준이 개인적 역할, 책임, 그리고 단기적 이윤 목표를 기준으로 삼는다. 예를 들어, 개인 연봉이나 승진과 같이 주어진 자원의 한계 내에서 보상을 한다. 창업 기업에서는 조직 중심의 보상이다. 기업이 수행하고 있는 사업의 가치 창출과 수확이 기업 생존에 지대한 영향을 미치기 때문에 조직성과에 기초한 보상을 추구한다. 창업 초기 멤버들이 창업 후 이익이 생길 때까지 급여 수령을 미루는 것도 이러한 맥락이다.

3. 창업과정

창업은 [그림 14-2]와 같이 사업 아이디어의 포착, 사업 기회의 평가, 사업계획서 작성, 자원 확보, 사업 입지의 선정 등의 일련의 과정을 통해 진행된다. 사업 철수는 실제 사업을 영위한 후에 일어나거나, 혹은 사업 기회의 평가 단계에서 발생하기도 한다.

1) 사업 아이디어 포착

창업가는 다음과 같은 사업 기반을 통해 신사업 아이디어를 발견하고, 사업을 시작한다.

그림 14-2 창업 과정

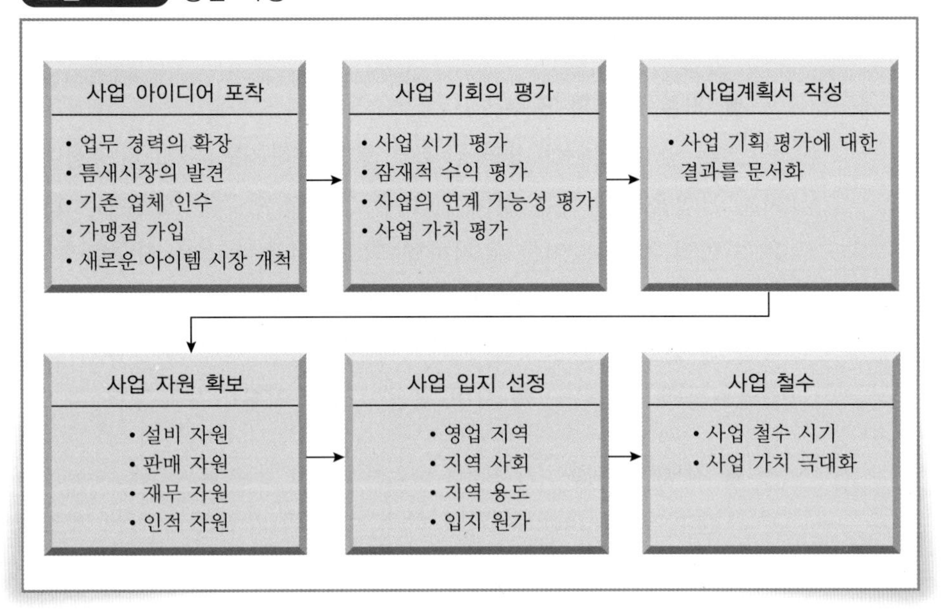

■ 업무 경력의 확장

자신이 기존에 수행했던 업무를 이용해 사업을 시작하는 경우이다. 예를 들어, 특정 컨설팅 회사에 근무하던 컨설턴트가 독립해서 새로운 컨설팅 회사를 설립하거나, 제조 공장의 직공이 제품 생산의 노하우를 토대로 자신만의 기업을 창업하는 것 등이다. 업무 경력을 사업으로 확장하는 경우는 창업자가 현재 근무하는 직장에서 급여, 승진, 경력개발 등의 기회가 보이지 않거나, 전문적 업무일 경우 현재 직장보다 더 나은 제품과 서비스를 제공할 확신이 있을 때 시작하는 편이다. 또한 창업자가 언젠가 창업을 할 계획을 수립한 경우에 자신의 업무 경력이 익숙하기 때문에 시작하기도 한다. 이 방법은 자신만의 경험을 살릴 수 있다는 장점이 있으나, 자칫하면 이전 기업의 미움을 살 수 있어 관련 업체들과의 원만한 제휴 관계를 설정하는 데 어려움이 있다.

■ 틈새시장의 발견

업무 경력의 확장이 자신이 했던 업무를 토대로 이전 기업과 거의 동일한 기업을 설립하는 것이라면, 틈새시장은 이전 기업과 연관성이 있지만 실질적인 사업 관련이 낮은 분야를 창업하는 것이다. 예를 들어, 컴퓨터 소프트웨어 회사에 근무하던 사람이 해당 소프트웨어 판매를 전문적으로 담당하거나, 컴퓨터 제조 공장에 근무했던 사람이 제조 원재료를 납품하는 기업을 설립하는 것이다.

■ **기존 업체의 인수**

기존 업체 가운데 경영 상황이 좋지 못하지만 사업 타당성이 높다고 여겨지는 기업을 인수하는 것이다. 기존 업체를 인수할 경우에는 운영 성과가 높은 기업의 경우는 이를 유지하면 되고, 신규 사업을 착수함으로써 소요되는 비용(입지, 고객, 공급자, 재고, 생산 시설 등)을 절감할 수 있다. 하지만 고질적인 병폐가 있거나 매입가가 지나치게 높을 경우 부담금이 많아지며, 기존 종업원들의 반발로 인해 기업 개선이 쉽게 이루어지지 않을 수 있다.

■ **가맹점 가입**

프랜차이즈(franchise)라고 하며, 본사와 가입자 사이에 체결한 계약 관계에 의해서 운영된다. 가입자는 본사의 로얄티와 창업에 필요한 비용만 제공하면 본사가 점포 위치 선정, 각종 원재료 공급, 마케팅 기법, 점포 운영 방법 등을 조언해 준다. 창업자는 본사의 광고나 전문적 경영 방식을 그대로 사업에 적용할 수 있고 손쉽게 창업할 수 있다. 반면 가입비 및 로얄티가 상당히 비싸고, 경영의 자율권이 제한된다는 단점이 있다.

■ **완전히 새로운 아이템 시장 개척**

발명가의 꿈을 가지고 있던 사람이 추구하는 방식이다. 현존하는 제품과 서비스가 전무한 분야에 진출하는 방법이다. 이 방법은 새로운 사업이기 때문에 그 분야에서 선점우위를 확보하고, 대량 매출을 올릴 수 있다는 장점이있다. 하지만 부적절한 사업 계획과 실행의 가능성이 높고, 경쟁자의 반응 양상, 자금 지원 등을 예측하기 어렵기 때문에 사업의 성공 여부를 장담할 수 없다.

미국의 창업 전문지 Inc.는 고속 성장 기업의 창업자들을 대상으로 사업 아이디어를 어디서 얻는지를 조사한 적이 있었다. 그 결과 동종 산업에서의 업무 수행 중 발견하는 것이 가장 높은 비중으로 43%였다. 그리고 기업의 사업 현황을 보고 개선의 기능을 파악하는 것이 15%, 틈새시장의 발견이 11%, 사업 기회의 체계적 탐색이 7% 등으로 나타났다.

2) 사업 기회의 평가

사업 기회의 타당성을 평가하기 위해서는 다음 사항들을 고려해야 한다.

■ 사업 시기 평가

사업 기회의 시간적 제한성, 즉 기회의 절대적 크기, 장기적 존재 가능성 및 성장 가능성 등을 점검하고, 어느 특정 시점에서 포착하고 추구하는 것이 유리한지를 판단하는 것이다.

■ 잠재적 수익성 평가

사업 기회는 투자한 자본, 시간 및 기회비용을 고려한 투자 수익률을 제공하기에 적절한 잠재적 수익성을 검토한다. 일반적으로 잠재적 수익성을 지닌 사업 기회라는 것은 특정한 틈새시장에서 5~7년 간의 지속적 매출 성장, 매출액 중 높은 비중의 반복적 수익, 경험 축적과 규모 증가에 따른 운영상 높은 레버리지 가능성, 이익 잉여금 등 내부 자금 조달을 통한 성장 지원, 3~5년의 단기간에 걸친 비중 있는 사업 가치의 창출, 자본을 현금화할 수 있는 사업 가치의 현실적 수확 방법의 존재, 40% 이상의 높은 수익률 등이다.

■ 사업의 연계 가능성 평가

훌륭한 사업 기회는 창업 당시의 특정한 사업 이외, 즉 사업 확장, 다각화, 수직적 통합 등을 이룰 수 있어야 한다. 창업가는 불확실한 경영 환경 속에서 단일 사업에 지속적으로 묶여 있지 않고, 상황에 따라 다양한 변화의 가능성을 열어 두는 것이 필요하다.

■ 사업의 가치 평가

모든 기업이 존재하는 궁극적인 목표는 고객으로부터 기업의 존재 가치를 인정받는 것이다. 기업은 제품 및 서비스 생산의 양과 질적 기능, 가격, 유통 등을 고객에게 제공한다. 단, 고객들이 해당 기업의 제품과 서비스에 대한 가치를 인정할 때, 기업은 지속적으로 제품과 서비스를 생산할 수 있는 것이다. 사업 기회를 평가할 때 수익성 평가에 치중해서는 안 된다. 창업자는 사업을 시작하는 근본적 가치를 명확하게 해야 한다.

3) 사업계획서 작성

사업 기회를 평가한 결과를 사업계획서를 작성해서 문서화할 필요가 있다. 사실 사업 기회의 포착은 창업자 개인의 직감이나 즉흥적인 경우가 많다. 사업 기회에 대한 창업자의 생각을 문서화하여 사업 기회에 대한 면밀한 검토를 통해 구체화해야 한다.

■ **사업계획서 작성 이유**

첫째, 창업을 보다 정교하고, 과학적으로 준비할 수 있게 한다. 사업을 수행하면서 필요한 자원의 확보 방안이나, 발생할 수 있는 위험, 진출 시장 등 사업에 관련한 주요 의사결정 문제를 사전에 검토할 수 있다. 둘째, 기초 자금 마련에 효과적이다. 창업가는 투자자들(개인, 은행 및 금융기관 등)에게 사업 계획을 설명하고, 사업에 필요한 자원들을 확보할 수 있는 기초적 자료로 사용할 수 있다. 셋째, 이해당사자들의 이해를 돕는다. 투자자뿐만 아니라, 원재료 공급업체 등으로부터 공신력을 높일 수 있다. 넷째, 사업 추진 과정을 지속적으로 점검할 수 있다.

■ **사업계획서 작성 요령**

사업계획서를 작성할 때는 창업자 자신의 소개, 사업의 목적과 성격, 제품이나 서비스의 구체적인 내용, 각종 환경 분석(대상 고객, 경쟁관계), 실질적인 제품이나 서비스의 생산 및 판매 방법, 잠재적 수익성 및 가치 평가, 자본조달의 시기와 방법 등에 관한 내용을 포함해야 한다.

사업계획서를 만들 때 많이 사용되는 방법이 "비즈니스모델 캔버스(business model canvas)"이며, 다른 말로는 '9 블록 모델' 이라고도 부른다.

그림 14-3 사업계획서 사례-비지니스모델 캔버스

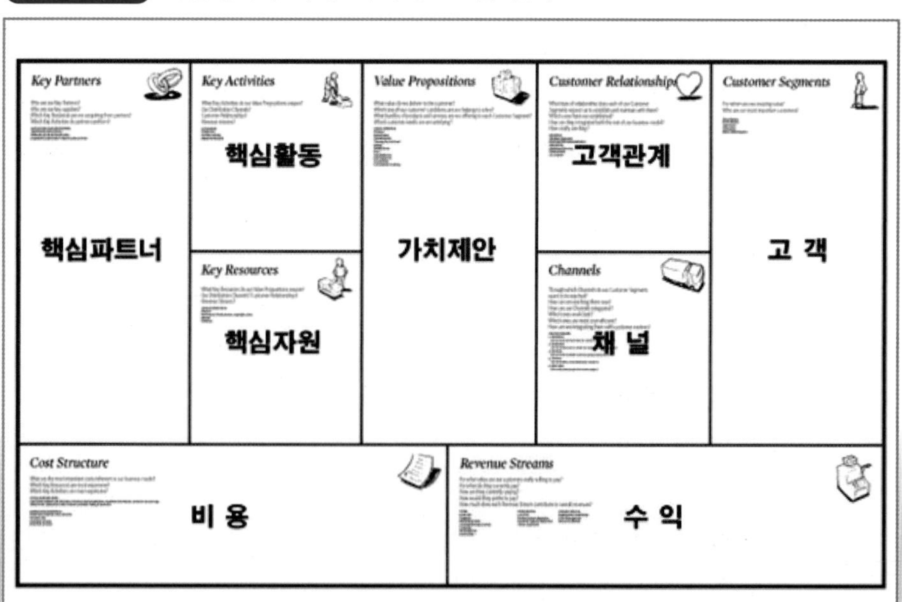

그림 14-4 비즈니스모델 캔버스 사례

<table>
<tr><td colspan="2">비즈니스 모델 캔버스</td><td colspan="2">제품/서비스 명:</td><td>작성자:</td></tr>
<tr><td rowspan="2">핵심 파트너
• 누가 우리의 핵심 파트너인가?
• 누가 우리의 핵심 공급자인가?
• 핵심 자원을 어떤 파트너한테 얻을 수 있는가?
• 핵심 활동을 어떤 파트너가 수행하는가
파트너십을 위한 동기부여
• 최적화와 경제성
• 위험/불확실성 감소
• 특정 자원/활동의 획득</td><td>핵심 활동
• 어떤 핵심 활동이 우리의 가치 제안을 필요로 하는가?
• 우리의 유통채널
• 고객 관계
• 수익원
범주
• 생산
• 문제 해결
• 플랫폼/네트워크</td><td rowspan="2">가치 제안
• 고객에게 전달하려는 가치는 무엇인가?
• 고객 문제의 어떤 것을 우리가 해결할 수 있는가?
• 어떤 제품과 서비스를 세분 고객 시장에 제공할 수 있는가?
• 어떤 고객 니즈를 충족시키는가?
특성
• 새로움
• 성능
• 고객맞춤형
• 일의 마무리
• 디자인
• 브랜드/등급
• 가격
• 원가 절감
• 위험 감소
• 접근성
• 편의성/사용성</td><td>고객 관계
• 세분시장 고객 각각이 우리에게 기대하는 것은 어떤 유형의 관계를 만들고 유지하고자 하는가?
• 어떤 고객 관계가 설정되어 있는가?
• 세분 고객을 우리 비즈니스 모델과 어떻게 통합시키고 있는가?
• 얼마나 비용이 많이 드는가?
사례
• 개인적 지원 • 헌신적인 개인 지원
• 셀프서비스 • 자동화 서비스
• 공동체 • 공동 창조</td><td rowspan="2">고객 세분화
• 가치를 창출한 것은 누구를 위한 것인가?
• 가장 중요한 고객은 누구인가?
시장 유형
• 대형 시장
• 틈새 시장
• 세분 시장
• 다각화된 다면 시장
• 플랫폼 시장</td></tr>
<tr><td>핵심 자원
• 가치 제안을 위해 필요한 자원은 무엇인가?
• 우리의 유통채널
• 고객 관계
• 수익원
자원의 종류
• 물리적 자원
• 지식재산(상표권, 저작권, 데이터)
• 인적 자원
• 재무 자원</td><td>유통채널
• 어떤 채널을 통해 세분고객에게 전달되길 원하는가?
• 현재 고객에게 어떻게 전달하고 있는가? 유통채널은 어떻게 통합되고 있는가?
• 어떤 유통채널이 가장 잘 작동하는가?
• 어떤 채널이 비용 면에서 가장 효율적인가?
• 고객의 일상적 활동과 채널을 어떻게 통합할 것인가?
유통채널의 단계
인식 — 평가 — 구매 — 전달 — 판매 후</td></tr>
<tr><td colspan="3">비용 구조
• 비즈니스 모델에 내재되어있는 가장 중요한 비용은 무엇인가?
• 어떤 핵심 자원이 가장 비싼가?
• 어떤 핵심 활동이 가장 비싼가?
여러분의 사업은 다음 어디에 더 가까운가?
• 원가 주도형(최소한의 원가 구조, 낮은 가격의 가치 제안, 최대한의 자동화, 폭넓은 아웃소싱)
• 가치 주도형(가치 창출에 초점, 프리미엄 가치 제안)
표본 특성
• 고정 비용(임금, 대여 비용) • 변동 비용 • 규모의 경제 • 범위의 경제</td><td colspan="2">수익원
• 어떤 가치 때문에 고객은 기꺼이 지불하려 하는가?
• 무엇 때문에 고객은 지금 지불하고 있는가?
• 고객은 현재 얼마를 지불하고 있는가?
• 고객이 지불하고자 하는 방식은?
• 수익원 각각이 전체 수익에 얼마나 많이 기여하는가?
유형
• 자산 판매, 사용료, 구독료
• 대출/임차/리스, 라이선스 중개 수수료, 광고</td></tr>
</table>

출처: 최종인(2017), 기술사업화: 죽음의 계곡을 건너다, p. 162.

그 이유는 한 가운데 가치제안서를 중심으로 왼쪽에 어떻게 만들 것인가를 다루는 세 가지 내용, 그리고 우측에 어떻게 판매할 것인가를 다루는 세 가지 내용이 있고, 그 아래에 비용구조와 수익원이 있어 모두 합하면 9개의 블록으로 구성되었기 때문이다. 이는 비즈니스의 전체 모습을 한 눈에 볼 수 있어 '비지니스모델 캔버스' 라고 부른다. 세부적인 내용을 담은 사례를 살펴보면 [그림 14-4]와 같다.

4) 사업 자원 확보

사업계획서에 포함한 구체적 사업 자원들을 실제로 확보해야만 창업을 할 수 있다. 창업에 필요한 자원은 창업 준비 자금(seed capital)을 마련한 후 설비관련, 판매관련, 재무관련, 인적 자원들을 확보한다. 사업 자원의 확보를 위한 방법은 다음과 같다.

■ 사업 자금의 동원

사업 기회를 실행에 옮기기 위해 필요한 자금을 파악하고, 유치해야 한다. 중소기업청에서 접수하는 민원 가운데 50%가 자금문제인 것을 보면 창업가들이 창업 초기에 겪는 가장 큰 어려움은 자금조달이다. 자금을 조달하기 위한 방안으로는 첫째, 개인적 자금에 의한 자기 자본 조달이 있다. 이를 위해 자산 담보 대출 혹은 자산 매각의 방법이 있다. 둘째, 타인에 의한 자본 조달로 금융기관을 이용한 융자로 신용 보증, 일반 대출 등이 있으며, 설비 투자의 경우에는 임대 및 리스 등이 있다. 상시 고용인 10인 이하의 소상공인의 경우는 소상공인지원센터에서 약 5,000만원 범위 내에서 변동금리를 적용해 대출해주기도 한다.

■ 투자자 모집

사업 자금을 동원하기 위한 방안 가운데 투자자 자금을 모금하는 방법이 있다. 창업가들이 소유한 초기 자본금에는 한계가 있기 때문에 투자자들을 대상으로 자신의 사업 아이템을 설명하고 투자금을 모으는 것이다. 투자자를 모집하는 방법으로는 사업 계획서를 통해 부유한 개인 투자자, 중소기업 및 벤처 자본 관련 협회에 의뢰, 금융 관련 업체에 사업 계획서 발표 및 융자 신청 등이 있다.

■ 사업 설비 마련

실제 창업에 필요한 입지를 선정하고 매입하며, 각종 설비 자재들을 구비하며, 생산 활동의 주체인 인력을 선발하는 것이다. 사업 입지는 사업 계획에 적합한 지역에 위치해야 한다. 사업 입지가 결정되면 설비를 구비하며, 경영 활동에 필요한 각종 기자재를 구입하거나 대여한다. 그리고 사업의 목적에 적합한 인력을 선발한다.

5) 사업 입지의 선정

사업을 시작할 때 신생 기업의 입지를 신중히 선정해야 한다. 서비스 산업일 경우는 입지 조건이 사업 수익에 결정적인 역할을 하는 경우가 많기 때문에 더 신중해야 한다. 사업 입지를 선정할 때 고려할 사항은 다음과 같다.

■ 영업 지역 여부

영업 지역이란 기업과 고객의 지리적 범위를 뜻한다. 지리적 범위는 그 지역의 다양한 인구통계적 특성(나이, 성별, 학력)을 비롯해 경제력, 사회적 지위, 생활패턴, 제품구매 형태 등이다. 제품과 서비스의 판매에 초점을 둔 사업의 경우 영업 지역의 상황을 보다 면밀히 파악해야 한다.

■ **지역 사회**

제조업과 같이 공장을 설립하여 제품과 서비스를 제공할 경우에 고려해야 할 사항이다. 사업을 수행할 지역이 대도시 혹은 소도시, 어떤 지방인지, 지역 주민들의 특성 등을 파악해야 한다. 일전에 모 외국계 커피회사가 한국 전통문화의 대표적인 관광지에 점포를 개설하여 주민들의 반발로 상당 기간 동안 문제가 되었던 적이 있었다.

■ **지역 용도**

관할 지방자치단체는 특정 지역을 주거 전용, 일반 주거, 상업 지역 등으로 그 지역의 용도를 규정하고 있다. 사업 지역의 용도에 대한 제한 등에 관한 법규를 위반하지 않도록 해야 한다.

■ **입지 원가**

사업을 수행하는 지역의 토지를 창업자가 매입할 경우 재무 레버리지를 극대화시킬 수 없기 때문에 일반적으로 임대를 한다. 임대를 할 경우 평당 기준 비용이 적용되는데, 비용은 토지의 위치, 자산 상태, 관련 서비스의 종류 등에 따라 차이가 있다. 입지로 인한 설비 비용이 높다면 제품 및 서비스의 단위당 원가가 높아질 수밖에 없기 때문에 비효율적이다.

6) 사업 철수

사업 자원을 확보하고, 실제 사업을 실행한다. 사업의 실행의 방법들은 앞서 논의한 다양한 경영관리 방법을 기초로 실행한다. 사업이 일정 기간이 지나면, 사업 수익에 따라 혹은 창업자의 선호도에 따라 세 가지를 결정한다. 즉, 중소기업에서 중견 및 대기업과 같이 성장 기업으로 진출할 것인지, 그냥 중소기업으로 유지할 것인지 아니면 사업을 철수할 것인지를 결정해야 한다. 이 가운데 사업의 성과가 그리 높지 않다면, 기존의 사업을 철수해야 하는 시점을 파악하고, 어떤 식으로 철수해야 할지를 아는 것도 창업자의 능력이다. 사업의 철수 방법은 먼저 사업의 철수할 시기를 파악하는 것과 실제 철수시 사업 가치를 최대화한다는 것이다.

■ **사업 철수 시기**

창업자 개인의 나이, 건강, 관심, 선호도, 혹은 사업 수익성에 대한 판단 등의 차이로 인해 사업 철수에 가장 적절한 시기는 없다. 하지만 경영 여건에 관련한 철수해야 할 시점으로 간주할 수 있는 요건들은 경기나 시장의 변동, 세법 등 법제상의 변화, 치명적인 경쟁 업체의 등장, 경영진 및 운영상의 문제, 사업 기밀의 누설이나 소진 등이 있을 경우이다.

■ **사업 가치 최대화**

사업 가치를 현금화하는 방법으로 대규모 업체에 의한 인수, 기업 공개, 제3자 혹은 종업원을 대상으로 회사의 매각, 청산에 의한 배분 등이 있다. 또한 사업 가치를 현금화할 때 세법 등 각종 규제에 대한 준비를 해서 자본 이득의 세후 수익을 최대화할 수 있는 재정적 구조와 조건을 마련해 두어야 한다. 이해관계자들에 대한 보답도 중요하다. 그 동안의 사업에 협력한 관계자들, 즉 투자자, 금융 기관, 동업자, 종업원들, 지역 사회, 공급 및 소비자 등에게 감사를 해야 한다. 이를 통해 창업자는 향후 재차 창업을 할 경우 다시 협조를 얻을 수 있다.

4. 4차 산업혁명과 창업

4차 산업혁명은 2010년 발표된 독일의 미래기술 정책「High-tech Strategy 2020」의 10대 프로젝트 중 하나인 「Industry 4.0」에서 제조업과 정보통신이 융합되는 단계를 의미하였으나, 세계경제포럼(World Economics Forum: WEF)에서 4차 산업혁명이 언급되며 전 세계적으로 화두로 등장하였다. 2016

표 14-4 산업혁명의 발전 단계별 내용

구분	내용	
1차 산업혁명(18C)	▶동력	- 수력 및 증기기관 - 기계식 생산설비(다리, 터널, 항만 등의 기반시설 건설)
2차 산업혁명(19~20C)	▶자동화	- 노동 분업, 전기 - 대량생산(국가적/국제적 대량생산의 공급사슬로 확대)
3차 산업혁명(20C 후반)	▶디지털	- 전자기기, IT - 자동화 생산(사람-사람, 사람-자연, 사람-기계간의 연결증가)
4차 산업혁명(2015~)	▶융합	- 사이버-물리 시스템(Cyber-Physcal System) - 자동화와 연결상의 극대화되는 변화

출처: World Economic Forum, 2016.1.

년 1월 다보스 포럼에서 4차 산업혁명을 '디지털 혁명(3차 산업혁명)에 기반하여 물리적 공간, 디지털적 공간 및 생물학적 공간의 경계가 희석되는 기술 융합의 시대'라고 정의하고 사이버-물리시스템(Cyber-Physical System, CPS)에 기반한 4차 산업혁명을 통해 전 세계의 산업구조 및 시장경제 모델에 커다란 영향을 미칠 것으로 전망하고 있다.

4차 산업혁명은 창업에도 변화를 예고하고 있다. 2010년부터 서비스가 시작된 우버(Uber)는 생소한 신생기업이었다. 우버는 초기 샌프란시스코란 한정된 지역에서 서비스를 제공하는 회사였으나, 지금은 전세계 사람들이 이용 중이며, 우버는 169억달러의 대규모 투자유치를 하면서 사업을 확장하고 있으며 2019년 01월 기준 약 720억 달러의 가치에 이르며, 유니콘(unicorn) 기업의 아이콘이었다. 차량공유업체로 2019년 5월 상장(45달러)된 우버는 2021년말 코로나로 매출이 감소하여 214억 달러를 기록했으나 2022년부터 매출이 늘고 있다. 우버와 에어비앤비(airbnb)는 공유경제의 대표적 사례로

경영학 FOCUS

공유경제 개념과 기업들

공유경제란 미국 하버드대 로렌스 레식(Lawrence Lessig) 교수가 자신의 저서에서 처음 사용한 용어로, 하나의 제품을 여럿이 공유해 쓰는 협력소비를 바탕으로 한 경제 방식을 의미한다. 이는 대량생산과 대량소비가 특징인 20세기 자본주의 경제에 대비되는 개념이다. 공유경제의 등장으로 재화나 서비스 등을 소비하기 위해서 이를 소유할 필요가 없게 되었다. 소유할 필요 없이 다른 사람에게 필요한 만큼 빌려 쓰고, 자신이 필요 없는 경우 다른 사람에게 빌려주는 공유소비가 가능해졌다.

| 공유경제 비즈니스 모델 |

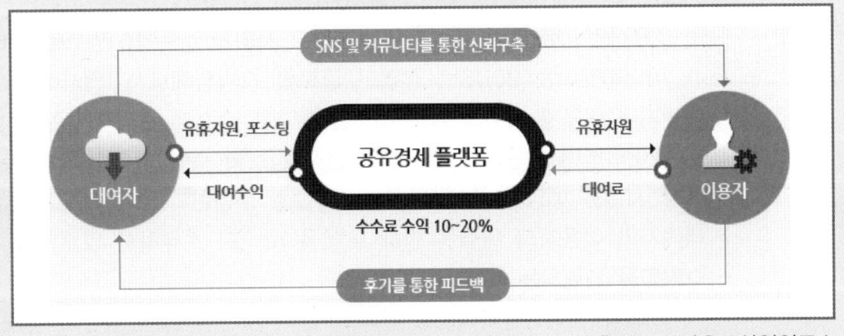

출처 : 크라우드산업연구소

공유경제는 참여자 모두에게 효용을 제공한다. 대여자는 자신이 사용하지 않는 물건을 다른 사람에게 빌려줌으로써 새로운 수익을 얻을 수 있다. 전업 노동에서 해결될 수 있다는 비전이 제시됐다. 이는 사무실도, 상사도 없이 자신이 원하는 시간에 유연한 근무를 할 수 있다는 것을 뜻한다. 이용자 역시 한시적으로 필요한 물건을 위해 물건의 취득비나 감가상각비 등의 유지비를 지출하지 않아도 돼서 경제적이다. 공유경제 플랫폼 또한 대여자와 이용자를 연결하며 수수료 수익을 얻을 수 있다.

공유경제의 비즈니스 모델은 플랫폼을 기반으로 대여자와 이용자를 매개해 플랫폼 이용료 수익을 추구하는 구조이다. 이 때 이들이 매개하는 공유 자원은 공간, 자동차부터 시작해 현재 다양하게 확장돼 가고 있다. 공유경제를 표방하는 대표적인 기업은 '우버'와 '에어비앤비' 등이 있다. 국내 기업으로는 자동차 공유 스타트업인 '쏘카', '그린카', 값비싼 정장을 공유하는 '열린 정장' 등을 그 예시로 들 수 있다.

우버는 모바일 플랫폼을 통해 대여자와 이용자 사이의 자동차 공유를 매개하며 수수료 수익을 얻는다. 이용자는 우버의 모바일 플랫폼을 사용해 대여자의 자가용 차를 택시처럼 이용할 수 있는 서비스를 제공받는다. 우버의 서비스 종류로는 고가형인 UberBlack부터 시작해 UberSelect, UberXL, 저가형인 UberX까지 다양하다. 최근에는 배달 어플리케이션인 UberEats를 도입해 매개 자원을 차량에 그치지 않고 계속 확장하고 있다. 이와 같이 우버는 기존 택시 비즈니스 모델에 비해 고정비를 대폭 절감해 많은 이익을 창출한다. 자동차를 하나도 소유하지 않으면서 세계 최고의 운수 기업이 된 것이다.

그러나 우버는 기존 운수업보다 심각한 안전성 문제가 발생할 수 있다는 단점이 있다. 검증된 전문 택시 운전자가 아닌 개인 운전자가 기사가 되기 때문이다. 기사 평가 서비스가 있긴 하지만 이는 어디까지나 사후적인 수단에 불과하다. 평가 데이터베이스가 쌓이기 전까지는 고객의 안전을 담보할 수 없다. 실제로 현재 세계 각지에서 범죄의 대상이 되는 우버 승객들이 증가하고 있다. 미국에서는 운전자가 승객에게 총기 난사를 해 6명이 사망하고 2명이 중태에 빠지는 사고가 발생하는가 하면 인도, 호주 등에서는 우버 운전자가 승객들을 성폭행하기도 했다. 또한 2022년 6월 공개한 우버의 안전보고서에 따르면, 성범죄 건수는 3,824건으로 분석되었으며, 교통사고 사망자 수는 101명으로 나타났다.

에어비앤비는 2008년 창업한 글로벌 숙박업체로서, 웹사이트 운영을 통해 대여자와 이용자 사이의 공간 대여를 매개해 수수료 수익을 얻는다. 이 웹사이트는 에어비앤비 이용자가 대여자의 인적 정보와 숙박 시설의 상태 등을 확인하고 해당 시설을 예약할 수 있게 하는 역할을 수행한다. 우버와 같이 에어비앤비는 대여자와 이용자의 연결을 통해 호텔을 하나도 소유하지 않으면서 세계 최고의 숙박업을 영위하는 기업이 되었다.

그러나 에어비앤비에게도 우버와 같이 사전적 관리 부실의 문제도 발생하고 있다. 에어비앤비는 기존의 호텔과 달리 모든 방들을 사전에 관리하고 통제할 수 없다. 이는 대여자가 몰래 카메라를 설치하거나, 이용자를 성폭행하는 문제가 발생할 시에는 사후적인 처벌밖에 할 수 없음을 뜻한다. 실제로 일본 후쿠오카 민박집 주인이 한국인 여성 여행객을 성폭행한 사건이 있었고, 해당 피해자 이외에 추가 피해자도 상당한 것으로 조사됐다. 이뿐만 아니라 태국, 미국 등 세계 각지 숙소에서 몰래 카메라가 설치되었던 것으로 드러났다.

평가받으며, 그 특성을 살펴보면 다음과 같다.

창업기업은 보통 혁신적인 기술과 아이디어를 보유하고 있으나 자금이 부족한 경우가 많아 많은 자금을 조달하는 것이 가장 큰 문제이다. 실질적으

표 14-5 2024년 글로벌 유니콘 기업에 포함된 한국 기업 13개

기업명	기업 가치 (십억불)	유형	투자 회사들
토스	$7.00	파이낸스	Bessemer Venture Partners, Qualcomm Ventures, Kleiner Perkins Caufield & Byers
옐로우모바일	$4.00	모바일	Formation 8
마켓컬리	$3.30	인터넷 상거래	Sequoia Capital China, DST Global, DST Global
트릿지	$2.70	데이터 및 무역 플랫폼	Forest Partners, Softbank Ventures Asia
위메프	$2.34	인터넷 상거래	IMM Investment, NXC
무신사	$2.76	패션 플랫폼	Sequoia Capital
직방	$1.93	부동산 중개	Black Pearl Ventures, Stonebridge Ventures, Yuanta Investment Korea
메가존	$1.83	클라우드서비스	Salesforce Ventures, ATP Investment, kt investment
버킷플레이스	$1.40	인테리어 플랫폼	IMM Investment, Mirae Asset Capital, BOND
리디	$1.33	전자서점	Atinum Investment, Company K Partners, GIC
지피클럽	$1.32	인테리어 플랫폼	Goldman Sachs
엘엔피코스메틱	$1.19	화장품	CDIB Capital
아이에이지웍스	$1.00	빅데이터 플랫폼	Korea Investment Private Equity, Atinum Investment, Korea Investment Partners

출처: CBInsight, The Complete List Of Unicorn Companies(2024.12).

로 많은 창업기업이 참신한 아이디어와 기술력을 보유한다 하더라도 이를 뒷받침할 수 있는 자금력이 없다면 큰 어려움에 처할 것이다. 따라서 혁신적인 아이디어를 현실화하기 위해 충분한 자금확보는 유니콘 기업으로 도약할 수 있는 중요한 디딤돌이 될 것이다.

미국과 중국의 스타트업 경쟁이 매우 치열하게 전개되고 있다. 2022년 CB자료에 의하면 유니콘 기업의 상징으로 여겨졌던 1위 기업은 AI 기반의 미디어 관련 중국기업인 ByteDance(1,400억 달러 가치)로 1,270억 달러의 스페이스X를 13억 달러 앞선 것으로 나타났다. 그래도 전체 유니콘 스타트업의 절반인 54%가 미국 회사다. 중국의 비중은 약 15%이다. 3번째 국가는 68개사의 인도(6%), 4번째 국가는 44개사의 영국(4%) 등이다. 그에 비하면 한국의 유니콘 기업 수는 현저히 적지만 증가추이를 보이고 있다. 우리나라 유니콘 기업은 2024년의 경우, CB 자료에 13개 기업이 등재되어 있다.

2024년 유니콘 기업 중 한국기업을 정리하면, 〈표 14-5〉와 같이 약 10조원의 기업가치를 가진 토스, 6조원의 가치를 지닌 옐로우모바일, 4조원의 기업가치를 평가되는 마켓컬리 등이며, 이들에 투자한 회사들은 퀄컴 벤처스 등 다양한 해외투자자와 알토스 벤처스 등의 국내투자자가 있다.

5. 4차 산업혁명과 지식재산권

최근 전 세계는 미국과 중국 간 통상전쟁의 진행과 그 결과에 주목하고 있다. 특히 미국이 중국 정부에 대해 지식재산권 침해 문제를 제기하고, 강력한 보복조치를 예고하며 미국 기업의 지재권 보호를 중국 정부에 요구하고 있다. '통상법 301조'를 근거로 중국의 미국 기업 지재권 침해 혐의에 대한 조사를 명령했고, 미국무역대표부(USTR)는 즉시 중국의 강제 기술이전 및 지재권 침해 관련 피해 여부를 조사하고 있다. 이처럼 최근 4차 산업혁명시대에는 지식재산권의 중요성이 더욱 강조되는 추세이다. 4차 산업혁명으로 제조업과 인터넷이 융합되고 글로벌 경쟁이 치열해지면서 많은 기업들은 혁신을 구현한 지식재산을 경쟁우위로 활용하고 있다. 따라서 지식재산권은 그 자체만으로 가치가 있는 훌륭한 자산이며 경쟁우위를 확보할 수 있는 수단이다. 4차 산업혁명과 관련하여 지식재산권의 유형을 살펴보면 다음과 같다.

■ **특허권**

특허권은 자연법칙을 이용한 기술적 사상의 창작으로써 발명수준이 고도화된 것으로 특허를 등록하는 공적장부이다. 특허권의 권리는 설정등록일로부터 출원일 후 20년까지 존속된다.

■ **실용신안권**

실용신안권은 자연법칙을 이용한 기술적 사사의 창작으로써 물품의 형상 · 구조 · 조합에 관한 실용신안을 등록하는 공적장부이다. 실용신안권의 권리는 설정등록일로부터 발생하며, 출원일 후10년까지 존속된다. 실용신안권은 특허권과 마찬가지로 기술에 관한 아이디어를 보호하는 권리이지만, 특허와 달리 기술과 관련된 아이디어 중에서 물품의 형상, 구조 및 조합에 대한 고안만을 보호대상으로 한다. 즉, 방법이나 소프트웨어, 물질 등과 관련된 기술은 실용신안권으로 보호받을 수 없다.

■ **디자인권**

디자인권이란 물품의 형상 · 모양 · 색체 또는 이들이 결합한 것으로써 시각을 통하여 미감을 느끼게 하는 디자인 등록하는 공적장부이다. 디자인권은 설정등록일로부터 발생하며, 출원일 후 20년까지 존속된다.

■ **상표권**

상표권은 타인의 상품과 식별하기 위하여 사용되는 기호 · 문자 · 도형 · 입체적 형상 · 색체 · 홀로그램 · 동작 또는 이들을 결합한 것을 말하며, 설정등록일로부터 10년까지 존속되며, 갱신기간을 거쳐 10년씩 존속기간을 계속적으로 연장할 수 있다.

6. 죽음의 계곡 건너기

창업 과정에서 누구나 경험하는 '죽음의 계곡'(valley of death)이란 좋은 아이디어가 시간이 흐르면서 죽어가는 장소를 말한다. 의욕을 갖고 출발한 창업과 기술사업화 과정에서 '죽음의 계곡'을 경험해 본 사람들에게 이를 건너는 것은 누구나 실제로 부딪치는 심각한 문제이다. 이 난관을 비유로 표현할 때, 나이아가라 폭포를 통나무를 타고 넘어가는 것 이상의 느낌이라고 비유한 것은 지나친 과장일까? 기술과 시장이라는 먼 거리 한 가운데 빈 공간

그림 14-5 죽음의 계곡

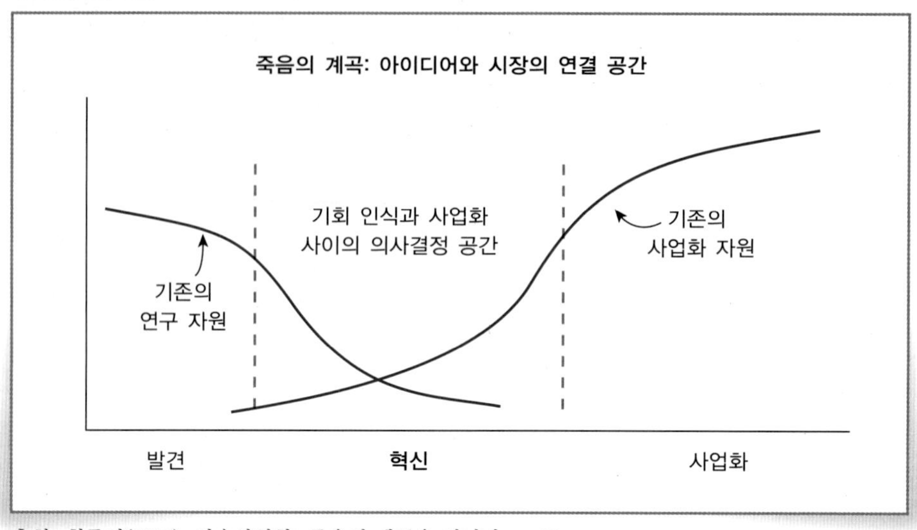

출처: 최종인(2017), 기술사업화: 죽음의 계곡을 건너다, p. 53.

그림 14-6 창업실패 요인들 20가지

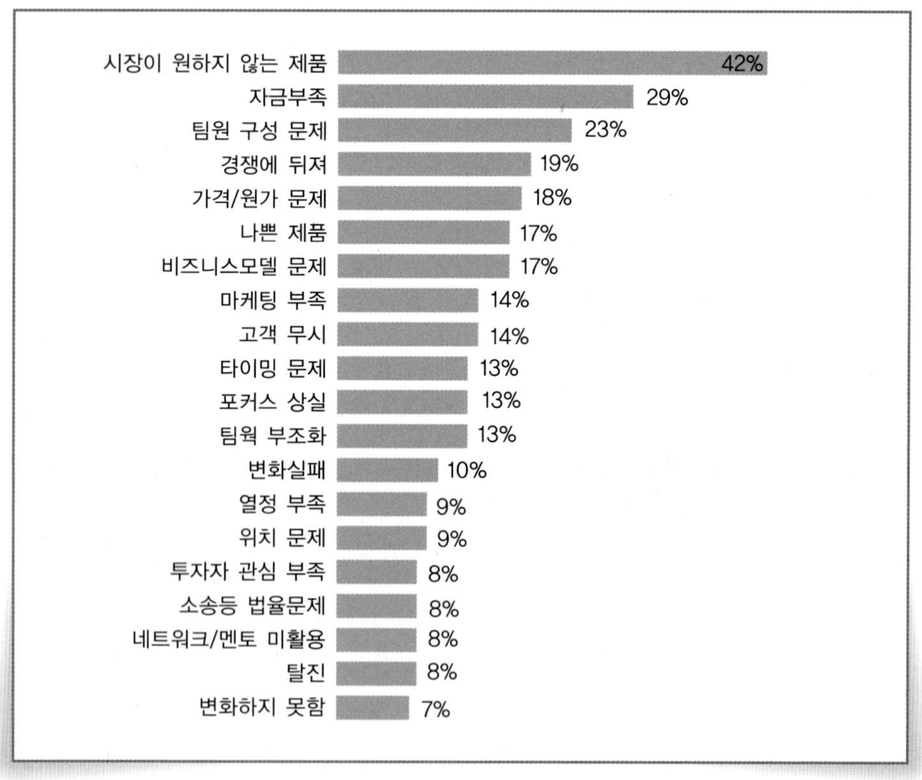

출처: CB insights, 머니투데이

표 14-6 독특한 차별화 워크시트

차별화 형태	차별화	차별화의 장점
성능 증대		
원가 절감		
새로운 역량		
전략적 비교우위		

은 연구와 발견으로 바쁜 사람들과 자신의 아이디어를 사업화하는 양 측의 사람들을 갈라놓는 곳이며, 수많은 도전적 문제가 가득 찬 곳이기도 하다. 우선 양쪽 사람들은 서로 다른 가치관을 갖고 있고, 다른 언어로 대화하며, 무엇보다 서로를 언제나 믿지도 존중하지도 않는다. 그래서 기술자들을 외골수(propeller heads)라고 평하고, 비즈니스계 사람들을 옷만 잘 차려입은 사람(suit)이라고 비평하기도 한다.

창업자들이 어려움을 겪는 이유 중 하나가 죽음의 계곡을 건너기 위한 제대로 된 교훈과 훈련이 없다는 것이 문제이다. 창업 실패요인을 정리해보면 위 그림에서처럼 시장과 고객의 요구를 모른다는 점이 첫 번째이다, 그 다음은 자금의 부족, 그리고 팀 구성의 문제를 지적한다. 죽음의 계곡을 건너는 데는 많은 위험이 따르는데 그 이유 중 하나로 10개의 아이디어 중 1개만이 계곡을 건널 수 있기 때문이다. 이처럼 성공률이 낮은 원인은 창업자, 혁신 리더와 그의 팀원들이 소위 여행 장비를 제대로 갖추지 못했기 때문이다. 죽음의 계곡을 건너는데 도움이 될 몇 가지 워크시트를 살펴보면 다음과 같다.

독특한 차별화 워크시트(unique difference worksheet)를 통해 여러분은 제품 아이디어가 기존 또는 경쟁자의 제공 방식과 다르며, 고객이 자신의 니즈를 충족했던 과거 방식과 다르게 조직할 수 있어야 한다. 프로젝트가 필적할 만한 수준에 이르기 위해 부가적 형태의 차별화된 요인을 추가해야 한다. 워크시트에서 차별화 요인을 설명하고, 아이디어가 기존 제품과 비교하여 얼마나 차별화되었는지 제시할 수 있어야 한다.

다음 〈표 14-7〉의 기회개발 워크시트(opportunity development worksheet)는 고객 니즈와 역량을 반복해서 조사하는 활동이다. 여기에 여러분은 두 단계로 조사 결과를 다시 말할 수 있어야 한다. 즉 아이디어를 고객의 니즈로 변환하는 것과 조직이 어떻게 고객 니즈(진짜 사업기회를 보여주는 것을 의미)를 충족시킬 역량을 보유하고 있음을 보여줄 수 있다. 아이디어가 지속적인 고객

표 14-7 기회개발 워크시트

여러분의 아이디어를 설명하시오.	
여러분 조직의 역량	
고객 니즈를 충족시키기 위해 필요한 역량을 설명하시오.	
고객 니즈를 충족시킬 새로운 역량을 제안하시오.	
역량을 찾기 위해 여러분이 해야 할 일은 무엇인가?	
기회 서술문	
아이디어가 지속적인 고객의 니즈에 근거한다는 주장의 근거를 설명하시오.	
고객 니즈를 전달할 여러분의 기존 또는 새로운 역량을 설명하시오.	

니즈와 전달할 수 있는 역량에 근거를 둘 때, 비로소 기회가 창출될 것이다.

기회가 명확히 설명되면, 이를 구현하기 위한 가치 제안서 작성 준비가 모두 된 것이다. 아이디어를 기회로 변환시킬 때, 수집된 정보로부터 가치 제안서 워크시트를 사용하여 간결하고 정확하게 가치 제안서(3개의 문단이 최적임)를 쓸 수 있다. 가치 제안서는 아래의 기회 포트폴리오에서 사용될 것이며, 계속 재수정될 수 있다. 이 같은 재수정은 추가 정보가 수집되고 분석이 완료된 이후에 일어난다.

가치 제안서(value proposition)는 사업계획서와 비즈니스 모델의 근간을 이룬다. 가치 제안서는 비즈니스 모델 작성시 핵심 요약 부문에 사용되며, 엘리베이터 피치를 통해 프로젝트의 가치를 상위관리자와 다른 이해관계자에게 간결하게 의사소통하는 것이다. 작성 방법은 다음과 같다. 첫 번째 문단은 목표 고객을 확인하는 것으로 이들의 이름과 니즈를 언급한다. 도출한 해결책이나 제공물을 언급하고 고객이 제공물로부터 얻는 혜택을 설명한다. 여기서 고객은 영향을 주는 내부 또는 외부의 사용자, 구매자, 수납자, 이해관계자 또는 파트너 등으로 구성된다.

두 번째 문단은 여러분이 제공하는 것과 기존의 방법을 비교하여 어떤 니즈를 충족시키고, 왜 여러분 것이 특별히 다른지 그 차별성을 설명한다. 마지막으로 세 번째 문단에서 여러분은 원하는 것에 내해 직접적인 문장을 만들 수

표 14-8 가치제안서 워크시트

구조	정보
첫 번째 문단	
누구를 위해 (목표 고객)	
누가 (고객 니즈 또는 기회의 서술)	
그 (제품 또는 서비스 이름)	
어떤 (혜택에 대한 서술)	
두 번째 문단	
기존과는 달리 (주요 경쟁자의 제공물)	
우리의 제품은 (주요한 차별성 서술)	
세 번째 문단	
그러므로, 우리는 요청한다 (세부적 리스트)	

표 14-9 비즈니스 모델 유형

비즈니스 모델 유형	내용
농부모델 (make and sell)	만들어서 판매하는 모델, 전통적 모델
구독자 모델(sell and make)	구독자를 확보해 연간회원 확보 후 매월 제작. 예, 월간잡지 등 주문 후 생산, 최근 넷플릭스, 전자제품도 구독
미끼와 낚시바늘(bite and hook) 모델	프린터처럼 프린터는 적당한 가격에 판매, 수익은 토너에서 확보. 예, 스마트폰 구입시 약정을 통해 구입하도록 하고 2-3년간 할부
무료 모델	유투브를 무료로 사용하도록 하고, 회원가입수만큼 광고료를 통해 수입 확보
매년 재계약	통계 패키지 SAS 프로그램은 판매가 아닌 연간 사용료 개념으로 매년 이용료를 부과함

있다. 예를 들어 투자, 제품 구입, 지속적 개발 지원 등을 요청하는 것이다.

비즈니스 모델은 조직이 기회로부터 가치를 만들어내는 방법을 설명하는 대표적 내용이다. 많이 사용되는 방법으로는 오스터왈더 등이 개발한 '9 블록 모델' 인 '비즈니스 모델 캔버스' 기법이 있다. 이는 앞 [그림 14-3]에서 설명한 바 있으며, 고객 세분화에 제공한 가치 제안서를 이미 보유하고 있다는 가정하에 출발한다.

비즈니스 모델 구축은 수많은 포괄적(generic) 비즈니스 모델을 확인한 다음, 자신의 고유한 비즈니스 모델을 만들기 시작해야 한다. 위에 제시된 포괄적 비즈니스 모델을 보면 기회가 어떻게 만들어질지 아이디어를 구할 수 있다. 여러분의 창의적 비즈니스 모델을 통해 수익을 확보하는 방안을 모색해야 할 것이다.

14.3 중소기업 경영

창업은 일반적으로 중소기업으로부터 출발한다. 본 절에서는 대기업과 다른 중소기업만의 독특한 속성이 무엇인지 확인한다.

1. 중소기업의 정의와 중요성

중소기업이란 흔히 규모가 작은 사업장을 중소기업이라 한다. 그러나 법적인 의미의 중소기업은 보호와 육성의 대상으로 법령에서 규정한 기업을 말한다. 우리나라의 중소기업은 2019년 기준으로 전체 기업의 99.9%를 차지하고 있으며, 기업 종사자의 82.7%가 일하고 있다(중소벤처기업부, 2022).

중소기업은 상시 고용인, 자산액 또는 자본금 등과 같은 수량적인 기준에 따라 달라질 수 있다. 우리나라의 중소기업의 기준은 영리기업 또는 비영리 사회적기업 등을 대상으로 적용하며, 규모기준과 독립성기준을 모두 충족할 경우 중소기업으로 규정하고 있다. 규모기준은 「중소기업기본법 시행령」 제3조 제1항 제1호에 따른 업종별 규모기준과 상한기준으로 구분된다. 업종별 규모기준(표 14-10 참조)을 충족하더라도 상한기준을 충족하지 못하면 중소기업에 해당되지 않는다. 상한기준은 업종에 상관없이 적용하는 기준으로서 자산총액이 5천억 원 이상인 경우에는 중소기업에서 배제하고 있다.

한편 중소기업과 대기업 중간에 위치한 기업으로 중견기업이 있다. 중견기업은 「중소기업기본법」상 중소기업 범위에 해당하지 않으면서 「독점규제 및 공정거래에 관한 법률」(이하 공정거래법)에 따른 상호출자제한기업집단 등에 소속되지 않은 기업을 말한다. 외형적 판단기준으로 자산총액 기준이 업종에 상관없이 5천억원 이상이면 중견기업에 해당한다(한국중견기업연합

표 14-10 주된 업종별 평균매출액등의 중소기업 규모 기준

해당 기업의 주된 업종		분류기호	규모 기준
제조업 (6개 업종)	의복, 의복액세서리 및 모피제품 제조업	C14	평균매출액 등 1,500억원 이하
	가죽, 가방 및 신발 제조업	C15	
	펄프, 종이 및 종이제품 제조업	C17	
	1차 금속 제조업	C24	
	전기장비 제조업	C28	
	가구 제조업	C32	
농업, 임업 및 어업		A	평균매출액 등 1,000억원 이하
광업		B	
제조업 (12개업종)	식료품 제조업	C10	
	담배 제조업	C12	
	섬유제품 제조업(의복 제조업 제외)	C13	
	목재 및 나무제품 제조업(가구 제조업 제외)	C16	
	코크스, 연탄 및 석유정제품 제조업	C19	
	화학물질 및 화학제품 제조업(의약품 제조업 제외)	C20	
	고무제품 및 플라스틱제품 제조업	C22	
	금속가공제품 제조업 (기계 및 가구 제조업 제외)	C25	
	전자부품, 컴퓨터, 영상, 음향 및 통신장비 제조업	C26	
	그 밖의 기계 및 장비 제조업	C29	
	자동차 및 트레일러 제조업	C30	
	그 밖의 운송장비 제조업	C31	
전기, 가스, 증기 및 공기조절 공급업		D	
수도업		E36	
건설업		F	
도매 및 소매업		G	
제조업 (6개업종)	음료 제조업	C11	평균매출액 등 800억원 이하
	인쇄 및 기록매체 복제업	C18	
	의료용 물질 및 의약품 제조업	C21	
	비금속 광물제품 제조업	C23	
	의료, 정밀, 광학기기 및 시계 제조업	C27	
	그 밖의 제품 제조업	C33	
수도, 하수 및 폐기물 처리, 원료재생업(수도업 제외)		E(E36제외)	
운수 및 창고업		H	
정보통신업		J	
산업용 기계 및 장비 수리업		C34	평균매출액 등 600억원 이하
전문, 과학 및 기술 서비스업		M	
사업시설관리, 사업지원 및 임대 서비스업(임대업 제외)		N(N76제외)	
보건업 및 사회복지 서비스업		Q	
예술, 스포츠 및 여가 관련 서비스업		R	
수리(修理) 및 기타 개인 서비스업		S	
숙박 및 음식점업		I	평균매출액 등 400억원 이하
금융 및 보험업		K	
부동산업		L	
임대업		N76	
교육 서비스업		P	

출처: 중소벤처기업부(2018)

회, 2017).

미국은 제조업에서는 종업원 수 500명 미만, 도매업에서는 종업원 수 100인 미만, 소매업에서는 연간 매출액 600만 달러 이하의 기업을 중소기업으로 규정하고 있다. 일본은 제조업에서는 상시고용종업원 300명 또는 자본금 3억 엔 이하, 도매업은 300인 또는 자본금 1억 엔 이하, 소매업은 50인 또는 자본금 5,000만 엔, 서비스업은 100인 또는 자본금 5,000만 엔 이하의 기업을 중소기업으로 규정하고 있다.

중소기업은 국가 경제발전의 원동력이며, 산업구조의 근간을 이루고 있기 때문에 그 역할이 매우 중요하다. 첫째, 창업한 기업이 처음부터 대기업이나 세계적으로 유수한 기업인 경우는 전혀 없다. 모든 기업이 개인 혹은 소수가 중소기업을 설립하면서 출발한다.

둘째, 중소기업은 국민경제에 지대한 영향을 미친다. 그 예로 2022년 기준 고용인 1인 이상의 개인 사업체 및 상법상의 회사법인 총 805만 3,163개 가운데 중소기업은 804만 2,726개로 전체 사업체 가운데 99.9%를 차지하고 있다. 우리나라 1인 이상의 사업체 종사자 총 23,410,899명 가운데 81.0%인 18,956,294명이 중소기업에 근무하고 있다. 중소기업의 생산액 역시 소개한 바와 같이 1980년에 대기업 대비 31.8%에서 2019년 말 36.0%로 증가하였다(중소기업중앙회, 2022).

셋째, 중소기업은 대기업 경영활동의 기반이다. 대기업이 모든 원재료, 부품을 자체적으로 구입 · 생산 · 조립하지는 않는다. 1970년대 후반까지도 대기업은 거래비용 경제학의 논리에 의해서 모든 생산 활동을 독자적으로 수행했다. 하지만 1980년대 들어 일본경영이 경영사에 화두로 등장하였는데, 그 이유가 일본 대기업와 중소기업들과의 계열관계에 있었다. 즉, 본 기업은

표 14-11 중소기업 생산액 추이

(단위: 천억 원, %)

구분		1980	2000	2010	2017	2018	2020	2021	2022
생산액 (천억원)	전체	362	5,647	13,866	15,105	15,675	14,922	17,727	20,645
	중소기업 비중(%)	115 (31.8)	2,675 (47.4)	6,514 (47.0)	5,511	(36.5)	5,559	(35.5)	6,501 (31.5)
	대기업 비중(%)	247 (68.2)	2,972 (52.6)	7,352 (53.0)	5,623	(36.6)	6,078	(34.3)	14,144 (68.5)

출처: 중소기업중앙회

하청관계를 통해 기업을 슬림화하고, 기술발전을 도모하여 세계시장을 선도할 수 있었던 것이다.

2. 중소기업의 특성

1) 산업영역

중소기업의 활동영역은기업의 최적규모가 중간 또는 그 이하가 되는 산업분야가 일반적이다. 기업의 생산 · 유통을 보완하는 역할을 수행하는 모든 기업, 즉 관련산업 및 하청기업, 다품종 소량 수요가 있는 상품이나 부품의 제조나 가공, 시장의 안정성이 작은 제품, 미술공예품을 생산하는 기업, 수공업적 성격이 강한 재래산업, 지방산업적 성격이 강한 업종 및 서비스업 등이 속한다. 중소기업의 비중이 상대적으로 높은 업종으로는 식품, 섬유, 의류, 목재 및 목제품, 가구, 피혁, 요업, 토석업, 출판 · 인쇄, 금속제품 등이다.

중소기업 고유 분야 이외의 산업분야에서 기업자본의 유기적 구성이 높아서 그 적정규모도 커지므로 중소기업의 범위도 달라진다.

공업의 경우 형태상으로는 독립된 소기업형태를 취하고 있으나, 자기 생산품을 자주적으로 판매하는 능력이 부족하여 도매상 등에 의존해야만 하는 존립형태가 있는데, 이는 상업에 종속된 중소기업이다. 또한 중간 규모정도의 기계제품을 생산하는 기업의 경우 대부분 대기업의 외주가공을 중심으로 하청을 맡아 조업을 유지하기도 한다.

2) 존립형태

중소기업의 존립은 종속적 · 독립적이라는 두 가지 유형으로 구분할 수 있다.

■ 종속적 유형

원료나 생산기술에서부터 유통에 이르기까지 대기업과의 관련 정도가 높고, 대기업의 강력한 지배를 받는다. 하청기업, 계역ㄹ기업 및 관련기업 등이 이 유형에 속한다. 종래의 가내 수공업이나 공장제수공업에 이어 기계제공업이 전개되었다고 하더라도 당시에는 대기업과 중소기업 사이의 격차는 큰 문제가 되지는 않았다. 그 후 기술혁신에 의하여 산업구조가 중화학공업화의 방향으로 구조변혁을 이루게 되자 기업의 최저규모수준이 높아지게 되었고 대기업 또한 하나의 산업 내에서 독과점 지위 — 예를 들어 시장점유율, 독과점가격, 신시업의 참여저지, 관련사업 기업의 지배 등 — 를 차지함에 따라 중소기업은 이러한 대기업이 진출할 수 없는 중소기업 고유의 분야에 잔존하거나 또는 중소기업 계열화 또는 전속적 하청기업으로서 대기업의 사업과 관련이 있는 산업분야에 진출하게 되었다.

■ **독립적 유형**

중소기업이 중화학 관련부문에서 대기업의 하청기업이나 계열기업이 되는 것과 달리 소비재 및 경공업 부문이나 유통업 및 서비스 부문, 건설업 및 운수업 등에서는 전형적인 독립적 중소기업으로서 존속하고 있다. 이 경우 다수의 중소기업 상호간에 과당경쟁이 벌어지고, 독과점 대기업이 독과점가격으로 공급하는 ㄴ원료를 쓰지 않을 수 없게 되는 반면, 경쟁이 심하고 비능률적인 경영이 불가피하여 제품가격을 인하하지 않을 수 없게 된다. 독립형 중소기업은 일반적으로 고가의 원료 구매와 저가의 제품판매에 시달릴 수밖에 없다.

3) 경영관련 특성 및 대기업과의 차이

중소기업의 경영관련 특성은 다음과 같다. 이 특성은 종업원 수와 자본금의 차이에 의한 대기업과의 차이 이외의 특징이기도 하다.

■ **매출규모**

중소기업은 대기업에 비해 매출 규모가 매우 작다. 중소기업이 대기업과의 하청관계에 의한 경우가 많기 때문에 이익규모가 현실적으로 한정되어 있기 때문이다. 또한 중소기업은 환경을 조정할 수 있는 능력 부재로 경영환경, 즉 정치 및 경기변동, 시장상황, 소비자 및 공급자 환경의 영향을 직접 받기 때문에 매출규모가 급신장하기는 어렵다. 산업별로도 매출규모의 차이가 심하다.

■ **소유와 경영의 밀착**

중소기업은 창업자, 최고경영자, 대주주 등으로 불리는 소유주가 직접 경영하는 경우가 대부분이라서 일반적으로 소유와 경영이 분리되어 있지 않다. 중소기업 상당수가 개인적 기업체의 형태로 설립 · 운영되기 때문에 그렇다. 비공개 주식회사로 설립한 중소기업이라고 할지라도, 소요 자본이 소규모이고, 소수의 대주주가 주식의 대부분을 소지하고 있기 때문이다. 또한 자본 출자자들이 있더라도 그들이 경영에 직접 참여하는 편이다.

■ 단순한 조직구조

중소기업의 조직구조는 명확한 부서화를 이루지 않거나, 단순한 형태의 기능식 조직구조를 취하고 있다. 제조업인 경우 생산부서에 영업과 관리부서가 추가된 형태이다. 심지어 생산부서 이외의 경영활동은 경영자 스스로 도맡아 하는 경우도 있다. 서비스업은 영업과 관리부서로 양분한 조직구조를 취한다. 조직구조의 단순화로 인해 경영자는 하위 작업부문의 일상적인 업무까지 파악이 가능하기 때문에 집권적 조직형태를 띤다. 이로 인해 경영관련 의사결정이 신속하다는 장점이 있으나, 경영자가 즉흥적인 의사결정을 할 수 있다는 위험이 있다.

■ 단일의 제품 및 서비스

제조업과 같이 대기업에 종속하는 유형의 중소기업은 원재료를 가공한 부품정도를 대기업에 납품하기 때문에 다양한 제품라인을 갖고 있는 경우는 드물다. 일반적으로 대기업이 사전에 지정한 부품을 하청받아 제작하는 편이다. 특히 자본과 인력의 취약성으로 인해 자체적인 제품과 서비스를 만들어내기 위한 연구개발이 힘들다는 이유도 있다. 독립적 중소기업의 경우는 다양한 제품을 생산할 수 있다. 하지만 이를 위해 소요되는 설비비용이 높아 자체적으로 생산, 판매, 마케팅, 유통하기에는 현실적인 어려움이 있다.

■ 창업과 폐업이 용이

종소기업은 투하 자본의 규모가 많지 않아도 쉽게 사업을 시작할 수 있다. 중소기업은 성장 전망이 밝은 산업에 독창적 아이디어나 기술을 가진 개척자로서 출발하는 일종의 벤처사업(venture business)이기도 하다.

■ 좁은 시장 범위

일부 중소기업을 제외하고는 대부분 중소기업의 제품이나 서비스는 국지적이다. 중소기업은 자본력, 경영관리, 기술력 등 자원의 한계로 인해 제한된 수의 산업이나 업종에 진입하기 때문에 시장도 전국, 지역, 구역시장으로 한정될 수밖에 없다. 중소기업이 단일 업종이나 틈새시장에 진입하는 것도 이러한 이점을 취하기 위한 것이다.

3. 중소기업의 성공요소

중소기업이 국가경제와 발전의 근간임에도 불구하고, 세계경제가 글로벌화 되고, 대형 회사가 지배하는 사회에서 중소기업의 생존경쟁은 그리 쉽지 않다. 중소기업은 취약점을 보완하고, 동시에 중소기업만의 독특한 강점을 활용해서 급변하는 경쟁환경에 대응해야만 성공할 수 있다. 중소기업은 〈표 14-11〉에 소개한 강점과 약점을 토대로 중견 혹은 대기업으로 성장하는 전략을 취하거나, 경쟁력 잇는 중소기업을 유지하는 전략을 취할 수 있다.

1) 중소기업의 약점

■ 경영합리성 부족

중소기업의 창업자는 소유자와 경영자를 겸하는 경우가 많기 때문에 독단적인 경영을 할 가능성이 높다. 경영자의 주관적 의사결정의 원인은 우선 경영자 주변에 유능한 인력이 부족하다는 점이다. 유능한 인력은 대기업을 선호하는 경향이 있기 때문이다. 중소기업 경영자는 그들이 제시한 객관적인 자료와 정보를 토대로 의사결정을 하기보다는 스스로가 기업의 흥망성쇠를 결정할 수 있는 주관적인 의사결정을 내리기 쉽다.

■ 생존능력 부재

중소기업은 대기업에 하청관계로 종속되어 있는 경우가 많기 때문에 독

표 14-12 중소기업의 강점과 약점

약 점	강 점
경영 합리성 부족 - 주관적 의사결정의 한계 - 유능한 인력 확보의 어려움	틈새시장 공략
생존 능력 부족 - 대기업의 종속 관계 - 자금 동원 및 희소 자원 부족	쇠퇴기 제품 및 서비스 관련 시장 진출
경영 환경 및 경쟁업체 대응력 부족 - 공급자, 소비자, 정치적 환경 변화 - 공격적 경쟁업체 등장	완전히 새로운 제품 및 서비스 시장 개척

자적인 생존능력을 배양하기 쉽지 않다. 그 이유는 경영자원이 대기업에 의해 좌지우지될 뿐만 아니라, 독자적인 희소자원을 소유 · 개발하기가 어렵기 때문이다. 또한 대외 신용도가 낮아 장기 및 단기 자금의 동원능력이 부족해서 발생하기도 한다. 중소기업이 관여하는 산업이나 시장은 좁고, 기술이 단순하기 때문에 독자적인 생산, 판매, 유통 등의 경영도 어렵다.

■ 경영환경 및 경쟁업체 대응력 부족

대기업과 종속관계에 있는 중소기업의 경우 대기업이 환경변화로 인해 경영상 타격을 입을 경우, 동시에 해당 중소기업도 경영악화로 이어질 수 있다. 또한 원재료를 이용해 부품을 가공하는 기업일 경우 원자재 공급자의 이기주의적 행동이나 도산 등으로 인해 피해를 입을 수 있다. 대기업이 일차적 소비자인 경우에 대기업의 급작스런 납품업체 변경은 치명적이다. 일반고객인 경우에도 특별한 제품이나 서비스에 대한 독보적인 가치를 확보하지 않는 한 경쟁업체의 가격이나 제품경쟁력에 뒤질 수밖에 없다.

2) 중소기업의 강점 : 성공요소

중소기업의 주요 강점은 다음과 같다. 중소기업들은 앞서 소개한 약점을 보완하고, 강점을 더욱 강화하여야만 성공할 수 있다.

■ 틈새시장 공략

시장규모가 아무리 크더라도 세분화된 이질적인 시장이 형성될 수밖에 없다. 세분시장들을 다시 세분화시켜 규모가 더 작은 시장을 틈새시장(niche market) 이라고 한다. 예를 들어 컴퓨터 시장이 커지면서 다양한 주변기기 제품들이 선보이고 있다. 대기업은 대규모의 투자, 시설, 생산, 마케팅 등을 통해 대규모의 매출과 이익을 창출하고자 하기 때문에 틈새시장은 중소기업의 몫이고, 경쟁력을 발휘할 수 있는 시장이다.

■ 쇠퇴기 제품 및 서비스 관련시장 진출

대기업은 특정한 제품이나 서비스산업이 성숙기나 쇠퇴기에 도달하게 되면, 대규모 이익을 창출할 수 있는 기회가 감소하므로 해당 사업에서 철수하기 시작한다. 하지만 쇠퇴기 제품이라고 하더라도 이익기회가 완전히 소멸하는 것은 아니다. 쇠퇴란 대기업이 목표시장으로 여겼던 고객들의 수요가 감소하는 것이지 전체 수요의 하락을 의미하는 것은 아니다. 약 25여 년 전에 국내에서 생산된 포니 자동차나 15년 전에 생산된 프라이드 자동차가 해외의 다른 국가에서 큰 인기를 끌고 있는 것과 같다. 중소기업은 코스트 삭감, 제품개량, 새로운 목표고객의 개척 등을 통해 거대 이익은 아닐지라도 지속적 이익을 창출할 수 있다.

■ 완전히 새로운 제품 및 서비스 시장 개척

주로 기술집약적 중소기업인 경우에는 대규모의 자본투자보다 창의성과 혁신성에 의한 제품과 서비스를 창출할 수 있다. 특히 대기업이 관심을 갖지 않았던 산업에서 새로운 제품과 서비스를 출시하여 독자적인 시장을 가꿀 수 있다. 예를 들어 최근아시아 지역에서 최고호황을 이루고 있는 게임 산업이나 컴퓨터 소프트웨어, 아이디어 산업, 전통인형, 의료기기, 패션, 문화산업 등이 있다.

이외에도 중소기업의 성공요소로서 기업 내 · 외부 환경에 대한 민감성과 대응력, 인적자원의 유연한 활용, 합리적 운영과 정확한 마케팅 정보 접근, 적정한 가격, 충분한 투자자본의 획득, 관련 법규나 규칙 등의 조정 등이 있다.

14.4 벤처기업 경영

21세기 지식사회로 접어들면서 지식기반 국가건설과 기업 경쟁력을 확보하기 위한 교두보로 벤처기업이 강조되고 있다. 벤처기업은 여러 가지 면에서 대기업이나 중소기업과는 다른 독특한 속성이 있다. 벤처분야의 창업가는 벤처기업만의 특성과 벤처자본의 심사기준을 면밀히 파악하여 창업해야 한다.

1. 벤처기업

벤처기업이란 새로운 아이디어나 신기술을 기반으로 한 기업을 의미한다. 벤처기업협회는 "개인 또는 소수의 창업인이 위험성은 높지만 성공할 경우 높은 수익이 예상되는 신기술과 아이디어를 독자적인 기반 위에서 사업화하려는 신생 중소기업"이라고 정의하고 있다. 일반적으로 컴퓨터 소프트웨어

개발, 정보기술, 인터넷과 전자상거래, 각종 신기술 등에 관한 사업을 수행하는 기업을 벤처기업이라고 한다.

벤처기업은 첨단 신기술과 아이디어를 개발하여 사업에 도전하는 창조적인 중소기업으로 우리나라에서는 연구 · 개발형 기업, 기술 집약형 기업, 모험기업, 혹은 위험기업 등으로 일컬어지고 있다. 또한 벤처기업이 원칙적으로 독립된 사업체나 기업을 뜻하지만 최근 관심과 중요성이 높아짐에 따라 많은 대기업이 참여하고 다양한 종류의 자본투자가 이루어져 왔다. 예를 들어 합작벤처, 사내벤처 등의 여러 형태의 벤처기업이 등장하고 있다

2. 벤처기업의 특징

1) 사업관련 특성

벤처기업의 사업관련 특성은 첫째, 사업 아이템이 기존의 것과 달리 혁신적이며 창의적 아이디어나 기술력이 있다는 것이다. 둘째, 소수의 기술창업인이 기술혁신의 아이디어를 상업화하기 위해 설립한 신생기업이다. 셋째, 사업 성공에 대한 높은 위험부담이 있으나 성공할 경우 높은 기대이익이 예상된다. 넷째, 모험적 사업에 도전하는 기업가정신을 가진 창업자에 의해서 주도된다.

2) 벤처자본가의 개입

벤처기업이 첨단 신기술과 아이디어를 개발하여 사업에 도전하는 기술집약적 중소기업이기 때문에 다양한 벤처자본가의 개입이 일어나고 있다. 벤처기업의 외형을 갖추기 위해서 첫째, 중소기업창업투자회사 · 조합, 신기술사업투자조합, 한국벤처투자조합 등이 투자(5천만 원 이상, 자본금의 10%이상 투자할 것)한 중소기업이어야 한다. 기술력을 인정하기에 투자가 이루어지기 때문이다. 둘째, 요건을 갖춘 기업부설연구소를 갖춘 기업으로서 연구비는 연간 5천만원 이상, 자본금의 5%이상을 투입하는 회사여야 한다. 셋째, 기술신용보증기금으로 부터 보증을 받거나, 중소기업진흥공단으로 부터 무담보대출을 받은 경우에도 그 기술력을 인정받은 것으로 보고 있다(벤처기업협회, 2018).

벤처기업의 자본은 전통적인 지분참여를 통한 투자형태와는 사뭇 다르다. 중소기업이 설립자본의 대부분이 창업주의 소유 자금인 것과는 달리 벤

처기업의 자본인 벤처자본 혹은 모험자본(adventure capital)은 투자기업의 경영에 일정 부분 역할을 한다. 벤처자본의 지분율에 따라 달라지겠지만, 경영의 소유권이 어느 정도는 벤처자본가 개인 혹은 주주들에게 있다.

벤처자본가는 기업에 자금을 제공하고, 경영활동을 지원하며, 회사 외부의 인사들과 네트워크를 구축하여 기업성공에 이바지 한다. 벤처자본가의 힘이 자본에 있기 때문에 경영 의사결정에 공식적으로 개입할 수 있는 것이다. 벤처창업주는 단지 전문 경영인의 입장에 있는 셈이다. 벤처자본은 투자자 개인의 자본 보다는 벤처자본사의 투자가 많다. 2019년 유니콘 기업에 추가로 선정된 한국기업인 블루홀, 우아한 형제들, 비바 리퍼블리카에 투자한 알토스벤처스(Altos Ventures)가 대표적이다.

3) 벤처자본의 다양성

창업초기 구성단계의 경우 대부분 자금을 가족, 친지 등으로부터 도움을 받는다. 하지만 죽음의 계곡을 건너려면 이들 자금은 금방 없어지고 만다. 그 이후 엔젤로부터 자금을 지원받고, 성장해가면서 벤처캐피털과 은행으로부터 자금을 조달받는다. 그 이후 기업이 충분히 성장하게 되면 자본시장이나, IPO(기업공개) 등을 통해 필요한 자금을 조달할 수 있게 된다.

표 14-13 엔젤과 벤처캐피털의 비교

구분	엔젤	벤처캐피털
투자 단계	사업구상에서 발아 또는 초기단계 (seed, early stage)	창업후 주식공개까지의 후기 성장단계 선호
투자 동기	고수익성, 친분, 인연 중시	고수익성
지원 내용	자금지원 및 전문 노하우 지원	자금지원 중심
투자 재원	개인자산	투자자 모집하여 펀드 조성
자격 요건	자격요건 없음	일정한 법적 자격요건 존재
위험 허용도	상대적으로 큼	상대적으로 적음
투자 수익성	상대적으로 큼	상대적으로 적음
피투자자의 위치	근거리 선호(예, 160km)	거리제한 없음
신분노출 정도	익명 선호	공개적
투자자와 피투자자 만남	우연성이 큼	사전적으로 공지

출처: 청년기업가정신재단(2012)

벤처기업이 자금을 조달받는 대표적 방법이 엔젤투자와 벤처캐피털이다. 이 두 가지의 차이점은 투자규모에서 차이가 크며, 운영주체에서도 엔젤이 개인이 운영하는데 반해, 벤처캐피털은 전문기관에 의해 운영된다. 이를 보다 자세히 비교해 보면 위 표와 같다.

3. 벤처기업의 성공요인

"고객은 기술을 구입하지 않고 제품을 구입한다. 투자자는 제품을 보고 투자하지 않고 강력한 사업모델을 갖고 있는 창업가(기업가)를 보고 투자한다." 이는 벤처기업가 역량의 중요성을 언급한 것이다. 이처럼 벤처기업을 성공적으로 이끌기 위해서는 창업자 역량과 리더십, 환경변화에 대한 민감한 인지와 적절한 전략적 반응, 인적자원 및 조직관리 등이 중요하다.

1) 창업자 역량 및 리더십

대부분의 벤처창업가는 혁신적인 아이디어와 기술역량을 갖춘 전문인인 경우가 많다. 그들은 미래 환경변화에 대한 통찰력, 강한 성취욕구와 도전정신, 분석보다는 행동의 중시, 비전 설정과 분명한 경영철학, 정직과 신뢰를 바탕으로 한 네트워크 능력 등이 필요하다.

벤처창업자는 내적 리더십과 관계적 리더십을 동시에 갖추어야 한다. 내적 리더십은 비전과 성과목표를 설정하고 적극적으로 창의적 아이디어를 제시하며 실행하는 것이다. 관계적 리더십은 애내외적으로 인적 네트워크를 형성하고, 효과적인 커뮤니케이션을 통해 많은 사람들의 행동에 영향을 미치는 것이다.

2) 환경변화의 민감한 인지와 적절한 대응전략

벤처기업은 산업환경의 변화를 항상 주시하고, 적극적으로 대응 할 수 있는 전략을 세울 수 있어야 한다. 다시 말해 특정한 목표달성에 초점을 둔 정태적인 것이 아니라, 적절한 전략수립과 동시에 항상 고객, 시장, 관련 법규 변화 등 환경상황에 맞게 수정할 수 있는 유연성을 가져야 한다. 벤처기업은 환경조정능력이 부족하거나 특별한 경우에 한해서만 환경을 주도할 수 있기 때문에 전략적 변화에 유연하고 개방적이어야 한다.

경영학 FOCUS

유니콘 기업 성공요인

수조원의 가치를 지닌 유니콘 벤처기업을 조사한 딥 파텔(Deep Patel)은 스타트업 전문지인 Enterpreneur誌에서 그 성공요인을 10가지로 정리하고 있다 (10 Lessons From Billion-Dollar 'Unicorn' Startups, 2017)

딥 파텔은 미국 기업의 5년 후 실패율 50%, 10년 후에 70%가 망하는 가운데 빠르게 성장해 수조원의 가치를 가지는 스타트업들을 조사하였다. 그는 기존 시장을 파괴하거나 완전히 새로운 시장을 창출했다고 평가하며, 기술혁신과 영리한 시장 진입 전략의 조합을 통해 가능했다고 설명하고 있다.

다음은 그가 정리한 유니콘으로 성장한 벤처기업으로부터 얻을 수 있는 10가지 교훈들이다.[1)]

1. 고객이 진정으로 사랑할 수 있는 것을 만들 것
2. 명확한 목표와 임무 중심의 기업 문화
3. 피봇(pivot)을 위한 정확한 타이밍 인지
4. 시장은 하나 이상의 기업을 수용할 수 있음을 깨달을 것(단순히 어떤 회사가 선점 효과를 누리고 있다는 이유로 아이디어를 포기할 필요가 없으며 올바른 포지셔닝을 통해 후발주자도 많은 소비자 유치 가능).
5. 틈새 시장(Niche markets)은 혁신을 위한 중요한 시작점이 될 수 있다
6. 소비자들은 마찰 없는(frictionless) 쇼핑 경험을 원한다.
7. 스스로 이용하기를 원하는 도구를 판매하라
8. 중소기업 시장이 더 큰 기회가 될 수 있다
9. 대중은 미래지향적 사고를 지닌 조직을 기꺼이 지지할 것이다
10. 정부 조직도 새로운 시장이 될 수 있다

3) 인적자원 및 조직관리

기술지향의 벤처기업에서 인적자원만큼 중요한 자원은 없다. 소규모 인력으로 구성된 벤처기업에서 구성원들이 갖고 있는 능력과 동기부여 정도에 따라 기업의 기술 경쟁력이 좌우되기 때문이다. 핵심적인 인력 선발 또한 중요하가. 특히 기술 및 전문가 지향적 구성원들이 공동체의식을 가질 수 있도록 수평적 조직구조의 설계, 적합한 보상, 효율적인 작업환경의 마련 등이 수반되어야 한다.

한편 국내 벤처기업의 성공요인에 관해 경영학회장을 역임한 이장우 교수는 국내에서 성공한 벤처기업들에 대한 사례연구를 하였다. 조사대상은 자

표 14-14 벤처창업가들이 생각해야 할 주요 도전적 질문

구분	내용
1. 가치제안서에 대한 도전적 질문들	나의 제품(서비스)의 독특성은 무엇인가? 누가 이 제품을 구입할 것인가(목표고객)? 왜 최초의 제품이라면 이것을 구입해야 하는가? 또는 왜 경쟁자 제품 대신에 우리제품을 구입해야 하는가?
2. 비즈니스 모델에 대한 질문들	어떻게 우리 제품을 시장에서 성공하게 만들 것인가?(어떻게 만들고, 어떻게 이를 팔 것인가?) 수익을 어떻게 낼 것인가?
3. 전략에 대한 질문들	어디서 사업이 시작될 것인가? 언제 사업이 진행되고, 어디로 확대할 것인가? 미래 신제품과 신서비스의 시장은 어디인가?

출처: 이진규 · 김종진 · 최종인(2015), 경영학개론, 한국방송통신대학교출판부.

본금 5,000만원으로 창업해서 코스닥 시장에 상장하여, 주식시세가 300억~2,000억에 이르는 여섯 개 벤처기업들이다. 연구결과 그는 벤처기업의 성공요인으로 ① 창업자의 높은 학력과 전문적 기술수준, ② 환경변화가 심하고 기술경쟁이 치열한 성장산업에서 기회 포착, ③ 틈새시장에 집중, ④ 매출액 대비 10%가 넘는 연구 · 개발투자를 통해 기술혁신의 차별화, ⑤ 부족한 내부자원에도 불구하고 장기적 경쟁력 축적을 위한 기술개발, 광고 및 홍보, 생산설비의 투자, ⑥ 중요한 전략적 대안들은 시행착오를 통해서 진화적 방식으로 획득하는 경향의 존재, ⑦ 명확한 경영이념 아래 정보 및 이익을 구성원들과 공유하는 공동체문화의 형성들을 꼽았다.

끝으로 창업가들이 고민해야 할 주요 질문들을 정리하는 것으로 마무리한다. 이를 가체제안서, 비즈니스 모델, 비즈니스 전략 등으로 구분하여 살펴보면 〈표 14-14〉와 같다. 이 질문에 자신있게 대답하도록 준비를 철저히 해야 창업의 성공가능성을 높일 수 있을 것이다.

3) https://www.entrepreneur.com/article/305843

closing case

뜨거워지는 대학생들의 창업 열기

청년실업자가 50만명에 육박하고 바늘구멍 같은 취업문이 열리지 않는 지금, 대학생들은 그들만의 반짝이는 아이디어를 활용한 창업에 눈을 돌리고 있다. 특히 IT의 발달로 인해 경영에 소요되는 각종 부대비용을 극적으로 절감할 수 있어 창업 진입에 대한 장벽이 낮아진 점 또한 이들의 창업 열풍을 더욱 뜨겁게 하는 요소로 작용하고 있다. 뿐만 아니라 젊은 창업주들을 위한 프로그램과 센터 설립 등 각 대학으로부터의 적극적인 지원은 구직난을 정면으로 헤쳐 나가는 이들의 든든한 지원군이 되어주고 있다. 이 글에서는 대학생들과 각 대학에서 창업을 위해 어떠한 활동들을 하는지에 대해 소개하고, 또한 성공적인 청년창업 사례를 통해 취업만이 유일한 길이 아니라는 것을 제안한다.

대학생 스타트업, 그 식지 않는 열기

중소벤처기업부의 신설법인동향에 따르면, 30대 미만 기술기반 창업수는 2021년 28,128개, 2022년 27,123개, 2023년 28,852개로 나타나 청년 창업의 열기는 식지 않는 것으로 나타났다. 그렇다면 대학생들은 어떤 방법으로 창업을 시도하고 있을까?

창업은 개인의 힘으로는 어려운 일이기에 대학생들은 그들과 뜻을 함께하는 사람들과 어울려 그 꿈을 이루어나간다. '창업동아리'가 그 대표적인 조직이다. 전국 대학생 앱 개발 경진대회인 'K-해커톤'과 중소기업청에서 개최하는 실전창업리그인 '슈퍼스타V'에서 수상한 경력이 있는 K씨(23)는 창업동아리를 통해 성공적인 사업으로의 발걸음을 이어가고 있다. J대 컴퓨터공학과에 재학 중인 K씨는 대학교에 입학한 뒤 처음 '코딩'이라는 것을 접했는데, 그 과정이 너무나도 복잡하여 익숙해지는 데 꽤 많은 시간과 노력이 필요했다. 그는 코딩을 숙지하기 위해 따로 비용을 들여 인터넷 강의까지 신청해 가며 배우는 사람들이 있다는 것을 목격하게 된다. 더군다나 최근 코딩교육이 일반화 · 의무화되는 상황에서 더 쉽게 코딩을 할 수 있으면 좋겠다는 생각에 학과 사람들과 함께 창업동아리를 결성하였다. 이와 같은 사례는 창업을 꿈꾸는 대학생들이 창업동아리를 통해 그 꿈을 현실화하고 있는 현장을 생생하게 보여준다.

각 대학의 창업 지원

대학생들의 창업 열기에 힘입어 전국 각 대학에서도 팔을 걷어붙이고 나서 그들에게 아낌없는 지원을 제공하고 있다. 우선 국내 대학 최초로 학생 창조 전용공간을 조성한 고려대의 KU 개척마을 'π-Ville99'(이하 파이빌)이 대표적인 예다. 파이빌은 총 36개의 컨테이너로 이루어진 지상 5층 규모의 건축물로, 15개의 스튜디오 · 강당 · 아이디어 카페 · 3D프린터 오픈랩 등으로 구성되어 있다. 학생들이 아이디어를 공유하고 창작 활동을 영위할 수 있도록 전용 공간을 학교 차원에서 마련해주고 있으며, 학생들은 이곳에서 자체 프로젝트를 구성하여 그들의 아이디어를 구체화시킨 뒤 엔젤투자자 및 벤처캐피탈 등을 통해 창업으로 이어지도록 추진한다. 연세대 창업지원단은 뤼튼(이세영 대표, 문헌정보학과 2015학번) 등 여러 학생들과 입주기업들의 창업초기 지원을 하고 있다.

성공사례 – 창업동아리에서 탄생한 젊은 CEO

실제로 젊은 CEO가 창업동아리를 통해 만든 창의적인 제품을 주변에서 찾아 볼 수 있다. '이큐브랩(Ecube Labs)'에서 만든 스마트 쓰레기통인 '클린큐브'가 대표적인 예다. 이큐브랩의 권순범 대표는 동국대 창업동아리 출신이다. 신촌에 살았던 그는 밤이면 가득 차다 못해 흘러넘치는 길거리 쓰레기통을 자주 보았다고 한다. 권 대표는 이러한 현상을 보며 쓰레기를 자동으로 꾹꾹 눌러주는 쓰레기통에 대해 고민하던 차에 직접 제작해보자는 생각으로 2011년 4명의 친구들과 의기투합하여 창업을 추진한다.

이렇게 시작된 이큐브랩은 공모전 등을 통해 개발비용을 마련하여 2년의 개발기간 끝에 태양광 에너지를 활용한 스마트 쓰레기통 '클린큐브'를 탄생시킨다. 태양광 집광기가 에너지를 만들어 배터리를 충전하면 쓰레기를 500kg의 힘으로 눌러 압축하는 원리이다. 클린큐브 내부에는 적외선 센서가 장착되어 있기 때문에 쓰레기의 양을 자동으로 감지하여 압축기가 작동된다. 이후 이큐브랩은 쓰레기통을 통해 수집한 데이터를 바탕으로 통계자료를 구성하여 지자체 환경 인력 운영에 효율적인 솔루션을 제공하는 기업으로 성장하였다.

세상에는 여전히 혁신을 필요로 하는 많은 비효율적인 부분이 산재해 있다. 시장이나 정부가 기존의 방법으로 해결할 수 없었던 부분들이 젊은이들의 도전 무대로 새로이 부각되고 있는 것이다. 창업은 이러한 점에서 새로운 부가가치를 창출할 수 있는 '노다지 광맥'과 같은 것이고, 앞서 언급된 이큐브랩의 성공사례는 취업만이 진로의 전부가 아니라는 것을 여실히 보여준다. 최근 들어 대학과 정부 등 다양한 곳에서 사업 아이디어를 성공적인 실현시키기 위해 적극적으로 지원을 나서고 있기 때문에 창업이라는 길은 상당히 매력적이다. 그러니 무엇을 망설이는가? 젊은이여, 창업의 문을 두드려라!

출처: 매일경제, 중소벤처기업부, 중소기업청, 고려대학교, 청년위원회 참조 · 재구성.

제 15 장

국제경영관리

opening case

일본제철의 US스틸 인수? 현대제철의 미국내 공장 건설계획

철은 각 나라마다 산업의 쌀로 생각하고 모두가 생산을 하고 있어 수요보다 공급량이 많은 산업이다. 건설, 자동차, 조선, 가전 등과 군수산업에 필수적이기 때문이다. 미국의 US스틸과 베들레헴스틸은 한 때 세계 양대 산맥인 적이 있었다. 록펠러센터, 샌프란시스코 금문교와 엠파이어스테이트 빌딩과 같은 구조물에 기여했고, 테일러의 과학적 관리법을 탄생시킨 베들레헴스틸은 2001년 문을 닫았다. 한편 1901년 '강철왕' 앤드루 카네기와 '금융왕' JP모건이 주도해, 여러 제철소를 합병해 설립한 US스틸은 당시엔 미국은 물론 세계에서 가장 큰 기업이었다. 지금은 세계 24위권이며, 미국 내에서도 뉴코아, 클래블랜드-클립스에 이어 3번째의 위상이다. 경영위기를 겪자 이 회사를 일본제철에 매각하기로 했으나 마무리 시점에 불발되었다. 왜 일본제철은 US스틸 인수를 결정하였고, 우리나라의 미국 시장 전략은 무엇인가? 다음은 전세계 철강회사의 순위를 보여준다.

(백만톤) (순위)

	HQ	Mt		Ranking	
		2023	2022	2023	2022
China Baowu Group	China	130.77	131.84	1	1
ArcelorMittal	Luxembourg	68.52	68.89	2	2
Ansteel Group	China	55.89	55.65	3	3
Nippon Steel Corporation	Japan	43.66	44.37	4	4
HBIS Group	China	41.34	41.00	5	6
Shagang Group	China	40.54	41.45	6	5
POSCO Holdings	South Korea	38.44	38.64	7	7
Jianlong Group	China	36.99	36.56	8	8
Shougang Group	China	33.58	33.82	9	9
Tata Steel Group	India	29.50	30.18	10	10
Delong Steel	China	28.26	27.90	11	12
JSW Steel Corporation	India	26.15	23.38	12	15
JFE Steel Corporation	Japan	25.09	26.20	13	14
Hunan Steel Group	China	24.80	26.43	14	13
Nucor Corporation	United States	21.20	20.60	15	16
Fangda Steel	China	19.56	19.79	16	17
Shandong Steel Group	China	19.45	29.42	17	11
Hyundai Steel	South Korea	19.24	18.77	18	18
Steel Authority of India Ltd. (SAIL)	India	19.18	17.93	19	20
Rizhao Steel	China	18.66	15.63	20	22
Liuzhou Steel	China	18.62	18.21	21	19
Cleveland-Cliffs	United States	17.27	16.80	22	21
Tsingshan Holding	China	16.28	13.92	23	32
United States Steel Corporation	United States	15.75	14.49	24	26
Boutou Steel	China	15.20	14.18	25	28

자료: World Steel Association(2024).

일반적으로 아시아 대륙, 특히 세계 50대 철강 생산업체 중 중국이 27개로 다수를 장악하고 있다, 한국은 포스코와 현대제철이 7위, 18위이다. 2위 룩셈부루크의 ArcelorMittal이 EU 기반 회사이며, 미국 제철소는 Nucor Corporation이 15위(이전에는 16위), 클래블랜드-클립스(22위)이고, 인도 최대 철강공장은 10위인 Tata Steel Group이다. 일본제철은 신일본제철과 스미토모금속의 합병으로 탄생한 기업으로, 세계철강협회(WSA) 기준 조강 생산량 규모에서 세계 4위(4,366만t)를 기록하고 있다. US스틸(1,575만t)은 미국 3위, 세계 24위로, 두 회사가 합병할 경우 세계 3위로 올라선다.

US스틸이 매각을 결정한 주요 이유는 오랜 기간 경영난, 시장 점유율 하락(전 세계 철강 생산량의 약 1%), 환경 규제 대응의 투자 부담, 자금과 기술력 부족, 주주 가치 극대화(일본제철의 인수 제안가는 당시 주가보다 40% 높은 수준) 등으로 자체적인 경쟁력 회복이 어렵다고 판단하여 매각을 결정하였다. 하지만 조 바이든 미국 대통령이 퇴임을 며칠 앞두고 일본제철의 US스틸 인수를 불허했다. US스틸이 미국 내 주요 철강 제조업체로 군수렝曠조 프로젝트와 같은 민감한 국가 전략 자산에 중요한 역할을 하고 있어 국가 안보에 영향을 미칠 수 있다는 이유에서다.

세계 4위인 일본제철이 US스틸을 인수하려 한 주요 이유는 다음과 같다. 1) 자원 확보 전략: US스틸이 미네소타에 보유한 광산에서 채취되는 철광석과 펠릿에 주목했다. 펠릿은 수소

환원 제철에서 중요한 소재로, 이를 통해 일본은 자원 부족 문제를 해결하고자 했다. 2) 신재생에너지 활용: 미국의 풍부한 신재생에너지를 활용하려는 전략이었다. US스틸의 자회사인 빅리버스틸은 75%의 전력을 태양광과 원자력 발전으로 공급받아 고장력강을 생산하고 있어, 일본은 이를 통해 저탄소 철강제품 생산 능력을 확보하고자 했다. 3) 국제 경쟁력 강화: 단기간에 고부가가치의 저탄소 철강제품을 확보함으로써 국제 경쟁력을 유지하고자 했다. 4) 미국 시장 진출: US스틸 인수를 통해 미국 철강 시장에 직접 진출하여 시장 점유율을 높이고자 했다.

일본제철과 US스틸은 미국 재무부 산하 외국인투자심의위원회(CFIUS)에 거래 심사를 요청했으나, CFIUS는 미 철강 생산량 감소와 고용 감소 등 경제 안보 우려가 있다며 '불허할 것'을 바이든 대통령에게 권고했다. 미국 무역대표부(USTR) 등 위원회 내 일부 기관도 국가안보 위협을 들어 강하게 반대하였다. 일본제철은 폼페이오 전 국무장관을 고문으로 영입했고, 이시바 시게루 총리가 2024년 11월 바이든에게 인수 승인 요청 서한을 보내는 등 다각적인 노력을 기울였다. 또 일본제철은 인수 이후 미국 내 고용을 유지하고, US스틸의 미국 내 생산 능력을 10년간 유지하겠다는 제안도 했다. 하지만 결국 미 정치권과 산업계, 노조 등의 반대 문턱을 넘지 못했다.

US 스틸의 인수 무산에 따른 주요 위험 요인은 다음과 같다. 1) 미일 관계 악화: 동맹국 간의 신뢰가 손상될 수 있다. 2) 경제적 손실: 일본제철은 인수를 완료하지 못할 경우 US스틸에 5억6천500만 달러(약 8천300억원)의 위약금을 지불해야 할 수 있다. 3) 법적 분쟁: 일본제철이 미국 정부를 상대로 소송을 제기할 계획이어서 장기적인 법적 분쟁이 예상된다. 4) 국제 투자 환경 악화: 동맹국 기업의 인수를 정치적 이유로 불허한 것이 국제 투자 환경에 부정적 영향을 미칠 수 있다. 5) 철강 산업 경쟁력 약화: 일본제철의 기술과 자본을 통한 US스틸의 경쟁력 강화 기회를 놓치게 되었다. 6) 미국 내 일본 기업의 투자 위축: 이번 사례로 인해 향후 일본 기업들의 미국 내 대규모 투자가 위축될 가능성이 있다.

한편 현대제철은 미국에 약 70억달러(10조원)을 투자해 철강산업 기지를 건설할 계획이다. 미국시장은 쿼터제로 중국 등의 저가공격을 막고 있기에 유리하며, 현지생산으로 비용절감 효과가 있기 때문이다. 2026년 봄 착공해 2029년 완공예정으로 텍사스, 조지아, 루이지애나 주 등이 후보지로 대두된다. 현지공장 설립의 목적은 현대차런蓚팀 미국 공장에 자동차용 강판을 공급하고, 글로벌 보호무역주의에 대응하며, 미국 내 철강 생태계 구축 등이다. 현재 조지아주 기아차공장(연 35만대), 앨라배마주 현대차공장(연 33만대), 조지아주 메타플랜트아메리카 전기차공장(연 30만~50만대) 등에 공급하기 위한 전략이다. 그런데 국내에서 현대제철은 2024년 11월 포항 2공장의 폐쇄를 발표했으나, 이후 노조와의 협의를 통해 2025년 1월에 폐쇄 결정을 철회하고 축소 운영 방식을 채택하기로 했다. 이 과정에서 나타난 위험요인으로는 노사 갈등, 생산 효율성 저하, 고정비 부담, 중국산 저가 철강으로 시장 경쟁력 약화, 인력 관리 문제, 기업 이미지 손상 등이 있다. 알리와 테무와 같은 저가덤핑으로 국내시장과 해외시장을 침입하는 중국산 철강에 맞서 어떻게 대응하며, 인도와 인도네시아 등 신흥시장을 개척해 나가면서 어떻게 K-철강을 기업들은 만들어 갈 수 있을까 ?

자료: 조선일보, 중앙일보, www.expometals.net(Who rules the steel industry)

15.1 국제경영관리의 본질

교통 · 통신의 급격한 발달로 인해 국가 간의 지역차는 점점 좁아지고 있다. 국가 간의 벽은 허물어져 가고 세계는 글로벌화(globalization)라는 커다란 테마 아래 하나로 묶이고 있다. 이러한 추세 속에 기업의 국제화는 그 속도가 가속되고 있다. 국제화란 조직이 세계 속에서 다른 국가와의 관계를 맺고 활동하는 것을 말한다.

국제 경영에 관여하는 경영자의 시각은 이제 더 이상 국내 · 국외라는 입장이 아니라 전 세계를 하나의 동일 시장으로 바라보는 글로벌한 관점을 지녀야 한다. 과거에는 어느 한 국가에서 상품과 서비스를 수입 · 수출하는 업무를 국제화라고 일컬었기 때문에 국내 혹은 국외라는 경계를 구분해 왔다. 그러나 이제는 글로벌 조직의 경영자는 어느 특정 국가에서 외부로 다른 국가를 바라보는 관점이 아니라 전 세계를 동일하게 바라보는 관점을 가져야 한다.

예를 들면, LG 필립스는 한국 기업이 아니라 글로벌 기업이라는 기치아래 본사를 아예 중국으로 옮겨 버렸다. 이는 LG 필립스사가 한국에서 국내, 국외를 운운하는 한국 기업이 아니라 중국 본토에서 전 세계를 관통하는 글로벌 기업으로서의 위치를 설정한 것이다.

그림 15-1 경영자의 관점

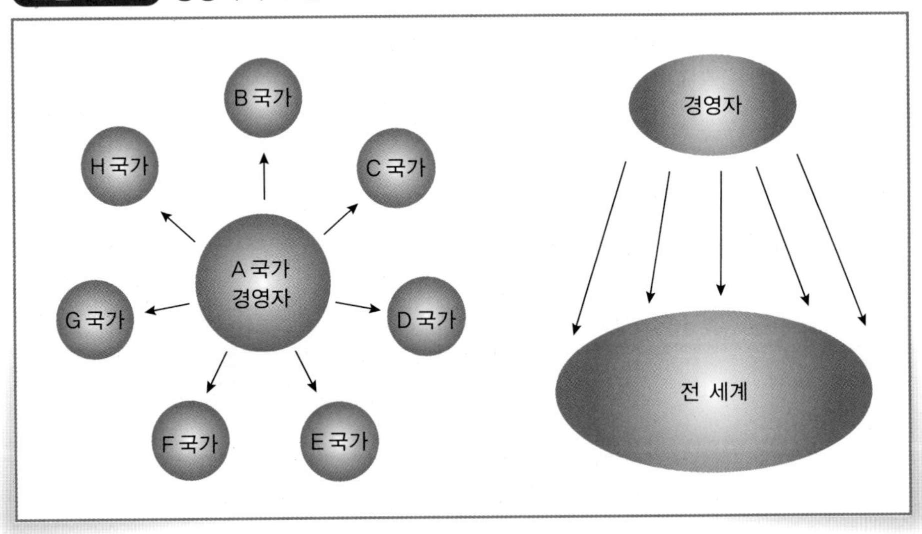

국제경영관리는 하나 이상의 국가들에서 이루어지는 기업 활동을 관리하는 것을 말한다. 다른 나라에서 기업 활동을 하는 경우에 재무, 생산, 상품과 서비스의 분배와 같은 경영관리의 근본적인 과업과 과정은 크게 다르지 않다. 기본적인 관리의 기능인 계획, 조직화, 충원, 지휘, 통제 역시 기업이 어디에서 운영이 되든 이루어지는 근본적인 방식은 크게 다르지 않다. 그러나 다른 나라에서 이루어지는 경영활동을 관리하는 경영자는 이러한 관리의 다양한 기능들을 수행함에 있어 더 많은 어려움과 위험에 직면하게 된다. 대부분의 국제화된 기업의 경영자가 직면하는 이러한 문제들은 다른 나라의 생소한 환경으로 인해 발생한다고 볼 수 있다. 기업이 동시에 여러 나라에서 기업 활동을 하는 경우에는 환경 조건이 더욱 다양하고 변화무쌍하다. 그러므로 국제경영을 이해하기 위해 경영자가 가장 먼저 알아야 할 것은 다른 나라의 환경의 특성을 이해하는 것이다.

15.2 국제 기업의 환경과 진입전략

1. 국제 기업의 환경

1) 경제적 환경

경제적 환경은 국제화된 기업이 운영되는 나라의 경제적 조건을 말한다. 경제적 환경은 경제적 발전, 사회간접자본, 자원과 상품 시장, 환율 등의 요인을 포함한다.

■ 경제적 발전

경제적 발전의 정도는 세계의 지역이나 나라마다 크게 차이가 난다. 경제적 발전정도로 나라를 구분한다면 저개발국, 개발도상국과 선진국으로 나눌 수 있다. 이러한 구분은 통상적으로 국민소득을 기준으로 이루어진다. 국민소득은 국가의 재화와 서비스 생산을 전체 인구로 나눈 것으로 산출된다. 주로 저개발국, 개발도상국은 선진국에 비해 낮은 국민소득을 보이고 있다. 저개발국, 개발도상국은 주로 남반구, 즉 아프리카, 아시아, 남아메리카 등에 위치하며 선진국은 북반구, 즉 북아메리카, 유럽, 일본 등에 위치하고 있다.

대부분 국제화된 기업은 선진국에 기반을 두고 있다. 그 이유는 선진국에서 산업화가 먼저 이루어져서 자본 축적이 가능했기 때문에 선진국의 기업이 국제화를 먼저 시도했기 때문이다. 그러나 국제화된 기업이 개발도상국 및 저개발국에 관심을 가지는 이유는 많은 잠재된 고객을 기반으로 거대하고 미개발된 시장을 가지고 있기 때문이다. 현재 중국 시장이 전 세계 경영자들의 초미의 관심 대상이 되고 있는 것은 바로 중국 시장의 거대한 잠재력 때문이다.

■ 사회간접자본

사회간접자본(infrastructure)은 경제적 활동을 지원할 수 있는 국가의 물리적 시설을 말한다. 사회간접자본에는 공항, 고속도로, 철도와 같은 교통시설, 에너지 생산 시설, 통신시설 등을 포함한다. 대부분의 선진국들은 이미 학교, 병원, 고속도로, 철도 등 적절한 시설을 갖추고 있지만 개발도상국은 사정이 다르다. 개발도상국의 경우 부실한 사회간접자본을 가지고 있는데, 교통과 통신시설, 에너지 생산의 잠재적 제약으로 빠른 경제성장을 지원할 수 없는 경우가 종종 있다. 개발도상국에서 기업을 운영하는 경영자는 낮은 기술수준과 혼란스러운 물류, 배송, 의사소통 등에 관한 문제를 해결해야 한다.

■ 자원과 상품시장

다른 국가에서 기업 활동을 하는 경우에 경영자는 해당 상품에 대한 시장의 수요를 평가해야만 한다. 만약 시장의 수요가 높다면 상품을 수출할 나라에 판매 사무소를 설치하는 것을 검토할 수 있다. 제조공장을 세우는 경우라면 필요로 하는 자원과 인력을 조달하는 것이 가능해야 한다.

예를 들어, 맥도날드의 경우 전 세계 100개국 38,00(2021년)개가 넘는 레스토랑을 가지고 있다. 맥도날드는 시장의 수요를 찾는 데 있어 비교적 성공하였다고 볼 수 있다. 그러나 맥도날드의 경영자는 감자부터 햄버거 빵, 플라스틱 빨대에 이르기 까지 전 원료를 조달하는 데 어려움이 있었다. 대부분의 나라에서 맥도날드의 정확한 기준에 맞는 원료를 공급받는다는 것은 거의 불가능했다. 특히, 영국에서는 맥도날드의 햄버거 빵을 구입하는 것이 불가능하였는데, 그 이유는 영국의 제빵 업계에서는 그런 모양의 빵을 만들지 않기 때문이었다. 역시 마찬가지로 태국의 경우 맥도날드의 프렌치프라이 요리를 위해 기준에 맞는 감자를 재배하도록 태국 농부들에게 장려한 적도 있었다.

현지의 상품의 수요만 보고 사업을 시작한다면 국제적으로 기업을 운영하는 경영자는 곧 이와 같은 현지에서의 자원 조달 문제를 겪게 될 것이다. 시장에 진입하기에 앞서 상품의 수요를 분석하는 것뿐만 아니라 필요로 하는 자원 조달 여부에 대한 면밀한 검토와 대안을 연구하는 것이 필요하다.

■ **환율**

환율이란 자국의 통화를 다른 나라의 통화와 교환할 때 적용되는 비율이다. 환율은 통상적으로 해당 통화에 대한 수요와 공급에 의해서 뿐만 아니라 자국의 통화 정책에 의해서도 정해진다. 환율의 변화는 국제적으로 영업을 할 때 발생하는 이윤의 가능성에 대해 중요한 변수가 될 수 있다. 예를 들어, 미국 1달러가 한국의 1,000원에 교환되다가 달러가치가 상승하여 한국의 1,300원에 교환된다고 가정해 보자. 그렇다면 미국의 상품을 사오기 위해서 더 많은 원화가 지불되기 때문에 미국의 상품은 그만큼 더 비싸지게 된다. 그렇게 되면 미국의 상품을 한국에 수출하기가 더 어려워지게 되고, 그러면 이윤은 그만큼 떨어지게 될 것이다.

1980년대 초에는 달러가 일본의 엔화에 비해서 매우 강세였다. 일본의 상품은 미국 시장에서 넘쳐나기 시작했다. 자동차, 전자제품, 건설 장비 등등 일본의 제품은 가격적으로 미국 시장에서 경쟁력이 있었다. 그러나 '플라자 합의' 에 따라 일본의 엔화 가치가 상승하면서 일본의 제품은 한국 제품이나 중국 제품에 비해 점차 가격 경쟁력을 상실해 갔다. 이러한 환율의 변화로 인한 경쟁력의 차이는 결국 일본 기업의 경영자가 자사의 제품이 가격 이외의 다른 효용을 제공할 수 있는 차별화 전략을 추구하도록 하는 원인이 되었다고 볼 수 있다.

2) 법적-정치적 환경

경영자는 외국에서 사업을 할 경우 외국 정부의 더 많은 감독과 규제뿐만 아니라 생소한 정치적 시스템에 직면하게 된다. 정부 관료와 관청은 외국 기업을 단지 외부인으로 취급할 뿐만 아니라 심지어는 침입자로 생각하며 자국의 경제 독립과 정부 통치권에 어떤 영향을 주지나 않을까 의심의 눈초리로 보기도 한다. 국제 기업에 영향을 미치는 주된 법적-정치적 요인은 정치적 위험, 법과 규제, 정치적 불안정성을 들 수 있다. 우리나라의 주식 시장이 외국의 주식 시장에 비해 가격이 저평가되는 가장 큰 이유 중의 하나는 바로 북핵문제와 혼란한 국내 정치에 기인한다고 할 수 있다.

■ **정치적 위험**

정치적 위험은 정부의 정치적인 영향력으로 인한 정치적 사건이나 조치로 인하여 경영자의 영향력이나 기업 자산의 손실을 입는 경우를 말한다. 이러한 정치적 사건이나 조치는 자주 발생하기 때문에 기업은 예상 밖의 손실에 대비하여 특별한 계획이나 프로그램 등을 준비할 필요가 있다.

정부가 회사의 재산을 몰수하는 것도 역시 또 다른 정치적 위험이라고 할 수 있다. 회사의 자산 몰수에는 회사 설비를 정치적 권력을 이용하여 무조건적으로 압류하는 것에서부터 경영권을 정부가 점차적으로 잠식해가는 것을 들 수 있다. 예를 들어, 쿠바의 카스트로가 모든 국내 기업과 국제 기업에 대한 소유권을 몰수하고 국유화한 사건을 들 수 있다. 이러한 자산 몰수는 미얀마, 과거 중국 등지의 정치적 변혁기에도 자주 일어난 사건이라고 할 수 있다.

이것뿐만 아니라 국제기업의 소유 지분을 외국인 투자 규정을 변경하여 현지 국민에게 나누어 주거나 혹은 영업 활동의 결과로써 발생하는 수익을 본국에 송금하지 못하도록 하는 일도 일어날 수 있다. 또한 과도한 세금을 물어 현지 정부에서 수익을 착취하는 조치가 일어날 수 있다. 중국 시장 개방 초기에 현지에서 기업 활동을 하였던 외국인 경영자들이 이러한 정치적 압박으로 인하여 중국의 잠재된 거대한 시장 수요에도 불구하고 실제 이윤 창출에 실패했던 것은 이와 같은 이유에서이다.

■ **법과 규제**

정부의 법과 규제는 국가마다 다르며 국제기업이 행하는 기업 활동에 대해 직접적으로 영향을 주는 요인이 된다. 상품과 서비스는 각국의 규제가 갖고 있는 어떤 문제에도 불구하고 반드시 그 기준에 충족되어야 한다. 국제기업이 활동하고 있는 외국 정부는 문서에 관한 규정, 소비자 보호, 정보와 상표, 고용과 안전, 임금에 관한 수많은 법을 가지고 있다. 국제기업은 반드시 이러한 규칙과 규제를 이해하고 따라야 한다.

예를 들어 다국적 기업 필립스가 유럽에서 전기 코드와 플러그를 만들 때 각국의 기준이 달라서 나라마다 다른 플러그와 코드를 만들어야 했다. 어떤 것은 플러그가 세 개의 가닥으로 이루어지거나 혹은 두 개인 경우도 있었고, 가닥의 모양이 직선이거나 혹은 오른쪽으로 둥글어진 모양이거나, 아니면 원형인 경우도 있다. 플러그의 모양도 다양해서 세모인 것, 원형인 것, 육각형인 것 등이 있었다. 나라마다 제품의 표준이 다르기 때문에 국제 기업은 더 많은 비용을 들여 각국의 기준을 맞추어야 하는 것이다. 이러한 현상은 현지 정부가 현지 소비자들의 안전을 보호하고 사용하는 습관에 우선적으로 기인한 것이라고 볼 수 있으나, 각국은 이런 종류의 규제를 통하여 외국의 기업에 비해 비용면에서 더 유리하도록 자국 기업을 보호하는 측면도 존재한다고 할 수 있다.

■ 정치적 불안정

국제기업을 경영함에 있어 자주 문제가 되는 것은 정치적 불안정이다. 폭동, 혁명, 사회적 소동, 정부인사의 잦은 교체 등이 정치적 불안정에 포함된다. 정치적 불안정성은 불확실성을 증가시키고 기업의 운영을 더욱 어렵게 만든다. 국제기업은 정치적으로 안정된 시스템하에서 더욱 효과적으로 운영될 수 있다. 갑작스럽고 급격한 정치적인 변화는 국제 기업이 운영되는 데 있어 매우 위험하다고 할 수 있다.

예를 들어 미국의 9 · 11 테러 이후 미국 내 거주하는 외국인과 외국 기업에 대해 미국 정부와 미국 시민이 경직된 태도를 가지게 되었고, 외국과의 교역에 있어서 자국을 보호는 정책이 더 강화되어 우리나라 기업뿐만 아니라 동남아시아 혹은 중동의 기업들이 경제적인 타격을 받았다. 또한 미국의 대이라크 전쟁으로 인해 우리나라 및 외국의 기업들과 기업인들이 다 철수해야 했다. 역시 비슷한 예로 중국의 SARS 확산과 그에 따른 사람들의 공포로 인해 중국에서의 상행위 활동이 위축되면서 대중국 수출의 유리한 경쟁력을 갖고 있던 우리나라 전자 회사들이 한때 경영침체를 경험하기도 하였다. 테러와 중동분쟁, 러시아-우크라이나 전쟁, 사회혼란 역시 정치적 불안정과 맞물리면서 국제 기업 활동에 많은 영향력을 미친다.

3) 사회문화적 환경

국가의 문화는 사회의 구성원끼리 공유된 생각하는 방식, 행동하는 양식을 일컬으며 또한 공유된 지식, 믿음, 가치 등을 포함한다. 외국의 문화는 정치적 요인이나 경제적 요인보다 더 이해하기 난해하다. 문화는 눈으로 볼 수가 없고 전체적으로 퍼져 있으며 학습하기가 힘들다. 국제기업의 경영자는 기업이 속해 있는 사회의 문화를 반드시 이해하여야 하며 그것을 효과적으로 다룰 수 있어야 한다.

■ **사회가치**

각 국가가 가지고 있는 다른 문화를 이해하고 문화가 가지는 경영적 의미를 시도한 연구가 있다. 글로벌 기업인 IBM에 근무하는 전세계 60개국 160,000명의 종업원들을 대상으로 한 홉스테드의 연구에서는 조직과 근로자의 직무수행에 영향을 주는 국가적 가치체계시스템의 5가지 차원을 밝히고 있다.

• **권력 거리**(power distance): 높은 정치적 거리는 제도, 조직, 사람들 간의 권력의 불평등을 잘 받아들인다는 것을 말한다. 낮은 권력 거리를 갖는 문화의 사람들은 권력의 평등을 기대한다. 높은 권력 거리를 갖는 나라로는 말레이시아, 필리핀, 파나마 등을 들 수 있다. 낮은 권력 거리를 나타내는 나라는 덴마크, 오스트리아, 이스라엘 등을 들 수 있다.

• **불확실성 회피**(uncertainty avoidance): 높은 불확실성 회피는 사회구성원들이 불확실성과 모호성을 불편해하며 확실성과 순응을 약속하는 믿음을 지지한다. 낮은 불확실성 회피는 사람들이 비구조화되고 불확실하며 예측하기 어려운 것에 잘 적응하는 것을 말한다. 높은 불확실성 회피를 나타내는 나라는 그리스, 포르투갈, 우루과이 등을 들 수 있다. 낮은 불확실성 회피를 나타내는 나라는 싱가포르와 자메이카 등을 들 수 있다.

• **개인주의 / 집단주의**(individualism / collectivism): 개인주의는 개인들이 스스로를 돌볼 수 있도록 기대되는 느슨한 사회적 틀에 대한 가치이다. 반면에 집단주의는 개인이 다른 사람을 돌보고 조직이 개인의 이익을 보호해 주는 강하게 엮인 사회적 틀에 대한 선호를 나타낸다. 개인주의 가치를 가진 나라로는 미국, 캐나다, 영국, 호주 등이다. 집단주의 가치를 보이는 나라로는 일본, 과테말라, 에콰도르, 파나마 등을 들 수 있다.

• **남성성 / 여성성**(masculinity / femininity): 남성성은 성취, 영웅주의, 강인함, 물질적인 성공 등에 대한 선호를 나타내는 가치이다. 여성성은 관계, 겸손, 약자를 돌봄, 삶의 질 등을 선호하는 가치이다. 강한 남성성을 가지고 있는 나라로는 일본, 오스트리아, 멕시코, 독일 등이 있다. 여성성을 가진 나라는 스웨덴, 노르웨이, 덴마크, 유고슬라비아 등이다.

• **장기지향 / 단기지향**(long-term / short-term): 장기지향 문화에서는 미래지향적이며 인내심이 강하며 근검절약을 추구한다. 단기지향문화는 현재 및 과거 지향적이며 전통을 숭배하고 사회적 의무를 중시한다. 장기지향

국가로는 덴마크, 캐나다, 네덜란드가 있고 반면에 단기지향 국가는 러시아, 아르헨티나, 폴란드 등이 있다.

사회적 가치는 조직의 기능과 관리 스타일에 영향을 준다. 예를 들어, 프랑스와 라틴과 지중해 국가들에서의 조직은 위계적인 관료제 시스템을 주로 보인다. 독일과 다른 유럽 국가들은 비개인적이고 능률적인 조직을 가지고 있다. 인도, 아시아, 아프리카 등에서는 조직을 확대된 가족으로 보는 경향이 있다.

문화적 갈등은 조직과 관리자의 잘못된 대응에서 발생한다. 즉, 서로 상이한 문화적 배경을 가진 조직과 관리자가 만난다면 잘못된 기대와 예측으로 인해 좋지 않은 결과를 가져올 수도 있다.

■ 다른 문화적 특징

국제화된 조직에 영향을 미칠 수 있는 다른 문화적 특징은 언어, 종교, 태도, 사회적 조직, 교육 등이다. 언어는 문화적 특성을 반영한다. 공통된 언어가 통용되며 공유된다는 의미는 역사적으로 비교적 동질적인 전통과 관습을 반영할 수 있으며 이것이 독특한 문화적 특징으로 나타나기도 한다. 언어는 동일한 국가 내에서도 여러 종류가 존재하기도 한다. 인도는 여러 언어가 존재하는 다국적 언어의 특징을 보이는 대표적인 나라다. 약 3,000개의 방언이 존재한다고 한다. 이런 현상이 시사하는 것은 인도는 언어가 복잡한 만큼 문화도 다양하다는 것이다. 이와 같은 언어의 다양성은 국제 기업이 운영되는 데 있어 장애 요인이 될 수 있다.

첫째로, 경영자가 본국에서 파견된 경우 현지 종업원들과의 의사소통의 장애가 있을 수 있다. 둘째로, 현지 법인의 경영자가 현지인이라면 국제 기업의 본국과의 의사소통의 문제가 발생될 수 있으며, 본국의 관리 관행이나 경영문화를 이해하지 못하는 문제가 발생할 수 있다. 셋째로, 국제 기업과 현지 시장의 소비자 간의 의사소통에서 발생할 수 있는 문제들이다. 과거에 포드자동차가 제 3세계를 대상으로 내 놓은 차를 피에라(Fiera)라고 명명하였는데, 그 말은 스페인어로 늙은 여자라는 뜻이어서 곤혹을 치룬 적도 있었다. 이 밖에도 현지의 관료, 원료 공급자 등과의 의사소통의 문제는 능률적으로 기업을 운영하는 데 있어 장애의 요인으로 작용할 가능성이 크다.

종교는 두려움의 대상, 삶에 대한 철학적 태도, 금기, 의식 등을 포함한다. 종교는 개인의 생활뿐만 아니라 조직의 운영과 관리에도 영향을 미친다.

개인의 종교적 신념이 조직생활에서도 영향을 미치기 때문이다. 예를 들어, 이슬람교의 라마단 금식 기간 중에는 이슬람교도들이 일을 하지 않아 생산성이 많이 떨어진다. 종교적인 믿음은 소비행태에도 영향을 미친다. 이슬람교도와 유대교인들은 돼지고기를 먹지 않고 인도인들은 소고기를 먹지 않는다.

성공, 일, 시간에 대한 가치관 및 태도는 모두 조직의 생산성에 영향을 미친다. 가치관과 태도는 사회 규범이나 교육, 종교 등에 인한 사회화 과정을 통하여 학습되어진 것이다. 특히, 공정성 지각, 성취욕구, 계층에 대한 태도 등은 일과 관련한 과정과 생산성에 영향을 미칠 수 있다. 작업을 통해 성취감을 느끼는 것을 기쁘게 여긴다거나, 임금의 차이에 대해 갖는 태도, 관리자의 지시사항과 통제에 반응하는 정도는 조직의 생산성과 직결되는 요인이라고 할 수 있다.

자민족 중심주의라고 하는 태도는 자신의 문화가 다른 문화에 비해서 더 우월하다고 생각하는 경향을 말하는 것이다. 자민족 중심주의가 만연한 나라에서는 외국 회사가 운영되는 데 어려움이 많이 따른다. 자민족 중심주의가 만연하게 되면 외국기업의 경영활동에서 생기는 문화적 차이에 대한 수용이 낮거나 반발이 있을 수 있기 때문에 국제적인 기업 조직을 운영하는 데 문제가 따를 수 있다.

사회적 조직은 계층 시스템, 가족, 친족, 사회적 제도, 사회적 신분의 이동성에 대한 기회 등을 포함한다. 중국의 경우 가족과 특히 소수 민족에 대한 애착이 대단해서 중국의 전통 설이 될 즈음에는 일을 거의 하지 않고 고향으로 이동하기 때문에 도시에서는 길에 다니는 사람을 구경하기 어려울 정도이다. 이 기간 동안에는 가족과의 시간을 보내는 것 이외에는 거의 다른 활동은 이루어지지 않는다.

교육은 문맹 정도, 능력을 갖춘 종업원의 사용 가능성 등을 포함한다. 독일의 경우 직업 교육 수준이 상당히 높아 어떤 나라보다도 숙련공들의 비율이 높다고 할 수 있다. 독일에 진출한 기업들은 숙련된 노동자들이 풍부하다는 것에서 이점을 누릴 수 있다. 이와 비슷한 예로 인도의 경우 IT에 대한 교육 수준도 높고, IT 관련 노동자들의 숙련 정도가 높을 뿐만 아니라 상대적으로 임금도 저렴하다. 이러한 이유 때문에 숙련된 연구원과 노동자들을 이용하기 위해 MS사에서 연구소를 설립하기도 하였다.

2. 국제 시장 진입 전략

외국에 시장을 개발하고자 하는 기업은 수출, 라이센싱, 국외 생산 등과 같은 접근법을 사용할 수 있다. 이러한 방법들은 외국 시장에 진입하고자 할 때 사용하기 때문에 진입 전략이라고 한다. 대부분의 기업들은 외국 시장에 진입할 때 수출부터 시작하다가 더 발전하여 국외 생산에 이르게 된다. 물론 세 가지 전략을 동시에 사용하는 것도 가능하다.

1) 수 출

수출은 기업이 자신의 생산 설비를 자국에 유지하고 판매하는 상품만 국외로 이동시키는 것을 말한다. 수출은 기업이 생산품을 적은 비용과 제한된 위험으로 다른 나라의 시장으로 이동하게 하는 것을 가능하게 한다. 수출은 물리적 거리, 정부 규제, 외국의 통화, 문화적 차이 등과 같은 여러 가지 문제를 수반하지만 외국에 공장을 건설하는 것보다는 비용이 훨씬 적게 든다.

수출의 단점으로는 상품의 운송비용도 들 뿐만 아니라, 나라에 따라 다르게 적용되는 세금과 관세의 문제가 있다. 또한 수출업자가 다른 나라에서 적절하게 상품을 홍보하는 것도 어렵다. 수출한 상품이 성공적이라면 현지 시장에서 경쟁이 나타날 수 있다. 수출의 단점을 최소화하기 위해서 현지에 판매 대리인을 내세우는 방법이 있다. 현지 판매 대리인은 상품과 시장에 대한 이해가 풍부하기 때문에 현지에서의 시장 경쟁을 비롯한 수출과 관련된 문제 해결에 도움이 된다.

2) 라이센싱

라이센싱은 한 나라의 기업이 다른 나라의 기업에게 특정 자원을 사용할 수 있도록 권한을 주는 것을 말한다. 이러한 자원에는 기술, 관리적 기술, 특허, 등록상표를 사용할 수 있는 권리 등을 포함한다. 라이센스를 받게 되면 라이센스를 주는 기업이 사용할 수 있도록 허락한 자원을 이용하여 최대한 비슷한 상품을 생산하여 시장에서 판매할 수 있게 된다. 이러한 계약은 라이센스를 주는 기업이 외국의 시장에서 자신의 상품을 생산하고 판매하는 데 참여할 수 있는 기회를 가질 수 있게 한다.

프랜차이징은 라이센싱의 한 형태로써 프랜차이즈를 주는 기업이 외국의 특정 기업에 설비, 상품, 상품에 들어가는 성분, 등록 상표, 관리적 조언, 표준화된 운영 시스템 등을 포함한 원료와 서비스의 모든 패키지를 제공하는 것을 말한다. 국제적인 프랜차이즈로 가장 잘 알려진 것 중의 하나가 KFC, 버거킹, 맥도날드 등이다.

라이센싱과 프랜차이징은 국제 시장에 대해 비교적 쉬운 접근을 하도록 해준다. 그러나 국제 시장을 개발하는 데 있어서 제한된 참여와 통제를 할 수 밖에 없다는 단점이 있다.

3) 국외 생산

국제교역에 있어서 더 높은 수준의 참여는 제조 시설에 대한 직접적인 투자이다. 직접적인 투자란 기업이 외국의 생산 시설을 직접 관리하는 것을 말한다. 이것은 이전의 진입 전략보다는 더욱 통제력이 강하다고 할 수 있다. 직접적인 투자가 일부분 적용된 것 중에 하나가 조인트 벤처(joint venture)이다. 조인트 벤처란 기업이 외국의 다른 기업과 제조 설비를 세우는 데 있어 비용을 공동으로 부담하는 것을 말한다.

국제적인 조인트 벤처의 예로는 지멘스(Siemens)와 코닝(Corning)의 광섬유 벤처, 후지쯔(Fujitsu)와 GE의 로보틱스 벤처, 웨스팅하우스(Westinghouse Electric)와 지멘스(Siemens) 간의 공장자동화 벤처를 들 수 있다. 대략 직접적인 투자의 20% 이상이 조인트 벤처의 형태로 이루어진다. 조인트 벤처는 비용을 공동으로 부담하는 것만큼 소유권도 제한적이다. 그래서 많은 기업들이 조인트 벤처를 할 때 더 많은 지분을 확보하여 운영상에 통제권을 더 확보하고자 한다. 조인트 벤처는 주로 외국의 기업이 자국의 기업에 대해 온전한 경영권을 행사하는 것을 금지하고 있는 나라에서 주로 사용하는 방법이다.

조인트 벤처는 현지에서 기술이나 상품과 관련한 불확실성이 존재할 때 그 위험을 현지의 파트너 기업과 분담한다는 장점이 있다. 현지에서의 정보가 부족한 경우 현지 기업과 조인트 벤처를 하면 현지 시장을 개척하는 데 위험성을 낮추면서 기술과 자금을 공동으로 출자하여 시장 개척 비용도 줄일 수 있는 이점이 있다. 그러나 파트너 간에 분쟁이나 의견 불일치가 일어날 경우 해결하는 것이 어렵고 시간이 많이 걸리기 때문에 부정적인 결과를 가져올 수 있다.

다른 방법으로 외국에 해외법인을 설립하여 완전한 경영권을 갖는 것이다. 외국에 해외법인을 설립하면 단지 수출할 때만 발생하는 유통채널 확보,

운송비용, 보관비용 등을 줄일 수 있다.

해외법인을 설립함으로써 얻을 수 있는 장점은 본국의 회사가 현지에서 완전한 통제권을 행사할 수 있다는 것이다. 경영 활동에서 발생하는 이윤도 파트너와 나누어 가질 필요도 없으며, 기술과 전문성 역시 본국의 기업에게 그대로 귀속된다. 또한 해외법인이 생김으로 인해 전세계의 소비자를 대상으로 영업하는 능력이 개발될 수 있다.

그러나 해외법인을 설립함으로써 생기는 단점은 해외의 정치적 위험으로부터 자유롭지 못하다는 것이다. 극단적인 경우 본국의 재산을 몰수당하는 위험까지 존재하게 된다. 코카콜라의 경우 인도에서 콜라의 제조 비밀을 공개하라는 압력에 대하여 아예 현지 공장을 폐쇄한 예도 있다. 현지 경영자는 경제적, 문화적, 정치적 조건에 대한 정확한 이해를 통해 현지의 경제적, 법적-정치적, 사회문화적 환경의 차이로부터 생기는 위험을 최소화 할 수 있도록 해야 한다.

15.3 국제 기업과 경영활동

1. 다국적 기업

1) 다국적 기업의 등장

다국적 기업은 제 2 차 세계대전 이후 미국 시장의 호황으로 미국 기업의 생산성과 이윤이 높아짐에 따라 등장하게 되었다. 미국 기업은 규모면에서 점점 성장하게 되었고, 자본이 축적됨에 따라 기업의 집중과 합병이 이루어지면서 거대한 세계 기업으로 성장하게 되었다. 더 이상 미국의 거대 기업의 생산 능력을 미국 시장에서 소화하기 어려워지자 해외 시장에 눈을 돌리게 되었고 여기에 통신과 교통수단의 발달이 가세함으로써 전세계 소비자의 수요를 대상으로 기업 활동을 수행하게 되었다. 전세계를 대상으로 한 생산과 영업활동으로 인하여 세계 소비자의 욕구와 수요가 동질화되어 다국적 기업의 활동무대가 전세계로 확대되었다. 또한 통신과 교통수단의 발달로 인해 해외 자회사를 본사가 용이하게 통제를 하게 되었고, 지구촌 전체의 전략 수행도 가능하게 되어 기업의 다국적화가 더욱 촉진되었다.

다국적 기업은 크기(size)에서나 규모(scale)면에서 거대하기 때문에 완벽히 이해하기는 어렵다. 국제적으로 이루어지는 거대한 사업의 대부분은 소위 소수의 다국적 기업에 의해서 이루어진다. 다국적 기업은 한 나라에서 다른 나라로 자산을 이동시킬 수 있으며 해당 국가의 경제, 정치, 문화에 깊은 영향을 줄 수 있기 때문에 다국적 기업은 대단한 주목과 관심을 받는 주체이다. 거대한 다국적 기업은 이미 대부분의 국가의 GNP보다 많은 판매수익을 올린다.

2) 다국적 기업의 특성

다국적 기업에 대한 합의된 정확한 정의는 없지만 다국적 기업이라 하면 통상적으로 기업 전체 수익의 25% 이상을 외국의 영업활동으로 인해 벌어들이는 기업을 말한다. 다국적 기업은 다음과 같은 특유의 관리적 성격을 갖고 있다(Daft, 2016).

- 다국적 기업은 전세계에 흩어져 있는 기업들을 통합하여 관리한다. 즉, 다국적 기업은 외국의 해외법인을 밀접하게 관리하고 그들과 협동한다. 자본, 기술, 그리고 인력이 해외법인 간에 서로 이동한다. 다국적 기업은 가장 경쟁력이 있다고 판단되는 국가에서 자원을 획득하고 생산 활동을 한다.
- 다국적 기업은 본부와 해외법인들을 망라하여 가장 중요한 전략적 의사결정에 대해서는 궁극적으로 하나의 관리 권한하에서 통제된다. 이러한 관리의 집중화 경향은 전세계적으로 통합되는 시스템을 유지하고 기업의 이윤을 극대화하기 위해서 필수적이다.
- 다국적 기업의 최고 경영자들은 기업을 경영함에 있어 국제적 관점을 가지고 의사결정을 한다. 경영자들은 전세계를 그들이 의사결정을 내려야 하는 대상으로 여기며, 자원을 획득하고 생산 활동이 이루어지며 상품과 서비스를 마케팅하는 대상으로 생각한다.

일반적으로 다국적 기업은 해외 여러 나라에서 경영활동을 하는 기업으로 생각되어지고 최고 경영자는 국제적 사업의 기회를 모색하여 의사결정을 내리는 것으로 생각되어진다.

경영학 FOCUS

코카콜라

다국적 기업이란 일반적으로 수 개국에 걸쳐 영업 또는 제조 거점을 가지고 국가적 혹은 정치적 경계에 구애됨이 없이 세계적인 범위와 규모로 영업을 하는 기업이다. 시장, 기술, 경영 방법의 국제적 공동화가 이루어지고 있는 기업이다. 현재 세계는 글로벌(Globalization)의 흐름에 따라 국가 간의 장벽과는 상관없이 하나의 상품이 세계 곳곳에 퍼지고 있다.

코카콜라는 1886년 창립, 140년의 역사를 가진 글로벌 1위 종합 음료 회사로, 다국적 기업으로서 독특한 특성을 지니고 있다. 시장 지배력에서 글로벌 탄산음료 시장의 47%를 장악하고 있으며, 2023년 미국 탄산음료 시장에서 19.18%의 점유율로 1위를 차지했다. 200여 개국에서 200여 개의 브랜드 포트폴리오를 운영하며, 스파클링, 주스, 차, 커피, 스포츠음료 등 다양한 제품군을 보유하고 있다. 조직 구조와 운영에서 '글로벌 매트릭스조직'을 사용해 본사의 전략과 현지 상황에 따른 기민한 대응을 조화시키고 있다. 직원들이 회사의 핵심 가치를 유지하면서도 현지 상황에 맞춰 유연하게 업무를 처리할 수 있도록 하며, 장기 로드맵을 협력업체와 공유하고, 협력업체의 의견을 반영하여 실천 가능성을 높이고 있다. 글로벌 전략 면에서 현지화 전략을 선택, 각국 현지 사업부의 아이디어와 성공 사례를 적극적으로 채택하고 다른 시장으로 확대하고 있다. 또한 브랜드 구조조정을 실시, 2020년 말까지 200여 개 브랜드의 사업을 철수하는 대대적인 구조조정을 통해 기업 운영의 유연성을 보여주었다. 해외 시장 중요성을 파악해, 미국을 제외한 해외시장에서 전체 매출의 80%를 올리고 있다. 코카콜라의 이러한 특성들은 글로벌 기업으로서의 성공을 이끌어내는 핵심 요소로 작용하고 있다. 한편 회사가 직면한 위기로는 탄산음료 시장 축소, 제로 슈가 제품 경쟁 심화, 다이어트 콜라의 쇠퇴, 환경 및 지역수자원 문제, 및 인플레이션과 비용 상승 등이 있다.

다국적 기업은 결국 국내의 기업 활동과 해외활동의 구별이 사라지며 중시되는 것은 그 기업의 이익이다. 그렇기 때문에 기회와 장소가 있으면 언제 어디로든 진출하게 되는 것이다. 이로 인해 경영활동에 필요한 인력의 충원 및 배치도 매우 유연하다. 주로 지역본사에서 지역 특성에 맞는 인력을 뽑아서 충원하고, 경영자 역시 지역 전문가 혹은 본사로부터의 파견인 등 다양하게 이루어지게 되는데 이러한 유연한 인력관리는 다국적 기업의 중요한 특성이자 기업의 성패를 좌우하는 핵심 전략이라고 할 수 있다.

2. 국제 기업의 전략 수립 과정

다국적 기업의 최고 경영자는 전세계에 걸쳐 이루어지는 경영활동을 통합하여 시너지를 창출하기 위해서 정교한 전략을 세울 필요가 있다. 적절한 전략을 결정하기 위해서는 다음과 같은 체계적인 전략 수립과정을 가져야 한다. 전략을 수립하는 과정 자체는 일반적인 전략 수립 과정과 크게 다르지 않다. 전략을 수립하는 과정은 [그림 15-2]로 요약할 수 있다.

국제적 경쟁이 점점 치열해짐에 따라 다국적 기업의 경영자에게 전략적 계획에 대한 필요성이 점점 증대되고 있다. 더구나, 경영자는 각국의 정치적 위험과 유행을 체계적으로 전사적 전략에 반영하여야 한다. 전략적 계획의 과정은 다국적 기업의 해외법인들이 서로 통합되고 회사 전체의 목표에 부합되도록 하는 것이다. 결국에 해외에 있는 모든 해외법인들이 회사 전략에 일치되도록 하는 것이다.

1) 환경 분석

환경 분석의 첫번째 단계는 국제적인 지역을 선택하는 단계이다. 경영자는 전 세계 지역을 탐색해서 기업의 조건에 맞는 해외 지역을 선택한다. 경영자는 인구 규모, 국민소득, 정치적 안정성, 산업화 단계 등에 대해 최소한의 기준을 세워두고 지역을 결정해야 한다.

환경 분석은 목표로 하는 잠재적 시장에 대해서 행해지거나 혹은 기존 시장을 확대할 것인가 혹은 철수할 것인가를 선택하기 위해 활용된다. 환경 분석은 또한 수출을 할 것인지, 혹은 라이센싱을 할 것인지에 대해서도 귀중한 정보를 알려줄 수 있다. 정치적 불안정성이나 경쟁 정도는 수출이 새로운 공장을 세우는 것보다 더 효과적인지 알려주는 척도가 될 수 있다.

2) 내부분석

전략적 계획에 있어 두번째 단계는 조직의 강점과 약점을 파악하는 내부분석이다. 이 분석은 다국적 기업 각각의 해외법인이 완벽한 전체로써 움직이는지를 평가하게 해준다. 내부 분석은 기업의 상품의 질, 재무적 자원, 국제 경영에 대한 관리자의 몰입 정도를 평가한다.

그림 15-2 전략 수립과정

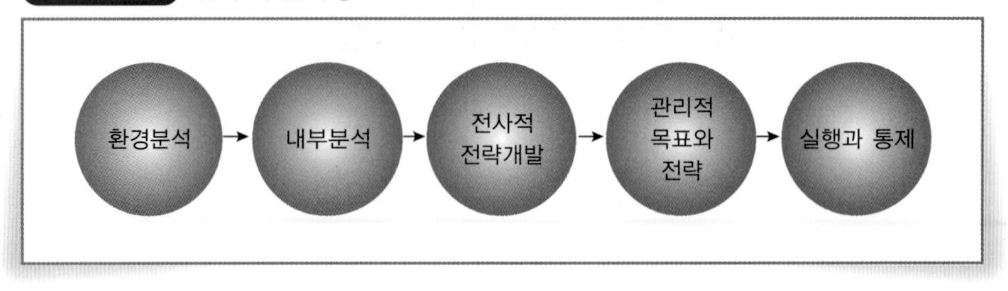

3) 전사적 전략 개발

다음 단계는 전사적인 미션과 전략을 개발하는 것이다. 기업은 국제적 기회와 자사의 강점을 잘 파악하여야 한다. 이러한 의사결정은 전사적인 기회와 위험을 평가하여 내려져야 하고 그 평가에 기초하여 성장 혹은 축소전략, 국제화 혹은 현지화 전략을 적절하게 사용해야 한다.

4) 관리적 목표와 전략

다음 단계에서는 전사적 전략이 관리의 단계에서 실행이 가능하도록 조작화 되어야 한다. 즉, 전사적 전략이 각각의 해외법인의 목표로 환원되어야 한다. 전략이 관리적 목표로 환원되는 예는 각국의 해외 법인에게 기대되는 재무적 목표, 판매 수준, 성장률 등으로 나타날 수 있다.

5) 실행과 통제

전략 실행의 단계는 구체적인 업무 시한 동안에 수행되어야 할 구체적 행동 계획을 정하고 자원을 할당하는 것을 말한다. 통제는 설정된 목표와 비교하여 모니터한 후 사후 관리하는 과정을 말한다. 각 해외법인은 본부와 지역적으로 멀리 떨어져 있기 때문에 기업 운영을 감독하고 그에 대한 정보를 제공하는 시스템은 성과를 평가하고 전략을 수정하는 데 아주 중요한 역할을 한다.

3. 국제 기업의 전사적 전략

다국적 기업의 전략적 계획 과정은 매우 어렵고 시간을 많이 필요로 하는 작업이다. 그러나 다국적 기업이 전세계적으로 흩어져 있는 해외법인들을 이해하고 관리하기 위해서는 장기적인 계획이 반드시 필요하다. 이러한 전략적 계획들은 해외에 흩어진 해외법인들을 하나로 묶어주고, 다양하고 불확실한 환경에서 기업이 경쟁력을 유지할 수 있게 하여, 전체 회사의 이익 창출에 기여하도록 하는 중요한 역할을 하게 된다.

성장 전략 혹은 축소 전략은 대기업의 주요한 전사적 전략이라고 할 수 있다. 국제적인 환경에서 다국적 기업은 국제적인 통합과 국내 환경에의 대응이라는 딜레마에 부딪히게 된다. 다국적 기업의 경영자는 해외법인이 자율성을 가지고 움직이도록 할 것인가 혹은 표준화되고 중앙집권적으로 움직이도록 할 것인가를 결정해야 한다. 이러한 선택은 경영자가 기본적인 전략적 대안을 결정하도록 한다. 즉, 국제화 혹은 현지화 전략, 그리고 성장 혹은 축소 전략 중에서 선택을 해야 한다.

■ 국제화 전략

국제화는 제품 디자인과 광고 전략 등이 전세계적으로 표준화되어 있는 것을 말한다. 이러한 접근법은 국제적 시장이 고객이나 상품적인 측면에서 동질적인 부분이 있다는 것을 전제로 한다. 즉, 지구촌의 대부분의 사람들이 비슷한 기술을 이용하여 만든 텔레비전을 시청하고 비슷한 제품을 소모한다는 것이다.

이 전략은 조직의 각 활동들을 지역과는 상관없이 할당을 한다. 즉, 바람직한 결과를 가져올 만한 곳에서 생산 활동을 하고, 가장 많은 이윤을 낼 수 있는 지역에서 판매를 한다. 어떤 지역에서 특정 업무를 수행해야 할지를 결정하기 위해 비용, 전문성, 원료, 제조 혹은 시장의 능력 등을 고려한다. 이러한 전략의 장점은 규모의 경제를 누릴 수 있고 세계 도처에 존재하는 자원을 잘 활용할 수 있다는 것이다(Bartol & Martin, 1991).

국제화는 비슷한 광고 전략을 사용함으로써 마케팅 부서의 지출을 상당부분 줄여준다. 예를 들어, 다이어트 콜라의 경우 전세계적으로 같은 브랜드네임을 사용하면서, 시장에서의 위치선정, 광고 주제 등을 전 세계적으로 표준화 하였다. 단, 개별 국가에 따라 포장을 달리하고 현지 규제에 맞게 인공감미료의 선택을 달리 했을 뿐이다.

■ 현지화 전략

현지화 전략은 개별 국가에서 일어나는 경쟁을 그 나라의 해외법인이 독립적으로 대응하는 전략이다. 즉, 다국적 기업은 여러 나라에 걸쳐 존재하는

데, 마케팅, 광고, 상품 디자인 등이 각 국가의 소비자의 욕구에 맞도록 이루어진다는 것이다. 현지화 전략에서 해외 법인은 본국의 모기업의 자회사이지만 현지에서는 마치 현지 기업처럼 운영된다. 즉, 본국 모기업과 재무적 위험을 공유하기도 하고 지구촌의 R&D 자원을 쉽게 획득할 수 있는 이점을 누리기도 하지만 현지에서는 독립된 기업처럼 운영된다는 것이다. 이러한 전략은 현지에 맞도록 상품이 맞추어져야만 되는 경우에 주로 사용된다. 즉, 화장품이나 음식같이 현지 국민의 기호에 맞출 필요성이 있는 경우 현지화 전략을 사용하는 것이 바람직하다. 예를 들어, HP의 경우 컴퓨터 자판을 유럽의 전통에 맞게 개조하였으며, 회계 시스템과 관련한 소프트웨어의 경우 각국의 관행에 맞게 다르게 제작한다.

■ **성장 전략**

성장 전략은 사업을 국제적인 시장으로 확산하는 주요한 동기가 된다. 본국의 시장이 포화 상태에 이르렀을 때 다른 국가나 지역의 시장은 더 많은 판매와 이윤을 낼 수 있는 가능성을 가진 새로운 시장이다. 맥도날드의 경우 미국 이외의 지역에서 2,000개가 넘는 점포를 가지고 있다. 왜냐하면 맥도날드의 경우 미국 시장은 이미 포화상태에 이르렀기 때문이다.

■ **축소 전략**

축소 전략을 통해서 다국적 기업은 상품을 생산하고 판매하는 비용을 낮출 수 있도록 효율적으로 관리될 수 있다. 이러한 방법 중 대표적인 것이 해외소싱(global outsourcing)이다. 해외소싱이란 지리적 입지와 상관없이 필요한 자원이나 산출물을 가장 효과적으로 제공할 수 있는 공급업자를 전세계적으로 활용하는 것이다(박기안 · 김창경, 2001). 즉, 해외소싱은 비용이 저렴한 외국에 공장을 세워 본국이나 다른 여러 나라로 상품을 제공하는 것이다. 본국의 상대적으로 비싼 인건비나 자원 획득 비용을 피하기 위해 상대적으로 비용이 저렴한 곳에서 상품의 생산을 하도록 하는 것이다.

4. 국제적 기업의 국제화 단계

다국적 기업의 국제화 단계는 [그림 15-3]과 같이 통상적으로 다음과 같이 진행된다.

그림 15-3 조직의 국제화 단계

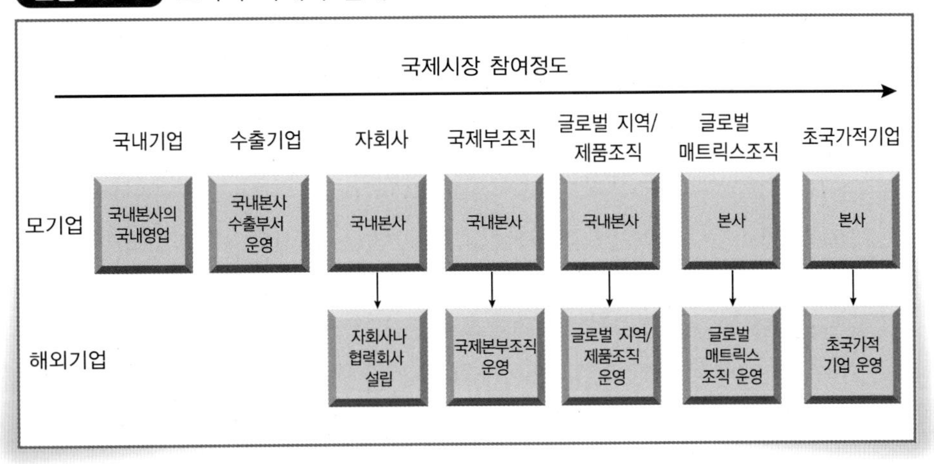

1) 국내조직

국내조직은 철저하게 내수시장을 대상으로 한다. 자국의 경기상황과 조직 환경, 소비자들의 욕구에 의해 경영활동을 수행한다.

2) 수출조직

수출조직은 국내시장과 더불어 외국을 포괄한 시장으로 영업활동을 확장한다. 조직의 수출담당 부서가 총괄하여 담당한다. 기업 경영 및 생산시설은 국내에서 보유하며 관리한다.

3) 자회사 설립

자회사나 협력투자는 전문 자회사나 협력투자를 통해 해외시장에 영업활동을 하는 것을 말한다. 자회사는 보통 조직의 현지법인을 말하는 것으로 기업 경영의 일부분을 본국 바깥으로 이동시킨 경우이다. 자회사는 판매지점 혹은 해외지사로써 본사의 통제하에 있으며 파견인력이 판매자회사의 경영자가 된다.

4) 국제본부조직

국제본부조직은 하나의 사업단위에서 국내조직의 모든 해외관련 업무를 총괄하는 형태로 수출뿐만 아니라 국제 업무를 총괄 담당한다. 본국의 국제부서 이외에 해외에도 국제 부서를 설립하여 해외에서 기업경영을 수행한다.

국제부서의 관리는 본사의 상위 관리자에 의해 경영된다. 국제화된 대부분의 조직은 통제시스템 및 해외 생산활동을 여러 나라로 확장하면서 파견인에 의해 외국시설이 주로 운영된다. 조직이 점차 몇몇 국가와 지역에서 조립라인과 생산시설을 갖춘 다국적 기업으로 변모하면서 국내 조직과 외국 조직 사이의 전략적 제휴가 매우 보편화되고 있다. 이 단계에서는 조직을 위한 의사결정의 분권화가 일어난다.

5) 글로벌 지역 · 제품조직

해외 영업 활성화로 자회사나 국제본부조직이 지나치게 늘어나 효율적인 커뮤니케이션을 위한 운영과 관리상 문제가 발생한다. 지역이나 제품에 따라 분권적인 경영을 요구받게 되고 글로벌 조직으로 전환하게 된다. 글로벌 조직은 크게 글로벌 지역조직(그림 15-4)과 글로벌 제품조직(그림 15-5)이 있다.

■ 글로벌 지역조직

국제본부조직이 처리해야 할 업무가 비대해지면서 가장 먼저 나타날 수 있는 것으로 해당 지역에 모든 경영권을 위임하는 것이다. 따라서 해외지역별로 생산, 인사, 재무, 마케팅 등 모든 경영활동이 독자적으로 이루어진다.

그림 15-4 글로벌 지역조직구조

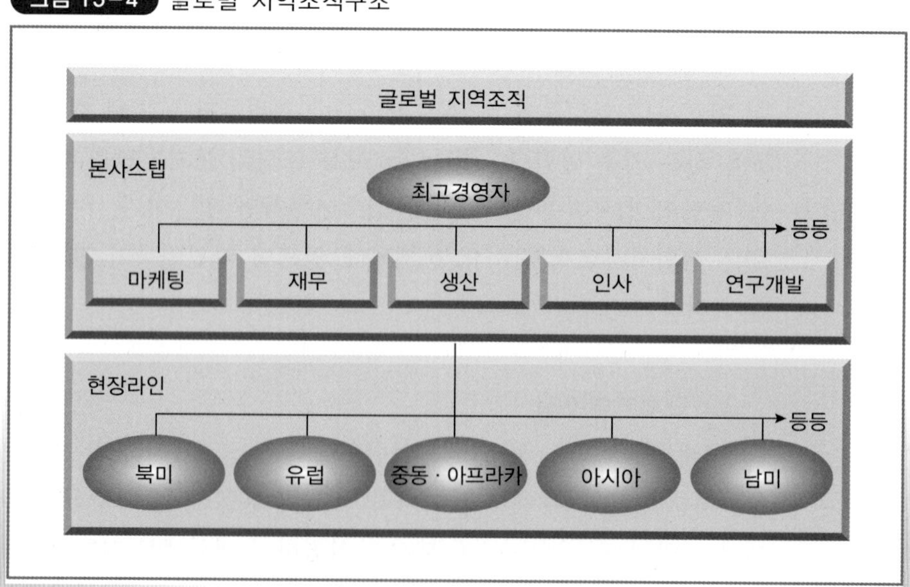

그림 15-5 글로벌 제품조직구조

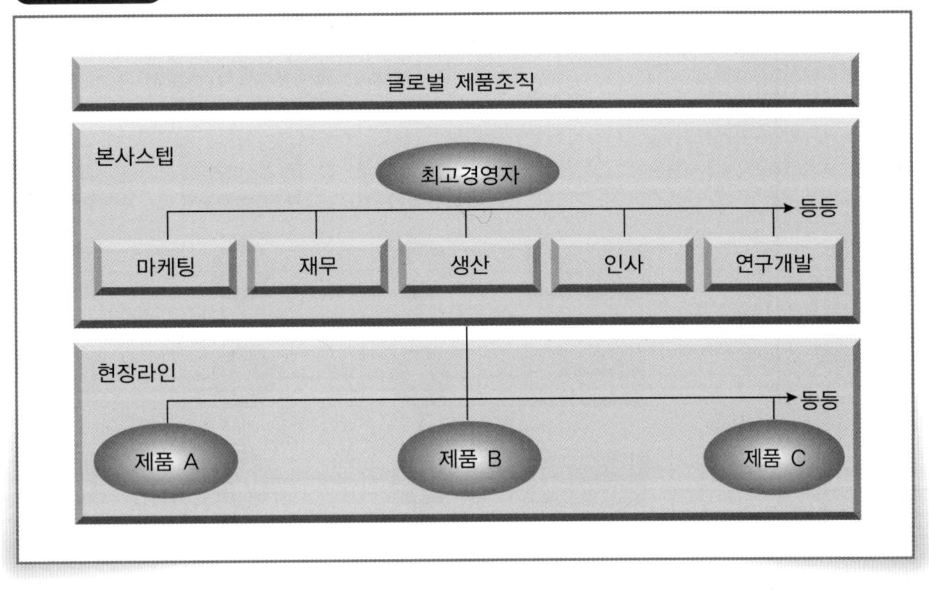

제품에 상관없이 해외지역에서 국내조직처럼 그 지역을 대상으로 경영활동을 한다. 특정지역의 운영 책임은 파견경영자나 현지 경영자에게 위임된다. 그러나 전략적 사안에 대한 의사결정은 본사와 조율을 통해서 수행한다.

■ **글로벌 제품조직**

제품조직은 GM사와 Du Pont사에서 1920년대 사용한 이래로 사업부 조직과 같은 의미에서 사용되고 있다. 원래는 본사를 제품별로 상정하여 제품부서에서 독자적인 경영활동이 이루어진다. 글로벌 환경에서는 해외에서 제품별로 모든 기능조직이 이루어진다. 예컨대, 반도체 A라는 독자적인 제품을 중심으로 해외담당 인력, 수출부, 생산 공장 및 판매유통이 이루어진다.

6) 글로벌 매트릭스 조직

글로벌 매트릭스 조직은 [그림 15-6]과 같이 제품과 지역적 차원을 통합해 기업경영활동과 자원을 조정한다. 지역 및 제품조직의 권한을 공유하는 의사결정이 이루어져 신속한 의사결정을 할 수 있다. 글로벌 매트릭스 조직의 기능적, 지리적 제품 책임자는 해외 자회사의 책임자와 유사한 지위를 갖게 된다. 물론 현지 경영자에게 경영권을 위임한다. 조직의 종업원 역시 파견인을 포함해 현지인으로 구성되어 있다.

그림 15-6 글로벌 매트릭스조직

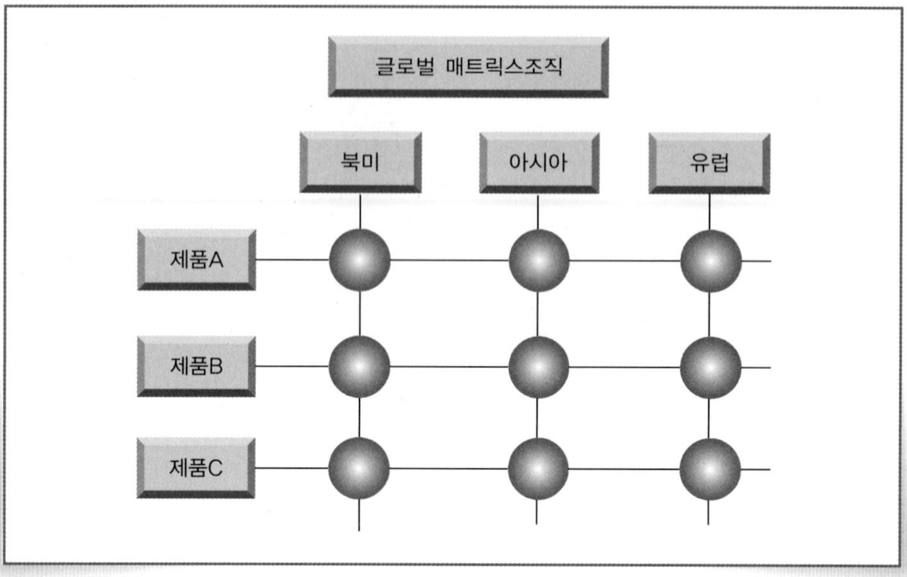

글로벌 지역 · 제품 조직의 경영자는 본사와 협의하에 기업전략에 관한 의사결정을 하지만, 글로벌 매트릭스 조직의 경영자는 두 명의 상사와 기업전략에 대해 논의하게 된다. 예컨대, 제품 A의 책임자가 북미지역에 관한 전략적 의사결정을 할 경우에는 북미지역 책임자와 본사의 최고경영층과 협의를 하게 된다.

7) 초국가적 조직

조직의 국제화단계에서 가장 발전된 형태로 국경을 초월하여 경영활동을 하는 초국가적 조직이다. 예컨대, 세계시장환경에 대한 정보수집은 북미를 중심으로, 제품기술은 유럽에서, 제품생산은 동남아시아에서 실시하며, 전세계적인 판매망을 통해 유통된다. 전세계에 조직의 핵심역량을 분산시키고 지역별로 차별화된 우위를 얻을 수 있다. 초국가적 조직들은 사업을 시작한 본국을 비롯해 어떠한 국가와도 강한 전략적 결속을 가지지 않는다.

5. 국제 기업의 인사관리

조직의 각 국제화 단계에서 활용되는 인사관리의 방식은 다양하다. 국제화 단계에 따른 인사관리는 본국중심형, 현지중심형, 지역중심형, 세계중심형으로 구분할 수 있다.

1) 본국중심형

본국중심형 충원은 최고 경영자를 비롯해 본국 파견인에 의해서 해외 지사나 자회사를 운영하며 이들에게 현지인들보다 급여나 처우를 우대하는 방법이다. 조직이 주로 국제화 초기 단계에 위치해 있거나 새로운 사업을 해외에서 시작할 때 이루어진다.

본국중심형 충원을 수행하는 이유는 자질을 갖춘 현지인이 부족하거나 본사와의 원만한 의사소통을 유지하기 위함이다. 본사와의 효율적인 커뮤니케이션 유지는 자회사의 활동을 본사의 전사적 국제경영활동과 통합시킬 수 있어 적절한 통제와 관리가 용이하다.

하지만 본국중심형 정책은 다음과 같은 단점이 있다. 첫째, 현지인들의 승진기회를 제한하여 생산성을 감소시키고 현지인들 사이에 이직을 증가시킨다. 둘째, 파견인들에게는 현지국의 문화적 충격과 익숙하지 않는 사회적 환경으로 인한 적응시간이 필요하다. 더구나 이 기간 동안 파견인은 많은 실수와 적절치 않은 결정을 내릴 수 있다. 셋째, 파견인과 현지인의 보상제도가 서로 비교될 때 파견인에 우호적인 임금 차이는 현지인에 의해 정당하지 못한 것으로 여겨질 수 있어 사기저하와 낮은 생산성을 나타낼 수 있다.

2) 현지중심형

현지중심형 충원은 해외 자회사를 현지인을 통해 경영하는 것을 말한다. 국가별 고유한 문화와 관습을 인정하는 현장 경영의 일환이다. 따라서 해외 지사의 경영활동이 매우 위험한 상황이 아닌 이상 본사의 개입을 최소화하려 한다. 충원 역시 본사의 충원을 그대로 적용하는 것이 아니라, 현지 상황에 적합한 인사정책과 관행을 개발하여 활용하는 등 문화 경영을 한다.

현지중심형 충원은 3가지 주요 이점이 있다. 첫째, 현지 종업원을 고용, 관리하는 데 필요한 언어장벽의 문제를 피할 수 있어 본사 파견인과 그들의 가족이 겪는 적응문제와 폭넓은 훈련 프로그램을 없앨 수 있다. 둘째, 본사의 입장에서는 파견인에 비해 인건비가 절감된다. 셋째, 현지인들은 시장의 특수성을 잘 알고 있으므로 시장 확대에 용이하고 소비자, 정부기관, 근로자들과 우호적인 관계를 유지할 수 있다.

현지중심형 충원 또한 단점이 있다. 아마 가장 큰 어려움은 현지 자회사

표 15-1 국제인사관리 유형

		유 형			
		본국중심형	현지중심형	지역중심형	세계중심형
조직 특성	조직구조의 복잡성	본사는 복잡하고, 자회사는 단순하다	다양하고 독립적이다.	지역을 토대로 높은 상호의존성	전 세계를 대상으로하여 복잡하고 조직 간 상호의존성이 높다.
	의사결정 권한	본사에 집중	본사 의사결정이 상대적으로 약하다.	지역본부에 집중되고 자회사 간 협력정도가 높다.	전 세계에 걸쳐 본사와 자회사 간 협력적 의사결정
	의사소통 및 정보흐름	본사의 일방적 지시와 자회사에 대한 충고	본사와 자회사 간 그리고 자회사 간 의사소통이 적음	본사와 자회사 간 의사소통은 낮지만, 지역 내 의사소통은 높다.	자회사 간 쌍방향 의사소통과 정보교환
인사 관리 특성	인력모집, 개발, 충원	본사에서 해외 주재원을 파견하여 해외조직의 인사관리를 총괄함	현지인 채용과 개발	지역에서 필요한 인력채용과 개발, 배치	전 세계적 최적 인물 선발, 최적 지역에 배치
	성과평가	본사기준	현지 평가기준	지역별 평가기준	범세계적으로 보편적이고 지역적 평가기준
	성과보상 및 처벌	본사기준	현지 평가기준	지역별 평가기준	지역과 세계적 기준을 토대로 국제적인 보상과 지역경영자 보상

출처: Heenan & Perlmutter(1979), pp. 18~19.

관리자와 본사에 있는 본국 관리자 간 격차를 메우는 문제일 것이다. 예컨대, 언어장벽, 조직 충성도에 대한 갈등, 문화적 차이, 그리고 본사의 조직전략 방향과의 불일치 등으로 현지인 관리자와 본사와의 우호적 관계의 단절은 물론 본사에서 추구하는 국제경영전략을 일관성 있게 실행할 수 없을 수도 있다.

3) 지역중심형

지역중심형 충원은 전세계를 몇 개의 지역으로 구분하고 한 지역을 관리하기 위한 경영자나 관리자를 그 지역에서 조달하여 훈련과 개발, 성과평가 및 보상 등을 하는 것이다. 현장중심형 충원은 현지국가의 인력에 대한 인사관리인 것과는 달리 지역중심형 인사관리는 한 나라의 국경을 초월해 동일한 문화권을 공유한 지역을 대상으로 하고 있다.

특히 지역 중심형 충원은 조직의 사업과 제품전략 성격에 따라 변하는데 첫째, 소비와 제품, 제한된 생산라인 면에서 지역 전문가가 중요할 경우 파견인에 비해 경험 있는 현지인과 제 3 국인의 비중이 상대적으로 높다. 둘째, 제품 전문가가 중요하고 혹은 산업시장이 존재한다면 공급에 대한 모국의 출처와 기술적 정보에 쉽고 빠른 접근이 필요하기 때문에 파견인이 주로 활용된다. 셋째, 금융업과 같은 서비스 산업은 해외지점에 있는 모국의 다국적 고객의 서비스를 담당하므로 상대적으로 많은 파견인을 필요로 한다.

4) 세계중심형

세계중심형 충원은 조직의 주요 직책 관리자나 모든 종업원을 국적에 상관없이 채용하여 훈련과 개발, 성과평가 및 보상을 한다. 전세계를 대상으로 인사관리를 하는 것이다. 이러한 세계중심형 인사관리는 두 가지 이점이 있다. 첫째, 다국적 기업으로 하여금 국제적인 관리직 간부를 개발하는 데 용이하게 한다. 둘째, 전체 조직 관리자들 간의 국가적 정체성에 대한 충돌을 줄여준다.

세계중심형 인사관리를 실행하는 데는 몇 가지 어려움이 있다. 첫째, 현지국가의 정부가 자신의 국민들을 다국적 기업의 해외 자회사에서 고용하도록 요구한다. 이러한 목적을 달성하기 위해 정부가 현지인을 채용하도록 요구하는 이민법을 제정하기도 한다. 미국을 비롯한 서구 국가에서는 조직이 현지인을 대신해 제 3 국인을 고용하길 원할 경우 조직이 문서상의 많은 서류를 준비해야만 한다. 이러한 서류작업은 조직에게 비용과 시간이 소비되는 일이며 가끔은 쓸모 없는 과정이 될 수 있다. 둘째, 세계중심형 충원은 외국계 기업이라는 부정적 인식을 불식시키기 위해 현지국가의 평균적인 임금 수준에 비해 높은 임금을 지급해야 함은 물론 표준화된 국제적 보상구조를 필요로 한다.

6. 국제 기업과 지휘 기능

국제적 환경에서 기업을 운영하는 경영자는 국제적 환경이 리더십에 어떠한 영향을 주는지 이해할 필요가 있다. 리더십은 조직 구성원들에게 동기부여, 갈등, 변화 등에 주요한 영향을 미친다.

국제적 환경에서 적절한 리더십은 다음과 같은 요인에 의해서 결정된다. 첫째, 적어도 리더는 해외 법인이 위치하고 있는 국가의 언어에 익숙해야 한다. 대부분 국가에서 영어가 통용된다고 하더라도, 해외 법인이 위치하고 있는 국가의 언어에 대해 이해하지 못한다면 리더가 알아야 할 많은 부분을 놓칠 수 있다. 게다가 영어를 사용하여 의사소통하는 것만 고집한다면 자칫 현지 사람들에게 현지 국가에 대한 존경심이 없다고 이해될 수 있다.

둘째, 현지 법인이 위치하고 있는 국가의 일에 관련한 태도 혹은 가치관에 대해서 이해하고 존중해야 한다. 예를 들어, 미국인들은 일반적으로 경쟁에 대해 긍정적인 관점을 갖고 이기는 것에 대해 높은 가치를 둔다. 그러나 일본 뿐만 아니라 유럽 국가에서는 경쟁은 다른 의미를 갖는다. 이 나라들에서는 기업을 경영하는 데 경쟁은 꼭 필요하다고 느끼지만 너무 치열해져서 비건설적인 방향으로 나가는 것에 대해서는 제재를 가한다. 사회에 있어 기업의 적절한 역할 혹은 조직에 있어 개인의 역할에 대한 사람의 지각에는 국가 간에 급격한 차이를 보이는 경우가 있다.

셋째, 경영자는 나라마다 개인이 왜 일을 하고 일을 통해 해결하고자 하는 욕구가 무엇인지 인식할 필요가 있다. 일본과 스위스의 국민들은 안전에 대해 강한 욕구를 가지고 있고, 안전을 얻기 위한 것이 주요 동기로 작용한다. 반대로 노르웨이나 스웨덴 같은 나라는 사회적 욕구에 더 중요한 가치를 둔다. 그래서 사회적 상호작용에 대한 기회가 주요한 동기가 될 수 있다. 미국, 캐나다, 호주의 종업원들은 개인적으로 혹은 전문가로서의 성장할 수 있는 기회를 가장 중요하게 생각한다.

경영자가 종업원의 동기에 대해서 이해하는 것은 중요한 시사점을 갖는다. 특히, 다른 국가에서 종사하는 다른 종업원들의 동기를 이해해야 그들을 동기 부여할 수 있는 인센티브를 잘 사용할 수 있다. 중요한 점은 리더로서 종업원의 동기부여에 영향을 주는 요인을 잘 이해하고 그들의 욕구를 성취할 수 있는 보상 시스템을 만드는 것이 중요하다.

경영자는 국가마다 집단의 역할이 다르다는 사실을 이해해야 한다. 스칸디나비아 국가들에서는 사회적 상호작용이 매우 중요하며, 아프리카 국가에서는 친족, 부족의 교류가 중요하다. 인도의 경우 아직도 카스트 제도가 사회부분 여러 방면에서 영향을 미치고 있다.

갈등과 변화에 대해서 대응하는 것은 문화마다 다르다. 미국의 경우 대부분의 사람들이 어느 정도의 갈등과 변화는 기업에서의 일상적인 일로 잘 받아들인다. 영국의 경우 갈등은 어느 정도 잘 받아들이나 변화에 대해서는 다소 경직된 태도를 가진다. 일본의 경우 갈등은 거의 받아들이지 못하나 변화에 대해서는 어느 정도 잘 받아들인다.

7. 국제적 기업의 통제

국제적 기업의 경영 활동은 복잡하고 어려움이 많기 때문에 통제 활동이 잘 이루어져야 한다. 예를 들어 80년대 중반에 네슬레는 아르헨티나에서 1억 달러의 손실을 입은 적이 있다. 이유는 간단했다. 스위스 본부에서 통제 시스템이 정확한 정보를 바탕으로 적시에 시행되지 않았기 때문이다.

몇 가지의 요인으로 이러한 문제가 왜 일어났는지 설명할 수 있다. 첫째, 언어와 의사소통의 차이와 장벽이 때로는 당장 시행해야 할 통제를 어렵게 만드는 경우가 있다. 환율의 변동과 관세의 차이 또한 다양한 국가에서의 사업부의 이익을 평가하기 어렵게 만든다. 경영자의 통제활동에 대해 각 문화에서 다르게 반응하는 것도 역시 통제 시스템을 시행하는 데 어려움으로 작용한다. 어떤 나라의 국민들은 꽉 조인 통제를 익숙하게 받아들이고 그런 시스템하에서 일하는 것에 대해 별 불편함을 못 느끼는 경우가 있는가 하면 다른 나라 국민들은 적절한 통제에도 별 반응이 없는 경우도 있다.

이러한 문제를 해결하는 데 경영자가 사용할 수 있는 두 가지 전략이 있다. 첫째, 통제시스템을 운영하는 것이 복잡하고 어렵다는 사실을 인식하고 필요한 통제 관련 정보를 제공하는 것이다. 씨티은행 같은 경우 1980년대에 경영자가 각 사업의 성과, 추세 등과 관련한 정보를 제공받을 수 있는 정보시스템을 전 세계로 운영하였다.

두번째 전략은, 본부와 해외법인 사이의 어느 정도의 적절한 수준으로 의사소통과 접촉을 유지할 수 있게 한다. 유니레버의 경우는 사업부 수준의 경영자를 전세계적으로 로테이션시킨다. 그럼으로 인해 다양한 사업부의 경영자들이 서로간 및 본부와 적절한 의사소통 수준을 유지할 수 있게 되었다.

15.4 국제경영과 윤리적 글로벌리즘

조직의 내부적 윤리와 더불어 기업 경영 환경에 대한 외부적 윤리인 사회적 책임이 필요하다. 국제인사관리는 전세계를 대상으로 하기 때문에 윤리적 글로벌리즘을 통해 사회적 책임을 실현할 수 있다.

세계 경제가 글로벌화됨에 따라 조직들 간 그리고 국가들 간 상호의존 정도는 점점 더 높아지게 되고, 상호 이익을 위해 협조적 관계를 유지하는 일은 조직과 국가의 생존, 성장에 무엇보다 중요하다. 국제경영을 하는 초국가적 조직들은 세계 공동체적인 공존공영정신을 지향하며 인류복지에 공헌하기 위한 윤리적 글로벌리즘을 확립해야 한다. 윤리적 글로벌리즘을 추구하기 위해 초국가적 조직들이 고려해야 할 요소들은 다음과 같다.

■ 파레토(Pareto) 효율성의 추구

파레토 효율성이란 광의로 해석할 때 장기적으로 모든 사람들의 복지를 향상시키는 것을 말한다. 협의로는 특정 소수의 복지향상이 다른 사람들의 복지희생에 근거해서는 안 된다는 개념이다. 따라서 특정 거래가 거래 당사자들에게 모두 유익하다면 파레토 효율성이 최고로 이루어진 경우이다. 이러한 파레토 효율성을 초국가적 조직 경영에 적용하면 상호 윤리적 거래가 서로의 복지를 극대화시킬 수 있게 한다. 조직 간 자원의 획득과 이동, 생산 및 판매활동 등에서 윤리적 계약 및 거래 관계를 확립하는 것이다. 국제 경영에서 초국가적 조직들의 경쟁우위는 파레토 효율성을 통한 조직 간 윤리적인 공생관계를 통해서 획득되는 것이다.

■ 타인의 자유와 권리 존중

초국가적 조직은 현지국의 주주, 종업원, 고객, 공급자 등 그 지역의 다양한 이해관계자들의 삶에 중요한 영향을 주는 의사결정을 한다. 현지 종업원의 해고, 발언의 자유, 노조결성의 자유 등을 제약할 수 있다. 또는 사생활을 침해할 가능성도 있다. 현지 종업원은 물론 이해관계자들에 대한 자유와 권리의 존중은 초국가적 조직이 전세계를 대상으로 사회적 책임을 실행하여 윤리적 글로벌리즘을 확립할 수 있는 초석이다.

■ 현지국 법규와 규범의 준수

초국적 조직이 국제 경영을 수행할 때 지켜야 할 최소한의 규제는 현지국의 법규이다. 초국가적 조직이 현지국의 법규를 위반하지 않는다는 사실만으로 기업이 윤리적이라고 볼 수 있다. 그러나 현지국 법규의 준수는 윤리적 글로벌리즘의 기본적인 요소일 뿐, 법규를 준수했다고 해서 기업이 윤리적 책임을 다했다고 보기 어렵다. 왜냐하면 법규는 기업의 윤리적 행동에 관한 모든 책임을 명시하지 못하고, 이미 사회적으로 물의를 일으킨 사건을 통해 사후적으로 제정되는 것이 보통이다.

남아프리카 공화국에 진출한 미국 기업들은 기업 윤리의 수립을 위하여 설리번(Sullivan, L.) 원칙을 제정하여 운영하고 있다.

■ 경영이념으로 지역사회 복지주의 실현

지역사회 복지주의란 지역 주민의 생존과 생활의 질을 향상시키기 위해 생활환경과 복지환경을 개선하는 사회정책 및 방법의 체계이다. 즉, 초국가적 조직은 현지 및 경영활동을 수행하는 지역사회의 한 구성원으로 그 지역사회의 유지·발전에 적극적인 자세를 가져야 한다. 지역사회는 초국가적 조직에게 물적·인적 자원을 제공하고, 원활한 기업 활동에 필요한 사회적 제도를 마련하여 조직이 양호한 조건 속에서 국제 경영 활동을 수행할 수 있

표 15-2 초국가적 조직의 현지화 경영윤리

설리번 원칙	Werhane의 기업윤리
• 모든 종업원에게 공평하고 공정한 고용관행의 제공	• 기업활동들이 반드시 "필요"한가? 여기서 의미하는 필요란 그 지역사회에서의 필요를 말하는 것으로 기업활동은 지역사회발전을 도모할 수 있어야 한다.
• 동일업무에 대한 동등한 임금지불	• 기업활동들이 지역사회의 정치적 주권을 침해하지 않고 실행가능한가?
• 유색인종에게도 고용기회의 제공	• 기업활동들이 사회적 변화를 초래하지 않는가? 다시 말해 지역사회에서 널리 인정되고 있는 관행을 침해하지 않는가?
• 감독·관리직에 대한 유색인종의 기회증대	• 기업활동들이 대중의 지지를 획득할 수 있는가? 또한 국제적으로 인정될 수 있는가?
• 종업원들의 주거환경개선 및 교육기회의 제공	• 기업활동들이 본사의 윤리원칙과 모순되거나 상반되지는 않는가?

출처: 이진규(1995), pp. 55~56.

도록 혜택을 준다. 따라서 조직이 지역사회의 혜택을 누리면서도 지역사회의 구성원으로서 수행해야 할 사회적 권리와 의무를 태만히 해서는 안 될 것이다.

■ **환경보호주의의 실천**

최근 지구촌에서 가장 관심을 끌고 있는 윤리 주제는 바로 환경보호이다. 조직은 경영활동에 영향을 미치는 제반 자연조건, 즉 생태적 환경 속에서 있다. 조직이 생태적 환경을 무시하는 것은 곧 기업 경영의 종결은 물론 인류의 삶의 터전을 소멸시키는 것과 같다. 초국가적 조직은 환경오염을 하지 않는 것은 물론 자연과 인간의 조화를 통한 국제경영을 실천할 수 있어야 한다.

closing case

globalization의 새로운 모습

globalization(지구의 세계화) 현상은 인류 역사적 변천에 따라 그 모습과 형태를 조금씩 달리하며 변화를 거듭해왔다. 세계화란 문자 그대로 공간적으로 분산 발전되고 있는 각 지역의 문화 · 문명이 상호작용을 통해 일체화(一體化) 또는 공유화되는 현상이다. 단일화의 목적은 인류의 문화 · 문명을 서로 공유하고 인류의 행복 · 번영에 두고 있다. 인류가 함께 우수한 문화 · 문명을 공유하고 함께 발전해 나가는 것을 지향하고 있다. 인류가 공간적 · 시간적으로 문화 · 문명을 공유하게 되면 생각, 가치, 관습 등이 하나로 묶이고 공유하는 목표도 일치하게 된다. 결국 서로가 공감하는 글로벌 스탠다드 또는 보편적 가치를 공유하게 되는 게 globalization의 특징이다.

우리가 현재 공감, 공유하고 있는 세계화 현상은 교통, 통신 등의 급격한 발전 · 확산으로 세계 각 지역은 순식간에 하나로 묶이고 인류는 편리함, 풍요함을 추구하는 기본 본능을 만족시키고 있다. 더구나 자본주의의 확산 · 발전은 불에 기름을 부은 듯 세계화 속도를 가속화시키고 있다. 20세기 말 정보통신 발달로 인해 세계가 정보화 시대로 접어들고 컴퓨터 일반화로 인류의 일상은 기하급수적 속도로 상호연결이 급진전되었다. 인터넷 · 스마트폰의 출현은 인류가 현재 시간으로 연결되며 상호연결 속도는 더욱 급속하게 진행되고 있다.

2022년 현재 세계는 서로가 현재 시간으로 빠른 속도로 연결되고 있다. 미국 뉴욕의 증권시장의 주식은 한국 서울의 안방에서 현재 시간으로 검색, 확인, 거래되고 있으며 한국의 부모는 스마트폰 영상으로 유럽에 사는 자식, 손자들과 실시간 영상통화를 나눈다. globalization 현상은 특히 기업경영에 지대한 영향을 미치고 있다. 교통 · 통신의 발달은 세계 모든 기업들을 빠른 속도로 실시간 연결시켜 비즈니스를 강화하고 있다.

코로나 사태 이전의 세계화 결과는 매우 긍정적이었다. 교통과 통신 발달 덕분에 신자유주의 철학에 입각한 자본주의는 "최소비용에 최대효과"라는 기업경영 가치를 극대화하여 세계는 역사상 기록할 만한 세계적 富(global wealth)를 창출할 수 있었다. 그 당시 세계화의 두드러진 현상으로 기업은 공급망 연결과 확대로 효율성(efficiency) 극대화라는 경영가치 아래 생산성 향상 등을 통해 부(富)를 창출 할 수 있었다. 예전처럼 한 공간에서 원료를 수입해 가공 · 제조하여 판매 · 매출하는 시스템이 아니라 R&D 상품 디자인, 제조, 출하, 배송 등 경영의 각 과정이 효율성을 극대화 할 수 있는 곳에서 진행되고 본사 control tower에서는 통합 정리하는 방법으로 경영이 집행된다. 예를 들면 Apple 컴퓨터 R&D는 미국 실리콘 밸리에서 진행되며 이론 기초로 상품 디자인은 유럽 독일이나 프랑스에서 수행되고 제조는 중국 공장에서 저렴한 노동력을 이용하여 만들어진다. 이어서 상품은 홍콩의 딜러들에 의해 일본 시장에서 판매되어 수익을 창출한다. 미국 캘리포니아 본사는 control tower 역할을 하며 매출과 수익을 계상하고 있다.

공급망의 세계화는 지구 각 지역에서 생산되고 있는 모든 지적 · 물리적 자원을 가장 효율적으로 묶어서 양질의 상품을 가장 적절한 가격에 소비자에게 공급한다. 일본의 소비자가 사용하고 있는 Apple 스마트폰은 전 세계 각 지역에서 공급망 연결이 극대화되어 나타난 결과물이다. 세계화의 성공의 기본은 각 지역을 연결하는 공급망(supply chain)이 원활하게, 효율적으로 제공될 수 있는 것이 관건이다. 만약 유기적으로 연결되고 있는 공급망이 그 어떤 이유라도 엉클어지게 되면 비효율이 발생되고 공급원가가 상승하고 기업들은 어려움에 처하게 된다. 최근 글로벌 연결망이 실패하고 있는 배경에는 여러 가지 원인이 있다.

미국의 트럼프 대통령의 미국 보호주의 철학은 미국의 기술과 자원의 세계적 공유를 거부하고 글로벌 공급망의 원활한 진행에 악영향을 주었다. 중동국가의 석유자원 무기화 역시 지난 세기부터 세계화 진행에 부정적 영향을 주고 있다. 2019년 일본의 반도체 소재 수출 규제 조치는 한국 반도체 생산에 타격을 주었고 이런 정치적 의도가 세계 공급망 흐름에 영향을 주어 세계화 자유무역을 저해하고 있다. 세계 각 지역의 자국주의 정책은 세계적 협동에 브레이크를 걸며 공동체 협력을 근간으로 하는 세계화는 당연히 그 작동이 원활하지 않게 된다.

역사적으로 세계화 진행은 긍정적인 측면과 부정적인 측면의 이중성을 지닌 채 전 지구에 확산되고 인류가 성장하여 왔다. 긍정적인 측면으로는 서구의 과학 문명과 민주주의 정신 등이 타 지역으로 확산 · 공유되었고 부정적인 측면으로는 서구 문명의 일방적 강요 · 침탈이 지역주의 문화 · 문명의 파괴로 이어졌고 불가불 강요된 서구식 공동체가 형성되게 이르렀다. 과연 서구식 문화 · 관습이 글로벌 스탠다드로 자리잡아야 이것이 진정한 세계화의 방향이고 서구식 가치가 과연 글로벌한 보편적 가치가 되어야 하는가에 대해서는 반발의 여지가 있다.

종교인구 23억의 기독교 중심 문화가 세계사를 리드하고 있다면 과연 19억 이슬람과 12억의 힌두교 종교인구의 문화는 세계화 과정에서 어떻게 조화를 이루어야 하는지에 대한 고려가 필요하다. 기업경영에서 세계화 현상을 주시하는 것은 매우 중요하다. 세계는 점점 하나로 묶이고 있다. 삼성 갤럭시 휴대폰의 고객은 결코 몇몇 지역에 국한된 것은 아니다. 현대자동차의 판매 및 수익은 대부분 한국의 밖에서 이루어지고 있다. 우리 기업의 주요상품의 제조, 생산, 판매는 많은 부문이 외국에서 이루어지고 있다. 세계화를 연구 · 공부하는 것은 기업의 생존 및 성장에 필수적이다.

2019년 12월에 시작된 코로나19 확산은 지난 수년간 인구의 이동을 금지시켰고 세계 각국간의 인적 · 물적 교류를 중지시켰다. 그나마 통신의 발달로 인터넷 영상 통화 등이 가능해져 기업 경영에 새로운 형태 경영방식이 속속 도입되었다. 재택근무가 일반화되었다. 영상 회의는 각 기업에서 어느덧 뉴노말로 자리잡게 되었다. 이러한 변화는 규모와 속도에서 차이는 있겠지만 향후 기업경영의 일상으로 자리잡을 가능성이 크다. 포스트 코로나 시대의 기업경영의 뉴노멀은 지속되는 세계화 진행 속에 기업간 사람간 연결이 기존의 직접 대면 방식이 아닌 다양한 형태의 연결방법으로 나타나고 있다. 특히 AI, 플랫폼, 로봇 출현 등 신기술의 발달은 globalization의 변화 양상을 더욱 다양하게 할 것이다. 기계와 인류가 한몸이 되어 세계화 진행 과정에서 공존 협력 역할을 추구할 것이다. 미래의 경영자는 새로운 모습의 globalization에 항상 주의를 기울여야 할 것이다.

세계보건기구(WHO)는 2023년 5월 초에 코로나 비상사태를 공식적으로 해제했고, 2023년 5월 우리 정부도 공식적으로 코로나 엔데믹(endemic렝矩瓚 유행)을 선언했다. 글로벌화에 미친 영향을 보면, 코로나19 이후 글로벌 가치사슬의 변화가 있다. 생산 네트워크의 지역화 흐름, 생산의 소비지 근접성이 강화되고 있다. 그린필드 투자는 감소했지만, 통신산업에 대한 투자는 증가, 디지털화가 촉진되며, 인플레이션과 경제 문제가 전세계적으로 대두되고 있다.

원조를 받던 나라에서 주는 나라로

원조를 받던 나라에서 주는 나라로 전환한 나라는 대한민국이다. 원조를 받기만 하던 나라에서 원조를 주는 공여국으로 전환한 세계 최초이자 유일한 나라이다. 대한민국은 1945년 해방 이후 미국을 중심으로 한 선진국으로부터 경제 재건을 위한 원조를 받았다. 이후 50년 만에 공적개발원조(ODA) 공여국이 된 것이다.

2023년 우리나라의 공적개발원조(ODA) 규모는 31억 3,000만 달러(약 4조 4,000억 원)이다. 우리나라는 2010년 OECD DAC 가입 이후, 양적 · 질적 성장을 통해 중견 공여국으로 자리매김했다. 최근 5년간 우리나라 총 ODA 지원 규모(증여등가액 기준)는 2022년에는 29억 8100만불을 지원하였고, 2022년 기준 우리나라의 양자 간 원조와 다자 간 원조는 각각 79%, 21%의 비율이다. 양자간 원조의 경우 유상원조는 31%, 무상원조는 69%의 비율로 지원되었다. 분야별로는 사회 인프라 및 서비스 분야(47%, 2018~2022)를 중점적으로 지원하고 있으며, 지역별로는 아시아(46%, 2018~2021)와 아프리카(28%, 2018~2021) 지역을 중점적으로 지원하고 있다. 2022년에는 러시아-우크라이나 전쟁에 따라 對우크라이나 지원이 급증하며 유럽 지역에 대한 지원 비중이 일시적으로 증가하였다.

아프리카에서 가장 높은 산은 어디일까? 우리 대중가요로도 잘 알려진 산, 적도에 있지만 만년설을 보유한 멋진 탄자니아의 킬리만자로(5,895m)이다. 두 번째가 케냐산(5,199m). 아프리카 대륙 인구는 약 15억 명(2024년)이며 이는 전 세계의 약 20%를 넘는다. 아프리카와 우리나라와의 관계는 서울올림픽 유치에 아프리카 국가들의 폭넓은 지원과 함께 본격화됐다. 2000년대 들어 아프리카의 풍부한 천연자원이 부각되면서 민간과 국책사업의 투자가 활발해졌고, 2021년 아프리카 연합은 13억이 넘는 아프리카 인구의 공동시장을 구축하고자 '아프리카 자유무역지대' 를 출범했고, 한국은 미국, 일본, 중국 등과 치열한 경쟁을 하고 있다. 우리나라는 아프리카와 무역, 투자 외에 국제협력단, 해외농업기술개발사업 등을 중심으로 '한국형 발전모델' 을 전수하며 긴밀한 관계를 유지하고 있다.

아프리카 국가들은 우리나라처럼 식민지하에서 독립한 공통점을 갖고 있다. 이중 동부에 위치하며 '실리콘 사바나' 라 불리는 케냐는 가파르게 경제성장을 하며, 마라톤의 세계신기록도 늘 갱신한다. 케냐는 인도양을 접한 최대 항구, 몸바사를 보유하며, 5개 이웃 국가(탄자니아, 우간다, 남수단, 이디오피아, 소말리아)와 접경을 이룬다. 동부 아프리카의 중심도시인 나이로비, 핀테크 혁신의 대명사, 엠페사가 유명하다. 세계에서 세 번째 큰 빅토리아 호수를 탄자니아와 우간다와 함께 보유한 천혜의 장점도 있다. 영국에서 독립(1963년) 후 우리나라와 교류한지 60주년 행사가 2024년에만 수차례 진행됐다.

아프리카의 공통된 고민인 물 부족 문제는 두 가지 형태로 나타난다. 물리적 물 부족은 가뭄, 기후변화 등에 기인하며, 경제적 물 부족은 열악한 인프라, 투자 및 전력 부족과 연계된다. 불행히도 아프리카는 두 가지 유형 모두로 고통받고 있다. 현지를 방문하면서 더 큰 자원 욕구는 무엇일까 생각해본다. 천연자원보다 '머리에서 캐는' 인적자원이 아닐까? 가뭄에 단비처럼 케냐는 오래전 우리나라 KAIST 모델을 원했고, 드디어 수도 나이로비에서 남쪽 60킬로 떨어진 콘자 시티에 보미건설과 선진엔지니어링이 우수 기술과 하루 최대 현지인 3000명을 고용해 '케냐 과학기술원'을 올해 말 완공, 2025년 가을 개교를 목표로 진행하고 있다.

2024년 6월 서울에서 열린 '한-아프리카 정상회의'에서 '동반성장, 지속가능성, 연대'라는 큰 방향이 제시됐다. 한 예로 '아프리카의 실리콘밸리'라 불리는 콘자 혁신도시에 6개 학과 200여 명 규모로 케냐 과학기술원이 출범한다. 또한 한국과 케냐는 '콘자 혁신도시사업'을 주력 사업으로 추진하고 있다. 2024년 10월 케냐에서는 한국의 EIPP(Economic Innovation Partnership Program) 지원하에 진행된 세 개의 프로젝트(스마트팜, 재생에너지, 창업보육 콤플렉스) 최종발표회가 있었다. 여기서 KAIST 글로벌기술사업화센터(GCC)는 콘자 스마트시티에' 실리콘 사바나 스타트업 콤플렉스(SSSC)'라고 명명한 창업보육 중장기전략을 단계별로 제시해 큰 호응을 얻었다. 이는 카이스트 GCC의 오랜 축적된 경험과 현지 파트너와의 깊은 신뢰에 기반한 장기간의 의사소통이 있었기에 가능했다. 한편 케냐과학기술원이 성공적으로 정착되려면 우수한 교수진과 학생 확보가 관건인데, 카마시 총장도 이에 깊이 공감하고 있었다. 하지만 예산 등의 한계로 고민도 큰 것 같다. 해외에서 우수 교원을 확보하려면 애국심에 호소와 함께, 적절한 연봉과 자녀교육 등 가족정착을 위한 지원도 필요하다. 이에 글로벌 기업들을 설득해 자신 회사 이름을 붙인 '프로페서십'을 만들어 연구비를 제공하는 것을 제안하였다.

영화 '라이온킹, 아웃 오브 아프리카' 등의 무대인 케냐, 이곳 사람들이 자주 사용하는 낙천적인 뜻의 스와힐리어, "하쿠나 마타타" 많은 젊은 인구와 디지털에 익숙한 케냐가 한국의 여러 기관과 깊은 신뢰와 진솔한 협력으로 현지화되어 경제개발, 일자리 창출로 삶의 질을 높이길 기원한다. '베품의 교만'이 아닌 진솔한 협력으로 한국의 가치를 높이고 원조를 받았던 과거에서 원조를 주면서 존경받는 나라, 기업이 되길 소망한다.

국문색인

Modern Business **Management**
index

ㄱ

ㅇ

영문색인

Modern Business Management
index

O

P

Q

U

V

W

Z

[저자약력]

이진규

고려대학교 경영학과(경영학 학사)
미국 미시건주립대학교 경영대학원 졸업(경영학 석사)
미국 아이오와대학 대학원 졸업(경영학 박사)
미국 웨스트 버지니아대학 경영학과 교수
미국 하와이대학 경영학과 객원교수 및 강사
일본 와세다대학 대학원 객원교수 및 대학원 강사
일본 동경대 경제학부 초빙 연구원
고려대학교 노동문제연구소장 역임
한국노사관계학회 회장(11대) 역임
한국인사관리학회 회장(19대) 역임
한국인사조직학회 회장(14대) 역임
고려대학교 노동대학원 원장(6대) 역임
고려대학교 경영대학장 겸 경영전문대학원장(27대) 역임
함경남도 도지사(20대) 역임
현재 고려대학교 경영대학 명예교수
　　교황청 베들레헴대학 이사
　　(재)미래인력연구원 이사장

[저서 및 연구논문]

경영학개론(공저), 한국방송통신대학교 출판부
韓国の大逆襲(공저), 日新報道
전략적 · 윤리적 인사관리, 박영사
세계화시대 기업윤리와 기업문화 정립방안, 대한상공회의소
새로운 미래노사관계, 현대경제연구소
지속가능사회와 발전(공저), 박영사
The Organizational Behavior of Multinational Corporations: It's Effect on Regional Development, The United Nations Press
기업인력양성과 경력개발, 대한상공회의소

최종인

고려대학교 학사, 석사, 박사(경영학 박사)
미국 리하이(Lehigh) 대학 포스트닥
한밭대 기획처장, 부총장, 산학협력단장, 링크+, 링크 3.0 단장, 기술지주사 대표 역임
대덕벤처협회(DIVA) 연구소장 역임
대통령직속 과학기술자문회의 전문위원 역임
기획재정부 공공기관 경영평가위원, 국가과학기술위원회 상위기관평가위원, 이응로미술관 사외이사 역임
미국 혁신관리연구소(CIMS) 연구원 역임
미국 노스캐롤라이나 주립대 방문교수 4회 역임
한국인적자원개발학회 회장(20, 21대) 역임
혁신클러스터학회 회장(10, 11대), 한국인사관리학회 회장(29대) 역임
현재 국립 한밭대학교 융합경영학과 교수
　　한국 TEC 디렉터, 대전시 인구정책위원회 부위원장

[저서 및 연구논문]

기술창업론(공저), 탑북스; 기술경영, 도서출판 자운
디지털 권력(공저), 삼성경제연구소
경영학개론(공저), KNOU
기술사업화: 죽음의 계곡을 건너다(역서), 한경사
고결한 산학협력(공저), 한경사
조직이론과 설계(공역), 한경사
기업가정신, 창업 및 조직관련 논문 100여편
「대학 창업교육 5개년 계획」 PI 참여(2013, 2018)

현대경영학〔제10판〕

2004년 7월 10일 초판 발행
2006년 1월 31일 제 2 판 발행
2008년 2월 28일 제 3 판 발행
2010년 8월 25일 제 4 판 발행
2013년 2월 25일 제 5 판 발행
2015년 3월 5일 제 6 판 발행
2017년 3월 5일 제 7 판 발행
2019년 3월 10일 제 8 판 발행
2022년 9월 10일 제 9 판 발행
2025년 3월 10일 제10판 1쇄발행

저 자 이 진 규 · 최 종 인
발행인 배 효 선
발행처 도서출판 法 文 社
주소 10881 경기도 파주시 회길동 37-29
등록 1957년 12월 12일 / 제2-76호(윤)
전화 (031)955-6500~6 Fax (031)955-6525
e-mail(영업): bms@bobmunsa.co.kr
(편집): edit66@bobmunsa.co.kr
홈페이지 http : //www.bobmunsa.co.kr
조 판 성 지 이 디 피

정가 37,000원 ISBN 978-89-18-91587-6

불법복사는 지적재산을 훔치는 범죄행위입니다.
이 책의 무단전재 또는 복제행위는 저작권법 제136조 제1항에 의거, 5년 이하의 징역 또는 5,000만원 이하의 벌금에 처하게 됩니다.